中共中央总书记、国家主席江泽民在中国科协主席周光召陪同下参观《崇尚科学文明　反对迷信愚昧》科普展览

弘揚科学精神普及
科学知識傳播科学
思想和科学方法

江澤民

二〇〇〇年
四月十二日

中共中央总书记、国家主席江泽民为中国科学技术馆题词

中共中央总书记、国家主席江泽民参观《崇尚科学文明　反对迷信愚昧》科普展览

2000年2月17日，中共中央政治局常委、全国人大常委会委员长李鹏会见应中国科协邀请来访的国际知名农业专家、诺贝尔和平奖获得者诺尔曼·博劳格和著名农学家左天觉，中国科协副主席王连铮、张玉台，荣誉委员何康陪同接见

中共中央政治局常委、全国人大常委会委员长李鹏在中国科协主席周光召陪同下参观中国科学技术馆

科教兴国
千秋大业

李鹏
二零〇〇年八月二十五日

中共中央政治局常委、全国人大常委会委员长李鹏题词

中共中央政治局常委、国家副主席胡锦涛参观《崇尚科学文明　反对迷信愚昧》科普展览

中共中央政治局常委、国务院副总理李岚清参观《崇尚科学文明　反对迷信愚昧》科普展览

中国科协五届五次全委会议于2000年1月24日在京举行，中共中央政治局委员、国务院副总理钱其琛在会上发表重要讲话

中共中央政治局委员、书记处书记、国务院副总理温家宝在中国科协五届五次全委会议上发表重要讲话

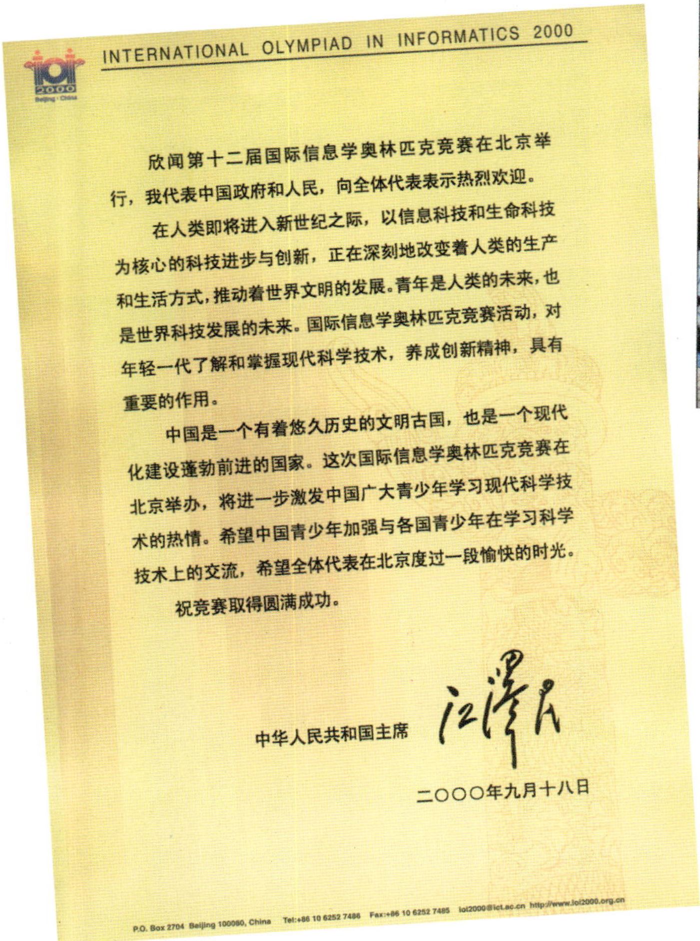
INTERNATIONAL OLYMPIAD IN INFORMATICS 2000

欣闻第十二届国际信息学奥林匹克竞赛在北京举行，我代表中国政府和人民，向全体代表表示热烈欢迎。

在人类即将进入新世纪之际，以信息科技和生命科技为核心的科技进步与创新，正在深刻地改变着人类的生产和生活方式，推动着世界文明的发展。青年是人类的未来，也是世界科技发展的未来。国际信息学奥林匹克竞赛活动，对年轻一代了解和掌握现代科学技术，养成创新精神，具有重要的作用。

中国是一个有着悠久历史的文明古国，也是一个现代化建设蓬勃前进的国家。这次国际信息学奥林匹克竞赛在北京举办，将进一步激发中国广大青少年学习现代科学技术的热情。希望中国青少年加强与各国青少年在学习科学技术上的交流，希望全体代表在北京度过一段愉快的时光。

祝竞赛取得圆满成功。

中华人民共和国主席 江泽民

二○○○年九月十八日

P.O. Box 2704 Beijing 100080, China Tel:+86 10 6252 7486 Fax:+86 10 6252 7485 ioi2000@ict.ac.cn http://www.ioi2000.org.cn

中共中央总书记、国家主席江泽民致信第十二届国际信息学奥林匹克竞赛

在世纪之交的二○○○年，第一届国际机械工程学术会议在中国上海市举行，我代表中国政府，并以一名在机械制造业工作多年的工程师的名义，向大会表示诚挚的祝贺！向与会的中外机械工程技术界人士表示热烈的欢迎！

现代制造业，在当今世界经济发展和社会进步中具有越来越重要的作用。推进现代制造业的进一步发展，需要各国工程技术人员共同努力，相互取长补短。中国的工程师们为祖国的发展和世界工程科技的进步作出了重要贡献，他们正在为实现中国的现代化而奋力拼搏。中国政府完全支持他们与各国的同行们加强交流与合作。希望这次会议能为各国机械工程界开展学术交流、扩大合作空间、进行优势互补、实现共同发展带来新的推动。

祝大会取得圆满成功！

中华人民共和国主席 江泽民

二○○○年十一月十八日

中共中央总书记、国家主席江泽民致信第一届国际机械工程学术会议

中国科协第五届主席、理论物理学家周光召

中国科协第五次全国代表大会开幕式会场(1996年)

中国科协历届主席

- 地质学家 **李四光** （第一届）
- 物理学家 **周培源** （第二届）
- 应用力学、工程控制论和系统工程学家 **钱学森** （第三届）
- 核物理学家 **朱光亚** （第四届）

中国科协第五届副主席

王选

王连铮

左铁镛

石元春

叶叔华

冯长根

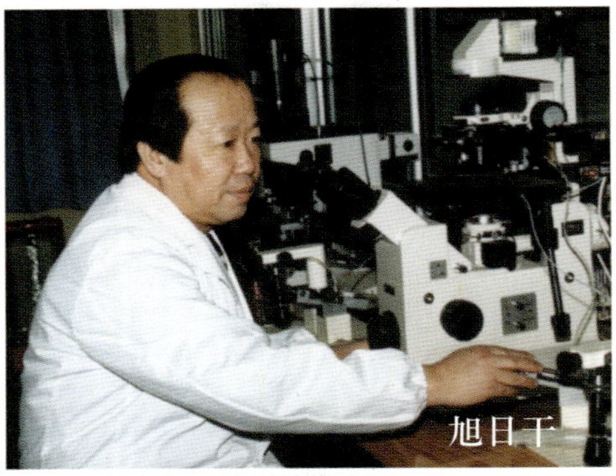
旭日干

庄逢甘

刘恕

孙大涌

李振声

张玉台

张存浩

陈敏章

胡启恒

曾庆存

中国科协五届五次全委会议于2000年1月24日至26日在北京举行

会议对第二届中国科协先进学会进行表彰

五届五次全委会议会场

学术交流——中国科协2000年学术年会

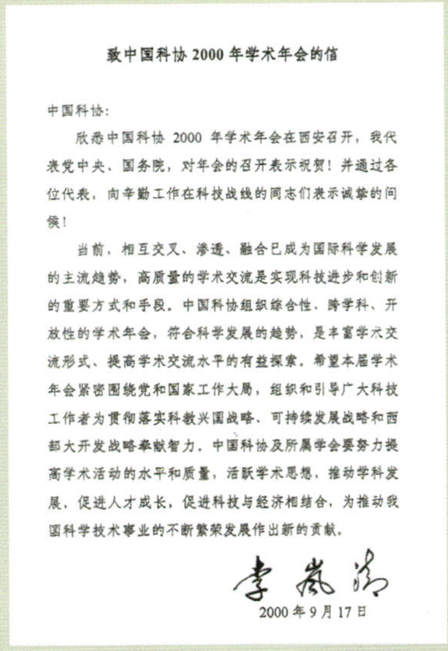

致中国科协2000年学术年会的信

中国科协：

欣悉中国科协2000年学术年会在西安召开，我代表党中央、国务院，对年会的召开表示祝贺！并通过各位代表，向辛勤工作在科技战线的同志们表示诚挚的问候！

当前，相互交叉、渗透、融合已成为国际科学发展的主流趋势，高质量的学术交流是实现科技进步和创新的重要方式和手段。中国科协组织综合性、跨学科、开放性的学术年会，符合科学发展的趋势，是丰富学术交流形式、提高学术交流水平的有益探索。希望本届学术年会紧密围绕党和国家工作大局，组织和引导广大科技工作者为贯彻落实科教兴国战略、可持续发展战略和西部大开发战略奉献智力。中国科协及所属学会要努力提高学术活动的水平和质量，活跃学术思想，推动学科发展，促进人才成长，促进科技与经济相结合，为推动我国科学技术事业的不断繁荣发展作出新的贡献。

李岚清

2000年9月17日

李岚清同志《致中国科协2000年学术年会的信》

中国科协主席周光召、副主席张玉台在主席台上

2000年学术年会于9月17日至20日在陕西省西安市召开

大会主席台

青年科学家论坛

国民经济信息化专家论坛

"人类基因组计划"专家座谈会

中国物理学会代表团赴台北参加亚太物理学会联合会第四届会员大会及第九次理事会议

中国电工技术学会举办第四届国际电力电子与电气传动展览会

中国太阳能学会举办中国第六届光伏会议

中国计量测试学会会员参观考察美国国家标准研究院

学习江泽民同志关于科普工作重要论述座谈会

世纪辉煌——诺贝尔科学奖百年展

“科普大篷车”1型研制成功

科学普及

《再造西部秀美山川》科普宣传——向青海省政府赠送该省及六个退耕还林、还草试点县卫星影像图

华裔美国科学家李政道参观《回顾与展望》科普展览

“捍卫科学尊严、破除愚昧迷信、反对伪科学”论坛

科普书刊展示

反邪教挂图吸引了重庆市青少年

中国科学技术馆二期新展厅

中国科学技术馆二期工程新展厅于2000年4月29日开馆

温家宝同志参观新展厅

贾庆林、钱正英等领导同志，联名签署提出建设中国科学技术馆二期工程新展厅建议、提案的全国人大代表、政协委员，长期以来一直关心和帮助科学技术馆建设的老领导和著名科学家出席开馆仪式

国际民间科技交流

华裔美国科学家杨振宁在中国科协2000年学术年会上

中国科协主席周光召接见韩国科技总联盟主席崔亨燮

国际科学理事会执行主任 Larry Kohler 博士访问中国科协

中国科协与美国科学院签署网上科普合作协议

中国科协青少年科技教育访日团访问日本斗田理化所发明俱乐部

中国科协副主席张玉台于6月在德国汉诺威举行的世界工程师大会主办国交接仪式上正式承接2004年在中国上海举办下届世界工程师大会

为经济建设服务

在中国科协“千厂千会协作行动”中，中国腐蚀与防护学会会同秦皇岛、武汉两市的5家有关单位联合开展的“化工厂大气长效防腐挂片试验”，填补了防腐领域的空白，对于解决长期困扰化工企业的腐蚀问题意义深远

河北省科协、省经贸委于2000年8月在中国—阿拉伯化肥有限公司联合召开“河北省厂会协作行动经验交流现场会”

实施“8111”科技扶贫工程

北京专家为农民指导种植技术

河北省安国市科协开展送科技下乡活动

第三届国际数据通信网络技术及应用展览会

宁夏科协在“星期六科技市场”开展农业技术咨询服务

履行桥梁、纽带职责，建设“科技工作者之家”

全国政协科协界委员讨论政府工作报告

中国科技会堂全年接待各类会议1200多个，成为科技工作者活动的重要场所

弘扬科学精神，宣传优秀科技工作者

签署科技期刊道德公约

湖北省科学技术协会文件

中华职业道德教育丛书

科技工作者职业道德

新华出版社
广西人民出版社

福建院士画廊

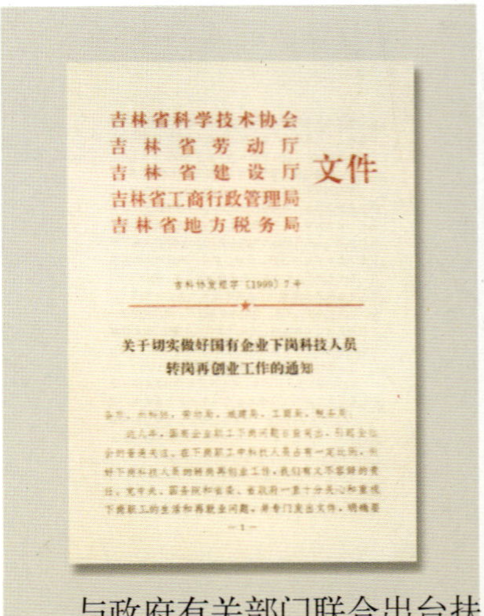

吉林省科学技术协会
吉林省劳动厅
吉林省建设厅 文件
吉林省工商行政管理局
吉林省地方税务局

关于切实做好国有企业下岗科技人员转岗再创业工作的通知

与政府有关部门联合出台扶持下岗科技人员转岗再创业政策

中国科学技术协会
年　鉴
2001

中国科学技术出版社
·北　京·

图书在版编目(CIP)数据

中国科学技术协会年鉴. 2001.—北京:中国科学技术出版社,2001.6
ISBN 7-5046-3093-4

Ⅰ.中… Ⅱ.中国科学技术协会—2001-年鉴
Ⅲ. G332. 25-54

中国版本图书馆 CIP 数据核字(2001)第 031601 号

中国科学技术出版社出版
北京海淀区中关村南大街 16 号 邮政编码:100081
电话:62179148 62173865
新华书店北京发行所发行 各地新华书店经售
中国科学院印刷厂印刷
*
开本:889 毫米×1194 毫米 1/16 印张:25.25 插页:10 字数:800 千字
2001 年 6 月第 1 版 2001 年 6 月第 1 次印刷
印数:1-2000 册 定价: 70.00 元

《中国科学技术协会年鉴（2001）》编辑委员会

《中国科学技术协会年鉴（2001）》编辑部

责任编辑　任杏华
责任校对　张林娜
责任印制　王　沛

目 录

党和国家领导同志的讲话和致信

中国科协第五届全国委员会及常务委员会会议

重 要 文 件

年度工作综述

综合性工作和活动

组织体系及机构

全国性学会、协会、研究会（含受委托管理的学会）情况

省、自治区、直辖市科协情况

直属单位情况

大事记

附　录

党和国家领导同志的讲话和致信

在第十六届世界计算机大会开幕式上的讲话

（2000年8月21日）

江 泽 民

主席先生，各位代表，女士们，先生们：

今天，国际信息处理联合会主办的第十六届世界计算机大会，在这里隆重开幕了。这是世界信息界跨世纪的一次盛会。各国专家和企业家集聚一堂，交流学术观点，展示技术成果，探讨发展趋势，这将对世界信息技术的发展产生重要的影响。我代表中国政府，向大会表示热烈的祝贺！向出席会议的全体代表表示诚挚的欢迎！

二十世纪，人类取得了辉煌的科技成就。从量子理论、相对论的创立，脱氧核糖核酸双螺旋结构的发现，信息科学的诞生，到人类基因组序列"工作框架图"的绘就，世界科技发生了深刻的革命，社会生产力极大提高。可以预计，二十一世纪，科学技术的进一步发展，特别是信息技术和生命科学的不断突破，将对世界政治、经济、文化生活产生更加深刻的影响。专家们认为，在下世纪初叶，数字化将成为信息技术发展的新动力，集成电路将进入集成系统发展的新阶段，密集波分复用通信系统的传输能力将极大提高，个人移动通信、因特网的技术和能力将成倍提高。我们应深刻认识信息技术的伟大力量，积极推进信息技术的发展。

地球的物质资源是有限的。人类要实现持续的发展，必须在资源开发和利用上找到新的途径。信息技术的发展，使人类能够将潜藏在物质运动中的巨大信息资源挖掘出来，加以利用。信息资源已经成为与物质资源同等重要的资源，其重要作用正在与日俱增。信息高速、广泛传送的特点，使世界形成了一个没有边界的信息空间。万水千山，天上人间，信息广泛传送。远程教育、远程医疗、电子商务、电子邮件、虚拟现实的发展，使人们的生产、学习和生活方式发生着深刻的变化。随着知识创新和技术创新的不断推进，物质生产与知识生产相结合，硬件制造与软件制造相结合，传统经济与信息网络技术相结合，将形成推动二十一世纪经济和社会发展的强大动力。

值得注意的是，各国的信息网络化水平目前还很不平衡。发达国家具有信息技术优势，拥有越来越多的信息资源，成为信息富国。发展中国家信息技术相对落后，不仅经济、社会发展水平较低，在信息化方面也相对贫困。当今世界，信息化水平差距不是在缩小，而是在进一步扩大。这种状况不改变，南北差距就会进一步拉大，世界经济也难以健康发展。发达国家有义务在技术、资金和人才方面帮助发展中国家，加快它们的信息化进程。

因特网的迅猛发展，对世界经济增长和各国人民加强交往具有重要作用。但必须看到，因特网上也存在一些令人不安的问题：反科学、伪科学、不健康的甚至十分有害的信息垃圾泛滥；有些人有目的地发布不符合事实的信息，误导人们对真实情况的认知；个人隐私、企业秘密难以保全，黑客攻击甚至造成通信中断、网络瘫痪。为了促进因特网健康发展，我们主张制定国际因特网公约，共同加强信息安全管理，充分发挥因特网的积极作用。

中国政府高度重视发展信息产业，正在大力推进国民经济和社会信息化。中国还是一个发展中国家，工业化的任务尚未完成，又面临实现信息化的艰巨任务。我们的战略是：在完成工业化的过程中注重运用信息技术提高工业化的水准，在推进信息化的过程中注重运用信息技术改造传统产业，以信息化带动工业化，发挥后发优势，努力实现技术的跨越式发展。

面对新的世纪和新的千年，这次大会，对于计算机、通信、电视等信息技术对新世纪人类发展的作用，应作出前瞻性的正确估计，让信息技术更好地为人类造福。

最后，我预祝大会圆满成功！祝各位代表在北京期间愉快！

谢谢！

致第十二届国际信息学奥林匹克竞赛的信

（2000 年 9 月 18 日）

江 泽 民

欣闻第十二届国际信息学奥林匹克竞赛在北京举行，我代表中国政府和人民，向全体代表表示热烈欢迎。

在人类即将进入新世纪之际，以信息科技和生命科技为核心的科技进步与创新，正在深刻地改变着人类的生产和生活方式，推动着世界文明的发展。青年是人类的未来，也是世界科技发展的未来。国际信息学奥林匹克竞赛活动，对年轻一代了解和掌握现代科学技术，养成创新精神，具有重要的作用。

中国是一个有着悠久历史的文明古国，也是一个现代化建设蓬勃前进的国家。这次国际信息学奥林匹克竞赛在北京举办，将进一步激发中国广大青少年学习现代科学技术的热情。希望中国青少年加强与各国青少年在学习科学技术上的交流，希望全体代表在北京度过一段愉快的时光。

祝竞赛取得圆满成功。

致第一届国际机械工程学术会议的信

（2000 年 11 月 18 日）

江 泽 民

在世纪之交的二〇〇〇年，第一届国际机械工程学术会议在中国上海市举行，我代表中国政府，并以一名在机械制造业工作多年的工程师的名义，向大会表示诚挚的祝贺！向与会的中外机械工程技术界人士表示热烈的欢迎！

现代制造业，在当今世界经济发展和社会进步中具有越来越重要的作用。推进现代制造业的进一步发展，需要各国工程技术人员共同努力，相互取长补短。中国的工程师们为祖国的发展和世界工程科技的进步作出了重要贡献，他们正在为实现中国的现代化而奋力拼搏。中国政府完全支持他们与各国的同行们加强交流与合作。希望这次会议能为各国机械工程界开展学术交流、扩大合作空间、进行优势互补、实现共同发展带来新的推动。

祝大会取得圆满成功！

致中国科协2000年学术年会的信

（2000年9月17日）

李岚清

中国科协：

欣悉中国科协2000年学术年会在西安召开，我代表党中央、国务院，对年会的召开表示祝贺！并通过各位代表，向辛勤工作在科技战线的同志们表示诚挚的问候！

当前，相互交叉、渗透、融合已成为国际科学发展的主流趋势，高质量的学术交流是实现科技进步和创新的重要方式和手段。中国科协组织综合性、跨学科、开放性的学术年会，符合科学发展的趋势，是丰富学术交流形式、提高学术交流水平的有益探索。希望本届学术年会紧密围绕党和国家工作大局，组织和引导广大科技工作者为贯彻落实科教兴国战略、可持续发展战略和西部大开发战略奉献智力。中国科协及所属学会要努力提高学术活动的水平和质量，活跃学术思想，推动学科发展，促进人才成长，促进科技与经济相结合，为推动我国科学技术事业的不断繁荣发展作出新的贡献。

在中国科协五届五次全委会议上的讲话

（2000年1月24日）

温家宝

同志们：

在我们刚刚进入新千年的时候，中国科协举行五届五次全委会议，总结过去一年的工作，部署新一年的任务，很有必要。我代表党中央、国务院，向各位委员并通过你们向辛勤工作在科技战线的同志们表示诚挚的问候！

1999年是极不平凡的一年，是党和人民在极其复杂的国内外环境中战胜各种困难和风险，把改革开放和现代化建设继续推向前进的一年。一年来，科协工作同其他战线一样，取得了显著成绩。各级科协及所属团体认真贯彻党的十五大和十五届三中、四中全会精神，落实全国技术创新大会的部署，充分发挥党联系科技工作者的桥梁和纽带作用，团结、组织和引导广大科技工作者，开拓进取，扎实工作，在促进科技与经济结合，普及科学技术，开展科技交流与合作，建设“科技工作者之家”等方面，都取得了新的进展，为实施科教兴国战略和可持续发展战略发挥了重要作用。希望大家在新的一年里再接再厉，把工作做得更好。

今年是世纪交替之年，也是完成“九五”计划的最后一年。做好今年的工作，对于实现我国现代化建设第二步战略目标，并向第三步战略目标迈进，具有重要意义。党中央、国务院对今年的工作已经进行了全面部署。按照中央的要求，今年经济工作的重点是，抓好国有企业改革和发展、经济结构调整、科技进步、扩大内需，保持国民经济持续快速健康发展。科协组织要自觉服从服务于全党全国工作的大局，进一步调动广大科技工作者的积极性和创造性，努力做好各项工作。特别是要紧紧围绕经济建设这个中心，大力推动科技进步，充分发挥科技进步在经济结构调整中的作用，为我国跨世纪的改革和发展作出更大贡献。对此，我讲几点意见。

一、充分认识调整经济结构的重要性和紧迫性

在中央经济工作会议上，江泽民同志指出，要把调整经济结构作为今年和今后一个时期经济工作的主要着力点，在发展中加快结构调整，在结构调整中促进发展。这就抓住了影响我国经济和社会发展全局的突出问题，有着很强的针对性和重要的指导意义。

经济结构调整是顺应经济全球化趋势，提高我国经济竞争力的必然选择。当前，经济全球化趋势在加速发展。随着科学技术的突飞猛进，世界各国在技术、信息、金融等方面的联系越来越紧密，生产、投资、贸易的全球化特征越来越明显，跨国公司的影响力越来越大，这既密切了国际经济联系，同时也加剧了国际竞争。经济全球化是一把双刃剑。由于西方发达国家在经济、技术上占据明显优势，广大发展中国家既面临难得的发展机遇，也面临着严峻的挑战。为了在经济全球化进程中争取主动，一场世界范围的经济结构调整正在加速进行。近年来，各国尤其是发达国家的产业结构、产品结构、企业结构发生了重大变化，新兴产业迅速发展，特别是信息产业的发展，促使传统产业发生变革，新产品层出不穷，高科技产品在社会生产中所占的比重日益提高。西方国家出现的企业购并风潮，大大提高了他们抢占市场、垄断技术、获取超额利润的能力。可以说，经济结构调整已经成为世界各国提高综合国力和国际竞争力的重要手段。在这样的机遇和挑战面前，我们必须增强紧迫感，依靠科技进步促进产业结构的优化升级和经济增长方式的根本转变，不断提高国民经济的整体素质，增强我国的经济实力、国防实力和民族凝聚力。

经济结构调整是解决我国经济生活中面临的深层次问题，促进经济发展、提高质量和效益的根本性措施。经过 20 多年的改革和发展，我国的生产力水平得到了显著提高，综合国力得到了极大增强。但国民经济整体素质和效益不高，经济结构不合理的问题仍然比较突出，主要表现在产业技术层次较低而且结构趋同，整体技术装备水平落后，能耗物耗较高，产品的科技含量较低，缺乏市场竞争力。当前我国经济存在的通货紧缩趋向和有效需求不足的问题，表面上看是总量供大于求，实际上是经济结构的问题。一方面，许多产品确实供大于求，没有销路；另一方面，有不少科技含量高、质量好的产品还不能满足需求，有些产品由于品种、规格和质量方面的原因，不得不大量依赖进口。这说明，调整经济结构，已经成为保证国民经济持续快速健康发展必须抓紧解决的一个重大课题。

我们这次经济结构调整，不是暂时性、局部性的调整，而是战略性的调整。这次调整的基本要求是，既要压缩落后的生产能力，又要加快发展短缺的、技术含量高和具有国际竞争力的生产能力；既要调整产业结构、产品结构和企业结构，又要调整地区经济结构和城乡经济结构；既要解决当前市场供求问题，更要着眼长远的发展，提高国民经济的整体素质和效益。由此不难看出，加快科技进步已经成为促进经

济结构战略性调整的关键环节，它对于国民经济的可持续发展，具有根本性和决定性的作用。我们广大科技工作者一定要深刻认识调整经济结构的重要意义，增强责任感，在科学研究和实践中加倍努力，不断创新，为促进经济结构调整贡献自己的聪明才智。

二、充分发挥科技进步在经济结构调整中的重要作用

现代社会，经济与科技已经成为紧密结合、相互促进、不可分割的有机整体。科学技术是第一生产力，是经济和社会发展的主导力量。这次经济结构调整的过程，实质是用现代科技装备我国经济，改造传统产业，提高经济发展的科技含量的过程。就今后一个时期来说，发挥科技进步在经济结构调整中的作用，主要集中在以下四个方面：

一是用现代技术改造传统产业。这是经济结构调整的重要内容，也是我国实现工业化必然要经历的过程。传统产业在我国国民经济中所占比重较大，但整体技术水平不高。近几年，纺织行业通过“压锭、改造”来调整结构，实现了全行业扭亏为盈；煤炭、石化、冶金等行业的结构调整也取得了初步进展。但从整体上说，我国传统产业“大而全”、“小而全”，低水平重复建设的现象仍比较突出，改造升级进展不快，结构调整的任务还十分艰巨。我们要按照国家的产业政策，坚持有进有退，统筹兼顾，确保重点，针对传统产业改造升级的突出问题，大力开发和应用先进制造技术、工艺和装备，开展科技攻关，力争在关键技术、共性技术等方面取得突破，在产品升级、提高质量、扩大出口和控制污染等方面取得明显进展，切实推进产业的技术进步。

二是发展高科技、实现产业化，努力占领科技制高点。高新技术的广泛应用和新兴产业的出现，是世界新技术革命的重要特征。新兴产业和高技术产业，是我国国民经济结构中最薄弱的环节，是我们与发达国家差距最大的领域，也是我们参与国际竞争最重要的领域。高新技术产业的发展，对产业结构的调整有很强的导向作用。我们要把握未来科学技术特别是高技术发展的趋势，大力开发有自主知识产权的高科技产品，发展电子信息、生物、新材料、新能源、航空、航天、海洋开发等高新技术及其产业，在一些重要领域接近或达到国际先进水平，并使新产品、新产业尽快形成规模，迅速占领市场。企业是技术创新的主体。我们要支持企业积极开展技术创新，增强自主创新能力，在引进、消化、吸收国外先进技术的基础上，实现技术跨越。要大力发展高科技企业，大幅度提高高科技产品的市场份额和在国民经济中的比重，全面提高基础设施、基础产业和支柱产业的科技水平，使我国国民经济逐步建立在新的技术基础和合理产业结构上。要在第三产业广泛运用以信息为主的高技术，发展信息网络和服务体系，提高服务质量，加快国民经济信息化进程。

三是大力发展高产优质高效农业。对农业和农村经济结构进行战略性调整，是在农产品相对过剩、市场约束增大的条件下，优化农村区域布局，全面提高农业和农村经济的素质和效益，实现农业可持续发展和城乡经济协调发展的一项具有全局意义的重大措施，是我国农业和农村经济发展新阶段的客观要求和中心任务。我们要深刻认识这次结构调整的重大意义，面向农业现代化，面向整个国民经济调整和世界范围的农业科技革命，充分发挥科技进步的重要作用。在进一步稳定和加强农业基础地位的前提下，大力推进农业结构的战略性调整，着重抓好全面提高农产品质量、发展畜牧业和农产品加工、优化农业区域布局、调整农村劳动力就业结构等方面的工作。要积极推进农业科技进步，开发和推广优质高产高效技术、加工保鲜储运技术、农业降耗增效技术。要建立和完善具有世界先进水平的农业科技创新体系，高效率、高效益转化科研成果的技术推广体系，显著提高农民科技文化素质的农业教育培训体系。从而，切实促进我国农业由粗放经营向集约经营、由传统农业向现代农业转变。

四是为实施西部大开发战略，促进地区经济结构调整服务。实施西部大开发战略，是邓小平同志关

于我国现代化建设“两个大局”战略思想的重要实践，也是当前调整地区经济结构，促进区域经济协调发展的客观要求。在世纪之交的历史时刻，党中央把握大局，不失时机地提出了实施西部大开发战略，无论在经济上还是在政治上，都具有重大的现实意义和深远的历史意义。西部大开发，不是传统意义上仅仅依靠数量扩张来实施的低水平经济建设，而是立足于科技进步、注重质量和效益、具有较高起点的综合开发。因此，西部大开发，科技要先行，科技进步在西部大开发中大有作为。要通过科技进步，推动西部地区的交通、通讯、能源等基础设施建设在较高技术层面上加快发展；搞好以植树种草、退耕还林、水资源保护等为主要内容的生态环境建设和综合治理，促进资源的合理开发、有效利用和加工增值，使西部地区丰富的资源优势转化为经济优势；调整农业结构，促进西部地区根据不同的地理和气候条件、不同的物种特点，面向市场，着力发展特色农业、节水农业、生态农业和畜牧业，加快西部地区农民脱贫致富奔小康的步伐。只有依靠科技进步，才能使西部大开发的后发优势充分发挥出来。西部地区通过加速科技成果产业化，直接发展高新技术产业和高附加值的新兴产业，可以走出一条技术跨越式发展的道路，这对西部地区的经济发展和社会进步具有重要意义。

三、各级科协要动员和组织广大科技人员，为加快经济结构调整服务

科协是党领导下的广大科技工作者的群众组织，是国家发展科技事业的重要力量。各级科协要充分发挥党联系科技工作者的桥梁和纽带作用，团结、组织广大科技工作者，解放思想，拓宽思路，找准工作的切入点，为完成经济结构调整的战略性任务，创造性地开展工作。

一是围绕经济结构调整和优化，组织和引导广大科技工作者加强科技创新。要面向经济建设主战场，支持和鼓励科技人员把市场需求、社会需求和国家安全需求作为研究开发的基本出发点，帮助企业应用创新的知识和新技术、新工艺，采用新的生产方式和经营管理模式，提高产品质量，开发生产新的产品，提供新的服务，为经济结构调整提供技术支撑。

二是组织和引导广大科技工作者，解放思想，大胆投入科技成果产业化的实践。要认真贯彻《中共中央、国务院关于加强技术创新，发展高科技，实现产业化的决定》，积极支持科研院所转制，推动产学研结合，鼓励广大科技工作者兴办高新技术企业和科技中介服务机构，使科技成果迅速转化为富有市场竞争力的商品，形成一批由技术创新带动的新兴产业。

三是组织和引导广大科技工作者，为地方和企业调整经济结构提供决策咨询服务。科协的各级组织和所属团体，跨越各学科和行业，遍及城市、农村、企业，形成了覆盖全国的网络体系。各级科协要充分利用这一优势，围绕地方和企业在经济结构调整中的难点问题，开展专题调研、科学论证和决策咨询，帮助地方和企业制定经济技术发展规划，为组织有关专家进行科技协作攻关提供必要的服务。要积极开展学术交流与合作，促进学术繁荣，并为地方和企业培训更多的技术人才。

四是发挥科普工作主力军的作用，为加快科技进步、促进经济结构调整创造良好的社会条件。各级科协要按照全国科普工作大会提出的要求，自觉担当起科普工作主力军的重任，团结和动员广大科技工作者，在全社会大力普及科学知识、科学思想、科学精神和科学方法，为全面提高国民素质而不懈努力。要坚决反对“法轮功”等邪教和各种封建迷信、伪科学、反科学，促进社会主义精神文明建设。通过大力开展科普活动，使广大群众理解和掌握科学技术知识，并运用于日常的生产、生活实践，使科学精神、科学思想在全社会广泛传播。

要把广大科技工作者参与科技进步的积极性引导好、保护好、发挥好，必须进一步加强和改进各级科协组织的自身建设。各级党委和政府要加强和改善对科协工作的领导，支持科协在改革开放和现代化建设中充分发挥作用。科协的工作要以服务科技工作者为出发点，以调动和发挥科技工作者的积极性、

主动性、创造性为落脚点，满腔热情地关心和爱护科技工作者，与他们同呼吸、共命运。特别是要结合深化科技体制改革、建立国家创新体系、国有企业人员下岗分流等新情况，及时了解和掌握科技工作者的思想状况，反映他们的意见和呼声，帮助他们解决工作生活中的困难和问题。要大力宣传党和国家的有关方针政策，对广大科技工作者进行爱国主义、集体主义和社会主义教育，宣传优秀科技工作者在市场经济条件下创新创业的事迹，全面提高科技人员的政治思想素质。科协机关要巩固“三讲”教育成果，不断加强团体自身的组织、思想和作风建设，认真搞好机构改革，积极探索有中国特色的科技团体发展道路。

同志们，改革开放和现代化建设的新形势，对科协工作提出了新的更高的要求，也提供了更加广阔的舞台。我们要在以江泽民同志为核心的党中央领导下，高举邓小平理论伟大旗帜，团结广大科技工作者，振奋精神，锐意进取，努力开创面向新世纪的科协工作新局面！

在中国科协五届五次全委会议上的讲话

（2000年1月26日）

周光召

各位委员、同志们：

中国科协五届五次全委会议已经顺利地完成了全部议程，就要闭幕了。这次会议开得很成功，内容非常丰富，而且很紧凑，符合时代特点。

在会议上，大家听取了温家宝、钱其琛副总理关于国内外形势的报告，听取了国家计委汪洋副主任关于去年经济工作情况、“九五”计划执行情况以及编制“十五”计划情况的报告，审议了张玉台同志代表常委会所做的工作报告。今天上午听取了 8 位全国性学会和地方科协负责同志的经验介绍，这些学会和地方科协做了十分出色的工作。下午又听取了韦钰、左铁镛、龚育之同志很好的发言。这次会议的报告内容精彩，讨论热烈，大家总结了经验，明确了差距，对 2000 年的工作也作出了新的部署，委员们对常委会的工作报告给予了充分肯定。总的说来，会议开得很有新意，非常成功。大家对主要问题都取得了共识，意见比较一致。下面，我谈几点补充意见。

第一，要认真学习两位副总理的报告，努力研究和掌握当前国内外形势的特点。

大家一致反映两位副总理的报告做得很全面、很深刻。我们要认真组织学习，领会精神，在认识国内外形势特点的基础上，为促进我国科技事业的进一步发展，促进科技更好地为国民经济和社会发展服务而努力。

当前，从世界到中国，由于科学技术的快速发展，全球正在形成经济一体化的潮流。在新的千年到来时，我国也进入了新的发展阶段，开始为实现第三步战略目标而努力。这几年要继续进行战略性的结构调整。我国加入 WTO 以后，还有 5 年的保护时间，5 年之后将更大范围地融入到竞争非常激烈的世界经济体系中去。我国的经济建设和社会发展已经取得了很大的成绩，创造了很好的基础。同时也要看到，确实存在很大差距，正如钱其琛副总理指出的那样，我们所面临的挑战是非常严峻的，必须要有紧迫感、危机感。

要克服差距，首先要深化改革，建立社会主义市场经济的新体制和机制。另一方面，要深入实施科教兴国战略和可持续发展战略，这对科技界和科协提出了更高的要求和期望。中央很多领导同志对科技界都很关心，昨天江总书记看望了北京市高新技术企业以及中关村科技园区的职工，并重点对科技创新工作进行了考察，我们这个会有两位副总理出席并做报告，这都反映出在新的发展阶段，中央和全社会对科技界的要求和期望更大了。

我们面临着很多需要解决的问题。比如说农业，我国生产小麦、玉米、大豆、棉花的成本比国际市场高 30%到 50%，国内市场上又出现暂时性的、低水平的需求过剩。现在即使增产，农民收入也得不到很大提高。在加入 WTO 以后，我国农业会面临更大的挑战。国有企业改革去年已经取得了很大的进展，在实现国有企业改革和脱困三年目标进程中取得了决定性的胜利，去年国有企业盈利达到了 900 亿元。但是同发达国家企业和科技发展情况相比，国有企业的差距在很多方面还在扩大。在下一步国有经济的战略性结构调整过程中，科学技术要发挥更大的作用。温家宝同志的报告中对此有很深刻的阐述。在解决体制问题后，用高新科技改造传统产业和发展高科技产业问题，就会突出地摆在我们的面前，对我们提出更高的要求。服务业、金融业也是一样，现在要实行网络化、电子化、数字化，也需要有更多的科技人才和科技投入。如果不在 5 年之内准备好，5 年之后当保护措施失效以后，我们就会陷入比较困难的境地，所以这 5 年是非常关键的时间。

由于社会向科技提出了强大需求，因此，这是科协一个大有作为的时期，是科协组织全国广大科技工作者建功立业的大好时机。家宝同志指出，中国的问题一定要在发展过程中去解决。对科协及所属团体来说，只有发展才能解决生存的问题，而发展要通过改革，要通过抓住现在出现的各种机会来实现。科协各级组织必须深化改革，摒弃不适应新形势的组织体制、运行机制和工作方式。如果我们留恋过去在计划经济体制下的那套办法，不仅发展不了，也生存不下去。所以，这 5 年有可能是中国科协各级组织通过深化改革实现大发展的 5 年，也有可能是有些团体和单位，由于保守和留恋旧的体制而被淘汰的 5 年。现在每个科协和学会组织都面临一个选择，机不可失，时不再来，这是非常关键的时刻。所以必须要深刻地研究和掌握现在形势的特点，要有紧迫感、危机感。

很多学会和科协做了非常出色的工作，比如今天上午发言的几位。从发言中间可以看到，他们在新的条件下找到了新的发展机会，在新的形势下找到了自己的位置，所以能够发展得很好。现在科协系统内的发展确实也很不平衡。上午曾庆存同志提到，现在有很多团体和单位还没有找准在新形势下的位置，没有利用新形势下出现的强大社会需求，抓住机遇，发展自己。希望大家回去后认真地学习两位副总理的报告，学习汪洋同志的报告和玉台同志的工作报告，掌握整个时代形势的特点，研究今后 5 年中，世界会怎么样，中国会怎么样，科技界会怎么样，科协会怎么样，我们所在的地区会怎么样。在此基础上确定我们的发展战略，找准自己的切入点，明确自己的位置，抓住一些可能抓住的机遇。

第二，要解放思想，转变观念，树立自主发展的观点。

在今后发展中不可能“等、靠、要”。“等、靠、要”最后只能被淘汰。要靠就是要依靠党的领导，靠社会的支持，靠大家的努力，靠我们团体自身的力量。科协和学会作为高智力集团，是社会中最有知识、最有人才、掌握现代科技的社会组织，而知识和人才是新阶段最重要的发展资本。两位副总理的报告也讲得很清楚，现在社会要争夺的是人才，是人才头脑里边的知识。所以，在新的发展阶段，各级科协及所属团体有特殊的优势。如果具备了这个优势而不能有效发挥，那么不能怪别人，只能怪我们自己不善于运用自己所掌握的最有价值的资产。我们可以看到发展是非常不平衡的，有很多单位原来很落后，很快就赶上来了。而有的单位原来发展比较快，但是很快就垮下来了。仔细分析原因，主要是人的因素。一个落后的单位有时候去了几个优秀人才，就可能很快发展起来。所以，一定要树立起自主发展的观念，要有自信，因为我们有人、有知识，只要采取正确的战略和策略，一定能够在新的阶段里发展起来。再也不能“等、靠、要”了。在发展速度非常快的时代里，时间是一个很重要的因素，早觉悟一天和晚觉悟一天差别很大。晚觉悟一天，你想做的事可能就已经被别人做了。要彻底抛弃“等、靠、要”的思想，树立起自主、自信的观念。

当前既是一个快速变化的时代，也是发展不平衡的时代。在这种时候能够很好发展的组织，都是在不断地优化自己，不断地进行变革。美国经济连续 107 个月发展顺利，就因为美国企业在不断地调整自己。前几年，美国的大公司还在不断地裁员。他们进行了持续的战略性调整，包括像微软这样的大公司都在进行调整，方向、任务、组织结构都在调整。过去微软对因特网不够重视，结果吃了亏，这两年拼命向这个方向发展。在科技发展非常迅速的时候，产业会不断调整，所有的生产关系，以及我们的组织体制和运行机制也需要不断地变革。我国的结构性调整有历史性的因素，由计划经济向市场经济过渡，需要有一个大的调整，这种调整绝不是一次就可以完成的。从计划经济向社会主义市场经济转变有很多内容，调整需要不断地进行。要适应这个情况，我们也需要不断调整。过去很多科技界的同志以不变应万变，现在看来行不通，要自主地适应变革，自主地适应新的体制，自主地实现新的发展，重庆市科协的经验就是一个很好的证明。

在国家经济社会的进一步发展中，科学技术有非常重要的作用。但是必须认识到，科学技术不是惟一起作用的因素。因此，科协要发展，必须善于团结社会上各方面的力量。我国科学技术成果转化率低，原因之一是有些科研人员认为自己是万能的，什么都要搞，从研究开发、企业管理到产品营销，什么都要抓在手里。结果虽然我国科研成果不少，但真正干成大事情的人很少，科技成果真正转化成有影响、有规模的生产力的很少。原因是多方面的，包括资金、政策、环境等。但是，很重要的一点，就是我们科技界把自己的作用估计得过高。科技成果要能够真正转化成生产力，必须实行企业家、科学家和工程师的有机结合。在转化过程中，科学研究只是一个环节，还有诸如管理环节、销售环节等。在管理和销售问题解决以后，科学技术就上升到第一位，但它并不是在所有时候都是最重要的。所以，我们需要有更多的科技企业家，需要有更多的金融专家、管理专家、销售专家和科技人员相结合，才有可能把事情做好。

第三，关于履行党和政府联系科技工作者的桥梁和纽带职责，建设“科技工作者之家”。

这是科协一项非常重要的工作，是中央交给科协的重要政治任务。要成为党和政府联系科技工作者的桥梁和纽带，建设好“科技工作者之家”，一是要努力维护科技工作者的利益，二是要努力使科技工作者能够充分发挥作用，有用武之地。全国 1800 多万科技人员中，有相当多接近退休或者已经退休的科技人员，也有大量年轻的、正在科研第一线或者已经承担科研领导职务的科技工作者。对老、中、青不同年龄层的科技人员，从事不同科技工作的科技人员，要加以分析，采取不同方法来开展工作。

首先，在现阶段，科协应该更加重视年龄偏大的科技工作者。他们是宝贵的财富，具有多年的科研经验和丰富知识。但是，现在的科研岗位和科研经费不够，有很多科技工作者接近退休年龄或者已经退休，不能再在重大科研任务最前沿去承担具体工作任务。如何继续发挥这一部分科技工作者的作用，是科协应该特别关心的。经过近些年努力，现在比较重视发挥年轻科技人员的作用，努力改善工作条件，提高待遇，当然这方面的工作做得还不够，我们应该继续给予关注和推动。现在对年龄比较大的科技工作者重视不够，实际他们完全有可能再作出新的贡献。现在有些科技工作者有失落感，有英雄无用武之地的感觉。科协没有专职的科研人员，但承担了大量工作，我们完全可以而且应该依靠这些老科技工作者。他们已经从第一线的岗位退下来了，有长期的工作经验、丰富的知识，身体基本上还是好的，科协作为“科技工作者之家”，应该更好地爱护这批同志，为他们创造更多的机会，充分发挥他们的作用。这种作用可以是多方面的，包括为经济建设服务，推动提高全民族的科学素质，受有关部门的委托开展科技咨询以及培训教育等。有个很好的例子，日本有一个专家到中国推广水稻旱作稀植技术，为我国粮食增产作出了重要贡献，这个日本人就是一个退休的教授。每一代人应该做自己这一代要做的事情，老年人不要做年轻人做的事情。科协要认真研究如何履行党和政府联系科技工作者的桥梁和纽带职责，为老年科技工作者开拓出新天地。如果老年科技工作者能把科协当做“家”，有什么成就、喜悦愿意到这里来与我们分享，有什么困难、意见愿意到我们这里来反映，这就为党和国家团结了一大批知识分子。

第二点，现在科学技术队伍正在进入新老交替的过程。要在这个过程中把科技界的优良传统继承下去，发扬光大，比如爱国、献身、求实、协作等传统。这也是我们作为“科技工作者之家”应该做的事情。应该经常去看望老科学家，体现社会对他们的尊重。对年轻的科学家，要帮助他们，扶植他们，促使他们不断成长。

同时，我们要在代际转移的时候，一方面把优良传统继承下去，也要注意想办法去掉一些陋习。比如我们存在着近亲繁殖的现象，而且一直很严重。比如说文人相轻。比如说学科的门户之见现象也比较严重。在这些方面，通过学会做工作比通过行政部门进行可能更加有利。现在很多学会都是由有多年经验的老同志在主持。这些老同志脱离工作岗位以后，相对比较超脱，超脱一点可能看问题就更加清楚一点。学会要研究本学科发展或整个中国科学发展中还存在什么问题，还存在什么陋习，在团体范围内组织讨论，形成舆论，进一步改善和振奋科技队伍的精神面貌。

第三点，我很同意刚才龚育之同志讲的要重视人文精神。“三主一家”中，其中有“两主”的对象是科技界。比如从某种意义上讲，学术交流和国际民间科技交往都是为了提高科技工作者的业务水平，这方面我们做了大量的工作。今后，我们除了继续提高队伍的业务素质以外，还要注意提高队伍的全面素质，其中包括人文精神。

学科学的人也要学一些哲学，学一些艺术，至少要有所了解，使精神生活更加丰富。这将有助于提高创造能力，树立明确的人生目标和价值观。另外，科技工作者要了解国内外的形势，了解市场的变化，掌握一些经济学的知识。少数搞纯粹基础研究的同志也许离这方面远一点，大多数的科技工作者都必须要有市场的意识，要有经济头脑，这有助于推动科研成果向现实生产力转化。还有，我们一定要站得比较高，看得比较远。不仅要看到当前社会存在的需要我们解决的问题，也应该研究这些问题解决了以后会出现什么新的问题。比如，过去农业的目标就是增产，我们做了大量的工作，取得了非常好的成绩。但是，没有想到增产带来了新问题，农产品的销售成了问题。农业和农民下一步怎么办，可能没有做好充分的准备。再如，今后 5 年要进行工农业结构性的调整，我国可能发生劳动力从第一产业向第二、三产业大量转移的现象。实际上，第二产业现在也出现劳动力过剩，要向第三产业转移。那么，第三产业能不能容纳这么多的劳动力？又如，我国现在已经进入了老龄化社会。老龄化社会会带来什么后果？中国的东部会怎么样？中部会怎么样？西部会怎么样？这些地区发展趋势如何？科技工作者需要想得更远一点，然后才能做好准备。有很多工作需要相当长时间的准备。

现在我们开展了大量的咨询活动，如果不看得远一点，咨询工作可能在短期是见效的，但是从长远看可能就会出问题。比如 10 多年前很多地方组织过发展战略讨论会，我们很多同志都参加了，每个地方提出来的发展战略差不多，结果造成了很多重复建设，很多基础的东西反而没有上去。在这个问题上，需要提高我们自己。虽然我们有很多各个领域的专家，但是要想做好咨询工作，需要有更广泛的知识。所以，办好“科技工作者之家”，重要内容之一就是全面提高科技工作者的素质，要向这个方向努力。这 5 年如果做好了，下一个 5 年、10 年，就会有一个素质更高的科技队伍，能够面对更复杂的、要求更高的局面。

刚才讲的主要是更多地关心老年科技工作者，让他们有用武之地，但是也不能放松与年轻科技工作者有关的工作，要关心他们的成长，吸引更多优秀的国外留学生回来工作。这方面的工作会有一些有关部门去做，科协更多的是要从精神层面开展工作，要大力倡导和弘扬爱国、献身、求实、团结的精神。

一年来，科协各级组织努力做了大量工作，取得了许多成绩和进展，玉台同志的工作报告中对此做了总结。从今天上午的发言来看，还要继续全面地总结经验和成绩。通过系统总结科协系统近年来的工作成绩，可以增强科协队伍的自信，鼓励先进，带动落后，也可以使社会各界更加了解和支持科协工作。

最后，利用这个机会，我代表常委会，向在科协第一线辛勤工作的同志们表示最崇高的敬意！

祝大家在新的一年中，取得更大的成绩。

祝大家春节好，身体健康。

在中国科协第七次咨询工作会议暨第二届“金桥工程”总结表彰会闭幕式上的讲话

（2000 年 1 月 9 日）

周 光 召

同志们：

中国科协第七次咨询工作会议暨第二届“金桥工程”总结表彰会，今天要闭幕了。这次会议听取了玉台同志的报告和铁镛同志的讲话，刚才善衍同志又做了很好的总结。我认为他们的讲话总结了第六次咨询工作会议以来科协各个系统所积累的经验和当前存在的一些问题，也提出了明确的指导思想和咨询工作的定位。我完全同意他们的讲话。

下面我谈几点个人意见，供大家参考。

第一点，简单谈一下当前形势对科技工作的要求。

大家知道，在世纪之交到来之际，有几个很明显的特点。一是科学技术在飞速地发展，发展的速度越来越快。谁掌握了最先进的科学技术，谁的经济发展和综合国力就会增强，谁没有能够掌握现代科技，没有把它转化成为现实生产力，这个国家的经济和综合国力就要落后，这是时代的一个很鲜明的特点。在科学技术飞速发展的同时，经济的全球化在快速发展，政治的多极化也在进行。当然一极独霸的局面不可能在短时期内改变。美国现在不仅超越了发展中国家，而且也超越了很多其他的发达国家。目前，信息科技和生物科技走在了最前面，已转化成生产力。在这种形势下，要打破美国的霸权，有一个长期斗争的过程。但是世界政治的多极化是不可逆转的趋势，在世界各国共同努力下，下一个世纪一定会出现一个政治多级化的局面。经济的全球化和政治的多极化将成为时代的另一个重要特点。第三个特点，由于发展的速度很快，不平衡发展就变得非常突出。现在贫富差距不是在缩小，而是在扩大，这不仅在全球范围是这样，在我国国内也是这样。不同地区之间，由于掌握科学技术、发展现代产业的速度不同，进入市场的先后和占领市场份额就不同。现在绝对的差距在扩大，虽然每一个地区都在发展，现在西部也在发展，东部也在发展，但只要调查一下，东部最富的地区和西部最穷的地区之间的差距显然是在扩大。这种不平衡发展，对每个企业都会产生很大的影响。现在在很多地方都可以看到，前几年一些名牌的企业，包括在电视上那些投巨资做广告的企业，没有两年都下来了。而另外一些企业，在很短的时间里又能够很快起来，企业业绩的涨落幅度是在加大。一方面表明风险很大，另外一方面，也反映出现在有很大的机遇，落后可以赶上先进。有很多在前几年还是规模非常小的产业，能够很快发展起来，或者有一些亏损的，包括国有企业，进行一些改组和技术革新以后，也能很快成长。先进者一旦骄傲自满，一旦满足于现状，很快就会下来。所以这就会给落后地区、落后国家带来新的机遇，如果能够做好充分的准备，能够抓住出现的机遇，是有可能很迅速地赶上去的。

小平同志说过，发展是硬道理。依靠现代科技和现代市场经济的规律，发展迅速的一些产业，内部的凝聚力和吸引力在不断增强，人才、资金都向这些地方集中。反过来，如果发展缓慢，甚至于不发展的这样一些企业或者单位，它内部的离心力就要增加，变会出现各种各样的问题和危机。在这样一个总的形势下，我国要迈进新的世纪，要实现在下世纪中叶达到中等发达国家水平的第三步战略目标，这在全社会已经有了共同的认识，就是要通过科教兴国，通过可持续发展，实现这两个战略来达到我们的目标。所以在这个时代，科技和教育，至少从理性上已经广泛受到了社会的重视，这一系列的情况都反映出来，首先是政府很重视，各个地方都普遍增加了对科技和教育的投资，包括科普方面的投资，现在有很多省市也在大幅度地增加。

另外一方面，从社会上来看，有一段时间，学生考大学以后就不愿意学习了，甚至于有很多人不愿意上学就去赚钱，这种情况现在已经基本上转变了。这就说明我们这个社会对科学技术已经有了一个新的认识，而且已经达成了一个共识，就是要通过实现科教兴国和可持续发展战略，来实现我们的战略目标。这对科技界、教育界，包括科协在内，一方面很受鼓舞，另一方面，就是要承担更多的历史责任。在中国发展的过程中，中国的民族、中国的历史赋予了中国科技界新的、更伟大、更重要的任务。

第二点，谈一下对科协咨询工作重要性的认识问题。

刚才玉台同志和善衍同志都谈到了，科技咨询是科协的一项重要工作。科协的宗旨是一个中心、两个坚持、四个促进。四个促进中，有两个是涉及我们的，一个是学术水平的提高和科技的繁荣与发展，一个是促进队伍的水平提高及科学家、人才的成长。另外两个促进就是要促进科学的普及，促进科技与经济相结合。现在社会对科技有了很高的、统一的、理性的认识。为什么说它是理性的认识呢？因为现在还不是感性的切身感受。尽管有这样的认识，但是在具体问题上，某一个企业，某一个单位，在处理各种问题上是不是首先要用科技和教育来解决问题。因为这方面要解决问题需要长期的努力，要进行长期的投资。教育，培养人才都得十年以上，有很多科学技术也不是说一有问题，找到一个技术就能够解决的。而且我们从有些发达国家经验也可以看出，比如说美国，它一直很重视科学技术，但是一旦科学技术变成相对封闭的系统，它只管它自己的发展，而不去研究和解决社会中出现的重大问题，有些是科学技术发展带来的新问题，比如说环境问题，克隆技术可能带来的问题。这个社会尽管深受科学技术的好处，可是仍然会对科学技术产生怀疑。因为他们从切身的感受中，可能会觉得并不需要科学技术。现在美国的某些地方就发生这个现象，所以他们的科学家，特别是科学院还有科促会非常关心这个问题，最近一直提出来，把科学的普及，科学对政府的咨询放在非常重要的地位。但我们国家要使得科学技术的事业真正能够持续地在中国繁荣发展，必须让最优秀的年轻人才能够源源不断地进入到科学技术体系，而且能够成才，还要有相当一部分为政府和科技与经济决策提供咨询的人才，要真正让科学技术在经济和社会发展中发挥出重大的作用。所以没有后面这两个促进，对社会的促进也就起不到持续发展的作用。因此，现在我们不做好科技咨询和科学普及工作，促进科技与经济相结合，促进社会的发展，将来就不可能使科学技术在中国持续地繁荣起来。所以这件事不但是为社会所尽的义务，也是形势发展的需要。

我们各级科协及所属团体和地方机构，都要清醒地认识到，做好科技咨询工作是社会发展的需要，是经济建设的需要。

第三点，我简单谈一下，怎样才能把咨询工作做好。

刚才他们几位都谈到了科协的咨询工作，还有“金桥工程”，或者叫做大咨询工作。这项工作既促进科技与经济相结合，也促进社会的发展与进步。

科技咨询有几种类型，其中一个很重要的，也是他们反复强调的，就是决策咨询，对宏观经济的咨询，这是科技咨询的重要组成部分。对宏观决策咨询他们讲了很多意见，我想补充一点，咨询工作是多学科的、综合的、很复杂的工作。必须要有社会科学人士参加，我们科协并没有社会科学的协会，希望各个地方在研究这个问题时，要注意与社会科学有关的协会联合。因为宏观决策不是一个简单的技术问题，它涉及到市场、涉及到经济结构、社会均衡发展、各区域的平衡等一系列问题，这些问题不是简单的自然科学能够完全包含在内的。所以在做好这项工作时，科协要主动去联合社会科学界来共同进行，这样将来才能得到比较正确的、全面的、真正科学的咨询意见。

要做好这项工作，时间性是非常重要的。有些问题如果提得太早，社会对它没有认识，当时的迫切性不高，咨询结果就起不到应有的作用。如果社会已经不能忍受，已经从各种角度把这个问题提出来了，再去咨询，也不能发挥有效的作用。所以要做好咨询工作，时间要选择好。要做到今年所做的咨询刚好就是社会明年发生的问题，假定我们在发大水之前几个月就提出了咨询意见，说如果不改变森林在上游被破坏的状况，必然要导致大的水灾，而几个月后果然出现了大水，这样的咨询就会被人重视，作用就能发挥。刚才铁镛同志讲怎样才能发挥咨询应有的作用，我觉得预见性是非常关键的，就是要掌握恰当的时间。在社会还没有完全认识，而这个问题已经呼之欲出，我们做好了影响就大。比如说农业，农业原来的问题很大，供不应求，但是没想到现在出现某些方面的供过于求，结果没有思想准备，我们科学家就要有这个预见性，要预见会出现供过于求的问题，否则一旦出现，措手不及，对中国农民，对农业的发展就会带来不利的影响。所以我们要进行战略性的研究，对任何问题都要想得长远一点，周密一点。要看到事物发展中可能出现的问题。而且要从正反两个角度去研究。如果有了经常性的、战略性的研究，从发展的角度来观察中国的社会，来预计在一段时间之内可能存在什么问题并进行战略性的咨询和研究，在问题出现之前就向社会提出咨询意见，这样才能发挥更大作用。

第四点，谈一下科协咨询业的重点和发展问题。

现在有的城市希望对城市的发展方向进行咨询，对产业结构和新的增长点比较关心。这个问题我已经讲了，要联合社会科学家去做。从我们自己来讲，我觉得要有全局观念。现在有很多重复建设也并不是当年没有经过当地的可行性论证，也不是没有咨询过当地科技界的意见。但是这些产业现在看起来在很短的时间内，就由于重复建设而产生了供过于求，处于非常困难的境地。所以我们在做咨询工作时，一定要非常谨慎，要有对全国市场的分析，特别是要对国内有这方面优势的企业或城市产业进行对比分析，还要对国际市场相关产业的对比分析，而不是在一个城市的范围内就事论事。如果从本地小的局部出发，就做出决策，常常有可能最终发现有问题。当然我们每一个地方的同志，每一个地方科协的同志都希望自己所在的地区发展起来，这是毫无疑问的，但必须站在更高的角度来分析，这样才能提出中肯的意见。现在搞产业结构有一个趋同性，计委也提出来，就是每一个地方搞的项目都一样。比如汽车，都要搞，而且都要搞整车装配。现在稍微好一点，广东提出来愿意搞零部件。大家都要搞同样的东西，在生态学上就是处于同一个生态位，处于同一个生态位，那生存空间的竞争势必是非常残酷。只有处于不同的生态位，才能协作，才能形成良好的协作系统。如果每个人都想当老大，肯定就不行了。所以说要根据对本地区以外的、更加全面的和对市场竞争对手的分析，来提出我们的咨询意见，这是宏观的。

从微观方面看，要对每个具体技术成果进行研究，其中最关键的就是要有灵通的信息，刚才我们讲要建立一个信息网，就是要知道这项技术有多少年的寿命，会不会被新的技术所替代等等。不然我们用一种技术刚刚把一个企业救活，又被另一项技术给打倒，这样的咨询也是不成功的。

此外，咨询要树立自己的形象，要树立自己的形象，就要做出使人心服口服的咨询，它不仅是当时解渴，而且过了一段时间检查起来，是经得起时间考验的，如果我们能够不断提出这样的咨询报告，我们的咨询事业就会真正发展起来。咨询是第三产业的一部分，国家机构或者群众团体搞咨询产业，其性质更多偏重公益性，目前出现了很多私人咨询机构和中介机构，还有一些跟群众团体或者跟机关脱钩的企业性咨询机构，他们加入进来，就会形成激烈的竞争。在这个竞争中，我们要想想我们的特色是什么？重点是什么？也就是说要明确在整个竞争中我们要占领什么样的生态位。

善衍同志也提到了，我们有几百万、上千万科技人员作为我们的后盾，这是我们区别于其他咨询单位的一个优势，有优势并不等于就能把这个优势发挥出来，需要我们认真地研究自己的特色，而且要研究怎样通过改革，真正把这些特色发挥出来。虽然我们依靠的是广大的几百万上千万的科技人员，毫无疑问这里面有很多的专家，他们有很多专业知识。但是真正形成高质量的报告，关键还得靠咨询部门的负责同志的水平和素质。所以我很同意善衍同志讲的，要使这批人的素质不断提高，这批人需要更广泛的知识面，要和科技界有广泛的联系。刚才讲只是自然科学界，还有社会科学界，还要有实践经验的计划和经济部门的同志，要跟他们有广泛的联系，有多方面的信息来源，要善于从众多专家意见中做出选择。大家很清楚，专家的意见并不见得会一致，常常因为角度不同，所得出来的看法和意见也不一样。这样常常需要做出一个抉择。当然每一种意见都是有一定道理的，不能把这些意见都罗列起来向上面报告，总得有一个选择，这个选择对咨询报告的质量至关重要。这里面主要专家和负责人，以及科协同志的素质，是解决整个咨询报告的质量，咨询工作的质量的关键。所以咨询队伍的建设和人员素质的提高，是搞好今后咨询工作的重要方面。

各级科协及所属学会，都要关心和重视咨询工作，要把咨询干部选好，把咨询队伍建设好，要不断创造条件，让我们的咨询工作干部学习新的知识，增长新的才干，要创造条件，让他们跟社会各界有更多的的接触，得到更多的信息，要掌握现代咨询手段，比如刚才讲的中国科技咨询信息网，网上有很多信息，要去掌握网上的信息不是很容易的事。对我们科协自己的网，除了能够上网之外，真正建立一个有用网站，要有自己的内容，有它的数据库，那不是一件很简单的事。所以基础建设和人员素质的提高，是做好咨询工作的重要方面，是关键的一个因素。在这个基础上，把科协各方面的积极性调动起来，依靠几百万科技人员，依靠他们的专长和智慧，只有这样，才能把科协的咨询工作做大做好。

最后我想强调一下，今后会有很多以营利为目的的咨询企业出现，在市场经济下展开激烈的竞争。科技团体所建立的咨询机构，应该是非营利的单位，当然它可以在提供服务的同时收取一定的咨询费用，它的目的是四个促进，这一点我们任何时候都不能忘记。当然我们在运行机制上可以有适当的灵活性，要调动大家的积极性，但是我们的宗旨，就是整个科协的目标，一个中心，两个坚持，四个促进，这是任何时候都不能忘记和不能脱离的。而且也只有这样，科协的咨询机构才能在任何时候都保持客观、公正的性质，而客观公正性是将来科协咨询组织能够赢得社会声望的非常重要的一个方面。如果我们真正做到了这一点，哪怕在一段时间内，我们的咨询报告和社会一些流行的看法有所不同，但只要它是科学的、客观的、公正的、它就能够经受时间的考验，就能够在以后为历史的发展所证实，就会提高科协工作的信誉，使得这项工作能够持续地发展下去。科协任何时候都必须把公众的利益摆在第一位，而不能只顾自己的利益，只有这样，我们的咨询工作才能走上正确的方向，才能不断地发展下去。

最后我向今天“金桥工程”获奖的单位和同志们表示祝贺，向广大的科技咨询工作者这些年来所付出的辛勤努力和取得的成绩表示我的敬意。

谢谢大家。

中国科协2000年学术年会开幕词

（2000年9月17日）

周 光 召

各位代表，各位来宾，同志们，朋友们：

在美好的金秋时节，在具有悠久文化传统的古都西安，中国科协2000年学术年会隆重地开幕了。我代表中国科学技术协会，向全体代表和各位来宾表示热烈的欢迎！

为了贯彻落实科教兴国战略和可持续发展战略，集中展示我国各学科最新科研成果，提倡不同学科间的交叉、渗透和综合，提高学术交流的水平与质量，促进人才成长，促进科技与经济相结合，中国科协决定，要充分发挥中国科协及所属学会跨学科、跨部门、跨地区、跨行业的优势，从1999年起实行学术年会制度，每年举办一次综合性、多学科、开放性、大规模的学术会议。1999年10月，在浙江省杭州市召开了首届年会，取得了圆满成功。

本届年会的指导思想，是认真贯彻江泽民同志关于“三个代表”的重要论述，通过召开学术年会，充分发挥中国科协在组织开展学术交流方面的主渠道作用，创造贯彻“双百”方针、提倡先进文化的学术氛围，进一步激发和调动广大科技工作者的积极性和创造性，抓住机遇，迎接挑战，知难而进，勇攀高峰。本届年会在我国西部地区召开，其目的是贯彻落实中央关于西部大开发战略决策，组织和动员广大科技工作者为西部大开发作出贡献。因此，确定本届年会的主题是：“西部大开发：科教先行和可持续发展”。

我国西部地区是国土辽阔、能源矿产资源丰富、少数民族聚居、生态环境退化、人民生活相对贫困的地区。西部大开发战略是在我国进入21世纪，为缩小地区差距、民族差距、贫富差距，为开发边疆，实现共同富裕，达到中等发达国家水平而采取的重大决策。西部大开发不仅对中国实现可持续发展具有重要意义，而且它的成功将为世界缩小南北差距，消除贫困提供范例，具有世界意义。

喜马拉雅山和青藏高原在印度板块与欧亚板块的碰撞作用下隆起，形成了中国西部独特的地理环境，并改变了亚洲大气环流的路线。没有青藏高原的隆起，长江下游就没有来自海洋的夏季风，将成为干旱地区，也就没有鱼米之乡的江南。相反，北方将不会像现在这样受西伯利亚—蒙古高压形成的冬季风的肆虐，不会形成沙尘滚滚，不断扩大的荒漠、黄土地和沙漠。长江、黄河从高寒的青藏高原冲破崇山峻岭，直泻而下，巨大的落差蕴藏着丰富的水电资源。同时，山坡陡峭，土层稀薄，植被的形成期长，一旦被破坏将带来严重的水土流失，一方面大江大河泥沙滚滚，另一方面石山秃岭比比皆是。在这样一个土地辽阔，人口众多，地理环境和景观独特，能源、矿藏和生物多样性丰富，同时土地贫瘠、人民贫困的中国西部，利用现代科技治理生态环境和合理开发资源，建设一个现代化的、经济繁荣、环境优美的地区，是世界经济、社会发展史上的创举，是对我国科技界、产业界和各级政府的巨大挑战。

西部大开发已经激起了广大群众的热情，各地都在制定生态环境治理、基础设施建设、发展高新技术产业和吸引优秀人才的计划，一个大规模退耕还林还草的热潮正在兴起。但是，这种热情能不能持久，采取的措施是否长期有效，取决于各级决策是否科学，能否经受长时间实践的考验。

以西北地区治理沙漠为例，许多科技人员在沙坡头、毛乌素、塔里木等沙漠地区进行了长期观察试验，已经充分证明，只要有水，沙漠完全可以变为绿洲。但随着水资源的动态变化，沙漠植被将相应发生变化。兰州沙漠所的科技人员在沙坡头长期观察试验，发现早期人工种植的耐旱灌木，虽然一度长势喜人，但经过三四十年，在没有人工灌溉的条件下，尽管年降雨量变化不大，除油蒿外的耐旱灌木都因地下水位下降而死亡。这说明，要绿化大西北，水是关键，植树种草要量水而行，保证水的持续供采平衡才能使树、草长期存活。水的循环涉及全球气候变化、径流和地下水状况，湖泊和水库蓄积，植被和地面蒸发量，还涉及地区经济发展、人民生活用水量的增长和水利用效率的高低。决定水的持续循环主要是宏观因素。搞好局部地区绿化，需要从全流域甚至全球变化的角度进行水资源的测算和合理利用，在此基础上制定科学的规划和实施方案，长期坚持方能取得成功。我们已经有过不少的经验教训，常常一个局部地区的绿化，开始时长势很好，一段时间以后，或是水源枯竭而植被衰退，或是截留下游水流过多，造成下游植被死亡，甚至引起下游地区加快沙漠化进程。

这样一项复杂的系统工程，需要先行开展多学科的科学研究，持续进行观察和科学实验，从微观到宏观，从单学科到多学科，综合分析，上升为科学的认识和理论，再返回实践中加以证实和完善。长期以来，我国一批科学家扎根西部的沙漠、黄土高原、荒漠、草原和冰川冻土，在十分艰苦的条件下，长期进行观察试验，和当地群众一起研究治理西部国土的科学道路，取得了许多宝贵的经验，做出了可喜的成绩，许多单位和科学家得到了国际科学界和联合国的表彰，他们是中国科技界一支宝贵的、值得骄傲的队伍。但是，令人担忧的是，在西部大开发的热潮中，一些过去做出优异成绩的单位却没有得到应有的重视，他们的人才在继续流失，他们的经费仍然短缺，他们得不到有关的信息，以致不能和东部的单位平等地竞争有关西部环境的重点课题。我希望各级政府和舆论界能给以关注，应当给他们更好的工作和生活条件，以西部环境生态为主的研究投资应当向西部的大学和研究机构倾斜。我更希望西部这些单位的领导能加快转变观念，不能等、靠、要，而是自觉主动地进行结构调整和体制改革，调动自身科技队伍的积极性，增强竞争能力，尽快适应发展中的大好形势。

西部大开发要落脚到提高西部人民的生活和社会发展水平，要为在中国实现可持续发展打下坚实的基础。西部生存条件的好坏决定于生态环境的保护和改善，西部的富裕则有赖于高新技术产业的发展和用高新技术对传统产业的改造。这些都不是一朝一夕之功，需要资金、技术、人才等要素的投入，更需要社会科学文化水平和劳动力素质的提高。这是一项长期任务，需要几代人的持续奋斗，既要抓住机遇，加速发展，又不能急于求成，违背客观条件的可能和市场运行的规律。我们要从长远的全局利益出发，制定有充分科学根据的实施规划；又要从现实的情况出发，把解决当前人民的贫困，提高当地人民的生活、教育、科技和文化水平作为工作的起点，用实际的范例激发起当地群众尊重知识、尊重人才、尊重科学的热情和学习的热潮，学习现代科技知识、现代管理知识、现代金融知识和市场经济规律，以开放的姿态，宽广的胸怀，吸引聚集世界的企业和人才，通过学习走向创新，通过引进达到自主。这样，西部大开发的工作，必能持续地按照科学规律和市场机制，一代一代人坚持进行下去。

西部大开发是全国乃至世界科技界关注的大事，也是全国科技工作者建功立业的大好机会。无论是生态环境的观察试验和保护、资源的勘探和合理利用、传统产业的技术改造、高新技术产业的创建和发展，还是科学知识的普及、教育水平的提高，都需要一支献身于西部开发事业的知识大军。中国科协的各级组织要为投身西部大开发的科技工作者提供有效的服务，为他们穿针引线，介绍对口的单位和所需的成果，为他们反映存在的问题，使他们的工作能够产生有益的结果。目前，全国有一批中老年科技工作者，一部分已过退休年龄而身体很好，中国科协应当帮助他们自己组织起来，充分发挥他们的积极性，发挥他们经验和知识丰富的优势，遵循市场经济的规律，在开发中西部的战斗中再创一番事业，为人民再立新功。

本届学术年会将设立西部大开发主会场，一些著名科学家、中国科学院和中国工程院院士、国家有关部门负责同志和陕西省的领导同志，将就西部大开发总体思路、西部公路交通建设、中国现代林业与西部生态环境建设、西北地区水资源开发利用问题、黄土高原综合治理等问题作专题报告。在各个分会场上，专家学者们将围绕西部大开发中的科教与人才，资源开发与环境保护，能源、交通等基础建设，特色经济和产业结构调整，西部大开发的发展模式和新思路等专题，进行充分的学术交流和探讨，为西部大开发献计献策。希望专家学者们的思考和建议，能为西部开发有关决策提供帮助和参考。

本届学术年会还将围绕21世纪科学技术发展问题开展广泛的学术交流和讨论。20世纪的科学进步不仅使人类对世界从宏观到微观有了更深刻、准确的认识，而且从根本上改变了人类生活和世界的面貌。以物理学和数学发展为先导，在核科学技术、微电子与信息科学技术、生命科学与生物技术、化学和新材料研究、空间科学技术、资源环境等众多领域取得了巨大进展，极大地提高了人类对自然的认识能力。随着新技术的不断发明和大规模采用，科学技术已广泛地影响着人类社会生活的各个领域，改变着人们的思维方式、生产方式和生活方式，科技创新已成为一个国家实现跨越式发展，提高综合国力和国际竞争能力的基本保证。

在21世纪，知识的生产、传播和应用将成为社会发展的决定性因素。科学与技术的密切结合和相互作用将更加紧密，从科学发现、技术创新到转为商品的周期会越来越短。信息科学技术和新材料将继续发挥前导作用，生命科学、生物技术和纳米科技将获得空前发展，成为未来科技的核心，空间科学、地球科学、海洋科学、资源环境科学和新能源技术都将成为高速发展的前沿领域。高技术将成为市场竞争的重要领域。科学在继续分化的同时，将更多地呈现交叉和综合的趋势，新兴学科和交叉学科会不断涌现，自然科学家、工程技术专家和社会科学家将在全球范围内密切合作协同，研究复杂体系，为解决人类面临的诸多全球性问题提供科学依据。科技发展使人类有可能对自然资源更加合理利用，实现人与自然的和谐发展。科学普及在21世纪也将会提高到更重要的位置，未来科学技术不应是专家的专利，而是公众都可以享有的人类精神文明成果，公众科学素质的提高，科学精神的培育，科学思维方式的形成，在人类文明发展进程中将显得日益重要。

进入21世纪，我国将开始实施第三步战略部署，进入加快推进现代化的新的发展阶段，在21世纪中叶基本实现现代化。要在新世纪实现中华民族的伟大复兴，就必须坚定不移地实施科教兴国战略和可持续发展战略，努力推动科学进步，加强技术创新，发展高科技、实现产业化，从国情出发，实现跨越式发展，这是我国当代科技工作者的历史使命。我们要努力创造宽松的学术环境和学术氛围，进行无拘束的学术交流。要开展跨学科的综合性探索，启迪思维，开阔视野，产生创新思想和新的知识生长点，不断发现和培养在下一世纪能肩负发展中国科技重任的优秀人才。

本届学术年会设立了特邀报告主会场，一些著名科学家和两院院士，将围绕中国文化与科学技术、科技创新、21世纪生命科学、人类基因组计划、21世纪网络通信技术发展等问题作专题报告。年会还安排了21世纪的中国科学与技术，信息科学与微电子技术，生命科学与生物技术，材料科学与制备技术，地球科学与观测技术，资源、生态与环境科学，工程技术与重大项目论证，农学和农业产业化，现代医学和健康，知识经济和创新意识，技术创新跨越与高科技产业化，国有企业改革与发展等12个分会场和2期青年科学家论坛活动，将有1500多位专家学者做学术报告，4500多位与会专家、学者将围绕学科发展、科技进步、经济与社会发展方面的重点、热点问题，充分发扬学术民主，广泛开展学术讨论。相信本届年会作为国内规模最大的学术交流活动，将为我国西部大开发的宏伟事业，为推动学科发展，促进人才成长，促进科技与经济相结合，提高我国科学技术整体水平，推动我国科技事业在 21 世纪的取得新的发展作出贡献。

祝中国科协 2000 年学术年会取得圆满成功！

中国科协第五届全国委员会及常务委员会会议

认清形势 把握大局 面向未来 开拓进取 全面推进世纪之交的科协工作

——在中国科协五届五次全委会议上的工作报告

（2000年1月24日）

张玉台

各位委员、同志们：

我受常务委员会的委托，向全国委员会作工作报告，请各位委员审议，请各位列席会议的同志提出意见。

1999年工作回顾

1999年，是在我们党和国家的历史上具有特殊意义的一年。我国各族人民隆重庆祝了中华人民共和国成立50周年和澳门回到祖国的怀抱，开展了声讨以美国为首的北约轰炸我驻南斯拉夫联盟共和国使馆的野蛮罪行、揭批李洪志及其“法轮功”邪教组织、反对李登辉的“两国论”等三场重大政治斗争。一年来，各级科协及所属团体认真贯彻党的十五大，十五届三中、四中全会和全国技术创新大会精神，贯彻中央书记处的指示和中国科协五届四次全委会议精神，坚持以经济建设为中心，从群众工作和科技工作两个方面努力为全党全国工作大局服务，为实施科教兴国战略和可持续发展战略贡献力量，各项工作取得了新的成绩。

一、在三场重大政治斗争中与党中央保持一致，积极发挥人民团体作用，为维护国家主权和社会稳定作出贡献

去年，中国科协各级组织及所属团体积极投入三场重大政治斗争，坚决同以江泽民同志为核心的党中央在政治上保持一致。4月25日“法轮功”练习者聚集中南海周围事件发生后，中国科协及时向中央领导同志报送了对李洪志和“法轮功”邪教组织散布歪理邪说、毒害群众的揭发材料，并根据中央的指示，率先组织科技专家在因特网上点名揭批李洪志及其“法轮功”邪教组织。根据中央的部署，各级科协及所属团体动员、组织广大科技工作者，通过召开座谈会，举办讲座、报告会、图片展览，出版图书、漫画挂图、音像资料、干部读本，与电台、电视台合作宣传等多种形式，旗帜鲜明地投入对“法轮功”邪教组织的斗争，发挥了人民团体在维护社会稳定中的重要作用。辽宁省本溪市青年知识报社早在1998年就编发了揭批李洪志及其“法轮功”的文章，屡次遭到围攻，中国科协、辽宁省科协号召各级科协及所属团体、各地科技报社向青年知识报社学习，站到揭批李洪志和“法轮功”邪教组织的最前列。广西壮族自治区科协所属报刊、出版单位与中国自然辩证法研究会对长期坚持向伪科学作斗争的科技工作者颁发了“反伪科学突出贡献奖”。通过召开座谈会、发表声明等方式，严厉声讨和谴责以美国为首的北约

轰炸我驻南使馆，批判李登辉的“两国论”，与台湾分裂势力作斗争。

二、开展“三讲”教育，从讲政治的高度进一步明确了科协工作的方向

在党中央的统一部署下，各级科协把“三讲”教育作为当前党的建设的重中之重认真抓紧抓好，以高度政治责任感投入“三讲”教育，受到了一次深刻的党性党风教育，找准了在党性党风方面存在的主要问题，增强了贯彻党的路线方针政策的自觉性。目前，中国科协和各省、自治区、直辖市科协的“三讲”教育已告一段落。通过“三讲”教育，进一步认识到必须从讲政治的高度，深刻领会中央书记处关于科协必须做好科技工作者工作指示精神的重要意义，要从群众工作和科技工作两个方面全面把握科协在全党全国工作大局中的地位和作用，履行好人民团体的桥梁、纽带职责，建好“科技工作者之家”，充分发挥国家发展科技事业重要社会力量的作用，深化改革，开拓创新，把科协工作提高到新的水平。

三、坚持以经济建设为中心，促进科技与经济相结合，为国有企业改革和农业、农村经济的发展贡献力量

去年，各级科协及所属团体努力贯彻党的十五届三中、四中全会精神，促进科技与经济相结合。为发挥科协所属学会的优势，为国有企业科技进步和提高经济效益服务，1997 年国家经贸委和中国科协商定开展“千厂千会协作行动”。两年来，各级科协所属学会与国有企业结成了近 2 000 个协作对子，已取得了明显的阶段性成果。重庆市质量管理学会和四川兵工学会为建设工业（集团）开展技术咨询服务，使其 1998 年全年降损 1 246 万元。汕头市自动化学会帮助公元感光工业总公司对设备进行全面改造，使多年停产的企业重获生机，实现年产值达 1 亿元，解决了近千名职工的就业问题。在去年 5 月召开的“千厂千会协作行动”经验交流暨表彰大会上，向 130 个企业、126 个学会、6 个企业科协颁发了优秀组织奖，推动了“千厂千会协作行动”深入开展。

一年来，各地农村专业技术协会在党的十五届三中全会《决定》关于“扶持农村专业技术协会等民办专业服务组织”精神的鼓舞下，有了进一步的发展和提高。四川省科协在抓好典型的同时，对农技协推行股份合作制试点，温家宝副总理在四川视察时，对该省隆昌县家禽技术服务协会和县科协的工作给予充分肯定。现在，全国 11 万多个农技协中，年产值超过 5000 万元的已有近百个。在去年 12 月召开的全国农技协发展研讨会上，先进农技协的代表交流了经验，研讨了新形势下农技协的发展方向、思路、任务和措施，决心为农业增产、农民增收、农村经济全面发展作出更大贡献。

去年，各地科协不断推动科技扶贫“8111 工程”深入发展。中国科协向山西吕梁地区派出了第九届科技扶贫团，组织中国昆虫学会等学会、高等学校、科研单位的专家，对 1.3 万人次的农民开展了实用技术培训。中国青少年科技辅导员协会组织“扶贫助教”讲师团，对吕梁地区 3 个县近 700 名教师进行了教学辅导。与联合国儿童基金会合作的“社区非正规教育项目”在 120 个贫困县实施，举办科技展览、咨询、讲座活动 5 487 次，受益人数 367 万；举办实用技术培训 3 099 次，46 万人受益；举办青少年科技活动 1 364 次，有 543 万名青少年参加了活动；为 6.8 万名校外儿童（其中女童 4.4 万人）提供了技能培训。

去年，为推进科技中介服务，促进科技成果转化为现实生产力，科技咨询、“金桥工程”和“讲理想、比贡献”竞赛活动继续深入开展，取得新的成效。中国科技咨询服务中心举办的 ’99 全国技术创新项目洽谈会，洽谈项目 6 000 余项。宁夏回族自治区科协为科技工作者举办了 50 多期星期六科技市场。不久前召开的中国科协第七次科技咨询工作会议暨“金桥工程”总结表彰会，总结了 1992 年第六次科技咨询工作会议以来的工作，明确了新形势下进一步做好科技咨询工作的方针、目标和任务，表彰了 105 个“金桥工程”优秀项目和 103 个先进集体和先进个人。

四、紧紧依靠科技工作者，广泛开展学术交流活动，促进科技进步、学科发展、人才成长和决策科学化、民主化

去年，各级科协及所属学会努力提高学术交流的质量和水平，塑造学术交流主渠道的社会形象。在各全国性学会、地方科协积极组织和浙江省委、省政府，杭州市委、市政府，省、市科协及浙江大学的大力支持下，中国科协首届学术年会10月在杭州市召开，3 100名科技工作者到会，在1个主会场和27个分会场做了学术报告和研讨，体现了大规模、综合性和面向社会的特点。由中国科协、中国工程院、陕西省人民政府主办，西部10个省、自治区、直辖市科协协办的中国西部生态重建与经济协调发展学术研讨会8月份在西安市召开。朱镕基总理、李岚清、温家宝副总理对与会专家提出的《关于加快西部开发，大力改善生态环境的建议》作了重要批示。温家宝副总理还就中国科协组织院士、专家对全国松材线虫病进行考察后上报的治理对策建议作了重要批示。根据朱镕基总理、李岚清副总理的指示，中国科协会同中国科学院、中国社会科学院、中国工程院、国家自然科学基金委员会等单位，于8月召开了科教兴国国际研讨会，国内外一批著名科学家、教育家、经济学家、企业家出席会议并作报告，就如何推进科教兴国战略的实施进行了研讨。

一年来，全国性学会和地方科协还围绕经济、科技和社会发展重大问题，举办了许多具有重要影响的学术活动。各全国性学会举办国内学术活动2 000余次，国际学术活动100余次。中国地理学会结合庆祝学会成立90周年举行了学术年会；中国畜牧兽医学会在“21世纪畜牧业可持续发展与人类健康”论坛活动后，上报了有关解决注水肉问题的建议，得到朱镕基总理的高度重视；中国系统工程学会公布了我国第一本《系统科学》教程的编写大纲征求意见，在推进系统科学的发展中迈出了坚实的一步。中国建筑学会承办的第30届世界建筑师大会，有包括2 300名外籍人士在内的6 100人出席，被国际建筑师协会评价为历次大会中最成功的一次。中国自动化学会成功地组织了国际自动控制联合会第14次大会，国内外2 000多名专家学者出席了会议。中国金属学会连续三年召开中国钢铁年会，国外18个国家近80位专家应邀出席，对我国钢铁工业优化结构、增强竞争力提供了有益的信息。中国农学会与有关研究单位合作举办的水稻遗传国际学术研讨会，得到国内外学者的肯定和赞誉。江苏省、天津市、河北省科协举办了综合学术年会或论坛。黑龙江、山西、山东省科协集中专家们的意见提出的建议，得到省领导和有关部门的高度重视。江西、广东省科协与香港科技协进会、赣州市人民政府联合举办了京九铁路南段沿线地区资源开发利用与可持续发展研讨会。福建省科协隆重举行了第100期科技月谈会。内蒙古科协举办了21世纪中西部地区经济与环境可持续发展国际学术研讨会。

去年，青年科学家论坛活动累计已达50期，使1 300名青年科学家有机会参加高层次的学术交流，有效地促进了优秀科技人才的成长。

在财政部的大力支持下，中国科协与国家自然科学基金委员会联合筹资580万元，经专家评审，对有代表性的126种基础性、高科技学术期刊进行了资助，改善了50个期刊的办刊条件。去年12月，中国科协主管的《中华医学杂志》、《电子学报》、《航空知识》等18种期刊获得“国家期刊奖”。

五、高举科学旗帜，大力普及科学技术，为提高全民族科学素质而努力

去年，各级科协及所属团体进一步提高了对弘扬科学精神，传播科学思想，提倡科学态度和科学方法的重要性的认识，加强了这方面普及宣传工作的力度。

在近年来坚持举办“捍卫科学尊严、破除愚昧迷信、反对伪科学”论坛的基础上，年初，在常委会促进自然科学与社会科学联盟专门委员会的领导下，在各省、自治区、直辖市科协和100个县级科协的共同努力下，开展了第二次“社会公众对未知现象的看法的调查”和“愚昧迷信活动对农村地区的影响”

两项全国性调查活动，产生了较大的社会影响。“法轮功”事件说明，提高全民科学素质十分必要和紧迫。经中国科协五届十四次常委会议审议通过，向党中央、国务院报送了《关于实施〈全民科学素质行动计划〉的建议》，为贯彻党的十五大精神，建议在新中国成立50周年时，从中华人民共和国100周年即2049年时全体公民都具备科学素质这样一个远景目标出发，作出50年的长远规划，制定和实施面向全体国民、发挥全社会作用的提高国民整体科学素质的国家计划。去年 12 月，中国科协与科技部、中宣部联合召开了第二次全国科普工作会议，江泽民总书记专门致信，李岚清、温家宝副总理到会作了重要讲话，会议对崇尚科学、宣传科学、反对迷信、大力推进科学思想和科学精神的普及作出了部署。

面向重点对象和全社会的科普工作继续发展。中国科协与中宣部等十部委下发了《关于在春节前后集中开展科技下乡活动的通知》，各地科协认真响应，组织科技专家下乡传授实用技术，深入农户进行技术指导，开展马克思主义唯物论和无神论宣传，破除愚昧迷信。中国农学会开展的科教兴村计划试点工作，已使 1 251 个村的 100 万农民受益，并辐射带动了周边村域的发展。在实施少数民族地区科普示范工程中，青海省科协积极帮助农牧民脱贫致富，使所扶持的玉树藏族自治州下赛巴村人均收入超过 2 000 元，人均粮食 1 500 公斤以上，下赛巴寺活佛仁青才仁为此专门向中国科协发来了感谢信。中国农村致富技术函授大学招生近 20 万人，积极开展节水灌溉、种子工程等实用技术的推广。各地开展的“科普示范县”创建工作，也引起了当地党委和政府的高度重视。

1999 年全国青少年科技传播行动的重点工作，是在全国开展了“绿色家园——种世纪之树”青少年环境保护教育活动。从去年第四季度开始，又开展了以“大手拉小手，迎接新世纪——让我们创造未来”为主题的青少年科技传播行动，提倡各学会与学校建立固定联系，动员一批科技工作者参与和指导中小学及校外教育机构的科技教育活动，促进青少年科学素质的提高。新疆维吾尔自治区科协举办了以“学习、创造、未来”为主题的第九届青少年科技作品展览，海南省科协开展了“科普小先生”活动，西藏自治区科协举办了全区中学生环境与生物知识电视竞赛。第五届全国青少年生物和环境科学实践活动举行了隆重的全国展示和颁奖典礼，充分显示了这一活动以素质教育为核心的育人功能。在中国科协首届学术年会期间，北京、浙江、安徽等省市的学生在杭州举行了 '99 青少年科学论坛，推动了高中学生的研究性学习。第六届“挑战杯”全国大学生课外学术科技作品竞赛 11 月进行决赛，在参赛规模、作品质量、育人成果、科技成果转让和社会影响等方面都有了新的发展。北京自然博物馆等 98 个单位被中国科协、科技部、中宣部、教育部命名为全国青少年科技教育基地。我国派出参加 5 个学科国际奥林匹克竞赛的 23 名中学生获得金牌 13 枚，银牌 10 枚。

在面向领导干部的科普宣传方面，周光召主席和多位副主席、常委应邀向湖南、贵州等地党政领导干部作了科技报告，许多省、市科协继续组织了多场院士科技报告会。湖北省科协组织 100 名科技专家组成了领导干部现代科技知识报告团，举办报告会 388 次，22.5 万名各级党政、企业领导干部参加了听讲。

去年，城市科普工作有了较大发展。为充分挖掘社会资源，推动科普工作社会化，推出了 200 个科普教育基地。各地“百城万米科普画廊工程”正在深入发展，据 82 个城市的不完全统计，10 米以上的科普画廊累计总长已达 1.36 万米。在抓好全国 10 个城区科普试点的基础上，又在 50 个城区开展了“科普示范城区”工作，推动“讲精神文明，比科学生活，创建科普文明社区”活动的开展。11 月，在上海市卢湾区召开了全国城市科普工作研讨会。以“创新——迎接知识经济的挑战”为主题的 '99 上海科技节吸引了百万市民参与。云南省举行的“人与自然——保护生态环境，迎世博，走可持续发展之路”大型科普周活动，使几百万人受到教育。

中国科技馆二期工程的土建工程已于国庆 50 周年前夕竣工，正在紧张布展，今年 3 月 18 日将向社会开放。中国科技史学会等十几个全国性学会承办的《回顾与展望——20 世纪重大科技成就和 21 世纪科技发展前景》展览得到欢迎和好评。广东省科协运用现代通信手段，建立了因特网科学馆。中国地质学会组织科技专家与作家合作，实现优势互补，编写出版了《地球生态圈丛书》，对科普图书做到科学性、可读性的统一作了十分有益的尝试。中国铁道学会会同铁道部有关单位在全国 50 个主要车站和 100 对列车上开展了“科学与文明”科普宣传。《中国科协报》改名为《大众科技报》，为面向社会的科普工作增添了新的阵地。

六、发挥民间渠道优势，积极开展国际及对台港澳民间科技交流与合作

1999 年，各全国性学会和地方科协的对外民间科技交流与合作进一步活跃，体现了作为国际和对台港澳民间科技交流与合作主要代表的作用。

国际科学理事会和世界工程组织联合会是中国科协参加的两个主要的国际组织。去年 9 月，胡启恒副主席率团出席国际科学理事会第 26 次大会，我会提名的钱易教授再次当选为国际科学理事会执委。11 月，孙大涌副主席率团出席世工联第 17 届大会，我会提名的钟义信教授当选为世工联执委。世工联主席梅德姆应邀出席了江苏省科协成立 40 周年庆祝活动。配合有关部门，参与组织了联合国教科文组织和国际科联发起的在匈牙利布达佩斯举行的世界科学大会的工作。

双边交流进一步活跃和深入。周光召主席访美期间，与美国科学院和美国科促会领导人就双边合作进行了深入的会谈。应周光召主席邀请，美国科学院院长艾伯茨在中国科技会堂做了题为《创造科学教育的革命》的报告，中美双方还签署了关于在科学教育领域开展合作的双边谅解备忘录。与日本的联合国区域发展中心合作，在我国举办了关于区域可持续发展防灾综合规划培训班。

去年对台港澳的民间科技交往空前活跃，仅中国科协直接经办的两岸三地科技界人员来往就超过 1 000 人次。从寄希望于台湾人民更寄希望于青年出发，中国科协和台湾海峡两岸学术文化交流协会合作，于去年 8 月在北京举办了海峡两岸青年科学家携手迎接新世纪研讨会，37 位台湾青年科学家通过研讨和考察，增强了对祖国的感情；两岸青年科技骨干密切了联系，建立了友谊。李岚清副总理会见了海峡两岸青年科学家并与大家座谈。中国地质学会与台湾、香港地质界联合主办海峡两岸三地地质科学讨论会，邀请海内外 16 位知名学者作主题学术报告。陕西省科协会同西安、台北市有关单位联合主办第七届海峡两岸都市交通研讨会，被称为历次会议中“规模最大，规格、水平最高”的一次。中国照明学会与台湾有关方面合作，从 1994 年至去年连续 6 届举办了海峡两岸照明会议。9 月 21 日台湾发生大地震后，学会立即致电慰问，千方百计与对方联系，使台湾学者深受感动。海南省药学会赴台考察团在台期间适逢此次地震，全团当即积极投入了抗震救灾工作。中国地震学会组织专家，与台湾同行于去年 8 月和今年 1 月分别在西安和台北举行海峡两岸地震科技研讨会，并赴地震现场考察，进行了有效的交流与合作。去年是澳门回归祖国之年，上海市科协举办“迎澳门回归——沪澳青少年互联网交流活动”，组织两地青少年设计制作网页，加深了澳门青少年对祖国的归属感，两地获奖学生还一起参加了科技夏令营活动。

七、贯彻中央书记处指示精神，加大了履行桥梁和纽带职责、建设“科技工作者之家”工作的力度

去年 1 月，中央书记处在听取中国科协党组工作汇报时，胡锦涛、温家宝等领导同志强调指出，科协要做好科技工作者的工作，充分发挥党和政府联系科技工作者的桥梁和纽带作用，建好“科技工作者之家”。各地科协把贯彻中央书记处指示精神与搞好“三讲”教育紧密结合，不断增强做好群众工作和建“家”的责任感和紧迫感。

为加强与科技工作者的联系，反映科技工作者的呼声、建议，湖北省科协建立了专职副主席和机关

各部门联系科技工作者的制度，对 3 000 名科技工作者的状况进行了调查。天津、上海、大连、烟台等 9 个城市的科协对归国创办高新技术企业或民办非企业单位的留学生状况作了调查，中国科协、全国工商联有关部门于去年 12 月邀请部分归国创业留学生座谈，有关意见已向中央、国务院领导同志及有关部门作了反映。

在表彰、奖励、宣传优秀科技工作者方面，四川省科协会同省委组织部、省人事厅，评选奖励了全省 10 名杰出青年科技人才。河南省科协与省妇联评选、表彰了首届“河南十大科技女杰”和“百名巾帼科技带头人”，与省有线电视台开设了“中州科技名人”栏目。为纪念著名物理学家王淦昌先生，中国物理学会新设立了“王淦昌物理奖”。

为加强科技界精神文明建设，引导广大科技工作者在发展社会主义市场经济的环境下加强自律，继承、发扬我国科技界的优良传统，中国科协与科学技术部、教育部、中国科学院、中国工程院共同制定了《关于科技工作者行为准则的若干意见》。常委会科技工作者道德与权益工作委员会召开了加强科技工作者科研道德建设的研讨会，提出了有关建议。该委员会还与青年工作委员会共同发起了中国科协所属全国性学会主办的科技期刊签署《科技期刊道德公约》的活动，有 280 多种期刊自愿在公约上签字，在科技界产生了重大影响。

各级科协和学会努力为科技工作者服务和办实事，河北省科协召开了科技人员转岗再创业现场经验交流会，吉林省科协与省劳动厅等部门发出《关于进一步做好国有企业下岗科技人员转岗再创业工作的通知》，出台了扶持政策，山东省菏泽地区科协帮助 400 多名科技人员实现了再就业。中国科协与中国法学会建立了“科技界法律界联席会议制度”。去年，还在全国性学会的配合下，完成了两院院士候选人的初遴选工作。

八、增强改革意识和力度，加强团体自身建设

随着科技体制改革力度加大，各全国性学会和地方科协顺应形势发展，努力处理好改革、发展、稳定的关系。中国兵工学会近年来努力探寻在社会主义市场经济体制下的学会工作规律，确立了自主活动、自我发展、自我约束的机制，使各项业务工作和活动做到贴近市场需要，有所突破。中国化学、预防医学、物理、腐蚀与防护学会等全国性学会决定开展换发会员证、会员登记、收取会费的工作，加强会员管理，做好相应服务。根据国务院重新颁布的《社会团体登记管理条例》和民政部的要求，去年完成了中国科协所属团体和民政部要求中国科协承担业务主管单位责任的共 179 个全国性团体的清理整顿换证审查工作，已有一批学会换证。与此同时，与有关全国性学会的挂靠单位卫生部、农业部等部门签订了学会管理职责分工协议。去年，还举办了学术交流工作经验交流会和学会改革研究班。在本次会议上，将对第二届中国科协先进学会进行表彰。

山西、贵州等省科协，被省政府授权为自然科学类社会团体的业务主管单位。浙江省科协被评为全省社团管理工作先进集体。陕西省科协组织 14 名院士向省长建议、吉林省科协组织省政协科技界委员提出提案，要求在政府机构改革中将部分职能委托给所属学会，得到有关厅局的积极回应，已有部分得到落实。广东省科协努力贯彻中央领导同志关于加强对所属学会管理的指示精神，对学会越分越细的状况进行调研，提出了“减少数量，提高质量，增强实力”的工作思路，农口 19 个学会中已有 6 个改为二级学会。

去年，地方科协立法工作又有新的进展，累计已有 18 个省，市科协条例、7 个省、市科普工作条例出台，甘肃、安徽两省科协条例已列入省人大立法计划。中国科协五届十三次常委会议审议通过了《关于加强县级科协工作的意见》和《县级科协组织通则》，已发布实施。

一年来，企业科协继续向多元格局发展。福建省晋江市18家非公有制企业成立了科协。10月举行了“嘉陵杯”第二届全国企业科协创业奖颁奖活动。

去年，科协系统的信息网络建设取得了重大进展。6月，中国科协开通了中国公众科技网“科学普及”平台，“科学专家谈”网上直播吸引了大批群众，有力地配合了揭批“法轮功”邪教组织的斗争。“中国科技咨询金桥信息网”已实现由11个省市参加的计算机联网，为科技与经济相结合架起了网上“金桥”。中国电子学会建立了信息联络网，北京市科协建立了“北京科普之窗”网站，被评为1998年市政府优秀信息工作单位。

关于存在的问题和认识

我们已迎来新旧世纪交替的特殊历史时期。世界经济、政治、文化和科技大格局，已经发生并且正在发生具有深刻意义的重要变化，这预示伴随着新世纪的来临，人类社会将进入新的发展阶段。

面对国内外形势的发展，如何在新的历史时期把科协各项事业全面推向新阶段，是每一个在科协系统工作的同志都要认真思考和深入探讨的重大课题。与形势的发展相比，与党和国家以及广大科技工作者的要求和期望相比，我们在思想观念、大局意识、运行机制、组织体制、资源储备和队伍建设等诸多方面，都还存在着许多差距，解决这些问题的紧迫感、危机感也不够强。只有正视这些差距，采取切实措施加以改进，才能不断开拓发展。各地科协和各个学会实际情况不同，差距和不足表现也不同，其中带有共性的、需要引起我们高度重视的，集中表现为三个方面。

第一，从群众工作和科技工作两个方面全面把握科协工作在全党全国工作大局中的地位和作用不够，切实履行桥梁、纽带职责，全面建设“科技工作者之家”做得不够。

当前，我国改革开放和社会主义现代化建设正处在关键时期。去年，党中央、国务院作出了一系列推动我国改革发展的重大战略决策和部署。党的十五届四中全会通过了《中共中央关于国有企业改革和发展若干重大问题的决定》，明确了国有企业改革和发展的指导方针，提出了搞好国有企业改革和发展的重大政策措施。中央作出了《关于加强技术创新，发展高科技，实现产业化的决定》，召开了全国技术创新大会，并作出了具体部署。中央经济工作会议将加快科技进步、提高技术创新能力作为2000年经济工作指导思想和总体要求之一。中央采取的这一系列重大战略部署，标志着科学技术作为经济和社会发展的主导力量，在提高国民经济整体素质，推动经济结构调整，促进国有企业改革和发展，加强技术创新、发展高科技、实现产业化方面，都将进一步发挥关键性作用。

形势的迅速发展对科技工作者提出了新的要求。科技工作者作为发展科学技术事业的主体，在迎接新世纪的特殊历史时刻，承担着光荣而又艰巨的历史重任。在当前改革力度不断加大的情况下，科技工作者队伍的状况、结构、心态、分布、流向已经并且还在发生着重大变化。去年11月15日，我国和美国政府签署了关于中国加入世界贸易组织的双边协议，协议的签署将推动和加快我国加入世贸组织的进程。随着经济、科技竞争日趋激烈，科技人才将加快向各种体制、类型的机构分流、流动。了解、把握科技工作者当前的状况和需求，推动形成有利于科技工作者发挥作用的社会环境，充分调动广大科技工作者勇担重任的积极性，对切实发挥科学技术第一生产力的作用，解决我国改革和发展面临的诸多复杂和深层次的问题，具有重要意义。

群众观点是党的基本政治观点，群众路线是党的根本工作路线，从党的十二大到十五大，都强调人民团体的根本职责，就是要作为党联系各界人民群众的桥梁和纽带，通过党的群众工作，充分调动和发挥人民群众建设社会主义现代化的积极性、主动性和创造性。江泽民总书记在中国科协“五大”的重要讲话中强调指出："各级科协要以团结广大科技工作者献身于科教兴国的伟大事业作为自己的根本任务"。去年，中央书记处听取科协党组汇报时，胡锦涛、温家宝同志明确指示，密切联系广大科技工作者，是中央委托科协的重要任务。因此，履行桥梁、纽带职责，建好"科技工作者之家"，是党对科协的基本要求，是科协作为人民团体的重要政治任务和基本职责，也是在改革日趋深化、科技工作格局发生重大变化的新形势下，广大科技工作者对科协的殷切期望。长期以来，我们对这项工作虽然也经常强调，想了一些办法，做了不少工作，但从总体上看，与科协其他各项工作相比，对如何履行桥梁、纽带职责，建好"科技工作者之家"，认识不够一致，思路不够清晰，措施不够有力，效果不够理想，缺乏为科技工作者服务的制度和机制，远不能适应形势的发展和科技工作者的要求，是当前必须下大力气重点解决的突出问题。

第二，在科普工作中，面向广大群众传播科学思想、科学精神，提倡科学态度和科学方法做得不够。

改革开放以来，我国经济发展为世界各国所瞩目，但公众科学素质水平并没有得到同步提高，劳动力素质不高已成为制约我国经济发展和国际竞争能力增强的重要因素。与科学文化知识的普及教育状况相比，我国公众科学精神的培育尤为滞后。由于缺乏科学的世界观，不少富裕起来的人们热衷于愚昧迷信活动，一些党员干部成了唯心论和有神论的俘虏。"法轮功"事件暴露出一些受过高等教育的人信奉李洪志的歪理邪说，教训十分深刻。事实表明，提高公众科学素质关系着国家、社会的发展和稳定，事关国家和民族的前途命运。在全国科普工作会议上，江泽民总书记强调要把科普工作作为实施科教兴国战略的重要任务和社会主义精神文明建设的重要内容。中国科协各级组织及所属团体作为科普工作主力军，对此负有重大和艰巨的责任。

提高公众科学素质，包括公民了解必要的科学知识，具备科学精神和科学世界观，以及用科学态度和科学方法判断及处理各种事务的能力。目前，我们在面向公众传播科学思想、科学精神，提倡科学态度和科学方法方面，研究不够深入，方法不够丰富，效果不够理想。尽快加强这方面工作的力度，是科学普及工作中的当务之急。

第三，在抓好团体自身组织、思想、作风、队伍建设，增强发展实力方面做得不够。

改革开放以来，特别是党的十四大以来，我们虽然在总体上明确了建立既适应社会主义市场经济发展，又符合团体自身发展规律的组织体制、运行机制、工作方法和活动方式的团体建设方向，但与全国的改革力度相比，我们在团体自身改革和建设方面仍存在明显差距，缺乏改革的紧迫感和危机感，改革意识不够强，力度不够大，仍不同程度地存在着观望、等待的思想。民主办会的制度和机制不够完善，行政化倾向比较普遍。工作人员队伍整体素质亟待进一步提高，组织、思想、作风建设有待加强。建家立业的意识比较缺乏，团体的资源储备、物质基础和持续发展的实力仍然比较薄弱。这些问题制约了科协和学会的进一步改革和发展，必须采取有效措施切实加以解决。

针对以上存在的问题和差距，要在全面履行科协宗旨和任务，推动各项工作发展的基础上，在以下几个方面进一步统一认识，加大工作力度，取得新的进展。

第一，切实履行桥梁、纽带职责，努力建好"科技工作者之家"。

必须从讲政治、贯彻落实党的群众路线的高度，全面把握科协工作在全党全国工作大局中的地位和作用，把履行桥梁、纽带职责，建好"科技工作者之家"，作为当前科协急需加强的重要工作，在实践中切实加以贯彻落实。建"家"工作包括"软硬件"的建设，"硬件"条件需要我们努力争取，"软件"在一定意义上更为重要。所有科协和学会工作者，都必须从思想上真正把广大科技工作者作为科协工作的基础和主体，把依靠科技工作者作为根本的工作路线和工作方法，坚持以人为本，竭诚为科技工作者服务，用尊重、理解、服务来取得科技工作者的信任和支持，使科技工作者真正把科协看成是自己的家。

各级科协及所属团体，都要采取有效措施，把这项工作摆在突出位置上，力争在2000年取得突破性进展。

第二，扩大科普工作的内涵，加强科学思想、科学精神、科学态度、科学方法的普及宣传，努力提高公众的科学素质。

党的十五大提出，到21世纪中叶中华人民共和建立100年时，要基本实现现代化，建成富强民主文明的社会主义国家。我国第二个50年的现代化建设的进程，在很大程度上取决于广大群众运用知识和科学思维的能力。为此，中国科协已向党中央和国务院呈报了实施《全民科学素质行动计划》的建议和计划大纲，建议制定和实施旨在提高国民整体科学素质的国家计划，提出到2049年，即中华人民共和国成立100周年时，我国18岁以上全体公民都应达到计划所提出的科学素质标准。各级科协及所属团体，要结合各自实际，以多种形式开拓性地开展工作。要研究、总结新形势下科普工作的新思路、新办法、新经验，加强马克思主义唯物论、无神论和科学精神教育，帮助广大干部群众树立科学的世界观和方法论，用科学精神、科学态度、科学方法去处理各种事务，增强识别、抵制愚昧迷信、伪科学的能力，推动科学精神在中华民族深深扎根，科学思想在全社会广泛传播，为实现我国第三步战略目标准备雄厚的、具有较高素质的人力资源。

第三，以改革求发展，强化改革意识，切实加大改革力度，加强团体自身建设。

要知难而进，开拓创新，积极推进各级科协和学会的改革，探索有中国特色的科技团体发展道路。要根据中央的部署和要求，以积极姿态迎接人民团体的机构改革。按照国家对企事业单位改革的政策和要求，根据科协的宗旨、任务、特点和科协事业发展的需要，加快科协所属企事业单位的改革步伐，增强科协发展实力和后劲。下大力气推动科协干部队伍的建设，认真探讨在新形势下科协干部管理体制和机制问题，努力探索和建立既符合党的干部政策，又适应科协实际情况的行之有效的办法。加强对科协和学会工作人员的培养和教育，全面提高干部队伍的政治素质、思想道德素质、科技素质和业务素质。

所有科协工作者，都必须以对党、对科技工作者、对科协事业负责的精神，认真研究新情况、新问题、新形势，积极寻找新的工作切入点，争取社会的广泛支持，克服自我服务、内部循环的现象，努力形成社会化的工作格局。要创造性地开展工作，“有所为，有所不为”，科学配置有限资源，突出重点，加强集成，自立自强，真抓实干，逐步创造科协工作的“名牌”和“精品”，不断拓展科协新的活动空间，创造新的业绩。

2000年的主要工作

2000年是新旧世纪的交替之年，也是完成我国“九五”计划和本世纪末奋斗目标的最后一年。做好今年的工作，将为胜利完成“九五”计划，实施“十五”计划奠定稳固基础，对于全面实现我国现代化建设第二步战略目标并向第三步战略目标迈进，有着承前启后的重要意义。

2000年工作的指导思想和总体要求是：中国科协各级组织及所属团体，要以邓小平理论和党的基本路线为指导，团结广大科技工作者，认真贯彻党的十五大、十五届三中和四中全会、中央经济工作会议、全国技术创新大会精神，以经济建设为中心，紧紧围绕全党全国的工作大局，积极为经济结构调整、国有企业改革发展、农业和农村经济素质及效益的提高和西部大开发服务；把切实履行党和政府联系科技工作者的桥梁和纽带职责摆到突出位置，全面建设“科技工作者之家”；以创新为主线，广泛开展国内外学术交流；大力弘扬科学精神，全面加强科普工作；以改革促发展，努力推动科协各项事业开拓新局面，以优异成绩迎接新世纪的到来，迎接中国科协第六次全国代表大会的召开。

一、以经济建设为中心，以促进经济结构调整为重点，为实现国民经济持续快速健康发展作贡献

今年是实现国有企业改革和脱困三年目标的决战之年，要认真贯彻落实党的十五届四中全会和全国技术创新大会精神，动员和组织广大科技工作者为国有企业改革发展和推动技术创新贡献力量，积极寻求为推进国有企业改革发展和推动技术创新服务的有效途径，作出实质性的贡献。

要在“千厂千会协作行动”现有工作基础上，创造性地贯彻落实中央的要求和部署，使这项工作更加深入，成为科协及所属学会贯彻落实党的十五届四中全会和全国技术创新大会精神的重要落脚点，推动企业科技进步的有效方式。要努力扩大规模和影响，不断扩大协作对子，特别要按照国家调整国有经济布局和对国有企业进行战略性改组的要求，组织专家调查研讨，提出建议。把国有重点行业、重点骨干企业和老工业基地作为厂会协作的重点，要争取在主要产业领域都建立协作对子，全国性学会要勇于承担更多的任务。在扩大规模的同时，更要注重取得实效，防止出现做表面文章、形式主义等不良现象。要及时总结经验，发现和培养典型，探索活动规律，提高这项工作的层次和水平，推动“千厂千会协作行动”长期化、规范化、制度化。

要组织有关专家建立企业咨询诊断服务团，深入企业开展咨询服务。企业科协是科协系统为国有企业服务的有生力量，是科协系统与国有企业联系的组织纽带，要充分发挥企业科协在科协系统中不可替代的作用。今年第一季度要开好加强企业科协建设的研讨会。深入探讨以技术创新为中心的“讲理想、比贡献”活动的新经验，组织好第八届“讲理想、比贡献”竞赛活动总结表彰大会，广泛宣传典型事例，推动企业科协的创业积极性。

认真贯彻落实党的十五届三中全会和中央农村工作会议精神，为大力推进农业和农村经济结构战略性调整，全面提高农业和农村经济的素质和效益，增加农民收入做贡献。积极扶持和发展农村专业技术协会，研究制定《农村专业技术协会示范章程》和农技协培训教育大纲及培训计划，编写培训教材，建立培训教育基地。要继续实施“8111”科技扶贫工程，组织全国性学会在吕梁地区开展先进技术的普及推广，积极做好引进优良品种的试验示范工作，召开科技扶贫经验交流暨表彰会议，推动“8111”科技扶贫工程深入发展。

认真贯彻中国科协第七次科技咨询工作会议暨第二届“金桥工程”总结表彰会精神，充分认识新形势下科技咨询工作的重要作用，大力加强科技咨询和中介服务工作，深入开展“金桥工程”。强化大咨询的意识，努力探索科技咨询和中介服务的新方法、新途径，采取有效措施，形成功能完善的科技咨询服务网络，继续加强科技咨询基础设施建设和队伍建设，尽快完成中国科技咨询金桥信息网的全国计算机联网，推动科技咨询工作跨上新的台阶。

二、发挥大团体优势，调动科技工作者积极性，为实施西部大开发战略贡献力量

党中央、国务院已经作出了西部大开发的战略决策。西部大开发，科技要先行。各级科协及所属团体都要积极响应党中央、国务院的号召，深刻认识西部大开发的重大战略意义，把支持西部大开发作为重要工作内容，以实际行动为西部大开发战略的实施贡献力量。

要充分调动科技工作者的积极性，为西部大开发献计献策。要站在全局的立场上，以科学的态度和可持续发展的观点，为国家有关部门和西部地区政府制定计划和规划，提供有可操作性的咨询意见和建议。

要把实施西部大开发战略作为学术交流的重点内容。今年将在西部地区举办以“西部大开发——科教先行和可持续发展”为主题的中国科协第二届学术年会，要认真总结首届学术年会的经验，加强开放性，面向全社会，吸引企业和社会公众参加。在组织学术研讨的同时，举办人才交流、产品展示、成果

交易等活动，不断提高质量，扩大影响，使年会逐步成为中国科协学术交流的“名牌”。要办好西部科技经济与社会发展论坛。

加大科普工作向西部地区倾斜的力度，从今年起开始实施“西部科普工程”。建立100个科普示范基地，100个水平较高、牵动效应大的农村专业技术协会，普及推广100项农业先进实用技术。在城镇建立100个科普文明社区、50个面向公众的科普教育基地以及万米科普画廊。广泛开展院士科普报告会、大型科普巡回展览等活动，推荐、提供1万套科普宣传品。加强西部地区的青少年科技教育，建立100个社区青少年非正规教育示范县、100个青少年科技教育基地。从今年起，每年组织一次西部10省（区）科普联合行动。继续深入实施少数民族地区科普示范工程，重点抓好10个少数民族地区科普工作队和科普示范基地建设。

要充分利用科协系统的组织网络资源，为西部地区引进优秀科技人才。重视发挥西部地区科技人员的积极性，开展多种形式的交流和培训，加快知识更新。

加强对西部地区科协工作的支持，在发达地区科协、全国性学会与西部地区各级科协之间开展对口支援与合作。

三、把履行党和政府联系科技工作者的桥梁和纽带职责摆到突出位置，全面建设“科技工作者之家”

要从讲政治的高度，认真贯彻中央书记处关于做好科技工作者工作的指示，把发挥桥梁和纽带作用、建设好“科技工作者之家”作为科协系统当前需要下大力气推动的重点工作抓紧抓好，结合各自实际研究落实措施，尽快扭转工作薄弱的局面，力争在中国科协“六大”召开前取得明显成效。

要在科技工作者与党和政府之间建立通畅、稳定、有效的联系渠道。及时准确地将党的路线、方针和政策传达给广大科技工作者，围绕科技工作者关注的重大问题进行调查研究，了解和掌握科技工作者的需求和动态，反映科技工作者的意见、建议、呼声和要求，为党和政府了解科技界和广大科技工作者的情况，制定有关知识分子和科技工作政策提供参考。今年将围绕科技工作者的队伍现状、思想情况、意见和建议，组织专题调研。要努力办好反映科技工作者意见的内刊，使之逐步成为科技工作者信赖、中央重视的反映科技界意见和呼声的畅通渠道。

要积极履行政治协商、民主监督、参政议政的职能。围绕科技、经济和社会发展的重大问题，认真组织好政协科协界委员的视察、调研、提案、大会发言和召开座谈会等活动，反映科技界的声音，发展社会主义民主政治。

要努力维护科技工作者合法权益，和科技工作者广交朋友，了解他们的需求，为科技工作者排忧解难。要大力表彰奖励优秀科技工作者，组织好第七届中国青年科技奖和第二届全国优秀科技工作者评审、表彰工作，广泛宣传优秀科技工作者的先进事迹和精神风貌。继续做好全国优秀科技工作者科技交流与联谊活动的组织、协调等工作，办好符合科学家意愿的科技工作者活动日。加强科技界的精神文明建设和职业道德建设。

各级科协及所属团体，都要努力增强为科技工作者服务的能力，不断拓宽服务领域。要结合机关机构改革，把有关职能体现在机构设置中，并给予专项经费保障。基层科协组织是科协系统做好建设“科技工作者之家”工作的组织基础，必须强化基层科协组织建“家”工作的力度。要充分重视企业科协在建“家”工作中的作用。要充分发挥科协所属活动场所的作用，为建“家”工作奠定必要的物质基础。

四、以创新为主线，积极开展国内外学术交流，进一步提高质量和水平

科技团体是国家创新体系中的有机组成部分，在知识的生产、传播和应用中具有不可替代的作用。

各级科协及所属团体，都要把创新作为学术交流的重要内容，坚持“双百”方针，积极开展学术交流和争鸣，鼓励和推动开展学术评论，提倡创新性思维。对处于萌芽状态、有发展前景的学术思想和学术观点要给予扶持，提供交流的机会。要积极培养高素质的创新人才，特别注意发现和培养勇于创新的青年科技人才。

各级科协和学会要充分发挥横向联系广泛的优势，重视在不同学科之间、自然科学和社会科学之间、不同地域之间、全国性学会和地方学会之间，联合组织综合性、跨学科、系列性的学术交流活动。今后，中国科协要进一步加大对全国性学会和地方科协学术活动的支持力度，直接组织的学术活动主要是每年一次的综合性、高层次、大规模的学术年会。地方科协和学会也可以根据各自情况，酌情举办本地区、本学科的学术年会。要办好全国减轻自然灾害研讨会、病虫害防治研讨会、海峡两岸青年科学家研讨会和青年科学家论坛等重点综合性学术活动。全国性学会要争取更多的国际组织的系列科技会议在国内召开，科协要为此创造条件，给予多方面的支持。

学术交流要与国民经济、社会发展中的热点、难点和重点问题紧密结合，与决策咨询、科学论证活动紧密结合，为各级党委、政府和有关部门的宏观决策提供可操作的政策性建议。要组织力量为国家制定国民经济和社会发展“十五”计划提供咨询服务。认真组织好第四届中国科协优秀建议奖的评选工作。

要不断丰富学术交流的形式和方法，根据社会的需求，将学术交流与科技展览、成果转让、产品展示、人才交流相结合，为促进科技与经济结合、促进科技成果转化提供有效渠道。

学术期刊是学术交流的重要形式，要继续加强对优秀的、有代表性的学术期刊的支持力度，重点扶持基础性学科，努力提高办刊质量，扩大影响。

五、以大力传播科学思想和科学精神、提倡科学态度和科学方法、破除愚昧迷信、反对伪科学为重点，继续实施科学素质工程，为提高全民科学素质作出贡献

要认真落实全国科普工作会议精神，切实发挥科普工作主力军的作用，在现有工作的基础上不断有所创新。

各级科协及所属团体要高举科学的旗帜，继续实施科学素质工程，在普及科学知识和推广实用技术的同时，大力传播科学思想和科学精神，提倡科学态度和科学方法，力争有所突破。要根据《全民科学素质行动计划》的有关精神，采取多种形式开展提高全民科学素质的活动。坚持不懈地开展与“法轮功”邪教组织和各种愚昧迷信及反科学、伪科学行为的斗争，增强干部群众对愚昧迷信和反科学、伪科学的识别和抵制能力；要围绕我国人口、资源、生态环境、防灾减灾等可持续发展方面的重大问题和科技发展趋势，继续组织开展好“科技周”、“科技节”等大型科普宣传活动；科普创作是一项创造性的劳动，是科普工作的基础和源泉，要采取切实措施加强科普创作工作，努力向社会推出更多通俗易懂、深入浅出、思想艺术性较强的科普作品；要充分利用电视、电影、广播、报刊、图书、挂图和网络等大众传播媒体，搞好科普宣传，积极配合有关电视台办好科普栏目，尽早建立科普频道；要进一步加强社区科普工作，在大中城市开展“讲精神文明、比科学生活、建科普示范社区”活动，创建一批科普示范城区；要充分发挥科技场馆在实施科教兴国战略中的基础设施作用，认真推行《科学技术馆建设标准》，不断加强科普设施的建设；要充分利用社会资源，努力加强各级科普教育基地的建设，发挥其在科普宣传教育方面的示范作用。

今年要围绕加强科学思想、科学方法、科学精神的宣传普及，重点抓好“十个一”活动：举办一次2000年国际科教电影电视展评研讨会；召开一次全国科普创作研讨会；与中央文明办联合举办一次“崇尚科学文明，反对愚昧迷信”为主题的大型科普展览，并做好巡展工作；与人民日报社共同举办一次以“崇

尚科学，破除迷信”为宗旨的知识竞答；组织有关力量编选、翻译一套国外有关科学精神、科学方法和科学修养的优秀普及读物；与中国教育电视台合办一个有影响的科普栏目；组织各级科协重点编制好100种宣传科学思想、科学方法和科技知识的挂图、录像等科普资料；在科协系统重点组织好100场较高水平的科普报告；积极推进“百城万米科普画廊工程”的建设；6月5日国际环境日，在长江、黄河源头开展一次以改善生态环境为主题的大型科普宣传活动。

贯彻中宣部、中国科协等11个部委《关于进一步做好文化科技卫生“三下乡”工作的通知》精神，春节前到清明前后，以破除迷信、树文明新风和为春耕服务为重点，科协系统上下联动，进一步搞好科技下乡工作。与中央组织部联合召开全国农村党员、基层干部实用技术培训表彰会议，对“九五”期间培训实施情况进行总结、交流和表彰，研究制定全国农村党员、基层干部“十五”科普培训教育计划。继续抓好全国科普示范县的创建工作，对全国102个科普示范县进行检查、验收，推动科普兴县工作不断发展。组织“树文明新风科普万里行”。在总结多年经验的基础上，在东北、西北、华北11省区继续组织开展“科普之冬”活动。要加强农村科普组织网络的建设。

要以培养青少年创新意识和实践能力、实施素质教育为重点，积极推动“科技育英工程”，广泛开展青少年科技教育活动。办好全国青少年科技创新大会。继续实施以“大手拉小手、迎接新世纪”为主题的青少年科技传播行动，动员更多的科技工作者为提高青少年科技素质服务。继续开展以社区非正规教育为主要形式的“贫困地区青少年科技教育项目”。组织好在北京举办的第13届国际信息学奥林匹克竞赛，认真组织选派中国中学生代表队参加国际数学、物理、化学、生物学奥林匹克竞赛。选派优秀青少年参加在美国举行的2000年国际科学工程大奖赛。联合社会力量，在因特网上开通具有时代特点的“中国青少年科技网”，以现代技术手段对青少年进行科技教育。

要进一步加强科普的基础性工作。总结各地科普立法的经验，在吸取有关省市科普立法经验的基础上，会同有关部门积极推动科普立法工作。努力搞好全国科普信息网络建设及运行。抓紧美国科学院科学教育镜像站点项目的建设。加强对科普专职干部的业务培训，提高他们的业务能力和工作水平。

认真贯彻李岚清副总理去年2月视察中国科技馆时的指示精神，进一步加强科技馆等科普设施的建设。中国科技馆二期工程要于今年3月18日向社会开放，力争三期工程今年立项和开工建设。

六、广泛开展国际和对港澳台民间科技交流与合作，努力形成全方位、多层次、形式多样的对外开放格局

当前，扩大国际合作已成为科学技术发展的必然趋势和要求。各级科协及所属团体要充分运用民间渠道的优势，加大国际民间和海峡两岸科技交流与合作的力度和深度，努力形成全方位、多层次、形式多样的对外开放格局，不断扩大在国际科技界的影响。

要以世纪之交为契机，努力拓宽对外交流的渠道。继续加强与250多个国际科技组织的交往，巩固和发展与各国主要科技团体的联系，开辟和发展新的对外交流渠道。进一步发挥我国科技人员在国际组织中的作用，制定具体办法和措施，尽快建立起一支年轻科技人员为主的民间对外科技交流的后备队伍，使其活跃在国际学术舞台。对我国科学家在国际科技组织中任职情况、活动情况和存在问题进行调查，向党和政府提出政策性建议。组织好国际科联环境问题委员会扩大执委会会议和发展中国家科技委员会执委会会议。

继续加强与港澳台和旅居海外的华人科技团体和科技人员的联系与合作，组织好将于今年4月在香港举办的资讯技术产业论坛等活动。要重视加强与回归后的澳门科技界和科技团体的交流与合作。在香港、澳门已经先后回归祖国的形势下，发挥民间科技团体的优势，加强对台工作，为实现祖国统一大业

做贡献。

要积极为国有企业的国际经济技术合作与交流提供条件，为国有企业的技术引进和智力引进牵线搭桥。依靠科协系统与海外华人科技组织的广泛联系，组织力量做好海外留学生、专家学者和归国创业科技人员的工作，充分调动他们为祖国现代化建设贡献力量的积极性，了解他们的需求和意向，反映他们的意见和要求，为他们以多种方式报效祖国创造必要的条件。

七、以改革促发展，加大改革力度，全面加强自身建设

要认真巩固“三讲”教育的成果，从战略上对科协和学会今后的发展进行研究，采取有效措施加大改革力度，积极培育竞争氛围和激励机制，深入组织探讨科技团体活动规律，不断加强团体的组织、思想、作风建设。

要根据实际情况制定学会改革方案，进一步抓好不同类型学会的改革试点，培养改革典型，组织经验交流。要加强对学会的宏观管理，实行分类管理，改变学会越分越细的状况。要从有利于学科和学会发展的角度，尽快制定学会工作评价体系。要鼓励学会在政府职能转变进程中，积极争取和接受适合科技团体承担的工作。要对国内外和历史上各类学会的组织体制、运行机制和工作方法进行研究，要采取“走出去、请进来”等多种形式，学习其他国家科技团体的经验，探索有中国特色的科技团体发展道路，召开学会改革和发展研讨会。

要按照中央的部署，做好中国科协机关的机构改革工作。从科协事业发展的需要和科协工作的规律及特点出发，明确职能，理顺关系，按照精简、统一、效能原则设置机构，在机关中切实树立奖勤罚懒的正气和竞争氛围，大力加强机关工作人员为科技工作者服务、为基层服务的意识，切实转变思想作风、工作作风，坚决克服行政化倾向和“衙门”作风，不断提高思想政治素质、业务素质和能力，提高工作效率、水平和成效。在调查研究的基础上，制定中国科协系统“十五”干部教育培训规划。

要努力加强科协基层组织的建设，完善科协系统组织网络。在国有重点骨干企业中进一步建立和完善企业科协组织，并逐步建立健全国有中小型企业的科协组织。要重视发展高校科协。及时总结交流各地在贯彻执行《中国科协关于加强县级科协工作的意见》、《县级科协组织通则》过程中取得的经验和存在的问题。积极支持各省、自治区、直辖市科协参与制定地方科协条例工作，加强对科普立法工作的专题调研。

进一步推动中国科协系统的信息化工作，抓紧建立中国科协电子公务系统，集中力量完善中国公众科技网的建设，努力把中国公众科技网建成全国科协系统共同参与、高度集成的科技信息资源网和服务网。

按照《中国科学技术协会章程》规定，明年将要召开中国科协第六次全国代表大会，这是科协发展进程中的一件大事，今年将要启动各项有关筹备工作，为迎接“六大”做好充分准备。

各位委员、同志们：20 世纪中华民族的发展历程表明，科学技术的发展与国家命运紧密相连，国运盛，科技兴；科技兴，国力强。当前，中华民族已经踏上伟大复兴的征程，科技进步也已历史性地成为时代的主旋律，在新的世纪，科技团体具有无限广阔的发展前景。让我们高举邓小平理论伟大旗帜，紧密团结在以江泽民同志为核心的党中央周围，认清形势，明确任务，抓住机遇、开拓进取，坚定信心、团结奋斗，为我国科学技术事业的发展，为实现社会主义现代化建设的宏伟目标作出新贡献！

中国科协第五届全国委员会第五次会议关于常务委员会工作报告的决议

（2000 年 1 月 26 日中国科协五届五次全委会议通过）

中国科学技术协会第五届全国委员会第五次会议，审议并同意张玉台副主席代表常务委员会所作的《认清形势 把握大局 面向未来 开拓进取 全面推进世纪之交的科协工作》的工作报告。

会议认为，1999 年，各级科协及所属团体认真贯彻党的十五大，十五届三中、四中全会和全国技术创新大会精神，贯彻中央书记处指示和中国科协五届四次全委会议精神，坚持以经济建设为中心，努力为全党全国工作大局服务，为实施科教兴国战略和可持续发展战略贡献力量。积极投入了声讨以美国为首的北约轰炸我驻南斯拉夫联盟共和国使馆的野蛮罪行、揭批李洪志及其“法轮功”邪教组织、反对李登辉的“两国论”等三场重大政治斗争，坚决同以江泽民同志为核心的党中央在政治上保持一致，为维护国家主权和社会稳定作出了贡献。以高度政治责任感投入“三讲”教育，受到了一次深刻的党性党风教育，找准了在党性党风方面存在的主要问题，增强了贯彻党的路线方针政策的自觉性。努力促进科技与经济相结合，积极推动国有企业改革和农业、农村经济的发展。广泛开展了多种形式的学术交流活动，学术交流质量和水平有所提高。大力普及科学技术，加强了在弘扬科学精神，传播科学思想，提倡科学态度和科学方法方面的工作力度。对外民间科技交流与合作进一步活跃。贯彻中央书记处指示精神，不断增强了履行桥梁和纽带职责、建设“科技工作者之家”工作的责任感和紧迫感。顺应形势发展，努力处理好改革、发展、稳定的关系，各项工作取得了新的成绩。

会议指出，当前，我们已迎来新旧世纪交替的特殊历史时期。世界经济、政治、文化和科技大格局，已经发生并且正在发生具有深刻意义的重要变化，人类社会将进入新的发展阶段。面对国内外形势的发展，如何在新的历史时期把科协各项事业全面推向新的阶段，是我们必须认真思考和深入探讨的重大课题。与形势的发展相比，与党和国家以及广大科技工作者的要求和期望相比，我们还存在着许多差距，特别是切实有效地履行桥梁、纽带职责，全面建设“科技工作者之家”做得不够；在传播科学思想、科学精神，提倡科学态度和科学方法方面存在不足；改革意识不强，力度不大，团体自身组织、思想、作风、队伍建设亟待加强。这是三个带有共性、制约科协进一步改革和发展的重要问题，必须以对党、对科技工作者、对科协事业负责的精神，高度重视并认真解决，认真研究新情况、新问题、新形势，积极寻找新的工作切入点，创造性地开展工作，努力拓展科协新的活动空间，创造新的业绩。

会议要求，2000 年中国科协各级组织及所属团体，要以邓小平理论和党的基本路线为指导，团结广大科技工作者，认真贯彻党的十五大、十五届三中和四中全会、中央经济工作会议、全国技术创新大会精神，紧紧围绕全党全国工作大局，以经济建设为中心，以促进经济结构调整为重点，为推动国有企业改革发展，实现技术创新，推进农业和农村经济结构战略性调整、全面提高农业和农村经济的素质和效益、增加农民收入，实施西部大开发战略贡献力量。要把履行党和政府联系科技工作者的桥梁和纽带职责、全面建设“科技工作者之家”摆到突出位置，作为科协系统当前需要下大力气推动的重点工作抓紧抓好，尽快扭转工作薄弱的局面。要以创新为主线，积极开展国内外学术交流，进一步提高质量和水平。

要继续实施科学素质工程，在普及科学知识和推广实用技术的同时，以大力传播科学思想和科学精神、提倡科学态度和科学方法、破除愚昧迷信、反对伪科学为重点，为提高全民科学素质作出贡献。要加大国际和对台港澳科技交流与合作的力度和深度，努力形成全方位、多层次、形式多样的对外开放格局，不断扩大在国际科技界的影响。要以改革促发展，加大改革力度，积极培育竞争氛围和激励机制，认真探索有中国特色的科技团体发展道路，努力推动科协各项事业开拓新局面，以优异成绩迎接新世纪的到来，迎接中国科协第六次全国代表大会的召开。

在新的世纪，科技团体要勇于承担党和人民赋予的历史重任。会议号召，各级科协和所属团体要高举邓小平理论伟大旗帜，紧密团结在以江泽民同志为核心的党中央周围，认清形势，明确任务，抓住机遇、开拓进取，坚定信心、团结奋斗，为我国科学技术事业的发展，为实现社会主义现代化建设的宏伟目标作出新的贡献！

中国科协第五届全国委员会常务委员会会议纪要

（第 15 次）

2000 年 1 月 11 日上午，中国科协第五届全国委员会常务委员会第十五次会议在中国科技会堂召开，周光召主席主持会议。王选、王连铮、左铁镛、石元春、叶叔华、冯长根、旭日干、庄逢甘、孙大涌、李振声、张玉台、干福熹、母国光、朱高峰、李依依、杨卫、杨乐、闵桂荣、张道成、国林、孟纯绪、赵忠贤、赵养廷、胡道芬、段怀慈、聂力、顾方舟、徐善衍、高潮、郭孔辉、龚育之等 32 位常务委员出席了会议。

会议审议了《关于变更中国科协全国委员会委员的报告》、《关于对中国数学会等 25 个全国性学会进行表彰的决定》、《关于召开中国科协第五届全国委员会第五次会议的决定》、五届五次全委会议筹备方案及五届常委会向中国科协五届五次全委会议所作的工作报告；听取了《关于 1999 年未能开展评选、表彰“全国优秀科技工作者”工作的情况汇报》、《中国科协五届常委会促进少数民族地区科技发展专门委员会工作汇报》及中国科协五届常委会促进企业技术进步专门委员会《关于山东省四个国有大型企业的调研报告》；审阅了中国科协五届常委会促进继续教育专门委员会汇报材料，并就有关问题进行了讨论。

（一）

会议审议了中国科协书记处报送的《关于变更中国科协全国委员会委员的报告》。根据《中国科学技术协会章程》和《中国科协全国委员会委员变更（或增补）办法》，同意报告中提出的关于全国委员会委员的变更方案。

会议决定以常委会名义提出《关于变更中国科协全国委员会委员的报告》，提请中国科协五届五次全委会议审议。

（二）

与会常委听取了《关于 1999 年未能开展评选、表彰“全国优秀科技工作者”工作的情况汇报》。根据中国科协五届五次常委会议通过的《评选、表彰“全国优秀科技工作者”条例》中“每两年评选表彰一次”的规定，1999 年是评选年份。为使评选表彰工作发挥更大作用，进一步扩大社会影响，中国科协书记处会议决定，争取与中组部、人事部共同开展这项工作。经联系协商，两部有关部门和领导同志都已原则同意。直至去年9月和12月，鉴于机构改革、职能调整等原因，两部分别表示，不宜采取联合发文的方式参加评选、表彰“全国优秀科技工作者”，但对该项工作表示肯定和支持。由于上述原因，在1999年已来不及开展这项工作。会议决定，同意书记处的建议，将评选表彰工作延至2000年进行。

（三）

会议审议并一致通过了《关于对中国数学会等25个全国性学会进行表彰的决定》。

全国性学会是中国科协的基础和重要组成部分，在促进我国科学技术的繁荣和发展、科学技术的普及和推广、科技人才的成长和提高、科技与经济的结合等方面作出了重要贡献。为鼓励先进，树立榜样，推动全国性学会的改革和发展，根据五届四次常委会议通过的《中国科协全国性学会评奖办法》中有关规定，由中国科协先进学会评选工作领导小组聘任的专家评选委员会评选，报组织工作委员会审议，决定对中国数学会等25个全国性学会进行表彰并授予中国科协先进学会光荣称号。会议对组织工作委员会的审议结果表示赞同。

（四）

会议审议并通过了《关于召开中国科协第五届全国委员会第五次会议的决定》。第五届全国委员会第五次会议定于2000年1月24日至26日在北京举行。会议议程为：一、听取并审议常务委员会工作报告；二、审议常务委员会关于变更全国委员会委员的报告；三、听取国务院领导同志和有关部门负责同志的报告；四、表彰第二届中国科协先进学会。

会议原则同意《中国科协五届五次全委会议筹备方案》，并责成书记处对方案做进一步完善。

（五）

会议审议了常委会向中国科协五届五次全委会议所作《认清形势，把握大局，面向未来，开拓进取，全面推进世纪之交的科协工作》的工作报告审议稿（以下简称《报告》）。与会常委对《报告》给予肯定，认为《报告》较全面地反映了1999年科协工作的整体情况，准确分析了存在的问题，2000年的工作思路和计划能够适应形势需要，切合实际。同时，对《报告》内容提出了一些修改意见，建议工作总结中充分利用事例和统计数据反映情况；2000年科协工作计划要结合形势，突出重点，加强创新性。会议要求《报告》充分体现科协自身特色，对《报告》的层次结构及某些提法也提出了一些具体的意见和建议。会议原则上通过了《报告》审议稿，并责成书记处根据讨论意见对《报告》做进一步修改，提交五届五次全委会议审议。

（六）

与会常委听取了《中国科协五届常委会促进少数民族地区科技发展专门委员会工作汇报》。根据中国科协五届四次全委会议的部署，1999年中国科协常委会促进少数民族地区科技发展专门委员会以开展科普工作为重点，把科技扶贫工作和建立少数民族地区科普示范基地结合起来，有力地促进了少数民族地区科普工作的发展。汇报中提出了加强少数民族地区科普工作的几点建议：希望常委会能进一步高度重视少数民族地区科普工作，并在科协整体工作部署中确立相应地位；结合贯彻全国科普工作会议精神，根据中央关于西部大开发的部署，加大科普工作向中西部地区倾斜力度，为少数民族地区办几件实实在在的大事；争取科普立项，建立“少数民族科普发展基金”。

会议认为，促进少数民族地区科技发展专门委员会做了很重要的工作，常委会向专门委员会及长期在少数民族地区做科普工作的同志表示敬意，并号召全国各地区科协共同关心少数民族地区科普工作。

（七）

与会常委听取了中国科协五届常委会促进企业技术进步专门委员会《关于山东省四个国有大型企业的调研报告》。专门委员会调研组以加快企业技术进步和产品升级为主题，考察了山东省四个国有大型企业并与企业领导、企业科协代表和科技人员进行了座谈。调研报告中总结了加快科技进步、建立技术创新机制的主要经验，提出了加强企业工作的几点建议。

会议认为，促进企业技术进步专门委员会做了很好的工作，建议将调研报告中的建议部分进一步归纳、明确，就我国加入世贸组织后企业如何提高竞争力向国务院作出报告。

会议还审阅了中国科协五届常委会促进继续教育专门委员会汇报材料。

书记处书记张泽、宋南平和中国科协机关各职能部门及科技咨询服务中心、青少年科技中心负责同志列席了会议。

中国科协第五届全国委员会常务委员会会议纪要

（第 16 次）

2000 年 4 月 6 日上午，中国科协第五届全国委员会常务委员会第十六次会议在中国科技会堂召开，周光召主席主持会议。王连铮、左铁镛、叶叔华、冯长根、孙大涌、李振声、张玉台、胡启恒、曾庆存、母国光、江泽慧、杨乐、张道成、国林、孟纯绪、赵养廷、胡道芬、聂力、顾方舟、徐善衍、高潮、塔西甫拉提·特依拜等 23 位常务委员出席了会议。

会议传达学习了中央书记处听取中国科协党组汇报时中央领导同志的讲话精神；审议了《中国科协 2000 年学术年会组织方案》，并就有关问题进行了讨论。

（一）

会议传达学习了中央书记处听取中国科协党组汇报时中央领导同志的讲话精神。中央书记处会议同意中国科协党组关于 1999 年工作情况的汇报和 2000 年工作安排的请示，认为 1999 年中国科协各级组织及所属团体认真贯彻落实党的十五大精神，围绕党和国家的中心任务做了大量的工作，取得了明显的成绩，特别是在揭批“法轮功”邪教组织的斗争中立场坚定，旗帜鲜明，发挥了很重要的作用；科协今年工作的指导思想和重点工作的安排是切实可行的。中央书记处特别强调科协要把重点放在做好科技工作者的工作上，要很好地研究在新时期如何进一步调动广大科技工作者的积极性。科协为经济建设服务的重点要放在促进经济结构的战略调整上，结合国家研究制订“十五”计划，依靠科学家开展关于西部大开发、技术创新和跨越、人才与教育、国民经济信息化等几个战略问题的研讨，为党中央和国务院的决策提供建议。

与会常委一致认为，中央书记处充分肯定了科协去年所做的工作，这对开展今年的各项工作有很大的鼓舞作用。在今后的工作中，要不断研究如何立足自身特色，找准位置，发挥优势。科协不仅联系一大批跨学科、跨部门、跨地区的科学家，还联系着许多在基层工作、拥有实际经验的科技工作者。要将这两部分人的意见结合起来，充分发挥团体中各种不同层次群体的优势。发挥桥梁纽带作用，关键是充分调动广大科技人员的积极性，尤其要注意调动年龄偏大的科技人员、企业下岗科技人员、传统行业科技人员等群体的积极性。会议还要求切实推动科普立法工作的进程。

（二）

会议审议了《中国科协2000年学术年会组织方案》（以下简称《方案》）。《方案》明确了中国科协2000年学术年会的指导思想和基本目标，确定了年会主题和组织办法。本次学术年会定于2000年9月17~21日在陕西省西安市召开，主题是西部大开发：科教先行和可持续发展。

会议原则同意《方案》，认为本次年会能够围绕党和国家的重点工作确定指导思想和主题，以科教先行和可持续发展为主要内容，在调查研究、科学论证的基础上，通过学术交流和提出建议等方式组织专家学者集思广益，鼓励和发展学术交流、科技交流、人才交流，营造“尊重知识、尊重人才”的社会风尚，有利于发挥中国科协大团体的整体优势。与会常委建议主会场的专题报告要围绕今年国家确定的重点工作适当集中；要借鉴国内外的经验，对实施西部大开发战略中资源环境保护、人才流动等问题的研讨论证要坚持科学的态度，为有关部门决策提供科学的依据；协调好主会场和分会场的关系，倡导认真严谨的会风，并考虑适当延长会期以扩大社会影响；年会要更好地调动当地科技工作者的积极性。会议责成书记处认真研究常委们提出的意见，形成更完善的组织方案。

书记处书记张泽、宋南平和中国科协机关各职能部门及科技咨询服务中心、青少年科技中心负责同志列席了会议。

中国科协第五届全国委员会常务委员会会议纪要

（第17次）

2000年7月13日上午，中国科协第五届全国委员会常务委员会第十七次会议在中国科技会堂召开。周光召主席主持会议。王选、王连铮、石元春、冯长根、旭日干、刘恕、孙大涌、李振声、张玉台、胡启恒、曾庆存、干福熹、母国光、朱高峰、江泽慧、苏纪兰、杨卫、张道成、国林、赵忠贤、胡道芬、段怀慈、聂力、徐善衍、高潮、郭孔辉、龚育之、塔西甫拉提·特依拜等29位常务委员出席了会议。

会议听取了中国科协书记处关于中国科协负责审查的全国性学会清理整顿工作情况的汇报；听取了中国科协五届常委会科技工作者道德与权益工作委员会关于学术论文在国内外期刊上分别发表有关问题的情况汇报；通过了关于变更中国科协顾问的决定；听取了周光召主席对第三届中国科协“求是杰出青年奖”的评审情况的通报。

（一）

会议听取了中国科协书记处关于中国科协负责审查的全国性学会清理整顿工作情况的汇报。中国科协负责审查的全国性学会、协会、研究会193个，根据《中共中央办公厅、国务院办公厅关于加强社会团体和民办非企业单位管理工作的通知》和《国务院办公厅转发民政部关于清理整顿社会团体意见的通知》精神，1997年5月成立了清理整顿领导小组，将学会清理整顿工作作为科协的重点工作来抓。此次全国性学会清理整顿工作采取全国性学会自查、挂靠单位初审、中国科协审查、民政部审定相结合的方法，重点是对近几年来社会团体在政治方向、业务活动、财务管理、组织人事、遵纪守法、社团党建等方面的情况进行检查。中国科协在挂靠单位初审意见的基础上，按照要求提出了全国性学会保留、整改、合并、撤销的方案，并于1997年提请五届六次常委会审议。在本次清理整顿中，从整体上看，绝大多数团体在上述各方面都能符合本次检查清理整顿工作予以保留的要求。根据审查结果，提出了如下意见：1. 中国数学会等 185 个全国性学会予以保留；2. 中国质量管理学会等 6 个全国性学会中国科协不再作为业务主管；3. 中国轻工学会和中国元极学研究会予以注销。

与会常委同意汇报的内容和意见，并就学会如何科学分类、机构改革后编制减少将遇到的问题等发表了意见，责成书记处就有关问题进行调查研究，提出意见。

（二）

会议听取了中国科协五届常委会科技工作者道德与权益工作委员会关于学术论文在国内外期刊上分别发表有关问题的情况汇报，与会常委就论文在国内外期刊上分别发表是否为“一稿两投”问题进行了讨论。会议认为，这不是简单的学术论文发表问题，这是关系到中国科学技术发展的重要问题，涉及科技体制、知识产权、科研道德、人才成长等多个方面的内容。

与会常委认为，科技论文的评价体系，SCI 是一个重要标准，我们要重视 SCI，但不能唯 SCI，不能只看论文数量，更要注重质量。要鼓励科学家到国际知名杂志去发表文章，面向世界去参与竞争；同时要努力提高中国科技刊物的水平，尽量与国际接轨，不适应科技发展的地方要加以改革，要提倡跨学科交流；中国进入 SCI 的刊物太少，要支持一些有条件的刊物办好英文版。英文版是让世界了解中国科技发展的一个重要途径，论文发表周期要缩短，以保证我们的版权。对科技工作者本身，要强调科研道德。在目前有关版权方面的法律不太适应科技刊物和文章的情况下，更要强调科技工作者的道德力量。

会议建议中国科协书记处组织力量就此问题进行调研，找出对策，为国家有关部门制定决策提供参考和建议。

（三）

会议审议通过了《关于变更中国科协顾问的决定》。由于领导分工的调整，国家经贸委经请示有关领导同意，建议张志刚副主任兼任的中国科协顾问一职改由王万宾副主任兼任。根据中国科协章程关于“聘请有关政府部门的负责人为中国科学技术协会顾问”的规定，同意王万宾同志任中国科协顾问。会议对张志刚同志在担任中国科协顾问期间对科协工作所做出的贡献表示谢意。

（四）

周光召主席通报了第三届中国科协“求是杰出青年奖”的评审情况。经中国科协“求是杰出青年奖”基金理事会评审通过，决定授予黄绍金等 15 位同志中国科协“求是杰出青年实用工程奖”，杨元庆等 4 位同志获“求是杰出青年成果转化奖”。本届获奖同志积极投身于国防科技和科技成果转化事业，在各自的工作岗位上奋勇拼搏，作出了突出的贡献。

会议通过了中国科协“求是杰出青年奖”基金理事会的评审结果，同意在中国科协第二届学术年会上对获奖者予以表彰。

书记处书记常志海、宋南平和中国科协机关各职能部门及科技咨询服务中心、青少年科技中心负责同志列席了会议。

中国科协第五届全国委员会常务委员会会议纪要

（第18次）

2000年10月14日上午，中国科协第五届全国委员会常务委员会第十八次会议在中国科协绿化基地召开，周光召主席主持会议。

会议传达学习了中共中央十五届五中全会会议精神，讨论通过了《中国科协第五届全国委员会常务委员会关于认真学习贯彻中共中央十五届五中全会精神的决定》；讨论了《关于筹备召开中国科协第六次全国代表大会的建议》；听取了《关于接受中国电源学会等10个学会的申请,同意其加入中国科协的情况报告》，审议了《关于接纳中国电源学会等10个全国性学会加入中国科协的决定》；审议了《中国科学技术协会第六次全国代表大会代表名额分配原则及代表产生办法》和《中国科学技术协会第六届全国委员会委员候选人名额分配方案及推选办法》。

（一）

张玉台同志在会议上传达了中共中央十五届五中全会会议精神，委员们进行了认真学习讨论，并通过了《中国科协第五届全国委员会常务委员会关于认真学习贯彻中共中央十五届五中全会精神的决定》（以下简称《决定》）。

最近，党中央召开了十五届五中全会，全会审议通过了《中共中央关于制定国民经济和社会发展第十个五年计划的建议》。常委们在讨论中一致认为，十五届五中全会站在历史的新高度，提出了今后五年我国经济和社会发展的奋斗目标、指导思想、战略布局和重要任务，对“十五”期间关系我国国民经济和社会发展的重大宏观问题进行了全面部署，是指导全党全国人民在新世纪进行伟大进军的行动纲领，必将对我国实现第三步战略部署发挥十分重要的指导作用。与会常委就《决定》内容进行了讨论，提出了修改意见，原则上通过了《决定》。《决定》要求中国科协各级组织及所属团体，要充分认识党的十五届五中全会的重要意义，把学习贯彻全会精神作为当前和今后一段时期的重要任务抓紧抓好；要将贯彻落实全会精神与科协工作紧密结合，深入动员和组织广大科技工作者为实现“十五”计划贡献力量；面向新世纪认真制定各级科协的“十五”发展规划，以新的成绩迎接新世纪，迎接中国科协第六次全国代表大会的召开，为建设富强、民主、文明的社会主义现代化国家作出新的贡献。

（二）

会议讨论了中国科协书记处呈报的《关于筹备召开中国科协第六次全国代表大会的建议》（以下简称《建议》）。

根据《中国科学技术协会章程》规定，全国代表大会每五年召开一次。2001年5月，中国科协第五届全国委员会任期将满，应召开中国科协第六次全国代表大会。

与会常委就《建议》中提出的中国科协“六大”的主题、规模、会期和有关筹备工作进行了讨论。会议原则同意该《建议》，并责成中国科协书记处组织中国科协机关相关部门启动筹备工作。

（三）

会议听取了《关于接受中国电源学会等10个学会的申请,同意其加入中国科协的情况报告》（以下简称《报告》)，审议了《关于接纳中国电源学会等 10 个全国性学会加入中国科协的决定》(以下简称《决定》)。

自 1992 年 8 月以来，一批自然科学方面的全国性社团积极申请加入中国科协。按照中国科协的有关规定，今年 8 月 28 日组织工作委员会会议进行了审议，认为中国电源学会、中国复合材料学会、中国系统仿真学会、中国材料学会、中国菌物学会、中国草原学会、中国生物工程学会、中国毒理学会、中国晶体学会、中国农村专业技术协会已具备加入中国科协的条件。

与会常委就《报告》内容进行了讨论，同意以上 10 个全国性社团加入中国科协的申请，同时强调今后中国科协在吸收新学会时要注意引导学会向综合方向发展，避免相互交叉重叠。会议审议通过了《决定》。

(四)

会议审议了《中国科学技术协会第六次全国代表大会代表名额分配原则及代表产生办法》(以下简称《产生办法》)和《中国科学技术协会第六届全国委员会委员候选人名额分配方案及推选办法》(以下简称《推选办法》)。

《产生办法》和《推选办法》分别就中国科协第六次全国代表大会的代表名额、代表名额分配原则、代表条件、代表名额分配、代表构成、代表产生办法、特邀代表和第六届全委会委员候选人名额、候选人条件、候选人名额分配、候选人推选办法进行了详细说明。对于中国科协不再作为业务主管的全国性社会团体和新加入中国科协的全国性学会的中国科协“六大”代表和第六届全委会委员名额分配上也进行了相应的调整。与会常委就上述问题进行了讨论。会议审议通过了《产生办法》和《推选办法》。会议指出在推选中国科协第六届全委会委员候选人时，要充分考虑地区分布，中西部地区要有适当的名额。

刘恕副主席因故未出席会议，就会议有关议题提交了书面意见并表示同意。

中国科协第五届全国委员会常务委员会关于认真学习贯彻党的十五届五中全会精神的决定

(2000 年 10 月 14 日 中国科协五届十八次常委会议通过)

最近，党中央召开了十五届五中全会，这次会议是在世纪之交我国即将胜利完成“九五”计划，改革开放和现代化建设进入新的发展阶段这一重要历史时刻召开的。全会审议通过的《中共中央关于制定国民经济和社会发展第十个五年计划的建议》(以下简称《建议》)，站在历史的新高度，提出了今后 5 年我国经济和社会发展的奋斗目标、指导思想、战略布局和重要任务，描绘了我国在新世纪第一个五年经济和社会发展的宏伟蓝图。为深入学习贯彻党的十五届五中全会精神，特作出以下决定。

一、认真组织学习领会全会精神，把贯彻落实全会精神作为当前和今后一段时期的重要任务抓紧抓好

经过 20 多年的改革开放和发展，我们已经胜利实现了现代化建设的前两步战略目标，这是中华民族

发展史上一个新的里程碑。今后 5~10 年，是我国经济和社会发展的重要时期，是进行经济结构战略性调整的重要时期，是完善社会主义市场经济体制和扩大对外开放的重要时期，也是我国科学技术大发展的重要时期。认真贯彻落实党的十五届五中全会精神，对实施跨世纪发展战略，全面建设小康社会，把改革开放和社会主义现代化建设推向一个新阶段，全面实现党的十五大提出的宏伟目标，在 21 世纪中叶把我国建设成为富强、民主、文明的社会主义现代化国家，具有十分重要和深远的意义。《建议》在全面总结“九五”计划成就和经验的基础上，透彻地分析了“十五”期间所面临的国内外环境和时代特征，对“十五”期间关系我国国民经济和社会发展的重大宏观问题进行了全面部署，反映了全党的意志和全国人民的心愿，是指导全党全国人民在新世纪进行伟大进军的行动纲领，必将对我国在新世纪实现现代化建设第三步战略部署发挥重要的宏观指导作用。

中国科协各级组织及所属团体，要充分认识党的十五届五中全会的重要意义，把学习贯彻全会精神作为当前和今后一段时期的重要任务抓紧抓好。要采取多种形式，组织广大科技工作者和科协、学会的专（兼）职工作人员，认真学习、深入贯彻全会精神，明确“十五”奋斗目标和指导思想，把思想统一到全会精神上来，把力量凝聚到贯彻全会提出的各项任务上来。要按照中央有关精神，结合各自实际情况，尽快对学习贯彻全会精神作出部署，认真组织实施。要以各级领导干部为重点，带动整个科协系统对全会精神的学习。通过学习贯彻全会精神，增强大局观念，增强把握形势发展趋势的能力，增强责任心和使命感。要加强学习的针对性，根据全会精神进一步明确“十五”计划时期科协工作的重点，合理调整资源配置，推动科协工作更加紧密地为全党全国工作大局服务。实现《建议》提出的目标，关键在党。中国科协各级组织及所属团体，要按照江泽民总书记提出的“三个代表”重要思想，全面加强党组织的建设。坚持从严治党，努力发扬党的优良作风，不断增强党组织的凝聚力和战斗力。各级科协所属的宣传、报刊、图书音像出版单位，要集中力量，积极主动地配合中央和地方的宣传部门，面向广大科技工作者广泛宣传全会精神。

二、将贯彻落实全会精神与科协工作紧密结合，深入动员和组织广大科技工作者为实现“十五”计划贡献力量

中国科协各级组织及所属团体，要将贯彻落实党的十五届五中全会精神与履行自身职能紧密结合，与本职工作紧密结合。《建议》明确指出，发展是硬道理，是解决中国所有问题的关键。中国科协作为国家发展科学技术事业的重要社会力量，要坚持以经济建设为中心不动摇，进一步调动广大科技工作者投身经济建设的积极性、主动性和创造性，充分发挥科技工作者作为先进生产力承载者和开拓者的作用，紧紧抓住发展这个主题，围绕经济结构战略性调整这条主线，努力为保证国民经济保持快速、持续、健康发展，经济结构战略性调整取得明显成效，经济增长质量和效益显著提高作出贡献。尤其要在优化产业结构，全面提高我国农业、工业、服务业的水平和效益；合理调整生产力布局，促进地区经济协调发展；逐步推进城镇化，努力实现城乡经济良性互动；着力改善基础设施和生态环境，实现可持续发展；大力推进国民经济和社会信息化，以信息化带动工业化；加强技术创新，发展高新技术，提高自主创新能力和积极参与西部大开发等方面，不断开拓活动领域和空间，丰富和完善活动方式，力争取得重要进展。中国科协作为社会公益性科技社团，应当最没有部门利益，具有联系广泛、比较超脱和客观的社会地位。要充分发挥这一优势，组织和动员广大科技工作者，从国家的长远利益出发，站在全局的立场上，为我国经济和社会的可持续发展提供政策性建议。

《建议》强调指出科技进步和创新是增强综合国力的决定性因素，要求努力提高科技持续创新能力，实现技术跨跃式发展，为经济结构战略性调整和现代化建设不断提供强大的技术支持。各级科协及所属

学会，要把创新作为学术交流的主线，瞄准世界科学技术发展前沿，围绕学科建设和科技、经济、社会发展中的重大问题，针对我国具有一定优势、对国民经济和社会发展有重大意义的学科领域，积极开展多种形式的学术交流活动，坚持“双百”方针，创造宽松的学术交流氛围，鼓励创新性思维，推动学科发展。相互交叉、渗透、融合已成为当前国际科学发展的主流趋势，各级科协及所属团体，要充分发挥横向联系广泛的优势，尤其重视组织综合性、跨学科、开放性的学术活动。要贯彻《建议》中“扩大国际科学技术交流与合作”的精神，进一步发挥国际民间科技交流与合作主要代表的作用，推动我国科学技术事业在新世纪不断繁荣发展。

21 世纪的国际竞争归根结底是人才的竞争，人才是最宝贵的资源。要通过多种形式，努力为科技人才成长创造良好条件，尤其要重视对青年科技人才的培养，不断提高青年学术年会、青年科学家论坛、中国青年科技奖等活动的质量，努力发现培养青年学术带头人。要继续加强以年轻科技人员为主的民间对外科技交流的后备队伍建设。要在科技工作者中大力倡导奉献精神和拚搏精神，推动建设一支高素质的科技队伍。

《建议》要求必须坚持两手抓、两手都要硬，切实加强精神文明建设，加强科普工作，在全社会大力弘扬科学精神。中国科协各级组织及所属团体，要充分发挥科普工作主力军的作用，大力弘扬科学精神，努力传播科学思想和科学方法，积极倡导科学态度，广泛普及科学知识，坚决捍卫科学尊严，不断加强和完善科技馆等基础设施的建设，为提高全民族的思想道德素质和科学文化素质，为发展、创造有中国特色社会主义文化和加强社会主义精神文明建设贡献力量。

要认真贯彻落实《建议》中关于加强社会主义民主法制建设的精神，充分发挥科协作为党领导下的人民团体、政协组成单位的作用，组织科技工作者积极参与国家的民主与法制建设。认真贯彻落实《建议》中关于“坚持群众路线，拓宽党在各个领域联系群众的渠道”的精神，充分发挥科协作为科技工作者的群众组织、党和政府联系广大科技工作者的桥梁和纽带的作用，认真执行落实党的群众路线，在科技工作者中广泛宣传和贯彻党的各项方针和政策。随着社会主义市场经济体制的逐步建立和完善，经济结构战略性调整的推进和完成，以及我国加入世界贸易组织和经济全球化对我国影响的加深，我国经济生活和社会关系将发生深刻变化，科技工作者的就业岗位、就业形式、物质利益、生活方式等将发生重大变化，需求也将日趋多样化。要认真研究新形势下科技工作者队伍的变化情况，了解科技工作者不断增长和变化的需求，不断提高为科技工作者服务的能力，切实建好“科技工作者之家”。

三、面向新世纪，认真制定各级科协的“十五”发展规划

“十五”计划是进入新世纪的第一个五年计划，是开始实施现代化建设第三步战略部署的第一个五年计划，也是社会主义市场经济体制初步建立后的第一个五年计划。能否胜利完成“十五”计划，直接影响着我国在新世纪国际政治经济大格局中的战略地位。各级科协能否制定和实施体现时代要求、符合形势发展趋势、满足党和科技工作者需要的“十五”发展规划，也将直接影响着新时期科协在全党全国工作大局中作用的发挥，影响着科协的改革与发展。

各级科协要根据全会精神，根据《建议》制定的一系列根本原则和重大方针，认真组织力量，制定各自的“十五”发展规划。在制定发展规划过程中，要坚持党的基本理论、基本路线和基本纲领，坚持以经济建设为中心。要把发展作为主题，把围绕党和国家工作大局开展活动作为主线，把改革开放和科技进步作为动力，把为广大科技工作者服务作为根本出发点。要紧密结合现代化建设和改革开放新阶段的形势和任务，紧密结合世界科学技术发展的新趋势，紧密结合科技工作者队伍新的变化和需求，紧密结合各自实际，进一步解放思想，实事求是，正确处理改革、发展、稳定的关系。要从发展和宏观的角

度，探索科协发展方向、目标和任务，探索适应社会主义市场经济体制、符合科学技术和科技团体发展规律的组织体制、运行机制和活动规律，为推动科协改革和发展进入一个新的阶段，提出具有指导性、前瞻性、针对性的发展规划，促进科协系统各级领导干部和广大工作人员统一认识，明确方向，立足特点，找准位置，发挥优势，科学地规范科协工作，提高工作水平，更好地为实施科教兴国战略和可持续发展战略服务，为实现我国“十五”计划作出贡献。中国科协正在组织发展战略研究和着手编制《中国科协“十五”期间事业发展规划》，各级科协制定的“十五”发展规划要注意与其相衔接，同时要符合本身客观实际情况，体现各自特点。

中国科协各级组织及所属团体，要在以江泽民同志为核心的党中央的坚强领导下，高举邓小平理论伟大旗帜，认真贯彻党的十五大和十五届五中全会精神，振奋精神，开拓进取，扎实工作，以新的成绩迎接新世纪，迎接中国科协第六次全国代表大会的召开，为建设富强民主文明的社会主义现代化国家作出新的贡献。

印发文号：科协发办字[2000]211号

重要文件

中国科协系统2000年度科技下乡活动实施方案

（2000年1月19日）

为全面贯彻落实全国科普大会以及中宣部、中国科协等十一部委《关于进一步做好文化科技卫生“三下乡”工作的通知》的精神，进一步促进农村的改革、发展和稳定，中国科协决定在以往经常性的科技下乡活动的基础上，发挥科协系统大团体的优势，在2000年春节前至清明期间，以“破封建迷信、树文明新风”和“春耕备耕”为中心，继续广泛深入地开展好科技下乡活动，掀起科技下乡活动的新高潮。

一、指导思想

以党的十五届三中全会精神和中央经济工作、农村工作会议精神为指针，围绕农业经济结构调整和西部大开发战略，面向广大农村和农民，通过组织各种行之有效的科普活动，向广大农民宣传科学知识、科学思想和科学方法，普及农业实用新技术、新成果、新品种，丰富农村的科技文化生活，破除封建迷信和陈规陋习，提高广大农村党员干部群众的科学文化素质，为农村经济发展、社会稳定作出贡献。

二、主要内容和形式

1．春节前至清明前后，各地要组织开展一系列效果好、影响大、带动性强的科技下乡活动。要重视宣传马克思主义唯物论和无神论，加大宣传普及科学知识、科学思想、科学方法的力度，引导农民划清唯物论与唯心论、无神论与有神论的界限，增强农民识别和抵制封建迷信及各种伪科学、反科学的能力；宣传科学健身、医疗卫生、身边科学知识。努力形成科学、文明、健康的生活方式，丰富群众的科学文化生活。

2．各地要围绕当地农业和农村经济结构调整，全面提高农业和农村经济的素质和效益，组织有关科技人员进村入户，通过举办实用技术培训班、现场示范和技术讲座等形式，普及推广一批高产高效技术、加工保鲜技术和农业降耗增效技术，为春耕生产和备耕提供技术和信息服务。

3．要积极组织安排“树文明新风科普万里行”活动。各级学会、科协组织要上下互动、左右联动，组织各种科普宣传队深入乡村、山寨，通过科普报告会、座谈会、实用技术讲座、培训班，大力宣传科学精神、科学思想和科学方法，普及现代科学知识，普及推广节水灌溉、良种包衣、坡改梯等农业实用技术。

4．举行“百种录像片、千套挂图、百万册图书进万村”活动。要向贫困地区和受“法轮功”危害严重地区赠送一批宣传科学精神、科学思想、科学方法，帮助农民群众增强科技意识、提高科技致富能力的图书、挂图和录像片。并通过举办科普书市、科普大集等形式搞好优惠发行工作，使这些科普资料进村入户。还要组织科普宣传小分队进场、院、大棚搞好现场宣传、示范，放映科教电影、电视片等活动。

5．中国科协将会同中国科普作家协会、中国科协声像中心、中国电影电视协会、中国农函大等直属协会和有关事业单位及专家学者与工作开展好的地区联合举办科技下乡示范活动。组织科普图书下乡、科教影视片下乡和实用技术讲师团成员下乡。

三、要求

1. 各全国性学会（协会、研究会）、各省、自治区、直辖市科协要把搞好科技下乡活动作为贯彻中央农村工作会议、全国科普工作会议精神的一项重要工作摆上重要议事日程，尽快作出具体部署。要认真突出地方特色，总结经验，制定切实可行的工作方案，动员和组织广大科技工作者、农业科技人员、农村实用技术讲师团成员，深入基层、山乡、农户，把活动落到实处，取得实效。

2. 各全国性学会和各省科协要组织和编制一批移风易俗、破除封建迷信、倡导科学文明健康生活方式、为备耕服务的农业实用技术宣传材料，与新闻单位密切合作，充分利用各种大众传媒和科技文化设施，加大宣传力度。

3. 要做好活动的宣传、总结和信息反馈工作，随时注意掌握动态，跟踪了解情况，抓好典型，不断推动活动全面深入开展。各全国性学会和省科协要将活动方案、工作进展情况及涌现出来的典型及时报中国科协，以便随时向各地通报。总结及统计资料请于 2000 年 6 月以前上报。

印发文号：科协发普字[2000]015 号

中国科协关于进一步加强科技期刊出版管理工作的若干意见

（2000 年 5 月 18 日）

为进一步加强对中国科协科技期刊的出版管理工作，规范科技期刊出版行为，确保中国科协主管的科技期刊更好地贯彻落实科教兴国的战略和国家出版法律、法规、规章，使科技期刊沿着正确的方向健康发展，现就进一步加强中国科协科技期刊出版管理工作提出如下意见。

一、充分认识科技期刊出版工作面临的挑战，切实把中共中央关于加强和改进思想政治工作的要求落实到期刊出版管理工作中去

（一）充分认识科技期刊出版工作面临的严峻挑战，切实增强做好科技期刊出版管理工作的责任感和紧迫感。科技期刊出版工作是科协工作的重要组成部分；是开展学术交流，普及科学知识，传播科学思想、科学精神、科学方法的重要手段；是树立科协“三主一家”社会形象，实施科教兴国战略的重要渠道。进一步加强科技期刊出版管理工作，是确保科技期刊出版工作在新的形势下自觉抵制西方的思想文化渗透，反对封建迷信和伪科学，始终保持政治上清醒的重要保证。期刊各主办单位和出版单位，要充分认识进一步加强科技期刊出版管理工作的意义，认真学习贯彻党和国家的出版工作方针政策和法规规章，做好出版管理工作。

（二）坚定不移地坚持以马列主义、毛泽东思想和邓小平理论为指导，牢牢把握正确的舆论导向，唱响主旋律，打好主动仗。自觉增强政治敏锐性和政治鉴别力，绝不允许在出版物中出现宣扬指导思想多元化和否定马克思主义指导地位的言论，绝不允许出现鼓吹私有化和否定社会主义公有制的言论，绝不允许鼓吹历史虚无主义和否认现实的言论，绝不允许鼓吹西方的所谓自由和否定社会主义民主的言论，绝不允许夸大社会消极阴暗面和否定党的领导的言论，一句话，必须在政治上与党中央保持高度一致性。在涉及政治方向、政治立场、政治观点、政治纪律，以及事关人民利益、党的原则、国家安全、民族政

策、科技工作方针和国家技术经济机密等重大问题上，一定要坚持按照党和国家的有关方针、政策和规定办事。坚决杜绝新闻出版活动中发生政治性问题和泄密事件。

（三）认真学习和遵守国家的有关法律、法规、规章，自觉规范出版行为。坚持为人民服务，为社会主义服务，为全党、全国工作大局服务的方向，坚持以马列主义、毛泽东思想和邓小平理论为指导，传播和积累一切有益于提高民族素质、有益于经济发展和社会全面进步的科学技术和文化知识，弘扬民族优秀文化，积极宣传科学思想、科学精神和科学方法。大力促进科技文化交流，丰富和提高人民的精神生活。

（四）加强中国科协所属科技期刊出版阵地建设，坚持“守土有责”，确保党的出版工作方针、政策的贯彻执行。各出版单位的负责同志要采取有效措施，确保党的出版工作方针、政策在本单位的贯彻执行；要健全制度，加强管理，有计划地加强对出版编辑人员的在职培训，加快对后备人才的培养，努力造就一支政治强、业务精、作风正、纪律严的科技期刊出版专业队伍。

二、坚持以经济建设为中心的出版工作原则，努力为改革开放和现代化建设的大局服务

（五）科技期刊的出版要全面准确地宣传中央关于改革和发展的一系列重大决策和部署，加大出版物中关于经济形势任务、经济工作方针政策、经济发展成就的选题比重，特别是要围绕推进国有企业改革、加快实施科教兴国战略、实施西部大开发战略等重点工作，做好有关选题的安排和出版工作，认真制定好宣传报道计划。

（六）各出版单位要突出各自特色，努力加大科技宣传力度，不断提高期刊质量。紧紧围绕贯彻落实科教兴国战略，为建设有中国特色社会主义营造良好的舆论氛围。

（七）学术、技术类期刊要注意国内外学术研究和科技发展的新动向，发挥学术先导作用，鼓励学术争鸣，使学术研究真正成为科研、设计、生产、管理和改革的先导。

（八）科普类期刊要从传播科学思想、科学精神、科学方法，普及科技知识，推广科技成果入手，增强宣传的针对性、科学性、趣味性。勇于揭露迷信、愚昧活动和反科学、伪科学活动的真面目。禁止出现涉及封建迷信或尚无科学定论、有违科学原则的猎奇报道和不良生活方式的宣传，对某些不易划清界限或暂时不能定论的内容应严格控制。

（九）综合（指导）类期刊要体现自身特点，做到高起点、高标准，增强刊物的指导性、实用性，特别要注意加大科技信息含量，开展理论研究，交流工作经验。

三、强化约束机制，健全和完善宏观管理制度，切实履行主办单位和出版单位的工作职责，严格执行出版工作的法规、规章

（十）严格执行国家关于报刊违纪违规的警告制度，对出现否定马列主义、毛泽东思想、邓小平理论的指导地位，造成恶劣的社会影响；违背党的路线、方针、政策，出现严重政治错误；泄露国家机密，危害国家安全，损害国家利益；违反民族、宗教政策，危害民族团结，影响社会稳定；宣扬凶杀、暴力、色情、迷信和伪科学，思想导向错误；传播谣言，编发假新闻，干扰工作大局和其他严重错误的期刊，指出问题，提出警告。对造成错误的期刊负责人和责任人，给予相应处分；对一年内受到三次警告的期刊，由新闻出版署给予停业整顿的行政处罚，并由中国科协撤换该期刊总编辑或社长，给予有关责任人必要的行政处分；停业整顿结束后，如再发生违纪违规问题，出现严重导向错误，由新闻出版署撤销该刊的刊号。

（十一）各主办单位要切实负起领导责任，加强对所属出版单位的政治领导。既要给予关心和支持，又要严格要求，加强检查和监督，切实加强对出版工作的具体指导和对出版单位的内部管理，真正把三

审制度、专业分工制度、售前送审制度、年审制度、谈话制度等一系列行之有效的管理措施落到实处，确保不出问题。

（十二）各全国性学会、协会、研究会和中国科协各直属单位创办全国性的正式期刊，应由主办单位向中国科协提出申请报告，填写“科学技术期刊申请表”（一式三份），经中国科协审核后，报科技部或新闻出版署审批。正式期刊凡申请改变办刊宗旨、刊期、刊名、主管部门、主办单位、文种、发行范围以及增刊的，均需向中国科协提出申请，经中国科协审核后报科技部或新闻出版署审批。期刊变更刊名一律按申请创办新刊程序办理。中国科协每年 4 月和 10 月办理新刊和调整现刊的审核、核批手续，各申请单位应提前向中国科协报送申请报告和“科学技术期刊申请表”。各种项目的申报程序为：科普类期刊报中国科协普及部，由普及部核准后，报中国科协宣传部；学术、技术类期刊报中国科协学会部，由学会部核准后，报中国科协宣传部；综合（指导）类期刊和各直属单位申请创办和调整现有的各类期刊直接报中国科协宣传部；最后由宣传部统一审核后，报科技部或新闻出版署审批。正式期刊变更主编、开本，增减页码，改变出版印刷发行机构和成立出版单位的，按上述申报程序分别报送各有关部门审核，经中国科协宣传部审核批准后，持批准件两个月内到所在地新闻出版局等有关部门办理相关手续。

（十三）各主办单位和出版单位应严格执行正式期刊年检登记制度和新创办期刊注册登记规定。已经批准新创办的正式期刊，应当自接到批准件之日起 3 个月内，到所在地新闻出版局登记注册，登记注册后须将“期刊登记表”复印件报送中国科协宣传部存档，逾期未办理登记的，原批准件作废；期刊自登记注册之日起 6 个月内未出刊的，原刊号自动注销。

（十四）中国科协所属两个（含两个）以上单位合办的期刊，必须确定一个主要主办单位。全国性学会、协会、研究会或中国科协机关、直属单位与地方单位合办的期刊，原则上由中国科协报批；与其他单位合办的全国性期刊，如果确定中国科协所属单位为主要主办单位，该刊应由中国科协报批，并由中国科协主管；如确定其他单位为主要主办单位，则应由其他单位上级（部委级）主管单位报批，并向中国科协宣传部备案。主办单位所属出版单位的办公场所必须与主办单位在同一城市或同一行政区域。中国科协所属单位主办的期刊交由地方单位承办，必须经过批准。

（十五）中国科协机关各部门、各直属单位和全国性学会、协会、研究会申请创办内部资料性出版物，须在申请书上写明编印目的、内容、发送对象、印张数、册数、开本、经费和编辑部人员情况等，经中国科协审核（申报程序依据第〈十二〉条办理），并向新闻出版管理机关办理批准登记手续，领取“准印证”后，方可从事委印活动。内部资料性出版物必须注明“内部资料，免费交流”字样，不得公开发行、陈列，不准销售，不得进行任何经营活动。

（十六）期刊出版必须严格遵守一刊一号和一刊一号只能申请一个邮发代号的规定。任何期刊不得改变或超越办刊宗旨，使用同一刊号出版两种或两种以上不同期刊或期刊的不同版本；亦不得在同一宗旨下或该宗旨的相近范围内以增加刊期的方式使用同一刊号变相出版不同期刊或期刊的不同版本。期刊出版不同版本、文种均需按新办期刊程序报批。

（十七）期刊封面除使用已经注册登记的中文名称外，应加注汉语拼音刊名，并可同时印有准确翻译并经注册登记的英文或其他外文名称，但必须明显小于中文名称。

（十八）期刊使用的名称必须与期刊出版许可证上注册登记的名称相符，不得擅自改变或变相改变已注册的名称。期刊名称是期刊的标识，其他名称、文字不得与刊名并列，不得以要目或其他文字代替刊名。要目字号应小于刊名字号。不得以总期号代替年、月、期号。

（十九）期刊的国内统一刊号、国际标准刊号以及版权页的各项出版登记项目，必须严格按照新闻出版行政管理机关批准、颁发的“期刊出版许可证”上登记的各个项目，刊登在期刊的固定位置。

（二十）严禁用书号出版期刊或变相出版期刊，也不得用期刊刊号出版图书。出版社不得以出版丛书的名义设立期刊编辑部，变相出版期刊。

（二十一）期刊出版增刊应按照有关出版管理规定及批准文件规定的要求进行出版。正式期刊每年一般只允许出版一期增刊，一次申请只对一期增刊有效。有特殊情况需一年出版一期以上增刊的，应逐次报批。期刊出版增刊，其宗旨、开本和发行范围必须与正刊一致。期刊增刊必须刊印期刊国内统一刊号、一次性增刊许可证编号，并在封面刊印正刊名称和注明“增刊”字样，不得冠以其他名称或副标识。期刊出版增刊，必须由本刊编辑出版，不得以委托、承包或类似方式由其他单位或个人编辑出版，亦不得以本刊派出机构的名义及其他变相方式编辑出版。

（二十二）期刊主办单位、出版单位必须严格遵守国家有关出版管理规定，严禁向任何单位或个人转让、出卖或变相出卖期刊名称刊号。不得将期刊出版业务承包或部分承包给其他单位和个人，不得放弃期刊编审权。不得由其他单位和个人以任何方式参与期刊的编辑出版工作。期刊出版的编、印、发各个环节必须把握在期刊社手中。

（二十三）主办单位要为出版单位的设立提供和筹集必要的资金、设备，并创造其它必须条件，期刊的主办单位即是期刊的投资人。个人、集体不得出资创办或拥有期刊。期刊创办时，若有个人、集体自筹启动资金的，不能认定为对该期刊的投资，应按债权债务关系处理，由主办单位参照银行同期贷款利率予以退还。

（二十四）有广告经营业务的各出版单位，在进行广告宣传工作中，必须严格执行《广告法》的各项规定，依法办事，防止发生违法案件和民事纠纷。

（二十五）依据《出版管理条例》，报社、期刊社等应当具备法人条件，经出版行政管理部门和工商管理部门核准登记后，取得法人资格，以其全部法人财产独立承担民事责任。视为出版单位的期刊编辑部，不具有法人资格，其民事责任由主办单位承担。

（二十六）各有关期刊社要认真遵照执行《中国科协科技期刊审读办法》和《中国科协科技期刊日常审读工作制度暂行规定》。审读工作采取由中国科协宣传部统一组织、分口实施的原则，坚持定期审读和日常审读相结合。各主办单位要有一名负责同志亲自抓此项工作，使日常审读工作落到实处。

（二十七）期刊出版后，必须按照有关规定，按时向其主办单位、中国科协以及新闻出版署、科技部、国家版本图书馆、国家图书馆缴送样刊。

（二十八）期刊停办后，应按程序申请撤销登记，主动交回期刊出版许可证等证件，并在主管单位、主办单位的主持下，依法进行资产清算，停止清算范围外的一切活动。

四、切实加强合作办刊管理，严肃合作办刊秩序

（二十九）各期刊主办单位、出版单位在合作办刊过程中，应严格遵守我国合作办刊的有关政策、法规及管理规定。在合作办刊中，凡涉及编辑、出版、印刷、发行及广告等项业务活动时，必须严格按照有关管理规定进行，不得放弃出版权和经营权。

（三十）出版单位与国内单位合作办刊，须由其主办单位向中国科协申报（申报程序依据第〈十二〉条办理），各期刊主办单位向中国科协提交合作办刊申请报告的同时，须报送合作单位的简要情况及相关证明材料、双方签署的合作协议等材料一式二份，目前，我会所属期刊已经实施合作办刊的，应按要求向中国科协宣传部补办相关申报手续和有关材料；与境外机构版权合作，须由其主办单位向中国科协申报（申报程序依据第〈十二〉条办理），并经国家新闻出版行政管理部门正式批准后方可实施，目前，未经中国科协审核、新闻出版署批准，又不能提供原审批机关批件，视为擅自与境外出版单位或其他机构进

行版权合作，应立即停止，如继续违规出版，将根据情节给予警告、罚款的行政处罚。

（三十一）各期刊出版单位的主要负责人必须由主办单位的在职人员担任，合作办刊必须由期刊主办单位与合作单位签署合作协议，合作协议签署后应报中国科协宣传部备案。以出版单位的名义与合作单位签署的协议无效。

（三十二）未经新闻出版署批准，不得以中文或外文将与其进行版权贸易的境外出版单位或其他机构的名称在期刊封面上刊出。经新闻出版署批准的与境外出版单位或其他机构版权合作的期刊，可以“本刊与××（国家）××杂志或出版机构进行版权合作”字样在期刊封面上刊出。其中“××杂志或出版机构”可用英文或其他外文，但字号必须明显小于中文期刊名称。

五、切实加强出版编辑队伍建设，努力培养和造就一支高素质的科技期刊出版编辑队伍

（三十三）各期刊主办单位，要认真做好出版单位一、二把手的选拔和配备，要选拔思想政治素质好、业务知识能力强的人员担任期刊主编。期刊社的主编要承担起第一责任人的责任。对不称职或不适合担任领导职务的，要坚决调离领导岗位。对不遵守出版纪律、违反出版规定、屡教不改的，要坚决从出版单位中清除出去。建立一支高素质的出版编辑队伍，全面提高期刊编辑的政治、理论水平和业务素质，引导编辑人员以顽强的开拓精神去迎接各种挑战。

（三十四）加强出版人员在职岗位培训，严格执行持证上岗制度。各主办单位在聘任或任命出版单位各主要岗位职务时，应从已取得该岗位《岗位培训合格证书》的人员中选拔。

六、进一步深化科技期刊出版工作改革，努力开创科技期刊出版工作新局面

（三十五）随着改革开放的不断深入和社会主义市场经济体制的逐步建立，中国科协所属科技期刊出版业迫切需要认真研究新情况、新问题，探索新规律、新方法，不断推动科技期刊出版工作改革的深入。要加大出版单位内部改革的力度，进一步完善以提高出版物质量为中心的多种形式的责任制和各项保障措施，增强出版单位的竞争力和自我发展能力。

（三十六）科技期刊出版单位违反上述各项规定的，由中国科协视情节轻重按照有关规定处理，并报请科技部、新闻出版署给予相应的行政处罚，同时还可建议其主办单位对有关责任人给予相应的行政处分。

印发文号：科协发宣字[2000]107号

关于认真学习贯彻江泽民同志“三个代表”重要思想的通知

科协发办字[2000]113号

各全国性学会、协会、研究会
各省、自治区、直辖市科协
中国科协机关各部门、各直属单位：

最近一个时期，江泽民同志多次指出：“只要我们党始终成为中国先进社会生产力的发展要求、中国先进文化的前进方向、中国最广大人民群众的根本利益的忠实代表，我们党就能永远立于不败之地，永

远得到全国各族人民的衷心拥护并带领人民不断前进。”江泽民同志在江苏、浙江、上海考察工作时又强调指出，“三个代表”是我们党的立党之本、执政之基、力量之源。为深入学习贯彻江泽民同志有关“三个代表”的重要思想，特作如下通知：

一、进一步加强对“三个代表”重要思想的学习和宣传，充分认识 “三个代表”思想的重大意义

“三个代表”的重要思想，是以江泽民同志为核心的党中央站在世纪交替的历史高度，着眼我国改革开放和社会主义现代化建设全局，运用辩证唯物主义和历史唯物主义的观点和方法，继承历史，立足现实，前瞻未来作出的精辟论断。是深入总结我们党近 80 年历史经验、深入思考世界社会主义运动历史经验、紧密联系我们党面临的形势任务和现实状况作出的科学结论。是对党的性质、宗旨和根本任务的新概括，是对马克思主义建党学说的新发展，是在新的历史条件下全面加强党的建设的伟大纲领，是永远保持党的先进性、战斗力和创造力的行动指南，是对各级党组织和广大党员提出的新要求。能否始终坚持“三个代表”，关系到我们党将以什么样的姿态和面貌迎接 21 世纪，关系到党和国家的前途和命运。认真学习、深刻理解、全面落实“三个代表”的思想和要求，对于我们在新世纪全面推进建设有中国特色社会主义伟大事业，全面推进党的建设新的伟大工程，具有极为重大的现实意义和深远的历史意义。

中国科协系统各级组织及所属团体，特别是广大党员干部，都要认真学习、深刻领会、全面贯彻“三个代表”的重要思想，用“三个代表”指导自己的思想和行动。要按照中央有关精神，结合本通知精神和各自实际情况，尽快对深入学习“三个代表”重要思想作出部署，认真组织实施。要把学习贯彻“三个代表”重要思想同学习邓小平理论结合起来，纳入今年的学习计划，加强领导，统一部署，制定措施，科学安排，精心组织，认真抓好落实。近期要认真重点学习江泽民同志在广东省高州市领导干部“三讲”教育会议上的讲话，江泽民同志在江苏、浙江、上海等地考察工作时的讲话和人民日报社论《全面加强党的建设的伟大纲领》。要加强学习的针对性，注重学习的实际效果，营造浓厚的学习风气，提高全体党员干部学习的自觉性和主动性。

各级科协所属的宣传、报刊、图书音像出版单位，要集中力量，积极主动地配合中央和地方的宣传部门，创造良好的舆论氛围，广泛、全面、准确地宣传“三个代表”重要思想。要积极面向广大科技工作者组织“三个代表”重要思想的学习和宣传活动，组织有关专家学者开展多种形式的宣讲工作。

二、全面加强科协系统各级党组织的思想建设、组织建设和作风建设

党的十五大提出了面向新世纪全面推进党的建设新的伟大工程的总目标，“三个代表”是实现这个总目标的现实要求。“三个代表”的论述，既是党的建设的重大理论课题，更是抓紧推进党的思想、组织和作风建设的实践课题。学习“三个代表”的重要思想，既要在切实领会其深刻内涵和精神实质上下功夫，更要在加强党的思想、组织和作风建设上见实效。

中国科协各级组织及所属团体，都要把“三个代表”的要求，落实到坚定正确地执行党的路线方针政策中去。坚持“三个代表”的重要思想，对党的领导干部提出了新的更高的要求，科协各级领导干部都要用“三个代表”的重要思想来指导自己的思想和行动，把思想和行动进一步统一到全面正确贯彻执行党的基本理论和基本路线上来，切实加强自身建设。要增强务实作风和进取精神，坚持群众路线和实践观点，要在当地党委的领导下，指导和加强基层党组织建设，深入基层，认真搞好调查研究，结合基层党组织和党员队伍的思想状况、组织状况，分析原因，总结经验教训，找出规律，多办实事。要结合“三讲”教育和“三讲”教育“回头看”活动，对照“三讲”教育的要求，深入整改，促进“三讲”教育经常化、制度化。

要把“三个代表”的要求，落实到建设一支高素质的干部队伍中去。“三个代表”的要求能不能落到实处，在一定意义上，取决于能否按照党中央的要求，建设一支高素质的党员干部队伍。各级科协的党组织，都要在当地党委的领导下，对党员干部严格要求、严格管理、严格监督。要开展保持共产党员先进性教育活动，逐步探索建立保持党的先进性的自我纯洁机制。中国科协系统的广大党员干部都要认清自己所肩负的历史责任，坚持讲学习、讲政治、讲正气，从严要求自己。要把党的群众路线贯彻到各项工作中去，从最广大群众的根本利益出发，充分尊重群众意愿，关心群众疾苦，积极帮助群众解决实际困难和问题。要保持艰苦奋斗的优良作风，自重、自省、自警、自励，自觉抵制一切腐朽落后思想和生活方式的侵蚀，自觉接受党组织和人民群众的监督，始终保持共产党人思想道德上的先进性，充分发挥共产党员的先锋模范作用，以自己的实际行动，做促进社会生产力发展的模范，做社会主义精神文明建设和党风廉政建设的模范，做全心全意为人民谋利益的模范。

三、密切结合科协工作实际，在实践中认真贯彻落实“三个代表”重要思想

“三个代表”的重要思想对科协工作具有重要的指导意义，全面落实“三个代表”的要求，是做好新时期科协工作的重要前提和关键。要紧密结合国内外形势的种种新变化，紧密结合世界科学技术迅猛发展和我国经济结构调整对科技发展和创新的要求，紧密结合科技工作者队伍在经济体制、科技体制深化改革中发生的变化和产生的新问题，紧密结合科协和本部门、本单位工作的实际，深刻理解“三个代表”的科学内涵、理论依据、内在联系和伟大意义，增强贯彻落实“三个代表”要求的坚定性和自觉性。

中国科协各级组织及所属团体，要以“三个代表”的重要思想为指导，把有利于促进生产力的发展，有利于促进中华民族先进文化的前进，真正体现广大科技工作者和广大人民群众的根本利益，作为衡量和检验科协工作的标准。科学技术是第一生产力，是先进生产力中最关键的要素，是促进经济社会发展的强大动力，深入学习贯彻“三个代表”的思想，就必须始终坚持解放和发展社会生产力，紧紧抓住经济建设这个中心。文化是人类精神文明的尺度，科学技术是人类文明的基石，是先进文化的重要内容，党的十五大报告指出：“发展教育和科学，是文化建设的基础工程”，深入学习、贯彻“三个代表”的思想，就必须坚持马列主义、毛泽东思想、邓小平理论的指导地位，大力加强思想政治工作和社会主义精神文明建设。中国共产党的一切奋斗目标，都是为了包括科技工作者在内的中国最广大人民的根本利益，深入学习贯彻“三个代表”的思想，必须始终以广大科技工作者的根本利益为出发点，全心全意为科技工作者服务。

中国科协各级组织及所属团体，都要进一步发挥科学技术工作者的群众组织、党领导下的人民团体、党和政府联系广大科技工作者的桥梁和纽带、国家发展科学技术事业的重要社会力量的作用，充分调动广大科技工作者投身经济建设的积极性、主动性、创造性，发挥广大科技工作者作为先进生产力承载者和开拓者的作用，推动科学技术与经济建设紧密结合；大力弘扬科学精神、普及科学知识、传播科学思想和科学方法，提高全民族的思想道德素质和科学文化素质，为发展、创造有中国特色社会主义文化和加强社会主义精神文明建设提供动力和智力支持；把密切联系广大科技工作者、维护科技工作者的根本利益作为科协工作的出发点和立足点，努力反映他们的意见和呼声，宣传和表彰科技工作者的优秀事迹，建好“科技工作者之家”。

学习贯彻“三个代表”的重要思想，既是一项紧迫的政治任务，也是一项长期的历史任务。科协各项工作都要长期、全面地坚持、体现和贯彻“三个代表”的要求，只有这样，才能把科协的各项事业不断推向前进，在全面推进建设有中国特色社会主义伟大事业中作出新的贡献。

2000年5月25日

中国科协关于实施“西部科普工程”的意见

（2000年6月30日）

为贯彻党中央关于西部大开发的战略，进一步发挥科协系统的组织网络优势和人才智力优势，广泛动员和组织广大科技工作者积极投身西部大开发，为西部的发展建功立业，中国科协五届五次全委会决定，从2000年起组织实施“西部科普工程”。现提出以下实施意见。

一、指导思想

实施“西部科普工程”要以邓小平理论为指导，按照党中央、国务院关于西部开发的总体部署，紧紧围绕西部地区各级党委和政府开发工作中的重点、热点、难点问题，坚持因地制宜、突出重点、立足当前、着眼未来、循序渐进、梯次发展的原则，充分发挥各级科协组织优势，组织动员广大科技工作者，面向西部地区广大青少年、农民、干部、群众弘扬科学精神，普及科学知识，传播科学思想和科学方法，提高西部地区人民的科学素质；普及推广先进的实用技术，促进科技成果的转化，为西部地区科技进步、人才培养、生态环境建设、产业结构调整、实现社会和经济的跨越式发展作出应有的贡献。

二、目标和任务

实施“西部科普工程”总体目标是：从2000年起至2005年，紧紧围绕党中央国务院确定的西部开发全局性的重点工作，集中力量重点在公众科学素质提高、生态环境建设、产业结构调整三个方面开展科普工作，并取得阶段性的成效。同时不断加强西部地区专群结合的科普队伍建设，进一步建立和健全西部科普组织体系、科普示范体系、科普培训体系、科普传播体系；提高西部地区干部、青少年、群众的科技意识、环保意识和创新能力；提高农民的致富、生态环境保护和建设技能，培养大批农村实用科技人才，推动农业产业化；促进西部少数民族地区的科技进步和经济发展。中国科协将积极争取国家有关部门的支持，发动全国性学会和东部地区科协组织，紧密依靠西部地区各级科协组织，围绕三个重点方面做好以下工作。

（一）广泛开展系列有针对性、效果好、影响大的群众性科普活动，传播科学思想，弘扬科学精神，提高公众科技素养。在西部地区每年联合开展一次主题性的大型科普宣传活动。要进一步向广大干部、群众大力宣传唯物论和无神论，弘扬科学文明，破除愚昧迷信，树立科学的世界观和人生观；根据西部大开发的实际，在继续开展科普周（日）、科普之冬（春）、科技下乡等群众性科普宣传活动的同时，开展好“千万青少年读书行动”、农村“讲精神文明、比科技致富、建科普文明乡（镇）、村”活动和城市“讲精神文明、比科学生活、建文明社区”的群众性科普活动。不断增强西部地区干部群众科技意识、环保意识、可持续发展意识，提高公众的科学素养，促进西部地区物质文明和精神文明建设水平的提高。

（二）加强对西部地区青少年的科技教育，培养青少年的创新精神。从2001年起，重点在西部地区新建40个“社区非正规教育”示范县，在各项目县的示范点建立小型图书室，为项目县14~18岁校外青少年提供文化、环境保护、生产实用技术、市场经济基本知识培训。开展“大手拉小手，迎接新世纪”青少年科技传播行动，建立200所中小学科技特色学校和100个青少年科技教育基地，激发青少年参与科技活动的兴趣，培养青少年的创新精神和实践能力，为西部地区培养新型建设人才。

（三）加强农村实用技术培训和普及工作，提高农民生产技能和经营管理水平。要充分发挥中国农村致富技术函授大学等培训体系网络优势，与各级党委组织部门紧密合作，做好规划，认真组织农村党员和基层干部的实用技术培训，努力提高他们带领群众调整经济结构、发展农村经济的自觉性和本领。在 2005 年前，要为西部大部分地区每个村培养 1 名以上的科技致富和经营管理的带头人。根据西部地区的特点，筛选和普及 100 项适合西部特点、增产增收效果明显的优良品种和农业先进实用技术。在西部地区选择 100 个有代表性的、科技含量高的、具有一定市场拉动力的农村专业技术协会，围绕协会经营运行机制和组织管理建设等，提供技术、信息等服务，促进西部农业的产业化发展。进一步贯彻开发式扶贫的方针，巩固和继续实施中国科协科技扶贫行动——“8111 工程”，促使农民脱贫致富。

（四）进一步完善科普基础设施，深入开展形式多样的科普阵地教育和科普示范创建活动。积极争取国家及地方党委和政府，以及社会各方面的支持，兴建和改造完善西部地区省级科技馆等科普基础设施，完善和拓展科普展教功能。继续抓好全国科普示范县创建活动，支持西部地区建设 100 个农村科普示范项目，创建 50 个科普示范县，进一步推动农村科普工作。在有条件的地区可以探索建设科普示范带（区），带动区域内和周边地区科普工作的广泛深入开展。

（五）大力推进西部地区城区和企业科普工作。组织科普报告团、高新技术报告团、企业家报告团，向广大干部、职工、群众传播科学思想和科学精神，普及科学知识和科学方法，向企业推广新的科学技术和管理方法，每年重点支持高质量的科普报告会 200 场。把科普工作与社区文明建设结合起来，普及身边科学知识，倡导科学、文明、健康的生活方式。在城区建立 10 米以上科普画廊 100 处、科普文明社区 100 个。在旅游景点、文化设施、休闲场所建立 50 个科普教育阵地，充分发挥西部地区科技馆、科技活动中心等设施和广播、电视、报刊等大众传媒的作用，开展群众化、社会化科普活动。在企业中广泛开展群众性的科普活动，促进企业的技术创新和企业职工科技素质的提高；组织东部企业将成熟的新技术和成功经验推广到西部企业，促进西部的结构调整和产品升级。

（六）大力普及生态建设和资源、环境保护知识，加强生态建设和环境保护的科普示范和技术推广。广泛深入地向广大干部、农民、青少年和职工宣传资源、人口、环境、可持续发展的科学思想，不断提高西部地区干部群众的生态环境建设意识和技能。同时，以退耕还林还草为重点，在西部地区支持建设一批优质种苗繁育科普示范基地，重点普及推广 100 项先进的植树、种草、治理荒漠、节水等新技术，为广大农民做好树种草种苗木和技术服务工作，引导广大群众科学植树种草。要密切配合林业等有关部门，面向广大农户大力开展对生态环境建设技术的培训，不断提高广大农民群众的生态环境建设技能。在西部干旱和半干旱贫困地区、水库移民地区和退耕还林还草重点地区，抓好生态扶贫示范县建设，以生态建设为中心，开展技术推广和示范，引导贫困村、贫困户和库区移民面向市场，发展生态型的、具有特色和市场优势的种养业。

（七）加强信息服务，运用高科技手段推进西部科普工作。在《中国公众科技网》（www.cpst.net.cn）科普平台建立“西部科普工程”网页。认真总结云南省宁蒗县电脑农业试点的经验，加强对农业信息化技术普及推广，结合西部地区科普示范县建设，建立 50 个农业电脑专家系统科普示范点，将分散的、局部的单项农业技术综合集成起来，经过信息处理，为农业生产提供技术和市场信息服务，突破西部地区信息不灵的“瓶颈”。大力运用网络、电视、声像手段，提高科普工作的效率和效果。

（八）深入实施“少数民族科普示范工程”，促进少数民族地区科技进步和社会经济发展。加强对少数民族地区干部的科技培训。支持建设 50 个少数民族地区科普示范项目。支持少数民族地区科普工作队建设，进一步发挥其在促进西部民族地区科技进步和社会经济发展等方面的作用。

三、主要措施和要求

（一）统一思想，提高认识。实施西部大开发战略，加快西部地区发展，是以江泽民同志为核心的党中央高瞻远瞩、统揽全局、面向新世纪，为实现中华民族伟大复兴所作出的重大战略决策。中国科协作为党领导下的人民团体和国家发展科技事业的重要社会力量，具有重要的责任。实施“西部科普工程”是科协系统贯彻落实党中央、国务院西部大开发战略的实际行动，也是科协大团体支持西部大开发、为西部大开发服务的共同心愿。中国科协各级组织和所属团体一定要充分重视，统一思想，积极参与到“西部科普工程”的各项工作中去。

（二）加强领导，组织落实。为了从组织上保证“西部科普工程”的实施，中国科协成立由普及工作委员会、促进少数民族地区科技进步专门委员会、促进科技兴农专门委员会、促进企业技术进步专门委员会、中国科协书记处领导和有关专家组成的 “中国科协‘西部科普工程’领导小组”。领导小组的主要任务是：组织贯彻党中央国务院关于西部地区开发的方针、政策和指示；审议“西部科普工程”的发展规划、实施方案；研究审议“西部科普工程”中的重大政策建议；协调全国性学会、东部地区科协对西部地区科协科普工作的对口帮扶工作。领导小组办公室设在中国科协普及部。办公室的主要职责是：执行领导小组的决议，组织日常工作；组织项目申报、评审、实施工作；组织总结表彰、宣传工作。

成立“中国科协‘西部科普工程’西部地区协调小组”。由西部 12 个省、自治区、直辖市科协领导、中国科协书记处领导及分管部门领导组成。协调小组的主要任务是：根据“西部科普工程”的发展规划、实施方案和领导小组的意见，联络、沟通组织实施“西部科普工程”和有关科普项目的情况，并对有关工作提出建议，提供领导小组决策。

各全国性学会、各省、自治区、直辖市科协、各有关事业单位都要确定“西部科普工程”的负责人、联系人和实施部门，并提供必要的工作保障。

（三）统筹规划，分步实施。“西部科普工程”是一项长期的、艰巨的工作，中国科协对各项目标进行统筹规划，分项、分年度、分步骤地实施。各级科协和全国性学会要围绕贯彻实施“西部科普工程”提出的目标和任务，抓紧制定相应的实施方案和计划，认真落实。

（四）顾全大局，实施帮扶。各全国性学会要发挥各自的优势，制定结对帮扶方案，选择 1 个或几个西部地区的省、自治区、直辖市科协作为结对帮扶对象，每年至少在该省、自治区、直辖市辖区内，围绕“西部科普工程”的目标任务做一件富有实效的科普工作。

东部地区科协要按照国务院确定的对口支援省份，与西部地区科协建立“一帮一”关系，根据“西部科普工程”的目标，制定帮扶方案，每年至少为西部地区的对口帮扶地区做一件富有实效的科普工作。东部和中部地区科协还可依据优势互补、互利互助的原则，采取项目等方式支持西部地区开展各项科普工作。

西部地区为东部沿海地区的发展作出了历史性贡献，目前西部地区开展科普工作的条件比较落后，各全国性学会、东部地区科协要坚决贯彻邓小平同志“两个大局”的战略思想，发扬团结互助的精神，发挥经济、科技和智力的优势，通过合作，广泛参与和支持西部地区的科普工作。

西部地区科协要发扬自力更生、艰苦奋斗精神，把握机遇，开拓进取，要尽快适应市场经济发展的形势，掌握本省（自治区、直辖市）的科普需求情况，加强与社会各方面联络，运用新思路，探索新机制，开拓科普工作的新局面，在实施“西部科普工程”中作出应有的贡献。

（五）增加投入，重点倾斜。“西部科普工程”是一项社会公益性的科普工作，必须有必要的经费支持。西部地区各级科协要积极争取当地党委、政府的领导和有关部门的支持，争取与有关部门工作配合、项目结合。同时，中国科协将积极争取国家财政和社会各方面的经费支持，并对这部分经费实行项目管理。各省、自治区、直辖市科协、全国性学会、中国科协直属各科普事业单位，要根据中国科协“西部科普工程”工作领导小组办公室确定的每年度《项目指南》，认真研究和策划申报项目。中国科协“西部科普工程”工作领导小组办公室将根据“公开申请，专家评审，择优资助，追踪问效”的原则进行立项，对纳入“西部科普工程”的项目给予必要的科普经费补贴，地方科协要争取同级财政的配套科普经费。中国科协同时还将组织编制适合西部地区实际的科普图书、挂图、录像片等资料，向西部地区赠送。

（六）加强宣传，典型示范。中国科协将适时组织新闻单位对实施“西部科普工程”工作成效进行宣传，适时召开现场经验交流会，并对涌现出的先进单位和个人予以表彰奖励。各全国性学会、各级科协组织要随时注意掌握实施动态，跟踪了解情况，加强项目的管理和实施落实，不断总结经验，及时推广在实施“西部科普工程”中涌现出来的先进典型，用典型推动面上的工作。

印发文号：科协发普字[2000]148号

关于规范全国性学会涉外交往活动的几点意见

科协办发[2000]008号

各全国性学会、协会、研究会：

根据中共中央办公厅、国务院办公厅“关于进一步加强民间组织管理工作的通知”（中办发[1999]34号）精神，为进一步规范、加强我会及接受民政部委托管理的各全国性学会、协会、研究会（以下简称全国性学会）的涉外交往活动，结合我会的实际情况，提出以下几点意见，请你们在今后的涉外活动中贯彻执行。

一、全国性学会要健全本会章程，使关于涉外交往活动管理的内容纳入本会章程。

二、全国性学会在涉外交往活动中要严格遵守国家的有关法律、法规和政策，遵守各类涉外活动的有关规定。

三、不得吸收境外民间组织为全国性学会的单位（团体）会员。

四、原则上不推荐或聘请境外人士担任实职性领导职务（正副理事长、秘书长）。确需吸收少量境外人士为个人会员或担任名誉性职务的，由业务主管单位按有关规定审批，并报登记管理机关（民政部门）备案。

五、全国性学会的会员（党员、干部）如确需以个人身份应邀加入境外专业、学术性团体或担任该团体有关职务的，按干部管理权限和有关规定审批。

六、全国性学会应邀以单位（团体）会员名义加入境外民间组织，必须报业务主管单位批准。

七、全国性学会确因工作需要在境外设立代表机构的，必须报业务主管单位和登记管理机关（民政部门）批准。

八、境外民间组织在全国性学会建立分支机构，须按民政部有关规定办理。

九、与香港、澳门特别行政区的民间组织交往，按《国务院港澳事务办公室关于处理内地与香港民间交往有关问题的意见》、中共中央办公厅、国务院办公厅《关于澳门回归问题的情况通报》中的有关规定执行。

十、全国性学会接受境外捐赠资助，须按《社会团体登记管理条例》有关规定办理。

2000年3月12日

关于在科协系统开展“讲文明、树新风”活动的通知

科协办发[2000]026号

各全国性学会、协会、研究会
各省、自治区、直辖市科协：

自今年2月中央文明办、民政部、公安部、建设部、文化部、卫生部、国家体育总局、共青团中央、全国妇联、中国科协等十个单位联合召开“讲文明、树新风”活动电视电话会议以来，科协系统特别是地方科协为贯彻落实这次会议精神，深入开展“讲文明、树新风”活动，做了大量工作，取得了明显的成绩。为深入总结经验，进一步推动“讲文明、树新风”活动的开展，特通知如下。

一、提高认识，从建设社会主义精神文明的高度，把“讲文明、树新风”活动纳入重要议事日程

“讲文明、树新风”活动是建设社会主义精神文明的有效形式和重要内容。党的十五大提出，到21世纪中叶中华人民共和国成立百年时，基本实现现代化，建成富强民主文明的社会主义国家。社会主义精神文明是社会主义社会的重要特征，是现代化建设的重要目标和重要保证。“法轮功”事件的发生，深刻说明社会主义精神文明建设关系着国家、社会的发展和稳定，事关国家和民族的前途命运。这一事件暴露出了精神文明建设工作中亟待加强的方面。要切实提高对加强精神文明建设必要性和紧迫性的认识，把它提到重大战略高度，增强自觉性和责任感。

各级科协及所属团体要坚持“两手抓，两手都要硬”的方针，切实把加强精神文明建设同开展科普工作结合起来，列入议事日程，在“讲文明、树新风”活动中努力开创科普工作的新局面。

二、科普工作是精神文明建设的有机组成，要充分发挥科普工作的重要作用，为提高全民科学文化素质作贡献

科学技术不仅是物质文明建设的强大动力，也是人类文明的宝贵财富，是社会主义精神文明建设的重要基石。充分发挥科学技术在我国社会主义精神文明建设中的先导和支柱作用，也是实施科教兴国战略的重要内容。

科学技术与精神文明建设紧密相关。科学知识、科学思想、科学精神和科学方法，作为认识世界和改造世界的重要工具，影响着人们的世界观、人生观和价值观。弘扬科学精神，普及科学知识，传播科学思想和科学方法，提高中华民族的思想道德素质和科学文化素质，是社会主义精神文明建设的重要内容和基本任务。大力普及科学技术知识，有利于培养群众的科学精神，形成尊重科学、实事求是的风尚；有利于教育人民掌握科学方法，提高认识世界、改造世界的能力；有利于增强全民族的创新意识，激发群众中蕴藏的巨大智慧和创造力；也有利于人民群众形成健康、文明的生活方式，提高精神文化生活的

品位和质量。

在"讲文明、树新风"活动中，要大力宣传、倡导、普及、传播科学精神、科学思想、科学态度、科学方法，坚持用现代科学知识和科学精神武装广大干部群众，增强人们对愚昧迷信和伪科学的识别与抵制能力。帮助广大群众树立科学的世界观，从根本上铲除愚昧迷信和伪科学赖以存在与蔓延的社会土壤，提高群众的科学文化水平，增强群众的科学文化素养。

各级科协及所属团体，要站在中华民族长远、整体发展的战略高度，努力在开展科技教育、提高全民科学素质方面多做开拓性的工作。要以领导干部、农民、工人和青少年为主要对象，开展不同层次、不同形式、不同内容的科普活动。要抓好科普教育基地、科普示范县和科普示范基地建设、"百城万米科普画廊"工程等活动。加强社区科普工作，在大中城市开展创"讲精神文明、比科学生活、建科普示范社区"活动，创建科普示范城区。认真组织"科学家科普报告团"、"科普伴你行"、"科普万里行"、2000年北京国际科教电影电视节等大型系列科普活动。努力开拓电视传播渠道，办好科技报刊，利用现代化手段，搞好网上宣传教育。加强全国性学会的科普工作，对于社会效益、经济效益好的全国性学会科普项目给予重点支持。

三、团结和动员广大科技工作者，加强自身队伍建设，为精神文明建设作表率

江泽民总书记在中国科协"五大"重要讲话中对科技工作者提出殷切期望，要求"科技工作者要争做社会主义精神文明建设的排头兵"。推动我国精神文明和物质文明同步协调发展，是时代赋予科技工作者的重要使命。

各级科协及所属学会都要充分发挥党和政府联系科技工作者的桥梁和纽带作用，进一步调动广大科技工作者参与社会主义精神文明建设的积极性，鼓励科技工作者在精神文明建设中的首创精神，推动精神文明建设上新水平。各级科协及所属学会要积极组织广大科技工作者争当科学技术的传播者，将这项工作视为自己义不容辞的职责。要大力发扬我国老一辈科技工作者的优良传统，面向全社会普及科技知识，弘扬科学精神，倡导科学思想和科学方法。根据不同社会群体的实际，多层次、多形式，运用群众化、社会化、经常化的方法开展工作，使公众理解科学，树立崇高的理想和信念，掌握正确的世界观和方法论，形成科学的行为准则和生活方式。

要旗帜鲜明地捍卫科学尊严，扫除迷信愚昧，揭露和反对伪科学，净化社会环境，强化群众的科技意识，使"尊重知识、尊重人才"在全社会蔚然成风。

要在科技界弘扬科学精神，严格行为规范，加强科技工作者职业道德建设。在科技工作者中大力倡导"献身、创新、求实、协作"精神和"坚持真理、诚实劳动、亲贤爱才、密切合作"的职业道德。大力弘扬无私奉献精神，将个人理想和事业融入跨世纪宏伟目标这一伟大事业中去。积极鼓励开拓创新，攀登世界科学技术高峰。坚持学术民主，形成"百花齐放、百家争鸣"的学术环境。要特别强调科学研究过程中的职业道德建设。科技工作者在任何时间、任何场合都要自觉坚持科学真理，捍卫科学原则，维护科学尊严，遵守职业道德，严格行为规范。推动科技界团结协作，为社会主义精神文明建设作出表率。

要有效地团结和动员科技工作者积极参与社会主义精神文明建设，必须首先加强科协系统自身的精神文明建设。发扬社会主义民主是社会主义精神文明建设的重要内容，科协系统要在加强精神文明建设过程中，坚持民主办会原则，进一步突出科技工作者的主体地位。

四、总结经验，抓好典型，提高专兼职工作人员素质，把科协工作提高到新的水平

各级科协及所属团体要把加强精神文明建设列入重要议事日程，切实把精神文明建设提到突出的地位，与科协日常工作紧密结合，把两个文明作为统一的奋斗目标来落实和部署。要根据中央文明办的部署，在“讲文明、树新风”活动中，大胆尝试，摸索规律。主要领导同志要亲自抓，建立起相应的领导体制和工作机制。要充分认识这项工作的重要性和长期性，结合各自实际情况，制定有力的措施和规划；要把长远目标同阶段性任务结合起来；要把加强精神文明建设作为考核、评价单位、团体工作和各级工作人员实绩的基本依据，努力开拓精神文明建设的新局面。

在开展“讲文明、树新风”活动的基础上，各级科协及所属团体要认真总结经验，抓好典型，并将典型材料及时上报中国科协办公厅综合处（电话： 010-68571877；联系人：朱英）。适时中国科协将召开会议总结经验，以更好地推动“讲文明、树新风”活动的开展。

各级科协机关要把“讲文明、树新风”活动作为加强机关精神文明建设的重要内容，组织广大专兼职工作人员加强学习，加强思想、作风建设，努力成为一支能打硬仗的队伍。科协系统的宣传部门和新闻出版、科技馆站等单位，要充分发挥各自优势，坚持党性原则，坚持正确舆论导向，成为积极宣传社会主义精神文明的阵地，为社会主义精神文明建设作出新的贡献。

2000年6月27日

关于进一步加强科协系统青少年科技活动场所建设和管理工作的通知

科协办发[2000]027号

各省、自治区、直辖市科协：

为进一步贯彻落实江泽民总书记等中央领导同志对青少年教育问题作出的一系列重要批示，中共中央办公厅和国务院办公厅近日联合下发了《关于加强青少年学生活动场所建设和管理工作的通知》（以下简称《通知》）（中办发[2000]13 号）。《通知》要求社会各界都要为青少年成长提供良好的社会环境，各有关部门要采取各种有力措施加强青少年活动场所的建设和管理。《通知》充分体现了党和政府对青少年成长的高度关心和重视，是青少年科技教育的重要文件，对青少年科技教育工作具有重要的指导作用。《通知》要求各级科协将此文件转发，并认真组织学习，贯彻落实。

根据《通知》要求，现将中国科协进一步加强科协系统青少年科技场所建设和管理等工作安排如下：

一、加强对现有青少年校外科技活动场所的管理

（一） 各省、自治区、直辖市科协，近期要对所属的青少年科技活动场所进行一次全面检查，针对检查中存在的问题，及时进行整改，加强管理。要积极宣传《通知》的精神，争取各级财政部门对科技活动场所和设施的维修、更新给予经费支持。

（二）为了让中小学生放学后和节假日能参加各种有益科技活动，科协系统所属青少年科技活动中心、科技馆等要利用现有条件，充分发挥其展教功能和作用，增加和延长开放时间，星期一至星期五的

开放时间适当延长，节假日不休息，夏秋季节酌情增设夜场。

（三）科协系统青少年科技活动中心要进一步发挥优势，加强与学校、社区等有关部门的配合，积极组织培训、夏（冬）令营、兴趣小组、科学实验、竞赛等丰富多彩的课外科技教育活动，吸引广大青少年的参与。

（四）各省、自治区、直辖市科协所属科技馆，在面向广大公众做好科普展教工作的同时，要根据青少年的特点，加强展品的研制和配置工作，不断提高科技展品制做水平和能力，增强展品的趣味性、参与性，增强对中小学生的吸引力；同时，进一步丰富展教内容，并与学校教育内容有机结合，成为学校教育的有力补充。在有条件的科技馆，可专为青少年设立科技活动室。

（五）由中宣部、科技部、教育部和中国科协联合命名的“全国青少年科技教育基地”、中国科协命名的“全国科普教育基地”以及各级科协命名的科普教育基地 ，如科技类博物馆、科研院所、企业的研究中心和实验基地等要充分发挥科普教育的示范作用，利用自身的优势，创造条件，开展面向青少年的科技教育活动，定期对青少年免费或优惠开放。

二、切实做好青少年学生校外科技活动场所的规划与建设

1. “十五”规划期间，国家将对缺乏青少年学生校外活动场所的地区给予建设资金支持。各级科协要认真作好青少年科技教育场所的规划、争取将青少年校外科技活动场所、设施建设列入当地政府规划，因地制宜地建设一批以培养青少年创新精神和实践能力为特色的校外青少年科技活动场馆（中心）。

2. 各级科协要认真研究在社区建立青少年科技活动场所的布局、形式、内容、机制等问题，根据社区精神文明建设的需要，积极创造条件建立一批社区青少年科技活动中心（馆、站），如社区青少年电脑活动中心（站）等。

三、各级科协要积极配合政府部门，协同各方面力量，共同做好青少年科技教育工作，面向青少年学生广泛开展以弘扬科学精神、普及科技知识，传播科学思想和科学方法为核心的科技教育活动。要坚持把社会效益放在首位，积极为青少年学生参加科技活动提供机会和服务

各级科协要结合本单位实际认真组织学习《通知》，加强对现有青少年科技活动场所的领导和管理，充分发挥其校外科技教育主要阵地的作用，并于 2000 年 9 月底以前将本单位贯彻落实《通知》精神的情况报中国科协。

2000 年 7 月 3 日

中国科协信息网络建设管理暂行规定

（2000 年 7 月 12 日）

第一条 加强科协信息化建设，有效地提高科协系统联系广大科技工作者的能力，增强科协系统的凝聚力，更好地发挥“三主一家”的作用；有效地提高科协工作效率，增强科协工作的集成度，更好地发挥“四个促进”的社会职能。全国性学会、协会、研究会，各省、自治区、直辖市科协，中国科协机关各部门、各直属事、企业单位要把信息化作为跨世纪发展的重要战略举措给予高度重视，主要领导要亲自抓。

第二条 科协系统的信息化将重点建设两个信息系统：一是科协系统内部用的电子公务系统，二是发掘科协系统的信息资源，面向社会的科技信息服务系统。为此，分别建设相应的中国科协公务信息网（网址：www.cast.org.cn，原称中国科协电子公务系统）和中国公众科技网（网址：www.cpst.net.cn）。

第三条 中国科协信息网络建设工作的指导方针是：突出特点、集中优势、服务社会，坚持“统一规划、合理布局，集中有限的人、财、物，分工协作，共同建设”的原则。

第四条 为保证公务信息资源的整体化、规范化，全国性学会、协会、研究会，各省、自治区、直辖市科协，中国科协机关各部门、各直属事、企业单位统一在中国科协公务网上发布公务信息。中国科协将为各单位在该网上发布信息、提供服务。服务内容详见第十二条。

第五条 中国科协将在中国科协公务网上建立统一的因特网主页，全国性学会、协会、研究会和各省、自治区、直辖市科协在网（站）主页栏目设置时，要与中国科协公务网实行统一的信息结构规划、域名规划、主页规划，统一的办公软件。

第六条 全国性学会、协会、研究会，各省、自治区、直辖市科协、中国科协机关各部门、各直属事、企业单位要有专人负责本单位信息的采集、更新等工作。为保证中国科协公务网运行的可靠性、稳定性和完整性，各单位发布信息时应由本单位领导审定。

第七条 中国科协的公务信息包括：科协系统的组织体系及其所开展的各项活动、文件、资料等。中国科协机关各部门、各直属事、企业单位在科协系统内，采集信息资源用于因特网建设，必须事先报中国科协信息工作协调指导小组审批。未经批准的单位和个人，不能拿科协系统的信息资源与境内、外企事业单位联合建设因特网（站）。

第八条 中国科协机关各部门，各直属事、企业单位，凡是以科协的相关工作体系为背景、以科协的相关工作内容为基础，独立建设或者同境内、外其他组织合作建设各种因特网（站）的都要报中国科协信息工作领导小组审批。对于已经建设网（站）的单位，要按规定补办申报、审批手续。

第九条 网（站）审批内容包括：提交详细的网站建设规划书、网（站）名称和域名、工作范围、经费来源、主要任务、资本结构、合作方详细资料等。

第十条 未经中国科协批准任何单位和个人，不得以“中国科协”的名义建设因特网（站），包括网（站）的内容也不能使用“中国科协”名义。

第十一条 全国性学会、协会、研究会，各省、自治区、直辖市科协，中国科协机关各部门，各直属事、企业单位已经建成或正在建设因特网（站）的，要将网（站）建设基本情况报中国科协信息工作领导小组备案，以便统一规划，分级管理。

第十二条 中国科协将为全国性学会、协会、研究会，各省、自治区、直辖市科协，中国科协机关各部门，各直属事、企业单位在该网上发布信息、提供服务。内容包括：免费提供因特网主机磁盘空间 30 兆，将各单位的信息发布到因特网上；对于没有维护和上载主页能力的由中国科协代为维护网上信息；在中国科协发布系统上为已建立网（站）的各单位建立超级链接；建立因特网主页，免费制作网页 2 页；免费提供电子信箱。

第十三条 中国科协主办的中国公众科技网，将充分发挥中国科协组织体系的独特优势，体现中国科协“三主一家”的基本社会功能，构建数字化空间的科技工作者之家。希望全国性学会、协会、研究会，各省、自治区、直辖市科协，中国科协机关各部门，各直属事、企业单位依照“组织推动、市场机制、资源组合、企业化管理”的原则，参加中国公众科技网的科学普及、学术交流、科技应用和研究开发四个应用平台的组建工作。

第十四条 本办法自公布之日起执行。中国科协计划财务部负责解释。

印发文号：科协办发[2000]030号

中国科协系统统计工作管理暂行规定

（2000年8月27日）

第一章 总 则

第一条 为规范科协系统的统计工作，保障统计资料的准确、及时和完整，充分发挥统计了解科协的基本情况、指导事业发展的重要作用，适应社会主义市场经济和社会发展的需要，根据《中华人民共和国统计法》及其实施细则，结合科协系统的实际，制定本规定。

第二条 科协系统统计工作的基本任务是：对各级科协及所属团体的情况进行统计调查，为了解系统的组织与活动的基本情况提供资料；进行统计分析，为各级科协指导工作提供咨询意见或决策依据；实行统计监督。

第三条 县以上（含县，下同）各级科协及所属团体必须依照本规定、按照国家法律、法规和有关统计制度，如实提供统计资料，不得虚报、瞒报、拒报、迟报，不得伪造、篡改。

第四条 各级科协及所属团体的领导人，领导和监督统计职能部门、统计人员和其他有关人员执行《中华人民共和国统计法》和相关统计制度。上述单位的领导人对统计职能部门和统计人员依照法律、法规和统计制度提供的统计资料，如发现数据计算或来源有错误，应责成统计职能部门、统计人员核实订正；但不得擅自修改，也不得授意、强迫统计人员或其他人员伪造、篡改、虚报和瞒报。

统计职能部门、统计人员依法履行职责受法律保护。统计职能部门、统计人员依法独立行使统计调查、统计监督的职权不受侵犯。对领导人授意、强令篡改统计资料或编造虚假数据的行为，统计职能部门、统计人员应当拒绝、抵制或检举，任何单位或个人不得进行打击报复。

第五条 本规定中所称统计职能部门是指负有统计管理和实施职能的部门。统计职能部门和统计人员实行工作责任制，依照法律、法规和统计制度的规定，如实提供统计资料，准确及时完成统计任务，保守国家秘密，并对统计资料的真实性负责。

第二章 统计职能部门和统计人员

第六条 科协系统建立统一的统计工作体系，实行统一组织、分级负责的统计管理体制。

（一）中国科协计划财务部负责组织指导和协调科协系统统计工作，其主要职责是：

1. 制定科协系统统计工作制度，部署和检查统计工作；
2. 组织科协系统的统计调查，搜集、整理、提供和保管科协系统的统计资料；
3. 对科协系统的统计资料进行分析，实行统计监督；

4. 管理和协调中国科协各部门的统计调查项目和统计标准；

5. 负责管理科协系统的统计信息自动化工作和数据库体系。

（二）县以上各级科协，根据统计任务，明确统计工作分管领导和职能部门，指定统计负责人，配备统计人员，安排相应的统计工作经费。其主要职责是：

1. 组织协调本地区内科协系统的统计工作，完成中国科协或上一级科协和属地政府的统计调查任务，制定和实施本级统计调查计划，搜集、整理、提供和保管统计资料；

2. 对本地区内科协系统的统计资料进行分析，实行统计监督；

3. 负责管理本地区内科协系统的统计信息自动化工作和数据库体系。

（三）各级科协所属团体应指定统计负责人，配备人员负责统计工作，按要求准确及时完成统计调查任务，如实上报统计资料，进行统计分析，管理本单位的统计调查表，建立健全统计台账和原始记录制度。

第七条　各级科协的统计职能部门和统计负责人在业务上受上一级科协统计职能部门和同级政府统计机构的指导。

第八条　统计职能部门、统计人员有权：

（一）要求有关单位和人员依照国家规定，如实提供统计资料；

（二）检查统计资料的准确性，要求改正不确实的统计资料；

（三）揭发和检举统计调查中的违法行为。

第九条　统计人员应当坚持实事求是，恪守职业道德，具备执行统计任务所需的专业知识。各级科协应加强对统计人员的专业培训，支持统计人员参加上级科协组织的各种业务活动，支持统计人员依照国家规定评定技术职称，保障统计队伍的稳定。

第三章　统计调查与管理

第十条　统计调查必须按照经过批准的项目计划进行，统计调查计划按照统计调查项目编制。

中国科协统一组织的属于本系统的统计调查项目，由中国科协计划财务部负责拟订，经中国科协主管领导批准后，报国家统计局审核备案。调查对象超出科协系统的，报国家统计局审批。

地方科协除完成中国科协的统计调查任务外，根据需要自行组织统计调查，应按规定在同级政府统计机构办理审核备案或审批手续。

第十一条　各级科协的统计职能部门统一组织、管理和协调本级科协各职能部门的统计调查活动，制定本级科协的统计调查总体方案。

科协其他职能部门，由于工作需要补充拟订的统计调查项目，不得与统计职能部门统一组织的统计调查项目相抵触或重复；在组织实施前须送统计职能部门按规范要求审核，经科协主管领导批准后，统一报国家或地方政府统计机构审核备案或审批。

对于违反本规定的调查项目，单位或个人有权拒报；统计职能部门应责令改正，并建议科协予以通报批评。

第十二条　逐步建立健全以周期性普查为基础，以经常性抽样调查为主体，以必要的统计报表、重点调查、综合分析等为补充，搜集、整理基本统计资料的科协统计调查制度。

第十三条　科协系统开展统计调查的统计表式、指标含义、计算方法、标准、代码等，由中国科协计划财务部按国家有关统计标准化制度统一制定、规范并负责解释。

地方科协确因统计调查需要，制订补充性统计标准不得与国家统计标准相抵触。

第四章　资料管理与公布

第十四条　科协系统的统计资料由各级科协统计职能部门统一管理。

第十五条　公布统计资料，须经统计职能部门或统计负责人核定，经单位主管领导批准后,由统计职能部门公布。

各级科协及所属团体制订计划、检查计划执行情况、考核工作实绩、进行奖惩，需要使用统计资料时，必须以统计职能部门公布的数据为依据。

第十六条　属于国家秘密的统计资料，必须保密，不得公布。属于私人、家庭的单项调查资料或统计调查对象的商业秘密，未经其同意，不得泄露。

第十七条　对外提供统计资料，需由统计职能部门报经主管领导批准。非统计职能部门不得对外提供统计资料。

第五章　奖励与处罚

第十八条　中国科协建立评比表彰制度。科协系统每五年进行一次评比与表彰，表彰奖励在统计工作中做出突出贡献的集体和个人。

第十九条　对违反本规定和国家有关规定，造成严重后果的单位和个人，依法给予处罚。

第六章　附 则

第二十条　本规定由中国科协计划财务部负责解释。

第二十一条　本规定自颁发之日起实施，1988 年印发的《中国科协系统统计工作若干规定》同时废止。

印发文号：科协办发[2000]040 号

中国科协“西部科普工程”项目管理办法（试行）

（2000 年 8 月 30 日）

第一章　总　则

第一条　“西部科普工程”项目（以下简称为项目）是中国科协为配合国家西部大开发战略，加强西部地区科普工作力度，进一步加大对西部地区的科普投入，促进西部地区科普事业发展，专门设立的。为了科学合理地使用这些项目经费，最大限度地发挥其效益，根据国家有关项目管理的规定，结合科协的实际，特制定本办法。

第二条　项目经费的资助坚持“保证重点，适当集中，讲求效益”的原则，合理配置项目经费。

第三条　所资助的项目必须符合中国科协《关于印发〈中国科协关于实施“西部科普工程”的意见〉

的通知》（科协发普字[2000]148号）的要求。

第四条 项目经费的使用必须专款专用，精打细算，提高经费的使用效率。

第五条 项目的遴选采用“公开申请，专家评审，择优资助，追踪问效”的原则。

第二章 项目资助范围

第六条 项目主要资助：

（一）西部地区效果好、影响大、带动性强的群众性系列科普活动。

（二）西部地区生态环境保护建设的科普宣传、生态重建科普示范和技术推广。

（三）西部地区少数民族地区科普示范、创建、培训等。

（四）西部地区青少年的科技教育项目。

（五）西部地区科普展示教育和科普示范创建活动。

（六）西部地区城市社区和企业科普活动。

（七）西部地区先进农业实用技术推广和科技扶贫项目。

（八）西部地区农民技能和经营管理培训项目。

第七条 用于资助项目的经费额度一般以实施科普项目的直接需要为限。

第三章 项目指南的编制

第八条 中国科协“西部科普工程”领导小组办公室（以下简称领导小组办公室），根据《中国科协关于实施“西部科普工程”的意见》，以及全国社会经济发展的形势，结合西部地区的实际，并吸收各级科协、学会、科普事业单位及科技专家等的建议，编制年度项目指南的总体框架。

第九条 领导小组办公室邀请有关专家成立专家组，对项目指南的总体框架提出评议咨询意见，形成年度项目指南，以指导有关单位进行项目申请。

第四章 项目的申请和评审

第十条 中国科协给予项目资助经费的来源主要依靠国家财政拨款，项目经费分配方案根据年度的项目指南制定。

第十一条 凡有能力、有条件承担科普项目的全国性学会、协会、研究会，省、自治区、直辖市科协，中国科协直属科普事业单位，均可根据年度项目指南公布的项目内容和目标提出申请。项目的申请原则上每年集中受理一次（受理时间中国科协另行通知）。

第十二条 申请单位须具备实施有关科普项目的能力，有必要的工作积累和工作经验。在基本工作条件方面（专职干部、办公条件和相应的经费保障等）有可靠的保证，并且要求申请的内容真实、实施方案可行、经费预算合理、项目实施后效益明显。

第十三条 在同等条件下，具备以下条件之一者，优先资助。

（一）联合承担的项目（多个全国性学会联合、学会与科普事业单位联合、学会与地方科协联合）。

（二）有自筹经费（含社会资助等）。

（三）有财政配套经费。

（四）在全国科普示范创建县（市、城区）、全国科普示范基地、少数民族地区科普示范项目、科技扶贫工程中实施的项目。

（五）同一项目最先提出项目建议的单位。

（六）前期效果显著的延续项目。

（七）以前项目完成较好、效益显著的单位等。

第十四条 领导小组办公室根据有关管理细则规定受理申请，并进行形式审查。由专家组对通过了形式审查的项目进行集中评审，评审结果由领导小组办公室公布。

第十五条 专家组由领导小组办公室邀请有关方面的专家组成。

第五章 项目的实施管理与监督

第十六条 获准资助的项目，项目承担单位应根据有关管理规定，在接到批准通知后 30 天内，与领导小组办公室签定项目协议书。因故延期报送项目协议书，应提出书面说明原因，否则按自动放弃资助处理。

第十七条 领导小组办公室在项目协议签定手续履行完毕后，报经费主管部门审核备案，依据项目协议一次或分次拨款，第一次拨款一般在项目协议确定后的下一季度，以后根据项目执行情况按计划拨款。

第十八条 项目承担单位必须指定专门银行账户，按项目单独建账，专款专用，按计划支出，并严格按规定进行管理核算，任何单位、个人不得截留、挪用或挤占。

第十九条 获准资助的项目，在对外公布、宣传或成果鉴定、报奖时，均应标注“中国科协西部科普工程资助”字样。

第二十条 获准资助的跨年度项目，应于每年 11 月底之前，提交本年度项目进展报告、经费使用情况和下年度工作计划及经费安排。领导小组办公室将其报经费主管部门备案，并以此作为审核批准下年度拨款的依据。半年内可完成的项目，待项目结束后一次性报送项目总结报告和经费总决算。实施时间超过 6 个月的项目，应在项目执行中期提交项目中期进度报告、经费使用情况及下一步项目安排。

第二十一条 在项目实施期间，领导小组办公室随时对项目进行抽查；项目承担单位要按照方案、进度安排等进行实施；省、自治区、直辖市科协，全国性学会、协会、研究会，中国科协直属科普事业单位，负责对项目实施进行监督。监督检查内容依据项目内容、协议书内容具体确定。

第二十二条 项目总结验收工作，应在项目结束后 3 个月内完成，特殊情况须征得领导小组办公室同意后方可推迟验收时间。各省、自治区、直辖市科协，全国性学会、协会、研究会，中国科协直属科普事业单位，要认真组织总结验收工作，验收材料汇总后报领导小组办公室，领导小组办公室进行抽查验收。项目承担单位应向领导小组办公室提交项目总结报告、项目经费决算和体现项目成果的有关材料。经费决算由领导小组办公室送经费主管部门审核备案。

第二十三条 项目一经批准，不得无故中止。因故中止或撤销，所在单位应及时清理账目，将余款及实物全部退回，同时编写报送项目中止经费决算表。

第二十四条 项目承担单位无特殊原因，不按规定报送或缓报项目执行情况、项目总结和经费决算报表的，或无故未按期、按要求完成项目规定任务以及违反项目专款专用规定的，视情节缓拨或停拨经费，待按规定予以补报后方可补拨。对逾期不补报、不纠正的，报请财务主管部门同意，停止拨款，并在 3 年之内不再受理其新项目的申请，同时，追究项目承担单位的责任。

第六章 附 则

第二十五条 本办法试行期间，只适用于中国科协所属全国性学会、协会、研究会，各省、自治区、直辖市科协和中国科协直属科普事业单位。

第二十六条 本办法由中国科协“西部科普工程”领导小组负责解释。

印发文号：科协办发[2000]041 号

关于中国科协为全国基层组织建设联系会议成员单位的通知

科协办发[2000]059 号

各省、自治区、直辖市科协：

根据中共中央组织部《关于设立“全国基层组织建设联系会议”的通知》（组通字[2000]29 号）的精神，为进一步加强党的基层组织建设的宏观指导和各有关部门的协调配合，经中央同意，将“全国基层组织建设联系会议”和“全国加强国有企业领导班子建设协调小组”合并，设立“全国基层组织建设联系会议”，共有 16 个成员单位，中国科协为成员单位之一。其他成员单位是：中央组织部、中央宣传部、中央统战部、中央政策研究室、中央金融工委、中央企业工委、中央农村工作领导小组办公室、国家经贸委、民政部、财政部、农业部、国务院扶贫办、全国总工会、共青团中央、全国妇联。希望你们加强与有关部门的配合，共同推动党的基层组织建设工作。

2000 年 10 月 17 日

关于中国科协所属学会召开全国会员代表大会及理事会换届的条例（试行）

（2000 年 12 月 14 日）

第一条　根据国务院《社会团体登记管理条例》、民政部《社会团体章程示范文本》和中国科协五届三次常委会审议通过的《全国性学会组织工作条例》，制定本条例。

第二条　学会应依据本学会章程规定，如期召开全国会员代表大会，完成理事会换届。如遇特殊情况，全国会员代表大会需延期或提前召开时，应先召开理事会或常务理事会研究作出决议，并报中国科协批准。延期时间一般不得超过一年。

第三条　全国会员代表大会的筹备工作应在理事会或常务理事会的集体领导下，按照本学会章程和民主程序进行。在全国会员代表大会召开期间，要按照中共中央组织部的要求，成立临时党组织，加强对会议期间的领导。

第四条　学会理事会在任届期满前 6 个月，学会应和中国科协学会部会商经理事会或常务理事会审议通过的理事会换届方案。学会应向中国科协学会部报送会议纪要和理事会换届方案。待得到中国科协学会部批复后，方可操作。

第五条　在全国会员代表大会召开前两个月，应向中国科协报送召开全国会员代表大会的请示。请示内容：

（一）全国会员代表大会的规模，代表名额的分配，拟订理事产生的原则及方案。

（二）全国会员代表大会的主要议程、理事会任期内的工作报告、财务报告、学会章程修改报告和章程（草案）。

（三）常务理事会组成原则及名额分配方案。

（四）拟提交全国会员代表大会选举的理事长、副理事长和秘书长候选人建议名单及其简历，以及理事会组成人员选举办法。

第六条 中国科协收到学会召开全国会员代表大会的请示后，先由业务主管部门进行初审，初审合格后，由业务主管部门报送中国科协书记处。经中国科协书记处审议同意后，中国科协正式发文批复，并抄送学会办事机构的挂靠单位。

第七条 全国会员代表大会，原则上须有三分之二以上的会员代表出席方能召开，其决议事项须经与会代表半数以上通过方能生效。

学会若以通信形式召开全国会员代表大会时，应征得中国科协同意后，方能进行。在向全国会员代表寄送理事候选人选票时，应将理事候选人情况，学会理事会任期内的工作报告、财务报告、修改学会章程报告及章程（草案）等一并寄给全国会员代表进行审议。上述审议文件的回收、选票和会员代表意见的统计采用票箱密封统一封存，在规定的计票时间内由监票小组开箱计票，以确保计票的客观公正。

第八条 学会在召开全国会员代表大会并完成对理事会换届后，应在 1 个月之内，向中国科协报送下列文件：

（一）会议选举结果，理事会、常务理事会、学会领导人名单。

（二）经全国会员代表大会审议通过的理事会工作报告和学会章程。

（三）全国会员代表大会及理事会、常务理事会会议纪要。

（四）学会法定代表人变更申请报告。

第九条 在学会报送上述材料符合要求的情况下，中国科协将出具证明函件，并抄报民政部。学会凭中国科协出具的证明函件，按照《社会团体登记管理条例》有关规定，到民政部社团登记管理机关办理有关事项。

第十条 学会理事长（会长）、副理事长（副会长）和秘书长应具备的条件。

（一）热爱祖国，坚持四项基本原则，具有良好的职业道德。

（二）在本专业学科和业务领域内有一定影响的学科带头人、著名专家或有较大影响的人士。

（三）热心学会工作，身体健康，能坚持正常工作。

（四）工作作风民主。

第十一条 学会负责人任职应符合下列规定：

（一）理事长、副理事长、秘书长最高年龄不超过 70 周岁，不得兼任两个学会的理事长和法定代表人。

（二）理事长、副理事长、秘书长任期不得超过两届。

（三）担任社团负责人以上领导职务不得超过 3 个。

（四）党政机关副处级以上干部兼任社团负责人及分支机构负责人，应按干部管理权限报批。

第十二条 在全国会员代表大会闭会期间，理事会负责领导学会工作，对全国会员代表大会负责。理事会原则上应每年召开一次会议，讨论和审议学会年度工作。理事会组成的原则：

（一）理事应有一定的代表性，有利于调动各方面的积极性。

（二）专家、学者、在一线工作的科技工作者与管理人员比例适当。

（三）能够较好地体现老中青三结合的原则。

（四）理事会每次人员调整不得少于三分之一。

（五）团体单位的理事原则上应控制在理事总数的1/10左右，以体现科技工作者在学会的主体地位。

第十三条 在理事会闭会期间，常务理事会负责领导学会的日常工作，对理事会负责。常务理事会原则上应每季度召开一次会议，每年不能少于两次，其组成原则是：

（一）常务理事应热爱学会工作，并能保证有适当时间承担学会的工作。

（二）专业、学科、行业分布比例适当。

（三）常务理事应控制在理事会人员总数的1/3之内。

第十四条 学会章程应参照民政部制订的社会团体章程示范文本进行规范和修订。学会可以根据本学会具体情况补充必要条款。经民政部核准生效后的学会章程，是学会开展活动的法律依据，也是规范学会行为的准则，学会必须按章程规定的业务范围开展活动。

（一）制定和修改学会章程的依据：

1. 国家现行的有关社团政策和法规。
2. 中国科协章程和全国性学会组织工作条例。
3. 民政部社会团体章程示范文本。

（二）学会章程的内容

1. 总则（含学会名称、性质、宗旨、管理体制、住所）。
2. 业务范围。
3. 会员（种类、入会程序、会员条件、会员权利及义务、会费）。
4. 组织机构和负责人的产生、罢免。
5. 资产管理、使用原则。
6. 学会章程的修改程序。
7. 终止程序及终止后的财产处理。
8. 附则。

（三）学会章程的生效程序

1. 学会章程修订须有10名以上会员联名提议，经理事会研究同意后报全国会员代表大会表决通过。
2. 学会章程经全国会员代表大会表决通过后，必须在15日至30日内报中国科协进行审查，由民政部核准之日起生效。

第十五条 关于港、澳、台会员，参照国家有关文件规定办理。

印发文号：科协办发[2000]76号

中国科协学术年会申办办法

（2000年12月8日）

第一条 为充分发挥学会在社会主义精神文明和物质文明建设中的重要作用，为实施科教兴国战略和可持续发展战略服务，中国科协每年举办一次学术年会。为搞好申办工作，特制定中国科协学术年会申办办法。

第二条 学术年会每年举行一次，由中国科协主办，省、自治区、直辖市科协、副省级城市科协承办。

第三条 学术年会的承办采取自愿申办、公平竞争、择优选定的办法进行。原则上每年 4 季度组织第二年度学术年会的申办工作。在申办中，可根据当地的实际情况选择申办第二年度或第三年度的学术年会。中国科协根据申办情况，可一次性确定两个年度学术年会的举办地点。

第四条 申办条件

（一）地方党委和政府对学术年会工作高度重视和支持，能够把承办学术年会工作列入领导工作的重要议事日程，切实加强对承办工作的领导。

（二）能够为承办学术年会提供必要的经费支持和相关的会务服务。

（三）为保证学术年会正常进行，能够提供承办大型学术会议的基础设施和基本的硬件条件，包括特邀报告大会场、主会场、分会场和可供学术交流使用的投影仪、幻灯机、大屏幕等多媒体设备。

（四）会议期间能够在当地营造良好的科技氛围和会议气氛，对学术年会进行集中宣传，使学术年会在社会上具有一定影响。

（五）具有良好的社会秩序，会议期间能够确保会场不受干扰、交通畅通、饮食卫生安全、会议代表能够及时疏散。

第五条 申办程序

（一）申办学术年会的地方科协组织应首先向当地党委和政府汇报申办事宜，确保得到党委和政府的重视和支持。在当地党委和政府同意承办的前提下，由省、自治区、直辖市、副省级城市科协正式向中国科协提出申办报告。

（二）中国科协学会部将申办报告汇总后，根据公平、公正的原则，提请中国科协学术年会组织工作委员会评审。在中国科协学术年会组织工作委员会评审的基础上，中国科协书记处根据具体情况组织必要的实地考察，提出初步意见。

（三）中国科协书记处提出初步意见后，提交中国科协常委会审议。中国科协常委会做出决定后，正式通知获准承办的省、自治区、直辖市、副省级城市科协。

第六条 申办时间及审批进度

（一）申办下一个年度中国科协学术年会，原则上要在上一个年度 11 月份提出申请，同时出具省、自治区、直辖市党委和政府支持申办的批示文件的复印件。

（二）申办工作截止后，中国科协学会部将在申办年度 12 月份汇总各地提出的申请报告，提出初步意见。在中国科协书记处领导下，中国科协学会部可以组织必要的实地考察。

（三）中国科协学术年会组织工作委员会评审后，中国科协书记处在当年 1 月份进行初步认定，并提交中国科协常委会审定。

（四）在中国科协学术年会当年度 3 月份以前，中国科协书记处正式向获得批准承办中国科协学术年会的省、自治区、直辖市科协发出通知。承办学术年会的省、自治区、直辖市即可着手筹备工作。

第七条 确定中国科协学术年会举办地点的基本原则

（一）与党和国家的中心任务和重点工作紧密结合的原则。

（二）在全国各省、自治区、直辖市轮流举办的原则。

（三）地方党委和政府重视程度高，优先承办的原则。

（四）地区分布相对合理的原则。

第八条 被确定承办中国科协学术年会的地区，因不可抗拒的原因或其他特殊原因不能正常承办学术年会时，中国科协有权调整举办地点。

第九条 本办法由中国科协书记处负责解释。

第十条 本办法自下发之日起施行。

印发文号：科协办发[2000]72 号

年度工作综述

年度工作综述

2000年，中国科协各级组织及所属团体，以邓小平理论和党的基本路线为指导，团结广大科技工作者，认真贯彻党的十五大、十五届三中和四中全会、中央经济工作会议、全国技术创新大会精神，以经济建设为中心，紧紧围绕全党全国的工作大局，积极为经济结构调整、国有企业改革发展、农业和农村经济素质及效益的提高和西部大开发服务，在履行党和政府联系科技工作者的桥梁和纽带职责、全面建设“科技工作者之家”、广泛开展国内外学术交流、全面加强科普工作等工作领域，努力开拓新局面，以新的成绩迎接新世纪的到来，迎接中国科协第六次全国代表大会的召开。

一、坚持以经济建设为中心，以促进经济结构调整为重点，为全党全国工作大局服务

各级科协及所属团体，认真贯彻落实党的十五届四中全会和全国技术创新大会精神，积极动员和组织广大科技工作者为国有企业改革发展和推动技术创新贡献力量。“千厂千会协作行动”在现有工作基础上，进一步贯彻落实中央的要求和部署，使工作更加深入，规模和影响逐步扩大，协作对子不断增加，至2000年底已结成2965对协作对子，出现了一批社会效益和经济效益都比较好的典型，工作层次和水平不断提高。

与国家经贸委、国家计委联合，以创造力开发为重点，在国有大中型企业工程技术人员中继续深入开展了“讲理想、比贡献”活动。“金桥工程”活动取得新的成效，全年实施金桥项目5748项，其中国家级立项259项。在第二届“金桥工程”总结表彰会上，有105个优秀项目、56个组织单位和47名优秀组织者受到表彰。

继续大力加强科技咨询和中介服务工作，深入企业开展咨询服务。召开了第七次咨询工作会议，总结了第六次科技咨询工作会议以来的工作，明确了新形势下进一步做好科技咨询工作的方针、目标和任务。科技咨询服务网络的信息化建设不断增强，至2000年底，科技咨询系统已有33个地方科协建立了网站，25个地方科协开通了网上电子公务。

认真贯彻落实党的十五届三中全会和中央农村工作会议精神，广泛开展农村党员、基层干部的实用技术培训工作，经过培训的农村党员和基层干部带头学科技、用科技，带领广大群众共同致富，为大力推进农业和农村经济结构战略性调整，全面提高农业和农村经济的素质和效益，增加农民收入做贡献。全国农函大系统累计招生30余万人。推动“8111”科技扶贫工程深入发展。向吕梁地区派出了第十届科技扶贫团，为吕梁地区群众脱贫致富办了许多实事。在全国科技扶贫工作会议上，中国科协系统共有15个单位、103位个人受到表彰。中国农学会组织的“科教兴村”活动更加深入，受到各地的重视和好评。福建省三明市科协系统组织的“村会协作”经验、漳州市科协开展的由农业专家组成的“农村科技服务110联动网络”服务经验在全省推广。江苏省科协与省残联联合开展农村残疾人“科技扶贫”实用技术培训。

积极响应党中央、国务院的号召，把支持西部大开发作为重要工作内容，充分调动科技工作者的积极性，为西部大开发献计献策，以实际行动为西部大开发战略的实施贡献力量。举办了以“西部大开发——科教先行和可持续发展”为主题的中国科协第二届学术年会，3500多名科技工作者围绕西部大开发进行了交流研讨，提出了一批有分量的政策建议。召开了“西部科技经济与社会发展论坛”系列会议。成立了“西部科普工程”领导小组，组织实施“西部科普工程”。已有17个省级科协、70个全国性学会

和 7 个直属科普事业单位，围绕生态环境保护、产业结构调整、加快人才培养等方面的问题组织了科普项目 174 项。与中央宣传部、国家林业局、国家环保总局、中国绿化基金会以及西部 10 省（自治区、直辖市）相关部门合作，开展了以“再造西部秀美山川”为主题的科普宣传活动，产生广泛社会影响。为了帮助中西部地区培养人才，组织中国农学会等 14 个全国性学会，举办了 39 期中西部地区人才培训研讨班，培训人数达 3600 人次。与韩国东北亚科学技术财团合作签定实施“爱心阳光培训计划”，帮助中国西部贫困地区每年培训 600 名技术骨干。为提高西部地区人民的科学素质，组织了多种形式的科普活动。组织各个领域的老科学家到兰州、西安两地开展了“大手拉小手，科普报告西部行”活动，为 5 万名中学生和 1000 名教师做了 80 多场科普报告，并与当地科技工作者、科技教师举行了座谈。

二、认真履行党和政府联系科技工作者的桥梁和纽带职责，努力建设“科技工作者之家”

认真贯彻中央书记处关于做好科技工作者工作的指示，把发挥桥梁和纽带作用、建设好“科技工作者之家”作为科协系统的重点工作，认真抓紧抓好。围绕科技工作者的队伍现状、思想情况、意见和建议，许多省市科协及所属学会都开展了科技人员状况专题调研，了解和掌握科技工作者的需求和动态，反映科技工作者的意见、建议、呼声和要求，为党和政府了解科技界和广大科技工作者的情况，制定有关知识分子和科技工作政策提供参考。创办了《科技界情况》，继续办好《科技工作者建议》，举办了各种形式的“季谈会”、“月谈会”，反映科技工作者意见和呼声。下发了《关于在全国企业科协中开展创建“先进科技工作者之家”活动的通知》，制定了《全国企业科协“先进工作者之家”创建标准》和《企业科协开展建设“科技工作者之家”活动实施办法》。许多科协所属学会出版发行会刊，建立学会主页和电子信箱，建立健全会员或专家数据库，与科技人员保持经常性的联系。湖南省科协建立了与基层科技工作者的联系点制度。海南省科协开展了机关工作人员与科技工作者“交朋友”活动。广东省科协积极筹建广东院士联络中心。

努力维护科技工作者合法权益。湖北省科协常委会新成立了“维护科技工作者权益工作委员会”，开通了两部“科技 110”热线电话。福建省科协的法律顾问处为科技工作者提供免费法律服务。山东省科协接待科技人员来访咨询，协助司法机关办理典型案件。海南省科协为退休老专家落实解决了晋升工资问题。新疆维吾尔自治区科协帮助科技人员申报科技成果和解决晋升职称等问题，创造条件为科技工作者提供工作方便。

各级科协及所属团体进一步重视对优秀科技工作者的宣传工作，开展了各种评选表彰优秀科技工作者活动。为了加大工作力度，除与党委组织部、政府人事部门联合颁奖外，有的地方还设立专项奖励基金，积极争取对获奖科技人员的鼓励政策。利用报刊、广播、电视等大众传媒开辟专版、专栏，组织编辑丛书，积极宣传优秀科技工作者的先进事迹。《中国科学技术专家传略》已出版 33 卷 40 多册。

继续做好全国优秀科技工作者科技交流与联谊活动的组织、协调工作，办好符合科学家意愿的科技工作者活动日，在中国科技会堂为在京科学家开展了多种形式的交流与联谊服务工作，有 1 万多人次参加了各种活动。不断加强建“家”工作的理论研讨。一年来，科协系统各类刊物发表以建“家”为内容的文章 100 多篇，使“建家”工作的思路更加清晰。

三、积极开展国内外学术交流，进一步提高质量和水平

各级科协及所属团体，把创新作为学术交流的重要内容，积极开展学术交流和争鸣，鼓励和推动开展学术评论，提倡创新性思维。注重将学术交流与决策咨询、科学论证活动紧密结合，为党和政府的有关决策提供服务。组织有关全国性学会召开了系列研讨会，向国家提供了《2000 年减轻自然灾害白皮书》

和《2000 年病虫害防治绿皮书》，提出了预报和防治建议。为落实中央领导同志的指示精神，组织有关专家围绕国民经济信息化等重要问题进行专题研讨，提出了《关于推进我国国民经济信息化的若干建议》。围绕技术创新与跨越、人才与教育等问题，多次组织专家座谈讨论，建言献策。跟踪国际科学发展前沿，及时组织人类基因组计划座谈会等活动。70 多个全国性学会联合编写出版了《21 世纪学科发展丛书》，积极促进学科建设和发展。各级科协及所属团体也围绕经济、社会和科技发展中的重大问题，组织了各种形式的学术研讨活动。上海市科协举办的"上海科技论坛"、北京市科协举办的学术交流月等活动，都产生了较大的社会影响。

积极培养高素质的创新人才，特别注意发现和培养青年科技人才。全年举办了 8 次青年科学家论坛活动，还举办了中国博士后学术大会等面向青年科技工作者的重点综合性学术活动。继续加强对优秀的、有代表性的学术期刊的支持力度，改善了办刊条件。加强对科技期刊的管理工作，审读了 260 种期刊，促进科技期刊质量的提高，规范了科技期刊出版秩序。

四、大力弘扬科学精神，普及科学知识，传播科学思想和科学方法，深入揭批"法轮功"邪教组织，继续实施科学素质工程

近年来，江泽民总书记多次就加强科普工作、提高全民科学素质作出重要指示，2000年4月，为中国科技馆新展厅落成作了"弘扬科学精神，普及科学知识，传播科学思想和科学方法"的重要题词。这些重要指示，体现了党中央对科普工作的高度重视，指明了科普工作的方向，给广大科普工作者和科技工作者以有力的鼓舞和鞭策。

各级科协及所属团体高举科学旗帜，继续实施科学素质工程，采取多种形式开展提高全民族科学素质的活动。在坚持不懈地开展与 "法轮功"邪教组织的斗争中，各级科协及所属团体团结广大科技工作者，与党中央保持高度一致，深入揭批"法轮功"邪教组织反人类、反社会、反科学的本质。面向社会大力弘扬科学精神，传播科学思想和方法，增强干部群众对愚昧迷信和反科学、伪科学的识别和抵制能力。与中央文明办联合，举办了《崇尚科学文明，反对迷信愚昧》大型展览，江泽民总书记等中央领导同志参观了展览。该展览复制后在各地进行巡展，全国有6000多万人次参观，在广大群众中引起强烈反响。联合社会各界组建了中国反邪教协会，通过多种形式积极开展工作。"捍卫科学尊严，破除愚昧迷信，反对伪科学"论坛坚持举行系列活动，对遏制迷信活动蔓延、揭露伪科学发挥了积极作用。与社会科学工作者合作，在全国各地举行了30多场以弘扬科学精神、传播科学思想和科学方法为主要内容的报告会。编纂出版了《用科学战胜迷信》，作为对党员干部进行科学精神、科学思想、科学方法和科学知识教育的读本。

坚持举办面向党政领导和科技管理干部的科普报告，推动提高领导干部的科学素质和科学决策能力。各级科协及所属团体共组织科普报告464场，听众达11.7万人。贯彻中宣部、中国科协等11个部委《关于进一步做好文化科技卫生"三下乡"工作的通知》精神，以破除迷信、树文明新风和为春耕服务为重点，进一步抓好科技下乡工作。通过举办科普展览、科普挂图展示、放映科普电影和录像，开展专家小分队和少数民族地区科普工作队下乡等工作，将科普活动深入到广大农村和城镇社区。深入实施科普示范工程，全国科普示范县和科普示范基地建设有了进一步发展。

以培养青少年创新意识和实践能力、实施素质教育为重点，广泛开展青少年科技教育活动。继续深入开展"大手拉小手"科技传播行动。成功举办第十届全国青少年科技创新大赛。召开贫困地区女童学科技经验交流会。组织我国中学生参加的数学、物理、化学、生物以及信息科学国际奥林匹克竞赛，共获23块奖牌。第十二届国际信息学奥林匹克竞赛在北京成功举办，国家主席江泽民为活动发了贺信。

地方科协围绕我国人口、资源、生态环境、防灾减灾等可持续发展的内容，组织开展了“科技周”、“科技节”等大型科普宣传活动。东北、西北、华北11省区科协组织开展了“科普之冬”活动。科技场馆建设不断发展。

中国科技馆二期工程新展厅建成并对外开放，李鹏委员长和全国人大常委委员视察了中国科技馆，8个月接待观众达120万人次。

为加强我国科学传播与科学教育的能力建设，促进学校教育与社会教育有机结合，与北京师范大学联合创建了北京师范大学科学传播与教育研究中心。为加强科普理论研究，促进我国科普事业对外交流与合作，主办了“2000中国国际科普论坛”和2000年北京国际科教电影电视展评研讨会。

五、广泛开展国际和对港澳台地区民间科技交流与合作，努力形成全方位、多层次、形式多样的对外开放格局

各级科协及所属团体充分运用民间渠道的优势，继续巩固和发展了同国外科技团体、国际科技组织和港澳台地区科技界的交流与合作。进一步发挥我国科技人员在国际组织中的作用，采取有效措施支持优秀青年科技专家参加国际科技活动。至 2000 年 9 月，中国科协及所属全国性学会参加了 240 多个国际组织，有 100 多名中国科学家在这些组织的领导和专业机构中任职。

双边交流不断拓展。重点开展了与科技发达国家及周边国家科技团体的交流。进一步巩固了同美国、英国、德国、澳大利亚、俄罗斯、日本、马来西亚、越南、韩国、朝鲜等国家科技团体的关系，开拓了新的合作渠道。在国内举办了60多个国际会议和26个国际展览，外派团组160多个，出国科技展览5个。继续向日本、德国及香港特别行政区派出进修生。

根据中央对台工作的方针政策，邀请台湾的科学家、教师、学生到内地参加学术交流和夏令营活动，使台湾同胞了解了祖国大陆的情况。与台湾海峡两岸学术文化交流协会共同举办了2000年海峡两岸青年学术年会。为纪念澳门回归一周年，同澳门科技界人士合作举办了中国科协自然科学技术期刊展，在澳门展出270多种2800册学术、科普期刊，并将参展期刊赠送澳门大学，受到澳门科技界和公众的欢迎。与海外华人科技社团的联系不断加强。

六、以改革促发展，加大改革力度，全面加强团体和自身干部队伍建设

各级科协认真抓好党的建设，坚持用马列主义、毛泽东思想和邓小平理论武装党员干部，结合实际深入学习和领会邓小平理论的精神实质，以江泽民同志关于“三个代表”的重要思想为指导，把全面落实“三个代表”的要求作为新时期科协工作的纲领。坚持从严治党的方针，加强领导班子和基层党组织建设。按照中央的部署，集中时间开展了“三讲”教育“回头看”活动，结合“三讲”集中教育以来的思想实际和工作实践，认真进行对照检查，切实落实“整改方案”，进一步巩固和扩大了“三讲”教育成果。

为促进科协系统各级领导干部和广大工作人员统一认识，找准位置，发挥优势，科学地规范科协工作，组织力量成立了《中国科协发展战略研究》课题组，从发展、长远、宏观的角度，探索中国科协未来发展方向、目标和任务，探索适应社会主义市场经济体制、符合科学技术和科技团体发展规律的组织体制、运行机制和活动规律。该课题完成了近15万字的研究成果，提出了有一定深度和创新性的观点和意见。开始组织制定中国科协“十五”期间发展规划。

全面落实“九五”中国科协系统干部教育培训规划，对科协系统干部教育培训规划落实情况进行了调研。积极推动各地干部教育培训工作的开展，举办了省市科协主席研究班。为借鉴国外非营利组织活动经验，组织了非政府组织运营与管理考察团赴加拿大培训。加强干部管理，在原有制度的基础上，中国

科协机关又陆续制定了一系列新的规章制度。不断加强各级科协机关工作人员为科技工作者服务、为基层服务的意识，提高思想政治素质、业务素质和能力，转变思想作风和工作作风，提高工作效率、水平和成效。

科协系统立法工作又有新的进展。安徽、甘肃、宁夏3个省、自治区的科学技术协会条例由当地人大常委会正式颁布施行。目前，通过人大立法，全国已有22个省、市颁布实施了科协条例，8个省、市颁布实施了科普条例，使科协工作逐步纳入法制化、规范化轨道。

随着机构改革的不断深化，部分地方科协和全国性学会接受有关部门授权和委托，承担了一些政府转移的职能。海南省科协承担了全省自然科学研究系列专业技术职务任职资格评审工作。广东省计委、省科技厅委托省科协就建立技术评级机制提出相关技术性文件，并组建专家咨询委员会。经教育部、公安部、国家工商局审查评估，山东省科技培训中心获得首批“国家自费留学中介服务资格认定”，成为全国首批获准开展此项业务的单位之一。江苏省科协会同省委组织部和省科技厅、工商局联合对全省农村党员、基层干部进行农业技术经纪资格培训，并从 2001 年起正式列入培训规划。国家计委、国家经贸委、科技部委托中国仪器仪表学会和中国分析测试学会开展全国仪器仪表工业调查研究。

综合性工作和活动

面向经济建设主战场 促进科技与经济相结合

一、“千厂千会协作行动”

组织实施“千厂千会协作行动”是中国科协的重点工作之一。在 1999 年抓了“千厂千会协作行动”经验交流暨表彰会的基础上，2000 年主要开展了以下几方面的工作：

1. 组织进行“千厂千会协作行动”协作成果总结工作

中国科协、国家经贸委于 1997 年联合发起组织“千厂千会协作行动”，当年底，全国就组织落实厂会协作对子 1 547 对，1998 年和 1999 年又分别组织落实了 437 对和 510 对。至 2000 年底全国已结成 2 965 对协作对子。完成了一批社会效益和经济效益好的协作项目。在全国完成落实 2 500 对协作对子的基础上，为推动“千厂千会协作行动”的深入开展，2000 年 5 月初中国科协和国家经贸委决定，对“千厂千会协作行动”协作成果进行总结。要求各全国性学会、各地科协和经贸委，对已列入“千厂千会协作行动”的协作对子，2000 年 7 月底以前完成的协作项目进行检查总结。要求各省、自治区、直辖市科协在年底前将“千厂千会协作行动”协作成果总结材料和汇总表报“千厂千会协作行动”办公室。

2. 召开“千厂千会协作行动”经验交流现场会

为了推动“千厂千会协作行动”健康有序地发展，8 月 12 至 13 日，中国科协、国家经贸委联合在甘肃金川有色金属公司召开“千厂千会协作行动”经验交流现场会。中国科协全委会副主席、书记处第一书记张玉台在开幕式上讲话；书记处书记常志海主持了会议，并在会上做了总结讲话；国家经贸委技术进步与装备司王建曾司长向与会代表介绍了国家经济发展的情况；中国科协学会部对下一步工作进行了部署；甘肃省科协、金川公司等 10 个单位在大会上交流了工作经验。来自全国性学会，各省、自治区、直辖市科协、经贸委、学会和企业以及甘肃省各地、州、市的代表约 180 人出席了会议。

3. 全年“千厂千会协作行动”简报共出 50 期，总期数达 200 期

二、科技扶贫工作

1. 继续认真组织实施“中国科协科技扶贫行动计划”（8111 工程）

年初，组织中国科协机关、事业单位 4 人组成第十届科技扶贫团，到山西省吕梁地区开展扶贫工作。一年来，共开展科技扶贫项目 36 项，组织为吕梁地区捐赠书籍 2.1 万多册，电脑 6 台。

2. 与有关部门联合召开科技扶贫工作会议

2000 年是实施“国家八七扶贫攻坚计划”的最后一年，也是开展科技扶贫工作 15 周年。为全面总结 15 年来的科技扶贫工作，展示科技扶贫成果，交流各地科技扶贫经验，表彰奖励在科技扶贫工作中作出突出贡献的先进集体和先进个人，科技部、中国科学院和中国科协于 12 月 17～18 日在京召开科技扶贫工作会议。参加会议人员包括各省、自治区、直辖市科委（科技厅）分管扶贫工作的主任和处长、科协副主席和扶贫办主任、中国科学院有关院所代表和部分获奖代表等。中国科协系统有 15 个单位、103 位个人受到表彰。

三、咨询服务工作和“金桥工程”

1 月 7～9 日，中国科协召开第七次咨询工作会议暨第二届“金桥工程”总结表彰会。中国科协全委会副主席、书记处第一书记张玉台在开幕式上做了题为《抓住机遇，锐意进取，开创科技咨询工作新局面，为实施科教兴国战略和经济社会发展作出新贡献》的主题讲话，中国科协全委会副主席、中国科协全国委员会常务委员会咨询工作委员会主任左铁镛也讲了话。大会交流了近 40 份经验材料，20 个省市科协和全国性学会的同志介绍了各自在开展科技咨询和金桥工程工作中的主要成绩、经验和体会，对科协系统如何搞好科技咨询工作提出了很好的意见、建议。会议还对全国“金桥工程”优秀项目、优秀组织单位和优秀组织者的获奖单位和个人进行了表彰。105 个优秀项目、56 个组织单位和 47 名优秀组织者受到表彰。

2000 年科协系统共立“金桥工程”项目 5 748 项，国家级立项 259 项，创效益 125 亿元。

截至 2000 年底，科协系统已有 33 个省市建立了因特网站，参加计算机联网的省市已由 1999 年的 11 个上升到 25 个，并实现了网上电子公务，完成了专家、项目、成果、供求信息数据库的设计和启动工作。已有 15 个省市由科协牵头成立了咨询业协会。

中国科技咨询服务中心承办的国际数据通信网络技术及应用展览会、全国技术创新项目交易洽谈会已成功举办三届，在国内具有一定影响。与美国、德国、日本、俄罗斯等国的机构建立了合作关系，为国内企业和研究机构提供技术引进咨询服务。

四、农村专业技术协会

各级农村专业技术协会贯彻中央经济工作会议和中央农村工作会议精神，发挥技术、人才与组织优势，围绕农业经济结构调整、农村科技进步和增加农民收入积极开展工作。全国已有农技协组织 11.56 万个、会员 620 多万户，已经建立 10 个示范基地。中国农村专业技术协会开通了中国农技协技术交流交流网站（www.china-njx.com）。

中国农技协组织开展的种养大王科技扶贫行动等活动受到广大农民群众的欢迎。一年来，举办博览会、交流会、展示会 6 场，参加者达 3500 多家（人），接受咨询者达上百万人次，达成项目合作协议 180 多项，协议金额上亿元。

履行桥梁和纽带职责 建设“科技工作者之家”

一、反映科技工作者呼声和建议

2000 年，各级科协及所属学会从本团体的特点和优势出发，在各项工作中突出科技工作者的主体地位。中国科协联合地方科协开展了科技工作者状况及需求的调查。

许多省市科协及所属学会开展了科技人员状况调研，向当地党委、政府报送了调查结果和建议；建立健全人才库，建立科协、学会主页、电子信箱，出版发行会刊，举办“季谈会”、“月谈会”，加强与科技工作者的联系。

中国科协全年共刊出 12 期《科技工作者建议》。2000 年创办了反映科技工作者意见、呼声的《科技界情况》内部刊物，刊出 4 期。

二、积极参政议政

3 月 30 日，中国科协办公厅召开办理“人大代表建议、批评和意见”和“政协委员提案”交办工作协调会，组织机关各部门及有关直属单位承办有关建议或提案。

交办的全国人大代表建议、批评和意见为：“关于重视加强科学普及工作的议案”（编号 0143）；“重点支持具有国际水平的科普场馆建设”（编号 2218）；“组织离退休科技人员再做贡献”（编号 3241）；“关于全国科学大会台湾省代表团组成的建议和意见”（编号 3436）。

交办的全国政协委员提案为：《关于继续发挥离退休科技人员作用，开发二次人才资源的建议案》（案号 368）；《关注科学普及，为西部发展培育稳固的基础案》（案号 2900）；《全社会关心青少年课余教育问题案》（案号 2840）；《中小学生减负，综合素质教育管理要跟上案》（案号 2846）；《全社会更应重视和加强家庭教育案》（案号 2847）；《关于创办面向党政干部科普期刊的提案》（案号 3114）。

三、建言献策

1. 组织专家座谈

遵照中央书记处要求中国科协结合国家研究制订“十五”计划，依靠科学家进行几个战略问题研究的意见，6 月份以来，就西部大开发、技术创新与跨越、人才与教育和国民经济信息化问题，多次组织专家座谈讨论有关建议。

《关于推进我国国民经济信息化的若干建议》针对当前我国国民经济建设与发展对加速信息化进程的需求，认为在各级管理层以及全体国民中要从思想、观念、认识上对信息技术在产业、企业、地区、社区等各领域中的重视程度进行根本的转变，国家要采取重大措施促进国民经济信息化的发展。《建议》呈报给国务院，温家宝副总理批示：“请培炎、春正同志研究。”

2. 组织专家、学者提出建议

在中国科协 2000 年学术年会期间，组织与会专家、学者提出了 171 篇科技工作者建议。李振声院士、江泽慧同志等提出的《关于将陕西省作为西部生态省建设的建议》，得到了陕西省领导同志的重视和新闻媒体的关注。

3. 倡导各全国性学会为制定国家“十五”计划献计献策

12 月 11 日，中国科协学会部发出通知，倡导各所属全国性学会发挥联系广泛、比较超脱和客观的优势，为国民经济和社会发展第十个五年计划的制定献计献策，提出意见和建议。

4. 举办 21 世纪中国西部交通发展战略学术研讨会

7 月 7～9 日，中国科协、中国工程院、重庆市人民政府、西部 10 省区市科协和中国公路学会、中国航海学会、中国航空学会、中国石油学会，在重庆市联合召开了 21 世纪中国西部交通发展战略学术研讨会。出席会议的专家学者近 200 人。收到论文 175 篇，选编成《21 世纪中国西部交通发展战略学术研讨会论文集》，由四川科技出版社出版。

会议期间，梁应晨、沙庆林、施仲衡 3 位中国工程院院士做了学术报告，有关方面的领导或专家分别代表中国铁道、公路、航空、航海及石油学会做了专题报告。大会还分交通可持续发展与对策、综合交通体系规划与建设，西部交通与全国交通网络、国防建设、促进民族团结，西部交通与区域经济发展、改善投资环境、扩大对外开放，西部交通建设与科学技术四个组进行了分组讨论和交流。与会代表和专家们就 21 世纪中国西部交通发展的战略目标、战略规划、战略重点、战略思路以及政策措施等方面的问题进行了广泛深入的探讨，并就如何抓好西部交通建设向党中央、国务院提出科学的、符合西部交通实际情况的、可操作的建议、意见和对策进行了热烈的讨论。

会后，由中国科协、中国工程院将与会专家提出的《21 世纪中国西部交通发展战略研讨会专家建议》

上报国务院。

5. 举办人类基因组计划专家座谈会

7月6日，中国科协人类基因组计划专家座谈会在中国科技会堂召开。中国科协全委会主席周光召、副主席张玉台出席了会议。会议邀请中国科学院遗传研究所人类基因组计划中心主任杨焕明研究员以及在京的科技界老、中、青专家学者与会。杨焕明做了题为《中国和人类基因组计划》的报告。与会专家积极发言，就人类基因组计划与我国生命科学和生物技术研究、应用前景发表了各自的看法。

四、评选表彰宣传优秀科技工作者

8月5日，为鼓励在科技成果转化工作中作出优异成绩的青年科技人员，经中国科协“求是杰出青年奖”基金理事会评审通过，中国科协决定，授予杨元庆、姜标、李华、刘积仁 4 位同志中国科协求是杰出青年成果转化奖。在中国科协 2000 年学术年会会议期间，进行了中国科协“求是杰出青年奖”和香港科技基金会“杰出青年学者奖”颁奖活动。

中国科协在各地方科协、全国性学会的大力协助下，组织开展了评选第七届中国青年科技奖、2000年度全国优秀科技工作者和第三届中国科协先进工作者候选人推荐工作。

《中国科学技术专家传略》总编纂委员会召开第四次会议，会议由中国科协全委会副主席张玉台主持，周光召主席讲话。至2000年底，《中国科学技术专家传略》已出版33卷40多册。

5月31日和6月1日，张玉台主持召开中国科协五届第八十四次书记处会议，就发行中国现代科学家纪念邮票等问题进行研究。会议认为：中国科协和原邮电部联合发行的中国现代科学家纪念邮票，是符合科协性质、宗旨和任务的一件非常有意义的工作，是建设“科技工作者之家”的重要内容，对推动全社会形成尊重知识、尊重人才的社会风气起到积极的促进作用，应长期坚持下去。会议决定：第四套中国现代科学家纪念邮票人选初步确定为梁希、茅以升、周培源、严济慈4位著名科学家。

五、工作研讨和制定工作规范

2000 年，各级科协组织及所属团体把建“家”作为重要工作列入议事日程，制定并完善了建“家”工作标准，在工作中不断总结和积累经验，注重理论研究。一年来，科协系统各类刊物发表建“家”文章100多篇。

中国科协组织人事部先后召开了企业科协、省市科协、部分全国性学会及县级科协主要负责同志参加的建“家”工作座谈会。总结交流各级科协建“家”工作的经验，研究、探讨新形势下建“家”工作的新思路、新内容和切实可行的具体办法。大家认为，建设“科技工作者之家”是科协性质和宗旨的根本要求，是科协整体工作的体现，建“家”是党的群众工作的需要，是广大科技工作者的需要，是科协事业发展的需要。科协各级组织都要把建“家”工作作为发挥党和政府联系科技工作者的桥梁纽带作用的重要内容，进一步提高对建“家”工作重要意义的认识，明确工作目标和努力方向，在实际工作中不断开拓工作领域，积极探索，勇于创新，开创建“家”工作新局面。

中国科协组织人事部与普及部共同研究制定了《全国企业科协“先进科技工作者之家”创建标准》，《企业科协开展建设“科技工作者之家”活动实施办法》。下发了《关于在全国企业科协中开展创建“先进科技工作者之家”活动的通知》。

1 月 30 日，中国科协为首都科技界举办新春音乐会。中国科协全委会主席周光召代表中国科协致新春贺词。

中国科协在中国科技会堂为在京科学家举办周末电影专场，共为科技工作者放映电影 50 场。专门举办了“俄罗斯民歌欣赏会”等音乐会，发送“科技工作者活动券”，为科学家提供游泳、健身、保龄球等体育娱乐项目，举办了首届中国科协“申奥运，迎新春”科学家桥牌赛。一年间，有 1 万多人次参加了各种活动。中国科协举办的科技工作者活动日受到了广大科技工作者的欢迎。

学 术 交 流

一、组织综合性、多学科的学术交流活动

1. 中国科协2000年学术年会

中国科协2000年学术年会于9月17～20日在陕西省西安市召开。学术年会的主题是：“西部大开发：科教先行和可持续发展”。围绕学术年会西部大开发主题，设置了两个主会场，着重讨论以下专题：发展模式和新思路；科教与人才；资源开发与环境保护；能源、交通、原材料基础建设；特色经济和产业结构调整；东西合作与对口支援。同时，还安排12个分会场：21世纪的中国科学与技术；信息科学与微电子技术；生命科学与生物技术；材料科学与制备技术；地球科学与观测技术；资源、生态与环境科学；工程技术与重大项目论证；农学和农业产业化；现代医学和健康；知识经济和创新意识；技术创新、跨越与高科技产业化；国有企业改革与发展。学术年会期间，中国自动化学会等单位还组织 8 个自办分会场，中国科协组织了两期青年科学家论坛。

学术年会由全国人大常委会副委员长、中国科协主席周光召担任大会主席，副主席张玉台、庄逢甘、胡启恒和陕西省委书记李建国、省长程安东担任大会副主席。中国科协 2000 年学术年会的学术委员会由中国科协第五届全国委员会常务委员会学术交流工作委员会组成。庄逢甘担任大会学术委员会主任，闵桂荣、杨乐、张泽担任大会学术委员会副主任。

中国科协 2000 年学术年会由全国性学会和省、自治区、直辖市、计划单列市、副省级市科协共同组织。参加年会的共 3500 多人，比前一届学术年会增加了 400 多人。大会邀请了中央、国务院有关部委领导、海内外著名专家学者 20 人做了综合性或专题性学术报告。

在开幕式上，张玉台宣读了中共中央政治局常委、国务院副总理李岚清致中国科协 2000 年学术年会的信。周光召对西部大开发和 21 世纪科技发展做了重要讲话。

在两个主会场和 12 个分会场中，有 1000 人做了学术报告。大会代表提交的论文摘要共 2 877 篇，汇编成《西部大开发——科教先行和可持续发展》一书，由中国科学技术出版社出版。会议还编印《特邀报告汇编》（收录 12 篇特邀报告文章）。

会议期间还进行了中国科协“求是杰出青年奖”和香港科技基金会“杰出青年学者奖”颁奖活动；举办了“世纪辉煌——诺贝尔科学奖百年展”、“黄河在呼唤”和“发挥优势，创建新功——再造西部秀美山川”3 个大型科普展览；试办了技术交易市场和图书期刊展示活动。

2. 青年科学家论坛

“青年科学家论坛”是中国科协为加速培养和造就跨世纪优秀青年科技人才而设立的。2000 年度“青年科学家论坛”举办了第 51～58 次活动，主题分别为：“国家经济安全研究的分析技术”、“中国西部大开发与生态环境建设”、“21 世纪国家资源安全与资源科学”、“21 世纪中医临床医学发展策略”、“湿地与区域生态环境安全”、“大气科学若干前沿热点问题”、“西部大开发产业结构调整与种业发展”、“跨世纪

的信息科学技术”。

为了进一步拓宽开展论坛活动的思路，加强与青年科技工作者的交流，10月20～21日，与国家人事部中国博士后科学基金会合作，召开2000中国博士后学术大会。此次大会，有来自全国各地的500多名博士后参加了主会场活动。大会主会场邀请世界著名物理学家、诺贝尔奖获得者李政道先生做了题为《物理的挑战》的专题报告。我国著名科学家陈佳洱主持了主会场的活动，朱光亚、罗豪才、宋德福、庄逢甘、徐颂陶等领导及著名科学家出席了大会。这次大会是我国开展博士后活动以来参加人数最多、学科门类最多的一次盛会，为广大博士后进行学术交流、沟通感情和展示自己提供了一个很好的机会。大会同时在全国各地设有11个分会场，分不同的学术主题开展活动，也取得了很好的反响。

3. 第二届海峡两岸青年科学家学术研讨会

第二届海峡两岸青年科学家学术研讨会于8月10～12日在北京召开，出席会议的海峡两岸青年学者共68人，其中台湾学者27人，大陆学者41人。中国科协全委会副主席胡启恒院士、曾庆存院士，书记处书记徐善衍出席开幕式和招待会。学术研讨会由清华大学潘峰教授和台湾大学张裴章教授共同主持。

这届学术研讨会有以下的特点：①参加会议的青年学者学术水平较高。清华大学赵玉芬院士、李星教授，台湾大学张裴章教授，高雄第一科技大学朱国光教授等做了高水平的大会报告。会议交流学术论文55篇，内容涵盖了农业、资源环境与可持续发展、生物科学技术与工程技术、信息科学技术、管理和决策科学技术等。与会青年学者在十分热烈的气氛中交流了各自的研究工作进展。②学术交流增进了海峡两岸青年学者相互间的了解。学术会议结束后，代表们参观了都江堰水利工程、长虹电视机厂、大熊猫繁育基地、三星堆历史文化遗址等，台湾代表对于祖国悠久的历史文化和现代经济的飞速发展有了更深的了解。③为了更好地加强两岸青年学者的相互了解，代表们希望会议能在台湾和大陆两地举行。经与台湾“海峡两岸文化交流协会”商议，探讨了2001年中国科协派出青年学者代表团参加在台湾举办的下一届海峡两岸青年科学家学术研讨会的可能性。

4. 与上海市科协共同组织了京沪港院士圆桌会议

组织部分在京的两院院士参加了上海科技论坛活动，与上海市科协共同组织了京沪港院士圆桌会议。国内各大报纸刊发了150多篇报道京沪港院士圆桌会议及科学家建言的文章，5万多人上网查询“上海科技论坛”网站。

5. 资讯科技产业论坛

4月28～29日，由中国科协和京港学术交流中心共同主办的“资讯科技产业论坛”在香港会议展览中心隆重举行。内地专家、香港资讯科技界、投资和企业界人士近400人出席了开幕式。全国政协副主席、中国电子学会会长胡启立为“论坛”发了贺函。中国科协书记处书记徐善衍、中国工程院副院长朱高峰作为主礼嘉宾出席了开幕式。中国电子学会、中国计算机学会、中国通信学会参加协办了“论坛”。

“论坛”特别邀请了全国人大副委员长、中国科协主席周光召，全国政协副主席、中国工程院院长宋健，全国政协副主席胡启立出任荣誉顾问，并为“论坛”题词；邀请国家科技部部长朱丽兰、中国科学院院长路甬祥等领导，香港特区政府行政长官董建华，以及田长霖、高锟、钱果丰、张立纲等资讯科技界知名人士出任顾问。

国家信息产业部信息化推进司司长宋玲、华虹集团总裁夏钟瑞、新浪网总裁王志东、863智能机主题专家组组长高文、清华大学网络中心主任吴建平、恒基中国董事总经理王英伟、“快译通”主席谭伟豪、中科院软件所所长孙玉芳等22位内地和香港的专家、学者和企业界知名人士分别就整体信息技术的发展状况，ASP技术、新一代移动通讯技术、数字化产品、信息标准、Linux、电子商务等做专题发言。吉通公司总裁齐鸣秋、香港润讯通讯总裁侯东迎和信和科技行政总裁刘助、东大阿尔派总裁刘积仁、以及香港伟易达公司行政总裁杜卓华等代表两地企业界就如何开展两地合作，以及合作模式交流了各自的经验和体会。

香港《文汇报》、《商报》以整版刊登文字和图片，报导了“论坛”的盛况和主要内容。

二、2000年病虫害、自然灾害学术研讨会

1. 2000年病虫害防治分析研讨会及绿皮书

1月11～12日，2000年病虫害防治分析研讨会在北京科技会堂举行。出席会议的有中国植物保护学会、中国林学会等12个全国性学会和有关地方科协推荐的专家及学会干部共54人。与会专家分别对1999年病虫发生预测的结果进行评估，对2000年的主要病虫害发生流行趋势做了预测，并提出了防治对策和建议。与会专家讨论分析认为，2000年农作物、林业、畜牧、水产等病虫害仍是偏重发生趋势，将会给农、林、牧、渔业生产造成严重损失。为此，专家提出防治对策建议：加强对病虫害的调查，准确掌握其发生发展动态，争取防治工作的主动权；贯彻“预防为主，综合治理”的方针，充分发挥生态调控和有益生物的控害作用，进一步完善病虫害的预防和防御体系，为逐步实现病虫害的可持续控制创造条件；加强检疫执法力度，严防危险病虫的入侵和扩散蔓延；应及时将动植物有害生物防御的应用基础研究和应用技术研究列入国家重大项目，给予足够的经费支持，并通过协作攻关研究，进一步提高我国减灾防灾的技术水平。

会后，组织专家编纂了《2000年病虫害防治绿皮书》上报中共中央和国务院，同时发至各省、自治区、直辖市及地方各级政府。

2. 2000年减轻自然灾害学术研讨会及白皮书

2月21～23日，2000年减轻自然灾害学术研讨会在北京科技会堂举行。与会代表120余人，其中有60位院士参加。大会邀请专家组专家、中科院减灾中心主任王昂生作题为《全球减灾事业的新里程碑》的报告，中国地震学会理事长陈运泰作题为《大中城市与大城市的防震减灾》的报告。另有11位专家也就2000年主要灾害的灾情预测在大会做了发言。此外，分设了气水圈、地圈、火灾三个组进行分组讨论，对上一年的预测情况进行了认真的分析总结，就主要灾种的预测和防治进行了更深入的研讨交流，并提出以下建议：要把防灾减灾工作纳入国民经济发展的近期和远期规划，加大对防灾减灾工程和保障体系的建设；综合考虑控制各个灾种的协调指挥系统（包括信息的采集、传输、加工处理和决策支撑四大部分）及不同灾种的预测预警系统的建设；加大对防灾减灾有关法律和科普教育的宣传力度，提高全民防灾减灾意识，强化执法力度；加强对防灾减灾的科学研究，特别是对各个灾种发生机率的研究和跨学科的减灾研究应将其列入国家重大基础科学研究项目。

研讨会结束后，编纂了《2000年减轻自然灾害白皮书》上报中共中央和国务院，同时发至各省、自治区、直辖市及地方各级政府，并向各地征询反馈意见。

2000年《绿皮书》和《白皮书》上报国务院后，温家宝副总理批示：“可加发有关部门参考”。

三、科技期刊管理

1. 对自然科学基础性、高科技学术期刊经费资助工作

2000年，在财政部的大力支持下，共筹措经费300万元，对全国性学会主办基础性、高科技学术期刊进行择优支持。经专家评审委员会对进入SCI（科学引文索引）及申报资助的221种科技期刊进行资格审查、审议和评审，共确定78种科技期刊为2000年度资助对象。

2. 改善50个科技期刊编辑部办公条件

为了增强中国科协所属全国性学会科技期刊编辑部的办刊能力，提高办刊水平，将财政部期刊专项资助经费中的100万元用于改善部分自然科学基础性、高科技学术期刊编辑部的办公条件。共有50个科

技期刊编辑部得到了经费支持。

四、学术交流活动的信息预报和公布

为了使中央领导同志和中央国务院有关部门及时了解中国科协及所属全国性学会重点学术活动的信息，学会部从2000年4月开始恢复发布《中国科协所属学会重点学术活动预报》。每月20日前将下一月内各全国性学会的重点学术活动安排，特别是规模在100人以上的活动和国际学术活动项目汇总，报中共中央办公厅、国务院办公厅、科技部、国家自然科学基金委员会、中国科学院、中国工程院及中国科协常委以上领导同志。2000年共发9期。

将2000年全国性学会学术会议、组织建设、继续教育、期刊编辑等计划汇编成4册。除发至全国性学会外，还将计划的全部内容在科协内部网上发布，供领导和机关其他部门查阅。

继续编印《1999年典型活动事例汇编》。汇编共收集全国性学会1999年学术会议、科学普及、组织建设、编辑出版、继续教育等方面的主要活动455例。并将汇编内容在科协内部网上发布。

五、编写《21世纪学科发展丛书》

为普及科学知识，提高国民科技素质，繁荣和发展我国科学文化事业，迎接21世纪知识经济时代的挑战， 4月组织了近70个全国性学会参加编写《21世纪学科发展丛书》。

该书的编写出版，旨在系统、全面介绍自然科学各主要学科的学科建设、重大科技成果、发展历程与21世纪的发展展望，为广大读者特别是高中以上文化程度的各阶层读者提供一套科学性、知识性、前瞻性、趣味性、可读性相统一的综合性科普读物。该丛书计划于2001年5月和9月分两批出版发行。

六、工作座谈

5月13～15日，全国地方科协学会部长座谈会在天津市召开。各省、自治区、直辖市、计划单列市及副省级城市科协副主席、学会部部长共80多人出席了会议。中国科协书记处书记常志海出席会议，对如何推动学会改革作重要讲话。

会议部署了中国科协2000年学术年会，安排了“千厂千会协作行动”项目成果验收工作，通报了学会组织工作等情况。8个省市科协的学会部长介绍了学会改革与发展的做法和体会。

科学普及

一、科普宣传教育

科普宣传教育工作以大力传播科学思想和科学精神、提倡科学态度和科学方法、破除愚昧迷信、反对伪科学和反科学为重点，继续实施科学素质工程，为提高全民科学素质作出贡献。全国科协系统举办各种科技（普）周、科技夏令营、科普之冬等，结合国际地球日、爱鸟周、世界电信日等进行科普宣传。

1. 举办“崇尚科学文明，反对迷信愚昧”大型科普展览

3月22日～4月3日，中国科协与中央文明办联合在北京军事博物馆举办了《崇尚科学文明，反对迷信愚昧》展览。党和国家领导人江泽民、胡锦涛、李岚清以及丁关根、李铁映、姜春云、温家宝、吴

阶平、周光召、朱光亚等有关领导观看了展览。江泽民总书记称赞展览办得好，很有教育意义，对帮助人们进一步认清“法轮功”等邪教组织的本质和危害，加强精神文明建设和提高人民群众科学素养有积极作用。原定一个星期的展览因群众的需要而延长了 5 天，参观人数达 15 万人次。根据李岚清副总理的指示，中国科协和中央文明办将此展览图片免费发到全国 2 345 个市、县，由各地组织群众观看。据 12 月底对 25 个省的统计，全国共有 6 633 万人次的群众观看了这个展览，受到一次马克思主义唯物论、无神论和科学精神教育，取得了显著的社会效益。

2. 举办“让科学走近生活，让公众理解科学”大型科普宣传活动

5～10 月，中宣部、科技部和中国科协联合举办了“让科学走近生活，让公众理解科学”大型科普宣传活动。这次活动共包括 10 项内容，其中由中国科协负责组织的有科普报告会、优秀科普影视作品展播、科普知识竞答、《回顾与展望》科普展览、科技博物馆优惠开放、部分在京的国家重点实验室开放等 7 项活动。

由中国科协、人民日报社主办，山东电力集团公司协办的“鲁能杯”全国崇尚科学、破除迷信科普知识竞赛是其中规模最大、持续时间最长、影响最广、参与人数最多的一个。在 3 个多月的时间里，共收到答卷 35 万份，在社会上掀起了爱科学、学科学的热潮。中直工委专门发文要求中直系统都要积极参加此次活动，中直系统所有 34 个部级单位都参加了此次活动，41 位部级领导参与答题，16 个单位因在组织这次活动中表现突出，被评为“优秀组织奖”。

3. 创办科普频道的调研工作

根据李岚清副总理的指示，组织中国科教影视协会和有关专家就开办科普频道的可行性和方案展开论证，初步形成了《目前我国关于开办科普频道的实施方案》。

4. 举办“世纪辉煌——诺贝尔科学奖百年展”

“世纪辉煌——诺贝尔科学奖百年展”由中国科协联合中国物理学会、中国化学会、中国生理学会、中华医学会、中国生物工程学会共同主办，委托中国科学技术史学会、中国自然科学博物馆协会和中国科技馆承办。12 月 16～21 日，该展览在各有关学会、单位的努力和中国驻瑞典大使馆的大力协助下，在北京中国历史博物馆正式展出，同时在中国公众科技网上进行了展出。展出结束后，该展览移至中国科技馆继续展出（展期半年），2001 年将组织在全国各地巡回展出。在中国历史博物馆正式展出的 6 天时间里，共计有 6 000 多名观众参观了展览并予以好评。全国人大常委会副委员长、中国科协全委会主席周光召出席开幕式并为展览致辞；全国政协副主席朱光亚和全国人大科教文卫委员会、全国政协教科文卫体委员会的部分委员，以及 13 个部委的有关领导和在京的两院院士约有 160 多人也参观了该展览。

中国科协声像中心制作了多媒体光盘《世纪辉煌——诺贝尔科学奖百年回顾》，中国科学技术出版社出版了《世纪辉煌——诺贝尔科学奖百年回顾》画册和《回顾与展望》。新华社、人民日报、中央人民广播电台、中国国际广播电台、中央电视台、中国教育电视台等 20 多家媒体对展览进行了采访和专题报道。

5. 举办“科普伴你行”总结及表彰大会

3 月 23 日，中国科协普及部与中国铁道学会、全国铁道团委、铁道部运输局、铁道部政治部宣传部联合召开“科普伴你行”总结及表彰大会。会议表彰了在 1999 年“科普伴你行”活动中做出优异成绩的先进集体 63 个，先进个人 92 名，以及优秀自制广播节目 30 个。

二、西部科普工程

西部科普工程是中国科协围绕党中央国务院确定的西部大开发战略组织实施的重点项目。总体目标是从 2000 年起至 2005 年，在重庆、四川、贵州、云南、西藏、陕西、甘肃、青海、宁夏、新疆及内蒙

古、广西等省（自治区、直辖市），集中力量，重点围绕生态环境保护、产业结构调整、加快人才培养等方面开展科普工作，普及科学知识，传播科学思想和科学方法，提高西部地区人民的科学素质，为西部大开发作出应有的贡献。

1. “西部科普工程”实施准备工作

为了确保本项工作的贯彻执行，中国科协普及部 2 月在甘肃省兰州市召开了西部科普工作座谈会，为实施“西部科普工程”做基础准备。下发了《中国科协关于实施“西部科普工程”的意见》、《中国科协“西部科普工程”项目管理办法（试行）》等文件。为从组织上保证“西部科普工程”的实施，中国科协成立了“西部科普工程”领导小组，办公室设在中国科协普及部。同时，由西部 12 个省、自治区、直辖市科协领导、中国科协书记处领导及分管部门领导组成了“西部科普工程”西部地区协调小组。

2. 联合开展“再造西部山川秀美”科普宣传活动

6 月 3～9 日，中国科协与中央宣传部、国家林业局、国家环保总局、中国绿化基金会以及西部 10 省（自治区、直辖市）的相关部门联合开展了以“再造西部秀美山川”为主题的保护和建设西部生态环境的科普宣传活动。围绕活动主题，各部门和各省通过举办科普展览、科普报告、科普挂图展示、放映科普电影和录像，开展专家小分队和少数民族科普工作队下乡等，将科普活动开展到了基层农村和社区。

三、农村科普

1. 继续推动全国科普示范县创建工作

7 月，组织召开了科普示范县经验交流会，研究讨论有关科普示范县创建工作的经验和交流、讨论示范县的基本标准。9 月 30 日，中国科协普及部印发了对全国科普示范县创建工作进行检查验收的通知及首批全国科普示范县（市）基本标准，对下一步检查验收工作做出具体的部署。各示范县于 11 月以前全部完成了自查工作。

2. 开展科技下乡活动

1 月 30 日，在河北省安国市石佛镇组织开展了以“破封建迷信、树文明新风”为主题的科技下乡活动。中国科普作协、中国科教影视协会、中国农函大、中国科协声像中心等协会和科普事业单位，以及科学普及出版社、中国电子工业出版社、航空知识杂志社、少年科学画报杂志社、农业机械杂志社、北京出版社、中国青年出版社、中国农业出版社、中国农业大学出版社等 9 家出版单位，围绕树文明新风和春耕备耕生产，大力宣传马克思主义唯物论和无神论，大力弘扬科学精神、宣传科学思想、传播科学方法和普及科学知识。

3. 联合开展农村党员和基层干部实用技术培训调研

8 月 8 日，中组部办公厅、中国科协办公厅联合下发《关于在农村党员和基层干部实用技术培训中充分发挥党员电化教育作用的通知》。

9 月 5～9 日，为了全面总结“九五”期间全国农村党员、基层干部实用技术培训工作，为制定“十五”培训规划做准备，中组部组织局和中国科协普及部组成联合调研组，就“九五”期间开展农村党员、基层干部实用技术培训工作的基本情况、主要成效和经验、目前存在的主要问题和解决方法以及对于“十五”培训工作的设想等问题，赴新疆昌吉州、和田地区、吐鲁番地区和乌鲁木齐市等 4 个地（州）、市的 6 个县（市）进行调研。

9 月 10～12 日，联合调研组召开有新疆、青海、甘肃、四川、云南等省、自治区组织部和科协参加的西部地区农村党员、基层干部实用技术培训调研会。

4. 在全国农村"三个代表"重要思想学习教育工作会议上介绍经验

12 月，在成都市召开的全国农村"三个代表"重要思想学习教育工作会议上，灵山县委以《围绕农村经济结构调整和农民增收，不断加大农村基层干部培训力度》为题做了大会发言，介绍了开展农村"三个代表"重要思想学习教育工作的经验和体会，得到了与会领导的充分肯定。其中，县科协围绕县委、县政府的中心工作，以农村党员和基层干部科技素质培训为抓手，发挥了科普主力军的作用，推动了全县的科普工作，为各级科协组织如何开展好科普工作提供了值得借鉴的经验。

5. 表彰奖励在科技扶贫工作中做出突出贡献的先进集体和先进个人

2000 年是实施"国家八七扶贫攻坚计划"的最后一年，也是开展科技扶贫工作 15 周年。为全面总结 15 年科技扶贫工作，展示科技扶贫成果，交流各地科技扶贫经验，表彰奖励在科技扶贫工作中做出突出贡献的先进集体和先进个人，科学技术部、中国科学院和中国科协于 12 月 17～18 日在北京共同召开科技扶贫工作会议。中国科协系统共有 15 个单位、103 位个人受到表彰。

四、青少年科技教育

1. 与联合国儿童基金会合作开展校外青少年科技教育

继续执行社区非正规教育项目。2000 年是中国科协与联合国儿童基金会合作社区非正规教育项目本周期的最后一年，除继续开展以 12～18 岁校外儿童为主要对象的各种非正规教育活动外，还侧重对合作项目 5 年来的总结评估，对项目活动中出现的贫困地区青少年特别是女性青少年克服困难、自强不息的优秀典型进行表彰。2000 年联合国儿童基金会为项目投入 35.6 万美元，在内蒙古、陕西、河南、甘肃、湖南等 5 个项目省和 120 个项目县实施项目。

开展"同伴教育"和非正规教育传播方法培训。3 月 30 日～4 月 3 日，中国科协与联合国儿童基金会在甘肃兰州市组织了"同伴教育者培训"。6 月 20～25 日，在陕西西安市举办"同伴教育培训实践活动"。全年共组织了 21 个省级培训。

2. 科学家的手拉起青少年的手——开展"大手拉小手"科技传播活动

开展了"大手拉小手"科技传播行动，在科学家与青少年之间架起一座桥。为使活动实际而有效，中国科协在青少年科技中心成立了青少年科技教育专家委员会，建立了青少年科技教育专家库，竭诚欢迎科学家、专家、学者以各种方式参与青少年科技教育事业，指导青少年开展科技活动。各省、市、自治区科协青少年科技教育工作部门和许多全国性自然科学学会（协会）积极支持这一活动，分别提出了 95 份"大手拉小手"活动方案，开展了形式多样的活动。

五、城市科普

1. 组织百场科普报告会

根据中国科协五届五次全委会议关于重点组织好 100 场较高水平的科普报告的决定，组织 13 个全国性学会、9 个省科协、1 个科普直属事业单位和 1 个兄弟单位，共举办了 464 场科普报告。按照听众对象统计，针对党政领导干部的报告有 117 场、科技管理干部的报告有 86 场、中学教师的报告有 15 场、大中学生的报告有 209 场、公众的报告有 37 场。邀请做报告的约 90 人（其中院士 15 人、专家教授 62 人、国家有关部门的领导 13 人）；据不完全统计，听报告的约 11.7 万人。

中国科协青少年科技中心和中国科学院联合组织了从事航天、生物、环保、材料、天文、地震、磁悬浮、遥感、林业等领域的 9 名老科学家到兰州、西安两地开展了"大手拉小手，科普报告西部行"活动，他们为 5 万名中学生和 1 000 名教师作了 82 场科普报告，并与当地科技工作者、科技教师进行了 5 场座谈会。科学家们针对西部经济相对落后、中学生科技素质相对较低的特点，将报告的重点放在提高青少年的兴趣、开阔他们的视野上，把一些高深的专业知识浓缩在一个个精彩的故事中。

2. 召开全国部分城市社区科普工作调研会

为了贯彻落实 2000 年地方科协科普工作座谈会议的精神，切实加强城市科普工作，中国科协普及部分别在沈阳市、武汉市召开了全国部分城市社区科普工作调研会。会议围绕城市社区科普工作中的组织和队伍建设、阵地与设施建设、工作内容和方式，以及今后如何在城市社区中开展“讲科学生活、建文明社区”创建活动，推进“百城万米科普画廊工程”等方面进行了调研，讨论了《全国科普示范城区创建标准》。

六、科普设施建设

1. 中国科技馆二期工程新展厅建成并对外开放

4 月 29 日，中国科技馆二期新展厅举行开馆仪式，正式对外开放。二期新展厅开馆前夕，江泽民总书记为中国科技馆题词：弘扬科学精神，普及科学知识，传播科学思想和科学方法。江总书记的题词为科技馆发展明确了宗旨，指明了方向。8 月 24 日，李鹏委员长及部分全国人大常委视察了中国科技馆。

开馆后的“五一”节期间，接待观众 12 万人次，最高峰时日观众人数达到 2.2 万人次；截至 2000 年底的 8 个月中，接待人数达 120 万人次。

2. 召开中国科协系统科技馆建设工作会议

11 月 2～3 日，在北京召开中国科协系统科技馆建设工作会议。各省、自治区、直辖市科协分管科技馆工作的负责人及科技馆馆长共同总结交流和探讨了新形势下加强科技馆建设的新思路和新举措，在充分研究的基础上，修订了《科学技术馆的建设标准（试行）》。

3. 联合开展省级科技馆调研

为了推动全国省级科技馆的建设，力争在“十五”期间每一个省都能建设一个综合性的、具有地方特色的、现代意义的科技馆，与科技部、财政部等有关部门共同组织了对全国省级科技馆的调研，并在调研基础上与科技部共同向国务院上报了《关于“十五”期间加强我国特别是西部地区省级科技馆建设的请示》，为各省科技馆的建设积极争取条件。

4. 建立“明思克航母世界”科普教育基地

11 月，中国科协全委会主席周光召，书记处书记常志海以及丁衡高、聂力等领导同志参加了“明思克航母世界”科普教育基地的挂牌仪式，并对“明思克航母世界”开展科普教育的重要意义做了充分的肯定。

截至 2000 年底，中国科协命名的科普教育基地已达 201 个。

七、科普基础性工作

1. 召开学习江泽民同志关于科普工作重要论述座谈会

12 月 20 日，中央宣传部、科技部、中国科协和人民日报社，共同在人民大会堂召开了学习江泽民同志关于科普工作重要论述座谈会。参加会议的有各部门领导、有关专家等近 100 人。中央电视台《新闻联播》节目播出会议消息，新华社发通稿、人民日报等十几家报纸对会议进行了报道。

2. 召开中国科协 2000 年地方科协科普工作座谈会

为了深入学习江泽民总书记“三个代表”的重要思想和有关科普工作的一系列重要指示；认真分析科普工作面临的新形势和挑战，总结和交流地方科协在探索新时期科普工作新思路、新办法方面的经验；明确科普工作任务，10 月 30 日～11 月 1 日，中国科协召开 2000 年地方科协科普工作座谈会。中国科协全委会副主席、书记处第一书记张玉台，书记处书记徐善衍、宋南平出席会议并作了重要讲话。这次会议对跨世纪的全国科协科普工作进行了全面的研究和部署。

3. 召开2000年全国性学会科普工作座谈会

12月26～27日，在北京召开了全国性学会科普工作座谈会。会议对如何更好地发挥学会在科普中的重要作用进行了认真的讨论，统一思想，提高认识。各全国性学会、协会、研究会分管科普工作的领导和设有专职科普机构的普及部（处）负责同志180人参加座谈。

4. 开展“中国公众科学素养及其影响因素统计调查”的立项和前期准备工作

按照国家有关规定，中国科协制定了统计调查方案和抽样调查问卷，积极争取在国家统计局立项。11月，国家统计局下达了《关于同意开展中国公众科学素养及其影响因素统计调查的函》（国统函[2000]174号），对于科协科普工作的可持续发展和提高中国科协在国内外科普领域的影响具有重要的作用。

5. 启动“全国公众科普需求状况抽样调查”

为了解中国公众的科普需求情况，为科普决策部门对科学普及这一领域的现状、各相关方面的原因动机及今后的需求趋向有一个量化的了解与分析，以此作为制定科学普及政策的决策依据，经国家统计局批准，中国科协普及部与中国科协管理科学研究中心开始在全国进行一次“全国公众科普需求状况抽样调查”。

6. 成立北京师范大学科学传播与教育研究中心

为加强我国科学传播与科学教育的能力建设，促进学校教育与社会教育有机地结合，推动我国公众理解科学事业的可持续发展，中国科协普及部与北京师范大学达成联合创建北京师范大学科学传播与教育研究中心协议。“中心”将开展一系列培训：面向中小学教师和教研员、科普工作者、科技新闻记者等，开设硕士学位课程进修班和硕士学位班；与中国科协普及部、中国科技馆基金合作，面向科技传播工作者开办科技馆教育短期培训班；在中国科协和教育部的支持下，开展中国妇女在科技发展中的作用、科学素养调查、探究性学习的实施与评价等方面的课题研究，为广大从事科学传播和科学教育的研究人员、工作人员和教师提供学习和交流的环境。11月29日，举行了“中心”成立仪式。

中国科协全委会副主席张玉台、刘恕、胡启恒，书记处书记徐善衍，中国科学院院士何祚庥、王绶琯、王梓坤、刘伯里、刘昌明等被聘为首批顾问。

7. 赵致真荣获国际科普奖

经中国科协推荐，武汉电视台台长赵致真在电视科普创作和组织领导工作以及社会活动等多方面的成就受到全体评委一致认同，被授予1999年度普里莫·罗维斯国际科普奖，以表彰他在利用现代通讯手段广泛传播科学知识方面作出的突出贡献。12月18日，国际科学进步和自由基金会在意大利的里雅斯特举行普里莫·罗维斯国际奖颁奖仪式，该奖设立者、意大利著名企业家普里莫·罗维斯为赵致真颁奖。这是中国人首次获得这一奖项。

八、国际科普交流与合作

1. 2000中国国际科普论坛

为了加强科普理论研究，促进我国科普事业对外交流与合作，提高我国科普工作的水平，11月5～9日，由科技部、中国科协、中国科学院和国家自然科学基金委员会联合主办的“2000中国国际科普论坛”在北京中国科技会堂召开。参加会议的有国际著名科普机构和组织的管理人员和专家学者40多人，以及国内科普专家和科普工作者的代表约150多人。

2. 2000年北京国际科教电影电视展评研讨会

为了加强国际科教影视界的交流与合作，推动科教影视的创作与研究，10 月 28 日～11 月 1 日，由中国科协主办，科技部、国家广电总局和中国科学院协办的 2000 年北京国际科教电影电视展评研讨会在北京中国科技会堂举行。会议的主要内容是科教影视作品观摩、评奖和创作研讨等。本次展评会有美国、英国、法国、日本、德国等 21 个国家 73 个影视制作单位和机构选送的 206 部科教片，最后评出 22 部优秀科教影片。北京科学教育电影制片厂制作的《宇宙与人》获得科普类银奖。

3. *青少年国际交流活动*

国际奥林匹克学科竞赛在教育部机构改革后，这项工作的职能全部转到中国科协，由中国科协青少年科技中心负责组织、协调各有关学会共同完成全国竞赛、代表队选拔、培训和组队参赛工作。6～9 月，我国派出选手，分赴英国、韩国、丹麦、土耳其参加数学、物理学、化学和生物学国际奥林匹克学科竞赛，共获取奖牌 23 枚；其中金牌 18 枚，银牌 4 枚，铜牌 1 枚。9 月 23～29 日，在北京成功主办了第十二届国际信息学奥林匹克竞赛。国家主席江泽民为活动发来了贺信。

5 月 2 日，参加在雅加达举行的第一届亚洲物理学奥林匹克赛。中国队 5 名选手取得了 4 枚金牌和 1 枚银牌的优异成绩，并荣获团体总分第一、个人总分第一和最佳女生奖。

5 月 7～13 日，中国科协青少年科技中心与 Intel（中国）有限公司合作，在教育部的大力支持下，组织了 4 个代表队共 19 名学生，携带 12 个科学研究实践活动项目（其中 8 项个人项目，4 项集体项目），首次赴美参加了第 51 届 Intel 国际科学与工程大奖赛（INTELISEF），赢得 1 个单项二等奖，1 个单项个人三等奖，1 个单项个人四等奖，1 个团体项目四等奖和 2 个特别奖。

8 月 2～9 日，由全国青少年科技活动领导小组和国家自然科学基金委员会共同主办，安徽省人民政府承办的第十届全国青少年科技创新大赛在安徽省合肥市隆重举行。此次大赛作为 2001 年第五十二届国际科学和工程大奖赛的中国区联系赛事，评选出了 20 名“英特尔少年英才奖”，获奖者有机会赴美参加 2001 年的国际科学和工程大奖赛。中国青少年 21 世纪科学基金、茅以升科技教育基金、高士其基金会、中国发明协会和中国科技馆发展基金分别设立了奖项，为获奖者颁发了证书和奖章。中国大百科全书出版社提供了 100 套科普图书作为奖品，奖励获奖学生。

“长江小小科学家”奖励活动由李嘉诚基金会出资，教育部与李嘉诚基金会共同主办，中国科协承办。9 月 1 日，举行了隆重的颁奖仪式。教育部副部长韦钰，中国科协副主席张玉台，李嘉诚基金会董事周凯旋等为获奖学生颁发证书。

国际及对港澳台地区民间科技交流与合作

一、参加国际组织工作

代表中国科技界参加国际科技组织及其活动，是发挥和体现中国科协国际民间科技交流主要代表作用的一个重要方面。中国科协已与 30 多个国家和地区的民间科技团体建立了交流与合作关系，中国科协及所属全国性学会参加了 240 多个国际组织，有 100 多名中国著名科学家在这些组织的领导和专业机构中任职，在其中发挥的作用有了明显的提高。2000 年，中国科协及所属全国性学会在这方面的工作力度不断加大，指导和组织科技人员积极参与活动，我国在许多国际组织中的作用日益增强。

国际科学理事会（ICSU）和世界工程组织联合会（WFEO）是中国科技界参加的两个最大的民间国际组织。中国科协是这两个组织的国家会员，经过长期的工作，与其建立了密切的关系，并通过建立面向这两个组织的中国委员会，把有关学会和科技专家团结起来，共同携手做好工作，取得了明显的成效。

在 ICSU 核心机构担任职务的中国科协全国委员会副主席胡启恒、书记处书记张泽，清华大学教授钱易等人分别参加了该组织道德伦理委员会、计划和评审委员会、执行委员会的会议和活动。ICSU 提出会员国参与“科学的伦理道德指导法则”课题，将对我国科技界精神文明建设以及社会健康发展起到积极的作用。4 月，中国科协承办了 ICSU 环境问题委员会扩大执委会及学术会议；10 月，接待了 ICSU 执行主任 Dr. L. Kohler 博士访问并协助 ICSU 举办小学数学教育国际研讨会。

经国务院批准，世界工程组织联合会倡导和组织的第二届世界工程师大会将于 2004 年在上海召开。6 月，中国科协全委会副主席张玉台率团参加在德国汉诺威举行的第一届世界工程师大会，并代表中国承接第二届大会。11 月，为筹备这一盛事，WFEO 主席 Medem 先生率团到中国访问和实地考察，受到中国科协以及上海市科协的热情接待。

中国科协全委会副主席庄逢甘参加世界科学工作者联合会（WFSW）大会，并再次当选为该组织副主席。

中国地质学会、中国地理学会、中国天文学会、中国力学会、中国昆虫学会、中国心理学会等组团参加相关国际组织的重大活动、系列学术会议，在国际科技舞台展示我国取得的成绩。中青年科技人员参加会议的人数增多，学术工作的成绩和水平得到国际同行的尊重。中国心理学会组团 100 余人参加国际心理学会联合会大会，22 位青年科技人员的论文被大会接受。中国地理学会参加会议的 3 位青年学者获得大会设立的青年奖。

为巩固和加强在所参加的国际组织中的地位，各全国性学会积极开展工作，邀请国际组织负责人、国际著名专家学者来华访问。中国农业工程学会接待了国际农业工程学会负责人，中国物理学会邀请国际纯粹与应用物理联合会主席、执委会成员等来访。

经中国科协报审，61 个国际会议在中国举办，有 12543 人次参加。各主办单位注重提高国际会议质量，营造良好的学术交流氛围，努力做好国内代表的参会工作。中国计算机学会主办的国际奥林匹克信息竞赛有 70 个国家 512 名代表参赛，为世界各国青少年提供了学习和交流的机会。中国生物化学学会邀请国际组织负责人以及 3 位诺贝尔奖获得者在中国科技会堂举行的亚太地区生化会议上做大会报告，并积极组织中国学者的学术报告，高质量的学术交流得到国内外与会代表以及国际组织的一致称赞。

从 1998 年开始，对中国科协及所属全国性学会参加国际组织的情况进行了一次比较全面的调研，并在调研的基础之上，启动了国际组织工作后备队计划，已经初步确定了第一批人员，以便有计划、有针对性地组织优秀科技工作者参加主要国际组织的活动，争取用 5 年到 10 年的时间，使一批年轻科学家代表我国在国际组织中发挥重要作用。

二、双边合作

重点开展了同美国、德国、俄罗斯等科技发达国家及周边国家科技团体的交流，以及与旅美华人社团的联系。在 1996 年亚太地区科技界高层人士会议的基础上，巩固了同美国科学技术促进会、韩国科技同盟以及俄罗斯、马来西亚、越南等国有关团体的关系，继续保持了同英国皇家学会、英国科学技术促进会、德国工程师协会、澳大利亚工程师学会、朝鲜科技总同盟的友好联系，开拓了与美国全国科学院、日本学术会议的合作渠道。

2000 年是中国科协在国际交流和双边合作方面取得重大进展的一年。2 月，书记处书记徐善衍率中国科协信息代表团访美，与美国全国科学院达成协议，利用其信息资源在中国建立科学教育镜像网站。5月，联合国计划开发署农业专家布洛克（Norman.Borlang）、左天觉及世界银行农业研究磋商小组秘书长Osten 等应中国科协邀请访华，在中国科协副主席王连铮陪同下实地考察新疆、四川两省，对我国开发西部的农业政策提出意见和建议，并受到李鹏委员长的接见。6 月，作为中国科协的高层领导，中国科协全委会副主席张玉台访问英国皇家学会、英国科促会，进一步促进了双方关系的发展；并在帝国理工大学做关于中国科协科学普及工作的报告。7 月，中国科协全委会副主席刘恕率团赴韩国访问，就农村妇女实用技术和管理培训与韩国东北亚科学技术协力财团签署合作协议。8 月，书记处书记常志海与地方科协的领导访问俄罗斯，为中国科协和地方经济建设急需的项目牵线搭桥，促成了新疆、江西与俄有关企业的合作。11 月，中国科协组团参加了在华盛顿举行的 2000 年美中科技与商务研讨会，并访问了中国旅美科技协会、旅美中国科学家工程师专业人士协会、美国国际科学社团等团体。

2000 年是中国科协与联合国区域发展中心（UNCRD）三期协议的最后一年，就环境、防灾、区域综合规划等课题，日中两国进行了 50 人次的交流培训和考察。与朝鲜科技总同盟进行了农业、水利、工业制造、昆虫等学科领域的交流。

在国内举办的国际展览会质量不断提高，数量有所增加。在国内举办国际展览 26 个，出国展 5 个。中国仪器仪表学会举办的多国仪器仪表展、中国硅酸盐学会举办的国际玻璃展览等，抓住了国家急需解决的问题和国际市场的动向。中国科协新技术开发中心举办的城市交通展览和轨道运输大型国际展览会，为该领域科学技术发展和国际交流与合作提供了大量最新信息。

三、同港澳台地区的交流

中国科协的对台交流一直稳定发展。根据中央对台工作的方针政策，中国科协组织中国生理学会、中国宇航学会和地方科协，邀请台湾的科学家、教师、学生参加学术交流和夏令营活动。中国科协和台湾海峡两岸学术文化交流协会共同举办了 2000 年海峡两岸青年学术年会。在国务院台办的支持下，中国科协接待了台湾中南部嘉义地区科技教育代表团。通过这些活动，使台湾同胞了解了祖国大陆的情况，增强了他们的祖国意识。各学会也十分重视两岸交流，通过各种活动，结识了岛内很多科技界的朋友，对祖国统一大业起到推动作用。

同港、澳科技界的交流与合作十分密切。中国科协全委会主席周光召参加香港科技协进会纪念活动，副主席庄逢甘参加香港工程师学会成立 26 周年庆典；中国科协 4 月与香港京港学术交流中心合作，在香港举办了资讯科技产业研讨会。9 月，香港工程师学会、香港科学技术促进会、京港学术交流中心、澳门工程师学会、澳门科促会等 10 位港、澳科技团体负责人参加了中国科协学术年会，这些活动进一步加强了中国科协与香港、澳门对口组织的联系。为纪念澳门回归一周年，中国科协同澳门科技界人士合作举办了中国科协自然科学技术期刊展，在澳门展出 270 多种 2800 册学术、科普期刊，并将参展期刊赠送给澳门大学，受到澳门科技界和公众的欢迎。

中国科协及所属全国性学会组织 13 个专业团组共 247 人次到台湾访问，访问香港、澳门 813 人次；接待台湾同胞访问大陆 303 人次，港澳科技团体 245 人次。

四、外事管理工作

2000 年中国科协外派团组 161 个，总人数 1689 人。其中参加国际会议 685 人，考察访问 222 人，展览技贸活动 235 人，外派研修生、培训 433 人。

继续按照中央、国务院关于外事工作的有关规定，对所属单位的外事活动进行认真的管理。针对一些单位外事工作中存在的问题及时研究处理，加强对有关政策的指导，加强涉外干部的业务培训。12 月，中国科协召开全国性学会外事工作座谈会，传达中央关于外事管理、对台政策的重要文件和精神，总结工作，研究进一步做好中国科协对外交流与合作工作的思路。

经中国科协报审、国家科技部批准，截至 2000 年底，中国科协及其所属企事业单位、全国性学会，取得了在国内举办 17 个国际科技展览会的资格。

经国家科技部审批，1999～2000 年度中国科协及所属全国性学会加入了 7 个国际组织：中国有色金属学会贵金属委员会加入国际贵金属学会；中国震动工程学会成立国际结构控制学会中国分会；中国金属学会和中国有色金属学会加入国际矿业金属材料学会联合会；中国科协加入国际科联发展中国家科学技术委员会；中国土木工程学会给排水分会加入水环境联合会；中国土木工程学会城市公共交通分会加入国际公共交通联合会；中国物理学会质谱分会以中国质谱学会名义加入国际质谱学会。

支持优秀科技人员，特别是优秀的中青年科技工作者参加国际学术交流活动，支持在国际组织中担任领导职务的我科学家代表中国科技界出国参加国际组织例会和学术活动，扩大我国科技工作者在国际组织中的影响和作用，保持我国在国际组织中的地位，是中国科协对外交流与合作长期的、主要的任务，也是国家外交工作的重要组成部分。尽管近几年中国科协外事经费没有增加，但仍加大了对科技工作者参加国际组织活动支持的力度。2000 年直接用于科技人员参加国际组织的经费（包括对优秀中青年科学家以及中国科协系统在国际组织中任职人员的出国经费、跨学科国际组织中国委员会开展活动的经费、国际组织后备队人员出国的费用等）占中国科协年度出国费、招待费支出的 53%。

组 织 建 设

一、团体建设

1. 团体成员变更

经中国科协五届常委会十八次会议审议决定，10 月 14 日，中国科协正式接纳中国电源学会、中国复合材料学会、中国系统仿真学会、中国材料研究会、中国菌物学会、中国草原学会、中国生物工程学会、中国毒理学会、中国晶体学会、中国农村专业技术协会加入中国科协。

中国科协不再是中国珠算协会、中国质量管理协会、中国知识产权研究会、中国包装技术协会、中国继续教育工程协会的业务主管单位，该 5 个学会不再是中国科协的组成单位。

中国科协宣传部参与了中国反邪教协会的筹备工作。

2. 积极推进科协立法

截至 2000 年底，已有河北、湖北、贵州、河南、辽宁、内蒙古、山东、新疆、黑龙江、湖南、山西、广西、青海、吉林、海南、重庆、安徽、甘肃、宁夏、广州、南京等地颁布了科协条例。河北、天津、江苏、北京、湖南、四川、陕西、抚顺、广州、沈阳等地颁布了科普条例。

北京、山东等地开展执法调研活动。

3. 规章制度建设

2000 年度，全国科协系统积极进行规章制度建设工作。中国科协新颁规章制度 27 件；废止 11 件。

4.表彰第二届中国科协先进学会

1月24～26日，中国科协五届五次全委会议对第二届中国科协先进学会进行了表彰。

中国数学会、中国物理学会、中国空间科学学会、中国地球物理学会、中国心理学会、中国系统工程学会、中国机械工程学会、中国电工技术学会、中国水利学会、中国电子学会、中国通信学会、中国测绘学会、中国铁道学会、中国兵工学会、中国腐蚀与防护学会、中国照明学会、中国农学会、中国林学会、中国畜牧兽医学会、中华护理学会、中国药理学会、中华预防医学会、中国技术经济研究会、中国科学技术史学会、中国科学学与科技政策研究会等25个学会受到表彰。

二、提高干部思想政治素质

1. “三讲”教育“回头看”活动

3月下旬至5月中旬，中国科协机关党委根据党组和“三讲”教育领导小组的要求，用两周的时间，在科协党组和机关各部门、各直属单位领导班子和处以上党员领导干部中，开展了“三讲”教育“回头看”活动。3月27日，党组召开了机关全体干部、直属单位领导班子成员和离退休局以上干部动员大会，党组书记张玉台作动员、提出要求， 200 多人参加动员大会。动员大会后，机关各部门、各直属单位根据《中国科协开展“三讲”教育“回头看”活动实施方案》，结合各自实际制定实施意见。

在各级党组织和广大党员干部的共同努力下，“回头看”活动取得了切实的成效，进一步巩固和扩大了“三讲”教育的成果。

2. 认真学习贯彻江泽民同志“三个代表”的重要思想

中国科协机关党委根据中央、中直工委和科协党组的要求，对学习作了及时的部署，5 月初制定下发了《关于学习贯彻江泽民同志“三个代表”重要思想的通知》。6月20～23日，在科协绿化基地举办了“三个代表”学习班，有各部门、各单位党委、总支、支部书记和党办主任 30 多人参加了学习。科协书记处书记、机关党委书记宋南平参加学习班并作动员讲话。

3. “三五”普法教育检查验收工作

按照《中国科协机关关于实施第三个五年普法教育规划的意见》，1996～2000 年，在科协机关和直属单位开展了“三五”普法教育。2000年是“三五”普法教育的最后一年，10月中旬，机关党委下发了《关于对“三五”普法教育检查验收的通知》，11、12 月份组成两个检查组，分别对机关和直属单位 19 个部门和单位进行了检查验收。

4. 积极开展警示教育

根据中央纪委、中央组织部、中央宣传部的文件精神和中国科协党组领导同志的指示，中国科协机关纪委下发了《关于利用胡长清、成克杰等重大典型案件对党员干部进行警示教育的意见》，第三季度在中国科协党员干部群众中开展以胡长清、成克杰等重大典型案件为反面教材的警示教育。

中国科协机关各部门、各直属单位于8月中旬至9月通过多种形式认真开展了警示教育。

5. 精神文明建设

6月27日，中国科协办公厅下发《关于在科协系统开展“讲文明树新风”活动的通知》。通知要求从建设社会主义精神文明的高度，把“讲文明树新风”活动纳入重要议事日程。团结和动员广大科技工作者，加强自身队伍建设，为精神文明建设作表率。总结经验，抓好典型，提高专兼职工作人员素质，把科协工作提高到新的水平。

为总结中国科协近年来开展“创建文明机关，当好人民公仆”活动的经验，进一步加强精神文明建设工作，7、8月在机关和直属单位开展了精神文明建设论文征集活动。

三、深化人事制度改革

1. 加强对事业单位的管理

按照中组部、人事部《关于加快推进事业单位人事制度改革的意见》精神，针对科协所属事业单位的各自情况、特点，经与有关单位协商，采取了符合各自实际情况的管理模式。清理了个别单位编制方面长期存在的遗留问题，对部分事业单位的机构进行了调整。

2. 加强人事制度建设

按照中国科协党组的要求，干部管理工作要规范化、制度化。加强制度建设是 2000 年人事工作重点内容之一。目前，已有计划地逐步建立起一系列干部管理制度。在原有制度的基础上，出台了《中国科协领导干部任前诫勉制度》（试行）、《中国科协领导干部任前公示制度》（试行）、《中国科协工作人员立功受奖办法》（试行）。

在干部选拔、任用工作中，严格执行《中国科协选拔任用领导干部暂行规定》（以下简称《规定》），对各部门和单位提出的任职人选，按《规定》程序进行认真考核，广泛听取意见，采取民意测验或民主推荐方式进行考察；对担任领导职务和事业单位领导班子成员的干部实行任前公示制度，扩大了群众参与的程度，为保证选拔任用干部的质量起到了积极的作用。

3. 做好干部交流轮岗工作

根据各部门和单位干部队伍状况，认真贯彻执行《关于加强科协领导干部交流工作暂行办法》，逐步推进干部交流工作，有计划地对在一个工作岗位任职时间较长的干部进行了轮岗。

四、干部队伍建设

1. 加强事业单位领导班子建设

加强事业单位领导班子建设，是 2000 年人事工作的重点任务之一。在“三讲”教育中，群众对事业单位的干部管理反映问题比较多，特别是领导班子问题。按照中国科协党组的要求，积极落实“三讲”教育整改方案，调整、配齐了近 50%事业单位的领导班子；对一些矛盾比较突出的直属学会的办事机构主要负责人也进行了调整，按规定进行了换届改选。

2. 做好全国性学会换届改选工作和领导班子建设

2月24日，民政部印发《关于重新确认社会团体业务主管单位的通知》（民发［2000］41号），中国科协为22个正式授权的全国性社会团体的业务主管单位之一。

中国科协学会部与有关部门合作，认真做好全国性学会换届改选和领导班子配备工作。按照中组部、民政部的要求，对科协所属全国性学会担任秘书长以上职务的中央管理的干部，办理了报批手续。对进行换届改选的学会、协会、研究会，按照民主程序推荐办事机构的负责人。

五、业务培训交流

1. 举办各类培训研讨

4 月 10～16 日，中国科协举办首届“面向 21 世纪科普工作培训班”。全国各地有 70 多人参加了培训。

4 月 24～27 日，中国科协学会部与清华大学继续教育学院联合举办现代远程教育网络培训班。各全国性学会、所属进修大学继续教育管理干部近 40 人参加培训。培训班邀请国家教育部高教司远程与继续教育处处长张大也、中央电大远距离教育研究所所长丁新、清华大学继续教育学院副院长孙学伟分别为学员们讲课。

6 月 12～15 日，中国科协计财部在陕西省西安市举办了所属全国性学会会计人员参加的《会计法》

培训班。8 月 11～17 日，在山东省青岛市举办了中国科协所属事业单位全体会计人员参加的《会计法》培训班。

11 月 13～15 日，由中国科协普及部和中国科普研究所共同主办的第八届全国科普理论研讨会在桂林市召开，参加会议的代表有院校教授等 75 人。本次研讨会的主要内容为新时期科普工作的主要内涵；如何在科普工作中传播科学精神、科学思想和科学方法；如何评估科普工作的效益等。

2. 组织出国培训考察

10 月 23 日～11 月 3 日，中国科协组织科协系统 25 名干部赴加拿大培训考察，积极探讨科协系统深化改革的思路。第一期培训班培训题目：国外非政府科技组织运营与管理。主要内容包括：非政府科技组织概貌；市场经济条件下非政府科技组织的运营；非政府科技组织的管理；非政府科技组织在市场经济条件下运营和管理中可能遇到的问题与困难及其解决办法与措施。

中国科协及所属全国性学会就举办学术年会、学会改革、继续教育、专业干部培训、农村专业技术协会的建设、科技馆建设、群众性科普活动、青少年科技教育等课题以及围绕学科发展的需要，组织了与美国、法国、德国、意大利、加拿大等国家的交流。向日本、德国及香港特别行政区派进修生 433 名，农村专业技术培训团组 33 人次。

为学习借鉴发达国家继续教育的经验，推动我国继续教育工作的发展，中国科协组织继续教育考察团 6 月 25 日～7 月 7 日赴德国考察。中国兵工学会、中国地质学会、中国继续教育工程协会、中国电工学会、中国腐蚀与防护学会、天津市科技进修学院共 6 个单位派员参加了考察。代表团就德国有关继续教育的政策、法律、体制、运行机制、做法等情况进行了考察，听取了其政府主管部门、大学、职业学校、培训中心、企业的情况介绍。

计 划 财 务

一、财务工作

1. 顺利完成中国科协部门预算编制工作

（1）首次编制、下达中国科协 2000 年部门预算。2000 年预算是按照财政部要求编制部门预算、细化预算编制的第一年。根据财政部规定，中央预算编制方法进行较大改革，部门预算将全面反映一个部门的收入和支出情况。从 1999 年 9 月份开始，到 2000 年 7 月 20 日批复下达止，完成了中国科协 2000 年部门预算工作。

（2）编制 2001 年中国科协部门预算。根据财政部的规定，从 8 月 15 日开始至 12 月 12 日，完成 2001 年中国科协部门预算编制工作。2001 年预算资金有了一定幅度的增长。

（3）中国科协 2001 年部门预算编制工作遵循的原则：①严格执行预算控制数，明确各项支出界限；②立足科协特点，发挥科协优势，充分发挥“三主一家”的功能；③面向大团体，加大项目集成；④合理分配，立项有据。

（4）编制部门预算取得的成绩：①建立了部门预算新概念。根据财政部的要求，由计划财务部统管预算，并将中国科协的全部收入和支出反映在一张表中，为书记处领导提供全面准确的数据，便于总揽全局，统筹安排；②增加了预算周期观念。预算编制工作提前，更注重发展工作；③增强了项目预算的危机意识；④积极配合财政预算体制改革，逐步改变先争资金后安排项目的传统思路，团结协作，落实财政部的各项改革措施。

2. 清产核资，摸清了科协资产

组织开展事业单位、全国性学会、地方科协统一报表、清产核资、决算报表等工作的布置、审核、汇总分析，以及机关定员定额分析，摸清科协资产家底，为领导决策提供依据。①据决算报表、清产核资等有关数据汇总，到1999年12月31日止，中国科协机关各部门、事业单位资产情况是：资产113 627万元，负债31 646万元，净资产81 981万元；②据全国性学会决算汇总显示，到1999年12月31日止，160多个全国性学会、协会、研究会资产情况是：资产60 678万元，负债18 074万元，净资产42 604万元；③据地方科协决算汇总显示，到1999年12月31日止，31个地方科协资产情况是：资产186 757万元，负债63 824万元，净资产122 933万元；④上述财务数据综合起来看，科协资产总的情况是：资产总计361 062万元，负债总计114 544万元，净资产总计246 518万元。

3. 组织学习贯彻新《会计法》，开展会计基础工作规范化管理，及时纠正问题，提高财务管理水平

（1）加强会计工作规范化管理。配合贯彻实施新《会计法》，结合科协会计工作的实际情况和存在的问题，从2000年下半年开始，组织开展会计工作规范化管理工作，制定会计基础工作规范化考核标准，指导22家事业单位进行自查，并聘请注册会计师进行全面核查。基本摸清会计工作实际情况和存在的问题。

（2）开展会计职业道德教育。以经济犯罪典型事例为突破口，开展会计职业道德、预防犯罪等自我教育活动。

（3）按照国管局的要求，完成了科协系统会计人员年检换证工作，对2000年会计人员的继续教育培训工作进行相应的安排。建立科协会计人员信息系统。

4. 建立健全科协财务管理规章制度

起草、修订了《中国科协事业单位财务管理办法》、《中国科协事业单位负责人会计工作责任制暂行办法》、《中国科协外交外事支出财务管理办法》等管理规章，逐步建立健全了内部稽核控制制度。已起草完成的内部稽核控制制度主要有：《出纳岗位责任制》、《稽核制度》等。

5. 协助审计署完成1999年度财务收支审计工作

从4月中旬起到7月7日，审计署对中国科协1999年度财务收支进行了审计，并下达了审计意见和决定。在审计署的报告中，对几年来科协在争取经费支持科协事业发展、建立健全财务规章制度等成绩给予充分肯定，同时要求进一步贯彻落实李岚清副总理的批示精神，增强财经法纪观念，用好每一分钱，为我国的科技事业服务。

结合科协财务管理的实际情况和问题，研究提出了贯彻执行《审计署关于中国科协1999年度财务收支的审计意见和决定》的若干意见（共7条），经书记处领导审核后报审计署。

6. 建立依法理财新机制

中国科协财务工作逐步适应财政预算体制改革的新要求，树立了以书记处领导为决策核心的依法理财新机制。

（1）实现了经费大幅度增长，体现了财政部对科协工作的重视与支持。

（2）由二级预算单位改为一级预算单位，预算及拨款直接对口财政部。

（3）通过“三决一清”，基本上掌握了科协系统资产家底，即从经济上明确描绘了科协“五大”以来取得的成就，也为进一步实施中国科协“六大”战略目标奠定了基础。

（4）通过审计，进一步增强了各级领导的财经法规观念，为依法理财奠定了思想基础。

（5）会计基础工作规范化及财务制度建设取得显著效果。

（6）干部素质有所提高。

二、资产管理

按照财政部要求完成事业单位清产核资工作。重新修订了《中国科协行政事业单位国有资产管理暂行办法》和《中国科协行政事业单位国有资产处置管理实施细则》。进一步明确划分资产主管部门和资产占有使用单位在资产处置中的审批权限、建立规范的申报审批程序及要求，促进和加强各资产占有使用单位内部管理。

按照财政部的要求，制定了《中国科协企业国有资产产权登记管理暂行规定》。明确了产权登记的对象、范围、申办程序及要求，达到规范直属事企业单位的国有资产投资行为，明晰产权。

对我会所属 22 户企业国有资产占有进行了产权重新登记，基本摸清我会直属企业和事业单位所属企业的产权占有情况和资产负债情况。这次企业重新占有产权登记共有 15 个单位（包括企业）提出了申请登记报告，经过我们审核可以上报的企业有 22 户，暂缓登记的企业有 5 户。

积极探讨国有资产管理的有效形式，推进资产管理鉴评工作向前发展，对《中国科协 1999 年度资产管理鉴评项目》的内容进行了补充、修改、完善，确定了鉴评项目的量化指标，为下一步资产管理鉴评工作向前推进奠定了基础。

三、项目管理

1. *基建项目管理*

完成中国科技馆二期工程国家建设项目验收。工程总建筑面积为 2.3 万平方米，总投资 1.3 亿元。

中国农函大科普园区教学楼的建成并投入使用。

中国科协绿化基地办公及生活用房建成并投入使用。

2. *重点项目管理*

（1）“西部科普工程”。按照《中国科协“西部科普工程”项目管理办法（试行）》以及《关于申报 2000 年度“西部科普工程”项目及征集 2001 年度项目的通知》的要求，全国 17 个省、自治区、直辖市科协，70 个全国性学会，7 个直属科普事业单位共上报项目 174 项，经专家组最后评审决定对其中的 75 个项目予以立项资助，资助金额达到 466 万元。

（2）资助重点学术会议。经中国科协五届常委会学术交流工作委员会批准，中国科协拟从 2000 年开始设立学术交流重点项目专项资助经费。专项资助经费的设立，旨在引导学术交流活动健康、有序地开展，支持学会开展为经济建设服务及促进学科发展的学术会议和多学会联合举办的综合性、多学科的学术会议，减少学术会议的低水平重复，提高学术交流的质量。

中国科协书记处对此项工作非常重视，经研究，拨款 200 万元作为重点学术会议的资助经费。至 11 月底共收到有效申报项目 139 项。经学术委员会审议和评审，确定将 125 项重点学术会议作为 2000 年度资助对象。

四、统计工作

完成了 1999 年度综合统计调查工作，中国科协及所属全国性学会和各级科协报表回收率达 95%以上，较往年有所提高，报表质量也有所提高。

召开中国科协系统第三次统计工作总结暨表彰大会，书记处书记徐善衍出席会议并讲话。会议对过去 5 年的统计工作进行了全面总结，并提出了今后的目标和任务。对 16 个先进单位和 37 个先进个人进行了表彰奖励。

按照国家统计局的规定，完成了中国科协统计调查项目的清理工作，基本摸清了中国科协统计调查活动的主要内容、执行单位和具体实施情况；共清理出各类统计调查项目 10 项，其中制度性的调查项目 7 项，以及其他已经完成的一次性统计调查若干项。

根据国家科技部的部署，开展了对中国科协机关、直属单位及所属学会的 R&D 资源进行了摸底调查，对实际开展 R&D 活动的单位及其 R&D 资源的规模、利用等有所了解，为 2001 年全面负责组织中国科协 R&D 资源的正式清查做了充分的准备。

修订和制定了《科协系统统计管理暂行办法》、《中国科协统计工作评比表彰办法》和《中国科协统计调查项目管理暂行办法》。这些制度的建立与完善，对于规范科协系统的统计工作管理，促进科协系统统计工作的发展具有重要的意义。

五、企业改制工作

依据政策和法规的要求，按现代企业制度的规范，完成中国科协直属企业中国达门中小企业国际合作公司的改制工作。按所有权与经营权相分离的原则，成功进行了首例企业改制。改制后的公司名称是中国达门中小企业国际合作有限公司，中国科协占有 5%的股份。

宣 传 出 版

一、“捍卫科学尊严、破除愚昧迷信、反对伪科学”论坛活动

“捍卫科学尊严、破除愚昧迷信、反对伪科学”论坛自 1995 年设立以来，以弘扬科学精神为己任，坚持不懈地同愚昧迷信、伪科学做斗争。随着形势的发展，特别是中央取缔“法轮功”邪教组织以来，如何抓住有利时机，面向社会大力弘扬科学精神，扩大论坛活动的影响，提高社会效益，已成为亟待研究的课题。一季度，连续 3 次组织专家座谈会，在此基础上，组织召开了中国科协第五届全国委员会常务委员会促进自然科学与社会科学联盟专门委员会第四次工作会议，就如何深化论坛活动，加大科学精神、科学思想和科学方法的宣传力度进行了深入研究，形成了“关于加强科学精神宣传的思路”，对 2000 年论坛活动的开展做了部署安排。

1. *举办论坛活动*

3 月 24 日，中国科协与中国无神论学会共同主办论坛活动第七次研讨会，主题是“鬼神迷信现状、流行趋势及对策”。与会专家学者揭示了愚昧迷信、伪科学和反科学活动打着传统文化和科学旗号危害社会的现象，强调要加强对党政干部和知识分子两类群体的教育与管理。

6 月 20 日，举行由中华医学会等 6 个医学学会共同承办的论坛活动第八次研讨会，主题是“走出迷信误区，提倡科学养生”。与会专家学者揭露了愚昧迷信和伪科学活动在健康问题上的欺骗性，引导人们树立正确的健康和养生观念。

2. *编辑各类出版物和宣传品*

为配合地方科协崇尚科学破除迷信工作的开展，将原作为论坛研讨会会议材料的《捍卫科学尊严、

破除愚昧迷信、反对伪科学文章汇编》改成内部资料《捍卫科学尊严文萃》，发送有关党政部门、专家学者和2000多个省、地、县级科协，全年共编4集，受到各地科协的欢迎。

由中组部干教局、中宣部宣教局、中国科协宣传部共同主编，党建出版社出版的《用科学战胜迷信》于5月出版发行后，受到各界关注，成为对党员干部进行科学精神、科学思想、科学方法和科学知识教育的读本。

旨在系统阐述科学精神、科学思想和科学方法内涵的系列录像片已经完成总体策划和框架设计，正在邀请作者撰写脚本。

为了引导农村群众崇尚科学生活，破除愚昧迷信，从5月1日起，在《大众科技报》农村版开设了“掌握科学知识，辨迷信和伪科学的荒谬”专栏，全年共32期，刊载文章64篇。

3. 组织弘扬科学精神报告

为了使论坛活动向深度和广度发展，扩大破除愚昧迷信、反对伪科学活动的社会影响面，中国科协邀请几十位科技界和社会科学界的专家学者，开展弘扬科学精神报告活动。报告活动以科学知识为载体，以弘扬科学精神、传播科学思想和方法为目的，以大专院校学生和党政领导干部为主要对象，先后在北京、江西、天津、内蒙古、山西、四川、福建等地展开，报告场次近30场。

4. 将论坛活动向社会延伸

委托北京大学科学与社会研究中心承担了两个项目：一是开展“科学精神、科学思想、科学方法的传播与普及”课题研究，为深化科学精神宣传，提高宣传的针对性和有效性进行理论准备。目前项目已经结题，主要研究成果有：《科学精神、科学思想和科学方法的概念界定》、《科学精神、科学思想和科学方法在中国传播与普及的历史和现状报告》、《科学精神、科学思想和科学方法在西方传播与普及的历史和现状报告》等；二是为了在青少年中广泛开展科学精神教育，组织“中学生崇尚科学破除迷信推进活动”。活动内容包括：举办两期全国中学生热爱科学夏令营，有3 000余名中学生、400余名教师参加；对17个省、自治区的1 000余名中学生进行了科学素养问卷调查，撰写了调查报告；开展中学生“热爱科学破除迷信”征文活动，收到征文200余篇。

5. 为了发动民间社会力量同“法轮功”等邪教组织进行针锋相对的斗争，协助中国反邪教协会成功举办了反对邪教、保障人权——中国反邪教协会第一次学术讨论会

二、宣传和评比

2000年中国科协的宣传工作以“三主一家”宣传为重点，加大新闻宣传力度；加强科协系统新闻宣传队伍建设，努力提高新闻宣传干部素质；密切与地方科协宣传部门的联系，加强工作指导，推动科协系统宣传工作整体水平的提高。

1. 开展中国科协重点工作、重大活动的宣传

年初，邀请北京地区主要新闻单位的领导和记者召开座谈会，向新闻单位详细通报中国科协本年度的工作重点和重大活动项目，认真听取新闻单位对中国科协新闻宣传工作的意见，就2000年的新闻宣传工作做出了周密的计划安排。中国科协宣传部主动与活动主办单位沟通情况，及时掌握信息，与新闻单位认真研究报道方案，力求在报道形式上创新，报道内容上深化。

中国科协2000年学术年会是中国科协落实中央实施西部大开发战略的重要举措，也是学术交流活动的重头戏。为确保新闻宣传的质量，中国科协宣传部会同中央主要新闻单位、陕西省委宣传部、省科协制定宣传工作方案，组织了40余家中央和地方新闻单位250多名记者到会采访。在中国科协与中央精神文明办联合主办的《崇尚科学文明，反对迷信愚昧》大型科普图片展展览期间，与中央电视台等首都各

大新闻媒体密切合作，对展览活动以及相关内容进行了全方位报道，在社会上引起强烈反响。此外，对第二届海峡两岸青年科学家学术研讨会、“世纪辉煌——诺贝尔科学奖百年回顾展”，中国科技馆二期新展厅的开放等一批重要活动均做了充分的宣传报道。据不完全统计，2000年对科协系统51项大、小活动进行了新闻宣传，刊发稿件1 102篇。举办各类新闻发布会、记者通气会11次，组织中央各主要新闻单位记者团赴地方采访两次，在各级新闻报刊、电台、电视台组织宣传中国科协工作、活动的专栏、专版和专题节目共49期。

2. 评选表彰

5～11月，为鼓励科技新闻工作者积极参与对中国科协工作的宣传报道，中国科协组织了第五届“科协好新闻”评奖活动，共收到135篇参评新闻作品，评出一等奖12篇，二等奖22篇，三等奖32篇。

展示中国科协“五大”以来的工作与改革进取的成绩的《中国科协新闻纪实（1996.5～2001.2）》一书前期准备工作已基本就绪。

为促进科技音像创作的繁荣与进步，推动科技音像制作出版事业的发展与提高，中国科协与新闻出版署合作举办的第七届“全国优秀科技音像奖”评奖活动已经启动。

三、出版管理

1. 加大出版管理工作的力度

在1999年制定《中国科协科技期刊日常审读工作制度暂行规定》的基础上，2000年5月制定出台了《中国科协关于进一步加强科技期刊出版管理工作的若干意见》。继续加大对科技期刊出版工作的管理力度，严格出版行为，规范出版秩序。根据出版法规和书记处领导的指示精神，及时对个别期刊存在的不符合出版法规要求、严重违规的现象以及带有倾向性的问题，向主办单位和出版单位提出改正意见和建议。根据新闻出版署的统一部署，妥善处理了《中国气功科学》杂志停办的有关问题。为进一步提高科协主管科技期刊出版从业人员学习出版法规的自觉性，增强法律意识，组织开展了“中国科协科技期刊出版管理知识竞答”活动，中国科协主管科技期刊出版单位的主编或专职副主编参加了竞答活动。

2. 开展报刊核验和期刊审读工作

根据国家新闻出版署、北京市新闻出版局有关文件精神，7～9月组织中国科协主管在京注册的报纸、期刊进行了1999年度核验。我会在京报刊242种，除4种期刊因变更刊名、1种期刊遗失“出版许可证”须单独办理年度核验手续外，其余237种期刊均通过核验。这次年度核验受到北京市新闻出版局的好评。

依据《中国科协科技期刊审读办法》和《中国科协科技期刊日常审读工作制度暂行规定》，组织开展了2000年度中国科协主管科技期刊年度审读工作。按照“统一部署、分口实施”的原则，邀请专家对机关各部门和直属学会、协会、研究会主办的科技期刊进行审读。针对综合（指导）类期刊政策性强、指导性强，容易出偏差等特点，开展日常审读工作。为使日常审读工作稳定、有序地进行，先组织开展了试点工作，在总结试点经验的基础上，对日常审读的期刊和审读员进行了必要的补充和调整。建立了一支由10人组成的中国科协科技期刊日常审读员队伍，开始进行日常审读工作。

3. 为出版单位办理各项出版业务的报批手续

为中国科协所属219家报刊出版单位及时办理了620项次变更刊名、增刊、广告经营等申请报批手续，为基层出版单位办理光盘申请报批手续5种，申请办理记者证41个。在严格审核各有关学会（协会、研究会）上报材料的基础上，全年审核上报新创办期刊14种，截止到12月，已经新闻出版署批准8种，使中国科协主管的科技期刊总数达到424种。为贯彻落实新闻出版署、人事部《关于出版行业开展岗位培训持证上岗制度的规定》精神，宣传部会同新闻出版署有关部门于12月在京举办了第九届全国报刊总编（主编）法规培训班，我会所属科技期刊出版单位 70 余位主编、副主编通过培训取得了由新闻出版署颁发的《岗位培训合格证书》。

4. 加强出版管理基础性建设工作

为进一步完善科技期刊数据库和出版业务纸介档案管理的工作，聘请档案管理专家有计划地对现有业务档案进行规范化、科学化调整。编辑出版了《科海竞舟——中国科协科技期刊荟萃》一书。

四、全国性学会学术期刊管理

1. 组织对全国性学会主办科技期刊的审读工作

为贯彻国家有关科学技术期刊审读办法、《出版管理条例》，对全国性学会主办的学术类、技术类、综合类、检索类科技期刊进行了审读的组织工作，共审读 260 种期刊。

2. 科技期刊的管理工作

办理新刊、变更期刊主管、主办刊名的审核工作。对中国科协主管的科技期刊进行增刊，变更刊期、页码、主编等的审核工作，及成立杂志社、办理广告业务等管理工作。

3. 组织报刊的宣传介绍工作

为宣传和介绍中国科协全国性学会学术期刊内容，扩大发行，提高期刊影响，与北京市邮政局联合出版《2000 年报刊内容汇编》。

4. 做好《学术期刊文摘》、《学会》两刊的管理、组织、协调等工作

五、全国地方科协宣传工作座谈会

10 月 20 日，在江西省井岗山市组织召开了全国地方科协宣传工作座谈会。20 个省、自治区、直辖市科协主管领导和 30 个宣传部门的负责人及有关同志出席会议，书记处书记常志海到会并讲话。会议以“面向 21 世纪的科协宣传工作”为主题。

组织体系及机构

中国科协组织体系框图

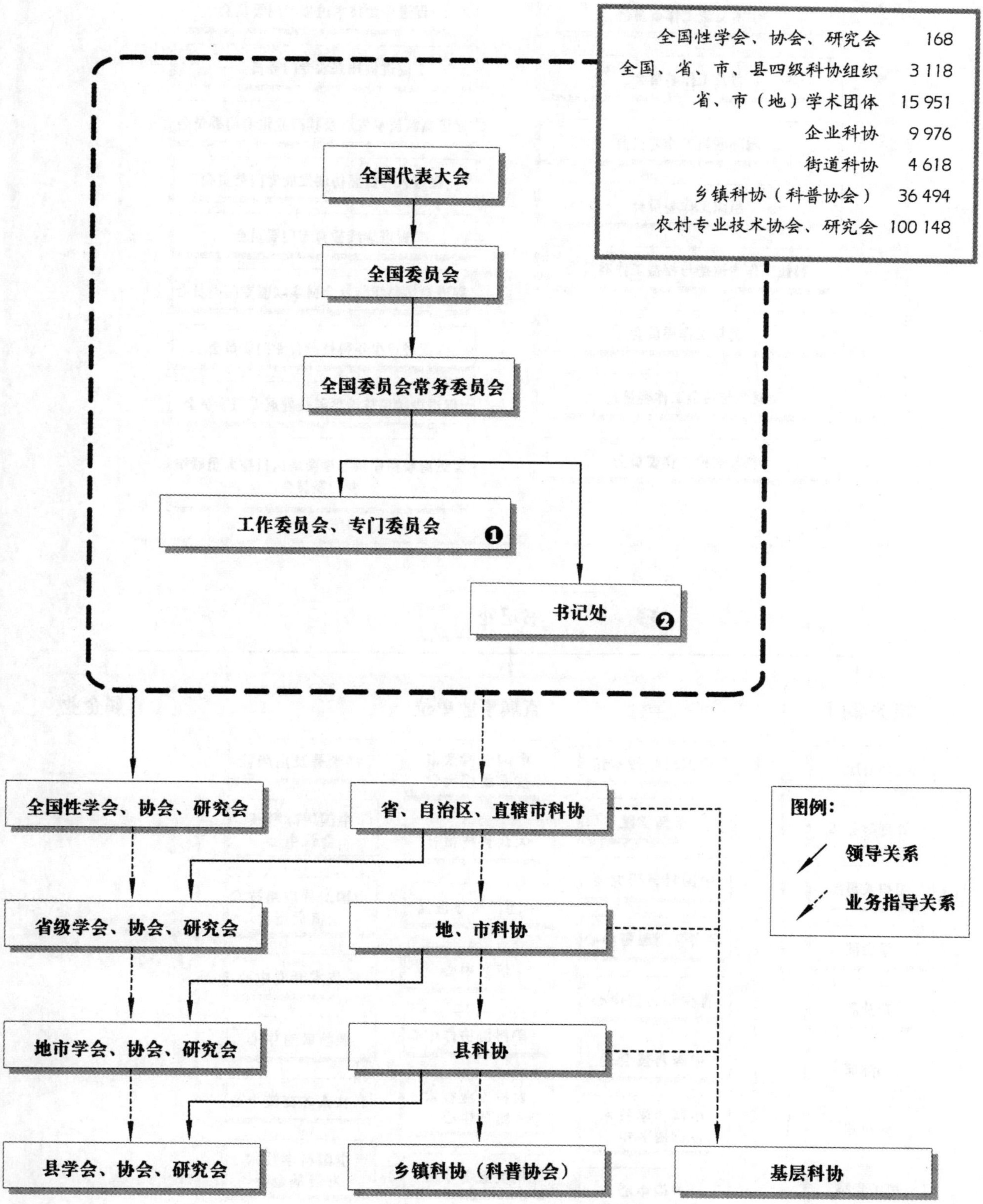
全国性学会、协会、研究会 168
全国、省、市、县四级科协组织 3 118
省、市（地）学术团体 15 951
企业科协 9 976
街道科协 4 618
乡镇科协（科普协会） 36 494
农村专业技术协会、研究会 100 148
全国代表大会
全国委员会
全国委员会常务委员会
工作委员会、专门委员会 ❶
书记处 ❷
全国性学会、协会、研究会
省、自治区、直辖市科协
省级学会、协会、研究会
地、市科协
地市学会、协会、研究会
县科协
县学会、协会、研究会
乡镇科协（科普协会）
基层科协
图例：
领导关系
业务指导关系

❶ 工作委员会、专门委员会

- 学术交流工作委员会
- 普及工作委员会
- 国际联络工作委员会
- 组织工作委员会
- 科技工作者道德与权益工作委员会
- 青年工作委员会
- 财务与基金工作委员会
- 科技咨询工作委员会

- 促进企业技术进步专门委员会
- 促进科技兴农专门委员会
- 促进高新技术发展及其产业化专门委员会
- 促进人与自然协调发展专门委员会
- 促进继续教育专门委员会
- 促进自然科学与社会科学联盟专门委员会
- 促进青少年科技教育专门委员会
- 促进少数民族地区科技发展专门委员会
- 促进海峡两岸及与港澳地区科技人员联谊专门委员会

❷ 书记处

机关部门

- 办公厅
- 计划财务部
- 组织人事部
- 学会部
- 普及部
- 国际部
- 宣传部
- 机关党委

直属事业单位

- 中国科学技术馆
- 干部学院
- 中国科普研究所
- 学会管理服务中心
- 青少年科技中心
- 中国科技会堂
- 中国科学技术咨询服务中心
- 声像中心
- 中国农村致富技术函授大学
- 大众科技报社
- 中国科技导报社
- 信息中心
- 厂矿科协协作中心
- 农村专业技术服务中心
- 机关服务中心
- 科学普及出版社
- 中国国际科技会议中心
- 中国对外应用技术交流促进会
- 新技术开发中心
- 继续教育中心
- 科技人才交流中心
- 中国科学技术发展基金会

直属企业

中国科协第五届全国委员会主席、副主席、常务委员、委员

主　席　周光召

副主席（16名，以姓氏笔画为序）

王　选　王连铮　左铁镛　石元春　叶叔华（女）　冯长根　旭日干（蒙古族）　庄逢甘　刘　恕（女）　孙大涌　李振声　张玉台　张存浩　陈敏章　胡启恒（女）　曾庆存

常务委员（45名，以姓氏笔画为序）

干福熹　马家源　王　选　王连铮　左铁镛　石元春　叶叔华（女）　冯长根　毋国光　朱高峰　旭日干（蒙古族）　庄逢甘　刘　恕（女）　江泽慧（女）　孙大涌　苏纪兰　李依依（女）　李振声　杨　卫　杨　乐　闵桂荣　张玉台　张存浩　张道成　陈　竺　陈可冀　陈佳洱　陈敏章　国　林　周光召　孟纯绪　赵忠贤　赵养廷　胡启恒（女）　胡道芬（女）　段怀慈（女）　施莫邦　聂　力（女）　顾方舟　徐善衍　高　潮　郭孔辉　龚育之　塔西甫拉提·特依拜（维吾尔族）　曾庆存

委　员（299名，以姓氏笔画为序）

丁经绪（满族）　干福熹　于倬云　马九荣（女）　马以惇（回族）　马克伟　马远良　马家源　王　选　王小如（女）　王子源　王之麒　王友恭　王永保　王守觉　王启东　王秀柔（女）　王连铮　王治国　王保海　王祖望　王海波　王淀佐　王渝生　韦贵康　计　雷　尹文基　尹双增　尹定邦　巴德年（满族）　甘子光　左铁镛　石元春　卢良恕　叶汝求　叶叔华（女）　叶耀先　田树苓（女）　白　净（女，满族）　白以龙　白春礼（满族）　冯长根　冯顺山　毋国光　吕飞杰　吕恒芝（女）　吕淑萍（女）　朱日彰　朱希安　朱典明　朱奕庆　朱钟麟（女）　朱高峰　朱道本　朱德懋　伍尚忠　仲济学　仲增墉　旭日干（蒙古族）　向仲怀　庄逢甘　刘　议　刘　珩　刘　恕（女）　刘会永　刘兴信　刘光鼎　刘孟英（女）　刘国典　刘国能　刘昭东　刘晓程　刘家栋　刘颂豪　刘瑞玉　刘燕华　江泽慧（女）　汤钊猷　汤章城　许孔时　孙　枢　孙　钧　孙　靖（女）　孙大涌　孙钟秀　花承文　严纯华　严陆光　严克强（壮族）　苏纪兰　苏君红　杜　克　李　星　李　瑞（女）　李守仁　李邦英　李启斌　李依依（女）　李典谟　李显宗　李振声　李维衡　李绵璐　李黎达（女）　杨　卫　杨　乐　杨　玲（女）　杨子彬　杨允菲（女）　杨文鹤　杨振海　杨盛福　杨雄里　杨福愉　杨嘉墀　肖碧莲（女）　肖德润（回族）　吴　越　吴天一（塔吉克族）　吴咏诗　吴明瑜　吴常信　吴湘文　何希吾　何觉民　何祚庥　余让水　邹德正　闵桂荣　汪吉宝（女）　汪恕诚　沈　恂　沈国舫　宋直元　宋南平　张　泽　张　涛　张天泽　张开逊　张凤祥　张玉台　张立兴　张圣城　张庆龙　张兴业　张守攻　张廷宝　张庆和

张存浩　张均田　张启成　张应琦　张钟华　张彦仲　张恭庆　张素梅（女）
张景云　张景中　张道成　张新时　张锦秋（女）　陆建勋　陆基孟　陆燕荪
陈　竺　陈　通　陈　萍（女）　陈　震　陈大元　陈文贵　陈可冀　陈传友
陈运泰　陈佳洱　陈俊勇　陈敏章　陈鸿光　陈惠彬（女）　陈耀春　范维唐
林仲贤　林祖乙　欧阳庆　欧阳自远　卓友瞻　国　林　罗　伟　罗　安
季延寿　金　涛　金茂先　金国藩　金祖光（女）　周大荣　周光召　周传典
周学东（女）　周海钧　周新远　周德强　庞俊达　孟纯绪　赵　逊　赵天恩
赵寿元　赵志冰（女）　赵明生　赵忠贤　赵养廷　胡序威　胡启恒（女）
胡南强　胡道芬（女）　相重扬　钟　掘（女）　段怀慈（女）　侯昭雄
施莫邦　姜东华　洪绂曾　洛　嘎（藏族）　骆继勋　袁隆平　袁晴棠（女）
耿德章　聂　力（女）　聂秀香（女）　贾晓光（女）　顾方舟　顾申年
顾基发　钱皋韵　倪国熙　徐　非　徐永华　徐叔云　徐建中　徐家德　徐善衍
徐群渊　殷晓静（女）　殷瑞钰　高　潮　高广瑞　郭　雷　郭孔辉　郭慕孙
唐泽圣　唐荣锡　唐雯霞（女）　能乃扎布（蒙古族）　黄　元（女）
黄永昌　黄丽华（女）　黄金陵　黄润斌　黄毅诚　萧　佐　曹志洪　曹志超
曹泽毅　戚发轫　龚育之　常志海　崔　华（女）　梁淑芬（女）
梁群欢（女）　塔西甫拉提·特依拜（维吾尔族）　葛可佑　董元昌
揭晓岚（女）　程　侃　程光胜　程连昌　程映雪　程裕淇　程瑞全
喇秀华（女，回族）　曾庆存　曾熙媛（女，满族）　谢克昌　谢和平
谢荣全　谢琼桓　蒲嘉陵　甄仁德　雷吟天　解艾兰（女）　蔡仲明（女）
蔡景学　阚永盛　潘承洞　潘秋生　薛全福　穆西南　魏宝文　魏学兴　魏建昆
魏柳根

已去世的委员（4名，以姓氏笔画为序）

朱日彰　陈　震　陈敏章　潘承洞

附　中国科协第五届全国委员会第三次会议关于变更全国委员会委员的决议

（1997年12月25日）

中国科学技术协会第五届全国委员会第三次会经过审议，批准全国委员会常务委员会提交的《关于变更全国委员会委员的报告》，确认刘培温、朝伦巴根、臧广信、唐国贵、林思翔、王凤飞、周镇宏同志为中国科协第五届全国委员会委员；季延寿、张应琦、丁经绪、阚永盛、侯昭雄、欧阳庆、王秀柔同志不再担任中国科协第五届全国委员会委员。

季延寿、张应琦、丁经绪、阚永盛、侯昭雄、欧阳庆、王秀柔同志长期以业为推动科协事业发展辛勤工作，作出了积极贡献，全国委员会对他们表示衷心感谢和崇高的敬意。

附　中国科协第五届全国委员会第四次会议关于变更和增补全国委员会委员的决议

（1999年1月14日）

中国科学技术协会第五届全国委员会第四次会议经过审议，批准全国委员会常务委员会提交的《关于变更和增补全国委员会委员的报告》，确认雷霆、宋秀芳、越经臣、徐安仁、钟世伦为中国科协第五届全国委员会委员；增补钱易为中国科协第五届全国委员会委员。仲济学、曹志超、马以惇、高广瑞、周镇宏不再担任中国科协第五届全国委员会委员。

仲济学、曹志超、马以惇、高广瑞、周镇宏同志为推动科协事业发展辛勤工作，作出了积极贡献，全国委员会对他们表示衷心感谢并致以崇高的敬意。

附　中国科协第五届全国委员会第五次会议关于变更全国委员会委员的决议

（2000年1月26日）

中国科协第五届全国委员会第五次会议经过审议，批准全国委员会常务委员会提交的《关于变更全国委员会委员的报告》，确认徐俊如、陆巽生、张捷、赵保军为中国科协第五届全国委员会委员。金祖光、徐家德、洛嘎、魏柳根不再担任中国科协第五届全国委员会委员。

金祖光、徐家德、洛嘎、魏柳根同志为推动科协事业发展辛勤工作，作出了积极贡献，全国委员会对他们表示衷心感谢并致以崇高的敬意。

中国科协名誉主席、荣誉委员

1986年6月27日中国科协三届一次全委会议通过

名誉主席　周培源　严济慈　茅以升

荣誉委员　（以姓氏笔画为序）

王顺桐　王淦昌　许　杰　苏步青　汪德昭　沈　鸿　陈世骧　杨显东
金善宝　高士其　谈家桢　黄汲清　董纯才　裴丽生

1987年3月中国科协三届二次全委会议通过

荣誉委员　袁翰青　沈其益

1991年5月27日中国科协四届一次全委会议通过

名誉主席　钱学森　钱三强

荣誉委员　（以姓氏笔画为序）

王大珩　卢嘉锡　刘东生　李国豪　吴仲华　沈　元　张　维　陆　达

唐敖庆　曹天钦　裘维蕃

1996年5月31日中国科协五届一次全委会议通过

名誉主席　朱光亚　卢嘉锡　吴阶平
荣誉委员　何　康　林兰英（女）　强巴赤列（藏族）　胡亚美（女）　高景德

已去世的名誉主席（4名）

周培源　严济慈　茅以升　钱三强

已去世的荣誉委员（18名，以姓氏笔画为序）

王顺桐　王淦昌　许　杰　吴仲华　汪德昭　沈　鸿　陆　达　陈世骧　杨显东
金善宝　高士其　黄汲清　曹天钦　董纯才　裴丽生　袁翰青　裘维蕃

中国科协顾问

1996年5月31日中国科协五届一次常委会议通过

顾　问（8名）
王春正　李荣融　韦　钰（女）　惠永正　陈达植　范宝俊　谢旭人　徐颂陶

附　关于增补中国科协顾问的决定

1998年6月29日中国科协五届九次常委会议通过

在国务院机构改革过程中，有些部委领导干部工作发生变动，中国科协顾问李荣融同志（原国家经贸委副主任）调国家发展计划委员会任职，顾问谢旭人同志（原财政部副部长）调中国农业发展银行任职。鉴于上述情况，特作如下决定：

一、为继续强加同国家经贸委和财政部的联系，经推荐，由经贸委副主任张志刚同志、财政部副部长楼继伟同志担任中国科协顾问；

二、李荣融同志和谢旭人同志继续担任中国科协顾问。

附　关于增补中国科协顾问的决定

1999年4月13日中国科协五届十二次常委会议通过

在国务院机构改革过程中，新组建成立了国防科学技术工业委员会（简称国防科工委）。根据中国科协章程关于“聘请有关政府部门的负责人为中国科学技术协会顾问”的规定，为加强同国防科工委的联系，经推荐，决定由国防科工委副主任栾恩杰同志担任中国科协顾问。

附　关于变更中国科协顾问的决定

2000年7月13日中国科协五届十七次常委会议通过

国家经贸委办公厅函告，由于领导分工的调整，经请示有关领导同意，国家经贸委张志刚副主任兼任的中国科协顾问一职改由王万宾副主任兼任。根据中国科协章程关于“聘请有关政府部门的负责人为中国科学技术协会顾问”的规定，同意王万宾同志任中国科协顾问。

中国科协第五届全国委员会常务委员会
工作委员会、专门委员会

学术交流工作委员会

主　任　庄逢甘

副主任　闵桂荣　杨　乐　张　泽

委　员　（以姓氏笔画为序）

刘　珩　朱道本　仲增墉　胡序威　赵　逊　相重扬　薛全福

办公室　中国科协学会部

普及工作委员会

主　任　陈敏章（1996年6月~1999年10月）　江泽慧（1999年10月~　）

副主任　段怀慈　洪绂曾　常志海

委　员　（以姓氏笔画为序）

王世明　甘士俊　李启斌　肖德润　吴明瑜　赵立凡　曹泽毅

办公室　中国科协普及部

国际联络工作委员会

主　任　胡启恒

副主任　母国光　赵忠贤　张　泽

委　员　（以姓氏笔画为序）

刘燕华　张道成　钱　易　曹泽毅　程光胜

办公室　中国科协国际部

组织工作委员会

主　任　张玉台

副主任　施奠邦

委　员　（以姓氏笔画为序）

叶耀先　白以龙　吕飞杰　仲增墉　吴常信　杨子彬　袁晴棠　顾基发

办公室　中国科协组织人事部

科技工作者道德与权益工作委员会

主　任　刘　恕

副主任　李依依　张道成　宋南平

委　员　（以姓氏笔画为序）

王玉民　朱传柏　刘　珩　李　瑞　张凤祥　张恭庆　吴湘文　陆燕荪　周海钧

办公室　中国科协组织人事部

青年工作委员会

主　任　冯长根

副主任　杨　卫　塔西甫拉提·特依拜

委　员　（以姓氏笔画为序）

白　净　白春礼　冯顺山　严纯华　张守攻　殷晓静　郭　雷　谢和平

办公室　中国科协组织人事部

财务与基金工作委员会

主　任　张存浩

副主任　陈可冀　徐善衍　朱希安

委　员　（以姓氏笔画为序）

李象益　杨嘉墀　陈　萍　陈佳洱　徐家德

办公室　中国科协计划财务部

科技咨询工作委员会

主　任　左铁镛

副主任　朱高峰　徐善衍

委　员　（以姓氏笔画为序）

马中兴　王永治　石定寰　刘昭东　江旅安　吴明瑜　吴湘文　张酉水　范文山　周新远　胡兆森

办公室　中国科学技术咨询服务中心

促进企业技术进步专门委员会

主　任　孙大涌

副主任　国　林　孟纯绪

委　员　（以姓氏笔画为序）

甘智和　仲增墉　汪肇平　张彦仲　范维唐　姜东华　袁晴棠　赖　诚　解艾兰　魏学兴

办公室　中国科协普及部

促进科技兴农专门委员会

主　任　王连铮

副主任　沈国舫　陈耀春

委　员　（以姓氏笔画为序）

王晓方　刘海林　孙　翔　李家康　周大荣　郝林生　胡南强　钱志林

办公室　中国科协普及部

促进高新技术发展及其产业化专门委员会

主　任　王　选

副主任　干福熹　高　潮

委　员　（以姓氏笔画为序）

马九荣　叶耀先　刘　仪　杨　卫　张凤祥　唐泽圣

办公室　中国科协学会部

促进人与自然协调发展专门委员会

主　任　李振声

副主任　曾庆存　陈　竺　胡道芬

委　员　（以姓氏笔画为序）

王祖望　巴德年　刘国典　刘燕华　江泽慧　李典谟

办公室　中国科协学会部

促进继续教育专门委员会

主　任　刘　恕

副主任　马家源　郭孔辉　张庆龙

委　员　（以姓氏笔画为序）

刘晓程　吴常信　沈国舫　庞俊达

办公室　中国科协学会部

促进自然科学与社会科学联盟专门委员会

主　任　龚育之

副主任　何祚庥　邢贲思　刘　吉　潘家铮

委　员　（以姓氏笔画为序）

王　夔　王国政　王渝生　任　俨　张　侃　林仲贤　郭正谊　傅蓝生

办公室 中国科协宣传部

促进青少年科技教育专门委员会

主　任 叶叔华

副主任 聂　力　严纯华

委　员 （以姓氏笔画为序）

邓　勇　田小平　史培军　白　硕　李启斌　李象益　张开逊　赵致真　赵凯华　傅国亮

办公室 中国科协青少年科技中心

促进少数民族地区科技发展专门委员会

主　任 旭日干

副主任 顾方舟　赵养廷　牟本理

委　员 （以姓氏笔画为序）

丁经绪　扎　多　尹文基　庄　毅　邹德正　张应琦　徐安仁　越经臣　雷吟天　魏柳根

办公室 中国科协普及部

促进海峡两岸及与港澳地区科技人员联谊专门委员会

主　任 石元春

副主任 苏纪兰

委　员 （以姓氏笔画为序）

王秀柔　白以龙　朱希安　许孔时　陈可翼　侯昭雄　程光胜　谢荣全

办公室 中国科协国际部

中国科协第五届全国委员会书记处

第一书记 张玉台

书　　记 徐善衍　常志海　张　泽　宋南平

中国科协所属全国性学会、协会、研究会及委托管理的学会

中国科协所属全国性学会、协会、研究会

学会代码	学会名称
A-1	中国数学会
A-2	中国物理学会
A-3	中国力学学会
A-4	中国光学学会
A-5	中国声学学会
A-6	中国化学会
A-7	中国天文学会
A-8	中国气象学会
A-9	中国空间科学学会
A-10	中国地质学会
A-11	中国地理学会
A-12	中国地球物理学会
A-13	中国矿物岩石地球化学学会
A-14	中国古生物学会
A-15	中国海洋湖沼学会
A-16	中国海洋学会
A-17	中国地震学会
A-18	中国动物学会
A-19	中国植物学会
A-20	中国昆虫学会
A-21	中国微生物学会
A-22	中国生物化学与分子生物学会
A-23	中国细胞生物学学会
A-24	中国植物生理学会
A-25	中国生物物理学会
A-26	中国遗传学会
A-27	中国心理学会
A-28	中国生态学学会
A-29	中国环境科学学会
A-30	中国自然资源学会
A-31	中国感光学会
A-32	中国优选法统筹法与经济数学研究会
A-33	中国岩石力学与工程学会
A-34	中国野生动物保护协会
A-35	中国系统工程学会
A-36	中国实验动物学会
A-37	中国青藏高原研究会
A-38	中国环境诱变剂学会
A-39	中国运筹学会
A-40	中国菌物学会
A-41	中国晶体学会
B-1	中国机械工程学会
B-2	中国汽车工程学会
B-3	中国农业机械学会
B-4	中国农业工程学会
B-5	中国电机工程学会
B-6	中国电工技术学会
B-7	中国水力发电工程学会
B-8	中国水利学会
B-9	中国内燃机学会
B-10	中国工程热物理学会
B-11	中国空气动力学会
B-12	中国制冷学会
B-13	中国真空学会
B-14	中国自动化学会
B-15	中国仪器仪表学会
B-16	中国计量测试学会
B-17	中国标准化协会
B-18	中国工程图学学会
B-19	中国电子学会
B-20	中国计算机学会
B-21	中国通信学会
B-22	中国中文信息学会
B-23	中国测绘学会

B-24	中国造船工程学会
B-25	中国航海学会
B-26	中国铁道学会
B-27	中国公路学会
B-28	中国航空学会
B-29	中国宇航学会
B-30	中国兵工学会
B-31	中国金属学会
B-32	中国有色金属学会
B-33	中国稀土学会
B-34	中国腐蚀与防护学会
B-35	中国化工学会
B-36	中国核学会
B-37	中国石油学会
B-38	中国煤炭学会
B-39	中国太阳能学会
B-40	中国能源研究会
B-41	中国硅酸盐学会
B-42	中国建筑学会
B-43	中国土木工程学会
B-44	中国生物工程学会
B-45	中国纺织工程学会
B-46	中国造纸学会
B-47	中国文物保护技术协会
B-48	中国印刷技术协会
B-49	中国材料研究学会
B-50	中国食品科学技术学会
B-51	中国粮油学会
B-52	中国劳动保护科学技术学会
B-53	中国烟草学会
B-54	中国系统仿真学会
B-55	中国电影电视技术学会
B-56	中国振动工程学会
B-57	中国颗粒学会
B-58	中国照明学会
B-59	中国动力工程学会
B-60	中国惯性技术学会
B-61	中国风景园林学会
B-62	中国电源学会
B-63	中国复合材料学会
B-64	中国消防协会
	中国黄金学会
C-1	中国农学会
C-2	中国林学会
C-3	中国土壤学会
C-4	中国水产学会
C-5	中国园艺学会
C-6	中国畜牧兽医学会
C-7	中国植物病理学会
C-8	中国植物保护学会
C-9	中国作物学会
C-10	中国热带作物学会
C-11	中国蚕丝学会
C-12	中国水土保持学会
C-13	中国茶叶学会
C-14	中国草原学会
D-1	中华医学会
D-2	中国中医药学会
D-3	中国中西医结合学会
D-4	中国药学会
D-5	中华护理学会
D-6	中国生理学会
D-7	中国解剖学会
D-8	中国生物医学工程学会
D-9	中国病理生理学会
D-10	中国营养学会
D-11	中国药理学会
D-12	中国针灸学会
D-13	中国防痨协会
D-14	中国麻风防治协会
D-15	中国心理卫生协会
D-16	中国抗癌协会
D-17	中国体育科学学会
D-18	中国毒理学会
D-19	中国康复医学会
D-20	中国免疫学会
D-21	中华预防医学会
D-22	中国法医学会
E-1	中国自然辩证法研究会
E-2	中国管理现代化研究会
E-3	中国技术经济研究会
E-4	中国现场统计研究会
E-5	中国未来研究会
E-6	中国科学技术史学会
E-7	中国科学技术情报学会
E-8	中国图书馆学会

E-9	中国城市科学研究会
E-10	中国科学学与科技政策研究会
E-11	中国农村专业技术协会
E-12	中国工业设计协会
E-13	中国工艺美术学会
E-14	中国科普作家协会
E-15	中国自然科学博物馆协会
E-16	中国科技报研究会
E-17	中国青少年科技辅导员协会
E-18	中国科教电影电视协会
E-19	中国科学技术期刊编辑学会
E-20	中国流行色协会
E-21	中国档案学会
E-22	中国国土经济学研究会
E-23	中国土地学会
E-24	中国科技新闻学会
E-25	中国老科学技术工作者协会
E-26	中国科学探险协会

委托管理的学会

学会代码	学会名称
W-1	中国体视学学会
W-2	中国农业历史学会
W-3	中国工程机械学会
W-4	中国神经科学学会
W-5	中国微循环学会
W-6	中国创造学会
W-7	中国图像图形学学会
W-8	中国经济科技开发国际交流协会
W-9	中国睡眠研究会
W-10	中国高科技产业化研究会
W-11	中国微量元素科学研究会
W-12	中国国际技术经济合作促进会
W-13	中国国际科学和平促进会
W-14	中国科技金融促进会
W-15	中国科学技术发展基金会
W-16	中国生物多样性保护基金会
W-17	中国反邪教协会

中国科协机关各部门

办公厅 **主任** 苑郑民 **副主任兼调研室主任** 沈爱民

下设：综合处、调研室、秘书处、常委秘书处、信息室、行政保卫处、财务处、房产管理处

计划财务部 **副部长** 任 林

下设：综合计划处、财务处、资产处、企业处、统计处

组织人事部 **部长** 赵之惠 **副部长** 贾中江、王 可

下设：办公室、组织处、联络处、干部教育处、人事处、工资福利处

学会部 **部长** 马 阳 **副部长** 周 济

下设：办公室、团体处、学术会议处、学术期刊处、继续教育处、重点项目处

普及部 **部长** 程东红 **副部长** 崔建平、杨文志

下设：综合处、农村处、城市处、工业企业处、宣教处

国际部 **部长** 朱进宁 **副部长** 程宁宁、李秀亭

下设：办公室、综合处、国际组织处、双边合作处、港澳台交流处

宣传部 **部长** 殷成川

下设：综合宣传处、新闻处、出版管理处

机关党委 **书记（兼）** 宋南平 **副书记** 张联勤、陈秀保

下设：办公室、机关工会、机关团委

机关纪委 **副书记（兼）** 张联勤

下设办公室，与监察室合署办公

机关离退休干部办公室 **主任** 张 靖 **副主任** 薄俊惠

下设：综合处、服务处

审计室 **主任** 陈 璞 **副主任** 李云芝

注：审计室暂未列入部门编制序列

中国科协各直属单位

中国科学技术馆	馆长 王渝生 副馆长 刘吉东 党委副书记 王其辉 总工程师 伍振家 馆长助理 黄体茂
中国科协干部学院	副院长 周凯宁
中国科普研究所	所长 居云峰 副所长 陈宏规、雷绮红
中国科协学会管理服务中心	主任 初炳英
中国科协青少年科技中心	主任 牛灵江
中国科技会堂	总经理 牛政斌 副总经理 李世军
中国科学技术咨询服务中心	主任 陈 军 副主任 盛小列、李性慈
中国科协声像中心	副主任 孙东生、顾希峰
中国农村致富技术函授大学	校长 向华明
大众科技报社	社长 陈家俊 总编辑 吴开流 副社长 郭燕奎 副总编辑 舒化英
中国科技导报社	副社长 蔡玉林
中国科协信息中心	主任 葛 霆
中国科协厂矿科协协作中心	主任 赵有利 副主任 王志舜
中国科协农村专业技术服务中心	副主任 周俊秀
中国科协机关服务中心	主任 董金山 副主任 吴海洋
科学普及出版社	社长 李 士 副社长 张国平 副社长、代总编辑 颜 实
中国国际科技会议中心	主任 何 建 副主任 张晓林
中国对外应用技术交流促进会	主任 姚义贤 副主任 王晓涛
中国科协新技术开发中心	副主任 王 军、赵 江
中国科协继续教育中心	主任（兼） 周凯宁 副主任 李彦捷
中国科协科技人才交流中心	主任 陶 镐 副主任 吴晓琦
中国科学技术发展基金会	秘书长 陈一雄 副秘书长 臧晋平

全国性学会、协会、研究会（含受委托管理的学会）情况

中国数学会

Chinese Mathematical Society

地　　址　北京市海淀区中关村南四街甲 1 号中国科学院数学研究所内
邮政编码　100080
电子信箱　cms@math08.math.ac.cn
电　　话　010-62551022
传　　真　010-82618463
理 事 长　马志明
副理事长　丁伟岳　刘应明　李大潜　张继平　侯自新　袁亚湘
秘 书 长　彭立中
刊物及主编　《数学学报》　主编　李炳仁
Acta Mathematica Sinica　主编　张恭庆
《应用数学学报》　主编　丁夏畦
Acta Mathematicae Applicatae Sinica　主编　丁夏畦
《数学进展》　主编　应隆安
《数学的实践与认识》　主编　林　群
《数学通报》　主编　刘绍学
《中学生数学》　主编　王尚志

单位简介

中国数学会是中国数学工作者的学术性法人社会团体，是中国科学技术协会的组成部分。

我会于 1935 年 7 月 25 日在上海交通大学图书馆举行成立大会，出席者有 33 人。数学会创建时的组织机构设有董事会、理事会与评议会。其成员有胡敦复、冯祖荀、周美权、姜立夫、熊庆来、陈建功、苏步青、江泽涵、钱宝琮、傅种孙等。创办有学术期刊《中国数学会学报》与普及性刊物《数学杂志》，1952 年与 1953 年这两个刊物先后改为现名《数学学报》与《数学通报》。

中国数学会于 1951 年 8 月在北京，1960 年 2 月在上海，1978 年 11 月在成都，1983 年 10 月在武汉分别召开了第一、二、三、四次全国代表大会。华罗庚连任前三届理事长。在第四次全国代表大会上，推选华罗庚、苏步青、江泽涵、吴大任、柯召为名誉理事长。第四、五、六、七届理事长分别为吴文俊、王元、杨乐、张恭庆。

中国数学会于 1950 年加入中国科协的前身全国科联。1986 年加入国际数学联盟（IMU）。31 个省、直辖市、自治区均有地方数学会组织。现有会员 5 万多名。中国数学会有 5 个分会。

工作综述

一、学术交流工作

2000 年我会支持召开的国内学术会议有 10 个，参加会议的学者有 630 人，交流的学术论文有 466 篇。支持在国内召开的国际学术会议有 6 个，参加会议的学者 737 人（其中海外学者有 220 人），交流的学术论文有 575 篇（其中海外学者的论文有 180 篇）。

2000 年是世界著名数学家华罗庚教授诞辰 90 周年，我会与中国科学院数学与系统科学研究院等单位联合发起并主办了纪念华罗庚 90 诞辰国际数学会议。约 300 人参加了这次学术会议，其中有 30 多位来自海外与港台地区的数学家。这次为期 4 天的国际数学会议是一次高水平的学术交流会。

二、普及工作与青少年工作

1．经中国科协与教育部批准的全国高中数学联合竞赛是国内影响最大的一项中学生学科竞赛，全国 31 个省市自治区的 11 万名中学生参加了 2000 年的竞赛活动，从中选出了 120 名中学生参加 2001 年 1 月将在香港举办的“全国中学生数学冬令营”。

2．由我会、中国科技大学和《中学生数理化》杂志编辑部共同举办的“2000 中国数学奥林匹克暨第十五届全国中学生数学冬令营”于 1 月中旬在合肥中国科技大学举行，来自全国 32 个省市自治区以及香港特别行政区的 150 多名中学生参加，俄罗斯的 6 名中学生也应邀参加了冬令营。经过两天比赛，选出 26 名选手组成了参加第四十一届国际数学奥林匹克（IMO）的国家集训队。通过集训与选拔，最后确定 6 名中学生组成中国代表队。

3．第四十一届 IMO 于 7 月 13～25 日在韩国举行，参加本届 IMO 的共有 82 个国家与地区参赛队的 461 名选手。我国参赛的 6 名中学生全部获得金牌，我国代表队获得总分第一的桂冠。在“中华传动网”的大力支持下，由我会普及工作委员会参与主办的“数学俱乐部”已于 10 月份开通，http://mathclub.chinatian.net 。

三、“华罗庚数学奖”与“陈省身数学奖”的颁奖工作

受有关单位与人士的委托，我会组成了华罗庚数学奖评奖委员会与陈省身数学奖评奖委员会，每两年进行一次评奖与颁奖工作。2000 年评出了中科院院士王元、丁夏畦为第四届华罗庚数学奖获奖人，王诗宬、龙以明教授为第

七届陈省身数学奖获奖人。

3 月 6 日，第七届陈省身数学奖颁奖仪式在南开大学隆重举行，陈省身教授出席了颁奖仪式并亲自向获奖者颁奖。

12 月 18 日，在清华大学隆重举行的纪念华罗庚诞辰 90 周年国际数学会议开幕式暨华罗庚数学奖颁奖仪式上，全国人大副委员长中国科协第五届全国委员会主席周光召，全国人大副委员长丁石孙向第四届华罗庚数学奖获得者颁奖。

中国物理学会

Chinese Society of Physics

地　　址　北京市海淀区中关村南三街 8 号
邮政编码　100080
电子信箱　ch-ph-s@263.net
电　　话　010-82649019
传　　真　010-82649019
理 事 长　陈佳洱
副理事长　杨国桢　甘子钊　杜祥琬　陈和生　赵忠贤
秘 书 长　杨国桢
刊物及主编　《物理学报》　主编　王乃彦
《中国物理》（Chinese Physics）　主编　王乃彦
《中国物理快报》（Chinese Physics Letters）　主编　甘子钊
《物理》　主编　阎守胜
《物理学进展》　主编　冯　端
《大学物理》　主编　赵凯华
《物理教学》　主编　宓子宏
《化学物理学报》　主编　楼南泉
《理论物理通讯》（Communications in Theoretical Physics）　主编　何祚庥

单位简介

中国物理学会是以促进物理学发展和普及为宗旨的学术性、科普性社会团体，是中国科学技术协会的组成部分。中国物理学会创建于 1932 年 8 月。1932 年 8 月～1949 年 11 月共计召开过 16 次年会，学会于 1951 年 8 月～1999 年 5 月召开过六届全国会员代表大会。

随着我国近代物理的崛起及其发展，我学会目前已有包括各省、市、自治区地方物理学会 31 个，下属各分会、专业委员会 27 个，根据工作需要设有学术交流、科普、出版、物理教学、物理名词、咨询工作委员会及外事工作组。中国物理学会现有个人会员约 4.1 万人，团体会员 64 个。

中国物理学会及下属各分会、专业委员会主办刊物共 22 种。学会及各分会、专业委员会每年举行约 40 次学术会议及若干次前沿领域报告，学会设立了胡刚复、饶毓泰、叶企孙、吴有训、王淦昌物理奖，1986～2000 年组织参加了共 14 届国际物理奥林匹克竞赛，共获金牌 44 枚，银牌 18 枚、铜牌 9 枚。每年组织全国中学生物理竞赛。

1984 年 10 月，我学会被接纳加入纯粹与应用物理国际联盟（IUPAP）。1993 年～1999 年 3 月周光召任该会副主席，1999 年 3 月杨国桢当选为该会副主席，每届我国有 10 多位物理学家任该会专业委员会委员。1990 年 8 月我会作为发起学会之一创建了亚太物理学会联合会（AAPPS）。1997 年 8 月陈佳洱当选为该会主席，聂玉昕任该会秘书长，2000 年 8 月陈佳洱、顾秉林为该会理事。我会还与海外华人物理学会、香港物理学会进行联系，并与美国物理学会建立了交流与合作关系。通过学会之间的交流，加强了国际合作，进一步提高了我会在国际物理学界的地位。

工作综述

开展学术交流是学会的一项首要任务。2000 年中国物理学会和各分会、专业委员会共计组织召开国内、国际学术会议 44 次，与会科技人员、教学人员达 5615 人，会议交流论文 3838 篇。其中召开国际学术会议 8 次，与会国外学者 669 人，交流论文 769 篇。学术会议类型有通过竞争在国内举办系列性国际学术会议，在国内举办的多边及双边国际学术会议、全国性学术会议及海峡两岸学术会议。

经过两年多的艰苦竞争，我学会于 8 月 20～25 日在北京召开了第十七届国际拉曼光谱学大会，厦门、西安和昆明 3 个卫星会如期举行。本届大会由中国物理学会和北京大学联合主办，630 人参加了大会，会议收到 570 篇论文。大会在学术上达到了国际一流的水平。会议邀请到诺贝尔奖得主朱棣文及 6 位国际著名学者作了当今前沿研究的学术报告，并组织了“世纪之交的拉曼光谱学”和“庆祝黄昆 80 寿辰”两个专题讲座。

12 月 14～15 日，中国物理学会和中科院数理学部在中国科技会堂联合主办了量子论创立 100 周年纪念活动和学术报告会。来自全国各地的专家、学者 200 多人出席了会议。学会理事长陈佳洱任大会主席，中科院院长路甬祥致开幕词，周光召等 10 位院士和教授为大会作了“量子力学发现对 20 世纪科技发展的巨大作用”等特邀报告，解思深等 6 位教授作了专题报告。

2000 年为中学物理教师组织了物理学基础和前沿系列

报告 13 次，听众 850 人次。组织了两次中学师生参观中科院物理所超导、表面、磁学、晶体、光学高科技实验室，共计 100 人。与中国科协一起组织筹备了诺贝尔科学奖百年回顾展，完成了 8 个系列及“启示”部分大纲与脚本撰写工作。

2000 年，学会有 43 人次赴境外参加国际学术会议及国际组织活动，接待境外学者来大陆参加国际学术会议及国际组织活动共 65 人次。

8 月，中国物理学会代表团一行 8 人赴中国台北参加了第四届亚太物理学会联合会（AAPPS）会员代表大会及第九届理事会。我会理事长、AAPPS 主席陈佳洱先生作工作报告，会议选出了新一届理事会成员 14 名，其中包括陈佳洱、顾秉林。在 8 月 7～10 日召开的第八届亚太物理学大会上，我会代表有 6 人作了具有较高学术水平的邀请报告，并担任了会场的执行主席。

10 月，纯粹与应用物理国际联盟（IUPAP）执委会与专业委员会主席联席会议在北京召开，30 名代表参加了会议。会议除进行 IUPAP 的正式议程外，还举行了“Physics in China”的专题报告会，我国有 4 位物理学家作报告。会后组织了学术参观和交流，美国物理学会（APS）秘书长并与中国物理学会代表进行了座谈，通过这次会，有利于 IUPAP 高层人士对中国物理学会乃至中国科技发展情况的了解，有利于中国物理学界与 IUPAP 之间的进一步合作。

以常务理事张泽为团长一行 6 人，于 12 月 11～16 日访问德国，并参加了 12 月 15～16 日在柏林举行的“第三届世界物理学会大会。大会的主题是“加强物理学对社会的影响力”。90 名代表参加了会议。我会常务理事聂玉昕在会上作了“中国物理学会在中国物理教育中作用”的报告。代表团还参加了德国物理学会庆祝量子理论建立 100 周年的纪念活动，访问了德国科学基金会，会见了国科联（ICSU）一位副主席。这次出访对增进中国物理学会与各国地区物理学会等组织的相互了解，交流学会工作经验起到了积极作用。

为加强国际合作与交流，使国内外专业人员了解学会情况，于 9 月出版印刷了英文版的《中国物理学会简介》。该书首次在 2000 年 10 月在京召开的 IUPAP 执委会会议上发放。

中国力学学会

Chinese Society Mechanics

地　　址　北京市海淀区中关村路 15 号
邮政编码　100080
电子信箱　office@cstam.org.cn
主页网址　http://www.cstam.org.cn
电　　话　010-62559599/62554107
传　　真　010-62559588

理 事 长　白以龙

副理事长　洪友士　陈　滨　杜善义　方如华　贺德馨　刘人怀　伍小平　杨　卫

秘 书 长　苏先樾

刊物及主编
《力学学报》（中英版）主编　王自强
《力学与实践》　主编　王振东
《固体力学学报》　主编　余寿文
《实验力学》　主编　戴福隆
《计算力学学报》　主编　钟万勰
《岩土工程学报》　主编　沈珠江
《爆炸与冲击》　主编　谈庆明

单位简介

中国力学学会在钱学森、周培源、钱伟长、郭永怀等著名力学家的共同倡导和组织下，成立于 1957 年 2 月。

中国力学学会现有会员 2 万余人。他们当中有科研人员、工程技术人员和教师。现任第六届中国力学学会理事会由 141 名理事组成。中国力学学会理事会每届任期 4 年。

中国力学学会下设固体力学、流体力学和一般力学等 22 个专业委员会和直属专业组，负责各个分支学科的学术交流，同时设有科普、教育、力学名词和青年 4 个工作委员会。

中国力学学会是国际理论与应用力学联合会（IUTAM）的成员组织，除不定期地承办 IUTAM 的专题研讨会外，还与国际上其他学术组织共同主办了一系列的学术会议。如：亚洲流体力学大会、中—日—美—新生物力学大会、远东太平洋地区断裂力学学术会议等。此外，中国力学学会还成功地承办了国际上其他相关学术组织委托在中国召开的学术会议，如：第二十届稀薄气体动力学学术会议和第十三届等离子体化学学术会议。上述活动的开展，有力地推动了我国力学界与国际力学界之间的交往和联系。

工作综述

一、积极开展学术交流，促进学科发展和科技进步

1. 学会共组织各类学术活动 94 次，其中国内会议 75 次，国际学术会议 16 次，其他学术活动 3 次。参加学术会议的人数达到 13 000 人次，其中国内代表 11 000 人次，国外代表 2 000 人次。通过会议交流的论文约 10 000 篇。这些学术活动促进了国内同行以及中外学者间的交流，推动了学科发展，也在国内外力学界树立了良好的形象，同时

取得了一定的经济效益。

2. 召开"力学2000"学术会议。这次大会收录论文301篇，中国科协书记处常志海书记到会并做了重要讲话。

二、加强组织建设，增强学会的凝聚力

1. 本届理事会第一次工作会议上，理事们一致认为应进一步加强与产业部门的联系，并决定成立一个相关的工作委员会。经过一年多的筹备，3月25日在北京正式成立了中国力学学会促进与产业结合工作委员会。在工作委员会中，突出了与产业结合的特点，多数委员是从事力学专业并就职于力学与产业结合较密切的部门，同时也有国家政府部门相关的领导，以及外企公司的专家。

2. 经过一年多的换届改选工作，学会所属的20个专业委员会、23个专业组、2个直属专业组、4个工作委员会、7个期刊编委会全部完成换届改选，一批有学术影响，有活力的中青年专家进入各专业组织，使力学会增加了活力。

三、普及力学知识、培养优秀科技人才

1996年在山东长岛举办的第四届中学生力学竞赛（国家教委批准），吸引了台湾省新竹高中的学生前来观摩参赛。1997年7月，我会科普工作委员会组织的一行16人访问了台湾省。1998年8月台湾由25人组成的科普夏令营代表团访问了祖国大陆。1999年我会再度组团参加了在台湾举办的夏令营活动。2000年7月，台湾40余人组团再访大陆，到此海峡两岸的科普交流活动和中学生夏令营已连续举办四届。

中国光学学会

Chinese Optical Society

地　　址　北京市海淀区学院南路86号
邮政编码　100081
主页网址　http://www.coscentral.org
电　　话　010-62178877转5663
名誉理事长　王大珩
理 事 长　母国光
副理事长　周立伟　周炳琨　徐至展　唐晋发　曹健林
秘 书 长　曹健林
刊物及主编　《光学学报》
（ACTA OPTICA SINICA）
主编　徐至展
《中国激光》
（CHINESE JOURNAL OF LASERS）
主编　周炳琨
《光子学报》
（ACTA PHOTONICA SINICA）
主编　侯　洵
《红外与毫米波》
（JOURNAL OF INFRARED AND MILLIMETER WAVES）
主编　褚君浩
《光谱学与光谱分析》
（SPECTROSCOPY AND SPECTPAL ANALYSIS）
主编　黄本立
《中国激光医学》
（CHINESE JOURNAL OF LASER MEDICINE & SURGERY）
主编　李峻享

单位简介

中国光学学会由中国科协批准于1979年12月成立，1979年12月10日在北京召开成立大会。理事长王大珩。

第二届理事会于1984年12月全国会员代表大会选举产生，理事长王大珩。第三届理事会1989年通讯选举产生，理事长王大珩。

第四届理事会1993年12月通讯选举产生，理事长母国光。

第五届理事会2000年9月全国会员代表大会选举产生，理事长母国光。

中国光学学会现在拥有会员9700人，24个地方学会，6个工作委员会和17个专业委员会。学会自建立以来，已与世界主要光学组织取得密切的联系，并从1987年起，中国光学学会已成为国际光学委员会（ICO）成员。另外，从1990年起，中国光学学会已同国际光学工程学会（SPIE）建立了长期合作关系，组成了中国光学学会——国际光学工程学会，简称COS—SPIE，COS—SPIE由COS—SPIE执行委员会（CSEC）管理，CSEC由母国光任主席，干福熹、金国藩任副主席，在美方成立SPIE中国Liason委员会（CLC），Hami Arsenault为主席，E.Moore和Hua kuang Liu为副主席。

现在，中国光学学会已是第五届理事会，第五届理事会理事114人，常务理事21人。

工作综述

一、国际学术活动

1. 8月初和日本激光学会、韩国光学学会在上海召开了第二届亚太地区激光会议。共有 10 个国家、地区 70 余位专家、学者参加。论文 91 篇，特邀报告 17 篇。

2. 11 月，和美国 SPIE 共同主办了 2000 年国际先进光学制造与检测学术会议有 8 个国家和地区 232 人出席会议，论文 106 篇，特邀报告 6 篇。

二、国内学术会议

1. 光学薄膜专业委员会在福州召开专题报告会，有 40 多位学者、专家参加会议。

2. 全息与光信息专业委员会学术年会在贵阳举行，有 47 位学者、专家参加会议，学术论文 49 篇。

3. 纤维光学与集成光学专业委员会第三届全国光学学术会议在昆明举行，180 名学者、专家参加会议，学术论文 280 篇。

4. 情报专业委员会学会工作研讨会和换届会议，参加会议有 31 名学者、专家，论文 20 余篇。

5. 激光医学分科学会在大连举行第五届全国激光医学联合学术交流会，270 余位学者、专家参加会议，340 余篇论文。

6. 基础光学专业委员会在云南举办基础光学与光物理学术报告会，会议共有 116 位学者、专家，70 余篇论文。

7. 光谱专业委员会与中国化学会、中国地质学会联合举办了第七届全国原子光谱学术报告会，全国各地 400 位学者、专家参加会议，6 位院士做报告。光谱专业委员会与中国化学会共举办了第 11 届全国分子光谱学术报告会。103 位学者、专家参加会议，学术论文 150 篇。

8. 激光专业委员会与物理学会共同组织了全国第十届激光物理讨论会，60 名专家出席会议。25 篇论文，4 名院士做报告。激光专业委员会发起组织了由六个学会联合主办的“激光问世 40 周年和我国激光创业 40 周年纪念会”，400 名学者、专家出席了会议。8 名院士做报告。编辑出版了画册。

9. 青年工作委员会在深圳召开了青年光学学术讨论会。3 位院士到会做报告。

10. 光电专业委员会在海口召开 21 世纪光电技术发展趋势研讨会。

三、组织建设

1. 我会在民政部登记工作结束，办理了新的证件。

2. 第五届理事会换届工作结束，全国会员代表大会选举产生了第五届理事会及领导班子成员。

3. 我会组织了专家初评了 5 名青年科技工作者参加中国科协、中央组织部、人事部的第七届中国青年科技奖遴选。

4. 我会组织专家评选出 2 名优秀科技工作者，参加中国科协优秀科技工作者的竞选。

四、咨询活动

2000 年全力以赴组织企业参加 2001 年在深圳举办的第二届中国国际光电子、激光器材设备博览会。

五、科普活动

组织中学生科普报告会一次；组织中学生参观中国科技馆二期展厅一次。

中国声学学会

Acoustical Society of China

地　　址　北京市中关村路 17 号

邮政编码　100080

电子信箱　asc@mail.ioa.ac.cn

电　　话　010-62554285

传　　真　010-62561833

理 事 长　张仁和

副理事长　马远良　张淑仪　杨士莪　侯朝焕

秘 书 长　宗　健

刊物及主编　《声学学报》　主编　马大猷

《声学学报》（英文版）　主编　马大猷

《噪声与振动控制》　主编　严济宽

单位简介

1978 年，在中国电子学会内成立了应用声学学会，随着我国声学技术在各个领域里的发展，由汪德昭、马大猷、应崇福、魏荣爵、魏墨盦等科学家共同协商，声学学会和应用声学学会合并，于 1985 年成立了中国声学学会，学会办公室至今仍设在北京中国科学院声学研究所内。中国声学学会是联合国教科文组织内纯粹物理和应用物理联盟声学委员会成员。学会成功地承担和召开了几次大型的学术会议，包括 1987 年第十六届国际噪声控制工程学术会议和 1992 年第十四届国际声学学术会议，在国际学术界有一定的地位。学会以促进声学学科的发展，为国民经济建设服务为己任。

中国声学学会现有持证会员 3 000 余人，下设 9 个分会，6 个工作委员会以及 11 个地方学会。

工作综述

2000 年的学术交流工作主要是以各分会活动为主。各分会的学术交流活动很有特点，涉及面广，采取了多种形式、多种渠道的办会方式；请相关学科的学者来做学术报告，互相交流，以利于相互促进声学科学事业的发展。打破了只在本学科内的交流，实现了跨学科的学术交流模式。年内各分会均召开了学术会议，共收到论文 230 余篇，参加会议有 350 余人。会议交流的内容涉及了当前声学技术研究、开发、应用、测量、发展动向等多方面的许多“热点”课题，具有较高的学术水平和实用参考价值。各分会的学术会议均有以下特点：会议开得紧凑，讨论活跃；学会活动与市场经济活动相结合；在报告中涉及了一些学科的交叉与延伸；实现了各学科之间的互补。

由中国科学院声学研究所、声场声信息国家重点实验室和中国声学学会主办和组织的第六届国际口语语言处理会议（International Conference on Spoken Language Processing）（简称 ICSLP2000）于 2000 年 10 月 17~20 日在北京国际会议中心召开，会期 4 天。来自 47 个国家和地区的科学家和学者共 1 000 多人参加了会议，会议收到论文 935 篇。本次会议为国际口语语言处理领域面向 21 世纪的最重要的一次盛会，其主题为“新世纪——跨语言和跨模式通讯中的口语处理，满足人与人、人与计算机之间更好的口语交流”，同时也是在国内举行的规模最大、水平最高的国际语言声学方面的会议。会议组委会由中国科学院声学研究所关定华、张仁和、田静和宗健负责；会议技术程序委员会由北方交通大学袁保宗、中国科学院自动化研究所黄泰翼、以及李琳山、张家騄和杜利民负责组成。中国顾问委员会有中国科学院声学研究所李启虎和马大猷、中国社会科学院语言研究所吴宗济。本次会议也是今年我会的重点学术会议。

本次会议通过网上投寄论文摘要，共收到摘要 1 200 余篇。经过程序委员会认真评选，选出论文 936 篇，包括大会报告 3 篇，口头报告 245 篇，大字报 617 篇，来自 47 个国家和地区的参会人员 1 002 人。录取论文仅有 27 篇论文未做宣读或展示（不到 3%），从论文数量到与会人数、论文宣读百分率来看，均超过历次 ICSLP 会议。在论文、摘要排印方面，也都有一定改进并出版了论文集、论文摘要集和光盘。

会议由语言声学权威斯蒂文斯、吴宗济和派特森做了有关语言声学基础方面的报告，受到普遍欢迎，会议论文介绍了基础和应用研究的最新成果，进行了热烈而深入的交流。会议学术气氛浓厚，会场上到处可见中、外代表们在认真交流、探讨的场面。在会议总结时请贝尔实验室的庄炳煌和中国社会科学院语言研究所的李爱军分别对本次会议上有关技术方面和基础研究方面的进展进行了总结。

2000 年，我会召开了中国声学学会四届三次常务理事扩大会议。会议重点讨论了 2001 年分会换届改选工作及总会理事会换届的工作进程。根据我会章程每四年换届的规定，因此在换届之前要先进行理事会换届，会议决定在 2001 年 8 月底前总会在原理事会理事中推选出 2/3 新一届理事会的理事候选人。

按照 1998 年在成都市召开的中国声学学会四届一次常务理事会议决议，组织工作委员会在各分会的配合下，1999 年发展了第一批高级会员和会士。截止到 9 月 10 日止，有 15 人申请高级会员，38 人申请会士（其中 1999 年未获批准的 17 位会士申请人及新增 21 位会士申请人），本届常务理事会议对他们的申请进行了审查，并以无记名投票的方式进行表决，有 35 位申请人当选为第二批会士，16 位申请人当选为第二批高级会员。发展个人会员 50 余人。

邀请中国科学院资深院士应崇福到武汉做科普报告。由我会发起、组织并申报列入“中国科协系统 2000 年百场科普报告会计划报告会”于 2000 年 9 月 13 日，在华中科技大学学术交流中心报告厅举行。共有 230 余人到会听讲。他们是来自高等院校、科研院所等 20 多个单位的大学生、研究生、医务工作者及科技人员。

配合中国科协学会部，参与编写《21 世纪学科发展丛书》，组织有关专家，编写了《声学——神秘的声音世界》一书，现已全部完成交稿。

中国化学会

Chinese Chemical Society

地　　址	北京市海淀区中关村北一街 2 号中国科学院化学研究所内
邮政编码	100080
电子信箱	qiuxb@infoc3.icas.ac.cn
主页网址	http://www.ccs.ac.cn
电　　话	010-62564020/62568157/62625584/62625583
传　　真	010-62568157
理 事 长	宋心琦（1999 年）　黄本立（2000 年） 习　复（2001 年）　白春礼（2002 年）
秘 书 长	费昌沛
刊物及主编	《化学学报》　主编　沈延昌 《化学教育》　主编　朱文祥 《化学通报》　主编　朱道本 CHINESE J. CHEMISTRY《中国化学》　主编　计国桢 CHINESE CHEMICAL LETTERS《化学快报》　主编　梁晓天

单位简介

中国化学会是由中国化学工作者自愿组成依照国家法律成立的学术性、公益性法人社会团体，中国化学会接受中国科学技术协会的领导，是中国科协的组成部分，是我国发展化学科学技术的重要社会力量。

中国化学会于1932年8月4日在南京成立。从学会成立至1949年为止，共选举产生过16届理事会。计有陈裕光、曾昭抡、吴承洛、张洪沅、范旭东等人担任过会长、理事长。

理事会每4年改选1次，由全国会员代表选举产生。自1982年起，每届理事会设理事长4人，轮流担任1年执行理事长。现为第25届理事会，任期自1999～2002年。由159名理事组成。曾昭抡、侯德榜、杨石先、卢嘉锡、唐敖庆、钱人元、严东生、唐有祺、田昭武、黄维垣、徐光宪、胡亚东、梁晓天、王　夔、朱道本、陈　懿、习　复等先后担任过理事长。

中国化学会自成立以来，定期召开理事会会议和年会。于1951年在北京、1956年在北京、1963年在青岛分别召开了第一、二、三次会员代表大会；此后，于1982年在南京、1998年在成都分别召开了第四、五次全国会员代表大会。

1959年本会曾与中国化工学会合并，改称中国化学化工学会，1963年又分为化学、化工两个学会。

目前，理事会下设8个学科委员会，13个专业委员会以及7个工作委员会。1979年成立了化学杂志社。

目前在册会员5.3万余人和少量外籍会员，国内外大型企业、科研、教学单位组成的团体会员单位63个。

为加强国际学术交流，1980年中国化学会加入了国际纯粹与应用化学联合会（(International Union of Pure and Applied Chemistry, 简称IUPAC），1984年又参加了亚洲化学学会联合会（The Federation of Asian Chemical Societies, FACS），还参加了太平洋地区高分子联合会（Pacific Polymer Federation, PPF）；国际电化学学会（International Society of Electrochemistry, ISE）；国际催化学会联合会（International Association of Catalysis Societies, IACS）；国际热分析及量热学联合会（International Confederation for Thermal Analysis and Calorimetry, ICTAC）等6个国际组织。中国化学会与欧、美、亚洲等地区一些国家的化学组织建立了联系。中国化学会有43名科学家在IUPAC中任各级委员。徐光宪教授曾任亚洲化学学会联合会会长，并在我国设立秘书处。

目前中国化学会共出版学术刊物和会刊《化学通讯》等19种（其中包括4种英文版）。全年总发行量45万余册。这些刊物绝大多数收录于CA,《化学学报》、《Chinese J. Chem.》收录于SCI，另有5种刊物收录于SCI Search。

工作综述

一、组织工作

1．中国化学会自1998年末起根据会章和代表大会的决议开展了会员重新登记和换证工作。计划2001年底前结束，逐步完成全国会员数据库的制作。

2．在学术活动组织中，对会员、非会员的注册费实行区别对待，体现了会员的权利,得到化学工作者的响应。据统计，重新登记的会员人数约占参加活动人数的33%。

3．化学生物学的出现已引起了国内外学术界的极大关注。第三次常务理事会会议决定设立“化学生物学专业委员会”。环境化学学科委员会的组成已落实，将尽快开展活动。

二、学术交流活动

2000年11月在北京召开了“2000年学术会议”，会议以回顾20世纪的科学技术成就；交流研究成果和探讨学科趋势为主题。参加会议的学者共计300余人，美国化学会2001年执行会长、美国农业部研究中心A.Pavlath教授、国际化学品制造商协会副主席、DOW化学公司环境、健康与安全部主任Castledine博士和7位院士及2位专家应邀在大会做了邀请报告。240余位学者在会上交流了研究论文，受到与会者的欢迎。

我会组织的学科和专业会议共计31项。据统计，有4600余人次参加，交流论文约3 900余篇。

2000年，我会主办国际会议5项，合办1项。参加活动人数达1 267人次，其中国外方为459人次；交流论文1 486篇。组织出访团组6个，接待任务2项。在上述出访中，赴台活动达4项，加强了与台湾学者的民间交流。

三、科普活动

1．2000年召开了“全国高中学生化学竞赛工作会议”，会议修改了竞赛章程，通过了实施细则等一系列文件，使竞赛操作更加有章可依。

2．参加“全国高中学生化学竞赛”初赛的学生人数已达8.65百余人。据千龙新闻网调查部门统计，竞赛结束后36小时内，网上浏览和下载达到18.9万余人次，扩大了化学竞赛在学生中的影响。

3．2000年，段连运副秘书长率队参加了在丹麦举行的第32届国际奥林匹克化学竞赛，取得3枚金牌、1枚银牌的优秀成绩，为祖国赢得荣誉。

4．与其他4个学会共同主办了“世纪辉煌——诺贝尔科学奖百年展”，对于提倡科学精神，促进公众了解科学，培养青少年对科学事业的情趣，都起到了很好的作用。

四、学术期刊

1．学会主办刊物18种。被SCI收录的科技期刊共计56种，其中我会主办的有9种，分别为《化学学报》、《Chinese J. Chem.》、《Chinese Chem. Letters》、《Chinese J. Polymer Sci.》、《高分子学报》、《有机化学》、《无机化学学报》、《分析化学》、《物理化学学报》。《分析化学》在化学期刊中其影响因子在国内居第一位，为 0.915。其他刊物也被 CA、EI 等检索刊物所引用。我会主办刊物总发行量达 38.01 万册，其中国外发行 6 134 册，刊出论文 3 164 篇。《化学通报》的网络版已被访问 10 万余人次。现已有 9 种期刊在不同的网址介绍了当期目录。

2. 2000 年召开了“期刊工作会议”。与会代表交流了办刊经验；讨论了学会期刊管理办法；刊物的发展趋势；编辑手段的现代化，建立网上刊物的可行性等问题。

五、信息网络

中国化学会就“化学基础领域公共信息网络”网络建设的可行性进行了调研。中国化学会已在中国科协网站设立了学会的网页。

六、奖励与表彰

为唐有祺、徐光宪两位前任理事长八旬寿辰致以祝贺；向 10 位青年化学工作者授予“中国化学会青年化学奖”；推荐麻生明同志参加“第七届中国青年科技奖”评审；推荐薛群基院士为“全国优秀科技工作者”候选人参加评审。

中国天文学会

Chinese Astronomical Society

地址	南京市北京西路 2 号中国科学院紫金山天文台内
邮政编码	210008
电子信箱	mxwu@pmo.ac.cn
电话	025-3302147
传真	025-3301459
理事长	方　成
副理事长	李志刚　何香涛　罗国权　赵　刚　赵君亮
秘书长	陆本魁
刊物及主编	《天文学报》　主编　陆本魁
	《天体物理学报》　主编　邹振隆
	《天文学进展》　主编　宋国玄
	《天文爱好者》　主编　崔石竹

单位简介

中国天文学会成立于 1922 年 10 月 30 日。设会所于北京古观象台。1932 年会所迁至南京，挂靠在中国研究院天文研究所（紫金山天文台前称）。中华人民共和国成立后，中国天文学会先后由中国科联和中国科协领导。中国天文学会的最高权力机构是全国会员代表大会，每三年举行 1 次。学会设立秘书处，以协助秘书长开展日常工作。1935 年中国天文学会加入了国际天文学联合会，成为其团体会员单位。中国天文学会与 11 个省市天文学会和 2 个天文小组建立业务指导关系。拥有会员 1611 人，其中 271 人为国际天文学联合会会员。中国天文学会下设 6 个工作委员会、1 个工作组（基金）和 11 个专业委员会。

工作综述

一、改革学术活动形式，力争与国际接轨

中国天文学会历来是学术活动十分活跃的学会，平均每年有 12～15 个学术会议。以往会议规模小，出席会议人员少，影响也相对较小。为此，中国天文学会本届理事会决定举办一次既能在天文界有较大影响又能在社会引起反响的学术大会。经过充分的准备， 9 月 21～23 日在上海召开了首届学术大会。大会共分 3 个层次进行：一是特邀报告，大会共安排了 8 个特邀报告。报告内容主要反映我国天文研究工作和大设备研制等方面的重大进展；评述当前国际天文发展趋势；天文与高新技术的交流以及扩大天文学在社会上的影响等方面。二是三大组学术报告，共有 50 多位学者在 3 个分会场报告了各自研究领域的最新动态和研究进展。由于一个大组包含了几个专业委员会的研究课题，讨论时相互交叉渗透，这对拓宽与会者的思路起到很好的作用。三是各专业委员会分组报告，有 40 多人报告了各自的研究成果。

会议期间还特意安排了一场科普报告会，邀请著名天文科普作家、全国优秀科普工作者卞毓麟教授向上海市民和学生做了题为“天文学的明天”的高级科普报告，约有 500 多人聆听了这场报告，使本次学术大会的收益者又延伸到社会。

学术大会还举行了新闻通报会。

此次会议有 178 人与会，其中年轻的天文学者占 50%，天文口创新团组的首席科学家全部与会。

二、加强国际往来，跻身国际舞台

5 月 4～17 日，我会接待了国际天文学联合会（IAU）秘书长 J.Andersen 夫妇。秘书长夫妇访问了北京、南京、上海等地天文单位。中国科协书记处张泽书记接见了 Andersen 夫妇。秘书长夫妇两人在华做了 8 场学术报告，与我国学者进行了学术交流。与在宁的学会有关领导进行了坦诚的会谈并取得很好的结果。

8 月 7～17 日，我会以方成理事长为团长的 60 位代表出席了 IAU24 届大会。代表们积极参加了 IAU 大会的各种学术活动和工作会议。通过 IAU 各专业委员会的提名选举，本届大会我国有 2 位学者担任相应专业委员会的主席，另有 10 多人担任相应专业委员会的组织委员。

我会代表中有 21 人共获 IAU16815 英镑的资助，在我会历史上还是第一次获得这么多的资助，充分说明我国天文事业在国际舞台上的地位日益提高。

三、改革天文期刊，扩大学报的国际影响

通过近两年的努力，中国天文学会对原主办的期刊进行了大力改革。决定从2001年开始，与科学院国家天文观测中心共同主办出版我国天文学的第一本英文期刊——Chinese Astronomy and Astrophysics（CJAA）。原由学会主办紫金山天文台承办的《天文学报》，除保留中文版外，正在争取由国外出版社出版翻译英文版，并争取在较短的时间内进入SCI的检索目录。

四、普及天文知识，提高民众科学素质

2000年我会充分利用天文科普基地的有利条件进行天文科学知识的普及。尤其是寒、暑假期间各基地均接待了一批又一批的青少年天文爱好者和教师。基地工作人员除向青少年讲授天文知识外，还对他们进行爱国主义教育，鼓励他们为科教兴国理想的实现去奋斗、去拼搏。

中国气象学会

Chinese Meteorological Society

地　　址　北京市海淀区中关村南大街46号
邮政编码　100081
电子信箱　zhgqxxh@263.net
　　　　　cmsqxxh@cma.gov.cn
主页网址　http://www.cma.gov.cn/qxxh
电　　话　010-68406821/68407133/68406271
传　　真　010-68406821
理 事 长　曾庆存
副理事长　唐万年　马鹤年　陈联寿　黄嘉佑　伍荣生
秘 书 长　梁景华
刊物及主编　《气象知识》　主编　庄肃明
　　　　　《气象学报》

单位简介

中国气象学会（Chinese Meteorological Society，缩写CMS），于1924年10月10日在青岛成立，是国内最早成立的自然科学专门学会之一。是依法登记注册的公益性的学术团体。中华人民共和国成立后，学会在中国共产党的领导下，为气象事业的发展作出了重要贡献。1966～1977年，学会活动暂告停顿。1978年，学会在中国科协的指导下重新恢复活动并成为其组成部分，业务活动接受中国气象局的指导。1978年底，在河北召开年会暨全国会员代表大会。截止到2000年，我会已有会员2万多人，本届理事会（第二十四届）下设26个学科（工作）委员会。

工作综述

一、学术交流活动

1．9月14～17日，组织召开了西部大开发：气象科技与可持续发展学术研讨会，来自气象科研、业务单位和相关部门的100余位专家和学者就西部水资源开发利用、农业气象、灾害天气（包括干旱、沙尘暴、寒潮、泥石流、洪涝等）、气候的变化规律、气象服务、遥感技术应用、生态环境变化与资源开发利用和保护等方面的问题进行了深入探讨，特别是西部水资源问题成为与会学者关注的热点。《研讨会论文集》收录了117篇论文（摘要）。

2000年9月17～20日，组织了20名代表参加了中国科协在陕西省西安市召开的2000年学术年会。我会代表在各个不同的分会场就西部开发中与气象有关的问题作了报告。

2．各学科委员会分别举办了“2000气象服务学术研讨会”；“全国季风与暴雨科学讨论会”；“全国电视天气预报制作技术交流会”及“第三届华风杯全国电视气象节目观摩评比”；“军事气象学委员会第一次学术会议”；“第十三次全国云雾、降水和人工影响天气科学讨论会”；“2000年全国卫星气象学术交流会”；“气象通信网络技术与INTERNET开发应用研讨会”；“数值预报与并行计算学术研讨会”。

3．参与了中国科协“2000年减轻自然灾害学术研讨会”和“病虫害防治分析研讨会”的有关工作。

4．组织评选了“1998～1999年度涂长望青年气象科技奖”。刘小红等10名同志分获涂长望青年气象科技奖一、二等奖。

5．举办第二十四届理事会第二次全体会议暨学术报告会，全面回顾近两年来大气科学各分支学科的研究进展。

二、科普工作

1．9月19～21日，我会与中国气象局联合召开了全国气象科普工作办公室主任暨气象科普基地建设经验交流会。60余人参加了会议。会议总结了三年来全国气象科普工作的成绩与面临的问题，提出了未来几年气象科普工作的重点。

2．2000年世界气象日的主题是：“世界气象组织——50年服务”。在2000年3月23日世界气象日前，我会与中国气象局联合下发了关于利用世界气象日开展气象台站对外开放活动的文件，从中央到全国各省及地、市气象台（站），均开展了气象台站对社会公众开放活动。3月21日，与中国气象局在北京联合召开了世界气象日座谈会，邀请外交部、水利部、海洋局、民航总局、环保局和新闻单位等代表 70 多人与会，中国气象局温克刚局长在会上讲话。

3．在中国科协普及部的大力支持下，制作了一套气象科普知识展板，展板共分 18 个主题、41 块，包括“天气预报”、“大气探测”、“气象通讯”、“气象卫星”、“厄尔尼诺和拉尼娜”、“天气符号”等内容。

4．7 月 27 日～8 月 3 日，与中国气象局在新疆乌鲁木齐市举办了第十九届全国青少年气象夏令营。来自全国 17 个省市共 220 人参加了夏令营活动。夏令营期间组织了参观气象台站，举办气象科普讲座，开展演讲比赛等一系列活动。

三、国际及海峡两岸的民间科技交流

1．9 月 13 日，在北京举行仪式，授予世界气象组织秘书长奥巴西教授中国气象学会名誉会员称号。曾庆存理事长和奥巴西教授分别在举行仪式上致辞。

2．6 月 21～27 日，曾庆存理事长率大陆气象界和环境界专家组成的代表团赴台参加“两岸大气环境与气象应用学术研讨会”。两岸共有 60 多位气象专家与会，交流学术论文 29 篇，围绕全球变迁、大气环境、大气化学等进行了深入研讨。

3．11 月 14～21 日，以常务理事颜宏为团长的“两岸灾变天气监测与预报学术研讨会”代表团访台。在台期间，代表团全体成员参加了为期 1 天半的“两岸灾变天气监测与预报学术研讨会”，并访问了台湾中央气象局等单位。

4．11 月 26～28 日，在海口举办 “第二届海峡两岸大气科学名词学术研讨会”，会议决定成立与海峡两岸大气科学名词相关事宜的工作小组，并就《海峡两岸气象学名词对照本》的收词范围与准则、名词翻译通则等方面确定了具体内容。

四、期刊工作

《气象学报》（中、英文版）编辑部克服各种困难，年内为“九五”重中之重等课题出版了一期增刊。《气象知识》增发了特刊《大气探秘》。

学会并组织各方面的力量，着手编写《中国气象学会史料简编》，目前，该书已基本定稿。

与中国气象局在北京联合召开迎春气象专家座谈会，相关行业与部门的 60 余人参加了本次座谈会。座谈会就加强《气象法》的宣传力度，促进气象科技的发展进行了深入而广泛的探讨，并为更好地贯彻落实《气象法》提出了许多建议。

中国空间科学学会

Chinese Society of Space Sciences

地　　址	北京市海淀区中关村南二条 1 号
邮政编码	100080
电子信箱	cssr@center.cssar.ac.cn
电　　话	010-62559882/62582788/62582802
传　　真	010-62559882
名誉理事长	吕保维　王希季
理 事 长	萧　佐
副理事长	匡定波　张厚英　顾逸东　沈力平　李祖洪　胡文瑞　欧阳自远
秘 书 长	叶自立
刊物及主编	《空间科学学报》　主编　萧　佐

单位简介

我会 1979 年 11 月 14 日由中国科协批准成立（79 科协发学字 234 号），于 1980 年 9 月 25 日在北京举行成立大会，选举产生第一届理事会，理事长吕保维。1983 年 10 月 11 日在青岛召开第二次代表大会，选举产生第二届理事会，理事长吕保维。1987 年 10 月 21 日在蓬莱县召开第三次代表大会，选举产生第三届理事会，理事长吕保维。1991 年 11 月 26 日召开第四次代表大会，选举产生第四届理事会，理事长吕保维。1996 年 4 月 20 日在郑州召开第五次代表大会，选举产生第五届理事会，理事长王希季。

我会现有个人会员 2500 余名，单位会员 46 个。理事会下设 9 个专业委员会和 6 个工作委员会。

自 1990 年起，我会作为团体会员加入国际科学联合会理事会（ICSU）下属的日地物理科学委员会（SCOSTEP）。

1999 年，我会被评为全国科普工作先进集体，第二届中国科协先进学会。

工作综述

我会于 2000 年 10 月 25 日在中国科技会堂召开了成立 20 周年纪念大会。我国著名科学家王大珩，学会正、副理事长和会员代表共 180 余人出席大会。

一、学术活动

2000 年组织召开了 2 次国内学术会议，1 次国际学术会议。

1．空间物理专业委员会第九届全国日地空间物理学术讨论会。会议于 10 月 12～17 日在山东曲阜召开，16 个单位 100 余人参加。

会议邀请王水等 9 位专家作特邀报告，在分组报告中，共宣读论文 130 余篇，内容是近 3 年来取得的最新研究成果。

会上同时举行了“九五”国家自然科学基金重大项目《日地空间灾害性扰动过程及其对人类活动的影响》，重点项目《地球磁层环境的全球变化过程及其效应》等专题讨论会。并经过评选，有 11 名 35 岁以下的青年作者获优秀论文奖。

2．空间探测专业委员会第十三次学术会议。会议于 9 月 17～23 日在四川省成都市召开。共计 84 人出席了会议。

会议交流论文 60 余篇，并编辑出版了会议论文集等。

3．第五届中外空间科学/太空科学讨论会。

会议于 2000 年 9 月 10～14 日在新疆乌鲁木齐市召开。有 80 余名专家、学者参加。著名美国华裔物理学家吴京生教授、范章云教授，台湾中央大学刘兆汉校长，中科院刘振兴院士、北京大学肖佐教授等一批空间科学界知名学者出席了本次大会。大会共宣读论文 90 余篇。

二、科普活动

1．举办面向中学生的系列科普报告。根据中国科协 2000 年科普工作要点中提出的在城区举办 100 场科普报告会的要求，我会把中学生作为主要对象，积极开展了面向中学生的系列科普报告。共举办了 16 场，约 6 000 多人聆听了报告。

2．参与“科学之路”暑期夏令营活动。2000 年暑假期间接待中学生到空间中心参观。从 7 月初至 8 月底，共接待来自全国各地的 13 批 2000 余名中学生。

3．开展面向小学生的“大手拉小手”科技传播行动。从 2000 年开始，学会与海淀区彩和坊小学合作，开展了共建科技育人学校活动。

中国地质学会

Geological Society of China

地　　址　北京市西城区百万庄大街 26 号

邮政编码　100037

电子信箱　yuqr60@163.net

主页网址　http://www.geolchina.org

电　　话　010-68311539/68311324/68995538/68326451/68351167

传　　真　010-68995305

理 事 长　田凤山

副理事长　陈毓川　张彦英　王　达　倪　斌　孙肇均　邢新田　赵政璋　茹　克　秦大河　何永年　陈肇博　赵鹏大　蔡希源　周玉琦

秘 书 长　王弭力

刊物及主编　《地质学报》　主编　程裕淇

《地质论评》　主编　郭文魁

《地质学报》（英文版）　主编　程裕淇

单位简介

中国地质学会于 1922 年 2 月 3 日在北京成立，是在中国建立最早的学术团体之一。中国地质学会的前身为 1909 年在天津创立的中国地学会。我国最早的一幅地质图（直隶地质图）就发表在该会第一号地学杂志（1910 年）上。

中国地质学会 1936 年成立了第一个地方分会即北平分会，到 1987 年已经增加到 30 个省、市、自治区地质学会；60 年代中期中国地质学会设立了 3 个专业委员会，到 1995 年已经发展到 32 个专业委员会、7 个研究会、5 个工作委员会，到 2000 年已经达到 49 个二级机构。2000 年 6 月由 145 名理事组成了中国地质学会第 37 届理事会。中国地质学会的会员到现在已经发展到 8 万多名。

1922 年创办了《中国地质学会志》（Bulletin of the Geological Society of China），以西文（英文为主，德文、法文为辅）出版季刊。《中国地质学会志》出至 1936 年，中国地质学会理事会决议创办中文期刊《地质论评》，每年 6 期。1952 年为了集中出版，曾将两刊一度合并，改出一种中文季刊《地质学报》。1957 年又恢复了《地质论评》。《地质学报》以反映地质方面的理论研究和基本问题研究的成果为主；《地质论评》除刊载部分学术论文外，着重开展问题讨论、科技述评与书刊评介以及一些科研简讯、学术活动消息等。

每年都举办各种类型的学术会议约 30 多个，涉及到地学领域的各个分支学科。还承办国际学术团体委托召开的国际学术讨论会，经常派专家学者参加国际学术会议。1996 年中国地质学会与有关部门合作成功地举办国际地科联第三十届国际地质大会，得到国际地质科学联合会和国内外地质学家的一致好评。每年的“世界地球日”和青少年地学夏令营已成为中国地质学会科普工作的传统项目。

中国地质学会是国际地质科学联合会的成员组织，学会科技顾问张炳熹教授曾连任两届国际地科联副主席，中国地质学会第三十五届理事会名誉理事刘敦一先生也曾连任两届副主席。有数十位地质学家担任与地质学有关的各种国际学术团体的主席、副主席、理事、委员等职务。70

余年来，中国地质学会一直将学术属性视为该会最本质的社会职能，在开展国内外学术交流、组织国际学术会议、普及地质科学知识、编辑出版科技刊物、培养推荐人才中做出了重要的贡献。形成了全面、系统的学术交流网络，与各部门、各行业的地质工作者有着最广泛的联系。

1996 年获国家科委“全国科学普及先进集体”称号，1997 年获中国科协“先进学会”称号。

业务主管单位是中国科学技术协会。学会办事机构设在中国地质科学院，现有编制 21 人。

工作综述

一、学术交流活动

重点是环境、能源、海洋、金属与非金属矿产、构造地质和新方法、新技术在地学中的应用等关系国家经济建设与社会发展重大问题和学科前沿问题。在已举办的 28 个学术讨论会中，共有 3 000 余人次参加了研讨，交流论文 2 000 余篇，有以下几个方面：

1．完成第三十一届国际地质大会中国代表团组团工作和带团参加“第二届世界华人地质科学讨论会”。国际地质大会每 4 年举行一次。第三十一届国际地质大会会议的主题是“地质学与可持续发展——第三个千年的挑战”。2000 年 8 月 6～28 日在巴西里约热内卢举行。本次大会共有 103 个国家和地区的 3 705 名代表参加，中国共有 181 人参加，人数仅次于巴西、俄罗斯和美国。国土资源部部长、中国地质学会理事长田凤山应邀在会上作了题为“中国可持续发展中地球科学的重要性”的专题报告，受到广泛关注。本届大会指导委员会主席、国家环境保护总局副局长宋瑞祥在开幕式上作了题为“为人类生存和社会可持续发展提供地质科学支持”的讲演；大会邀请我国 14 位地质学家主持专题讨论会和学科讨论会的讨论；中国地质学家共提供 100 多篇论文。

2．积极参与中国科协的活动。主持了“第二届减轻自然灾害学术研讨会”地质、地震灾害组的分组学术研讨会。参加了在西安召开的“中国科协 2000 年学术年会”。

3．圆满地举办了“九五”地质科技重要成果交流会：按照惯例，主办了“九五地质科技重要成果学术交流会”，大会共收到论文 300 余篇。

4．为配合西部大开发，有重点地举办了系列学术活动。如 “西部地区资源环境与可持续发展研讨会暨全国水文地质学术研¨详会”等。

5．基础地质理论研究继续受到重视：主办了“大别山造山带现场讨论会”、“中国构造地质学发展的回顾与展望学术讨论会”、“2000 年油气储层研讨会”和“第二届海峡两岸祁连山及邻区地学研讨会”等。

二、科普工作

1．世界地球日：2000 年 4 月 22 日是“世界地球日”30 周年，中国地质学会与国土资源部共同组织开展了以“地质环境保护”为主题的大型科普宣传活动。

2．地学夏令营：2000 年在全国参加地学夏令营的营员总数达 6000 人左右。

3．“手拉手”青少年科普活动：继续在中、小学中开展了“手拉手”的青少年科普活动。

三、科技期刊出版

根据科技部中国科技信息研究所公布了《中国科技期刊引证报告》。我会刊物影响因子排名顺序为：《地质学报》15 名；《地质论评》第 21 名；总引文频次的排名顺序为：《地质学报》第 60 名（544 次)，《地质论评》第 48 名（624 次)。

各学科影响因子排名前 3 名中，我会的两个刊物《矿床地质》《地质学报》分列第 1 名和第 3 名，占 2/3。

《地质学报》英文版 2000 年度继续被美国科学信息研究所（ISI）的《科学引文索引》（SCI）收录。《地质学报》中文版、《地质论评》等刊物还分别被《CA》、《日本科学技术索引》《俄罗斯文摘杂志》《BIG》等世界公认的 6 大检索系统收录。

四、人才举荐与培养

1．推荐中国青年科技奖候选人；

2．推荐全国优秀科技工作者候选人；

3．参加“中国青年科技奖”工作经验研讨会。

五、继续教育

1．举办了国土资源与可持续发展高级研修班：这次研讨班是人事部本年度 8 个重点班之一，来自全国各地区和部门共 56 名青年代表参加了此次为期 5 天的高级研修班。聘请的院士、研究员共 7 位作为老师分别就 7 个主题作了报告。通过五天的研讨、考察，学员收获很大，主要有以下几方面：增长知识，提高认识、开阔视野、交流经验、明确思路。

2．参加“继续教育工作研讨会”和赴德国继续教育考察工作。

六、组织建设

1．进行了由第三十六届理事会到第三十七届理事会换届改选；

2．举行了中国地质学会 2000 年工作会议；

3．完成了部分专业委员会换届工作；

4．基金管理工作：正式启动中国地质学会科技发展基金，用于资助学术活动和奖励。继续进行“黄汲清地质科学奖励基金”筹建工作。

中国地理学会

The Geographical Society of China

地　　址　北京市安定门外大屯路917大楼
邮政编码　100101
电子信箱　gsc@igsnrr.ac.cn
主页网址　http://www.gsc.org.cn
电　　话　010-64889598/64870663
传　　真　010-64889598
理事长　陆大道
副理事长　刘纪远　刘昌明　许世远　许学强　李吉均　佘之祥　蔡运龙
秘书长　张国友
刊物及主编　《地理学报》　主编　刘昌明
《地理学报》（英文版）　主编　郑　度
《冰川冻土》　主编　程国栋
《遥感学报》　主编　徐冠华
《山地学报》　主编　钟祥浩
《中国国家地理》　总编　李栓科

单位简介

1909年9月，以我国近代地理学先驱张相文为首的进步地理学家在天津发起成立中国地学会，公推张相文为会长，中国地学会的创立标志着中国地理学由传统地理学“舆地之学”开始迈入近代地理学的发展阶段。1910年中国地学会创办了我国第一个地学刊物《地学》杂志。1934年3月翁文灏、竺可桢、张其昀3人署名发起在南京成立了中国地理学会，翁文灏为理事长，中国地理学会的成立标志着中国近代地理学的蓬勃发展。1934年创办了学术刊物《地理学报》。中华人民共和国建国之初中国地学会与中国地理学会合并为中国地理学会。1950年加入中国科协。1953年1月在北京召开合并后的第一次全国会员代表大会，选举产生了第一届理事会，理事长竺可桢。现为第八届理事会。50年代各省区陆续成立了地理学会或分会，60年代以来学会所属各专门委员会也陆续成立。目前全国会员1.8万人，下设16个专业委员会、7个分会、5个工作委员会，联系31个省、直辖市、自治区地方地理学会（未含台、港、澳），主办与联合主办学术和科普刊物10种。

加入国际科技组织情况：①我会于1949年加入国际地理联合会（IGU）。中华人民共和国成立后，我会在IGU的席位一度被台湾取代，1984年恢复了我会在IGU的席位。我国著名地理学家吴传钧院士、刘昌明院士先后被选为IGU副主席；②我会冰川冻土分会于1983年加入国际冻土协会（IPA）。我国著名地理学家程国栋院士先后任IPA副主席、主席，朱元林研究员1998年起任IPA执委；③我会地貌与第四纪专业委员会于1989年加入国际地貌学家协会（IAG）。我国著名地理学家王乃梁教授、王颖教授先后任IAG执委。

工作综述

1．2000年中国地理学会围绕学术交流、科学普及、编辑出版和组织建设等方面的做了大量的工作，重点是国内外学术交流和组织建设。以组织参加“第二十九届国际地理学大会”为中心，开展了一系列国际学术交流活动，共组团参加国际学术会议和组织在华召开国际学术交流活动10多项。其中，组队参加“第三届国际地理竞赛”和“中韩双边环黄海论坛”等活动，这是开创性的工作。除加强学术交流、促进科技合作和扩大影响外，在我会组织推荐下，我会副理事长刘昌明院士还当选为IGU副主席。围绕学科发展、学科基础建设和实施西部大开发战略，组织开展10多次全国性学术研讨会，如21世纪中国地理学发展战略研讨会、中国西部大开发与西部资源环境学术研讨会、中国山地研究与发展学术研讨会等。

2．开始组织了《地理科学名词》的修订工作。同时，协助中国科协圆满地完成了“再造西部秀美山川”大型科普宣传活动的宣传手册和挂图的编制、中国科协2000年学术年会“地球科学与观测技术分会场”的组织和中国科协与UNCRD第三期科技合作的考察交流等任务。发挥了学术交流主渠道和科普工作主力军的作用。

3．经过1年的努力，大多数二级组织通过不同方式完成了换届和调整工作，并有2200多名会员进行了重新登记和办理了入会、交费等手续，建立了会员档案，初步理顺了学会与会员之间的关系。同时，以办好《中国地理学会会讯》为龙头，努力做好为会员服务工作，　管理与服务进一步走向正轨。

中国地球物理学会

Chinese Society of Geophysics

地　　址　北京市海淀区民族学院南路5号
邮政编码　100081
电子信箱　cgs@cgs.org.cn
主页网址　http://www.cgs.org.cn
电　　话　010-68417744转1010
传　　真　010-68460283

理　事　长　刘光鼎
副理事长　钟辛生　陈　颙　何继善　曾绍金　周佰修
秘　书　长　朱日祥
刊物及主编　《地球物理学报》(Chinese Journal of Geophysics),(中英文版)
电子英文版(网络版)
主编　刘光鼎
《中国地球物理学会年刊》
主编　臧绍先
《中国地球物理学会会讯》
主编　曲克信
Bulletin of Chinese Geophysical society
主编　钟辛生

单位简介

1940 年春，经济部地质调查所与北平研究院为促进地球物理工作共同组成“地球物理工作委员会”。1941 年更名为“中国地球物理工作委员会”并出版《地球物理专刊》(Geophysical Memoirs) 此为中国地球物理学会的前身。

1947 年 8 月 3 日，在上海前中央研究院召开中国地球物理学会成立大会，出席会议代表 26 人，讨论通过学会章程，推举陈宗器为理事长。

1948 年 10 月，在南京中央大学举行中国地球物理学会首届年会推举赵九章为理事长。

1957 年 2 月 5～7 日，在北京中科院地球物理所召开了学会第一次全国代表大会，选举赵九章为理事长，称第一届理事会，挂靠在中科院地球物理所。

1963 年 9 月 16～21 日，在北京科学会堂召开了第二次全国代表大会，选举顾功叙为理事长，傅承义为秘书长，称第二届理事会。本届理事会配合中国科协成功恢复了我国在 IUGG 的合法席位，顾功叙任中国 IUGG 席。

“十年动乱”期间学会停止活动。1978 年逐步恢复活动，并进行了会员清理登记。1980 年 7 月 3～9 日，在苏州召开了第三次全国代表大会，顾功叙连任理事长，称第三届理事会。

第四届理事会 1988 年 5 月 24～25 日在北京科学会堂召开。1988 年 7 月 19～20 日，第四届第一次全体理事会在北京农科院举行，选举翁文波为理事长。

第五届理事会 1993 年 8 月 31 日～9 月 2 日在北京召开，选举刘光鼎为理事长。

1998 年 10 月 26～27 日，在杭州召开了理事会会员代表大会，选举刘光鼎为第六届理事长。

学会现有注册普通会员 12 697 人，高级会员 9 人，外籍会员 7 人，团体会员 32 个，设 13 个专业委员会，4 个编辑部，5 个工作委员会和秘书处。中国地球物理学会是 IUGG 成员，与 AGU、SEG、ASEG 以及 EAGO 有较好的协作关系。

工作综述

1. 2000 年学会共召开重点学术会议 18 次，其中第二次中俄物探技术研讨会推进了我会与欧亚地球物理学家学会的进一步了解和合作；每年一次既隆重又热烈的“综合学术年会”吸引会员特别是年轻人踊跃参加；“地球电磁学术讨论会”，会议的论文质量和组织工作达到了国际水准；有望突破预测难关的“特大自然灾害预测学术讨论会”和面向市场推进科研成果转化的“水与城市发展世纪论坛”等科技交流会，各有特色，为推进学科发展，服务经济建设，起到了积极作用。

2. 围绕国家急需和重大项目组织召开科技部门、管理部门、生产部门参加的科技交流会，为发展学科，推进科研成果转化，促进学术会议走进市场，找到了门路。同时面向社会，完成了 8 项科技咨询和服务，受到会员单位的好评。

3. 开通了新的网站，建立了学会主页和相应栏目，并开始交换信息。同时在“科学博览”网站建立了“中国地震馆”和“中国矿物馆”，并已对外播放。编辑出版了《地球物理学报》英文网络版，由美国 AGU 负责在网上发行。

4. 学会现有期刊 4 种，共出版中文纸版 11 期，英文纸版 5 期，英文电子版 5 期，编印会议论文集 12 册。在中国科技论文统计数据库中《地球物理学报》的各项指标又有较大提高，并纳入中科院知识创新工程，还获得基金委的优秀期刊资助。

5. 建立科普教育基地 2 个，举办青少年夏令营 2 期，举办科普讲座 12 场，市民巡回报告 25 场，接待咨询群众 3 万～4 万人，评选科学小论文 700 余篇，并试办了 1 期高等级公路质量无损检测培训班。

6. 2000 年 1 人获“地球物理科技发展奖(顾功叙奖)”，4 人获“2000 年度青年科技奖(傅承义奖)”，并颁发了奖金和荣誉证书。

中国矿物岩石地球化学学会

Chinese Society of Mineralogy, Petrology and Geochemistry

地　　址　贵州省贵阳市观水路 73 号
邮政编码　550002
电子信箱　kydhtb@263.net
主页网址　http://www.ms.gyig.ac.cn

电　　话　0851-5895823/5895599
传　　真　0851-5895497
名誉理事长　涂光炽
理　事　长　欧阳自远
副 理 事 长　王先彬　叶大年　石宝珩　刘丛强
刘若新　安芷生　李光鼐　周新民
洪业汤　赵振华　谢先德
秘　书　长　黄伯钧
刊物及主编　《岩石学报》　主编　叶大年
《矿物学报》　主编　涂光炽
《矿物岩石地球化学通报》
主编　欧阳自远

单位简介

中国矿物岩石地球化学学会由侯德封、涂光炽发起，1978 年 4 月经中国科协批准、当年 10 月在贵阳正式成立，同时加入中国科协。涂光炽任第一、二、三届理事长，欧阳自远任第四、五届理事长。有 22 个专业委员会、2 个工作委员会。1981 年代表中国加入国际矿物协会和国际地球化学天体化学学会。现有会员 6000 余人。

工作综述

1. 2000 年共召开了 6 次全国性学术会议。其中有全国“贵金属成矿与找矿理论”，150 余人与会，提交论文 100 余篇，84 篇收入会议专辑；同时结合西部大开发的形势就西部经济发展与矿产资源问题展开了讨论。由我会 5 个专业委员会联合中国地质学会的有关专业委员会共同召开的“世纪之交的中国矿物学”，有 80 余人与会，提交论文 52 篇，反映了我国近年来有关矿物学领域的新进展和成果。

2. 举办了第八届侯德封奖，有 6 名年青的科技工作者获奖，组织了第七届中国青年科技奖候选人的推荐工作。

3. 学会秘书处有 3 位同志参加了中国科协有关“我国科技科普继续教育的现状与对策”调研，到基层进行深入细致的调研工作。

4. 协助中国科普研究所在贵阳召开第二届全国科技科普继续教育研讨会。

5. 与贵州省矿物岩石地球化学学会共同举办了青少年地学夏令营。

6. 科普创作。由理事长欧阳自远院士撰写的《重返月球》，由秘书处人员组织编写的《人与自然》丛书（共 5 册）均已付梓出版。

中国古生物学会

Paleontological Society of China

地　　址　江苏省南京市北京东路 39 号
邮政编码　210008
电子信箱　a14@cast.org.cn
主页网址　http://www.nigpas.ac.cn
电　　话　025-3358784
传　　真　025-3358784
理　事　长　穆西南
副 理 事 长　邱铸鼎　汪啸风
秘　书　长　孙　革
刊物及主编　《古生物学报》　主编　李星学

单位简介

1929 年 8 月 31 日，我国第一代古生物学家 10 人在北平中信堂正式召开了中国古生物学会创立大会，孙云铸任会长，同年 9 月 17 日在北平兵马司地质调查所召开首次学术讨论会。在杨钟健倡议下，1947 年 12 月 25 日在南京中央研究院地质研究所召开中国古生物学会复活大会，登记会员 47 人，到会会员 23 人。1951 年中国科学院古生物研究所成立，学会办事机构有了专业所的挂靠，为学会发展奠定了有力的基础。1953 年正式出版会刊《古生物学报》。1956 年 6 月和 1962 年 8 月在北京召开了第一、第二届会员代表大会，登记会员 223 人。1979 年 4 月 16～22 日在江苏苏州召开了中国古生物学会第三届会员代表大会暨第十二届学术年会，这是我国古生物学史上具有重大意义的一次会议，与会 503 人，对促进我国古生物学科的迅速的发展和提高我国在国际古生物学界的地位都起到了积极的作用。数年内相继成立了 4 个分会，3 个专业委员，14 个学科组和 7 个地方学组。1984～1999 年间先后在绍兴、武汉、承德、泰安召开 4 届会员代表大会，现有会员 2400 人。历任理事长依次是：孙云铸、杨钟健、尹赞勋、卢衍豪以及王鸿祯、周明镇、郝诒纯、李星学（在 4 年任期内，每年轮流任理事长 1 年），张弥曼、穆西南。

中国古生物学会自中国科学技术协会成立之日起，即为中国科协主管的全国性社会团体。

1979 年 7 月加入国际古生物协会。

工作综述

1. 积极组织学术交流。2000 年举办学术交流活动 5 次，其中包括 2 次较大型国际学术会议，1 次小型国际学术会议，2 次国内学术会议。总计参加人数 635 人次，其中外宾近 50 个国家和地区 299 人次，提交论文摘要 663 篇，墙报 146 幅，有 357 人（次）在会上作了学术报告。

由国际孢粉协会和中国古生物学会孢粉学分会联合主办，中国科学院南京地质古生物研究所承办的第十届国际孢粉大会，6 月 24～30 日在南京举行。来自 47 个国家和地区的 256 人出席了大会。大会组织安排了 16 个专题，201 个学术报告和 87 幅墙报。

由中国古生物学会古植物学分会和中国植物学会古植物专业委员会联合主办的第六届国际古植物学大会，7 月 31 日～8 月 3 日在秦皇岛市国际饭店举行。来自 30 个国家和地区 210 人（其中外宾 130 人）出席了会议。大会组织了 11 个专题，安排了 98 个学术报告和 52 幅墙报，与会者提交论文摘要 230 篇，献给大会的专辑论文 67 篇。

第三届现生及化石轮藻国际学术会议于 10 月 16～19 日在南京召开，来自世界各国的 30 位轮藻学者参加了会议。会议共收到学术论文 25 篇，墙报 7 幅，

中国古生物学会微体古生物学分会第六届会员代表大会暨第八次学术年会于 10 月 21～25 日在江西九江市举行，来自石油、地质、高校、中科院和出版系统共 70 人出席会议，有 18 位学者作了精彩的学术报告。

1 月 10～11 日，中国古生物学会三叶虫、甲壳类学科组及国家自然科学基金“九五”重点项目“热河生物群演化及环境变化研究”课题组在南京联合举行一次学术讨论会。60 多人出席了会议，19 人作了学术报告。

2. 学报编辑出版工作。中国古生物学会的学术刊物《古生物学报》，2000 年共出版 5 期（含增刊 1 期），共刊出论文 82 篇，其中国家和省部级基金资助论文 57 篇，占全年发表论文总数的 70%；发表由国外作者或国内外作者合作论文 6 篇；全英文版论文 31 篇。《古生物学报》从 2000 年起改版，从内容到编排形式都有较大的改进，编辑体例也有相应的改变。

3. 参加中国科协组织的各项活动。组织参加中国科协 2000 年学术年会的工作，9 月中旬我会秘书长孙革率团出席了会议，8 人在会上作了学术报告，宣传了我国古生物学研究在西部地区所取得的丰硕成果。

4. 开展科普教育及活动。2000 年着力开展了建立“中国古生物学会科普教育基地”的工作。山东山旺化石博物馆、辽宁北票“中华龙鸟”化石馆、辽宁义县宜州化石馆及中科院古脊椎动物与古人类研究所的“中国古动物馆”为我会首批建立的科普教育基地。

5. 日常的组织工作和明年换届筹备工作。我会于 2000 年先后举行了七届五次、六次常务理事会通讯会议，为 2001 年第八届会员代表大会暨第二十一次学术年会充分做好筹备工作。与此同时，我会还积极参与和支持中国科协建立著名学者、学科带头人、科技业务骨干人才库的工作，2000 年年底前完成按学科门类推荐著名学者工作。按中国科协的要求，我会还积极开展了 2000 年“全国优秀科技工作者”候选人和第七届中国青年科技奖候选人的推荐工作，按时完成上报。

中国海洋湖沼学会

Chinese Society of Oceanology and Limnology

地址	山东省青岛市南海路 7 号
邮政编码	266071
电子信箱	shlzhang@ms.qdio.ac.cn
电话	0532-22879062 转 3402

理事长	秦蕴珊
副理事长	刘永定　苏纪兰　汪品先　陈宜瑜　相建海　梁瑞驹　管华诗
秘书长	相建海
刊物及主编	《海洋与湖沼》　主编　秦蕴珊
	《中国海洋湖沼学报》　主编　曾呈奎
	《湖泊科学》　主编　施雅风
	《水生生物学报》　主编　王德铭

单位简介

我会成立于 1950 年 1 月，1950 年 8 月加入全国科联（中国科协前身），1951 年 3 月 15 日在内务部登记注册，现有 8 000 余名会员，所属专业分会（专业委员会）15 个，所属地方学会 9 个。我会第一届全国会员代表大会于 1951 年 8 月 8 日在北京召开，与会代表 40 人，理事会选举孙云铸为理事长。第二届全国会员代表大会于 1963 年 10 月在武汉召开，与会代表 80 余人，理事会选举张玺为理事长。第三届全国会员代表大会 1979 年 10 月在武汉召开，与会代表 230 人，理事会选举曾呈奎为理事长。第四届全国会员代表大会 1984 年 7 月在青岛召开，与会代表 500 人，理事会选举曾呈奎为理事长。第五届全国会员代表大会 1988 年 10 月在青岛召开与会代表 250 余人，理事会选举刘瑞玉为理事长。第六届全国会员代表大会于 1992 年 10 月在上海召开，与会代表 250 余人，理事会选举秦蕴珊为理事长。第七届全国会员代表大会于 1997 年 4 月在青岛召开，与会代表 320 余人。

工作综述

一、学术交流

2000年共召开国内学术会议10次，与会人员3 916人，作大会学术报告 114 个，收到学术论文（摘要）581 篇，其中重点学术会议为：庆祝中国海洋湖沼学会、中国科学院海洋研究所成立50周年暨学术交流大会；第七届全国海洋湖沼青年学者学术研讨会。其他学术活动：①中国海洋湖沼学会风暴潮及海啸分会学术年会；②南海海洋环流时空结构及其形成机制学术研讨会；③第二届全国海珍品养殖研讨会；④2000 年海洋药物发展前景研讨会；⑤第六届全国海洋药物学术开发研讨会；⑥中国海洋湖沼学会生态学分会、甲壳动物学分会学术年会；⑦海岸河口分会学术年会；⑧第六届广东海洋湖沼学会代表大会暨学术讨论会。

二、科普工作

主要举办了海洋科普系列讲座，进行了“大手拉小手，迎接新世纪”科技传播活动。

三、编辑出版

《海洋与湖沼》学报在 1 246 种科技期刊评比中，荣获2000年度中国科学院优秀期刊一等奖。

中国海洋学会

Chinese Society of Oceanography

地　址　北京市复兴门外大街1号
邮政编码　100860
电子信箱　cso2000@email.com.cn
电　话　010-68047626/68047602
传　真　010-68047614/68030799 转交学会秘书处
理事长　杨文鹤
副理事长　王　颖　苏纪兰　洪华生　相建海　窦国仁　管华诗
秘书长　杜碧兰
刊物及主编　《海洋学报》　主编　巢纪平
《海洋学报》（英文版）　主编　巢纪平
《海洋工程》　主编　窦国仁
《海洋工程》（英文版）　主编　窦国仁
《海洋世界》　主编　孙　滨

单位简介

1979 年 1 月 17 日，中国科学技术协会正式批准成立中国海洋学会。同年 7 月 29 日～8 月 4 日，第一届代表大会暨 1979 年学术年会在大连召开，会上通过了《中国海洋学会会章》，罗钰如当选为学会理事长。1984 年 11 月 3～8 日，在北京召开了第二次代表大会暨海洋开发战略讨论会，罗钰如当选为理事长。1989 年 1 月 6～8 日，第三次会员代表大会在天津召开，严宏谟当选为理事长。1994 年 12 月 27～28 日，在西安召开了第四次会员代表大会，严宏谟被选为理事长。1999 年 9 月 9～12 日，在昆明召开第五次会员代表大会暨学术年会，会议对学会章程进行了修改。杨文鹤被选为理事长。

本届个人会员约 16000 人，团体会员 600 个。中国海洋学会 1979 年参加中国科学技术协会。

中国海洋学会有 17 个学术分支机构，其中 11 个分会和 6 个专业委员会。本学会以团体会员的形式参加国际太平洋科学技术协会（PACON）。

工作综述

1. 为国家进一步制定海洋工程环境管理的政策法规提供依据，4 月 25～26 日，中国海洋学会在南京召开了海洋工程环境管理与对策研讨会。包括严恺等 8 位院士在内的来自海洋工程科学、海洋环境科学和海洋管理科学方面的25名专家出席会议。

2. 4 月 28～29 日，由中国海洋学会主办，海军航保部、中国舰船研究院、国家海洋局第一海洋研究所协办的2000 年海洋科学技术及应用高级研讨会在北京召开。80余名专家和学者参加了研讨会。深入探讨了在新形势下加快军事海洋学研究和相关成果的转化、促进海洋科技为维护国家海洋权益和保障国家海上安全服务等内容。

3. 12 月 3～4 日，中国海洋学会海洋生物工程专业委员会在青岛召开了海洋生物技术与海水农业 2000 年学术年会。参加会议的有海洋生物工程、海水农业两大领域的 90多位教授、专家。大会和书面交流论文 70 余篇，主要涉及海洋生物工程、海洋药物、海洋生物活性物质和海水农业的研究成果等内容。

4. 8 月 7～10 日，中国海洋学会海岸带开发管理分会在青海省西宁市召开了海岸带开发管理学术研讨会，40 余人参加了会议。会议共收到论文 20 余篇，会议就海岸带开发与管理两方面的问题进行了探讨。

5. 4 月 12～16 日，中国海洋学会风暴潮及海啸分会2000年学术年会在昆明市举行，有关部门的33个单位共40名代表出席。会议收到论文或论文摘要35篇。

6. 4 月 4 日，国家海洋局举办“海洋环保法”宣传日活动，我会编写、设计与制作展板 18 块。

7. 中国海洋学会与国家海洋局极地考察办公室联合举办“中国南北极考察摄影展”，共展出 200 余幅南北极科学考察和南北极资源及自然风貌的图片。展览较全面地反映了我国 16 年来在南北极科学考察中所取得的丰硕成果，同时普及了南北极的知识。

8. 5 月初至 9 月底，受中科院计算机网络中心委托，编制了科普网页《海洋馆》。该网页由 40 余万字，1250 余幅图片和绘画，组成了 1000 多个网页，内容包括：海洋的形成、海洋大开发、海洋自然灾害与防范预报、保护海洋、拯救地球等。

9. 7 月 22～24 日，中国海洋学会海洋地质分会组织了千禧年小洋岛海洋地质青少年科普夏令营，营员来自上海、延安、延吉等 21 所中学。小洋岛是上海市青少年科普教育基地。

10. 11 月 21～30 日，中国海洋学会海水淡化与水再利用分会在杭州举办了全国 2000 年水处理技术培训班。来自上海、浙江、江苏、广东、辽宁、山西、湖北和福建等省市的 48 名学员参加了培训。

中国地震学会

Seismological Society of China, SSC

地　　址　北京市海淀区民族学院南路 5 号

邮政编码　100081

电子信箱　a17@cast.org.cn

主页网址　http://www.cast.org.cn

电　　话　010-68417858/68417744 转 1410

传　　真　010-68417858

理 事 长　陈运泰

副理事长　陈　颙　谢礼立　张国民

秘 书 长　邹其嘉

刊物及主编　《地震学报》（中、英文版）

主编　陈运泰

单位简介

中国地震学会是 1979 年加入中国科协并于 1979 年 11 月 21 日成立。

本会是由我国从事地震科技研究和参与我国防震减灾事业的科技工作者自愿结成的、依法登记成立的、具有法人资格的、公益性的、全国性的学术团体，是发展我国地震科技事业的一支重要社会力量，是中国科学技术协会的组成部分。

本会目前设有 8 个办事机构和 15 个专业委员会。现有会员 4 708 名，其中外籍会员 3 名。中国地震学会本届理事会（第五届理事会）有 102 名理事，常务理事会有 19 名常务理事。

1979 年 11 月 21 日，中国地震学会成立大会暨第一次学术大会在大连召开，顾功叙当选理事长。

1985 年 1 月 24 日，中国地震学会第二届会员代表大会暨第二次学术大会在北京召开，陈运泰当选理事长。

1991 年 1 月 20 日，中国地震学会第三届理事会成立大会在北京召开，丁国瑜当选理事长。

1991 年，中国地震学会推荐的陈运泰、胡聿贤、马宗晋当选中国科学院院士。

1993 年，中国地震学会推荐的陈顒当选中国科学院院士。

1994 年 12 月 12 日，中国地震学会第四届理事会成立大会暨第五次学术大会在北京召开，陈运泰当选理事长。

1997 年，中国地震学会推荐的马瑾、廖振鹏当选中国科学院院士和中国工程院院士。

1998 年 10 月 20 日，中国地震学会第五届理事会成立大会暨第七次学术大会在江西井冈山市召开，中国科学院院士陈运泰当选理事长。

1999 年 12 月 28 日，庆祝中国地震学会成立 20 周年大会在北京召开。

工作综述

一、学术交流活动

在 2000 年，中国地震学会的学术活动主要是以召开学术大会为主。中国地震学会第八次学术大会，于 9 月 15～19 日在四川省成都市召开。这次学术大会共收录论文摘要 350 篇，在学术大会上宣读了 280 篇。参加学术大会的正式代表为 315 人。

地震学专业委员会与国际地震学与地球内部物理学协会（IASPEI）中国委员会合作，积极参加为纪念 IASPEI 成立 100 周年而进行的《IASPEI2000》大型手册的编撰工作。中国专家为《IASPEI2000》专门撰写的《20 世纪的中国地震学》综述、历届《IASPEI 中国国家报告》、《地震学报》中英文版目录、中国历史地震目录、中国大地构造和地球动力学编图等资料内容丰富而翔实，受到《IASPEI2000》手册主编李宏鉴博士及其他国际知名专家的好评。这项工作对提高中国地震学在国际地震学研究中的地位和影响起到了积极的作用。地震学专业委员会还配合亚洲地震委员会（ASC）秘书处，积极参加德黑兰（ASC）2000 年学术大会及在会前举办的国际地震学培训班的各项准备工作。

二、组织工作

由中国地震学会设立的第二届李善邦青年优秀地震科技论文奖的颁奖仪式，在2000年中国地震学会第八次学术大会上举行，授予卢军博士、张永志博士的科技论文获第二届李善邦青年优秀地震科技论文奖二等奖；授予李平博士、王健博士、陈群策和秦小军硕士的科技论文获第二届李善邦青年优秀地震科技论文奖三等奖并为获奖者颁发了奖状、证书及奖金。

三、科学普及工作

1. 中国地震学会科普委员会组织了7位地震系统的院士及14位各专业方面的研究员撰稿，编写了中、高级科普读物——《院士专家谈地震》，文中一些新观点、新思路为首次提出，对增强群众的防震减灾意识，推动防震减灾事业的发展有很大的参考价值。

2. 为配合中国科协进一步推动科技馆的发展，增加科技馆的展出内容。中国地震学会与中国科协普及部共同制作了《地震奥秘》多媒体展示系统。

3. 经中国科协批准，中国地震学会与台湾中央大学地球科学系共同组织举办了首届海峡两岸地球科学夏令营。通过双方协商，本届夏令营由中国地震学会于8月10～20日在祖国大陆承办。来自台湾的26名师生和来自北京、深圳、湖北的21名师生共47人参加了这次夏令营活动。在夏令营期间，全体师生在短短的10天里，南起深圳，经九江（庐山）、北京，北至内蒙古草原，行程约3000多公里，通过学习地球科学知识和游览祖国大好河山，达到了促进两岸青少年相互交流和团结友谊的目的。

中国动物学会

China Zoological Society

地　　址　北京市海淀区中关村路19号
邮政编码　100080
电子信箱　czs@panda.ioz.ac.cn
电　　话　010-62552368
传　　真　010-62552368

刊物及主编　《动物学报》　主编　王祖望
《兽类学报》　主编　张知彬
《蛛形学报》　主编　赵敬钊
《动物学杂志》　主编　马　勇
《动物分类学报》　主编　冯祚建
《医学昆虫与寄生虫学报》　主编　吴厚永
《生物学通报》　主编　郑光美

单位简介

中国动物学会1934年8月在江西庐山成立，会长为秉志。成立之初有会员30人，现有会员11604人，共进行了14届理事会的换届改选。于1950年10月加入中华全国自然科学专门学会联合会（中国科协的前身）。下设学术组织有原生动物学分会、寄生虫学专业委员会、蛛形学专业委员会、贝类学分会、甲壳动物学分会、鱼类学分会、两栖爬行动物学分会、鸟类学分会、兽类学分会、发育生物学专业委员会、生殖生物学分会、显微与亚显微科学形态结构学分会、比较内分泌学专业委员会共13个。原生动物学分会于1985年以团体会员的资格加入了国际原生动物学委员会。2000年我会参加第18届国际动物学大会，并争取到2004年第19届国际动物学大会的承办权。

工作综述

一、学术活动

2000年共召开了9次国内、国际学术会议，共848人参加，其中外宾86人，共交流学术论文673篇；派7人代表团参加国际会议第18届国际动物学大会，并争取到2004年第19届国际动物学大会的承办权。

二、科普活动

1. 与中国植物学会负责组织了1999年8月在山东省实验中学举行的第十届全国中学生生物学竞赛，并选出一等奖的12名选手进入冬令营。2月，冬令营选拔赛经过理论、实验和口试的综合测评，选出了王旭等4名选手作为我国代表队的成员。6月下旬，组织4名选手来到北京师范大学，进行为期两周的理论辅导、实验技能强化、出国常识及纪律要求等集训。

2. 7月9～16日，我国代表队参加了在土耳其的安塔利亚市（Antalya）举行的第11届国际生物学奥林匹克竞赛（IBO），来自38个国家和地区的150名选手参加了此次竞赛。竞赛共产生金牌16枚、银牌30枚、铜牌45枚。我国选手获2枚金牌、2枚银牌，并获得了个人总分第一名。这是我国选手第三次蝉联个人总分第一。

3. 10月19日和12月12日，分别请著名动物克隆专家陈大元教授、灵长类专家张树义博士到北京市一零一中学、北大附中举办了题为“显微授精与动物克隆”、“亚马逊热带雨林”的科普报告。600多名师生参加了2次高水平的科普报告会。

4．7～8 月，在门头沟区中国科学院动物研究所“东灵山野外研究站”举办了两期暑期中学生“发现”夏令营，共有 50 多位学生参加。

三、办好期刊

主办 7 个刊物，认真执行党和国家的路线、方针政策和法规，做到严格评审把关，编排规范化。期刊除刊登基础理论论文外，也注意刊载能直接服务于国家经济建设的论文和文章。

《动物学报》创刊于 1935 年，是我国动物学领域最具权威性的学术刊物之一。

《动物分类学报》从 2001 年起，中文撰稿论文中的参考文献全部有英文。为了提高期刊的质量，吸引高质量的稿源，便于作者撰写论文时参考，重新修订了投稿须知，并进一步明确了优秀论文优先刊出，鼓励作者采用英文　撰稿。

《生物学通报》每 1～2 年进行一次优秀论文的评审，通过这项活动，鼓励了中学及中等学校生物学教师进行教学研究，促进了生物学教学水平的提高。此外，在 2000 年我会完成了“优秀科技工作者”及“全国第三届青年科技奖”候选人的评审工作。

中国植物学会

Botanical Society of China

地　　址　北京市海淀区香山南辛村 20 号

邮政编码　100093

电子信箱　bsco@public.bta.net.cn

bsco@ns.ibcas.ac.cn

电　　话　010-62591431 转 6505/68348787

传　　真　010-62591431-6505

名誉理事长　汤佩松　吴征镒

理 事 长　匡廷云

副理事长　许智宏　洪德元　韩兴国　陈章良　郝小江

秘 书 长　叶和春

刊物及主编　《植物学报》

名誉主编　匡廷云　张新时

主编　叶和春

《植物分类学报》

名誉主编　洪德元

主编　杨亲二

《植物生态学报》

名誉主编　张新时

主编　马克平

《植物学通报》　主编　童　哲

《植物杂志》　主编　傅德志

单位简介

中国植物学会成立于 1933 年，当时会员有 105 人。由当时中国著名的植物科学家及工作者胡先骕、辛树炽、李继侗、张景钺、钱崇澍、陈焕镛、林熔等 19 人发起成立。发展至今共历 12 届。

1934 年到 1937 年抗日战争爆发前有相当的学术活动。之后在抗日战争及解放战争的 13 年里学会活动减少。

1949 年 7 月在北京大学理学院举行第五届植物学会年会，当时全国会员发展到 500 余人；1951 年 7 月在北京举行第六届年会。1963 年 10 月在北京举行植物学会 30 周年年会（第七届）。3 年之后，文化大革命开始，中国植物学会工作因此中断活动 12 年。

1978 年植物学会恢复了活动。至 2000 年中国植物学会拥有 13 200 名会员。除台湾省外,全国 31 个省、市、自治区均成立了植物学会。中国植物学会第十二届理事会下设 6 个工作委员会，8 个专业委员会和 4 个二级分会。

工作综述

一、开展学术活动，促进学科发展

今年共召开了 8 次国内学术会议，1 次国际学术会议，共有 1 100 人参加了会议。9 次会议分别为：全国植物分子生物学与生物技术学术研讨会；2000 年古植物学迎春学术讨论会；第六届国际古植物学大会；第十五届中国植物学会植物园分会学术讨论会；第三届全国苔藓植物学学术讨论会；第二届全国药用植物及中药产品开发研讨会；第六届全国植物系统与进化青年学术研讨会；第十届（春季）中国兰花博览会和第十届（秋季）中国兰花博览会。

二、加强科普和青少年工作，培养科技人才

1．2000 年全国中学生生物学联赛

与中国动物学会共同组织的 2000 年全国中学生生物学联赛于 5 月在全国 25 个省、市、自治区同时举行，共有 7 万多中学生参加了此项活动。本次联赛共评出一等奖 506 名，二等奖 1 999 名，三等奖 2 549 名。

2．第九届全国中学生生物学竞赛

在 2000 年全国中学生生物学联赛基础上，与中国动物学会共同组织了第九届全国中学生生物学竞赛于 8 月在武汉市举行。全国 25 个省、市、自治区 26 支代表队的 78 名选手参加了比赛。通过理论考试和实验考试共决出一等奖 16 名、二等奖 23 名、三等奖 39 名。

3. 中学生生物科普夏令营

暑假期间，由中国植物学会科普委员会和河北省教育研究所在北京共同主办了中学生生物科普夏令营，参加的营员大多是全国生物联赛河北省的一等奖获得者。

三、继续办好学术刊物，努力提高刊物质量

主办的6种期刊《植物学报》、《植物生态学报》、《植物分类学报》、《植物学通报》、《植物杂志》和《生物学通报》通过各方面的努力，较好地完成了全年的出版任务。《植物学报》获得由新闻出版署和科技部颁发的首届国家期刊奖。

四、积极协助中国科协开展工作

1. 承担了中国科协 2000 年学术年会“生命科学与生物技术”分会场的组织工作，有78人参加了分会场的学术交流，37位科学家在会场作了学术报告。

2. 中国科协组织编写一套《21 世纪学科发展丛书》，我会积极响应，组织专家撰写《探索绿色世界——21 世纪的植物科学与人类》一书。

3. 根据中国科协《关于开展第七届中国青年科技奖评选工作的通知》精神，积极组织此项工作，评选出两位候选人报送中国科协，各地推荐的候选人将获得中国植物学会青年科技奖。

4. 组织专家对各地推荐的候选人进行了认真的评审，评选出中国热带农业科学院橡胶栽培研究所的郝秉中同志作为中国植物学会的候选人上报中国科协。

中国昆虫学会

The Entomological Society of China

地址	北京市海淀区中关村路19号
邮政编码	100080
电子信箱	entsoc@panda.ioz.ac.cn
电话	010-62565687

理事长	张广学
副理事长	李典谟　黄大卫　张芝利　李丽英　吴厚永　杨忠岐　张孝羲　唐振华　王韧
秘书长	李典谟
刊物及主编	《昆虫学报》　主编　钟香臣
	《昆虫知识》　主编　杨星科
	《中国昆虫科学》（英文版）　主编　钦俊德

单位简介

1944年10月于重庆成立中华昆虫学会，会员50余人，吴福祯为理事长。1950年2月改称为中国昆虫学会，会址设在北京，刘崇乐为理事长。1950 年加入中国科协。2000年 12 月全国会员人数已达 11 635 人。学术组织有昆虫分类区系、昆虫生理生化、昆虫生态、药剂毒理、农业昆虫、林业昆虫、医学昆虫、城市昆虫、生物防治、资源昆虫、蜱螨学、蝴蝶分会等专业委员会和分会。

此外，本会还参加每4年召开一次的国际昆虫学会议。

工作综述

一、学术交流活动

1. 召开“中国昆虫学会 2000 年学术年会”。10 月 18～21 日，以“走向 21 世纪的中国昆虫学”为主题的中国昆虫学会 2000 年学术年会在湖北宜昌召开。共有 351 人参加了会议。台湾大学徐尔烈教授和美国马塞诸萨州立大学昆虫学家美籍华人殷之铭教授应邀出席了大会开幕式。大会收到论文328篇。

2. 新农药应用和发展暨斑潜蝇属害虫防治策略学术研讨会于4月25～26日在北京召开，有200人出席，收到论文22篇。与会专家认为，安全、高效、经济、规范化是未来农药发展的总方向。

3. 组团参加第 21 届国际昆虫学大会。以李典谟副理事长为团长的中国昆虫学会代表团一行15人于8月20～26日赴巴西依瓜苏（Iguassa）出席第二十一届国际昆虫学大会。代表们从分子、细胞、个体、物种、动物地理到生态系统进行了探讨。

4. 组团赴英、法、德国考察访问。我学会一行 7 人在副秘书长张钟宁教授带领下，于2月27日～3月13日访问了英、法、德，考察了欧洲的病虫害治理和植物保护的现状。

5. 组团赴台参加海峡两岸昆虫学术讨论会。

二、科普工作

1. 山西吕梁地区科技扶贫。组织专家、教授和科技人员，在吕梁地区共举办红枣、蔬菜、果树及农作物主要害虫的发生情况及科学防治技术的培训班12次，受培训的干部和群众达 800 余人次。还对受培训人员进行了跟踪检查和技术指导等服务工作。

2. 组织专家编辑《21 世纪学科发展丛书》昆虫分册，约有20万字的书稿已基本脱稿。

3. 在北京小龙门举办昆虫知识夏令营一期，有300人参加。

4. 学会科普委员会在北京市 25 中学做了一次“未来昆虫学事业需要接班人”的报告。激发学生热爱自然、探索自然的热情。

5. 开展大手拉小手活动，指导北京市 25 中学一名高中学生，撰写了一篇题为《北京地区金龟子研究初报》的论文，并将参加中国科协组织的中学生科普论文评比活动。

6. 组织专家编写《山西吕梁地区的害虫及其防治》一书，该书约20万字，已于11月完稿。

三、组织工作和召开常务理事会

1. 中国昆虫学会六届二次全体理事会会议于10月19日在湖北宜昌召开。会议听取了副理事长兼秘书长李典谟做的学会工作报告。

2. 2000年共召开4次在京常务理事会议，主要内容有：组团出席第二十一届国际昆虫学大会；推荐全国青年科技奖候选人；推荐著名学者；推荐中国科协“六大”代表和全委会委员候选人；组团出席“亚太”会议；讨论2001年活动计划等。

四、关于昆虫学名词审定工作

1. 5月，在北京召开了第二次海峡两岸昆虫学名词（对照）学术讨论会，两岸昆虫学家对昆虫学名词的编写工作形成了初步的共识。11月20日，又组织专家12人赴台湾参加第三次两岸昆虫学名词审定会议，完成了《两岸昆虫学名词对照》一书的初稿。

2.《昆虫学名词》一书经专家审定已完成编写工作。

中国微生物学会

Chinese Society of Microbiology

地　　址	北京市海淀区中关村北一条13号
邮政编码	100080
电子信箱	csm@sun.im.ac.cn
主页网址	http://www.im.ac.cn/im/csm/index.htm
电　　话	010-62554677
传　　真	010-62554677
理 事 长	闻玉梅
副理事长	宋大康　朱宝泉　李阜棣　李德富　洪俊华
秘 书 长	程光胜
刊物及主编	《微生物学报》　主编　李季伦
	《微生物学通报》　主编　王修垣
	《生物工程学报》　主编　焦瑞身
	《病毒学报》　主编　侯云德
	《中国人兽共患病》杂志　主编　于恩庶

单位简介

中国微生物学会正式成立于1952年12月18日。首任理事长为著名微生物学家汤飞凡。成立之初全国有19个省级分会，会员189名。1953年创刊《微生物学报》，1954年2月出版《中国微生物学会通讯》。我国是国际微生物学会联盟的发起国之一，1980年经上级批准，正式加入了该组织。截止2000年底，学会有会员1万多名，成立了17个专业委员会和5个工作委员会。历届理事长为汤飞凡、余贺、朱既明、焦瑞身、李季伦。

工作综述

一、学术活动

1. 7月26～29日，在烟台召开了迎接21世纪微生物学研讨会，学会理事长闻玉梅教授在会上做了“我国微生物界面临的机遇与挑战”的报告。国际微生物学会联盟执委、学会常务理事、中国科学院院士曾毅做了题为《艾滋病的流行趋势、研究进展及遏制策略》的报告。

2. 5月，召开了第三届全国青年微生物工作者学术研讨会。此次大会的主题是《中国21世纪微生物学的机遇和挑战》。

3. 11月7～9日，在北京召开了21世纪第一个10年微生物资源研究与开发研讨会。邹承鲁教授做了21世纪的生命科学的报告，6位特邀专家分别做了有关环境、医学、农业等方面的微生物学资源研究动态的报告，得到一致好评。

二、对外交流

1. 曾毅教授首次作为中国微生物学会的代表，参加了4月14～16日在巴黎举行的国际微生物学会联盟（IUMS）执委会会议，并当选为执行委员。

2. 8月4～6日，在上海科学会堂召开了第七届中日国际微生物学术会议。来自中国、日本的120名微生物学家参加了会议。

三、教育培训

1. 学会与中国科学院微生物研究所合作正在建立微生物学科普网站，以便向全社会普及微生物学知识。

2. 学会组织专家承接了由中国科协交办的《21世纪学科发展丛书》微生物学分册的编写任务，并已交稿付印。

中国生物化学与分子生物学会

Chinese Society of Biochemistry and Molecula Biology

地　　址	北京市朝阳区大屯路15号
邮政编码	100101
电子信箱	csbmb@sun5.ibp.ac.cn

主页网址 http://csbmb.ibp.ac.cn
电　　话 010-64889892
理 事 长 邹承鲁
副理事长 许根俊　强伯勤　周筠梅　李伯良
秘 书 长 周筠梅
刊物及主编 《生命的化学》　主编　祁国荣
《中国生物化学与分子生物学报》
主编　张乃蘅

单位简介

中国生物化学与分子生物学会（原中国生物化学会）成立于1979年5月，1993年10月经中国科学技术协会批准更名为中国生物化学与分子生物学会。其宗旨是开展国内外学术交流，普及科学技术知识，促进科技成果转化，促进民间国际科技合作。

中国生物化学与分子生物学会现有会员约8000人，团体会员25个；下设工业生化、农业生化、医学生化3个专业委员会和毒素、脂蛋白、生物膜、多肽、酶、糖复合物、基因、中医生化、植物分子育种、RNA等10个专业学术组，各专业委员会（组）每3年召开一次学术年会。中国生物化学与分子生物学会每4年召开一次生化学术大会暨会员代表大会，开展学术交流，邀请生物化学和分子生物学各领域的专家做综述报告、工作报告和展出大字报等，选举下一届理事会。

学会由个人捐赠设立了：①“邹承鲁基金”，奖励每年在影响因子较高的国际学术刊物上发表论文的作者；②“郑集基金”，奖励在《中国生物化学与分子生物学报》上发表优秀论文的青年科技工作者；③“叶惠兰基金”，支持工作出色的青年人参加学会召开的年会。

中国生物化学与分子生物学会分别于1979年和1983年加入国际生物化学与分子生物学联合会（IUBMB）和亚大地区生物化学与分子生物学家联合会（FAOBMB），成为其会员国。2000年我学会第四届理事长林其谁教授当选为FAOBMB新一届主席。

工作综述

一、积极组织各种形式的学术交流活动

在2000年组织大中型学术会议6次，并积极组团参加了在西安召开的中国科协2000年学术年会。在这些活动中共交流科学论文674篇，858人次参加了各学科的学术交流。

其中第十五届亚洲大洋洲生物化学家与分子生物学家联合会（FAOBMB）学术会议是规模最大、规格最高的一次国际性学术会议。经过两年多的努力，题为《Perspectives of Biochemistry and Molecular Biology in the 21 Century》的第十五届亚洲大洋洲生物化学家和分子生物学家联合会（FAOBMB）学术会议于10月21～24日在北京中国科技会堂顺利召开。会议由中国生物化学与分子生物学会理事长邹承鲁院士主持，国家自然科学基金委陈佳洱主任在开幕式上做了重要讲话。来自世界22个国家和地区的300多位科学工作者和研究生参加了会议。我们荣幸地邀请到了3位诺贝尔奖得主美国华盛顿大学的Edmond H. Fischer教授、美国洛杉矶加州大学的Paul D. Boyer教授、美国加州理工学院的David Baltimore教授和我国著名生物化学家邹承鲁院士为会议做了精彩的报告，50多位专家、学者分别在大会或分组做了报告，展出了200多篇大字墙报（POSTER）。我国《科学时报》在10月24和26日分别对会议进行了报道。几位年逾8旬的老科学家始终活跃在大、小报告会场，与年轻的科学工作者亲切交谈，树立了国际顶尖级科学家的风范，为年轻人树立了良好的榜样。

随后召开的第六届亚洲大洋洲基因转录会议（The Sixth Asian Conference on Transcription, ACT-VI）与会代表共90人，分别来自澳大利亚、韩国、日本、印度、马来西亚、蒙古、我国台北,以及美国、英国、德国、法国等国家和地区。会议特邀两位杰出科学家做会议主导报告，他们是诺贝尔奖获得者、美国加州理工学院D. Baltimore教授,以及真核基因转录的先驱者之一、国际著名科学家、美国加州大学伯克利分校的R.Tjian教授。他们的报告分别代表了细胞应答分子机理和染色质水平基因调控当今国际最前沿的研究进展。本会议是基因调控领域首次在国内召开的国际会议。

中国生物化学与分子生物学会将申办2008年第十四届国际动物、植物、微生物毒素学术会议。

二、积极参与国际组织的各项活动

1．中国生物化学与分子生物学会第四届理事会理事长、中科院上海生物化学与细胞生物学研究所林其谁教授在1994～1999年间连任两届FAOBMB秘书长，2000年经FAOBMB组成国（地区）代表和执委会成员投票选举，林其谁教授当选为下届FAOBMB主席，任期从2002～2004年。

2．中国生物化学与分子生物学会副理事长许根俊院士、常务理事沈珝琲教授及理事王志珍教授作为3名正式代表出席了7月16日在英国伯明翰召开的第十七届国际生物化学与分子生物学联合会（IUBMB）的全体代表大会，参加IUBMB的各项事宜的讨论。同时参加了第十八届国际生物化学与分子生物学学术大会[是由国际生物化学与分子生物学联合会（IUBMB）、欧洲生物化学与分子生物学会（FEBS）、英国生物化学会（BS）共同组织的]，这是国际生物化学与分子生物学领域规模最大、水平最高的学术大会。本次大会与会者约2 500位，提交论文摘要2 300篇。

3．积极配合中国科协“国际组织后备队工程”的工作，

经理事会认真讨论，推选了 3 位德才兼备的青年科学家作为后备人选推荐给中国科协，并对他们有关这方面的活动、工作给予积极配合和支持。

三、学会的组织工作

1. 10 月 20 日，于北京召开了中国生物化学与分子生物学会第七届二次理事会会议，同时组织与会理事参观了中国科技馆。会议由理事长邹承鲁教授主持。

2. 中国生物化学与分子生物学会第九次全国生化大会暨第八届会员代表大会将于 2001 年 9 月中旬在上海浦东张江开发区召开。现理事候选人、代表大会代表的推荐条件及表格已发至各地方学会，各地方学会正在积极酝酿下一届的理事候选人的人选。

3. 生物化学与分子生物学是生命科学中发展最活跃的学科，我学会经全国科学技术名词审定委员会同意，成立了在学会理事会直接领导下的第二届名词审议委员会，挂靠在中国科学院上海生物化学与细胞生物学研究所，继续完成生物化学与分子生物学名词审定工作。

4. 根据学科发展的需要，经研究并征求多方意见，在我学会内成立了中国生物化学与分子生物学会 RNA 学科组。学会对 RNA 学科组组织的学术年会将给予经费上的支持。

5. 为配合科协“建立著名学者、学科带头人和业务骨干的人才库”的工作，我学会发挥学会人才荟萃、跨部门、跨行业、跨地区、横向联系广的特点，积极组织推荐工作，现著名学者的推荐工作已基本完成。

四、努力做好科学普及、编辑出版

1. 为了回顾历史，展望 21 世纪，中国科协布置撰写《21 世纪学科发展丛书》。经中国生物化学与分子生物学会常务理事会推荐，我学会常务理事、北京大学医学部基础学院院长贾弘禔教授负责该丛书生物学科分册的撰写组织工作。现该丛书的编写工作正在顺利进行中。

2. 组织生物化学、分子生物学技术培训班 3 次，近 200 余人参加了培训，散发资料数百份，取得了较好的社会效应。

中国细胞生物学学会

Chinese Society for Cell Biology

地　　址　上海市岳阳路 320 号上海生化与细胞生物研究所内

邮政编码　200031

电子信箱　flhuang@sibs.ac.cn
　　　　　yhxu@sunm.sbcc.ac.cn

电　　话　021-64315030 转 2090/64310851

传　　真　021-64711349/64310851

理 事 长　许智宏

副理事长　翟中和　朱作言　裴　钢　贾敬芬　郭礼和　徐永华

刊物及主编　《实验生物学报》　主编　姚　鑫
　　　　　　《细胞生物学》　主编　郭礼和

单位简介

中国细胞生物学学会成立于 1980 年，是一个由全国生物学工作者组成的学术团体，会员来自中国科学院、大学、中国医学科学院等。共有会员 2 005 人。至今已举行 7 次全国细胞生物学学会代表大会和学术大会，学会设 8 个专业委员会，推动全国细胞生物学领域各专业的学术交流，合作、教学、普及。中国细胞生物学学会于 1987 年加入国际细胞生物学联盟（IFCB）于 1990 年发起组织亚太细胞生物学组织（APOCB）。

工作综述

召开常务理事会，根据 1999 年第七次全国代表大会的工作安排，讨论了中国细胞生物学专业委员会的建立和专业委员会活动计划。8 月，委派学会副理事长裴钢、副秘书长丁小燕出席国际细胞生物学联盟第七次代表大会，讨论 IFCB 工作计划和 APOCB 的活动计划。学会于 2000 年和台湾分子干细胞生物学会讨论第三届海峡两岸细胞生物学研讨会（2001 年，武汉）的组织工作。12 月召开常务理事会，安排了 2001 年的学术交流活动。

中国植物生理学会

Chinese Society for Plant Physiology

地　　址　上海市枫林路 300 号

邮政编码　200032

电子信箱　yjzhou@sibs.ac.cn

电　　话　021-64042090 转 3310

传　　真　021-64042385

理 事 长　许政暟

副理事长　陈晓亚　许亦农　黄学林　吕应堂

秘 书 长　魏家绵

刊物及主编　《植物生理学报》（中英文版）
Acta Phytophysiologica Sinica
主编　许大全
《植物生理学通讯》（中英文版）
Plant Physiology Communications
主编　张景六

单位简介

中国植物生理学会成立于 1963 年 10 月，为中国科学技术协会所属的全国性学术团体，目前已拥有 4 000 多位全国会员。学会下设 5 个专业委员会和 4 个工作委员会。

第一届理事会理事长罗宗洛；第二届理事会理事长罗宗洛；第三届理事会理事长殷宏章；第四届理事会理事长沈允钢；第五届理事会理事长许智宏；第六届理事会理事长沈允钢；第七届理事会理事长汤章城；第八届理事会理事长许政暟。

工作综述

1．11 月 16～21 日，中国植物生理学会召开第八次全国会员代表大会。会议主题是“植物生理学与我国经济可持续发展”，大会共收录了 346 篇论文，请 8 位教授作大会学术报告，并分 5 个专业组进行学术交流。此外，请日本理化研究所沈建仁教授为到会代表作了题为《光系统 II 反应中心复合体结构与功能》的学术报告。大会还分别召开了以“西部开发”和“教学改革”为主题的两个座谈会。

2．完成了面向 21 世纪教改课程的研究项目——“高等农林院校本科生物系列课程教学内容和课程体系改革的研究与实践”；新编或再版了适合不同专业的植物生理学教材 5 本，其中一本用蒙文出版的《植物生理学》教材被评为全国优秀图书。

各专业委员会和地方植物生理学会（专业委员会、专业组）积极参与了各地的教育改革，开展了多种形式的科研助教活动和为中小学校老师和学生举行科普讲座等。

3．为迎接中国植物生理学会第八次全国会员代表大会的召开，学会组织了优秀论文的评选。学会秘书处共收到北京、上海、天津、等 19 个省、市、自治区植物生理学会（植物生理专业委员会、专业组）推荐的参选优秀论文 34 篇、青年优秀论文 18 篇。9 篇优秀论文和 6 篇青年优秀论文分别被授与中国植物生理学会第八次全国会员代表大会优秀论文和青年优秀论文一、二、三等奖，并颁发了奖状和奖金。

4．中国植物生理学会召开了第八次全国会员代表大会。选出 15 名常务理事、1 名理事长、4 名副理事长和 1 名秘书长。

中国生物物理学会

The Biophysical Society of China

地　　址　北京市朝阳区大屯路 15 号
邮政编码　100101
电子信箱　bscoff@sun5.ibp.ac.cn
主页网址　http://www.bsc.org.cn
电　　话　010-64889869
传　　真　010-64871293
理 事 长　赵南明
副理事长　张志鸿　沈　恂
秘 书 长　沈　恂
刊物及主编　《生物物理学报》　主编　杨福愉
《生物化学与生物物理进展》　主编　王大成

单位简介

中国生物物理学会成立于 1980 年 5 月（同时加入中国科协），创始人为我国著名生物物理学家贝时璋，其前身为中国生理科学会生物物理专业委员会。自成立以来，生物物理学会先后产生六届理事会，第一至第六届理事会的理事长分别为：贝时璋、梁栋材、王书荣、梁栋材、梁栋材、赵南明。

中国生物物理学会下设 11 个专业委员会和 2 个工作委员会。

中国生物物理学会从 1984 年起成为国际纯粹与应用生物物理协会（International Union for Pure and Applied Biophysics,IUPAB）的国家会员。目前学会还与日本生物物理学会、韩国生物物理学会、国际自由基研究学会、国际生物流变学学会等国外学术团体保持经常的联系。

自 1980 年成立以来，中国生物物理学会已召开 8 次全国生物物理学术会议和六届全国会员代表大会。1998 年在四川成都召开第六届会员代表大会，经选举产生了第六届理事会（理事 47 名）。中国生物物理学会现有会员 2200 余人。

工作综述

一、学术交流

1. 5 月，第三届东亚生物物理讨论会在韩国召开，中国生物物理学会组成了有 69 名代表参加的中国代表团赴韩。我代表团中，有一名作为大会特邀报告人，得到韩国组委会全额资助，另有 5 名青年学者得到会议部分资助。我学会特别赞助了 8 位专题发言人的会议注册费和 22 位青年学者的赴韩往返旅费。

2. 由中国生物物理学会主办、兰州大学生物系协办的第五届全国光生物学学术讨论会于 8 月在兰州大学召开。来自中国科学院、有关高校等单位的 60 人参加了会议，并提交了 56 篇论文。

3. 第五届全国自由基生物学与自由基医学学术讨论会于 10 月在湖南张家界市召开。参加会议的人员有 108 名，收到论文 117 篇。会议特邀来自美国的 lester parker 教授、来自德国的 Peter Rohdewald 教授等 15 位国内外专家作了大会报告。

4. 由生物物理学会仪器与实验技术专业委员会主办的第三届全国“现代生物物理技术”学术讨论会于 10 月在湖南省张家界市召开。出席会议代表 61 名，会议共收到论文 62 篇。

5. 由中国生物物理学会神经生物物理学专业委员会、中国科学院视觉信息加工开放实验室和海南师范学院联合主办的首届中国神经信息学讨论会于 11 月底在海南省海口市召开。有专家、学者 55 人出席了讨论会，收到论文 32 篇。

二、科学普及

由中国生物物理学会与上海生物物理学会合办，在上海市高校举办了 2000 年上海科技论坛 BIO-X 研讨会，收集和交流论文 60 余篇。参加人数 230 人次。论坛以上海地区为主，国外有德国代表团参加。会后形成的《BIO-X 研究及其发展建议》已提交上海市科协。

中国遗传学会

Chinese Society of Genetics

地　　址	北京市亚运村大屯路 917 大楼
邮政编码	100101
电子信箱	xpan@genetics.ac.cn
主页网址	http://www.bio-ngine.con/resource/union/genetics/shending.asp http://www.genetics.ac.cn
电　　话	010-64889611
传　　真	010-64853199
理 事 长	赵寿元
副理事长	吴常信　陈　竺　陈受宜
秘 书 长	李家洋
刊物及主编	《遗传》　主编　朱立煌 《遗传学报》　主编　朱立煌 《激光生物学报》　主编　胡能书

单位简介

中国遗传学会成立于 1978 年，同年加入中国科学技术协会。1978 年以来已召开六届全国代表大会。著名遗传学家李汝祺、谈家桢、李振声曾任一至五届理事长。现任（第六届理事会）理事长为复旦大学首席教授赵寿元。副理事长为：吴常信、陈竺、陈受宜。秘书长李家洋。现有会员 1.2 万人。

中国遗传学会 1982 年加入国际遗传学联合会。并组团先后参加过 1983 年、1988 年、1993 年在印度、加拿大、英国召开的的第十五、十六、十七届国际遗传学大会。主办过大型国际会议多次，其中 1998 年在北京召开的第十八届国际遗传学大会由李岚清副总理担任大会名誉主席，谈家桢教授任主席，大会代表 2000 名，这次大会取得圆满成功，国际遗传学联合会主席称“这次大会是成功的，可以成为今后国际遗传学大会的模板”。

中国遗传学会下设 6 个专业委员会，还有科普教育，青年工作及编辑委员会。每年活动在 10 次以上。

著名遗传学家方宗熙、吴旻、耿庆汉教授等都曾担任过普及工作委员会的负责人。1990 年中国遗传学会成立的医疗队，每年都开展大型义诊和科普活动，取得了良好的社会效益。

工作综述

一、学术交流

中国遗传学会 2000 年度共举办 13 次活动，这些活动涉及到人类、医学、动物、植物以及论理法学等各个方面。通过会议交流，展示了最新的研究成果并将一批青年学者推向学术舞台。在这些活动中，学者、专家认为“论理法学和社会问题”是随着科学进步和基因组研究以及克隆、安乐死、艾滋病等应该引起重视的课题。从事遗传学各分枝领域的科学工作者应与论理学家，法学家和社会学家一道，以崭新的论理道法观念对人类所面临的由生物科学高技术发展带来的难题作出正确的反应，在科学界建立相应的科学道法规范，为国家决策机构提供制定既有利于生命科学、医学发展，又有利于地球上生命质量及周围环境的法规和政策的社会学基础和哲学基础，把论理学的工作推向深入。这也是今后学会工作的重点之一。

中、美、法、日、英、德等 6 国参与的人类基因组计划“工作框架图”完成是 2000 年自然科学史重要的里程碑。所有人类基因的鉴定与人体奥秘的阐明已初见曙光。中国遗传学会基因组委员会在以杨焕明教授为主任的领导下，不仅在完成“工作框架图”中作出了杰出的贡献而且不失时机地进行了学术交流。

二、编辑出版

中国遗传学会的 3 个刊物在 2000 年都取得了一定成绩。其中《遗传学报》从双月刊改为月刊，稿件周转期仅为 6～8 个月，影响因子为 0.723，居生物类期刊第二名。《遗传学报》2000 年获得中国科学院优秀期刊二等奖。《激光生物学报》经过几年不断改进，质量有了很大提高，发稿周期仅为 3 个月，本刊被美国、德国等文摘引用，反映良好。《遗传》杂志已被列入生物学核心期刊，影响因子为 0.283，在生物学杂志中名列第十七位，发表周期由 12 个月下降为 10 个月。2000 年将加强对三刊物的管理，不断提高质量。

三、科普宣传

中国遗传学会的科普宣传工作自学会成立之日起就得到理事会的重视与支持，相继召开过六次科普工作会议，开展科普宣传专场多次。自 1990 年起中国遗传学会组成了科普宣传队和医疗队后，科普工作形成一种制度，即每年开展一次大型科普宣传与义诊活动。科学宣传工作的重点主要在遗传流行病的调查和遗传疾病知识的普及并配合义诊，为临床医生讲授遗传学的基础知识。

中国遗传学会科普宣传队和医疗队历时 5 年，只花了 5 万元，对北京远郊区县 5 万人进行了遗传病的调研。这项工作曾得到何鲁丽同志的支持和赞扬。

中国心理学会

Chinese Society of Psychology

地　　址	北京市朝阳区北沙滩大屯路 10 号中科院心理所内
邮政编码	100101
电子信箱	xuehui@psych.ac.cn
电　　话	010-64888946
传　　真	010-64855830
理 事 长	陈永明
副理事长	林崇德　沈德立　黄希庭　杨治良
秘 书 长	张　侃
刊物及主编	《心理学报》　主编　林仲贤 《心理科学》　主编　杨治良

单位简介

1921 年 8 月在南京成立中华心理学会，办有会刊《心理》。后因“九·一八”事变停止活动。1936 年 11 月，由北京、上海、南京等地心理学者 34 人发起，于 1937 年 1 月 24 日在南京成立中国心理学会，办有《中国心理学报》。因“七·七” 事变停止活动。1955 年 8 月在北京举行第一次会员代表大会，正式成立中国心理学会。中国心理学会（Chinese Psychological Society）是中国科学技术协会的组成部分。是我国现有的全国性学会中最早成立的学术组织之一，至今已有 80 年的历史。1950 年 8 月中国心理学会即以筹委会名义参加了“全国科联”（中国科协前身）作为会员学会。现有全国性会员约 4000 人。至 2001 年，我会已经历七届理事会。共召开了 8 次全国心理学学术会议。3 次全国会员代表大会。

学会下设 12 个专业委员会和 4 个工作委员及 2 个编辑委员会。

中国心理学会于 1980 年 7 月正式加入国际心理科学联合会，为第 44 个会员学会。荆其诚被选为国际心联执委（1984、1988）、副主席（1992）；张厚粲被选为国际心联执委（1996）、副主席（2000）。1984 年加入国际应用心理学会，徐联仓被选为国际应用心理科学联合会执委（1984 连续三届）、张侃被选为国际应用心理科学联合会执委（1998）。1990 年加入亚非心理学会。王甦被选为亚非心理学会执委（1990）、联合主席（1992）。林仲贤被选为亚非心理学会执委（1994）。1990 年加入国际心理测验学会。张厚粲被选为理事。

工作综述

一、组织建设

1. 自 1997 年提出设立“中国心理学会终身成就奖”以来，先后于 1998 年、1999 年、2000 年授予陈立先生、徐联仓先生、荆其诚先生终身成就奖，这在中国心理学界和社会上获得了很好的反响。

2. 编印了《中国心理学组织与机构名录》（中、英文对照）。加强了学会与各方面的联系。

二、主要学术活动

1. 参加在瑞典斯德哥尔摩举办的第 27 届国际心理学大会是中国心理学会所组织的 2000 年的主要国际学术活动。我国有 158 位心理学家参加了这次大会，在参会的 90 个国家中，出席人数为发展中国家之首。中国心理学家在这次会议上共做了 97 项口头报告和 76 项展贴交流。在国际心理学界产生了具有冲击性的影响。

2. 3 月 12 日，学会在北京召开了“心理学为素质教育服务研讨会”。23 位专家在会上发言。多家媒体到会采访并做了报道。

3. 10 月 22～25 日，学会在重庆西南师范大学召开了“心理学为西部大开发服务”的全国性学术研讨会，与会代表就心理学从教育、人力资源管理等方面为西部。大开发服务进行了深入的研讨。

4. 学会参加了 9 月 17～20 日在西安市召开的中国科协 2000 年学术年会。提交论文 13 篇，12 人参加了会议。

三、对外交流情况

1. 1 月 10～15 日，我会特邀瑞典皇家科学院院士、诺贝尔奖评选委员会委员、第二十七届（2000 年）国际心理学大会主席、斯德哥尔摩大学心理系主任 Lars-Goran Nilsson 教授访问我会。就支持中国心理学家在 2000 年 7

月份赴斯德哥尔摩参加第二十七届国际心理学大会与我会领导进行协商。

2. 3 月 18～20 日，国际心联执委、2004 年大会联络员、日本关西大学校长今田宽教授应邀来北京了解我会筹办 2004 年国际心理学大会的情况和进展。

四、编辑出版

1. 编辑完成了《中国心理学研究和教育机构》（中英文各一册）。在 2000 年国际心理学大会上散发了 2000 本。

2. 2001 年是中国心理学会成立 80 周年，学会决定编辑出版《中国心理学会 80 年画册》和《当代中国心理学》。

3. 编印了宣传 2004 年在我国北京举办的第 28 届国际心理学大会的宣传折页和招贴画。

4. 编写了《高等师范院校公共课心理学教材》、《心理学的教与学——高师公共课心理学教学参考材料》、《高师公共课心理学题库》和《高师公共课心理学教学大纲》、

五、科普工作和科技咨询

4 月 1 日， 在北京召开了科普工作委员会，总结了 1998～1999 年的科普工作，就 2000 年和今后的科普工作进行了全面的筹划。2000 年由我会科普工作委员会举办的一次讲座听众达到 2000 多人。11 月，在湖南举办高等院校心理教育研讨会，反映了社会对心理学科普知识的需求。

中国生态学学会

Ecological Society of China, ESC

地　　址	北京市海淀区双清路 18 号
邮政编码	100085
电子信箱	esc@mail.rcees.ac.cn
电　　话	010-62849101
传　　真	010-62923563
理 事 长	李文华
副理事长	宋永昌　孙铁珩　钟章成　骆世明　赵景柱　韩兴国　刘世荣　方精云
秘 书 长	王如松
刊物及主编	《生态学报》　主编　阳含熙
	《应用生态学报》　主编　沈善敏
	《生态学杂志》　主编　孙铁珩

单位简介

中国生态学学会于 1979 年 12 月在昆明召开成立大会，选举产生了以马世骏教授为理事长的首届理事会，1980 年加入中国科协。

中国生态学学会是中国生态科学技术工作者自愿结合、依法成立的全国性、非营利性的多学科、综合性学术团体。

中国生态学学会现有会员 6 000 余人，来自全国各省、市、自治区、港澳特别行政区，英、美、加等地华人生态学工作者、决策管理人员和企业家。

学会下设 12 个专业委员会，4 个工作委员会。

1984 年中国生态学学会作为团体会员加入国际生态学会。

工作综述

2000 年，学会共开展不同类型的各类活动近 20 次。其中西部大开发与生态学学术论坛、第十次全国农业生态学术讨论会、微生物生态专业委员会工作会议及中国北方地区生态系统服务功能与流域可持续管理国际学术讨论会、森林生态系统：生态保育与可持续经营国际学术讨论会、中国可持续发展能力建设国际学术讨论会、西部生态环境建设骨干培训班、邀请《人类环境》杂志主编来华讲学、参与奥申委环境部的申奥建议等受到普遍好评。12 月 15～19 日，为迎接澳门回归祖国 1 周年，召开了珠海—澳门生态城市建设学术讨论会。会议以“21 世纪生态城市建设的新挑战”为主题，重点讨论了“珠海—澳门城市生态系统演替史”、“珠海—澳门—中山生态城市建设经验与建议”、“珠江三角洲生态城市建设战略”、“中国城市生态建设案例及对策”，并进行实地考察，为决策部门提供了科学依据。与会代表一致认为，澳门海岸红树林湿地有重要的保护价值，提出了“关于建立澳门城市湿地保护区的建议”，受到特区政府、科技工作者及澳门民众的关注，《澳门日报》报道了会议信息，并转载了有关建议。

中国环境科学学会

Chinese Society of Environmental Science

地　　址	北京市海淀区红联南村 54 号
邮政编码	100088
电子信箱	zzzhou@65.com.cn
主页网址	http//:cses.65.com.cn
电　　话	010-62210708/62210731
传　　真	010-62210728
理 事 长	解振华
副理事长	叶汝求　唐孝炎　章　申　徐厚恩　舒惠芬
秘 书 长	鲍　强

刊物及主编	《中国环境科学》	主编	王文兴
	《中国花卉盆景》	主编	苏本一
	《环境》	主编	叶志容
	《环境工程》	主编	翁仲颖
	《环境导报》	主编	史振华

单位简介

中国环境科学学会于1978年5月5日经中国科协批准成立。

目前中国环境科学学会下设11个分会，9个专业委员会，有会员约3万人，团体会员100多个。1997年开始设立高级会员，现有高级会员222人，进入学会人才库各类专家1 000多名。

工作综述

一、学术交流与研讨

1. 3月29~31日，在北京主持召开了2000全国工业企业达标排放专题研讨会。应邀出席研讨会的有150多人，有关领导和专家分别作了“全国一控双达标工作概况”、“环保项目的引资融资”、“环境保护运行设施市场化”和“清洁生产在一控双达标中的作用”等专题报告，与会单位作了大会交流。

2. 4月3~5日，我会和中国地质学会共同组织召开了地学、环境与可持续发展战略研讨会。

3. 6月12~15日，在北京召开了中国加入WTO对环境保护的影响及其对策研讨会。研讨会上有10多位专家分别作了“加入WTO对我国工贸领域主要行业的影响与对策”、“中国入世对环保领域的影响研究”、“经济全球化与可持续发展”以及“加入WTO后对我国企业环境保护面临的挑战及对策”等报告。

4. 9月18~20日，《21世纪关键技术：过程工业的污染控制与资源化》国际会议在北京召开，来自美国、加拿大、澳大利亚、德国、法国、英国、日本、俄罗斯、印度、泰国、韩国、朝鲜，以及中国的香港、台湾等20多个国家和地区的有关学者、专家和公司代表共100多人出席了研讨会。会议提供交流的论文95篇。

5. 与中国城市发展研究会合作，于12月16~18日在北京组织召开2000城市环境保护与可持续发展论坛，260多人出席会议。会议收到交流论文200多篇，其中170多篇编入《市长、专家、企业家论环境保护》论文集。

6. 12月22~25日在深圳召开第五次脱硫技术交流研讨会。200多人出席会议，除进行专题技术交流外，还特别邀请了国家计委、国家环保总局和国家电力总公司等有关方面的领导作了关于燃煤烟气脱硫技术，以及脱硫设备国际化等问题的政策性报告。

二、课题研究

1. 承担UNDP《中国可持续发展进程中女市长、女乡镇企业管理人员能力建设》（妇女与环境）课题研究。1月14~18日，在北京举行了UNDP《妇女与环境》第二次研讨会，主题是妇女、环境、健康，共计150人参加了会议。同时，分别在广西、江苏、陕西、福建、广东和北京举办了6期妇女与环境培训。

2. 陆地石油天然气资源开发与环境补偿研究。这是由我会具体承担的国家环境保护总局科技计划项目，现已基本完成了“资源开发与环境补偿”国外情报调研、国内相关领域研究进展文献收集。

三、中介服务

1. 4月16~19日，与北京新万通科技中心合作，在北京主持召开了科技成果发布会。会议共收到39个科研院所、大专院校和企业提供的232项新环保科技成果，其中有20多项在会上达成了合作意向协议。

2. 先后为北京京鑫技术开发有限公司、北京格绿环保公司、山东淄博动力机械制造有限公司、秦皇岛开发区环保公司、大庆北盛有限公司、北京市蟹岛绿色生态园度假村有限公司、北京恒福利家具制造有限公司等企业进行了技术或产品评议和推荐工作。

3. 组织开展了2000第二届全国用户信得过环保产品评选。42个产品被评为用户信得过产品。

4. 组织中国绿色产品宣传推广活动，使更多的用户了解和选用这些产品。

四、科普与培训

1. 6月5日，向北京市10所中小学赠送《人与自然》丛书，并举行了仪式，人民日报等新闻界作了报道。

2. 10~11月，派员参加北京市的爱科学月活动，参加生物与科学探索活动和长江小小科学家的评选和讲课活动。

3. 11月8日，应第十二届国际科学与和平周组委会的邀请，张坤民教授在北京教育学院作了题为“环境与可持续发展”的专题报告。来自全国从事环境保护、地学教育的专家、学者近百人参加了报告会。

4. 11月30日，邀请中国农业大学白瑛教授作了题为食品污染与人体健康的报告。请北京市外语学校尉小珑老师作了题目为“开展环保科技活动，提高中小学素质教育”的报告，并向北京市100所中小学赠送《中国环境污染与人群健康》一书。

5. 11月30日，与中国环境文学研究会共同举办《长江传》首发式座谈会。中国环境科学学会向与会者赠送了《长江传》。

6．在国家环保总局有关司的主持和指导下，与有关单位合作先后举办了汽车污染控制培训班、环境规划硕士进修班、中华人民共和国大气污染防治法培训班、全国环境监测技术培训研讨班、全国排污申报登记变更申报培训研讨班等。

五、编辑出版

2000 年度《中国环境科学》在全年发表的 135 篇论文中，发表国家自然科学基金资助项目论文共 80 篇。“九五”国家科技攻关项目论文 11 篇。与此同时，进行了 2000 年度《中国环境科学》优秀论文评选工作。

六、国际间的合作与交流

1．5 月 9～24 日，组团赴美国、加拿大进行了环境技术交流与考察。

2．9 月 26 日～10 月 12 日，组织了有关省、市、环保局有关官员、技术人员赴荷兰、德国进行了为期 16 天的环保技术交流与考察。

3．应联合国区域发展中心（UNCRD）的邀请，中国科协组织了以我会鲍强秘书长为团长的中国区域规划与环境保护代表团一行 8 人，于 10 月 11～25 日赴日本出席了“可持续发展与环境保护——面向 21 世纪中国区域发展与环境保护政策”国际研讨会。

4．应韩国贝美克斯（BIMIX KOREA）株式会社的邀请，我会一行 4 人于 11 月 10～16 日前往韩国就有关重油乳化剂技术进行实地交流与考察，其间还考察大田市垃圾处理场，拜会大田广域市环保局、经济科学局和锦江环境管理厅等。

5．应德中科技交流合作中心的邀请，于 12 月 4～17 日组织有关人员赴欧洲参加首届德中环保论坛和有关学术交流，并对有关环保设施、研究单位、设备及产品生产厂家进行实地考察、项目合作与投融资洽谈等。

中国自然资源学会

China Society of Natural Resources

地　　址　北京市朝阳区安外大屯路 3 号
邮政编码　100101
电子信箱　csnr@cisnar.ac.cn
电　　话　010-64889806
传　　真　010-64889806
理 事 长　石玉林
常务副理事长　陈传友
副理事长　史培军　李晶宜
秘 书 长　陈传友
刊物及主编　《自然资源学报》　主编　李文华

单位简介

1980 年 9 月 12 日，中国科协（80）科协发字第 278 号文件同意成立中国自然资源研究会。1983 年 10 月在北京举行中国自然资源研究会成立大会，推选出第一届理事会，至今已换了四届。1993 年科协发组字 042 号文件同意中国自然资源研究会更名为中国自然资源学会。目前，学会有会员 4000 人左右，有 9 个专业委员会和 2 个工作委员会，此外，还有福建省、山东省、湖南省、宁夏回族自治区、湖北省等 5 个省级学会。

工作综述

一、学术交流

召开了 3 次学术研讨会：

4 月 8～20 日，在四川省成都市召开了中国西部大开发学术研讨会，代表 70 多人，收到学术论文 50 余篇，会后，综合代表的意见写成建议书呈报国务院西部开发办。

8 月 14～17 日，在辽宁大连市，由天然药物资源专业委员会主持召开了全国第四届天然药物资源学术研讨会，代表 130 多人，收到论文 120 余篇。

9 月 4～6 日，在福建省福州市由福建省自然资源学会主持召开了海峡两岸资源互补与永续利用学术研讨会，代表 80 多位，收到论文 32 篇。

此外，在中国科协 2000 年年会上，承担了第六分会场的业务组织工作。编辑出版了学术专著。

二、出版方面

出版发行了《中国资源科学百科全书》，全书分上下两册，327 万余字，总条目 2589 条，彩色图片 769 幅，黑白图片 1 670 幅。该书是我国首部关于资源科学的大型工具书，也是以资源科学为主题，以百科全书的形式撰写而成的学术巨著。由天然药物专业委员会组织编写的《天然药物资源开发利用》一书，2000 年已出版发行。此外，中国科协向新千年献礼的《21 世纪科技发展丛书》资源科学卷，在学会理事长石玉林院士主持下，已完成初稿，全书分上下两篇，共 13 章，约 20 余万字。

三、科普和科技咨询

完成了对湘西 12 个贫困县申请国家继续扶贫报告的咨询和对“拓展南水北调中线方案”组织现场考察的工作外，学会还参与了科协年会向中央起草建议书的工作。

中国感光学会

Chinese Society of Photographic Science

地　　址　北京市朝阳区大屯路甲 3 号
邮政编码　100101
电子信箱　xh@ipc.ac.cn
主页网址　http://www.cast.org.cn
电　　话　010-64888031
传　　真　010-64888031

理 事 长　王佩芳
常务副理事长　陈　萍
副理事长　黄德音　温荣谦　黄毓礼
秘 书 长　刘新厚
刊物及主编　《感光科学与光化学》　主编　吴士康
《影像技术》　主编　谭庆珍

单位简介

1981 年 8 月成立中国感光研究会。1991 年正式更名为中国感光学会。

现有个人会员 3 677 人，其中外籍会员 1 名，团体会员（单位）38 个。本会有专业委员会 10 个，工作委员会 1 个。

中国感光学会是国际感光科学委员会（International Committee for the Science of Photography ICSP）的重要成员，该国际组织于 2000 年更名为国际影像科学委员会（International Committee for the Imaging Science ICIS）。黄德音、黄毓礼、马礼谦任国际委员。

工作综述

2000 年本学会在全国性学会统计工作评比、表彰中获一等奖。

一、学术活动

1．9 月份，本会组团出席了在加拿大举行的国际卤化银技术学术大会，中国代表团 13 位成员在会上宣读了 4 篇学术报告和 5 篇大字报，这些报告得到与会者的重视，是与会者比较注目的代表团。会后，国际影像科学委员会主席谷忠昭博士称赞说："中国在卤化银研究领域的贡献扩大了"。

2．10 月份，中国感光学会辐射固化专业委员会主办了面向 21 世纪中国辐射固化技术和市场研讨会，国内 70 家企业；北大、清华等 14 所高校；11 家中外合资企业和 9 家国外著名公司共 114 个单位 163 名代表出席了研讨会。同时，北美辐射固化协会主席、美国辐深公司总裁专程参加了会议，并作了精彩的报告，还积极资助了 2001 年 5 月在昆明召开、由本会主办的第八届亚洲辐射固化国际会议。

3．2000 年由本会和专业委员会共同组织学术交流活动 6 个，有 860 人次参加，国内科技工作者发表论文 91 篇，国外学者来华讲学参加学术会议，报告 9 篇。同时出版了 4 种学术会议论文集，收集论文 103 篇。

二、开展科学普及活动

5 月，中国感光学会和中国科协机关团委联合组织中国科协机关、科技会堂、科技馆等单位的 40 多名团员青年，到中国乐凯胶片公司，开展了"走进乐凯了解民族感光工业看企业改革"科普活动和社会实践活动。

三、举办展览会

由中国感光学会、中国国际科技会议中心、上海世界贸易商城有限公司主办的国际影像技术、材料、设备展览会于 6 月在上海世贸商城隆重举行。国内外 8 个地区及其公司、企业布展了近 60 个展位，有 2100 多人光临展览会。6 月 7 日，由上海世贸商城总监夏国梁主持了开幕式，本会王佩芳理事长致开幕词，应邀来华的国际影像科学委员会主席、日本富士公司谷忠昭博士和本会吴再郎原理事长为展览会剪彩。

展览会上，展出的设备约有 120 多种；各种影像材料 70 多种。与展会同时，卤化银专业委员会举办了卤化银影像材料及其装备学术研讨会，来自全国 11 个省市、23 个单位共 200 人参加了研讨会。

中国优选法统筹法与经济数学研究会

Chinese Society of Optimization in Planning and Engineering and Economic Mathematies

地　　址　北京市海淀区中关村南四街甲 1 号
邮政编码　100080
电子信箱　zgsf@mail.casipm.ac.cn
主页网址　http://www.casipm.ac.cn/magazine/2ways.htm
电　　话　010-62542629
传　　真　010-62542619

理 事 长　计　雷
副理事长　徐伟宣　李之杰　李虞庚　岳　枫　陈德泉　谢庭藩
秘 书 长　池　宏
刊物及主编　《中国管理科学》　主编　蔡　晨
《数理天地》　主编　周国镇

单位简介

本研究会由著名数学家华罗庚教授发起。

60 年代以我国著名数学家华罗庚教授为首率先开展优选学、统筹学、经济数学的理论研究，并组织小分队先后到 23 个省、市、自治区结合我国的实际情况推广双法工作，把双法成功地应用于化工、电子、冶金、煤炭、石油、电力、机械制造、交通运输、粮油加工、建材、医药卫生、环境保护、农林牧畜、国防工业和科学研究等方面，取得了丰硕成果。1981 年 3 月 31 日成立了中国优选法统筹法与经济数学研究会，华罗庚教授首任理事长。研究会现有会员 1.6 万多人，设有省、市分会 18 个，并有项目管理、计算机模拟、军事运筹、决策信息、工业工程、高等教育管理、经济数学、初等教育 8 个专业分会。

本会作为牵头学会成功地开展了对国家重大项目的咨询论证，在社会上有较大影响，本会组织完成的项目先后获得国家科技进步奖 5 项（一等奖 1 项，二等奖 3 项，三等奖 1 项），院、部科技进步奖 14 项（一等奖 7 项，二等奖 6 项，三等奖 1 项）。

工作综述

一、学术交流

研究会 2000 年的工作主要以学术交流为主，全年共举办了 6 次学术交流会议，500 余人参加会议，交流学术论文 195 篇，以管理项目专业委员会为主举办了一次国际学术交流会议，参加人数 208，外方 20 人，交流论文 80 篇，其中外方论文 16 篇。重点活动如下：

1．华罗庚教授诞辰 90 周年纪念大会。11 月 12 日，是数学家华罗庚教授诞辰 90 周年纪念。由中国科协、中国科学院主办，中国优选法统筹法与经济数学研究会、中国少年报社“华罗庚金杯少年数学邀请赛”组委会办公室、中国科学院科技政策与管理科学研究所承办的“伟大的数学家华罗庚教授诞辰 90 周年纪念大会”在中国科技会堂召开。

全国人大常委会副委员长丁石孙参加了大会。会上，原中国科技大学副校长龚升教授介绍了华罗庚教授的生平，中国科协副主席、党组书记、书记处第一书记张玉台，中共中央候补委员、中国科学院院士、中国科学院副院长白春礼作了重要讲话。华老家乡江苏省金坛市政府代表段锁庆和华老的生前友好、原中国石油天然气集团公司总工程师、大庆石油管理局局长李虞庚等在会上发了言，他们对华罗庚教授的光辉一生做了高度评价。

纪念大会同时展示了即将出版的《华罗庚纪念画册》，播放了电视专题片《追寻华罗庚的足迹》。

2．面向复杂系统的管理理论与信息系统技术。学科的交叉和融合被认为是 21 世纪科学发展的重要特征之一。复杂性科学（The Science of Complexity）得到了各国科学家的广泛关注。为此，由中国优选法统筹法经济数学研究会管理决策与信息系统专业委员会、中国科学院科技政策与管理科学研究所，于 12 月 8～10 日在北京中国科技会堂联合召开了面向复杂系统的管理理论与信息系统技术学术交流会。

会议收到了来自全国各地从事管理科学的学者、企业与事业单位的管理人员的学术论文 180 余篇，70 多位与会代表在会上宣读了论文。会议特聘请了国家自然科学基金委员会常务副主任黄海军、中国科学院科技政策与管理科学研究所所长徐伟宣博士就“中国管理科学的学科发展与优先领域”做了大会主题报告。

3．2000 年中国西安项目管理国际论坛。由中国优选法统筹法经济数学研究会项目管理委员会、西安市人民政府，西北人民大学，联合国教科文组织，产学研结合计划中国网点共同主办的“2000 年中国西安项目管理国际论坛”于 10 月 3～6 日在西安召开。

来自美国，日本，澳大利亚，印度，香港，新加坡，挪威，英国及中国 10 个国家和地区的 200 多名代表参与本次论坛。特别是世界两大项目管理组织、国际项目管理协会及美国项目管理学会的主要领导人和知名专家为论坛带来了最新的项目管理成果，对于促进我国项目管理的发展起到了重要的推动作用。论坛安排了 13 篇大会报告，6 项专题论坛、7 项专题讲座及 6 项专题报告，涉及到了项目管理及其发展的各个方面，代表了当代项目管理的最新发展，得到了与会代表的强烈反响。

二、期刊编辑

研究会主办的学术期刊《中国管理科学》近两年来在编辑、期刊内容、发行等方面都有所改进和提高，在首届“中国学术期刊（光盘版）检索与评价数据规范”评优活动中获优秀奖。是国家自然科学基金管理学部认定的 17 种核心期刊之一。研究会还主办科普期刊《数理天地》初中版、高中版，在中小学生中反映良好。另外还编辑论文集 4 册。

三、科普宣传

在科普宣传方面，举办科普讲座 5 次，听讲人数 1 722 人，举办科普展览 2 次，参观人数 3 000 余人，举办青少年科技竞赛 3 次，参赛人数 100 余万人。

四、国际交流

接待德国、日本，美国等科技代表团组 4 个，总人数 12 人，举办 36 次科技报告，参加人数 200 余人，同时研究会也派出参加国际会议、访问考察的科技人员若干人。

中国岩石力学与工程学会

Chinese Society for Rock Mechanics and Engineering

地　　址　北京市安外大屯路甲 11 号

邮政编码　100101

电子信箱　egml@igcas.igcas.ac.cn

电　　话　010-64889053/62008462/64889054/6488955

传　　真　010-64889053

理 事 长　王思敬

副理事长　王福柱　白世伟　刘同有　刘宝琛　杨林德　张超然　赵经彻　钱七虎

秘 书 长　杨志法

刊物及主编　《岩石力学与工程学报》　主编　朱维申

单位简介

中国岩石力学与工程学会（以下简称学会）是中国共产党领导下的全国岩石力学与工程科技工作者的学术性群众团体，是党联系广大科技工作者的纽带和桥梁，是中国科学技术协会领导下的全国性学会，对外为国际岩石力学学会中国国家小组。

学会前身是国际岩石力学学会中国小组（NG China,ISRM），该小组是 1978 年底由中国科学院、外交部联合报请国务院批准成立的。在此基础上，1981 年成立了学会筹备组，经过 4 年多的努力，于 1985 年 6 月正式成立了中国岩石力学与工程学会。

第一届（1985～1991）理事长兼国家小组组长：陈宗基；第二届（1991～1994）理事长潘家铮；第三届（1994～1998）理事长兼国家小组组长孙均。

工作综述

1．筹备并在武汉召开了第六次全国岩石力学与工程学术大会暨四届三次理事会。第六次全国岩石力学学术大会是由中科院武汉岩土力学研究所、长江科学院、长江水利委员会等单位具体承办，我学会在武汉地区的地下岩石动力专业委员会、岩石测试专业委员会、地下岩石工程专业委员会及湖北省岩石力学与工程学会等有关部门配合协助，是历次学术会议参加人数最多的一次。会议正式出版了 90 万字的论文集。

2．开展了学会首届“青年优秀科技奖”活动。批准了金丰年等 5 名为青年优秀科技奖金奖，刘宁等 7 名为青年优秀科技奖银奖，并在武汉召开的第六次全国岩石力学与工程学术大会上进行了表彰，5 名青年优秀科技奖金奖得主作为学会向中国科协七届青年奖推荐名单。

3．推荐卓家寿为我学会的向中国科协推荐的全国优秀科技工作者的候选人。

4．经推荐，学会最终评出张玉卓等 3 名为“国际科技组织后备队工程”的推荐名单。

5．组织学会副理事赵经彻、刘同有等 14 人参加中国科协 2000 年学术年会。

6．为了开好 2001 年在京召开的第二届亚洲岩石力学学术会，进行了大量的会前准备工作。

中国野生动物保护协会

China Wildlife Conservation　Association

地　　址　北京市和平里东街 18 号

邮政编码　100714

电子信箱　cwca@public3.bta.net.cn

电　　话　010-84239016/84239015/84238861

传　　真　010-64238030

名誉会长　王光英　宋　健

会　　长　王志宝

常务副会长　马　福

副 会 长　邓　楠　齐景发　王玉庆　杨伟光　李仁臣　陈宜瑜　王福兴　张建龙　甄仁德

秘 书 长　王福兴

刊物及主编　《动物世界》　主编　秦晓东

单位简介

中国野生动物保护协会（CWCA）于 1983 年 12 月在北京成立，1985 年加入中国科协。目前，全国 31 个省、区、市都已建立了野生动物保护协会，全国有各级协会 572 个，个人会员 4 万余人，团体会员 229 个。中国野生动物保护协会下设科技、宣传、基金管理 3 个工作委员会。为推动野生动物养殖和濒危物种的保护工作，还先后成立了养殖专业委员会和鹤类保护专业委员会。

协会成立以来，先后同美国、日本、德国等 50 多个国家和国际自然保护组织建立了联系。1984 年，中国野生动物保护协会加入了世界自然保护联盟（IUCN），为非政府组织团体会员。

工作综述

一、组织开展野生动物科普宣传活动，提高全民自然保护意识

1．2000 年，我会与国家林业局保护司共同印发了开展“爱鸟周”活动的通知，开展“让我们拥有鸟语花香的新世纪”为主题的“爱鸟周”宣传活动。11 省、市，共同参与这次行动。历时两个多月，在 25 个城市、乡镇开展形式多样的普及鸟类知识，宣传“野生动物保护法”，到 9 个自然保护区考察鸟类栖息地的保护，开展执法检查等。中央和地方各有关媒体做了近 300 篇的宣传报道。

2．从 1999 年 10 月开始，为了解决因滥吃野生动物对资源造成的破坏，诱发乱捕滥猎问题，协会与国家林业局保护司印发 2.3 万份“野生动物食用状况调查问卷”。调查表明，81.2%的人不赞成食用野生动物。2000 年 1 月在北京召开新闻发布会，发出了“提倡不食野生动物，树立饮食新风尚”的倡议。

3．协会从 2000 年下半年开始联合河北、北京和山西等省、市野生动物保护协会，在小学生中开展争做“野生动物小卫士”活动。

二、进一步扩大科技合作、交流与研究工作

1．8 月 16～18 日，协会与中国鸟类学会、台北市野鸟学会在昆明市，共同举办了第四届海峡两岸鸟类学术研讨会，100 多人参加了会议。与会代表就近几年来我国鸟类的生物学、生态学、分类、饲养繁殖、疾病等方面的研究成果进行了交流；对鸟类的种类、分布调查情况进行了介绍。

2．10 月 4 日，来自世界近 140 个国家约 3000 名代表出席了在约旦召开的世界自然保护同盟（IUCN）第二届世界自然保护大会。协会向 IUCN 大会提交保护藏羚羊和拯救朱鹮两项提案在会上获得了通过，呼吁国际社会支持中国的藏羚羊和朱鹮的保护工作。

3．我会与美国圣地亚哥动物园协会等，在美国圣地亚哥动物园共同举办“大熊猫 2000 年国际研讨会”。

4．我会承担了由中国科协组织的《21 世纪学科发展丛书》中野生动物和自然保护区部分的编写任务。

三、拓宽筹资渠道，为保护野生动物募集资金

经国务院批准，分别与日本和美国开展大熊猫、金丝猴合作研究；利用电子商务美国网站在网上在线竞拍大熊猫认养权。此外，采取交换动物等各种形式的宣传活动，发动社会各界捐助野生动物保护事业。

四、加强协会自身建设，推进协会各项工作的开展

12 月 11~13 日，我会在厦门召开全国野生动物保护协会组织建设工作研讨会，会议讨论了《加强野生动物保护协会组织建设工作的意见》，探讨了新时期搞好协会工作等有关问题。

中国系统工程学会

Systems Engineering Society of China，SESC

地　址　北京市海淀区中关村南四街甲 1 号
邮政编码　100080
电子信箱　sesc@staff.iss.ac.cn
主页网址　hppt://iss02.iss.ac.cn/sesc/
电　话　010-62541827
传　真　010-62548364

理事长　顾基发

副理事长　于景元　王浣尘　陈光亚　汪寿阳　范文涛　赵纯均　韩文秀

秘书长　经士仁

刊物及主编　《系统工程理论与实践》　主编　顾基发

《系统工程学报》　主编　刘　豹

Journal of Systems Science and Systems Engineering　主编　刘　豹

《交通运输系统工程与信息》　主编　张国伍

《模糊系统与数学》　主编　汪　浩

《农业系统科学与综合研究》　主编　刘晓冰

单位简介

中国系统工程学会是中国系统科学和系统工程科学技术工作者的学术性社会团体，是中国科学技术协会的组成部分。1979 年，由钱学森、张钟俊、宋健、关肇直、许国志等 21 名专家、学者共同倡议，建立了中国系统工程学会筹委会。1980 年 11 月 18 日在北京正式成立。由自然科学领域的科学家钱学森和社会科学领域的经济学家薛暮桥担任名誉理事长，充分体现系统工程跨部门、跨领域交叉学科性质特点。第一任理事长关肇直。迄今已产生五届理事会。

理事会下设 15 个专业委员会，6 个工作委员。

全国已建立省、市、地级学会 40 个，1.1 万个会员分布在 27 个省、市、自治区数百个单位，团体会员 160 多个。

工作综述

一、把促进系统科学理论发展作为一件大事来抓

从现在开始展望系统科学 20 年或更长一段时间，系统科学将成为 21 世纪的“热点”之一。为此，我们在经过近两年的国内外调查研究基础上，1998 年暑期举办了《系统科学与工程》第一期高级研讨班，并组织了由近百名系统科学与工程专家参加编写了《系统科学》教材和《系统科学与工程研究》2 本书。

二、紧密联系国民经济建设，积极开展学术交流

2000 年我会开展综合性和专题性的学术交流活动 9 项，继续教育培训活动 1 项，参加交流人数达 700 余人次，交流论文数 540 多篇。其中有一定规模和影响的学术活动有：①中国系统工程学会第十一届学术年会暨学会成立 20 周年纪念大会，本次会议主题是"系统工程、系统科学与复杂性研究"，会议出版了论文集、汇编了学会成立 20 周年纪念特辑、会议期间还举行学会五届二次理事会、讨论和研究了系统科学学科发展和学会扩名的问题。大会还向长期热爱学会工作并作出显著成绩的 25 人进行了表彰，并授予了中国系统工程学会先进工作者称号；②在宝钢召开的"生产过程及信息集成应用技术研讨会"；③在海南召开的第四届交通运输系统工程学术年会暨智能交通技术成果研讨会；④10 月在西安召开的第 10 届军事系统工程学术会议；⑤在江西召开的模糊数学与模糊系统第 10 届学术年会；⑥在桂林召开的第二届人的可靠性与人—机—环境系统工程可靠性专题讨论会，11 月在宜昌召开的教育系统工程学术讨论会，12 月在北京召开的农业系统工程青年研讨会，在安徽芜湖召开的科技系统工程学术研讨会等。在国际交流方面，争取到 2003 年在中国召开第八届过程系统工程（PSE）国际大会。届时国际系统研究联合会（IFSR）秘书长来华访问。

三、积极参加中国科协组织的各项活动

组织撰写并完成《中国科学技术专家传略》（自动化、系统工程、光学、仪器仪表卷[第 2 卷]）；参加全国减轻自然灾害学术讨论会和《白皮书》工作；参与中国科协 2000 年学术年会征文和组团工作；组织专家参与中国科协关于"西部大开发"，"国民经济信息化"等专家论坛活动。

四、编辑出版工作

组织编辑出版论文集、专著和资料 8 种。专著是：我国第一本《系统科学》教程和《系统科学与工程研究》论著。编辑出版会议论文集 5 种：《系统工程、系统科学与复杂性研究》；《交通运输系统工程理论、实践、发展》；《军事系统工程创新与实践》；《模糊集理论与模糊应用专集》；《全国第二届人的可靠性与人—机—环境系统工程可靠性会议论文集》；汇编《中国系统工程学会成立 20 周年纪念特辑》1 册。

中国实验动物学会

Chinese Society of Experimental Animals

地址	北京市朝阳区潘家园南里 5 号
邮政编码	100021
电子信箱	calas@public.gb.com.cn
电话	010-67761337
传真	010-67781534
理事长	刘海林
副理事长	王顺昌　方福德　方喜业　邢瑞昌　赵洪卫　胡圣榆
秘书长	方喜业
刊物及主编	《中国实验动物学报》 主编　邢瑞昌 《中国实验动物学杂志》 主编　方喜业

单位简介

中国实验动物学会于 1987 年成立，同年加入中国科协。1988 年加入国际实验动物科学理事会。

第一届会员代表大会于 1987 年在北京召开，选举钱信忠为理事长；第二届会员代表大会于 1989 年在昆明召开，选举卢耀增为理事长；第三届会员代表大会于 1992 年在呼和浩特召开，选举刘海林为理事长。

工作综述

学会热情为广大实验动物工作者服务，积极开展各种学术交流活动。12 月 4～8 日在重庆召开了中国实验动物学会第五届学术年会暨首届实验动物设备工程展会。本次年会，规模空前，有 300 余人参加了会议。同时举办了首届实验动物设备工程展会，取得良好效果。

学会圆满完成了由国家技术质量监督局、科技部委托的"国家实验动物质量标准修订"课题。目前，又承担了由科技部委托的"实验动物管理条例的修订"课题。

学会分别组团参加了在韩国召开的国际实验动物科学理事会亚洲检测研讨会和美国 2000 年实验动物学术年会。

中国青藏高原研究会

The Chinese Society of Qinghai-Xizang Plateau Research

地　　址　北京市安定门外大屯路917大楼

邮政编码　100101

电子信箱　fengxh@cisnar.ac.cn

电　　话　010-64889819

传　　真　010-6488969

理 事 长　孙鸿烈

副理事长　白　玛（藏）　拉巴平错（藏）　郑　度　李吉均　洛桑·灵智多杰（藏）　李廷栋　秦大河　王富洲

秘 书 长　何希吾

单位简介

1990年3月14～17日，在北京召开中国青藏高原研究会第一次会员代表大会，宣告中国青藏高原研究会正式成立，150余人出席了会议。选举刘东生院士为理事长，理事会下设3个专业委员会。第二次全国会员代表大会于1994年5月24～26日在北京召开。约百人出席了会议。推选刘东生院士为理事长。理事会下设4个专业委员会。第三次会员代表大会于1998年12月14～15日在北京召开。出席大会人约百人。推选孙鸿烈院士为理事长。

研究会成立10年来，会员从成立时的600余人已发展到千余人。

工作综述

一、召开中国青藏高原科学考察与研究工作50年和中国青藏高原研究会成立10周年庆祝大会

1月14日，在北京召开了热烈而隆重的庆祝大会。共约百余人出席了会议。理事长孙鸿烈院士致开幕词，全面总结了10年来中国青藏高原研究会所做的工作。名誉理事长刘东生院士作了以《青藏高原科学考察50年的启示——试谈青藏高原科学考察效应》为题的专题报告。副理事长、青藏项目首席科学家郑度院士介绍了国家重点基础研究发展规划项目“青藏高原形成演化及其资源环境效应”的基本情况。

二、开展科学咨询工作

1．2～6月，理事长孙鸿烈院士亲率专家组在实地考察座谈和研究分析的基础上，就昌都地区21世纪初期的发展战略提出若干意见和建议。咨询报告分为主报告和9个分报告共约10万字。

在报告的基础上，孙鸿烈院士进一步就昌都地区社会经济发展问题写了报告，于7月呈送给朱镕基总理，并于10月份得到朱镕基总理等国务院领导同志的批示，以及国家计委的复函。对孙鸿烈院士的意见给予了充分肯定和高度评价。报告产生了重要的社会影响，极大地鼓舞了昌都地区干部群众的积极性。

2．10月，青藏高原研究会组织了有关专家为青海湖生态环境建设与旅游开发提供了咨询。受到了开发商的欢迎。

3．11月，我会常务理事成升魁研究员、谷树忠研究员、张谊光研究员、赵建安副研究员，协助自治区科技厅顺利完成了《西藏自治区‘十五’科技发展规划》的编写工作。

三、组织会员参加学术研讨会

1．中国科协于9月17～20日在西安召开以科教先行和可持续发展为主题的学术年会。研究会有12人参加了会议，并有3人作了学术报告。

2．研究会与中国自然资源学会、四川省自然资源研究所等7个单位共同组织西部大开发学术研讨会。会议于4月18～20日在成都召开。参加大会的有来自40多个单位的70余人，收到论文50余篇。会议代表共同起草了一份“对西部大开发的几点建议”文件呈送给国务院西部大开发办公室。

3．研究会与有关单位联合举办“中国山地研究与开发”学术研讨会。会议于10月29日～11月1日在成都召开，来自全国18个省市自治区的123人出席了会议，其中包括3位院士和一些著名学者。

四、开展科普工作

1．10月，我会理事长郑度先生与副秘书长朱立平参加大型系列画册《中国藏族》（地理环境篇）的编写工作，目前已完成约8万字的文字编写和200余幅照片的筛选，画册预计于2001年底出版。

2．组织编写《青藏高原水资源》科普读物。全书共分10章约10万多字。

五、开展评选先进工作者活动

1．2000年研究会开展评选第三届青藏高原青年科技奖工作。至今已有13个单位，共推荐16名候选人。

2．按中国科协评选科协先进工作者要求，研究会提名研究会副秘书长陈远生作为候选人。

3．按中国科协评选科协先进科技工作者要求，研究会推荐周兴民为科协先进科技工作者候选人。

4．为准备2001年5月召开全国科协六大，研究提名林振耀研究员为科协六大代表和科协六大委员候选人。

中国环境诱变剂学会

Chinese Environmental Mutagen Society

地　　址　上海市翔殷路932弄18号105室
邮政编码　200433
电　　话　021-25070964/65384450
传　　真　021-65568157
名誉理事长　谈家桢
理 事 长　印木泉
副理事长　薛京伦　蒋左庶　程书钧　肖振忠　徐小虎
秘 书 长　蒋左庶
刊物及主编　《癌变·畸变·突变》
名誉主编　谈家桢
主编　李怀义

单位简介

1982年成立了筹委会，开始筹备在中国召开"三致"国际研讨会，并在沈阳召开了第一次筹备会议。1983年5月25日，"国际环境致突变、致癌和致畸讲习交流会议"（IWEMCT）在上海召开。会议期间，成立了"中国遗传学会环境诱变剂专业委员会"。由谈家桢教授任主任委员，薛京伦教授任秘书长。1984年11月，在第二次全国"三致"学术交流会议期间，中国遗传学会环境诱变剂专业委员会更名为中国环境诱变剂学会（CEMS）。1989年7月，在美国克里夫兰召开的第五届国际环境诱变剂学术会议期间，批准中国环境诱变剂学会为国际环境诱变剂学会协会的成员，印木泉、蒋左庶和薛京伦当选为该届国际组织理事。1991年3月，中国科协同意接纳CEMS为中国科协所属团体，1991年5月在上海召开"国际环境致突变和致癌讨论会"。截至1999年底，共召开9次全国学术交流会议。目前有会员2 508人；下设致突变专业委员会、致癌专业委员会、致畸专业委员、抗突变与抗癌专业委员会和风险评价专业委员会。北京、上海、广东、四川、江苏、河北、安徽、河南、山东、云南等已成立了省市环境诱变剂学会，其他省市均有学会筹备委员会/组。

工作综述

一、学术活动

1．8月1日，在贵阳举行致畸专业委员会第二次学术会议，与会委员和代表20多人。黄幸纾、黄天华、宋瑞琨、孙祖越、郑履康5位委员作了专题报告，报告内容涉及受精卵损伤研究方法，精细胞非整倍FISH检测法及工业化学毒物的损伤作用，胚胎/胎儿受大气/饮水污染影响的远期效应等。与会者就相关内容展开了热烈讨论。

在8月1日，召开了二届二次委员会。动员会员参加第八届ICEM和10月底的上海卫星会暨培训班，推荐了孙祖越委员到卫星会上作生殖毒理学方面的专题报告。推荐本单位科研、教学人员向《癌变·畸变·突变》杂志投稿。积极发展新会员。委员带头宣传科普知识，以扩大学会的社会影响。

2．积极进行第八届国际环境诱变剂学术会议上海卫星会议暨第九届Hollaender培训班的组织筹备工作。于2000年邀请了八九位有关专家召开了上海卫星会议组稿会，商讨研究环绕会议主题国内学术报告的内容，确定了能代表我国作报告的人选，成立了以我会常务理事为主的组织委员会与学术委员会，邀请东道主单位——第二军医大学校长李家顺、副校长肖振忠为名誉主席，组成和确认了由国际环境诱变剂学会协会主席为首的有美国、澳大利亚、日本、芬兰，瑞典等国11名专家参加的国际顾问委员会。会议确定的主题为：肿瘤预防的人群监测。并邀请了15名国内外著名学者作为主题发言者，12月中旬向国内外发出第一轮通知。

二、组织工作

2001年国际环境诱变剂学会协会理事会换届，中国有3名理事的人选，为做好新老交替，研究调整了人选，决定保留原理事印木泉教授和余应年教授，另选入1名较年轻理事程书钧教授，名单已报国际协会。

7月26～27日，召开了中国环境诱变剂学会第三届二次理事。会上传达了中国科协印发的有关文件。学会领导对三届一次理事会以来的工作进行了回顾，汇报了国际会议上海卫星会议组织筹备工作落实进展情况。

三、科普工作

由负责科普工作的副理事长程书钧与科普联络员汪晶理事负责组织与北京环境诱变剂学会共同编写癌症预防系列科普读物，已拟定了5册出版内容，即《癌的基本知识与早期发现》、《预防癌症的饮食原则》、《环境与癌症预防》、《生活习惯与癌症预防》、《职业与癌症预防》，作者已全部落实，部分文稿已完成。

2000年第四季度，学会研究决定由学会总部在上海组织编写《环境致突变致癌一百问》科普小册子。拟于2001年6月能出版发行。

中国运筹学会

Operations Research Society of China

地　　址　北京市海淀区中关村南四街甲 1 号
邮政编码　100080
电子信箱　orschina@public.east.cn.net
主页网址　http://www.orsc.edu.cn
电　　话　010-62541695
传　　真　010-62541689

理 事 长　章祥荪

副理事长　袁亚湘　刘光中　冯英俊　俞文此　邓乃扬　王德民

秘 书 长　方伟武

刊物及主编　《运筹学学报》　主编　越民义
　　　　　　《运筹与管理》　主编　俞家第

单位简介

中国运筹学会成立于 1980 年，现有会员 1 200 人，1980 年加入中国科协。协会下设 8 个专业委员会，6 个工作部，团体会员单位 30 个。中国运筹学会自 1982 年起，正式加入国际运筹学联合会（IFORS），1985 年加入亚太运筹学联合会。

工作综述

2000 年中国运筹学会召开第六届全国代表大会，推举章祥荪教授为运筹学会第六届理事会理事长，并推举出 6 位副理事长，30 名常务理事。大会还推选新一届理事会秘书长、副秘书长。并通过了本会的学术委员会、组织委员会、科学普及委员会、编辑出版委员会、咨询培训委员会、青年工作委员会等工作班子的人员组成。为表彰一些老同志多年来参与运筹学会工作和所做出的重要贡献，大会决定授予 12 位同志名誉理事，越民义、许国志、徐光辉为名誉理事长称号。通过中国运筹学会新章程。通过中国运筹学会第五届理事会工作报告及今后工作建议。2001 年底召开一次全国运筹学应用工作交流会议。

一、学术活动及交流

1．教育普及工作部于 1 月在北京邮电大学召开主题为“迎接知识经济时代的到来，发展我国的运筹学教育”研讨会。

2．山东省运筹学会最优化学术会议暨理事会于 5 月 12～15 日在曲阜师范大学召开。

3．河北省运筹学会扩大理事会暨 2000 年学术年会于 7 月 1 日在军械工程学院召开。

4．陕西省运筹学术交流会于 12 月 8～10 日在西安西北工业大学召开。

5．北京市运筹学术交流会于 12 月 23 日在北京理工大学召开。

6．中国运筹学会第六次代表大会暨学术交流会 10 月 10～12 日在湖南省长沙市隆重召开。这次会议的主题是：“面向高科技，发展运筹学”。会议总共收到论文 230 篇，会议期间大会进行了学术报告以及分组交流讨论。围绕本次会议的主题共有 6 人作了大会主题报告，他们分别报告了运筹学在智能交通管理、网络商务、军事、信息技术、生命科学、中国交通运输和 DNA 分子生物计算机方面的应用和所面临的问题。56 人作了邀请报告，100 多人作了小组报告。这些报告总体质量较高，涉及运筹学各个领域，从不同侧面反映了运筹学为我国经济建设做贡献中取得的一系列新成果，在我国国民经济主战场上起到了积极的作用，以及运筹学本身在理论研究中取得的新进展。为了更好地推动运筹学的应用，表彰优秀应用成果，第六届运筹学大会除保留以前的运筹学青年奖外，特设立了运筹学应用奖，一等奖一名、二等奖两名。

二、编辑出版及科学普及工作

办好学术刊物是学会搞好学术交流的一项重要工作。我会主办的学术期刊有《运筹学学报》、《运筹与管理》两份杂志，2000 年出版 8 期。《运筹学学报》还被列入国内数学类核心期刊。为改进刊物质量，两刊编辑部曾做了很大努力，近年来亦取得不小的进步，在国内运筹学界和管理学界已有较高的声望。

为普及运筹学基础知识，1999 年在科学出版社的支持下，出版了由我会名誉理事长徐光辉教授和秘书长程侃教授等人主编的《运筹学基础手册》。该书包括运筹学 17 个分支的基本理论，是开展运筹学研究工作的一本较好的参考手册。学会通过赠阅，推动该书作为中科院研究生课程的主要参考书，聘请主要作者讲授有关课程，该书的出版将有助于运筹学在我国的进一步发展。此外，我们努力办好《运筹通讯》的出版发行工作，2000 年，出版发行了 3 期，《运筹通讯》对学会的组织与交流起了很好的作用。

三、学会组织工作

清理整顿、发展是本届理事会一项重要工作，根据中央、民政部、中国科协的有关规定，学会积极开展了如下工作：

1．根据民政部及中国科协有关规定，对学会的组织机构进行了清理及调整，并对学会的章程进行了初步修改，完成了学会的重新登记工作，并获得了民政部的批准。同时将学会的基本情况汇总成册。

2．积极发展新会员及青年会员，对已注册会员加强了登记管理，建立了当年登记在册管理制度，以促进学会工作的活跃。

3. 在广大运筹学专业工作者的共同努力下，积极组织具有新潜力的专业队伍，成立了智能计算专业委员会、图论专业委员会（筹），以及大庆石油管理局运筹学部。

4. 根据民政部及科协的新规定，对下届理事会的产生进行了认真的规范及准备，下届理事会的推荐结果，约 1/3 推荐理事为新任成员，特别可喜的是新成员中多数为 30～40 岁的年轻运筹学工作者。

5. 中国运筹学会第六次全国代表大会推选了本学会第六届理事会。共推出 107 名新理事，其中 30%以上为本届新换理事，且新理事中大多数为年轻理事。

中国菌物学会

Mycological Society of China

地　　址	北京市海淀区中关村北一条 13 号
邮政编码	100080
电子信箱	w5@cast.org.cn
电　　话	010-62555651/62554696
传　　真	010-62560912
理 事 长	魏江春
副理事长	卯晓岚　李增智　李　玉　黄年来　潘迎捷
秘 书 长	郭英兰
刊物及主编	《菌物系统》(MYCOSYSTEMA)　主编　庄剑云

单位简介

中国菌物学会是 1992 年经国家科委、中国科协批准、民政部登记，于 1993 年 5 月成立，其前身为 1980 年成立的中国植物学会真菌学会。本会是从事菌物学科研、教学及生产的 2000 多名会员自愿组成的全国学术性团体组织，其中具有高级职称的会员占会员总数的 40%以上。中国菌物学会 2000 年 10 月被批准加入中国科协。学会理事会由 69 名理事组成，魏江春院士任学会理事长。学会下设办公室、6 个工作委员会和 10 个专业委员会。中国菌物学会主办的《菌物系统》学报创刊于 1988 年，已被载入国际权威工具书《菌物词典》(DICTIONARY OF THE FUNGI)(1995)。《菌物系统》是我国菌物学惟一的综合性核心学术期刊，在世界 30 多个国家和地区发行、交换，并被 7 种世界性检索期刊、5 种国内检索期刊和数据库收录。

工作综述

一、学术活动

1. 中国菌物学会与中国植物病理学会于 9 月 18～22 日在重庆联合召开了植病学术年会。参加会议代表 113 人，进行了大会学术交流和小组讨论。会议收到论文 60 篇，出版的论文集中收录论文 48 篇。会议反映了近年来植病科研的新进展。

2. 9 月 17～20 日在西安召开的中国科协 2000 年学术年会，我会派出 10 人 参加会议并作学术报告。

3. 参加 12 月 21 日江西省菌物学会召开的第三届菌物学学术讨论会及第二届理事会改选。

4. 为 2001 年在台湾省台北市召开的第五届海峡两岸菌物学学术讨论会和在韩国召开的第五届中韩菌物学学术讨论会选拔参加会议的人员；为 2001 年 10 月在福州召开的全国第六届食用菌学术讨论会作了准备。

二、编辑出版

本会主办的《菌物系统》学报是 1982 年创办的《真菌学报》和 1988 年创办的英文年刊《Mycosystema》合并后的继续，已出版 19 卷，是我国菌物学惟一的学报级综合性学术期刊，也是全国核心期刊之一。为适应学科的发展，经理事会讨论通过，增补了 5 位年轻的编委。

三、教育

5～11 月，有 10 人次分别在河北大学、山东农业大学、山东师范大学、南京大学、南京师范大学、云南大学讲课 20 余小时，讲授菌物学的基本知识、分类及研究进展。

四、科普宣传

1. 参加《彩图科技百科》一书中有关真菌章节的编写工作。

2. 为促进我国菌物资源的开发利用，我会配合中央电视台三次讲解食用菌知识。

3. 参加农业部制定有关食用菌行业标准以及珍稀食用菌“松口蘑”的保护措施的研究。

五、建立人才库

为建立人才库，掌握会员的最新、最全面的资料，更好地为会员服务，对学会全体会员进行了重新登记。

中国晶体学会

Chinese Crystallographic Society

地　　址	北京市海淀区北京大学化学南楼
邮政编码	100871
电子信箱	jt1939@pku.edu.cn

电　　话　010-62751725
传　　真　010-62751725
理 事 长　闵乃本
副理事长　冼鼎昌　常文瑞　金祥林　林少凡
　　　　　麦振洪
秘 书 长　王铁良

单位简介

本会前身为国际晶体学联合会中国委员会，1993 年 3 月 30 日经国家科委批准成立，4 月 9 日经中国科协致函民政部准予登记，8 月 19 日在民政部登记、注册，成立了中国晶体学会筹备委员会，1994 年 5 月 31 日举行了首届全体理事会议，宣告正式成立。2000 年 10 月经批准加入中国科协。现有团体会员 34 个，个人会员 380 名。本会常务理事会对外可使用“中国晶体学国家委员会”（Chia National Committee for Crystallography，简称 CNCCR）的名称。本会于 1978 年经国家批准参加国际晶体学联合会（International Union of Crystallography，简称 IUCR）；于 1987 年参加亚洲晶体协会（Asian Crystallographic Association，简称 ASCA）。

工作综述

本会 2000 年主要是依据民政部对学会整改的精神进行深化改革。健全制度，发展会员，颁发会员证等。并与已参加的两个国际组织进行联系，向会员沟通有关学术情况以及参与了西部大开发的决策咨询等。

中国机械工程学会

Chinese Mechanical Engineering Society

地　　址　北京市西城区三里河路 46 号
邮政编码　100823
电子信箱　headquarters@cmes.org
主页网址　http://www.cmes.org
电　　话　010-68595316/68595317/68595318
　　　　　68595319/68595320
传　　真　010-68533613/68595314
理 事 长　何光远
副理事长　孙大涌　朱森第　姚福生　姚锦钟
　　　　　徐滨士　程瑞全　路甬祥　宋天虎
秘 书 长　宋天虎
刊物及主编　《机械工程学报》（中、英文版）
　　　　　主编　石治平
　　　　　《中国机械工程》　主编　蔡玉麟
　　　　　《特种铸造及有色合金》主编　袁振国
　　　　　《制造技术与机床》　主编　赵洪林
　　　　　《设备管理与维修》　主编　郑国伟

单位简介

中国机械工程学会成立于 1936 年 5 月 21 日，是由机械科技工作者组成的全国性的学术性团体。现有个人会员 18 万名、高级会员 3000 余名、港澳台会员和海外会员 400 余名、团体会员 4000 余个。34 个分会，787 个专业委员会和 94 个工作委员会。

中国机械工程学会加入了国际焊接学会（IIW）、国际铸造技术协会委员会（CIATF）、国际无损检测委员会（ICNDT）、国际热处理与表面工程联合会（IFHT）、国际机器理论与机构学联合会（IFTOMM）、国际压力容器理事会（ICPVT）、国际摩擦学理事会（ITC）、亚太地区无损检测委员会（APCNDT）、国际机械工程学会联合会（ICOMES）、太平洋地区焊接组织联合会（POCWA）、国际食品工程协会（IAEF）等 11 个重要的国际组织，与 23 个国家的 37 个一流学术团体和专业组织签订了双边合作协议，并与 60 余个国家和地区的千余个科研、教学、设计、制造、咨询、中介以及社会公益机构建立了良好的工作关系。近年来，共举办各种形式的国际会议 800 多次、展览会 90 余次，参与交流活动的人员超过 220 万。

工作综述

每年计划举办学术会议 110 次左右，实际完成率为 90%左右，完成情况来良好。参加我会学术会议的人员每年 7 000 余人次，每年发表论文 3 000 余篇，出版论文集 40 余种，发行 15 000 册左右。11 月 20～22 日，成功地在上海国际会议中心举办了第一届国际机械工程学术会议，江泽民主席专给会议发了贺信。有来自世界 26 个国家和地区的 2100 余位学者、企业家、高层决策者以及各级技术和管理人员出席了这次规模空前的国际会议，发表论文 1500 余篇。

11 月 23～25 日，在上海举办了“面向全球环境的制造业发展战略”高级技术讲座，主讲人：Rogel N.Nagel 教授（美国）张曙教授（中国）。还举办了“全球项目管理”讲座，主讲人：美国机械工程师学会苏卡普先生。

中国汽车工程学会

Society of Automotive Engineering of China

地　　址　北京市丰台区莱户营鹏润家园 3A—508
邮政编码　100054
电子信箱　office@sae-china.org
主页网址　http://www.sae-china.org
电　　话　010-63476226 / 63476446 / 63475544 / 63475545
传　　真　010-63476444
理 事 长　张兴业
副理事长　张小虞　徐兴尧　宋延光　陈须林　许仰先
秘 书 长　金东瀛　付于武（代）
刊物及主编　《汽车之友》　主编　何赐文
　　　　　　《汽车工程》　主编　邹惠乐

单位简介

中国汽车工程学会成立于 1963 年，原为中国机械工程学会汽车工程分会。1985 年 3 月经国家体改委批准成为全国性学会，同时加入中国科学技术协会。1991 年 9 月经民政部批准为社团法人。1983 年与美国、日本、韩国、澳大利亚、印度尼西亚等国汽车工程学会共同发起组织“太平洋地区国际汽车工程会议”（IPC）。1984 年加入国际汽车工程学会联合会（FISITA），任理事。

中国汽车工程学会目前拥有个人会员近 4 万名，团体会员近 200 个。学会下设 6 个工作委员会、15 个专业分会和秘书处，并对 30 个省市地方学会给予业务指导。1998 年，经有关部门批准，中国汽车工业科学技术进步奖励基金会挂靠中国汽车工程学会。

工作综述

一、学术研讨

筹备召开了“21 世纪世界与中国汽车工业”和“国际车用柴油机技术研讨会”两个大型国际研讨会，召开了第四届中国汽车工程学会秘书长会议，与中国石油学会石油炼制分会联合举办了“第三届汽车和油料协调发展研讨会”

二、科技展览

参与组织了 2000 年北京国际汽车展览会和广州国际摩托车展览会，独立组团参加了 2000 年美国汽车工程学会年会及展览会和 2000 年澳大利亚汽车零部件展览会。

三、国际交流

共组织了 19 个代表团参加在美国、韩国等国召开的国际汽车界学术年会和专业会议，出访人数达到 86 人次。

四、资料出版

《汽车之友》杂志发行量不断扩大，《汽车工程》则根据行业需求进行了调整。汽车工程图书专家委员会则根据行业发展确定了 11 个汽车专业图书出版选题。

五、科普教育

协助中国科协完成了国家重大科普项目的专家论证工作，并协助进行科普宣传车的研制。

六、行业工作

所属各地方学会和专业分会根据本地区、本专业的特点开展了大量学术交流、科技展览、科普宣传、咨询服务和专题研讨、研究工作，形式多样，内容丰富，重点突出。

七、 完善基础建设

将改善办公环境和办公自动化作为工作重点。在扩大办公面积的基础上，为每个工作人员配备了计算机，建立了内部局域网。同时，学会网站的建设、学会专家库的建设也已起步，为学会业务的进一步发展奠定了良好基础。

中国农业机械学会

Chinese Society of Agricultural Machinery

地　　址　北京市西城区德胜门外北沙滩 1 号
邮政编码　100083
电子信箱　chenwr@public.east.cn.net
电　　话　010-64882291/64882232
传　　真　010-64882291
理 事 长　高元恩
副理事长　朱士岑　任露泉　张仪萌　张际先　陈　志　郎中强　郝贵明　高焕文　诸慎友　鹿中民
秘 书 长　诸慎友
刊物及主编　《农业机械学报》　主编　冯炳元

单位简介

中国农业机械学会于 1963 年成立，是中国科协所属的全国性学会。拥有个人会员 3 万余人，团体会员 89 个。现有分科学会（委员会）19 个。1989 年加入国际农业工程学会。

工作综述

2000 年共开展国内学术交流 19 项，参加活动人数 1369

人次，收到论文 363 篇；其中重点学术活动 4 项。组织科学普及与继续教育活动 5 次。组织撰写、编辑的《中国农业机械基本情况（1991～1999）》、《90 年代国外农机产品和技术》、《汽车拖拉机学》（教材一套 4 册）等书相继出版、发行。至今，我会与世界上 80 多个国际、国家和地区的行业及专业组织保持着稳定的联系，同时承担着国际农业工程学会（CIGR）在中国事务的管理职能。

中国农业工程学会

Chinese Society of Agricultural Engineering

地址	北京市朝阳区东三环北路 16 号
邮政编码	100026
电子信箱	hqcsae @agri.gov.cn b4@cast.org.cn
电话	010-64192989/64192986
传真	010-64192989
理事长	徐文海
副理事长	马成林 吕飞杰 朱 明 李里特 罗锡文 胡南强 赵 匀 傅泽田 程 序 蒋亦元
秘书长	张元生
刊物及主编	《农业工程学报》 主编 胡南强 《农村实用工程技术》 主编 孙 宏

单位简介

中国农业工程学会成立于 1979 年 11 月。

1948 年 1 月我国赴美国学习农业工程专业的 19 名留学生在美国召开了“中国农业工程师学会”首次筹备会。1979 年在浙江省杭州市召开了中国农业工程学会第一次全国代表大会，正式成立了中国农业工程学会。1989 年与中国农业机械学会联合成为国际农业工程学会（CIGR）会员。学会下设 4 个工作委员会和 17 个专业委员会。

工作综述

一、学术交流

2000 年共召开学术研讨会 8 次，参加人数 890 人，发表论文 425 篇，正式出版了 4 本论文集。

二、组织工作

召开六届一次全国理事长、秘书长工作会议。召开了六届二次常务理事会和专业委员会主任工作会议。任命了新一届专业委员会主任，成立了新一届二级机构。

三、科普工作

近几年开展了一系列科普活动，科普工作委员会主任秦京光获得“全国科技扶贫先进个人”称号。

组织多名专家编写《21 世纪科普百科全书》农业工程卷，2001 年 4 月出版。科普工作委员会承担了中国科协 5 项科普项目。编印出版《特菜高效栽培知识科普挂图》；和水土工程专业委员会共同编写出版《北方旱区节水灌溉技术》科普书；与联合国儿童基金会、周培源基金会、九三学社中央在北京举办生态卫生厕所培训班三期，并在当地修建多处生态厕所 6 所。

四、国际交流

举办第二届国际温室工程暨设施园艺技术展览会、与联合国科教文组织及北海市人民政府共同举办无公害农业生态系统及农业可持续发展国际研讨会。

与中国农机学会以中国农业工程——农业机械联合会的名义申办 2004 年国际农业工程学会专题会议。畜牧工程分会和田间育种试验机械化专业委员会都分别接待了国外专家来访。

五、科技咨询

组织了 16 位专家对“十五”工厂化农业的发展方向进行座谈。派专家参加中国科协组织的“十五”科技发展规划的专家座谈会。畜牧工程专业委员会围绕国家重大养殖工程项目参与了研究。

中国电机工程学会

Chinese Society of Electrical Engineering

地址	北京市宣武区白广路二条 1 号
邮政编码	100761
电子信箱	wfcui@sp.com.cn
电话	010-63414320/63416395/63414377
传真	010-63414319
理事长	陆延昌
副理事长	吴晓华 关志成 郑健超
秘书长	郭 灏
刊物及主编	《中国电机工程学报》 主编 郑健超 《农村电气化》 主编 蒋连海 《农电管理》 主编 蒋连海 《电力设备》 主编 朱良镭 ELECTRICITY 主编 柳椿生

单位简介

本会创建于 1934 年 10 月，当时定名为中国电机工程师学会。发起人为电机工程科技界名人顾毓秀、章名涛等。中华人民共和国建国前共历经 9 届董事会。1951 年成立中国电机工程学会筹备委员会。1958 年 5 月召开了中国电机工程学会第一次全国会员代表大会，以后每隔 4～5 年换届一次。理事长分别是第一届为刘澜波，第二届为程明升，第三、四届为毛鹤年，第五、六届为张凤祥，现为第七届，理事长是陆延昌。

1958 年加入中国科协，现有个人会员 12 090 人，单位会员 33 个，专业委员会 33 个。参加的国际组织有国际大电网会议（CIGRE）、美国电气工程师学会（IEEE）。

工作综述

主办中国科协 2000 年学术年会“西部电力工业发展战略学术研讨会”中国电机工程学会分会场；组织召开中国电机工程学会第六届青年学术会议。科普工作紧密围绕西部大开发战略，大力弘扬科学精神，传播科学思想和科学方法，普及科技知识；组织面向 21 世纪电力科学技术讲座活动。结合实施西部科普工程、开展“三下乡”活动，搞好面向农村的科普工作，发起了电力系统“电力扶贫、送科技下乡”活动，分别到湖北、四川、甘肃开展活动。1 月，以学会陆延昌理事长为团长的中国电机工程学会代表团赴新加坡参加 IEEE 冬季会议。陆延昌理事长代表学会与 IEEE 电力分会签定友好合作协议。我会代表以中国国家委员会名义组织参加 CIGRE 第三十八届全体大会，郭灏再次当选为理事会理事，并被选为理事会驻技术委员会代表。参加组织了在上海举行的 2000 年供电国际会议。

中国电工技术学会

Chinese Electrotechnical Society

地　　址　北京市西城区三里河路 46 号
邮政编码　100823
电子信箱　cesintl@public.bta.net.cn
主页网址　hppt://www.ces.org.cn
电　　话　010-68595357/68595358/68595359
传　　真　010-68511242
理 事 长　沈烈初
常务副理事长　周鹤良
副理事长　周小谦　姚福生　严陆光　张林昌　关志诚　刘玉琛
秘 书 长　刘玉琛（兼）
刊物及主编　《电工技术学报》　主编　潘　奇
《电工技术杂志》　主编　潘　奇
《少年电世界》　主编　孙　超
《电力电子技术》　主编　白继彬
《电气时代》　主编　郭　锐

单位简介

中国电工技术学会成立于 1981 年，是全国电工科技工作者和全国电工界的企事业单位自愿组成的非营利性的社会团体。

1985 年 3 月，国家体制改革委员会以体改办字[1985]第 17 号文，中国科协以[1985]科协发学字 089 号文正式批准成立中国电工技术学会，并接受为中国科协成员。1991 年 9 月，经民政部审核注册登记为合法的社会团体组织。

到目前为止：个人会员共有 5 万余人，团体会员 1500 余个。专业委员会 44 个，地方学会 25 个。参加国际组织 4 个，为：国际电气电子工程师学会（IEEE）、英国电气电子工程师学会（IEE）、世界电动车协会（WEVA）和亚太电动车协会（EVAAP）。并与日本、韩等国家的电工技术学会建立了联系。

工作综述

一、学术活动

我会组团赴美国参加美国电气电子工程师学会电磁兼容<IEEE EMC>国际会议、组团赴加拿大参加第十七届国际电动车<EVS-17>学术会议、组团赴香港参加电工领域技术创新学术交流会、组团赴韩国参加第七届中韩电气工业协议会及考察等 8 次出访活动。在国内举办了第三届国际电力电子及运动控制会议、第四届国际船舶电工学术会议、第四届国际电磁场问题与应用会议等 5 次国际会议。

总会与专业专业委员会、地方学会举办国内学术年会、学术研讨会 42 次，发表论文 1 900 余篇，参加会议人数约 4 000 余人次。

二、注重智力开发和提高科技人员素质

2000 年是国家教育体制改革力度较大的一年。电气学院进行省分校调整，保证了行业职工教育持续的发展。“机电一体化”工程大学专科自学考试 2000 年招收新生 4 000 余人，到目前为止共有在册学员 48 000 余人。为适应技术进步高速发展的新形势，加快对行业需求高素质人员的培养，电气学院经过两年努力，设立的《机电系统智能控制》（独立大学本科段）2000 年内已通过全国考委专家委员会的审议通过，待全国考办批准后即可开办

开考。

三、期刊和中国电气科技网

《电工技术学报》全年共收稿件300余篇，发行6期90万字，发表的稿件中受省部级以上基金资助的约占45%，在电工界享有较高声誉。2000年订户为2万余份。

在科普知识质量和内容上都有新的提高，加强了PC主栏目的策划，结合中学生教学计划进行科普宣传，正刊配有光盘，深受读者欢迎，得到市教育局、国家教委肯定。2000年每期发行量超过12 500册。

《电工技术杂志》在编辑力量、办刊条件等方面加大了投入，在版面设计和发行渠道上作了大量工作。全年共收稿件约500篇，发稿12期180万字。

学会将《电工信息与建议》、《学会通讯》合编为《电气技术》会刊（月刊），7月正式创刊，经国家新闻出版署批准为内部刊物，共出版6期。

创建“中国电气科技网”（CES）作为我会工作网站，为国内外电气工程科技人员提供了快速实时的信息交流渠道。

四、举办国际科技展览，促进科技交流与贸易发展

我会成功地举办了第四届国际电力电子与电气传动展览会。展出面积为5 400平方米，参展商98家，其中外商与合资单位占展位数的33%。展会期间还举办9家企业10场专题技术讲座。我会船舶电工专业委员会在承办第四届国际船舶电工学术会议的同时举办了第四届国际船舶电工展览会，获得圆满成功。

五、咨询服务

1．接受科学技术部委托，由我会组织承担的国家软科学研究项目“城乡电网改造”和“电工新型材料”两个项目，于11月完成专家报告。经组织专家评审后，上报国家科学技术部。

2．受中国科协委托，组织《21世纪科技丛书》中：《电气工程》和《电机学》编写工作已按计划完成任务。

3．为拓宽服务领域，学会与江苏长江集团、浙江卧龙集团、浙江天安集团、常熟开关厂、南京菲尼克斯公司等企业集团签订了咨询合同，开展对企业的咨询服务活动。

六、表彰奖励

根据科技部颁发的《社会力量设立科学技术奖励管理办法》的规定及中国科协基金会的奖励要求，设立奖项,按年度进行评选和颁奖。现学会已开展的奖励、资助项目有：电工新产品开发奖、电工学会优秀论文奖、电工学会优秀学生奖、学会元老杯奖、先进集体奖、先进工作者奖；赞助青年电工科技工作者。

中国水力发电工程学会

China Society for Hydropower Engineering

地　　址　北京市白广路二条1号
邮政编码　100761
电　　话　010-63414391
传　　真　010-63547632
理 事 长　周大兵
秘 书 长　邴凤山
刊物及主编　《水力发电学报》
主编　谷兆祺　陈宗梁
《水电能源科学》
主编　邴凤山　张勇传

单位简介

中国水力发电工程学会于1980年6月正式成立。1984年11月27日中国科协二届十四次常务委员会审议通过，接纳为中国科协团体会员。1985年1月28日国家体改委批复水电部同意成立。1991年8月1日经民政部批准具有法人资格的全国性学术团体。登记的管理机关为民政部，业务主管部门为中国科协和国家电力公司，办事机构挂靠在国家电力公司，学会据此办理新登记注册手续2000年2月1日民政部已核准重新注册。到目前为止，全国会员有70 000余人，其中（直属）个人会员43 000人，团体会员27个，外籍会员3人，地方水力发电工程学会有24个。

学会学术组织有28个专业委员会，另有6个工作委员会。

学会参加的国际组织有：国际大坝委员会（ICOLD）、国际水力学研究会（IAHR）、国际土工织物协会（IGS），并与美、加、日、英、法、瑞典、瑞士、俄罗斯、印度、尼泊尔、朝鲜等国家开展国际学术交流。

工作综述

1．组织编写第六卷《中国水力发电年鉴》（1998～2000年），确定框架设计和组稿审稿工作，共140万字，计划2001年出版。

2．组织出版《中国水力发电工程》全套8本书、《中国坝工50年》和《中国抽水蓄能电站建设》。

3．参与并共同主办20届国际大坝会议，该会于2000年10月在京召开，温家宝副总理任名誉主席，参加人员1 596人，其中外宾代表774人。

4．组织“实施西部大开发，加快水电建设”的专家座谈会和专题论文集的准备工作。

5．参加了由国际电力公司主办的编写《中国水力发电史》和《中国电力工业史》。

6．支持和参与各专委会的国际、国内学术交流，以及技术咨询等活动。例如：与日本三菱公司举办特高压输电技术交流；组织国际小水电培训班；与加拿大 ACRES 公司交流工程造价管理经验；参加全美大坝安全官员联合会年会；配合电力工业改革“厂网分开”和西部开发 5 个抽水蓄能电站建设等方面的研讨会；三峡施工期变动回水区碍航滩险治理工程研讨会；西部开发中的航运问题技术研讨会；小浪底工程金属结构设计、制造与建设管理技术研讨会；水力学原型观测成果技术交流会；水电站无人值班技术座谈会；水电厂计算机监控系统培训班。还接受委托、组织专家对湖北正建小溪口面板坝工程质量议评及咨询工作等。

中国水利学会

Chinese Hydraulic Engineering Society

地　　址　北京市白广路二条 2 号

邮政编码　100053

电子信箱　ches@mwr.gov.cn

电　　话　010-63202171/63202163

传　　真　010-63202154

理 事 长　朱尔明

副理事长　窦国仁　梁瑞驹　陈厚群　郑守仁　邹觉新　袁国林　高安泽　张国良

秘 书 长　曹征齐

刊物及主编　《水利学报》　主编　陈炳新

《泥沙研究》　主编　杜国翰

《岩土工程学报》　主编　沈珠江

单位简介

中国水利学会的前身是中国水利工程学会，成立于 1931 年 4 月，其宗旨为“联络水利工程同志，研究水利学术，促进水利建设”。从 1931 年至 1947 年，共举行年会 11 次，学会发展到 1600 多人，还在美国成立了分会。学会为当时统一水政、厘定水利法规、裕筹水利经费、培植水利人才作了许多努力。还创办了学术刊物《水利》，编印水利丛书，编订水工名词，建立奖学金等。

50 年代初，在张含英、须恺、郝执斋等有识之士的倡议和努力下，于 1957 年 4 月中国水利学会召开了第一次全国会员代表大会，并正式定名为“中国水利学会”。1962 年 10 月在北京召开了中国水利学会第二次全国代表大会。“文化大革命”期间，学会被迫停止活动。后于 1978 年组成了临时常务理事会。1981 年 2 月、1985 年 10 月、1989 年 12 月、1993 年 12 月、1999 年 3 月先后召开了第三次、第四次、第五次、第六次、第七次全国会员代表大会。张含英连任第一、二届理事长及临时常务理事会理事长。严恺连任第三、四届理事长。杨振怀任第五届理事长。严克强任第六届理事长。

1958 年中国水利学会正式加入中国科协。目前会员人数有 9.5 万。下设 36 个专业委员会和研究会。

参加了 5 个国际学术组织，分别是：1973 年陆佑楣参加了国际大坝委员会；1977 年程谓钧参加了国际水文科学协会中国国家委员会；1982 年陈炳新参加了国际水资源协会中国国家委员会；1983 年 10 月冯广志参加了国际灌溉排水委员会中国国家委员会；1987 年王连祥参加了国际水利学研究协会中国会员联络组。

工作综述

一、国际、国内学术交流

学会围绕水利部的中心工作和国家“西部大开发”的战略部署，积极开展学术交流，共举办和参与举办学术论坛和报告会 18 次，参加人员 1400 多人次。提出了许多有价值的论文和建议。2000 年 10 月，在西安召开了中国水利学会第一届学术年会，220 多位专家出席了这次主题为“西部大开发 水利要先行”的学术盛会，会议交流了 32 篇论文，取得了良好效果。会议还一致通过了中国水利学会“关于西部大开发 水利要先行的建议”。 11 月，在广西召开了第三届海峡两岸农田水利技术研讨会，主题是水稻节水灌溉技术及现代化园田建设，102 位来自台湾和大陆的专家出席了会议。12 月，在北京召开了内地与香港“大型基础设施项目建设管理研讨会”。我会同法国水利技术学会签订了《中国水利学会——法国水利技术学会合作与交流协议》。

我会与加拿大土木工程学会的交流由传统的互访、互派青年工程师进修等扩展到工程项目的合作与研究。同水利部、国家电力公司、中国三峡总公司、中国水力发电工程学会等在北京成功举办了第二十届国际大坝会议。

二、科学普及

组织了一年一度的青少年水利科技夏令营和科普宣传活动。

三、科技咨询

承担了《塔里木河流域综合治理规划纲要》、新疆克孜尔水库泄水建筑物自动监检系统、吉林延边防汛信息系统等项目的咨询任务。

四、表彰奖励

完成了2000年全国优秀科技工作者推荐工作；按照中共中央组织部、人事部、中国科协的要求，与水利部人教司共同组织了“第七届中国青年科技奖”的申报和遴选工作，推荐了水利系统的候选人。

中国内燃机学会

Chinese Society for Internal Combustion Engines，CSICE

地　　址　上海市军工路2500号
邮政编码　200432
电　　话　021-65745323/021-65741856转222
传　　真　021-65748132
理 事 长　李守仁
副理事长　将德明　王之麒　蓝祖佑　刘洪林　张小虞　徐兴尧　千风琪　许维达　冯启泰
秘 书 长　王之麒
刊物及主编　《内燃机学报》　主编　赵奎翰
《内燃机工程》　主编　顾德明
《内燃机》　主编　刘长吉

单位简介

中国内燃机学会是中国科学技术协会的组成部分，于1981年3月成立，会址设在上海。1982年4月加入国际内燃机学会（CIMAC），成为国际内燃机学会的中国委员会。

中国内燃机学会横向联系的有关部委达14个。目前拥有15000余名会员，遍及全国28个省、市、自治区和直辖市，其中18个省、市成立了省、市内燃机学会。

中国内燃机学会下设8个分会和1个编辑委员会。

工作综述

2000年9月14日在西安交通大学科学馆，举办了汽车、内燃机发展战略专题学术研讨会。与会人员总计70多名。会议由王之麒副理事长兼秘书长主持，李守仁理事长致开幕词。会议针对当前内燃机行业的热点：排放问题、燃油问题以及入关以后我国内燃机工业所受到的影响及其对策问题，进行了专题学术研讨。

中国工程热物理学会

Chinese Society of Engineering Thermophysics

地　　址　北京市2706信箱
邮政编码　100080
电子信箱　crx@etpserver.etp，sc.cn或 xjz@etpserver.etp.ac.cn
电　　话　010-62555024/62566816 62573330转404/523
传　　真　010-62575913/62555581
理 事 长　蔡睿贤
副理事长　过增元　岑可法　林宗虎　徐建中
秘 书 长　徐建中
刊物及主编　《工程热物理学报》主编　蔡睿贤

单位简介

中国工程热物理学会是原国家科委在1978年批准成立的。它是由从事工程热物理学科的科技工作者组成的全国性学术群众团体，是中国科学技术协会的组成部分。1980年学会经选举产生了第一届理事会，我国杰出科学家、中国科学院主席团执行主席吴仲华院士当选为理事长。1999年学会的第四届理事会成立，理事中既有多位德高望重的两院院士，又有更多成绩卓著的青年科技专家，理事长为蔡睿贤院士。学会现有会员5000余人，包括高等院校、科研单位和产业部门的科技工作者。学会的最高权力机构是全国会员代表大会，理事会是其执行机构，并在其闭会期间领导学会开展日常工作；学会的办事机构设在中国科学院工程热物理研究所。

学会现设有4个学科分会，3个专业委员会，2工作委员会，单位会员有2个。

中国工程热物理学会积极推进国际学术交流与合作。学会是国际吸气式发动机学会、国际传热传质学会、国际传热传质大会、国际燃烧学会等国际学术组织的中国代表。学会组织了多个国际学术会议，特别是近年与美籍学者、美国国家科学委员会委员、中国科学院外籍院士田长霖教授合作，由学会与美国机械工程师学会（ASME）在北京联合举办了第一届国际工程热物理学术会议，多位国际知名学者在会上做了高水平的报告。现已与香港科技大学等商定，2002年在香港组织第二届学术会议。

工作综述

一、组织建设

2月16日，在北京召开了中国工程热物理学会第四届理事会第二次会议。会议由蔡睿贤理事长主持，过增元、岑可法、林宗虎、徐建中副理事长出席，会议讨论了与学会工作有关事宜和2000年工作安排。审议通过了申请加入中国工程热物理学会的团体会员名单。

二、学术交流工作

积极开展学术交流活动，促进学科发展，促进科研成果尽快转化为生产力是学会的中心工作。

1. 国内学术交流：①工程热力学与能源利用学术会议、热机气动热力学学术会议，于11月24～28日在南京召开。工程热力学与能源利用学术会议，编入论文集的论文120篇，出席会议的有77人，在会上宣读论文93篇。热机气动热力学学术会议编入论文集论文79篇，出席会议的有60人，在会上宣读论文75篇。②传热传质学学术会议于2000年9月22～24日在山东济南召开，论文集收录论文206篇，出席会议的有220人，到会宣读论文210篇。③燃烧学学术会议于10月31～11月1日在武汉召开。会议论文集收录论文98篇，出席会议的有101人，会上宣读论文86篇。④流体机械学术会议于10月22日在北京召开，编入论文集论文23篇，出席会议的有18人，会上宣读论文20篇。⑤多相流学术会议11月21～24日在南京召开，编入论文集论文38篇，出席会议的有25人，会上宣读论文32篇。

2. 国际学术活动：开展国际学术交流是学会学术活动的重要组成部分。2000年由学会直接主办的国际学术交流主要有第二届国际流体机械及工程学术会议（The Second Symposium on Fluid Machinery and Fluid Engineering，ISFMFE）。

这次会议由国家自然科学基金委员会资助，10月22～25日在翠宫饭店召开。会议主席清华大学梅祖彦教授，执行主席中科院徐建中院士。参加会议的国外学者48名，来自8个国家。国内有48人，主要来自于大专院校和研究单位。

会议出版论文集一本，共收录文章116篇，其中有69篇文章在会议上口头发表。会议邀请了国内外5名著名学者发表了5篇应邀专题报告，这5篇报告分别是：①美国佛罗里达大学航空和机械系主任史维教授的“综合优化设计在流体机械中的应用”；②韩国海洋大学李英浩教授的“PIV 动画技术在固定和移动机翼流场测量中的应用”；③北京航空航天大学周盛教授的“跨音速轴流压气机阻塞系数与试验损失系数关系的确定”；④日本九州大学深野彻教授的“横流风扇流体动力学和噪音的相似率”；⑤美国普惠公司倪荣鹤博士的“非定常流计算在叶轮机械设计中的应用”。

这次会议从学术上反映了我国在流体机械及工程领域的研究进展，也反映了当前本学科在国际上的发展趋势。本次会议总体论文水平还比较高，反映了流体机械当前的学术成果和会议发展趋势，对于提高我国流体机械学术水平起了一定的促进作用。国外学者普遍反映此次会议召开的比较好，学术交流比较充分。此次会议受到国家自然科学基金委员会的资助。

编印《第二届国际流体机械及工程学术会议论文集》（英文）1册，由中国科学技术出版社出版，国内外公开发行。

中国空气动力学会

Chinese Aerodynamics Reseach Society , CARS

地　　址	北京市海淀区学院路37号
邮政编码	100083
电子信箱	xll29@263.net
电　　话	010-82317341
传　　真	010-82317341
理 事 长	张涵信
副理事长	刘　胜　崔尔杰　沈　青　邓学蓥 符　松　华　俊　伍贻兆　乐嘉陵
秘 书 长	王　侃
刊物及主编	《中国空气动力学报》　主编　庄逢甘 《流体力学实验与测量》　主编　乐嘉陵

单位简介

1978年钱学森倡议成立空气动力学学术团体。1980年6月10日在上海成立空气动力学研究会。1984年9月12日经中国科协批准，命名为中国空气动力学研究会，1984年9月在四川召开第二届代表大会。1989年10月常务理事会决定并经中国科协批准改名为中国空气动力学学会,并在民政部登记注册。1994年经通信选举，钱学森、沈元为名誉理事长，庄逢甘为理事长，理事126人。2000年6月12日召开了第四次全国代表大会，一致推举钱学森、沈元、庄逢甘为名誉理事长，张涵信为理事长，理事116人。现有会员单位59个，会员1570人。下设9个专业委员会。

工作综述

一、国内学术交流

9月15～16日，在四川绵阳成功举办了第十届全国计算流体力学会议。会议文集收录科技报告83篇。会议代表100余人。会上交流了5篇大会邀请报告和63篇专题学术报告。大会邀请报告是国内最新研究进展的突出代表。在大会的闭幕式上，张涵信院士作了总结发言，高度评价了本届会议所展现的学术水平和工程应用进展，以及会议所起到的促进交流的作用。

二、国际学术交流

第四届亚洲计算流体力学会议于 9 月 19～21 日在四川绵阳举办，出席会议的有 126 人，其中还有美国、德国、英国、芬兰、瑞典等国家的代表，远远超出了亚洲的范围。会议发表论文 104 篇。

三、组织建设

中国空气动力学会第四次全国会员代表大会暨学术年会于 6 月 12～15 日在四川省绵阳市胜利召开。参加这次大会共计 66 个单位，186 人。

大会听取、审议并通过了学会第三届理事会的工作报告、修改章程的报告和财务工作报告。大会推选钱学森、沈元和庄逢甘三院士为学会第四届名誉理事长；选举产生了 116 位理事；第四届理事会选举产生了张涵信为理事长的第四届理事会领导。

中国制冷学会

Chinese Association of Refrigeration

地　　址	北京市海淀区阜石路 67 号银都大厦 10 层
邮政编码	100036
电子信箱	caremai/@public.bta.net.cn
主页网址	http://www.car.org.cn
电　　话	010-68715723/68719984
传　　真	010-68434679
名誉理事长	洪朝生
理 事 长	何济海
副理事长	潘秋生　吴元炜　张　和　梁惊涛　赵玉侠　刘彦元　郎四维　孙隆荣
秘 书 长	潘秋生
刊物及主编	《制冷学报》　主编　吴元炜

单位简介

中国制冷学会是全国制冷、空调行业的学术团体，是中国科协所属的全国性学会之一，成立于 1977 年 4 月 25 日。下设 6 个专业委员会。目前全国已有 25 个省、市区成立了地方制冷学会。从 1988 年起，中国制冷学会开始发展团体会员和高级会员，到目前为止，已有全国团体会员近 500 个，高级会员 800 多人。

为了适应形势需要，经上级有关部门批准，中国制冷学会成立了“北京中州制冷设备技术开发公司”，提供了面向社会、面向基层、面向厂矿企业的服务窗口，其宗旨是以技术开发、技术咨询、技术转让和技术服务为主的经营业务。中国制冷学会与各地方制冷企业合作，相继成立了中国制冷学会沈阳、西安、济南、兰州、成都、广州、佛山、天津、惠州、深圳等技术咨询服务部。

中国制冷学会还承担了全国制冷标准化技术委员会的工作。

中国制冷学会于 1978 年 1 月加入国际制冷学会（IIR，总部设在巴黎）。1979 年、1983 年、1991 年、1995 年、1999 年分别组成大型代表团出席在威尼斯、巴黎、维也纳、蒙特利尔、海牙和悉尼举行的第十五、十六、十七、十八、十九、二十届国际制冷大会。20 多年来，中国制冷学会已与美国、英国、俄罗斯、日本、意大利、瑞典、瑞士、挪威、丹麦、南斯拉夫、德国、波兰、奥地利、加拿大、印度、澳大利亚、新西兰、比利时和香港、台湾地区的制冷科技团体及厂商建立了广泛的联系，并在国内举办了 10 次国际学术会议和 20 次国际展览会。同时，还不定期地就国际制冷空调新技术组织国内人员、管理人员进行出国考察、技术交流和合作。

工作综述

3 月 1～2 日，中国制冷学会第五次全国会员代表大会在京召开。会议通过了学会章程和第四届学会理事会工作报告，选举产生了第五届理事会理事 99 人，常务理事 33 人。

3 月 28～31 日，中国制冷学会在上海举办第十一届中国国际制冷展。来自 20 个国家共 310 家厂商（国外 107 家，国内 203 家）参加了展览会，展览面积为 18 200 平方米，展览期间还举办了 20 场技术交流回和新产品介绍会。目前，中国制冷展已成为列世界第三，亚洲第一的国际专业性展览会。

11 月 28～30 日，中国制冷学会在北京举办了中国食品冷藏链大会，来自全国各地 140 位专家出席了会议，会上发表论文 35 篇，并印制成 53 篇论文的论文集，会上就我国食品冷藏链的现状和发展前景进行了深入的探讨，美国冷藏库协会主席汉德森教授也应邀到会并作了专题技术报告。

中国真空学会

Chinese Vacuum Society

地　　址	北京市石景山区石景山路 23 号
邮政编码	100043

电子信箱　cvs@public2.east.net.cn
主页网址　http://www.cast.org.cn
电　　话　010-68878447
传　　真　010-68878447
理 事 长　庞世瑾
副理事长　何炜　于溥　刘鸿飞　江南
秘 书 长　高本辉
刊物及主编　《真空科学与技术》主编　何炜

单位简介

中国真空学会（以下简称学会），成立于1979年10月，是由中国真空科学技术工作者和从事真空技术科研、生产、教学等单位自愿结成，经民政部依法登记，具有社会团体法人资格的全国性、学术性和具有公益性的科技社会团体，是中国科学技术协会的组成部分。1983年我学会加入国际真空科学技术与应用协会（IUVSTA），并担任其执行委员会执行委员。

本学会共有科学研究和工程技术个人会员（包括荣誉会员和外籍会员）共3000余人，团体会员，包括研究所、有关大学的电子工程与机械系、真空产品生产企业等共110个单位。

学会下设机构有4个工作委员会和6个专业委员会及学会办公室。

工作综述

一、学术交流

1. 11月6～8日，在杭州召开了21世纪中国真空科技产业发展战略研讨会。

2. 9月21日，召开了声表面波器件生产设备国产化研讨会。

二、教育培训

1. 共举办各种类型专项真空适用技术学习班、培训班3期，约100多人次参加了学习。另又2次组织科技人员到工厂，结合工厂产品具体情况，举办继续教育培训班，收到良好效果。

2. 第十六届全国中学生真空科技夏令营于7月24日～28日在甘肃酒泉卫星发射基地举行。来自全国各地的30名师生参加了本届夏令营。

三、编辑出版

1. 学报工作：开本变更。从2000年第一期起学报的开本改为大16开标准开本，全年共发表论文117篇，比去年多出22篇，增加了23%。学报的质量有很大提高。①学报被国际六大检索系统中的EI、CA、SA收录；②学报在国内被确定为《中国科学引文数据库》和《中国学术期刊综合评价数据库》的源期刊，并全文收录，也为《中国期刊网》和《中国学术期刊（光盘版）》全文收录，并颁发了相关收录证书；③本刊再次被列为《中文核心期刊要目总览》2000年版中文核心期刊。

2. 编写《21世纪学科发展丛书》中的真空技术，于11月完成写作、编审。

四、咨询工作

2000年咨询工作委员会为企业牵线搭桥10多次，为用户使用真空产品提供了方便，宣传企业及其产品，为学会建立了信誉。

五、组织工作

1. 五届六次常委理事扩大会于11月4～5日在杭州召开。

2. 2000年共发展团体会员1个、个人会员38人。

六、其他

1. 以庞世瑾理事长为团长的10人，参加中国科协2000年学术年会，共提交论文9篇。

2. 学会推荐庞世瑾、刘鸿飞、董元昌、吴俊昌分别参加了中国科协学会部对“西部大开发”、“技术创新和技术跨越”、“人才素质和提高竞争力”、“国民经济信息化”、等四个重大选题，组织专家进行研究论证的工作。

3. 推荐华中一教授为我学会“全国优秀科技工作者”的候选人。

4. 推荐高鸿钧、潘峰、张春元为我学会的“中国青年科技奖”的候选人。

5. 2001年国际真空设备、仪器、仪表与应用新产品交流展示会筹备工作。

6. 真空科技成就奖与真空科技奖学金、奖金。① 2000年度真空科技成就奖授予张涤新、彭平、葛明。② 评定楚志高、董文怀、陈兵、姜涛、张亚涛荣获1999年度优秀硕士生奖学金。③ 评定王茂祥、张自淑、翁明、王旭迪、江鹏荣获1999年度中国真空科学硕士、博士生优秀论文奖。

7. 注册了域名：http://www.cvsociety.com.cn；同时建立了主页：http://www.cast.org.cn。

中国自动化学会

Chinese Association of Automation

地　　址　北京市海淀区中关村南一条1号
邮政编码　100080
电子信箱　wangh@iamail.ia.ac.cn
主页网址　http://CAA.imeter.com.cn
电　　话　010-62544415

传　　真　010-62620908

荣誉理事长　杨嘉墀
理　事　长　戴汝为　陈翰馥
副 理 事 长　于常友　马颂德　吕勇哉　孙优贤
　　孙柏林　李衍达　席裕庚
秘　书　长　张恭清
刊物及主编　《自动化学报》
　　主编　马颂德　何善育
　　《信息与控制》
　　主编　王天然
　　《机器人》　主编　赵经纶
　　《模式识别与人工智能》
　　主编　戴汝为
　　《自动化博览》　主编　王常力

单位简介

1956 年，周恩来总理根据毛泽东主席的指示，亲自领导制订了我国科学技术发展的 12 年规划，明确要重点加速发展自动化科学技术等若干项新兴的科学技术。

1957 年 5 月由钱学森等发起，经过有关部门的酝酿和全国科联的商定，产生了由钱学森等 29 人组成的中国自动化学会筹备委员会。1961 年 11 月 27 日，在天津召开了中国自动化学会代表会和学术报告会，总结了筹备工作，通过了会章，选举了第一届理事会，宣告了中国自动化学会的成立，并同时成为中国科学技术协会的一员。

中国自动化学会现有 22 个专业委员会，5 个工作委员会，30 个地方学会，主办了 5 个刊物，合办了 4 个刊物，拥有会员 29 000 余人。

1957 年，中国自动化学会（筹）派代表出席了国际自动控制联合会（IFAC）的成立大会，成为 IFAC 的发起者和第一批国家成员组织之一。1980 年，中国自动化学会加入了国际模式识别协会（IAPR）。

工作综述

一、国内外学术交流

我会共举办或参与举办了各类学术会议 35 个，其中比较重要的学术会议有：第三届全球智能控制与自动化大会（合肥）、第三届亚洲控制会议（上海）、2000 年中国控制会议（香港）、自动化科学技术应用学术会议（澳门）、第 15 届青年学术年会（上海）、发展智能机器人及其产来化大会（青岛）等，虽然侧重点各有不同，但其共同的特点能结合自动化技术科学领域内各学科发展的动态与趋势，展望新世纪自动化技术科学的发展前景，面向世界、面向社会、面向经济、面向市场。

在小型专题学术交流活动方面，学会始终鼓励并支持各专业与工作委员会能与地方学会联合征文，联合活动，特别是能针对地方经济和用高新技术改造传统产业方面发挥各自的优势、取长补短、互惠互利，如电气自动化 2000 年学术年会、全国系统仿真技术及其应用学术研讨会、全国中小城市自来水公司综合自动化系统建设专题研讨会等，学术气氛较浓，研讨的问题很有针对性，　受地方政府及相关科研机构，大专院校的欢迎。

在国际学术交流活动方面，于 9 月 3～8 日组团参加了在西班牙巴塞罗那举行的第 15 届国际模式识别大会（ICPR2000），本届大会发表论文 973 篇，出席会议的代表有 1300 余人。会议期间，与本届大会的组委会成员及国际模式识别协会理事会的成员，进行了广泛的接触，探讨今后在中国举办 ICPR 世界大会的可能性。同时实地考察了大会的组织规模、会场设施、学术安排、旅馆条件、大会服务、大型活动、志愿人员、会议收费等情况，会议之后，顺访了德国测量与自动化学会和德国卡斯鲁厄市工程研究中心，达成了初步的合作意向。

二、展览与培训

2000 年，我会的培训项目在 20 个左右，主要是针对国内一些大中型企业、公司和科研院所在职科技人员在实际工作中遇到的技术方面的问题进行的。例如：模糊控制技术与仪表装置、工业控制系统及联网通信、工程设计基础知识、全国供水系统综合自动化工程、项目管理与应用、自动化概念以及相关科学的关系，等等，针对性、实效性、市场性都非常强。

我会自 1988 年在武汉举办了第一届机器人科普展览会以来，基本上是每两年结合学会大型的国内外学术交流活动，召开自动化技术、装备及仪器仪表方面的展览会，虽然规模不是很大，平均每届展览会的摊位在 100～150 个，但对宣传和推动学会工作，使学会的各项活动更好、更快地面向市场、面向企业发挥了较好的作用。

1999 年，科技部发文授予全国 22 家机构举办境内国际科技展览会主办单位的资格，其中中国科协系统有 10 个学会，我会是其中之一。

中国仪器仪表学会

China Instrument Society

地　　址　北京市东城区安定门外西滨河路 25 号
邮政编码　100011
电子信箱　Cis@public.east.cn.net
主页网址　Http://cis.org.cn

电　　话　010-64226687/64225671/64226691
传　　真　010-64226689
理 事 长　李守仁
副理事长　毋国光　华中一　金国藩　陆廷杰　庄松林　朱明凯
秘 书 长　吴幼华
刊物及主编　《仪器仪表学报》　主编　金国藩
《自动化仪表》　主编　张继培
《中国仪电报》　主编　吴幼华
《光学仪器》　主编　王子仪
《气象水文海洋仪器》　主编　王锡科
《电测与仪表》

单位简介

中国仪器仪表学会于 1979 年 3 月在北京正式成立。随即加入了中国科协。目前学会已经从组建初期的几百人发展为拥有 4 万余名个人会员，2500 名团体会员，35 个专业分会和 28 个地方学会的门类齐全，阵容强大的科技群众团体。

工作综述

一、出色地完成了两委一部委托的调研任务

2000 年 4 月，王大珩、杨嘉墀、金国藩等 11 位院士向国家提出了关于振兴我国仪器仪表工业的建议。李岚清、吴邦国、温家宝三位副总理对院士们的建议高度重视，并作了重要批示，批转国家计委、国家经贸委和科学技术部。学会经过多方努力，两委一部共同决定委托中国仪器仪表学会和中国分析测试协会负责组织调研组开展调研工作。

从 9 月 11 日～12 月 14 日历时 3 个月，调研组对我国仪器仪表行业进行了一次广泛深入地调查研究。

12 月 26 日，调研报告提要已经完成，并及时送交了两委一部。提要中的部分建议将被纳入“十五”计划。

二、成功举办了 MICONEX2000

9 月 11～14 日，学会在北京国际展览中心成功举办了第十一届多国仪器仪表展览会（MICONEX2000）。展出面积近 2 万平方米，有 900 个标准摊位，上万台件展品。参展厂商来自中、美、德、英等 15 个国家及地区，共 500 余家，成为 2000 年亚洲最大的国际仪器仪表展览会。观众达到 45 000 人次，其中直接用户所占比例超过 90%，给展览会带来了巨大的商机。展览会期间组织了 8 场技术论坛，听众 400 多人次； 24 场技术交流，约有 1500 人参加；举行了 3 次企业家和专家座谈会。

三、组织建设

1．2000 年学会完成了社团登记，明确了学会的业务主管部门是中国科协。

2．学会正式确认了黄尚廉、陈亚珠、陆廷杰等 29 名首批高级会员，吸收了德国教授 Hartwing U. Steusloff 为学会第一位通讯会员，同时吸收了西安交大电气工程学院首批 5 个团体会员。

四、投资建立了东方电子集成商务网

2000 年 7 月，学会同东方科学仪器进出口集团公司共同投资建立了东方电子集成商务网，为学会全面进入 IT 行业奠定了基础，并已完成了下列工作：

①实现了网上贸易；②设置了专业频道；③参与了行业调研。

五、广泛开展学术交流与技术交流

1．第五届信号处理国际会议。8 月 21～25 日在北京举行，参加会议的 400 余人，来自中国、美国、英国、法国、日本等 30 个国家及地区。会议共收集 430 篇学术论文编辑成论文集（英文版）。

2．2000 年传感器与控制技术国际学术会议。6 月 19～21 日在武汉市华中科技大学举行。会议收录了 131 篇学术论文，由 SPIE 正式出版发行。

3．激光器发明 40 周年纪念暨学术大会。9 月 26 日，由学会与有关单位在北京联合举办，8 位科学家做了专题学术报告，500 多人出席了会议。

4．2000 年全国机电一体化学术会议。11 月 16～18 日由 11 个全国性学会在北京联合举办，出席会议 200 多人，发表论文 80 篇。

5．第五届医疗仪器学术会议。11 月 20～22 日在北京举行，出席会议的专家学者共 73 人。会议的主题是为 21 世纪医疗仪器。大会学术报告 11 篇，分组交流学术论文 20 多篇。

6．第二届全国药检分析仪器学术报告会。8 月 18～21 日在厦门举行。50 多位代表出席了会议。会议收到论文 100 余篇，录入论文集近 70 篇。

7．分子生物学最新应用技术学术报告会。4 月 4 日在北京举行，会议邀请王永立教授等做了 3 个学术报告，与会人员对 3 个报告展开了热烈的讨论。

8．8 月 29 日，以杨嘉墀为首的 11 位仪器仪表及自动化专家、教授组成的评审组，对 TCS 柔性控制系统进行评审，认为该系统达到了国际先进水平。

9．11 月 15 日，TCS 柔性控制系统新技术交流会在昆明市举行，出席会议 120 余人。

六、其他各项工作

1．科普教育。“人类如何获取自然界信息”科普报告会，3 月在北京举办；由张开逊教授主讲， 有 100 多人参加“世纪之交自动化仪表”科普报告会，10 月在成都举办；“超导体的研究及应用”科普报告会，10 月在湖北省木鱼镇举办。

2. 国际交流。6 月，学会派代表前往马来西亚出席第三届 APFICS 年会；7 月，学会组团赴日本参加 SICE 年会及执行双边交流活动；10 月，协助安排香港工程师代表团在北京和济南两地参观考察；6 月，在武汉市举办传感器与控制技术国际学术会议；8 月，在北京市举办第五届信号处理国际会议；8 月，在西安市举办第五届国际粉体检测与控制学术会议及国际粉体检测与控制联合会工业应用委员会成立大会。

3. 期刊出版。由总会和各分会主办的《仪器仪表学报》、《中国仪电报》等 20 多种期刊报纸 2000 年均完成了出版发行任务，得到国内外仪器仪表界的欢迎和好评。

学会述编辑印刷了 6 期《简讯》。机械量测试仪器分会组织专家完成了《齿轮手册》第二版中有关“齿轮刀具”和“齿轮测量仪器”章节的编写任务等。

4. 继续教育。①仪器仪表测控学院年前已有 2 名学生完成学业通过答辩，获得教育部颁发的硕士学位证书。还有 8 名学员仍在学习中；②精密机械分会创办的“机械自动化”大专培训班 2000 年结业 28 人，在读生 70 余人；③“智能小区工程项目经理和技术主管培训班”，11 月在上海市举办。学员 75 人，通过考核将获得中国科协颁发的继续教育结业证书。

5. 奖励。2000 年仪器仪表发明奖授予公司总经理王智彪，奖励他发明了高强度聚焦超声肿瘤治疗系统。2000 年度仪器仪表奖学金，评出特等奖 1 名，一等奖 10 名，二等将 37 名，12 月 21 日在厦门大学举行了奖学金颁奖仪式。

此外，推荐陈凯和韩洪江申报 2000 年全国优秀科技工作者；推荐陈凯和石照耀申报第七届中国青年科技奖。

中国计量测试学会

Chinese Society for Measurement

地　　址　北京市北三环东路 18 号

邮政编码　100013

电子信箱　b16@cast.org.cn

主页网址　http://www.chinajlonline.com/www.chinaj-lnet.com

电　　话　010-84253162/64218709

传　　真　010-64218709

理 事 长　王秦平

副理事长　于亚东　迟惠生　宣　湘　陈万民　潘必卿　矫云起　龚　克　靳书元　赵若江　谭久彬

秘 书 长　赵若江

刊物及主编　《计量学报》　主编　张宝裕

《中国计量》　主编　王明亮

单位简介

中国计量测试学会于 1961 年 2 月 28 日在北京成立，原名为中国计量技术与仪器制造学会筹备委员会，同年加入中国科协。1978 年 7 月 28 日经中国科学技术协会正式批准更名为中国计量测试学会，属全国性学会。中国计量测试学会由中国计量和测试方面的专家学者和企业家自愿组成的学术团体。

目前理事会成员 258 人。下设 6 个工作委员会和 27 个专业委员会。学会共有团体会员单位 123 个，个人会员 16 000 人，在个人会员中共有院士 11 人。

1961 年学会经国务院外事办公室批准，以中国计量技术与仪器制造学会的名义加入了国际测量技术联合会（IMEKO），成为中国在国际计量测试组织的惟一成员组织。学会各届秘书长孟昭仟、李家华、赵若江先后担任 IMEKO 总务委员会委员。接受国家质量技术监督局计量司的委托，进行完善企业计量检测体系的具体考核、评审工作；接受国家质量监督局计量司的委托组织专家进行计量检定规程、技术规范的审核工作；接受国家质量技术监督局的委托，管理国家质量技术监督职业技能鉴定中心。组织、管理、协调质量技术监督人员职业资格的培训、考核和发证工作。

工作综述

一、加强组织建设

学会组织召开了第五次会员代表大会。大会选举了理事长、副理事长、秘书长、常务理事、理事；通过了中国计量测试学会新章程；会议共起草和通过了 16 种文件。

二、积极开展国内外学术交流

1. 召开了 2000 年全国计量测试学术交流会，并出版了论文集。交流会内容涉及计量基本理论、光学、化学与标准物质等方面。

2. 中国计量测试学会和台北计量工程学会共同举办了第三届海峡两岸计量科技学术研讨会。大会共收集论文 46 篇，并出版了论文集。

3. 各专业委员会召开的学术交流会

①国外仪器应用专业委员会召开了总线与系统工程联合学术技术应用报告会。②几何量专业委员会召开了纳米及微机械测量技术国际研讨会。③力学专业委员会举办了三期力值和扭距测量不确定度讲习班，并参加了在日本举

办的亚太地区质量、测力与扭距测量技术研讨会。④电子计量专业委员会召开了同轴热敏电阻座校准因子比对测量专题研讨会。

4．进一步组织、加强与国际组织的密切合作

①组织全国流量专家12人到巴西参加国际流量会议，参观流量企业，并获得了长期的合作项目。②组织专家12人到奥地利参加国际计量测试联合会（IMEKO）的IMEKO2000大会并参加了IMEKO 总务委员会。③组织了两期参加美国实验室会议以及到美国计量测试和科研部门的考察。

三、积极开展科普工作

编辑出版了《教你如何使用农药》；完成了《趣味计量》多媒体光盘脚本；编辑了《二十一世纪计量学丛书》初稿。

四、做好咨询服务

1．学会咨询部组织编辑出版了《中国计量十五年》集册。该书回顾了我国计量事业15年来的发展和所取得的成绩。

2．归口管理"计量在线网站"，用于发布学会信息。

3．为了帮助企业完善计量检测体系，学会共举办了3期计量评审员培训班；组织举办了计量管理和计量技术方面的培训班；9期"测量不确定度"的学习班；"统计技术"、"电话计费器检验"、"油品检验"等培训班。

五、积极完成交办的任务

1．受国家质量技术监督局委托，学会负责管理国家质量技术监督局职业资格技能鉴定中心。

2．受国家质量技术监督局计量司委托，学会设立计量技术法规审查部。

3．受国家质量技术监督局科研处的委托，承办了局系统科研成果评奖工作。

中国标准化协会

China Association for Standardization

地　　址　北京市阜外月坛北小街2号3号楼三层

邮政编码　100837

电子信箱　cas@public.net.cn

电　　话　010-68033227

传　　真　010-68032689

理 事 长　李　瑞

副理事长　李忠海　张希钦　徐京付　矫云起　杜光林　吕海燕

秘 书 长　马林聪

刊物及主编　《中国标准化》　主编　刘建生

单位简介

中国标准化协会经中国科协批准成立于1987年。经过20多年的发展，现以形成具有一定规模和多方位从事标准化学术研究、标准制修订、技术交流、编辑出版、在线网站、咨询服务、国际交流与合作等业务的综合性社会团体。现有团体会员400个，个人会员3万余人。同许多国际、地区或国家的标准化团体建立了友好合作关系。

工作综述

一、积极开展标准化学术研讨与交流

举办传统名优白酒原产地保护标准化研讨会；召开全国软件产业标准化学术研讨会；组织召开空气净化器标准化的技术研讨；召开2000版ISO 9000族国际标准草案最新动态通报会。举办因特网—中文汉字拼写方案"培训班。

二、标准制定工作

组织成立GB 6932-94《家用燃气快速热水器》国家标准制修订起草工作；组织制定《直燃式空调器》国家标准。

三、宣传培训工作

举办了《粮食国家标准》、《烟花炮竹国家标准》、《国家行政机关公文格式》的宣传培训工作。

四、编辑出版发行工作

编辑出版发行《中国标准化》和《德国标准化》（中文版）、美国《标准化新闻》（中文版）杂志。

五、咨询工作

①开展2000版ISO 9000族标准转换工作，积极开展质量咨询服务工作；②开展社会调查，接受亚信公司2000产品报务质量及客户满意状况调查服务。

中国工程图学学会

China Engineering Graphics Society

地　　址　北京市海淀区学院路37号北京航空航天大学内

邮政编码　100083

电子信箱　cegs@china.com

电　　话　010-82317091/82326420

传　　真　010-82326420

理 事 长　唐荣锡

副理事长　童秉枢　强　毅　陈其明　何援军

秘 书 长　贾焕明

刊物及主编　《工程图学学报》　主编　童秉枢

CADDM　主编　唐荣锡

《图形科普》　　主编　许昌淦

单位简介

1979 年夏，中国工程图学学会筹备委员会成立，赵学田任主任委员。1979 年 8 月 4 日，中国科协主席团批准，同意成立“中国工程图学学会”。1980 年 5 月 15 日在武汉市召开第一次代表大会，推选赵学田为理事长。1986 年 1 月 17 日二届二次常务理事会决定拟将学会办事机构由武汉转移至北京。1986 年 7 月 15 日中国科协（1986）科协发学字 260 号文件，同意学会办事机构挂靠在北京航空学院（现北京航空航天大学）。

1980 年 5 月创刊《工程图学学报》，1989 年 8 月经国家科委、北京新闻出版总署批准《工程图学学报》公开发行。1991 年学会筹办《CADDM》英文刊，于 1991 年 12 月创刊，名为《Computer Aided Drafting, Design and Manufacturing， CADDM》。

会员人数约 1.3 万人，学会所属机构有 10 个专业委员会。

工作综述

一、开展学术交流，促进学科发展

1．召开第十二届全国图学教育研讨会暨第四届制图 CAI 课件演示交流会。会议共收到论文 329 篇，录用 287 篇。到会代表共 235 人，来自全国各地大专院校从事图学教育工作者。

2．由中国工程图学学会，中国计算机学会等单位于 2000 年 9 月 25 日在杭州联合举行第三届中国计算机图形学大会。大会内容包括学术报告；图形学热点问题专题研讨；图形学最新成果和应用软件演示，并邀请国际著名图形学专家到会作特邀报告。

二、围绕科普工作宗旨，积极开展图学科普活动

1．积极开展分形科学教育与普及工作。跨入 21 世纪的今天，科学和技术有了日新月异的发展，在计算机功能日趋完善，特别是强大的图形图像功能的开发和利用，数学因为有了新的研究手段和研究工具而进入了一个崭新阶段，分形几何学的创立使数学注入了新的活力。分形几何的出现，使数学计算变成美丽的几何形状，精致的图案结构以及迷人的色彩。这一切是以往在数学中很少可以体验到的，分形和混沌提供了一个全新的可视世界。对于求知欲望很强的青少年，奇妙的分形将给他们无限的遐想，启发他们去研究和探索自然界的奥秘。出版的 2 本分形科普读物集数学与艺术为一体，游戏和创作为一身，无疑是引导青少年热爱科学、健康成长的精神食粮。《分形的计算机图像及其应用》一书现已出版，《对称》一书已定稿待出版。完成《21 世纪百科丛书》的撰写工作。

2．继续做好制图员的培训、考核工作。为培养合格的制图从业人员，推动计算机绘图工作，提高全国制图员职业技能水平，从 1999 年开始在全国范围内启动制图员远程职业培训工作。在组织编写 4 本教材的基础上，2000 年 5 月和 11 月分别在全国举行了制图员职业技能和上机操作考核，参加考试的人数达 1 万余人，收到了较好的社会效益和经济效益。同时总结出一套培训、考核、管理经验，为学会工作的发展探索了一条新路子。

三、结合社会需求，开展多种形式继续教育

继续教育的重点，应放在自身队伍建设上，做好教师队伍的继续教育以适应社会需求。

为促进图学教育规范化、全面提高图学教育质量，同时为培养和普及同现代化建设相适应的大批高素质的图学方面专业人员，为社会主义市场提供人才，学会在 2000 年 5 月 4～10 日举办了第二期全国制图员师资和考评员培训班，37 人获“制图员”教师资格，98 人获“制图员”考评员资格；2000 年 9 月 15～20 日，举办了第三期全国制图员师资及考评员培训，56 人获“制图员”教师资格，73 人获“制图员”考评员资格。

中国电子学会

Chinese Institute of Electronics

地　　址　北京市 165 信箱

邮政编码　100036

电子信箱　ciehead@public.bta.net.cn

主页网址　http://www.cie-china.org

电　　话　010-68277281

传　　真　010-68233917

理 事 长　胡启立

副理事长　王守觉　冯世章　刘盛纲　何大中　李志坚　沙　踪　杨千里　杨芙清　俞忠钰　谢高觉

秘 书 长　刘洪昆

刊物及主编　《电子学报》　主编　刘　力

Chinese Journal of Electronics　主编　刘　力

《电子世界》　主编　张景燕

《电子商务》　主编　张道远

《每周电脑报》　主编　宁云鹤

单位简介

中国电子学会成立于 1962 年 4 月，到现在为止共经历了 6 届理事会。第一届理事会（1962～1979），理事长：王子纲；第二届理事会（1979～1983），理事长：刘　寅；第三届理事会（1983～1988），理事长：孙俊人；第四届理事会（1988～1992），理事长：孙俊人；第五届理事会（1992～1996），理事长：孙俊人；第六届理事会（1996～2001），理事长：孙俊人（1996～1998），胡启立（1998～2001）。中国电子学会从成立起就是中国科协的成员。

中国电子学会现有 44 个专业分会、30 个省市区地方电子学会、12 个工作委员会；个人会员 10 万余人，团体会员 500 多个。中国电子学会 1995 年被原电子工业部授予全国电子工业先进学会称号，1997 年、1999 年连续两次被中国科协授予先进学会称号。

中国电子学会参加了国际无线电科学联盟（URSI）、国际信息处理联合会（IFIP）、国际医药信息处理联合会（IMIA）和国际污染控制学会联合会（ICCCS）。中国电子学会与（美国）电气电子工程师学会（IEEE）、（英国）电机工程师学会（IEE）、日本应用物理学会（JSAP）、日本电子通信情报学会（JIECI）和韩国电子工学会（KITE）等建立了良好的合作关系。

工作综述

1．召开了有线电视与宽带数据业务研讨会、纳米技术与应用学术会议、网络新经济论坛等，推动了这些新兴学科和交叉学科的发展。

2．第 16 届世界计算机大会于 8 月 21～25 日在北京举行。吴邦国副总理担任大会名誉主席，全国政协副主席胡启立和 IFIP 主席 Peter 担任大会主席。江泽民主席出席大会开幕式并发表讲话。来自世界五大洲 72 个国家的 2000 多名代表出席了这次信息科技界的跨世纪盛会。IFIP 主席 Peter 对大会给予了很高的评价，他说本届大会是 20 多年来规模最大的一次 IFIP 世界计算机大会，也是青年与会者人数最多的一次大会。为了配合第十六届世界计算机大会，举办了“海信杯”全国中小学计算机邀请赛和第三届“华为杯”全国研究生电子设计自动化竞赛。

3．中国电子学会受原电子工业部委托，于 1989 年创办了电子工程师进修大学，采取以函授为主的继续教育方式，在 28 个省市区设立了分校。2000 年该校与清华大学合作，开展了网上教学。

4．科技部根据中国电子学会在举办展览方面的能力和实力，赋予了中国电子学会在国内举办国际科技展览的资格。2000 年举办了中国国际大屏幕显示设备、小电机等展览会。

5．2000 年在互联网上建立了“中国电子学会会员发展服务中心”工作平台（www.info2000.com.cn）。利用该平台学会与会员之间可以相互交流信息，会员之间可以相互查询信息。学会总部现有各种计算机近 50 台，基本实现了办公计算机化，提高了办事效率。

中国计算机学会

Chinese Computer Society

地　　址　北京市海淀区中关村科学院南路 6 号
邮政编码　100080
电子信箱　ccfo@ict.ac.cn
主页网址　http://www.ccf.org.cn
电　　话　010-62562503
传　　真　010-62527485

理 事 长　唐泽圣

常务副理事长　李国杰

副理事长　王　珊　卢锡城　刘爱民　杨天行　杨芙清　曾茂朝　谭铁牛

秘 书 长　史忠植

刊物及主编　《计算机学报》　主编　高　文

《计算机科学技术学报》（英文版）　主编　李国杰

《软件学报》　主编　冯玉琳

《计算机研究与发展》　主编　徐志伟

《计算机辅助设计与图形学报》　主编　刘慎权

单位简介

中国计算机学会的前身是中国电子学会计算机学会，成立于 1962 年 6 月。

国家体改委根据计算机学科的发展和国家经济社会发展的需要及国际上计算机科学技术与产业的迅猛发展，于 1985 年 3 月 5 日批复给中国科学技术协会，批准成立为全国性学会，并同时成为中国科协的成员。

中国计算机学会现有个人会员 28900 名，团体会员 136 个单位。设有 30 多个专业委员会。与国际组织 IEEE-CS，ACM 等均有合作。

工作综述

一、学术交流

1．2000 年共举行了国内学术会议 16 次、国际学术会议 4 次。

2．与香港电脑学会（HKCS）合作举办了第七届国际联合计算机会议（汕头）。加强了内地与香港学术界的联系与交流。

3．成功举办第十五届世界信息安全会议（sec2000）。

4．中国电子学会、中国通信学会联合成功举办了WCC'2000（世界计算机大会）。

5．成功举办第四届亚洲高性能计算机会议（HPC-Asia2000）。

6．继续办好青年科技论坛（YOCSEF），全年共组织活动11次，参加活动人数达2000余人。

二、组织建设

1．1999年11月～2000年2月，召开了中国计算机学会第七全国代表大会，选举产生了新的第七届理事会。

2．2000年4月，召开了第七届理事会第一次全体会议，产生了学会第七届领导机构。

3．发展高级会员的筹备工作已进入具体实施阶段。

三、国际联络

4月28～29日，由中国科协主办，中国计算机学会等协办的“资讯科技产业合作论坛”在香港会展中心举行。约400多人参加了本次论坛。我学会特邀请了汪成为院士、863-306专家组长高文、教育科研网中心主任吴建平、东大阿尔派董事长、新浪网总裁参加了论坛并在论坛上发言。

四、普及工作

①由中国计算机学会主办、澳门电脑学会承办的第十七届全国青少年信息学（计算机）奥林匹克竞赛（NOI2000）于2000年3月在澳门成功举行，澳门特别行政区行政长官何厚铧先生出席了闭幕式。

②接待IEEE、ACM代表团来访商讨了双方合作的有关事宜。

③多次接待港、澳等地的IT代表团来访。

由中国计算机学会承办的第十二届国际信息学奥林匹克竞赛（IOI2000）9月23～29日在北京成功举办。70个国家和地区的274名中学生选手参加比赛。中国队在比赛中获得2金、1银、1铜的好成绩。国家主席江泽民为活动发来了贺信。

中国通信学会

China Institute of Communications

地　　址　北京市西长安街13号
邮政编码　100804
电子信箱　cic@publicf.bta.net.cn
主页网址　http://www .china-cic.org.cn
电　　话　010-66051385/66051392/66051305/66051303/66062397
传　　真　010-66069587

理 事 长　林金泉

副理事长　刘彩　冷荣泉　张海涛　武士雄　徐小岩　龚克

秘 书 长　刘彩

刊物及主编　《通信学报》　主编　周炯槃
《电信科学》　主编　易东山
《现代通信》　主编　张柯

单位简介

1978年5月5日经中国科学技术协会批准，同意成立中国邮电通信学会。1980年6月更名为中国通信学会。1980年12月在天津召开第一次全国会员代表大会，王子纲当选为第一届理事长。1985年3～4月召开第二次全国会员代表大会，李玉奎当选为第二届理事长。1989年4～5月召开第三次全国会员代表大会，李玉奎当选为第三届理事长。1993年5～6月以通信方式召开第四次全国会员代表大会，宋直元当选为第四届理事长，2000年7月18日～19日在北京召开了第五次全国会员代表大会，林金泉当选为第五届理事长。中国通信学会于1980年12月加入中国科学技术协会。现有会员近5万人。中国通信学会下设7个工作委员会、设立了14个专业委员会和科普读物研究会。中国通信学会分别与美国IEEE通信分会、日本电子电气通信学会、韩国通信学会、IEE通信分会、香港工程师学会、台湾地区电工器材工业同业公会等建立联系并签订了合作协议，并分别开展了一些定期与不定期的活动。

中国通信学会办事机构挂靠在信息产业部。

工作综述

我会全年共组织学术交流活动21次，参加活动5446人，发表论文1000多篇。

1．在国内学术交流方面，召开了邮政经营与业务发展研讨会、国际通信电源学术会议、全国电磁兼容学术会议、光缆电缆学术年会、第十届全国数据通信学术研讨会、全国无线通信学术会议、首届移动通信商务（中国）论坛、TD-SCDMA技术研讨会等。

2．在国际学术交流方面，召开了第二届接入网技术高级研讨会、第二届亚太地区环境与电磁学学术会议-CEEM'2000、第二届中国国际宽带网与多媒体通信技术高级研讨会、中国国际移动数据与因特网高级技术研讨会、IMT-2000与3G移动通信国际论坛、第三届国际电信网络与流量学术会议、第二届中国国际卫星应用大会等。2000

年我会组织了 11 项高层次、高水平的国际学术会议，这在我会的历史上是第一次。我会注重发挥桥梁与纽带作用,承办或协办了中法电信管理法规研讨会、信息社会专题研讨会、第五届国际移动通信产业协会（CTIA）全球总裁论坛、通信运营业管理和新业务国际论坛等。

3．受信息产业部政策法规司委托举办了三期中华人民共和国“电信条例”培训班。参与了由中国消协与各有关部门联合举办的 3·15 国际消费者权益日宣传咨询服务活动，在组织世界电信日纪念活动的同时，举办了一次大型技术报告会，并在会场设置展台。举办了第六届电信新技术、新业务高级研讨班和宽带网技术培训班。

4．邀请 2 位专家出席由香港工程师学会在香港主办的“第三代移动通信学术会议”，我会派 2 位教授出席在韩国汉城由我会、韩国通信学会、日本电子信息通信学会共同发起的亚太通信学术会议（APCC)。

5．4 月份将我会组织机构情况、活动计划等录入我会网页中，8 月份又将我会“五大”有关资料充实到网页中。

中国中文信息学会

Chinese Information Processing Society of China

地　　址	北京市海淀区中关村南四街 4 号
邮政编码	100080
电子信箱	cips@admin.iscas.ac.cn
电　　话	010-62562916
传　　真	010-62562916
理 事 长	许孔时
副理事长	王　选　李　峰　倪光南　苏东庄　孙玉芳
秘 书 长	曹右琦
刊物及主编	《中文信息学报》　主编　黄昌宁

单位简介

钱伟长、甄健民、安其春、李金铠等为主要发起人，中国中文信息研究会 1981 年 6 月在天津成立，同时被中国科学技术协会接纳。1986 年 10 月经国家科委批准更名为中国中文信息学会。学会下设 4 个工作委员会及 11 个专业委员会，现有个人会员 1 240 余人，团体会员 70 个。

工作综述

1．举办 2000 年多语种信息处理国际会议（2000'International Conference on Multilingual Information Processing）

会议于 8 月 9～13 日在乌鲁木齐市举行。到会的专家学者约有 120 人，其中有来自韩国、日本、加拿大和香港地区的代表 30 人。国内代表来自全国的几十所高等院校、科研机关以及从事信息产业的高技术公司。

会议的主要内容是语料库以及应用；文本分类和检索；字符识别、语音识别与合成；智能字符输入；多语种操作平台及字处理；句法和语义；词法分析；机器翻译；计算机辅助教育及标准化。会议期间还组织了题为“为西部大开发献计策”的座谈会。北京的一些高等院校愿在共同培养信息科学的人才方面出力。

2．组团赴香港出席计算语言学学会 38 届年会（38th Annual meeting of the Association for Computational Linguistics）这是该国际性学会第一次在亚洲举行年会。学会组织了十余位教授出席了会议。会议在 8 月 3～6 日举行，会议听取了大会邀请报告，宣读了论文。

会后召开第二届中文信息处理研讨会，世界各国从事中文信息处理的专家宣读了 12 篇论文，并展开了热烈的讨论，与会者反映收获很大。

3. 知网 2000 研讨会。12 月 7 日，在北京召开“知网 2000 研讨会”。有 60 多位专家出席。知网的创建人董振东教授提出的知网（HowNet）是积十余年研究心得而成的一个基础性常识知识库。

与会代表对知网建设的新进展和所产生的影响做了高度的评价，交流了应用知网的经验和体会，并就知网的未来发展进行了热烈的讨论。当前尤其紧迫的是需要把知网的数据转成用 XML 格式来描述，以便开发出更加丰富的维护与开发工具。

4.《汉字规范码应用于基础教育教学实践》成果发布会。

12 月 9 日，中国中文信息学会与北京教科院基础教育教学中心在北京人民大会堂召开。

1992 年国家教委基础教育司将“全国中小学教学用汉字编码规范及计算机输入系统研究”的课题列为教委“八五”重点科技攻关项目。1995 年 12 月 28 日，由国家教委主持了技术鉴定，得到了很高的评价，项目取得了两项成果：字根拼形规范码汉字输入方法及全拼、双拼规范码汉字输入方法。1997 年北京教育科学研究院基础教育教学研究中心将《“规范码”教学实验研究》列为北京市“九五”教育科学规划重点课题，在东城、宣武、崇文、海淀等城近郊区进行了实验。

汉字规范码既符合国家有关信息技术规范，又符合国家语言文字规范，得到了广大中小学计算机教师和语文教师的认可，受到了孩子们的喜爱。

2000 年 2 月和 4 月，两项成果分别取得了专利权，学会将两项专利作为技术入股，与香港菱电电子有限公司合作，以便进一步完善三合一汉字规范码中文输入软件，更好地向北京市中小学推广。

中国造船工程学会

Chinese Society of Naval Architecture and Machine Engineering

地　　址　北京市西城区月坛北街 5 号

邮政编码　100861

电　　话　010-68031560

传　　真　010-68031560

理 事 长　王荣生

副理事长　黄平涛　陆建勋　董玖丰　高世良　卓友瞻　陈铜台　王乃举　王　辉　李科浚　金　矛　包盛清　周守为　何生厚

秘 书 长　周光霁

刊物及主编　《中国造船》　主编　吴有生

《船舶工程》　主编　丁　玮

《舰船知识》　主编　王义山

单位简介

中国造船工程学会于 1943 年 2 月 1 日在重庆成立，是中国成立较早的学术团体之一。中国造船工程学会是中国船舶及海洋工程科技工作者自愿组成的公益性、学术性法人社会团体，是中国科学技术协会的组成部分。中国造船工程学会已成为发展我国船舶及海洋工程科技事业的重要社会力量。

学会从成立到 1949 年，曾召开过 5 次全体会员大会。自 1949 年以来召开过 6 次全国会员代表大会。本届理事会为第十一届。中国造船工程学会历届理事长为：马德骥、徐祖善、李允成、叶在馥、杨俊生、张文治、张有萱（7、8 届）、潘曾锡、王荣生（10 届、11 届）。1997 年 6 月，在大连召开的第六次全国会员代表大会上，推选刘华清、柴树藩、张有萱、潘曾锡为名誉理事长。

中国造船工程学会现有个人会员近 3 万人，团体会员近 800 个单位。另还有外籍会员和名誉会员。学会下设 4 个工作委员会， 15 个专业学术委员会。

学会已参加和保持联系的国际学术组织有：国际海事学会联合会（AMLS），计算机在造船中应用国际会议（ICCAS）、国际轮机系统工程组织（ICMES），国际近海工程与极区工程会议（OMAE）、国际船模实验水池会议（ITTC）、国际船舶结构大会（ISSC）和国际船舶使用设计大会（PRADS）等国际学术组织。还与美国、英国、德国、日、韩等国的造船、轮机学会建立了双边友好学术交流关系。

学会与香港、台湾的造船暨轮机工程学会一直保持友好往来，两岸三地的专家学者互访频繁。

工作综述

1．受中国国际旅行总社的委托，中国造船工程学会于 11 月 7～8 日在北京接待了由美国造船工程学会理事长尤塞・弗米尼亚为团长的造船及船舶工程代表团。该代表团由来自 16 个国家的船舶和船舶动力系统、电子系统等专业的设计专家、造船师、大学教授和有关公司的高级技术顾问等组成。代表团此行的目的是要了解中国造船、航运、海洋工程和中国造船工程学会的情况，以便与中国海事界和造船学会加强交流与合作。我会为美国代表团在北京安排了两天的学术交流活动。美国代表团成员向中国同行介绍了美国造船业的情况以及美国造船学会发展会员、网络服务、编写教科书、注册造船师考试，收取会费、基金投资等方面的工作。

2．厂会协作——玻璃钢渔船建造下水。为充分发挥网络和人才优势，学会联合北京鼎昌复合材料有限公司和水利科学院渔船设计室等单位以技术和资金入股的方式与渔轮厂共同协作生产玻璃钢渔船。通过 1 年的工作，厂会协作生产的第一条玻璃钢渔船——鲁乳渔 4888 号于 2000 年 10 月 31 日在乳山市渔轮厂正式下水，开创了乳山市生产大型玻璃钢渔船的历史，得到了地方政府领导的重视。

3．受国防科工委委托起草玻璃钢船艇设计资质认证办法。10 月 11 日，国防科工委民品司在北京召开了“玻璃钢船艇设计、生产资质认可座谈会”。国防科工委正式委托我会起草“玻璃钢船艇设计资质认可办法”，争取 2001 年 1 月完成初稿，2001 年 6 月公布，2002 年 1 月 1 日正式实施。

4．举办船舶工业产业技术政策研讨会。为了做好船舶工业发展的“十五”规划和船舶科技发展纲要，受国防科工委委托，我会 5 月 25 日举办了船舶工业产业技术政策研讨会，国防科工委、国家经贸委的领导以及行业协会和我会专家出席了会议。

5．两岸造船工程名词对照审定工作。为避免由于半个世纪长期分隔而使中文船舶工程名词相异，并促进船舶工程名词术语统一工作的发展，根据全国名委的意见，我会成立了由有关专家组成的两岸船舶工程名词对照审定委员会，负责对《两岸造船工程名词对照》进行审定，并与台湾造船学会的两岸造船工程名词对照编辑委员会进行交流。目前，这项工作正在进行。

中国航海学会

Chinese Society of Navigation

地　　址　北京市建国门内大街11号
邮政编码　100736
电　　话　010-65293151/65293154
传　　真　010-65261148
理 事 长　林祖乙
副理事长　方嘉德　刘功臣　孙德忠　宋家慧　李克麟　李宗琦　李科浚　李健华　周祺芳　陶素云　钱永昌　葛有信　魏家福
秘 书 长　胡裕生
刊物及主编　《中国航海》　主编　黄蕴和
　　　　　　《航海技术》　主编　许立荣

单位简介

经中国科协批准，中国航海学会于1963年成立。本会由航海科技工作者及交通、海军、海洋、渔业等系统有关单位组成，现有会员1.7万人，并于1985年加入了国际航行联合会。

工作综述

1. 11月25～26日，在北京召开了第五届全国会员代表大会，140名代表出席了会议。选举了新一届理事会。与会代表充分肯定了学会所做的工作，同时希望在新世纪为我国航海科技的繁荣和航海人才的成长，以及为自身的发展壮大作出更大的贡献。

2. 11月27～28日，在北京召开了2000年度学术年会，共选出40篇论文进行了交流，其中24篇获优秀论文奖，并形成三份决策咨询建议提交至主管部门。

3. 2000年在宁波举行了中韩航海学术交流会，中韩双方60名专家、学者与会。

4. 我会二级机构结合航运特点，多次举办学术交流会、研讨会、座谈会，主要内容为“中国21世纪船舶防污染发展”研讨会、“船舶防污染法规”研讨会、“天气海洋与航海安全”学术研讨会、“河船、海船在内河中的航行与避碰”学术交流会、“特殊结构与特殊用途船舶的航行与操作安全”研讨会，船舶防污染专业委员会承办了首期“溢油应急决策支持技术”培训班。

5. 8月份在哈尔滨举办了有62人参加的航海夏令营活动，夏令营活动使营员们了解了航海科普知识和一般性常识，受到了爱国主义教育，饱览了祖国美丽的河山风光，得到了自立和互助的锻炼。

6. 2000年初对交通、海军、海洋、水产系统的26所大、中专航海院校申报的品学兼优的学生进行了航海奖学金评审。共有57名学生获奖，其中5人获特等奖，学会向他们颁发了证书和奖学金。

7. 为发挥学会专、兼职工作人员和会员的积极性，我会对在开展学会工作中做出成绩的学会工作人员进行评审，评出43名积极分子，向他们颁发了证书和奖金。

中国铁道学会

China Railway Society

地　　址　北京市复兴路10号
邮政编码　100844
电子信箱　crszh@ns.chinamor.cn.net
主页网址　http://www.crs.org.cn
电　　话　010-63248021
传　　真　010-63248021
理 事 长　国　林
副理事长　华茂昆　沈之介　周翊民　周振远　唐闻生　王成廉　程国庆
秘 书 长　王德芳
刊物及主编　《铁道学报》　主编　吴　凤
　　　　　　《铁道知识》　主编　王家信

单位简介

1912年由詹天佑等发起成立中华全国铁路学会，几年后中止活动。1966年前，铁道科技战线曾进行多次学术活动，并酝酿成立学会组织。1978年4月成立中国铁道学会。现有会员75490名，24个专业的学术组织。与美国、日本、俄罗斯、英国等国的学术团体建立了交流与合作关系，是国际重载运输协会和国际桥梁及结构工程协会成员。

工作综述

1. 围绕铁路建设、西部开发、提速、改革、安全等课题组织了各种形式的国际交流活动，共组织各类重点学术活动47项，编辑论文集29种；以技术装备确保行车安全为主题召开了学术年会，年会与安全技术装备展览相结合，富有新意。年会由20多个专业委员会协办，铁道行业的180多人参加，收到论文174篇，会后进行的技术推广中，成交额突破了100万元。

2. 受国际重载运输学会委托，在我国召开了国际重载运输协会2000年理事会年会，讨论了当前国际重载运输的新技术、新进展、存在问题和发展方向，对我国重载运输起到了借鉴作用。由中国铁道学会、中国科协新技术开发中心，中国城市公共交通协会合作，在北京共同主办了“2000年国际轨道运输技术装备暨学术研讨会”，有11个国家和地区、70多家厂商以及院校和研究单位参展，与会人员交流了轨道交通各个领域的新技术和新成果，提出了今后的方向，对我国城市交通的发展起到了推动作用。

3. 举办了科技新知识系列讲座，其内容涉及电子商务、西部大开发、美国铁路现状、中国铁路运营信息管理系统、中国物流业发展与展望、中国铁路建设投融资体制改革等热门话题，上千人次听讲，取得比较好的效果。召开了“科普伴你行”工作总结、先进评选表彰会，有效地调动了各省级铁道学会科普工作的积极性。

4. 为促进咨询服务工作的开展，咨询中心组织召开了咨询工作座谈会。2000年咨询中心共签订咨询服务合同6项，完成技术交易额80万元，取得了一定的经济效益。

5. 对专业委员会、省级铁道学会的换届工作进行了有力的监督和指导，促使10个专业委员会、5个省级铁道学会按时换了届。

6. 制定了统一的学会会员数据库软件，举办了会员数据库管理培训班，重新进行了会员登记，基本摸清了会员人数。

7. 第一批高级会员的申报、审批、发证工作业已完成，共办理了424名科技工作者为高级会员。

8. 分片召开了省级铁道学会座谈会，为指导工作、制定计划奠定了基础。

中国公路学会

China Highway & Transportation Society

地　　址　北京市建国门内大街11号
邮政编码　100736
电　　话　010-65293138/65293139
传　　真　010-65293139
理 事 长　李居昌
副理事长　杨盛福　凤懋润　张之强　任茂东　毛家安　李树椿　周纪昌　陈国靖　程英华　冯正霖　董学博　汪临发
秘 书 长　焦振芳
刊物及主编　《中国公路学报》　主编　王秉纲
《中国公路》　主编　刘文杰
《中国汽车维修市场》　主编　刘文杰

单位简介

中国公路交通系统最早的群众法人团体组织为“中华全国道路建设协会”，于1921年5月在上海成立。后几经变迁，至60年代，公路建设和公路汽车运输的有关学会，分别隶属于土木工程、机械工程等学会，特别是由于科学技术的不断进步，现代化的公路交通各个专业之间的相互关系更为密切，原存的组织系统已不能适应形势的发展。为此，经中国科协及交通部批准于1978年7月成立了中国公路学会。目前我会共有团体会员741个，个人会员43 609人。设有道路工程、桥梁和结构工程、汽车运输、筑路机械工程、交通工程、客车、公路工程地质、计算机应用、隧道工程等9个分科学会。各省、自治区、直辖市也均建立了公路学会组织。

工作综述

一、学术交流空前活跃，交流质量不断提高

我会及各分科学会共举办学术会议19个，参加人数3 150人，交流学术论文572篇，出版论文集11种，发行6 900册。为服务于西部大开发这个主题，学会参加了由中国科协、中国工程院和重庆市人民政府举办的“21世纪中国西部交通发展战略学术研讨会”，并发表了《西部公路建设的规划目标和政策保障》的特邀报告，受到大会的重视。

二、技术咨询得到重视，咨询范围不断扩大

2000年学会在技术咨询方面有了新的进展，如：应福建省交通厅的要求，学会组成了专家顾问组，对宁福高速公路的下白石特大桥进行技术咨询，帮助解决一些工程中的技术难题；学会还积极参与了部颁有关技术标准、规范的审查工作，为这些标准、规范的出台提出了许多修改意见；筑路机械工程分会受交通部委托，编写了《公路筑养路机械机务管理手册》；隧道工程分会的《公路隧道通风、照明技术规范》已出版。

三、国际交流日益频繁

4月由我会主办、交通部科学研究院承办的第二届亚太可持续发展交通与环境技术大会在京召开，有来自世界十几个国家和地区及国内公路、铁路、城建、民航等方面的专家共计450人参会，发表境内外论文180余篇，出版了中、英文版论文集。本届大会还得到了联合国亚洲及太平洋经济社会理事会（简称亚太经社会）的支持。

四、学会期刊越办越好

我会及各分科学会主办的期刊今年以来有了很大发展，据统计现有正式出版期刊6种，全年共发行824 650册。我会主办的《中国公路》杂志，目前该社已经拥有三本公开发行的期刊和一个网络媒体，成为学会加强自身宣传和对外宣传的窗口；《中国公路学报》坚持高质量、高标准办刊的方针，一年来刊登了大量有价值的学术论文，对推动公路科技事业的发展产生了积极的影响。

一年来，学会工作取得了很大成绩，但还有许多不足和差距，有待我们在今后工作中逐步研究并加以解决。

党的十五届五中全会的精神，特别是五中全会进一步确立了公路的基础地位，对我会今后的发展具有很大的指导意义。我们要抓住机遇，深化改革，加快发展，努力把学会建成适应社会主义市场经济体制要求，充满生机活力，具有凝聚力、影响力和科技实力的学术团体，以优异的成绩迎接新世纪的到来。

中国航空学会

Chinese Society of Aeronautics and Astronautics

（CSAA）

地　　址　北京市东城区亮果厂5号
邮政编码　100010
电子信箱　office@csaa.org.cn
主页网址　http://www.csaa.org.cn
电　　话　010-84045549
传　　真　010-64021413
理 事 长　朱育理
副理事长　叶金福　田绍奇　丛日刚　杨育中　沈士团　张彦仲　管　德　姜澄宇　顾诵芬　黄茂江　戴冠中
秘 书 长　屈见忠
刊物及主编　《航空知识》　主编　谢　础
《航空模型》　主编　谢　础
《航空学报》　主编　诸德超
《航空动力学报》　主编　曹传钧
《航空材料学报》　主编　颜鸣臯

单位简介

中国航空学会是由航空航天科技工作者自愿结合依法登记成立的全国性非营利法人社会团体，成立于1964年，同年加入中国科协，还是国际航空科学理事会的国家会员。学会目前有4万多名个人会员。学会设有学术、科普教育、组织3个工作委员会，并根据学术活动需要成立了24个专业委员会（分会）。全国有16个省、市、自治区成立了地方航空学会，在我会的指导下开展工作。

工作综述

1．8月中旬在青海省西宁市召开了“航空产业与西部大开发”学术年会，出席会议的代表有120多人，会议收到论文73篇，其中收入论文集64篇。会后将代表们认真讨论后提出的航空产业为西部开发作贡献的建议经整理后报送了国务院西部开发办。

2．我会组团参加了第22届国际航空科学大会，向大会投稿28篇，经会议评审录用21篇。2000年下半年又与来华的俄罗斯航空制造学会会长巴特可夫先生进行了工作座谈，接受了参加2001年莫斯科航展的邀请。

3．开展36项国内学术活动；组织或参与了3项国际间的学术交流活动。

4．共组织全国近1万名少年儿童参加了国际少儿航空绘画比赛，其中获国际银奖2项、国际铜奖2项。与上海、浙江、河南、湖南、福建等省市联合举办4期航空夏令营。与全国少工委、中国航空运动协会联合组建了全国少年儿童开展争获雏鹰奖章“航空章”活动。经中国科协批准立项，由我会组织拍摄的《共舞蓝天》、《空中战神》（上、下）、《天际繁花》等4部航空科普系列片于2000年底全部完成。

中国宇航学会

Chinese Society of Astronautics

地　　址　北京市838信箱
邮政编码　100830
电子信箱　iaf@public.bta.net.cn
主页网址　http://www.csayh.org.cn
电　　话　010-68768085，68768111，68371700
传　　真　010-68051070
名誉理事长　任新民　宋　健　丁衡高　屠守锷　黄纬禄　梁守磐　孙家栋
理 事 长　刘纪原
副理事长　王礼恒　严义埙　李纪南　花禄森　张保乾　胡鸿福　郭宝柱　娄勤俭　夏国洪　崔国良
秘 书 长　张保乾

单位简介

根据中国科协（78）第27号文函告，中央于1977年7月批准成立中国宇航学会。经过两年多的筹备工作，中国宇航学会于1979年10月在天津正式成立，并召开了第一次全国会员代表大会，选出以任新民为理事长的第一届理事会。此后，分别于1985年3月、1993年6月和1999年11月召开了第二次、第三次和第四次全国会员代表大会，分别选出了以任新民和刘纪原为理事长的第二届、第三届和第四届理事会。

中国宇航学会于 1980 年加入国际宇航联合会并成为其有投票权的成员。从 1983 年至今，学会推选的航天专家杨嘉墀、陆元九、陈芳允、梁思礼和陈怀瑾分别被选为国际宇航联副主席。同时，中国宇航学会于 1987 年加入国际青少年宇航员组织并为其管理委员会的成员。

工作综述

1996 年 10 月中国宇航学会在北京举办了第 47 届国际宇航联大会，出席大会的有来自 54 个国家和地区的近两千名代表。江泽民同志出席了大会开幕式并作了重要讲话，宋健同志作了题为《扩大空间应用范围》的主题报告，李鹏同志接见了出席“空间局论坛”的国外代表，并作了重要讲话。大会学术交流共分 96 个分组，宣读论文 700 余篇，学会还与美国宇航学会、日本火箭学会联合举办了八届环太平洋地区国际空间研讨会；与台湾航太学会和美华航太工程师协会联合举办了四届海内外华人航天科技研讨会。

学会 1995 年建立了“中华青少年航天科普网”。学会曾举办过两届历时 6 年的航天飞机搭载实验项目和西红柿搭载对比种植试验活动；举办国际及国内航天科技夏令营 30 余次，营员人数达 6000 余人。2000 年，在上海举办了国际青少年宇航员大会；2000 年世界空间周里举办了大型航天科普展。

由学会主办的航天科普刊物《太空探索》和学术期刊《宇航学报》曾多次获奖。

中国兵工学会

China Ordnance Society

地　　址	北京市海淀区车道沟 10 号院（北京市 2431 信箱）
邮政编码	100089
电子信箱	suggest@cos.org.cn
主页网址	http://www.cos.org.cn
电　　话	010-68962722/ 68962461/ 68963154
传　　真	010-68963025
理 事 长	来金烈
副理事长	马之庚　曹德生　蓝祖佑　王德臣　赵国华　白玉龙　李　德　王　越　冯长根　李鸿志　俞士谦
秘 书 长	赵耀奎
刊物及主编	《兵工学报》　主编　吴沧浦
	《弹道学报》　主编　李鸿志
	《车辆与动力技术》　主编　孙逢春
	《火炸药学报》　主编　胡焕性
	《兵器知识》　主编　瞿雁冰

单位简介

中国兵工学会是由我国兵工领域知名专家和有关国防科技工作管理者倡议并发起成立的学术性团体，学会从成立至今，经历了创建、停顿、恢复和发展几个阶段。

创建阶段：1964 年 3 月召开成立大会暨第一次全国会员代表大会，选举产生了第一届理事会。王立当选为理事长，当时，学会共设有 7 个专业委员会和 3 个专题委员会。

停顿时期：1966～1976 年（“文化大革命”期间）学会被迫停止活动。

恢复和发展时期：1977 年 4 月经国务院批准，中国兵工学会正式恢复活动。目前会员人数已达 5 万余人，发展高级会员 230 名。恢复和组建专业委员会 36 个，有 22 个省、市、自治区成立了地方兵工学会。这期间相继召开了 4 次全国会员代表大会，创办了 11 种学术和科普期刊，围绕兵器工业发展和国防建设需要召开了近千次各种学术会议，同时开展了对外学术交流。为了满足兵器工业人才培养的需要，学会还创办了兵器工程师进修大学，目前累计招生 25 万人次。

工作综述

一、学术研讨

我会结合兵器行业创新发展的要求召开了“新世纪兵器工业发展与学科进步研讨会”，就兵器工业在新世纪如何创新发展、兵器学科如何完善进步进行了广泛深入的研讨。各专业委员会也分别就专业领域的发展方向、高新技术的应用以及热点、难点课题，相继召开了一系列学术研讨会。以上这些会议为兵器科技的发展起到了推动作用。

二、科普方面

组织了《21 世纪学科发展丛书》两个分册的编撰工作和以“展望 21 世纪兵器科技发展”为主题的科普报告团；加强对“全国科普教育基地”的宣传和管理，充分发挥了基地作用。

三、培养、发现、举荐人才

组织开展两期“百千万人才”高研班；参与了中国科协优秀科技工作者的推荐工作；进行了第六届中国兵工学会青年科技奖、第七届中国青年科技奖的评选推荐工作；开始进行兵工学会人才库的建库工作。

中国金属学会

The Chinese Society for Metals

地　　址	北京市东城区东四西大街46号
邮政编码	100711
电子信箱	csm@public.bta.net.cn
主页网址	http://www.csm.org.cn
电　　话	010-65133322转1612/1617/1619/1621
传　　真	010-65124122
理 事 长	翁宇庆
副理事长	殷瑞钰　刘　玠　刘本仁　王　润　陆钟武　李依依　仲增墉　谢企华　罗冰生
秘 书 长	仲增墉
刊物及主编	《金属学报》　主编　柯　俊 《材料科学技术》（英文版）　主编　胡壮麒 《钢铁》　主编　翁宇庆 《金属世界》　主编　王　润 《中国冶金》　主编　仲增墉

单位简介

中国金属学会是由冶金科学技术工作者组成的，在民政部依法注册的法人社团，是冶金行业的科技组织。成立于1956年11月26日，已有40多年历史。学会从成立起就加入全国科联，即中国科协的前身。

目前，中国金属学会下设有34个专业委员会，拥有团体会员88个，个人会员近10万名。各省、自治区、直辖市除台湾外，均成立了地方金属学会，使学会已基本形成了纵横交错的组织网络。

40多年来，中国金属学会紧密围绕冶金工业的重点、难点、热点问题，开展多种形式的活动。学会主办的科技期刊及所属的专业委员会主办的科技期刊共20种；组织编写出版了多种科技图书、手册、继续教育和普及教育教材、学术论文集等。

中国金属学会为我国冶金行业提供了重要的对外联络与学术交流的渠道，承担了大量国际交流和合作任务。学会与美国、德国、法国、日本、韩国、印度等国的10多个学术团体建立了双边、多边交流和合作关系。在国内每年都举办国际学术交流会及国际展览会，并组团出国参加国际科技交流活动。

工作综述

一、接受国家冶金工业局的委托，成功地组织召开了三个过去由政府部门召开的生产技术工作会议

4～6月我会与国家冶金工业局共同召开了炼铁、炼钢/连铸和轧钢生产技术工作会议。

二、紧密围绕冶金行业和企业的重点与热点问题开展科技和学术交流活动

2000年由总会和专业委员会主办的各项活动共50多个，参加活动的科技人员达万人以上。其中由我会举办的重点项目及会议有：

1．完成了由中国工程院立项，委托我会牵头组织国内有关专家开展的《中国材料发展现状及迈入新世纪对策》钢铁咨询报告。我会组织专家开展研究工作，历时3年，共写出近40万字的报告。

2．围绕冶金企业重点工作，组织召开了一些大型的技术研讨会。如："高炉智能化操作技术研讨会"；"薄钢板质量研讨会"。此外，还召开了炼铁、炼钢、冶金物理化学、能源与热工、自动化科学技术应用、冶金环保等学术年会。

三、积极开展国际间科技和学术交流，其交流的范围和内容向着广度与深度发展

1．成功地在国内召开2000年亚洲钢铁大会、第四届国际低合金高强度钢国际会议、世界钢铁峰会、国际铁合金交流洽谈会暨展示会、中国/亚洲不锈钢技术/市场国际研讨会暨展示会等国际学术会议和国际交流暨展示会。在北京召开的2000年亚洲钢铁大会，有16个国家的近500名代表参加。会议特邀国际知名专家作了关于21世纪钢铁工业科技开发战略和发展趋势的报告，大会和炼铁、炼钢、轧钢3个分会场共发表论文近200篇。

2．组织出国参加国际会议或考察。①组织赴欧能源技术考察团。访问了欧洲6个钢铁联合企业以及2个工程公司，就有关能源管理、以及节能技术等情况进行了考察。②派出学会工作人员到美国TMS、ISS、ASM等3个与我会关系密切的学会进行访问与学习。对美国学术团体的经费问题，生存状况，学会组织结构，各类活动的操作过程和工作重点，内部分工及部门之间的协作关系，员工考核方式，信息和网络工作等问题有了深入了解，对学会的改革具有借鉴作用。

我会还派出代表团赴美参加高温合金国际会议，派秘书长等代表赴澳大利亚出席国际材料联合会议，以及参加在德国召开的一年一度的国际冶金学会秘书长工作会议暨德国钢铁年会。

四、书刊出版工作

《金属学报》和《材料科学技术》在2000年度国家自然科学基金委员会"重点学术期刊专项基金"评审中，入选全国获得资助的24种国家高水平的优秀期刊；《钢铁》

已成为美国的工程索引《EI》和化学文摘《CA》列为收录的中国期刊，2000 年又入选北京大学出版社出版的《中文核心期刊要目总览》，为入选的 24 种冶金工业类学科的核心期刊中的第一位。

五、举办企业领导干部冶金工业前沿科技信息研究班

该研究班是我会受国家冶金工业局委托第一次位企业主要领导举办研究班。有全国 43 个重点冶金企业的近 90 位主要领导参加。由于领导重视、办学宗旨明确，教学内容选择正确，师资权威性强，教学筹备工作安排比较周密，并专门编写了《钢铁工业的前沿技术》教材。

六、对行业职工进行技术培训

"热送热装技术"是近年来迅速发展的一项新技术，对提高加热炉产能、节省能源、减少烧损、缩短物流周期、提高企业的经济效益起到积极的作用。为了在企业推动这一新技术，我会和国家冶金工业局联合举办了全国热送热装技术培训知识竞赛活动。有 37 家冶金企业的 7000 余名职工接受了系统培训和参加了竞赛考试。学会以"济钢杯"命名，为评出的一、二、三等奖个人，以及获集体奖和组织奖的单位颁发了奖状。

七、开展厂会协作，为团体会员和冶金企业服务

1．发挥学会人才优势，组织专家为企业和团体会员服务。我会组织专家为南京钢铁集团有限公司的不锈钢项目进行咨询；组织专家报告团深入莱芜钢铁集团有限公司和济南钢铁集团总公司，为企业领导和科技人员举办了有关冶金企业和冶金技术发展方向、新世纪钢铁工业发展前景、以及企业经济竞争力的分析等报告会。

2．向冶金企业宣传、推广新节电技术。我会组织专家到山西新临钢钢铁有限公司、邢台钢铁公司、邯郸钢铁集团有限公司等单位宣传和推广"变压器经济运行节电技术"。

八、加强学会组织建设

2000 年，我会组织工作主要抓了 33 个专业委员会的换届工作。到目前为止炼钢、连铸、特殊钢等 11 个专业委员会已完成换届工作，冶金能源和热工与热能专业委员会、情报和冶金期刊专业委员会的合并已完成；采矿、炼铁等 15 个专业委员会正在进行换届工作，通过换届使中青年科技骨干和热心学会工作的学会会员担任了专业委员会的主要工作，为学会增添了新鲜血液。

中国有色金属学会

Nonferrous Metals Society of China

地　　址　北京市复兴路乙 12 号

邮政编码　100814

电子信箱　nfmsc@public.bta.net.cn

电　　话　010-63971451/63971458

传　　真　010-63965399/63971458

理 事 长　康　义

副理事长　王淀佐　左铁镛　陈　懿　郭声琨　黄伯云　邱定蕃　张　健　周　廉　潘家柱　钮因健

秘 书 长　钮因健

刊物及主编　《中国有色金属学报》　主编　何继善

《有色金属》　主编　黄迪恭

THE CHINESE JOURNAL OF NONFERROUS METALS　主编　何继善

单位简介

1984 年 11 月 28 日中国科学技术协会正式通过同意成立中国有色金属学会，并报请中央、国务院和国家体改委批准。12 月 11～13 日中国有色金属学会在北京召开成立大会，原中央政治局委员方毅等领导参加了大会。

第一届理事会同时成立，理事长邱纯甫。1988 年 5 月 9～10 日在北京召开中国有色金属学会第二次全国会员代表大会，选举产生了学会第二届理事会，理事长费子文。1995 年 5 月 20 日在北京召开中国有色金属学会第三届理事会，选举产生了学会第三届理事会，理事长吴建常。

目前，中国有色金属学会有地方学会 16 个，专业学术委员会 20 个；有会员 3.9 万人，团体会员 71 个。中国有色金属学会参加的国际组织有 4 个：国际矿物工程学会国际科学委员会；世界采矿大会国际组委会；材料研究学会；世界钛大会国际组委会。

工作综述

一、成功召开第四届全国会员代表大会，完成了学会换届工作，选举产生了第四届学会理事会

9 月 25～27 日，在北京召开了中国有色金属学会第四次全国会员代表大会暨学术年会，来自全国大中型有色金属企事业单位的 198 人参加了会议。会上，总结了学会第三届理事会的工作；选举产生了以康义同志为学会理事长的第四届学会理事会；修改了学会章程；表彰了第三届理事会期间学会优秀工作者和先进集体；提出了新一届理事会的主要任务；举办了第四届学术年会。

二、进一步强化中国有色金属学会为有色金属行业服务的作用，开展多种形式的科技活动和科技组织工作

1．受原国家有色金属工业局和中国工程院委托，自

1999年6月开始，组织了13个专业的22名专家开展“21世纪环境友好的有色金属工业可持续发展战略与对策”的研究。该项研究对于我国21世纪有色金属工业的发展具有重大意义，得到了有关领导的高度重视。目前，该项研究的分项报告已经完成。

2．受中国科协的委托，于1999年末开始组织编写《中国科学技术专家传略》有色金属卷。目前，确定入卷的61位专家的传记已经完成，预计2001年5月可完成该项任务。

3. 受中国科协委托，我会组织编写了中级科普读物《21世纪学科发展丛书》有色金属分册。按中国科协的要求,我们组织了专家组，就有色金属中的轻金属、重有色金属、稀有金属、贵金属、半导体金属等5部分分别介绍了有关科学知识。全书22万字，目前审校工作基本完成，待交出版社出版。

4．根据中国科协的文件精神，组织进行了中国科协青年科技奖有色系统候选人的人选推荐、材料整理和材料上报工作。另外还进行了中国科协全国优秀科技工作者有色系统候选人的人选推荐、材料整理和上报工作。

三、围绕发展经济、繁荣学科的需要，积极组织国内学术交流

我会坚持“低频优质”的原则，专业学术交流主要由各专业学术委员会办，总会主要抓一些综合性的重点学术交流。2000年，学会共组织召开各种学术会议98次，参加人数5 700人次，发表论文2 010篇。

1．第四届学术年会：9月27日，在北京召开了学会第四届学术年会，与会人数近200人，会上有15位我国有色金属行业的知名专家作了大会学术报告，其中有中国工程院院士周廉、邱定蕃、刘业翔、何继善等，有来自我国各大型企业的领导人，还有来自国家大型研究院所的领导同志。他们的报告主要介绍了我国今年以来有色金属行业科技进步的重要成果。会后将大会的学术报告和本次会议征集的学术论文70余篇正式出版。

2．在中国有色金属学会的大力支持下，由轻金属学委会主办、中国长城铝业公司承办的铝电解高新技术国际研讨会和铝电解技术高级研讨班，于5月5～9日在郑州召开。

四、积极开展国际间和海峡两岸学术交流活动，扩大学会在国内外的影响

1．第二届东亚及中国铝市场研讨会：2000年3月，中国有色金属学会与新加坡科技管理中心在上海市共同召开了第二届东亚及中国铝市场研讨会，到会的国内外代表共50多人，对东亚和我国的铝市场供需情况和发展趋势进行了研讨。在会议上，向来自国外的代表们展示了我国近年来铝工业的发展状况。同时会议确定了第三届东亚及中国铝市场研讨会将于2001年在中国广州召开。

2．积极组团参加了第三十一届国际地质大会，并为2001年10月在韩国召开的东亚资源循环利用会议作了积极的准备工作，已向大会提交了学术论文11篇，争取组织10～15人参加会议。同时也为2004年在日本召开的环境保护和资源综合利用会议作了许多组织和准备工作。

3．8月，学会理事长康义和秘书长钮因健与来访的美国信息学会（简称：ASM）理事长和秘书长进行了友好的会谈，双方一致同意今后应加强合作，密切联系，为今后的合作奠定了基础。7月份，学会接待了美国矿物、金属和材料学会（简称：TMS）理事长 Osting Zhang 和秘书长 Alexander.Scott，与他们进行了友好的会谈并建立了良好的联系，商定了今后的合作事宜。9月学会秘书长钮因健会见了来访的台湾国立交通大学教授，就今后的合作与技术交流事宜进行了磋商，取得了一致的意见。

五、刊物出版和信息编辑出版

1．组织和改进了学会《会讯》的编辑工作，及时地报道了学会各级组。织的学术活动；并登载学会工作经验、学术交流中重点综述文章；加强了科技信息的报道；汇总了1999年学会重要学术活动，并介绍了2000年国际国内有关学术活动计划。

2．按中国科协组织编写出版《21世纪学科发展丛书》要求，组织专家编写《有色金属》分册。

六、科普工作

与桂林工学院共同组织了第七届有色金属地学科技夏令营，来自全国各地的有色金属系统的营员有50多人，通过夏令营活动，普及了地学知识，加深了营员们对有色金属地学的认识，得到了大家的一致好评。

中国稀土学会

Chinese Society of Rare Earth

地　　址	北京市海淀区学院南路76号
邮政编码	100081
电子信箱	csre@china
电　　话	010-62182748/62173497
传　　真	010-62173501
理 事 长	毕　群
副理事长	郭声琨　倪嘉缵　林东鲁　余宗森 严纯华　干　勇　王能训　萧本华
秘 书 长	徐广尧

刊物及主编　《中国稀土学报》(中英文版)
　　　　　　　　　　　　　　主编　徐光宪
　　　　　　《稀土》　　　　主编　丁善宝

单位简介

中国稀土学会于1979年11月25日召开成立大会，选举产生了第一届理事会，周传典任理事长，徐光宪、刘耀宗、林华、郭承基、李东英任副理事长，李东英兼任秘书长。1979年11月中国稀土学会正式加入中国科协。

1991年1月30日召开了第二届全国会员代表大会，周传典任理事长，白洁、何伯泉、余宗森、张国忠、徐光宪、倪嘉缵任副理事长，余宗森兼任秘书长。

1998年10月召开了第三次全国会员代表大会，毕群任理事长，郭声琨和倪嘉缵等8人任副理事长，周传典任名誉理事长，徐光宪院士任名誉副理事长。1999年，我学会完成了在民政部的重新注册登记工作。

中国稀土学会现有个人会员3 000人，团体会员单位90个，有一个直属咨询服务部。稀土学会下设15个专业委员会。江西、上海、江苏、黑龙江、河北、安徽、广东、包头等省市都设有地方稀土学会。

工作综述

一、国内科技与学术交流

稀土学会共召开学术会议、专题研讨会、科技培训班18个（次），交流论文约580篇，近1 200人参加了科技与学术交流，促进了稀土科技工作的发展。

11月21～23日，召开了第四届学术年会，有211名专家、代表出席了会议，年会取得了圆满成功。

二、国际学术交流及合作

1. 第四届国际稀土学术会议将于2001年6月在北京举行。为此，2000年成立了组织委员会和执行委员会，组织委员会邀请了美国、欧洲及日本稀土专家参加。目前共有32名国外代表报名，已收到国外论文20篇。

2. 学会与美国Gohom合作，2000年11月在杭州举办了“国际稀土永磁材料及原料学术研讨会”。

3. 中国稀土学会受美国稀土信息中心的委托，在国内为其发行简报，年发行350余份。

三、科技咨询工作

2000年毕群理事长等一行专程考察了包头稀土生产基地和甘肃稀土公司，对稀土资源的合理开发利用和推进跨地区、跨部门的联合，提出了很好的建议。

学会的稀土化学与湿法冶金等专业委员会，参予了国家稀土“十五”发展规划的编制工作。学会的农医专业委员会编写了“稀土农用技术在西部大开发中的应用”的项目建议书。

四、出版工作

学会第四届学术年会论文集，《中国稀土科技进展》正式出版。学会还编辑出版了《中国稀土发展战略研究》、《中国稀土光辉的历程》、《中国稀土产业现状》等15本专业文集。

五、组织建设及其他工作

2000年，完成了团体会员的调查等工作。

学会积极参加了中国科协2000年学术年会，有5篇论文入选，邱关明教授应邀在新材料分会场作了专题报告。

中国腐蚀与防护学会

Chinese Society of Corrosion and Protection Chemical Industry and Engineering

地　　址　北京市海淀区学院路30号
邮政编码　100083
电子信箱　fsxh@ustb.edu.cn
　　　　　cscp@public.fhent.cn.net
主页网址　http://www.cscp.org.cn
电　　话　010-62332201/62320080/62397591
传　　真　010-62320080
理 事 长　曹楚南
副理事长　柯　伟　魏宝明　李金桂　杨德钧
　　　　　席时俊　左　禹
秘 书 长　杨德钧（兼）
刊物及主编　《中国腐蚀与防护学报》
　　　　　　　　　　　　　　主编　曹楚南
　　　　　　《材料保护》　　主编　邹　勇
　　　　　　《腐蚀与防护》
　　　　　　　　　　　　　　主编　顾国成

单位简介

中国腐蚀与防护学会经中国科协批准于1979年11月在杭州成立，迄今已21周年。其间历经五届理事会，现有个人会员6000多人（包括地方学会会员），团体会员98个，现拥有15个专业委员会，在上海、北京、辽宁等15个省市还成立了地方学会。参加的国际组织有：国际腐蚀理事会、亚太材料和腐蚀协会。

工作综述

1. 为配合’2000中国国际表面工程与防腐蚀技术产品设备展览会，9月在上海同时召开3个学术交流会，共有362

人出席研讨会，论文 202 篇，分别出版 3 本会议论文集。

2. 10 月由海峡两岸的防腐蚀学会支持，由台湾成功大学和厦门大学共同在台湾高雄举办了第二届海峡两岸材料腐蚀与防护技术研讨会，主题为：共创两岸腐蚀科学与防护技术的新纪元。共有 130 余人参加会议（其中大陆 34 名），发表论文 170 余篇。

3. 2000 年有 5 个专业委员会进行了专题学术交流会，共有 337 人参加，发表论文 186 篇。

4. 2000 年共举办 9 次学术活动，930 人参加，论文 537 篇，出版 9 本论文集。

5. 科普工作。与中央电视台《科技博览》栏目联合编导、制作科技电视片“腐蚀与防护”上、下两集。已在中央电视台多个频道播放。目前又与中央电视台《走近科学》栏目联合拍制“海洋防污及海水腐蚀与防护”电视科教片，目前处于后期制作阶段。

6. 12 月由学会主编出版了《腐蚀与防护材料及产品手册》。

7. 办公现代化。建立了个人会员、团体会员库，开通了学会的网站（http://www.cscp.org.cn）。

中国化工学会

Chemical Industry and Engineering，CIESC
Society of China

地　　址　北京市安外小关街 53 号
邮 政 编 码　100029
电 子 信 箱　ciesc@mail.cncic.gov.cn
主 页 网 址　http://www.ciesc.org.cn
电　　话　010-64410497/64449479
传　　真　010-64411194
荣誉理事长　李勇武
理　事　长　阎三忠
副 理 事 长　王基铭　任传俊　胡　英　黎懋明
　　　　　　曹湘洪　施建勋
秘　书　长　张廷宝
刊物及主编　《化工学报》　主编　赵颍力
　　　　　　《中国化学工程学报》（英文版）
　　　　　　　　　　　　　主编　廖叶华
　　　　　　《化工进展》　主编　戴燕红

单位简介

中国化工学会由中华化学工业会和中国化学工程学会合并而成。中华化学工业会于 1922 年 4 月 23 日在北京成立，中国化学工程学会于 1930 年 2 月在美国麻省理工学院成立。1959 年中国化工学会曾与中国化学会合并成立中国化学化工学会，1963 年又分为两个学会。

1956 年加入全国自然科学专门学会联合会（全国科联）。现有个人会员 6 万，团体会员 48 个。下设 19 个专业委员会。

1984 年我会橡胶专业委员会加入总部设在伦敦的国际橡胶会议委员会。

工作综述

9 月在北京召开了第三届中美化学工程会议，近 300 名代表（国外 160 人）与会。会议围绕反应工程、分离工程、粉体技术、环保和石油化工等 11 个领域交流 260 多篇论文报告。在这些报告中，既有应用基础理论，又有工业开发成果。许多报告提出了一些新的概念、新的思路和新的方法，很值得学习和借鉴。会议规模大层次高，在国际上有较大影响。

9 月，我会与日本化学工学会在北京共同举办了首届中日化工学术研讨会，就环保、节能、新材料和教育等 4 个课题，交流 120 多篇报告，有 200 多人参加会议，其中日方 99 人。与会人员提问踊跃，讨论热烈。此次会议起到了加强相互了解、相互促进的作用。

10 月，我会与日本海外技术工作者协会、日本化工学会在济南联合举办了第七届干燥技术研修会，邀请 4 位日本知名专家作报告，报告内容覆盖了干燥领域各个方面，既有应用基础理论，又有实际工作经验；既有设备优化造型，又有生产工艺过程；既讲了干燥技术现状，又讲了今后发展趋势，内容丰富，有实用价值。与会的中国同行，根据报告内容和结合自己工作，共提出 77 个问题，日本专家均给予解答，中方人员一致反应很有收获。

化工学会秘书处于 11 月在北京组织召开了第三十六届理事会扩大会暨西部地区化工开发技术报告会，会议的指导思想是：除听取审议常务理事会近 3 年的“工作报告”外，重点是就我国西部地区化工如何发展和怎样发展的问题组织技术报告，对西部地区化工发展可起到导向作用。会前根据西部地区的条件、资源和化学工业的现状，有针对性地组织邀请国家石化局、中国石化集团公司和中国石油天然气集团公司的领导和有关专家、教授撰写报告。14 篇报告内容极为丰富，针对性强，有观点、有见解、有经验、有建议，对西部地区化工如何发展很有参考价值，引起与会代表的极大兴趣，很受欢迎。

中国核学会

Chinese Nuclear Society

地　　址	北京市 2125 信箱
邮政编码	100822
电子信箱	cns@cnnc.com.cn
主页网址	http://ns.org.cn
电　　话	010-68531473/68531471
传　　真	010-68527188
理 事 长	王乃彦
副理事长	王大中　阮可强　昝云龙　胡思得　钱绍钧　黄国俊
秘 书 长	陈竹舟
刊物及主编	《核科学与工程》　主编　阮可强 《核技术》　主编　程晓伍 《辐射防护》　主编　李德平 《计算物理》　主编　符鸿源 《核化学与放射化学》　主编　林漳基

单位简介

中国核学会于 1980 年正式成立。1980 年加入中国科学技术协会。核科学技术工作者自愿结成、依发登记，具有法人资格的全国性、学术性、非营利性的社会团体。

中国核学会是中国共产党领导下的全国原子核科学技术工作者的学术性群众团体，是党和政府联系广大核科学技术工作者的纽带，是党和政府发展核科学技术的助手。为中国科学技术协会的组成部分。本会接受中国科学技术协会、中国核工业集团公司和民政部业务指导和监督管理。

本会自成立以来共换届 4 次。第一届理事会由 145 名理事组成，理事长王淦昌；第二届理事会由 114 名理事组成，理事长姜圣阶；第三届理事会由 123 名理事组成，理事长汪德熙；第四届理事会由 125 名理事组成。理事长钱皋韵；第五届理事会由 173 名理事组成，理事长王乃彦。

本学会下设 19 个分支学会，20 个地方学会。现有会员 8 890 人。

中国核学会是太平洋地区核理事会（Pacific Nuclear Council）的成员单位，中国核学会理事长王乃彦在 1999 年度担任了该组织副主席，2001、2002 年度担任该组织主席。中国核学会的辐射防护分会参加了国际辐射防护协会（Luternationd Radiation Protectino Acsociation）和国际辐射研究协会（Luternationd Radiation Research Association），并先后担任过两个组织的主要负责人。

工作综述

一、重大活动

1．第六届中国国际核工业展览会。3 月 20 日，在北京馆隆重开幕，历时 5 天，有来自法国、俄罗斯等 15 个国家的 70 多家国外公司，80 多家中方公司和科研单位参展。共有约 1.5 万人次参观了展览。大会还组织了 10 场技术交流会，约 500 名科技人员参加了交流。各媒体都对展览会进行了报道。

2．中国核学会第五次全国会员代表大会。4 月 12～14 日，在北京隆重召开。中国核学会第四届理事会理事长钱皋韵院士作了第四届理事会工作报告，大会通过了修改后的中国核学会章程和财务工作报告，选举产生了中国核学会第五届理事会共 173 人，其中两院院士 27 人，有 118 人是新任理事，45 岁以下年轻专家 32 人。王乃彦院士当选为中国核学会第五届理事会理事长，陈竹舟为秘书长。大会还举办了学术报告会，共发表论文 13 篇。

3．中美核责任研讨会。受国防科工委委托，中国核学会和美国核能协会共同主持了中美核责任研讨会，于 4 月 26～27 日在北京举行。参加研讨会的美方专家 7 人，中国专家 11 人，此外还有美方观察员 4 人，中方观察员 14 人。美方在研讨会上提交 5 份报告，中方提交 2 份，每份报告宣读后都进行了热烈的讨论。

4．跨世纪两岸大学生科技夏令营。7 月 24～8 月 1 日，由中国核学会和台湾地区核能科技协进会在台湾地区联合举办了“跨世纪两岸大学生科技夏令营”活动。

5．中国核学会秘书长联席会议。11 月 6～8 日在昆明召开，来自 13 个地方分会，9 个专业分会的秘书长或副秘书长出席了会议。

6．中法核电研讨会。12 月 4～6 日，在深圳市金沙湾举行。会议主题是核电站的运行、维修和燃料管理。会上共收到论文 42 篇。

7．科普宣传。6 月 16 日在上海浦东洋泾中学，8 月 15 日在青岛海军基地，中国核学会和上海核学会、核潜艇基地举办了两场科普报告会。11 月 8 日，中国核工业集团公司、中国核学会、中国和平利用军工技术协会在北京联合举办了“和平利用核能”科普报告会，这是第十二届国际和平周活动的一个组成部分。约 400 人参加了报告会。11 月 23 日，应上海核学会之邀，中国核学会组织 5 位院士举行了报告会。中国核学会与中国核工业报社联合举办的“秦山核电杯”核能科普知识竞赛活动已于 2000 年完成组织出题、分发答卷等工作。

8．参加太平洋地区核能大会。太平洋地区核能大会（Pacific Basin Nuclear Conference,PBNC）是由太平洋沿岸国家和地区的民间核组织主办的一个系列性的国际大会。

在原中国核工业总公司的指示和支持下，中国核学会争取到了2002年第十三届核能大会的举办权。从2000年开始，作为2000、2001年学会工作的重点进行准备。2000年10月中国核学会理事长王乃彦等2人出席了在韩国汉城召开的第十二届太平洋地区核能大会，向全体与会者介绍了第十三届核能大会的筹备情况，并与韩国的会议主办者就会议的组织进行了详细的交流、讨论。

二、一般活动

1．2000年5月由民政部审核批准，10月发给社会团体法人登记证书，完成了历时两年的学会清理整顿工作。

2．香港工程师学会核子工程部参观团一行10人，于4月19～21日参观了中国原子能科学研究院、清华大学核能工程研究设计院、中国科学院高能所和北京核工程设计院。

3．6月份，以中国核学会名义组织了核应急考察团访问法国。考察团就核应急的技术问题与法方深入地交换了看法，并参观核电站应急演习。

4．根据中国科协要求，中国核学会经过认真评选，推荐了何小剑、赵红卫为“全国优秀科技工作者”候选人。

5．2000年共有15个地方分会和专业分会进行了换届改选，并派出学会领导出席了6个分会的换届大会，以加强与各分会的联系。

6．8月9日在北京召开了五届理事会第一次常务理事会。

7．《核科学与工程》编辑出版工作。2000年1月，期刊编辑部从核学会转到原子能出版社。2000年编辑部还与中国期刊和中国数字化期刊群签定了入网协议，使刊物走上互联网。

8．其他。2000年，中国核学会还组织召开了第五届科普咨询教育工作委员会第一次会议，参与了2000年国际科学与工程大会、中国科协2000学术年会，筹备了海峡两岸第四届核能技术研讨会。

中国石油学会

Chinese Petroleum Society

地　　址　北京市西城区六铺炕街6号

邮政编码　100724

电子信箱　heqinghua@email.hq.cnpc.com,cn

电　　话　010-62094082/62095614

传　　真　010-62014787

理 事 长　邱中建

副理事长　王佛松　牟书令　孙　枢　陈炳骞　贡华章　周伯修　袁晴棠　戴焕栋

秘 书 长　钱玉怀

刊物及主编　《石油学报》　主编　钱玉怀

《石油学报》　主编　屠式瑛

《石油知识》　主编　钱玉怀

单位简介

中国石油学会创立于1978年，当时，中国正处于拨乱反正、百业待举的历史时刻，石油工业部领导及时决策，于1978年6月27日正式向中国科学技术协会提出申请，请求成立中国石油学会。随后，石油工业部和中国科学技术协会同时联合发文，报请方毅副总理并国务院批准成立中国石油学会办事机构及人员编制，得到中央领导余秋里等同志的亲自批示，中国石油学会由此应运而生。1978年12月，中国石油学会成立了临时理事会，理事长由侯祥麟担任，并相继成立了石油地质、石油工程、石油炼制3个专业委员会和16个省、市、自治区地方石油学会。1979年4月10日，中国石油学会首届代表大会暨学术报告会在四川成都召开，经来自全国石油系统300余名代表民主选举，产生了以侯祥麟为理事长的中国石油学会第一届理事会。同时正式加入中国科协。

截止到2000年底，中国石油学会会员已发展到7.56万人，各省、市、自治区石油学会发展到28个，所属分会、专业委员会15个，工作委员会4个及3个编辑委员会。

中国石油学会是与美国、俄罗斯、日本、加拿大等国家的石油学术组织建立了学术交流与合作关系。自80年代以来与国际石油工程师学会（SPE）建立了密切联系，1983年至今已先后在我国举办了7次国际石油工程会议及国际石油工程展览会，设立了SPE北京、大庆、胜利、蛇口及海洋天津分部，国内的SPE会员（未含台、港、澳地区）已达700余名。此外，(国际）测井分析家协会（SPWLA)、勘探地球物理家学会（SEG）也分别于1990年和1994年设立了北京分会，并相继在华举办了多次国际学术研讨会。中国石油学会在北京的常设办事机构为秘书处，设在中国石油天然气集团公司办公大楼内。

工作综述

一、大力开展多种形式、多种专业的学术交流

据粗略统计，2000年开展国内各类学术活动550多次，参加人数43500多人，交流论文10000多篇。

二、重视国际交流、引进新的技术、积极地有选择地开展国际学术交流活动

先后举办了第七届国际石油天然气会议、第九次中日石油加工技术交流会、SPE/SEG深圳2000国际地球物理研讨会及三次国际电子商务会议，交流发表论文180多篇，中方参加人数近千人。

三、科普工作成绩显著

1. 中国石油学会与北京市科协于2000年9月26日～2001年5月在西单文化广场科普画廊，共同举办了石油、石化大型科普展。中国石油天然气集团公司副总经理闫三忠、中国海洋石油总公司副总经理戴焕栋、中国石油学会理事长邱中建、中国科协学会部部长马阳及北京市科协领导在开展期间前往参观并给予了高度赞扬。

这是建国以来规模最大的一次综合性科普展览，它以我国石油、石化半个多世纪以来的发展成就为主题，采用大量的模型、图片及实物与动态技术和灯光技术相结合，将我国石油、石化工业的发展与应用生动地以科普形式呈现在人们面前。此次大型展览在北京产生了强烈反响，仅在短短的 20 天内，前往参观的群众就多达数十万人。“十一”期间，画廊前由于参观的群众络绎不绝，致使灯光一直开到深夜二点。中央人民广播电台、中央电视台、北京电视台、中国石油报等10多家新闻单位为此作了大量及时的报道。此次大型展览取得了极大的社会影响和效益。

2. 中国石油学会以普及计算机知识为主题，于 2000 年8月在吉林省延吉市举办了石油、石化系统中小学教师夏令营活动。来自新疆、青海、云南、广东、河北等地近百名教师参加了活动。计算机专家从计算机的基础知识、发展应用及现在的电子商务进行了深入浅出的讲解。28 个省、市自治区石油学会根据自身特点，结合石油、石化企业实际和社会需求，不断拓宽科普工作渠道，举办各种科普活动，仅青少年科普夏令营一项活动，就举办了80多次，参加近6000多人。

四、科技咨询工作全面展开

已有天津、河北、上海、浙江、江西、山东、湖北、湖南、广东、广西、四川、贵州、甘肃、青海、新疆等 15 个省、市、自治区石油学会和石油统计、质量可靠性、石油工程、石油测井、石油环保、海洋石油等 6 个专业委员会较好地开展着科技咨询工作，据不完全统计，近年来,这 15 个省、市、自治区石油学会共开展科技咨询项目 1 049 个，创经济效益超过 3 408 万元。6 个专业委员会开展科技咨询项目 25 个，创经济效益 1 700 多万元。

五、在科技期刊编辑出版方面

由中国石油学会主办的《石油学报》共编辑出版 6 卷、24 期，发表论文 602 篇、科技简讯 100 多篇，共约 697 万字。

中国煤炭学会

China Coal Society

地　　址　北京市朝阳区青年沟路 5 号

邮政编码　100013

电子信箱　zgmtxh@263.net

电　　话　010-84262776/84262778

传　　真　010-84262326

理 事 长　范维唐

副理事长　陈明和　潘惠正　宋永津　郭育光　朱德仁　胡省三　张玉卓　谢和平　赵经彻　孙茂远

秘 书 长　胡省三（兼）

刊物及主编　《煤炭学报》　主编　潘惠正

《当代矿工》　主编　孙旭东

单位简介

本会创建于 1962 年，1979、1984、1989、1995 年先后召开了第一、第二、第三、第四次全国会员代表大会，选举产生各届理事会。1962 年加入中国科学技术协会，现有会员 6.1 万余人。有分支机构 29 个，其中 24 个专业委员会，2 个工作委员会，1 个鉴定委员会，2 个编辑委员会，有团体会员 41 个。

工作综述

一、积极组织并参加各种学术交流活动，努力提高学术交流水平

学会及各专业（工作）委员会认真组织和参加学术交流会议 16 个，其中国际会议 3 个，提交论文共 422 篇，参加人数共 592 人。

1. 组织参加在西安举办的中国科协 2000 年学术年会。提交论文 9 篇，出席会议 8 人。提出了“关于尽快建设神华煤液化示范厂的建议”和“关于西北煤炭资源开发中生态环境与水资源保护的建议”。

2. 协办并参加第十三届国际氢能大会，学会理事长范维唐院士主持开幕式，国内外与会代表 320 余人参加，我会提交了《煤气化制氢技术》等论文 3 篇。

3. 组织召开了我国综合机械化采煤发展 30 周年学术研讨会。会议回顾了 30 年来综合机械化采煤技术发展过程，对当前面临的 21 世纪新能源革命的挑战，传统的煤炭工业必须进行重大结构调整，煤炭生产和应用要向高效、安全、洁净的方向发展等热点问题，进行了深入研讨并取得了共识。

4. 积极参加国际学术交流。科普工作委员会参加了由科技部、中科院、中国科协联合主办的“2000 年国际科普论坛”。泥炭专业委员会参加了在加拿大魁北克市举办的千年湿地国际学术会。均提交了论文并交流了科技信息。

5. 青年工作委员会组织召开了第二次青年学者论坛，主题为“西部矿产资源开发利用战略与途径”，并列入了国

家人事部2000年全国专业技术人员高级研修班序列。

召开了第六次青年科技研讨会。会议以“依靠科技创新振兴煤炭工业”为主题，征集论文134篇，与会100余人。

6．各专业委员会结合煤炭工业的发展和实际组织召开学术会议。岩石力学与支护专业委员会的学术会议对高效洁净开采与支护技术进行了研讨与总结交流；矿井建设专业委员会的学术会议交流了当前的热点难点问题——井筒破坏与治理技术的施工工艺、检测方法及井壁结构设计等方面的理论与技术；选煤专业委员会召开的学术年会研讨了洁净煤技术系统中煤炭洗选加工与环境的协调发展，到会人员踊跃，论文交流研讨热烈，并进行了优秀论文评选。

二、结合煤炭工业发展的需要，积极承担并完成了科研项目，搞好厂会协作

1．受国家煤炭工业局规划发展司的委托，组织并完成了“加入WTO对我国煤炭工业的影响与对策”的研究课题。

2．开展了“动力煤洗选、加工工程及其技术经济综合研究”课题。经反复修改并确定了研究提纲。

3．组织开展了有关水采和环保方面的厂会协作，并取得了初步成效。2000年，环境保护专业委员会与新汶矿业集团公司协作，完成了“新汶矿区矿井水资源化评价及综合利用研究报告”，提出了规划方案和实施建议。

三、组织编写了4部科技著作，继续办好《煤炭学报》，评选煤炭科技十大新闻

1．根据中国科协关于《中国科学技术专家传略》二期工程的要求，《工程技术篇·能源卷》的编写工作，煤炭系统35位入传专家的材料已完成了30位。

2．根据中国科协关于组织编写《21世纪学科发展丛书》的要求，我会委托开采专业委员会有关专家撰写，各章节提纲已确定。

3．《中国综合机械化放顶煤开采技术》一书是我国15年来发展综合机械化放顶煤开采技术的总结，初稿已完成，全书共7章，约70万字，11月中旬由学会组织综采放顶煤技术有关方面专家审订，提出了修改意见。

4．学会组织专家编写《煤矿安全现代新技术》一书，召开了二次编委会议，确定全书共8篇35章，明确了分工和进度要求。

5．继续办好《煤炭学报》。全年共办6期，另一期增刊，2期英文版。受中国科协学会部委托，承担了期刊的审读工作，共组织专家审读期刊400多种。

6．组织评选2000年煤炭科技十大新闻。评选出“综采放顶煤技术走在世界前列”等十大煤炭科技新闻在有关报刊上登出。

四、认真贯彻全国科普工作会议精神，努力做好科普工作

参加了由科技部、中科院、中国科协联合举办的“2000年国际科普论坛”，提交的论文《科普与公众素质提高》被收入论文集。

举办了第十六届全国青少年煤炭科技夏令营活动。开营式在通化长白山煤矿工人疗养院举行，国际友人澳大亚的主席，另有10多人担任相应

五、作好全国优秀科技工作者等5个奖项的评选推荐工作

1．根据中国科协“关于申报2000年全国优秀科技工作者候选人的通知”要求，向全国各有关单位转发通知，收到7名申报者材料，经评审委员会评选，推荐2名候选人报中国科协。

2．根据中国科协“关于开展第七届中国青年科技奖评审工作的通知”要求，我会收到9名申报者材料，经评审委员会评审，推荐5名候选人报中国科协。

3．学会与国家煤炭工业局人事司共同组织的2000年度“煤炭青年科技奖”的评审工作，经各单位推荐有36人申报，经专家评审和评委会审定，王军等10人获奖。

4．我学会受孙越崎科技教育基金会委托，承办了“第九届孙越崎能源大奖”的评选工作，袁宗本、史元伟获奖，受孙越崎科技教育基金会的委托，承办了“第九届孙越崎青年科技奖”的评选推荐工作，申报者有30人，经孙越崎基金会评定，张延松等10人获奖。

六、加强组织建设，开展表彰活动，认真做好专业委员会换届工作

1．年初召开四届九次常务理事会，审定1999年工作总结和2000年工作计划，审议理事会换届意见和专业（工作）委员会换届意见，评定第二届先进集体和先进工作者，审定关于秘书长变更及增选常务理事等事宜。

2．请常务理事函审有关材料。如函审开采损害技术鉴定委员会换届名单和建议成立经济管理专业委员会的请示，使有关工作及时完成。

3．组织评选了第二届（1997～1999年）学会先进集体和先进工作者，评出先进集体和先进工作者各9名，进行了表彰奖励。

4．有关专业（工作）委员会开始了换届准备工作。

七、继续搞好中波科技交流，积极参加国际组织的活动，恢复与国际泥炭学会的联系

1．学会与波兰采矿工程师技术人员协会的合作交流，增加了与平煤集团的合作，11月中旬波兰一行8人，在北京和平顶山进行了访问交流，双方签署了合作备忘录，确定了回访事宜。

2. 20 世纪 80 年代初参加了国际泥炭学会，后因机构变动中断了联系。泥炭与腐植酸专业委员会经学会批准，参加了 2000 年在加拿大魁北克市召开的千年湿地大会，交流了论文并与国际泥炭学会恢复了联系，恢复了我会为团体会员单位。

中国太阳能学会

Chinese Solar Energy Society

地　　址　北京市海淀区花园路 3 号
邮政编码　100083
电　　话　010-62017009
传　　真　010-62012880

理 事 长　严陆光

副理事长　江希年　赵玉文　张　剑　施鹏飞　尹　炼

秘 书 长　孟宪淦

刊物及主编　《太阳能》　主编　严陆光
《太阳能学报》　主编　严陆光

单位简介

中国太阳能学会于 1979 年 9 月 6 日在西安市成立，并加入中国科学技术协会。1980 年加入国际太阳能学会。中国太阳能学会现有会员 4 000 人，设有热利用、风能、生物质能、光化学、氢能等专业学术组织。

工作综述

组织了第十三届世界氢能大会，来自世界各国的 300 名代表出席了会议。其中包括意大利诺贝尔奖获得者卢比奥、德国奔驰公司、美国杜邦公司等国际知名公司的负责人，科技部副部长徐冠华担任大会主席。会议共交流学术论文 240 篇，对氢的生产、储存和输配，氢能应用，氢能与环境，氢能发展战略，CO_2 减排等方面进行了深入而广泛的交流。本次大会将推动我国氢能的研究与发展和氢能技术的市场化，对我国能源的可持续发展起到积极的作用。

组织了中国第六届光伏会议暨中国可再生能源产业会议、全国光催化学术会议、全国生物质能利用技术与应用研讨会等国内学术交流活动。这些会议大都强调基础研究及高新技术的产业化，对我国的国民经济建设做了前瞻性的工作。

受国家计委的委托，组织专家对全国太阳能“九五”计划的执行情况进行总结，并提出“十五”全国太阳能发展规划。

在科学普及方面，开展了崇尚科学，反对邪教，反对伪科学的活动。

中国能源研究会

China Energy Research Society

地　　址　北京市西城区三里河路 54 号 2143 信箱
邮政编码　100045
电子信箱　cers@mx.cei.gov.cn
电　　话　010-68511816
传　　真　010-68511816

理 事 长　黄毅诚

副理事长　范维唐　王庆一　邓可蕴　怀力田　茅于轼　劳德容　李洪勋　吴报中　严陆光　周凤起　邵世伟　王裕桂　吴宗英　王建曾　石定寰　任　湘　潘家铮

秘 书 长　鲍云樵

刊物及主编　《能源政策研究》　主编　王庆一
《世界能源导报》　主编　鲍云樵

单位简介

中国能源研究会成立于 1981 年 1 月。第一届理事会理事长为林汉雄，第二届理事会理事长为朱亚杰，第三届理事会理事长为杨纪珂，第四届理事会理事长为黄毅诚。

中国能源研究会现有近 2 万会员（包括省市能源研究会）。

中国能源研究会下有 6 个工作委员会、10 个专业委员会和 1 个办公室。

中国能源研究会于 1999 年加入国际能源经济协会 IAEE（International Association For Energy Economic），国际地热协会 IGA（THE INTERNATIONAL GEOTHERMAL ASSOCIATION）于 1998 年接纳中国能源研究会地热专业委员会为在中华人民共和国境内的惟一的组织成员和组织会员。

工作综述

一、学术活动

1. 5 月 23～24 日，在北京召开了我国 21 世纪能源发展战略研讨会。会议由中国能源研究会理事长黄毅诚主持，有 120 余人出席会议，大会发表论文 45 篇。

黄毅诚在大会上做了题为 21 世纪我国的能源战略的主题报告。经过与会代表讨论，写出了会议《纪要》和

《关于我国 21 世纪能源发展战略的建议》，并呈送中央有关部门。

2. 为加速对西部丰富的地热资源的开发，召开了全国地热旅游资源开发利用研讨会。

3. 热力学专业委员会在贵州工业大学组织召开了第十届全国热力学分析与节能学术会议。收到学术论文 60 篇。

4. 能源系统工程专业委员会于 3 月 30 日在北京组织召开了能源—环境—经济学术研讨会。

5. 新能源专业委员会组织召开了面向新世纪新能源研讨会，会上提出了“面向新世纪加强新能源研究与开发建议”，中国科协将此建议以《科技工作者建议》报送中央和印发有关部门。

二、完成科技部委托的“我国 21 世纪后续能源发展战略研究”软科学研究课题的任务

通过 13 次不同层次、多学科专家 100 多人次、不同规模的论证会和研讨会，参与研究的专家最终写出了《我国后续能源发展战略研究总报告》、《我国后续能源发展战略研究及政策建议》和 11 份报告，总字数 20 余万字。

三、协助科技部有关司组织研讨会

1. 燃料电池公共汽车技术发展研讨会。

2. 中—意氢能技术研讨会。

3. 中—法 IGCC 技术研讨会。

四、为地方政府组织专家进行调研和咨询

9 月 6 日在京主持召开了上海市新能源和可再生能源发展规划及政策调研咨询会。24 名专家和学者应邀出席会议。

五、科普工作

1. 积极参与中国科协学会部组织的《21 世纪学科发展丛书》之一《能源新纪元》一书的编辑和撰稿工作。

2. 我会组织专家参与国家经贸委、国家计委支持的《新世纪的选择》系列电视片的编辑工作。

3. 我会与其他学会联合举办了 4 期“节能”和“节水”的技术和政策培训班。

六、编辑出版

1. 完成《能源政策研究》、《世界能源导报》的编辑出版工作。

2. 完成了《我国 21 世纪能源发展战略研讨会》论文集的编辑出版工作，计 30 余万字。

3. 农村能源专业委员会与中国农村能源行业协会共同编辑并出版了《中国农村建设 20 年》。

中国硅酸盐学会

The Chinese Ceramic Society，CCS

地　址	北京市三里河路 11 号
邮政编码	100831
电子信箱	cersoc@public3.bta.net.cn
主页网址	http://www.ceramsoc.com
电　话	010-68342007/68335803
传　真	010-68342016/68313364
理事长	张人为
副理事长	干福熹　张孝文　郭景坤　姜东华　杨　立　葛铁铭　于世良
秘书长	吴兆琦
刊物及主编	《硅酸盐学报》　主编　干福熹
	《硅酸盐通报》　主编　郭景坤

单位简介

中国硅酸盐学会的发展历史大致可分为 4 个时期，即：（1）筹建和创建初期（1945～1956 年）。我会的前身为中国陶学学会 1945 年春成立于重庆。1948 年，在台湾召开了一次年会，改选了理事会，选出了由 27 名理监事组成的第二届理监事会。1949 年在上海召开了中华人民共和国成立后的第一个会议，会上讨论了有关加入全国自然科学学会团体联合会、进行会员调查、会章修改等事项。同年 10 月 15 日，编辑出版了我会的第一个刊物——《陶工通讯》。1950 年，第二届理监事会第四次会议召开，会议决定将会名改为中国窑业工程学会，《陶工通讯》也随之改名为《窑工通讯》。至 1950 年，会员人数为 400 人。因多种原因 1951 年活动和通讯全部停止，直至 1956 年。（2）重新组建和初步发展时期（1956～1966 年）。中国矽酸盐学会筹委会于 1956 年 12 月在北京成立。1957 年，在上海出版了第一期《矽酸盐》（半年刊）学术刊物，并于 1958 年改为季刊。1959 年 11 月 24 日，中国硅酸盐学会第一次代表大会在上海召开，大会决定将学会定名为中国硅酸盐学会，选举产生了第一届理事会。1964 年 7 月，第二次会员代表大会在北京召开，选举产生了第二届理事会，专业委员会增为 11 个，同时增加了科学普及工作委员会。有 10 个省、市、自治区成立了地方学会或筹委会，另外 8 个省、市、自治区的化学、化工、轻工、土木、建材学会里也建立了硅酸盐专业组，会员达 2000 多人。《矽酸盐》改名为《硅酸盐》，后又改名为《硅酸盐学报》（季刊）。（3）基本停顿时期（1966～1978 年）。国内活动、国际交往被迫停止，《硅酸盐学报》停刊。1972 年底，恢复了办事机构，为编写《硅酸盐辞典》、

《中国陶瓷史》、恢复出版《硅酸盐学报》做了前期的组织、筹备工作。1977 年上半年，成立了由建材、轻工和中国科学院系统有关同志组成的学会党组。（4）1978 年，11 个专业委员会和 17 个地方学会陆续恢复活动。1978 年我会与上海硅酸盐学会联合召开了学会恢复活动后的第一次学术年会，会议决定先恢复学会原有的理事会，有 138 人组成。1983 年 1 月，第三次会员代表大会在北京召开，选举产生了第三届理事会。1988 年，第四届理事会第一次会议在北京召开。1991 年 7 月 5 日，民政部向我会颁发了《社会团体登记证》，明确指出学会属于学术性团体。1992 年第五届理事会第一次会议在北京召开。2 月 26～28 日，第六次全国会员代表大会在北京召开。此间，专业委员会总数达 18 个，工作委员会有 3 个。地方学会增至 124 个。会员总数达 33 580 人，团体会员数达 40 个。

我会已加入了国际玻璃协会、国际陶瓷联合会、联合国际耐火材料学术会议组织、国际晶体生长组织等 4 个国际组织，并为上述 4 个国际组织的执委会成员。

工作综述

一、国内学术交流

2000 年，共召开学术会议 22 个，参加会议人数为 2 761 人，交流论文 1223 篇。为中国科协 2000 年学术年会组织学术论文 7 篇。

二、国际交流工作

1．展览工作。①4 月 5～8 日，在北京成功地举办了第八届中国国际玻璃工业技术展览会。来自 18 个国家的 310 家厂商（其中国外 154 家）参加了展览会，接待了来自 20 余个国家和地区的观众万余人次。②4 月 25～28 日，在北京功地举办了中国首届国际粉体和粉体工业技术展览会。70 余家厂商参加了展览会。③在成功地举办上述展览会的同时，积极开展了第四届中国国际玻璃搪瓷工业技术及设备展览会、第九届中国国际玻璃工业技术展览会、第三届国际耐火材料及工业炉窑展览会和第二届中国国际粉体和粉体工业技术展览会的筹备工作。

2．国际会议筹备工作。①第二届国际高性能陶瓷会议拟于 2001 年 11 月在昆明召开，目前已发出了第一轮通知。②第五届国际水泥与混凝土会议定于 2002 年 10 月在上海召开，筹备工作已于 2000 年 7 月启动。③经我会争取，第十二届国际混凝土碱－集料反应会议于 2004 年在我国召开，会议的筹备工作已启动。④在 10 月举行的国际玻协秋季执委会上，决定国际玻协 2005 年年会在我国举行。

3．组派出国团组工作。①戴志良教授代表我会参加了 5 月在荷兰召开的国际玻协 2000 年年会和 10 月在德国召开的国际玻协秋季执委会议。②组织 11 人代表团参加了于 10 月在法国召开的第六届混凝土超塑化剂及其他化学外加剂国际会议。③组织 24 人代表团参加了于 10 月在德国举办的第十六届杜塞尔多夫国际玻璃展览会，我会组织展位面积共 67m^2。④第十九届国际玻璃大会将于 2001 年 7 月在英国举行。我会作为国际玻璃协会的主要成员，积极组织国内科技工作者参加，已向会议提交了十余篇论文。⑤11 月，组织 5 人代表团赴巴西参加了南美洲最大的国际玻璃展览会的展出，并为第四届中国国际玻璃搪瓷工业技术及设备展览会进行了招展工作。⑥9 月，组织 11 人考察团赴美国进行了混凝土工程应用技术考察。在美期间，访问了 Spancrete 混凝土预制品公司、建筑技术实验室、伊利诺伊大学、美国材料实验协会、联邦公路总署、国家标准与技术研究院等单位。⑦10 月，组织 7 人“水泥 ISO 标准及燃烧器考察团”赴欧洲进行考察。⑧为配合中国国际粉体和粉体工业技术展览会国外招展工作，分别组织了赴美国、德国和日本团组，均取得了一定收效。

三、组织工作

1．开展了中国硅酸盐学会第四届青年科技奖评选工作，评选出王栋民等 10 位同志为我会第四届青年科技奖获得者。

2．开展了“第七届中国青年科技奖”候选人推荐工作，推荐张建钟等 3 人为“第七届中国青年科技奖”候选人。

3．组织了中国科协第二届全国优秀科技工作者候选人推荐工作，推荐赵谦同志为“全国优秀科技工作者”候选人。

4．配合中国科协进行了推荐著名学者、学科带头人及科技业务骨干，建立人才库的工作，并拟在此基础上建立“中国硅酸盐学科及建材行业科技人才专家库”。

5．根据国家建材局领导指示和科技部的要求，进行了“中国硅酸盐学会科技创新奖”前期筹备工作，并筹得部分奖励基金。

四、科普及继续教育工作

1．举办建材系统中国加入 WTO 问题培训班。64 名学员参加了培训，并向学员颁发了结业证书。

2．组织专家编写了《21 世纪学科发展丛书·无机非金属材料卷》。

3．组织专家赴安阳为“水泥立窑煅烧技术培训班”及“高新技术与产业结构调整报告会”作了专题学术报告。

五、科技咨询工作

陶瓷分会秘书处参与了“九五”重点技术攻关项目“高档釉中彩装饰工艺技术及装备研究”课题中的“釉中彩烤花窑的消化、吸收”子专题工作。

中国建筑学会

The Architectural Society of China

地　　址　北京市三里河路9号
邮政编码　100835
电子信箱　asc@mail.cin.gov.cn
电　　话　010-88082224/88082226/88082242/88082238
传　　真　010-88082223/88082243/88082222
理 事 长　宋春华
副理事长　张祖刚　郑时龄　刘松涛　马国馨　崔　恺　张锦秋　沈世钊　许安之　窦以德　叶耀先
秘 书 长　周　畅
刊物及主编　《建筑学报》
（ARCHITECTURAL JOURNAL）
主编　张祖刚
《建筑结构学报》
（JOURNAL OF BUILDING STRUCTURES）
主编　滕智明
《建筑知识》
（ARCHITECTURAL KNOWLEDGE）
特邀主编　窦以德

单位简介

中国建筑学会由梁思成先生等人发起成立，1953年10月在北京召开第一次代表大会，会议选举出第一届理事会，周荣鑫当选为理事长；1957年产生第二届理事会，周荣鑫仍为理事长；1961年产生第三届理事会，杨春茂当选理事长；1956年产生第四届理事会，阎子祥当选为理事长；1980年产生第五届理事会，杨廷宝当选理事长；1983年产生第六届理事会，戴念慈当选理事长；1987年产生第七届理事会，戴念慈继续担任理事长；1992年产生第八届理事会，叶如棠当选为理事长；1996年产生第九届理事会，叶如棠继续担任理事长；目前的第十届理事会是2000年选举产生的。

中国建筑学会于1958年加入中国科学技术协会。1954年经政务院文化教育委员会同意，我会在1955年以国家会员身份加入了国际建筑师协会（The International Union of Architects，UIA），成为会员国，自加入该国际组织后，我国先后有周荣鑫、何广乾、吴良镛、周干峙、叶如棠任国际建筑师协会理事，杨廷宝、吴良镛任国际建筑师协会副主席。1990年经国家科委批准，我会在亚洲建筑师协会（The Architects Regional Council，ARCASIA）第十次理事会上，被接纳为正式会员，成为会员国。

中国建筑学会迄今已有个人会员 10 万余人,团体会员单位300多个。

建会以来曾承办的重要工作：

1964年4月，受中央军委后勤部委托，举办军用医院设计竞赛；

1980年2月，受国家建委、国家农委委托，举办全国农村住宅设计竞赛；

1980年8月，应国家建委和山东省人民政府邀请，组织有关专家对有争议的泰山游览索道方案进行了现场勘察讨论，所提方案被地方政府采纳；

1984年4月，建设部委托我会与中国土木工程学会联合创办“城乡建设刊授大学”；

1989年，受建设部委托，我会主持了建设部优秀建筑工程设计评选；

1992年，受陕西省人民政府、国家文物局委托，公告海内外征集重修皇帝陵设计方案意见；

1992年5月，受建设部委托，与建设部设计管理司共同组织“中国‘八五’新住宅设计方案竞赛与展评活动”。

1999年6月，与建设部共同承担了国际建筑师协会第二十届世界建筑师大会和第二十一届国际建筑师协会代表大会。

2000年初，受建设部勘察设计司委托，组织起草《建筑设计方案竞选实施细则》。

2000年5月，与建设部联合组织了首届“梁思成建筑奖”评奖活动，有9位建筑师获此荣誉。

受建设部委托，协助建立了中国的注册建筑师制度。自1989年开始，组团考察了美国、英国的建筑教育体制和注册建筑师制度，在考察的基础上，于1993年4月与两国建筑师协会签定了《关于建筑师职业合作协议》，根据合作协议，邀请两国协会和负责注册建筑师工作的领导人来华研讨中国建立注册建筑师制度方面的问题。经过一系列工作，为我国建立注册建筑师制度奠定了基础。

工作综述

一、筹备召开了第十次全国会员代表大会

11月，召开第十次全国会员代表大会，同时召开中国建筑学会2000年学术年会。代表大会审议和通过了第九届理事会工作报告、会章修改草案、以及有关条例；选举产生了第十届理事会；

表彰了学会工作突出的先进单位和先进工作者；

举办了大型开放式的2000年学术年会和专业展览。

二、开展了多种形式的学术活动，学术活动质量普遍有所提高

2000 年，我会及所属的 20 个分会，共组织举办了 78 次学术研讨、交流活动，约有 6 300 人（次）参加，交流论文 1 775 篇，编辑论文集 38 种，学术活动的质量普遍有了进一步的提高。

与代表大会同期召开的 2000 年学术年会，是根据学科和行业发展的需要、面临的热点问题，挑选了有较高资望的报告人，经过充分准备而举办的。年会期间举办了“拉丁美洲建筑展”、“2000 年‘北京之路’建筑创作设计竞赛获奖作品展”。

与建设部及中国建筑设计研究院联合举办了全国建筑工程勘察设计质量管理与繁荣建筑创作研讨会，就突出的“质量”与“创作”热点问题进行研讨，就当前建筑创作的内外环境、精品和名牌意识、建筑设计的多元化走向、国际动态、趋势及上海、广东等具有地域特点的建筑设计等，进行了多方面的广泛探讨。这种把拥有政府管理权力和具有较高学术权威的人士组织在一起进行研讨，有利于双管齐下，解决问题。这次研讨会，事先把主要发言和论文编印成册，使交流更加深入，受到与会赞许。

20 个分会也都根据学科和行业发展的需要，开展了学术活动。分会的学术活动大都贴近市场，使生产销售企业踊跃参与。有些分会在学术活动中设置企业家论坛，经过竞争才能登上讲台；学术活动拒绝假冒伪劣，严格把关，这对树立学术界的良好形象和净化市场，促进行业健康发展，产生了积极影响。

三、学术科技刊物的编辑出版质量有了进一步提高

《建筑学报》坚持正确的学术导向，着重指导了：建筑、城市、园林三位一体的“建筑科学”理论与实践；生态城市与地域建筑文化；适宜建筑技术与智能建筑；住宅社区规划与发展及青年建筑师与世界著名建筑等方面的内容。针对我国建筑事业和建筑科学发展的需要，《建筑学报》开辟了“建筑科学”专栏，集中地刊发了许多经过精选的、有较高水平的文章。全年 12 期的《建筑学报》每期都有代表性的设计实例，大师的新作及青年建筑师的脱颖作品。此外，还报导了国外知名建筑师的设计理论和方法。

《建筑结构学报》保持了一级学术刊物的水平，在建筑结构、抗震防震和地基基础等学科领域，组织报道了我国新的科研成果和工程实践。此外，还参加了第九届空间结构与地震工程等学术交流，扩大了刊物在国内外的影响。

《建筑知识》进行了改版，调整了栏目设置，力图更加贴近实践，贴近读者。改为大开本后，印制精美，面目一新。

四、拓展了国际学术交流渠道，促进了我国学术地位的提高

在成功的举办了第二十届世界建筑师大会以后，我会在国际建筑界的影响有了较大的扩展，愿意与我国进行学术交流的国家和地区日益增多。到 2000 年为止，我会与世界上 120 多个国家和地区的建筑学会建立与保持着信函交往；与 30 多个国家和地区的建筑学会保持着经常的学术信息、刊物、资料交换、交流关系；与美国、俄罗斯、日本、朝鲜、蒙古、越南及香港特区的建筑学会签署了合作交流协议；与日本和韩国建筑学会轮流主办两年一次的“亚洲建筑学术交流会”，与德国海因里希·博尔基金会签署有长期学术交流协议。

在我会承办的第二十届世界建筑师大会上，制定与通过了由我国起草的《北京宪章》。这是世纪之交承前启后指导世界建筑业健康发展的纲领性文献。为了扩大我国的影响，并为世界建筑学术的发展作出我会的贡献，促成国际建协设立了以贯彻《北京宪章》为宗旨的“北京之路”工作组。与“工作组”联合举办了“我与《北京宪章》”的征文及“北京之路”建筑创作设计竞赛。

组织了 11 个团组，分别到德国、意大利、朝鲜等国及香港特区进行了学术交流和参观。

我会经办与承担的国际学术交流活动，已逐步成为我国建筑行业通往国际的重要窗口。

五、秘书处的工作得到了进一步的加强

2000 年，秘书处加强了对所属分会的组织管理工作。在一季度召开的分会工作会议上，结合讨论《分会的组织管理条例》，布置与明确了各会的组织换届、活动和其他行为，必须按照“条例”的规定执行。组织召开了地方学会工作会议，沟通了情况，交流了经验，研讨了会员的管理问题。为加强对团体会员的管理，在大连召开了第三次团体会员工作会议，修订并通过了“团体会员管理细则”，评选表彰了先进团体会员单位，并介绍了先进单位的事迹和经验。在人事工作方面，作为建设部社团人事制度改革的试点，推行了全员岗位聘任制制度，通过聘任制的实施，充分调动了大家的工作积极性，推动了学会各项工作的顺利进行。

中国土木工程学会

China Civeil Engineering Society

地　　址　北京市西城区三里河路 9 号
邮政编码　100835
电子信箱　cces.China@263.net

电　　话　010-68311313/68393166
传　　真　010-68393953
名誉理事长　李国豪
理 事 长　侯　捷
副理事长　李居昌　蔡庆华　姚　兵　陈肇元　项海帆
秘 书 长　唐美树
刊物及主编　《土木工程学报》　主编　陈肇元

单位简介

中国土木工程学会（前身是中国工程师学会），创建于1912年，我国著名工程师的先驱詹天佑先生任第一任会长。

中华人民共和国成立后，1953 年中国土木工程学会恢复活动，茅以升任理事长。是全国科联的组成部分，1958年中国科协成立，本会成为中国科协首批成员。

本会是中国土木工程科技工作者的学术性团体，下设 12 个专业分会学术组织。在全国各省市设有土木建筑学会，联系着全国近 9 万会员、其中包括 100 多位港澳会员和 40 名学生会员，本会尚有 100 余个团体会员。

本会自 1956 年至今先后加入了 7 个国际学术组织（国际桥协、国际土协、国际隧协、国际预协、国际煤气联盟、国际水工业联合会、国际公共交通联会），并与美、日、加、英等 10 个国家和团体建立有双边交流与协作关系。

工作综述

1．2000 年我会及各专业分会共组织召开各类学术会议 30 个，其中重点会议 10 项；与美、日、英等土木工程学术团体进行了互访和考察，又新加入了水工业和交通两个国际学术组织。

2．召开全国土木工程学术大会——中国土木工程学会第九届年会。会议密切结合当前国家工程建设的热点问题，以“工程安全与耐久性”为主题，进行了深入的研究与讨论，交流论文 88 篇。300 多位代表出席会议，建设部、铁道部、交通部领导到会并做了专题报告。会议对提高我国结构安全设置水平和改善工程安全与耐久性措施，提出了有价值的建议和意见。

3．推出并评选、颁发了“首届詹天佑土木工程大奖”（创新工程奖），21 项建筑、桥梁、隧道、港口、铁路、公路工程获此大奖。今后每 2 年评选 1 次，成为建设领域的重大工程奖项。

4．研制了一套“会员管理软件”，并在我会各专业分会、部分地方学会协作下，完成了第一批会员重新登记和换证工作。为今后建立会员管理数据库和分层管理的系统化网络打下了基础。

中国生物工程学会

Chinese Biotechnology Society

地　　址　北京市海淀区中关村科学院南路 8 号
邮政编码　100080
电子信箱　biotech@mail.las.ac.cn
电　　话　010-62562548/62534585
传　　真　010-62562548
理 事 长　莽克强
常务副理事长　许智宏
副理事长　陈章良　管华诗　侯云德　贾士荣　刘新垣　马清钧　王薇青　卢圣栋
秘 书 长　翁延年
刊物及主编　《生物工程进展》　主编　张树庸

单位简介

中国生物工程学会成立于 1993 年 6 月 7 日，创始会员 500 余人。中国生物工程学会由著名遗传学家谈家桢和国内知名生物工程学专家莽克强、侯云德、孟广震、翁延年、徐成满、张树庸、周永春等 30 多人发起，由中国科学院主持筹建。1993 年 6 月 7 日在北京召开中国生物工程学会成立大会和学术讨论会，选举产生 68 人组成的第一届理事会，谈家桢任理事长。

1997 年 9 月学会在湖南省张家界市召开第二次代表大会和学术讨论会，选举产生由 80 人组成的第二届理事会。名誉理事长谈家桢，理事长莽克强，秘书长翁延年。

学会下设医药生物技术专业委员会、农业生物技术专业委员会、轻化工生物技术专业委员会、海洋生物技术专业委员会和学会办公室等机构。

学会现有团体会员 45 个，个人会员近千人。

2000 年 10 月 14 日加入中国科协。

工作综述

2000 年学会开展了如下活动：

3 月在北京举办 1 期“生物芯片技术与应用”研讨会；4 月在北京举办 1 期“生物信息学的理论与操作”讲习班；5 月在云南景洪市举办 1 期 21 世纪生物工程与医学科学发展预测高级研讨会；7 月在北京举办 1 期生物工程下游技术研讨班；10 月在北京举办 1 期中国生物高技术发展暨产业化与投资研讨会；11 月在广州召开首届中国国际生物工程（广州）峰会。

中国纺织工程学会

China Textile Engineering Society

地　　址　北京市朝阳区延静里中街 3 号
邮政编码　100025
电子信箱　ctes @ public.bta.net.cn
主页网址　http://b45@cast.org.cn
电　　话　010-65016537/65014466-3291
传　　真　010-65016538
理 事 长　刘　珩
副理事长　张怀良　梅自强　凌宝银　华用士　朱兰芬　邵世煌　贾路桥　丁　力　张荷弟　林厚余　谢城松
秘 书 长　张怀良
刊物及主编　《纺织学报》（Journal of Textile Research）　主任委员　丁　力
《纺织科普》（Textile Science）　主任　凌宝银

单位简介

中国纺织工程学会的前身是中国纺织学会，1930 年 4 月 20 日在上海成立，发表了成立宣言，制定了学会章程，推选朱仙舫为主席委员。成立时有会员 63 人。

1931 年 5 月举行第一届年会，推选朱仙舫为主席委员，以后连任（从第十二届起改称理事长），直至第十四届。

中华人民共和国成立后，中国纺织学会进入了一个崭新的历史阶段。1949 年 8 月，中国纺织学会即召开第十四届年会。1951 年 2 月，中国纺织学会加入中华全国自然科学专门学会联合会（简称全国科联，1958 年改为中国科学技术协会）。联合会要求学会在原有基础上筹组中国纺织工程学会。

1954 年 2 月，中国纺织工程学会在北京召开第十五届全国会员代表大会，学会会址由上海迁至北京。

“文化大革命”期间，学会受到严重破坏与摧残。

1979 年 5 月创办了《纺织学报》。1982 年 5 月创办了《纺织科普》，1982 年年底编辑《纺织学会动态》。1989 年设立了每两年一届的“陈维稷优秀论文奖”。1990 年 6 月在上海隆重举行学会成立 60 周年大会。第十四届代表大会于 1949 年 8 月 20～21 日举行，理事长朱仙舫；第十五届代表大会于 1954 年 2 月举行，理事长陈维稷；第十六届代表大会于 1959 年 4 月 6～10 日举行，理事长陈维稷；第十七届代表大会于 1979 年 10 月 26 日至 11 月 3 日举行，理事长陈维稷；第十八届代表大会于 1983 年 12 月 7～10 日举行，理事长何正璋；第十九届代表大会于 1998 年 5 月 5～8 日举行，理事长何正璋；第二十届代表大会于 1991 年 11 月 5～17 日举行，理事长季国标；第二十一届代表大会于 1996 年 10 月 7～10 日举行，理事长刘珩。目前在全国 150 多个大中小城市中建立了纺织工程学会，遍及企业、研究院所、高等院校、管理部门等。学会现有团体会员 30 个，个人会员 5.3 万多人。此外还有 19 个专业委员会（分会）。

工作综述

认真贯彻、执行党和国家的方针、政策，遵守法律、法令、法规，按照中国科协的部署、要求，围绕纺织行业的中心工作积极开展各项活动，列入学术活动计划共 25 项，绝大多数项目完成较好；和有关单位共同举办了第三届中国国际纺织化学品交流展示会、参加了第七届中国国际纺织机械展览会有关技术交流与产品评估工作；举办各类技术培训班 22 个，参加人数达 1 459 人；按时编辑、出版、发行定期刊物《纺织学报》、《纺织科普》、《纺织学会动态》等期刊。为纪念学会成立 70 周年，编辑、出版了《中国纺织工程学会 70 周年纪念册》；组织有关单位参加“桑麻纺织杰出青年学者奖”、“桑麻纺织科技奖”，共有 20 人分别获杰出青年学者奖、纺织科技奖；开展第七届陈维稷优秀论文征集工作；批准发展一批新会员等。

中国造纸学会

China Technical Association of Paper Industry

地　　址　北京市朝阳区光华路 12 号
邮政编码　100020
电　　话　010-65812880/65810022/2507/2508/2509/2510/2517/2518
传　　真　010-65812653
理 事 长　潘蓓蕾
常务副理事长　黄润斌
副理事长　陈思亮　李有元　李威灵　谭祖光　杨懋暹　谢树文　罗澄岳
秘 书 长　黄润斌
刊物及主编
《中国造纸学报》　主编　朱尹策
《中国造纸》　主编　邝仕均
《纸和造纸》　主编　余贻骥
《国际造纸》　主编　邝仕均
《造纸信息》　主编　邝仕均
《中国造纸年鉴》　主编　黄润斌

单位简介

中国造纸学会自 1959 年开始筹备，于 1964 年 6 月正式成立，学会工作在“文化大革命”期间陷于停顿。1979 年恢复活动。1964 年加入中国科协。中国造纸学会截止到 2000 年底拥有 18233 名个人会员和 168 个团体会员。学会设有 6 个工作委员会，14 个专业委员会。

工作综述

一、国内学术交流

1．由中国造纸学会、华东六省一市以及碱回收专业委员会、碱法草浆专业委员会联合召开制浆造纸工业防治污染现场会 5 月在山东泰山举行，出席 416 人，交流论文 36 篇。

2．新闻纸专业委员会于 11 月 14～17 日在广东番禺召开新闻纸专业委员会换届及学术年会，出席 67 人，交流论文 22 篇。会议重点研讨迎接新世纪国际新闻纸的市场及走势，提出新闻纸的质量和价格是厂家竞争的焦点。

3．纸板专业委员会第八届学术年会和协会纸板分会第三届年会于 11 月 13～15 日在浙江宁波召开，出席 67 人，交流论文 22 篇，组织参观宁波中华纸业公司，会议分析了我国即将加入 WTO，纸板生产技术面临的机遇和挑战。

学会及所属专业委员会全年组织学术活动 8 次，参加人数 1 217 人，交流论文 194 篇。

二、国际学术交流

1．第四届国际非木材纤维制浆造纸会议（INWPPC）9 月 18～21 日在山东省济南市召开，本届会议的主题是：为在非木材纤维和二次纤维制浆造纸方面实现清洁生产和质量第一而努力。参加会议有美国、英国、法国、芬兰、瑞典、挪威、印度等国家的 50 余人，中方 120 人。提供本次大会的论文共计 90 篇，其中外方 20 多篇，会议期间组织参观了山东华泰纸业集团、山东泉林（高唐）造纸厂和山东银河（临清）造纸厂。

2． 9 月 18～23 日接待了印度农业残余物与再生纸造纸厂协会一行 18 人，印度朋友对我国制浆造纸机械设备制造业表示极大兴趣，希望今后加强联系。

3．由美国 E.J.Krause 公司、美国制浆造纸技术协会（TAPPI）和中国造纸学会共同主办、上海造纸学会协办的 China Paper 2000 技术报告会 11 月 7 日在上海举行，参加会议有来自全国各地的 400 余人。本次报告会的主题是纸张涂布技术，来自美国和英国的专家就非木浆原纸涂布技术、涂布挂面纸板涂布配方、印刷纸和包装纸涂布、涂布过程出现问题的解决办法等做了很好的报告。

三、科学普及与教育工作

1．由中国造纸学会主办，上海方舟纸业配售有限公司—中国纸业交易网协办的首届电子商务与中国造纸研讨会于 4 月 4～6 日在上海举行，会上组织电子商务理论及应用的讲座，利用数据信息实现造纸企业管理现代化的经验介绍，计算机网站的实施与管理及其应用的专题报告。

2．《纸和造纸》是以科技普及为宗旨的科普性期刊，本年度该刊栏目作了相应的增补，使刊物内容比较符合本行业客观形势发展的要求，对高中级专业技术与管理人员都有实用的价值；此外，已建立了与“中国学术期刊”（光盘版）电子杂志社的（光盘版）入编协议，实现了本刊信息进入网络交流。

3．由中国造纸学会主办，广东省造纸学会、广东湛江冠豪高新技术股份公司协办的第五届造纸化学品技术交流会于 8 月 22～24 日在广东省湛江市举行。参会 172 人，会上发表论文 16 篇。

四、科技咨询工作

1．由中国造纸学会主办，福建省轻纺工业总公司和福建省造纸学会协办的关于加快发展木材制浆造纸研讨会 7 月 11～14 日在福建省南平市召开，出席会议的有国家发展计划委员会、国家林业局、国家轻工业局、国家开发银行以及专家、企业家共 116 人。这次会议深入研究林纸结合深层次问题并取得共识，会后以 20 位专家名义向朱镕基总理呈送了《关于推进我国林业、纸业现代化的建议书》。

2． “千厂千会协作行动”有新的进展。①5月我学会为协作单位山东安丘轻工机械厂召开新型多圆盘过滤机技术应用研讨会，组织造纸厂用户单位到镇江设备运行现场对口交流，该机获得与会代表一致好评，一些厂家有意订购该设备。②今年我学会多次派出专家参加北京造纸七厂的科技咨询活动，专家提出该厂必须加快调整原料结构，利用二次纤维（废纸）生产再生办公用纸，走城市造纸的特殊发展道路，该厂采纳专家建议，组织实施，专家鉴定，认为该厂研制的环保型再生复印纸在物理性能、适印性等方面均可满足用户要求，目前北京市已有不少机关、学校正在采用。

3．组织与参加项目论证。7 月参与洞庭湖综合治理与林纸经营一体化研讨会；9 月参与内蒙古盘古集团制浆造纸规划研讨会；10 月编写了《关于富伦纸业有限公司发展战略的咨询报告》。

中国印刷技术协会

Printing Technology Association of China

地　　址　北京市西城区车公庄大街乙 5 号
邮 政 编 码　100044

电　　话	010-68325195/68356282
传　　真	010-68325195
理 事 长	武文祥
副理事长	田胜立　张致远　沈海祥　俞志惠　高永清
秘 书 长	张金尧
刊物及主编	《中国印刷》　主编　樊宝益 《中国印刷年鉴》　主编　樊宝益

单位简介

中国印刷技术协会于 1980 年 3 月 12 日成立。接受中国科学技术协会、民政部的业务指导和监督管理。中国印刷技术协会是全国印刷科学技术工作者和印刷及其相关企业的群众性社会团体。

本协会最高权力机构是全国会员代表大会，每 4 年举行 1 次，全国各省、市、自治区有 32 个团体会员，约 1 万多个人会员和 4 500 个单位会员。

本协会主要活动，以经济建设为中心，围绕推动技术进步的方针、目标，开展多种形式的科学技术理论研究和交流，举办过七届全国性年会和各类专题交流会议百余次；传播新技术，普及新知识，组织过各类印刷技术培训班和历时 14 年的函授教育，遍及 24 个省、市、自治区；编辑出版《中国印刷》和《中国印刷年鉴》两种学术性会刊；与相关单位举办全国书刊印刷质量评比；合作筹建中国印刷博物馆；设立了“毕升印刷奖”和“森泽信夫印刷奖”；为从事印刷工作 30 年以上的老同志颁发了“荣誉证书”；同五大洲 20 多个国家印刷及相关行业、企业和人士有友好的交往或合作；组织参加有关国际印刷组织定期举办的国际印刷技术展览；举办了第四届亚洲印刷技术论坛年会；成功申办将于 2001 年 5 月在北京召开的第七届世界印刷大会等活动。

工作综述

1. 4 月 11～13 日，在北京召开了纪念中国印协成立 20 周年暨学术报告，新产品、新技术信息发布会，五届二次理事会暨全国印协秘书长会议，编印《中国印协 20 周年纪念册》。

2. 筹备 2001 年 5 月在北京召开的第七届世界印刷大会。①5 月 19 日～6 月 2 日，第七届世界印刷大会组委会代表团访问西欧三国。②10 月 24～25 日，世界印刷大会指导委员会在北京召开会议。国务院副总理、第七届世界印刷大会组委会名誉主席李岚清在中南海会见了指导委员会主席彼得·雷恩。新闻出版署署长石宗源、副署长于永湛陪同会见。

3. 同中国版协共同管理中国印刷博物馆。10 月 16 日，新闻出版署批复：中国印刷博物馆挂靠在中国版协和中国印协，具体管理工作由中国印刷技术协会负责。①遵照李岚清副总理 1999 年 11 月视察中国印刷博物馆时，关于印刷术发明权和印刷史研究“要立个课题”的指示，拟订了申请《中国印刷术起源与发明研究》课题立项报告。②拟订以源头古代馆为重点的中国印刷博物馆改造方案。③新建印刷机械地下展厅工程，面积 2000 平方米。

4. 编辑《中国印刷行业博览》。为迎接第七届世界印刷大会的召开，展现我国印刷业清理整顿成果，从 2000 年下半年起开始筹备、组织、编辑《中国印刷行业博览》。全书约 2000 页，近 400 万字，收入约 8 万多家印刷及相关单位名录，并配之以综合论述，法规标准，统计资料等，共分 4 个篇章，将于 2001 年 4 月份出书。

5. 组团参观 DRUPA 国际印刷展览会。5 月 21 日～6 月 2 日，组织 24 人代表团赴德国杜塞尔多夫参观了 DRUPA 国际印刷展览会，并参观了海德堡公司。

6. 组团访问韩国。应大韩印刷文化协会朴忠一会长邀请，中国印协代表团在武文祥理事长率领下，8 月 24 日～9 月 1 日访问韩国。武文祥理事长与朴忠一会长签署了“中国印刷技术协会与大韩印刷文化协会会谈纪要”。

7. 组团参加第五届亚洲印刷技术论坛年会。9 月 15～17 日，武文祥理事长率 5 人代表团出席了在菲律宾首都马尼拉召开的第五届亚洲印刷技术论坛年会。会上，中国丝网印协秘书长裴桂范代表武文祥用英语宣读了“中国印刷业的发展和亚洲同业互补合作的探讨”报告。

8. 召开印刷、包装期刊业务研讨会暨科普委员会成员座谈会。11 月 24～25 日，中国印协印刷、包装期刊专业委员会和教育与科普委员会联合在北京召开了印刷、包装期刊业务研讨会暨科普委员会成员座谈会，武文祥发表了题为“新世纪印刷、包装期刊所面临的形势和任务”的讲话，田胜立副理事长就今后印刷科普工作的任务以及参与中国科协组织西部地区科普工程讲了话。

9. “两刊”出版工作。编辑出版了《中国印刷年鉴》2000 年版。《中国印刷》按月、按时出版，还出了 1 期增刊，合计约 160 万字。

10. 召开“两奖”评委会。12 月 14～15 日，“两奖”评委会在北京召开，对申请第六届毕升印刷奖、第八届森泽信夫印刷奖的人员进行了初评，评出 15 名毕升奖候选人，20 名森泽奖候选人。

11. 开展“紫光产品质量万里行”活动

中国印协与上海印协、紫光机械有限公司合作，10 月开展了“紫光产品质量万里行”活动。组织京沪专家及紫光公司有关技术人员，对紫光公司近 3 年生产的 3 项有代表性的产品进行调研活动，走访了5省、市的14家有代表性的企业，并辅之以对18个省27个印刷企业的函调，效果非常好。

12. 召开纪念柳溥庆诞辰100周年暨《柳溥庆纪念文集》首发式座谈会。12月26日，与中国印钞造币公司、中国印刷博物馆联合召开会议，纪念忠诚的共产主义战士、杰出的印刷技术专家柳溥庆诞辰100周年，并举行了《柳溥庆纪念文集》首发式。

13. 与雅昌彩印公司、豹驰技术发展公司合作，在北京印刷学院设立了“雅昌教学奖”，在北京印刷学院、陕西理工大学印刷包装工程学院、上海出版印刷高等专科学校设立了“豹驰奖学金”。

14. 根据中国印协与日本印协签署的友好合作协议，分别于11月22日在上海、24日在北京举办了由日本印协常务理事斋藤不二男、市场部部长杉山庆广主讲的学术报告会。上海、北京分别有50～80人听取了“日本印刷的信息技术及电子商务”的学术报告，反映良好。

中国材料研究学会

Chinese Materials Research Society (C-MRS)

地址　北京市海淀区白石桥路7号
邮政编码　100081
电子信箱　cmrssec@public.bta.net.cn
主页网址　http://www.c-mrs.org.cn
电话　010-68428640/68944280/68915209
传真　010-68428640

名誉理事长　师昌绪　李恒德
理事长　周廉
副理事长　王震西　左铁镛　白春礼　朱道本　江东亮　李成功　李依依　杨玉良　徐更光　蒋民华　韩雅芳　黎懋明
秘书长　陈革涛
刊物及主编　《材料研究学报》　主编　叶恒强
Journal of Materials Science and Technology　主编　胡壮麒
《材料导报》　主编　师昌绪
《功能材料与器件学报》　主编　邹世昌

单位简介

1989年我国以“中国材料研究联合会”的名义，加入了由美国倡议成立“国际材料研究委员会”（后改名为“国际材料研究学会联合会）的发起者的行列；随后成立了由全国著名材料科学家和部门领导组成的“国际材联中国委员会”，属中国科协国际部领导，负责我国与国际材联的联系。

1990年4月，林兰英等46名材料科学家和学者又联名建议成立中国材料研究学会。1991年5月16日，“中国材料研究学会”（英文缩写C－MRS）在北京正式成立，经中国科协和民政部批准并注册登记，2000年10月加入中国科学技术协会。我学会下设两个二级机构。现有单位会员110个，个人会员8 500人。

1989年，国际材料研究学会联合会（IUMRS）在纽约成立。我会是发起单位，是代表中国的正式成员，名称为“国际材料研究学会联合会中国委员会”。我会名誉理事长李恒德院士（曾任我会第一、二届理事长）曾在1999～2000年期间任国际材联主席，我会副理事长李成功教授曾在1997～1998年期间任国际材联秘书。

工作综述

一、参加国际活动和学术交流

1. 5月，周廉理事长和韩雅芳副理事长赴法国参加了国际材联2000年工作会议，在会上，经我会申请并投票通过，2002年国际材联电子材料国际大会在我国西安举办。

2. 组团参加了在法国举办的2000年国际材联电子材料大会。

3. 7月，我会在香港主持召开了第六届国际材联亚洲工作会议。

4. 10月，受国家科技部委托，参与主持了中法合作新材料研讨会。

二、组织国内学术活动

1. 8月，在大连举办了国外材料科学与工程发展动向研讨会，110多名代表参加（其中有9位两院院士），大会特邀报告23篇。

2. 11月，在北京举办了2000年中国材料研讨会，收录论文近1000篇，800多人出席会议。会议期间举办了“中国材料发展规划”、“材料信息资源”和“材料教育”三个论坛。大会还评选出10篇青年优秀论文，并向作者颁发了证书和奖金。

3. 完成了中国科协2000年学术年会第四（材料）分会场的组织工作。

三、决策咨询服务

5月和12月，完成了国家计委委托的2000年和2001年“高技术产业化新材料专项”项目的评选工作。

四、组织建设

1. 完成了换届的注册登记和更换法人工作。

2. 10月，经中国科协批准，加入中国科协。

3. 8 月，召开了国际材联中国委员会扩大会议。

4. 11 月，召开了三届二次理事会会议。

5. 青年委员会进行了换届工作。

我会虽然是个年轻的学会，但在国家有关部委的关心支持下，已成为在国际国内有一定影响和声誉的学会。我们的一个重要体会是要找准自己的位置和立足点，那就是在开展学术交流活动中，始终坚持材料科学的前沿与交叉，各学科的综合与结合，这样才能扬长避短，有利于和兄弟学会的协调与合作。

中国食品科学技术学会

Chinese Institute of Food Science and Technology

地　　址　北京市西城区宣武门西大街甲 129 号金隅大厦 1608 室
邮政编码　100031
电子信箱　cifst@public.bta.net.cn
主页网址　http://www.cifst.org.cn
电　　话　010-66414816/66414815/66414814
传　　真　010-66414817
理 事 长　潘蓓蕾
名誉副理事长　尹宗伦　顾景范　顾景范　李士靖
副理事长　于　亚　汤天曙　刘兴信　孙　颖　李里特　李经纬　张肇范　肖德润　欧阳瑞文　饶平凡　陶文沂
秘 书 长　孟素荷
刊物及主编　《中国食品学报》(Journal of CIFST)　主编　尹宗伦
《中外食品工业信息》(Global Food Industry Information)　主编　江　波
《食品与机械》(Food and Machinery)　主编　陈杏芝

单位简介

中国食品科学技术学会是中国食品科技工作者的学术性群众团体，是中国科学技术协会的组成部分。

1980 年 11 月第一届全国食品科技大会上成立“中国食品科学技术协会”。贺志华为中国食品科学技术学会第一届理事会理事长。1995 年 1 月召开中国食品科学技术学会第二届全国会员代表大会，潘蓓蕾为中国食品科学技术学会第二届理事会理事长。2001 年 2 月召开中国食品科学技术学会第三届全国会员代表大会，潘蓓蕾为中国食品科学技术学会第三届理事会理事长。学会下设 12 个专业分会。

工作综述

1. 对外交流出现重大突破。在对美交流方面，以 1998 年“东方食品国际会议”前，美国食品学会主席访华为契机，已由维系多年的单向访问，变为双向交流。2000 年在美国达拉斯签署了《双边合作协议》，确定了在 10 个领域内的合作内容，它有利于中美两国食品科技、工业界在平等条件下的交流与对接。对日交流工作，在正山四郎理事的帮助下，与日本食品产业协会、日本食粮新闻社、日本冷冻食品协会等组织，建立了良好的合作关系，做到了以我为主。

2. 学会参与主办了 2000 年西北地区食品加工及机械博览会、上海食品博览会及 2000 年国际食品加工及食品机械博览会等。通过举办展览会，沟通了与相关单位及新闻机构的广泛联系，促进了中国食品科技事业的发展。

3. 根据民政部的要求，学会于 2000 年完成了社团整顿工作，完成了历年的财务审计工作。

中国粮油学会

Chinese Cereals and Oils Association

地　　址　北京市宣武区广内大街报国寺 1 号
邮政编码　100053
电子信箱　liang.you@bj.col.com.cn
电　　话　010-63183883
传　　真　010-63183883
理 事 长　白美清
副理事长　王瑞元　靳祖训　刘兴信　朱　莉　张根旺　赵小津　姚惠源　刘新江
秘 书 长　宋丹丕
刊物及主编　《中国粮油学报》　主编　胡承淼
《粮食储藏》　主编　梁永生
《粮食与饲料工业》　主编　徐晋安
《中国油脂》　主编　周伯川
《粮食与食品工业》　主编　金振玉

单位简介

中国粮油学会成立于 1986 年，属中国科协领导。

中国粮油学会下设 4 个专业分会、3 个工作委员会和 1 个办公室。中国粮油学会现有个人会员 6 152 人，团体会员 571 个。

中国粮油学会于 1989 年经商业部批准正式加入国际谷

物科技协会，成为国家会员。

中国粮油学会常务理事陶文忻于2000年当选为国际谷物科技协会执委会委员。

中国粮油学会副理事长靳祖训于1986年当选为国际储藏产品保护工作会议常设委员会委员。

工作综述

一、抓住重点积极开展国内外学术交流，促进科技发展

1．举办了中国粮油学会首届学术年会，出席237人，并出版了65万字的论文集，收录论文76篇，各分会也分别印制了专题论文集。

2．与国家粮食局行政管理司、中国储备粮管理总公司业务二部共同在厦门举办了2000年全国粮食储藏技术与粮库建设，仓型选择研讨会，出席237人，并制作了光盘版论文集，收录论文93篇。

3．中国粮油学会根据国家粮食局和宁夏自治区粮食局的要求，作为承办单位之一，与宁夏自治区粮食局、宁夏自治区粮食行业协会等单位共同承办了2000年（银川）全国粮油精品展示交易会，促进了粮油商品流通。

4．2000年，我会先后3次组团赴美国、澳大利亚、法国等国参加国际学术会议和专业考察，并派代表参加了在爱尔兰都柏林举行的膳食纤维国际大会。9月份参加了由国际谷物科技协会（ICC）在澳大利亚昆士兰举办的第十一届国际谷物与面包大会，并作为国家代表参加了（ICC）技术委员会会议，ICC执委会会议，ICC会员大会，在执委会会议上我会代表无锡轻工大学校长陶文沂博士当选为ICC执委会委员。

二、配合行政主管部门，积极开展专业培训、技术咨询，作好参谋助手

1．承担了粮油食品加工行业发展现状与趋势的调查，撰写了3个专题研究报告，即：

①我国粮油工业的发展现状与趋势；②我国油脂制备业面临的战略调整；③全国粮油食品加工“十五”发展规划的建议。同时，参加了《农业科技发展纲要》、《农业技术引进政策建议》和《“十五”粮食行业发展规划》的研讨和修改工作。

2．协助国家粮食局组织了大规模的新仓储粮业务培训。分别在北京、南京等5地设立了培训点，共开设培训班25期，培训1 800人。

3．为修订“高大平房仓储粮技术规程”（试行）等8项粮食仓储技术规程的需要，我会组织有关专家和全国各储粮区域有代表性的8个库点，开展了新仓储粮全国重点试验。

4．为2001年新建200亿斤仓容粮库选配新技术、新设备，从全国各地上报的59项新技术、新设备中筛选出32项列入推荐参考清单。

中国劳动保护科学技术学会

Chinese Society for Science and Technology of Labor Protection

地址	北京市朝阳区惠新西街17号
邮政编码	100029
电子信箱	csstlp@csstlp.org.cn /liuyan@csstlp.org.cn
主页网址	http://www.csstlp.org.cn
电话	010-64915341
传真	010-64966647
理事长	程映雪（代）
副理事长	赵全福　李永安　刘　潜　孙连捷
秘书长	向衍荪
刊物及主编	《中国安全科学学报》　主编　徐德蜀

单位简介

中国劳动保护科学技术学会成立于1983年9月，1985年加入中国科协。目前设有10个专业委员会和5个分会。团体会员45个，个人会员900余人。全国共成立了地方学会70家，1988年，加入“亚太地区职业安全卫生组织”，是该组织中教育培训委员会的主席单位。

工作综述

一、学术交流

1．1月31日，我会在中国科技会堂举办2000年首都安全生产工作者新春团拜会。国家经贸委安全生产局的领导、在京的职业安全卫生工作者共160余人参加了会议。会上，国家经贸委安全生产局的领导通报了近期的安全生产形势，部分专家、学者交流了最新研究成果。

2．8月10～13日，由我会等11家单位在北京理工大学联合主办了安全科学技术国际学术交流会。来自美国、法国等国及我国的120余名职业安全卫生专家出席了这次盛会，交流论文170余篇。

3．9月，我会由20名专家、学者组成的代表团参加了中国科协2000年学术年会（西安）。其中有14人发表论文，并提出了14份建议书。

二、接受政府授权，承担部分政府部门委托的工作

1．完成了第一届国家经贸委安全科学技术进步奖的评奖及颁奖工作，并依次进行了国家奖的申报工作。2000年共评出一等奖 2 项，二等奖 14 项，三等奖 64 项。其中的一等奖项目“机械装备重大事故原因分析诊断和安全评定技术研究”，经我会推荐，获得国家科技进步二等奖。

2．承担了全国职业安全卫生管理体系认证机构认可委员会的办事机构的工作并组织学会专家对我国安全工程师执业资格进行论证提交了论证报告，已为政府部门所采纳。

三、教育培训与信息化建设

1．组织编写了“安全工程师基础教材”。2000 年初，我会决定编写一套包括职业安全卫生技术、管理和法律知识在内的，理论先进又结合实际的培训教材。经多次研讨，确定了教材大纲，完成了初稿。预期于 2001 年上半年出版发行。

2．举办职业安全卫生管理体系培训班。为促进职业安全卫生管理体系在我国的开展，我会分别于 7 月和 9 月在北京和广州举办了两期职业安全卫生管理体系内审员培训班。76 人参加了培训，并获得了内审员证书。

3．举办现代安全管理培训班。与四川劳动保护科学技术学会联合举办“现代安全管理”培训班 12 期，共培训人员 647 人。

4．邀请澳大利亚专家来华做技术讲座。经国家外专局批准，10 月，我会邀请了澳大利亚安全理事会前主席、亚太地区职业安全卫生组织标准委员会主席吉姆·怀廷先生来华就职业安全卫生管理体系进行了为期 4 天的技术讲座。怀廷先生不仅介绍了澳大利亚对职业安全卫生管理体系的理解及国际职业安全卫生管理体系的进展情况，而且也带来了对职业安全卫生管理体系新的理念，深受学员欢迎。

5．信息化建设。经多次论证、调试，带有试验性质的网站——中国劳动保护科学技术学会网（http://www.csstlp.org.cn）已进入试运行阶段，2001 年正式开通。

四、国际及港澳台交往

1．1 月 12～15 日，接待了日本中央劳动灾害防止协会国际安全卫生信息中心副所长榎本克哉先生和劳动省安全卫生部小柳隆一先生的来访。双方就职业安全卫生信息及 2000 年的合作进行了广泛深入的交谈。

2．3 月 20～24 日，我会组织了中国劳动保护代表团组赴香港参加“安全健康博览 2000”会议。会上交流论文 5 篇，8 家企业租用了 6 个展位展出了其生产的劳动防护用品。

3．4 月 22 日～5 月 2 日，副理事长孙连捷和秘书长向衍荪赴毛里求斯参加了亚太地区职业安全卫生组织第十六届会议。我会当选为该组织的教育培训委员会的主席单位。

4．10 月 9～22 日，组织中国职业安全卫生代表团赴德国参加职业安全卫生会议及考察德国安全工程师工作。了解了德国安全工程师的教育模式、培训机制、课程设置、评审办法，为即将在我国开展的安全工程师的评审及培训工作提供了有益的经验。

5．10 月 10 日，秘书长向衍荪等会见美国国际人民交流协会代表团，双方就两组织关心的职业安全卫生问题交换了看法。

6．10 月 11～22 日，我会接待了以名誉理事长汤兰瑞率领的台北工业安全卫生协会代表团的来访，组织代表团在成都、长沙、岳阳进行了考察访问，增进了两岸民间的交往，促进了职业安全卫生领域的交流。

7．10 月 22～26 日，我会组织 27 人团组赴香港参加了第八届海峡两岸及香港澳门地区职业安全卫生学术研讨会。我会代表在会上交流论文 18 篇。

8．选派了 7 人次赴日本进行职业安全卫生培训。

9．12 月 3～7 日，应我会邀请，台北工业安全卫生协会理事长高金福等 4 人来我会访问。双方就职业安全卫生管理体系在两岸的开展情况进行了交流。

中国烟草学会

Chinese Tobacco Society

地　　址　北京市宣武门西大街 26 号 B 座

邮政编码　100053

电子信箱　zhengfg@stma.tobacco.gov.cn

主页网址　http://www. Tobaccoinfo. com. cn

电　　话　010-63605720/63605155

传　　真　010-63605760

理 事 长　潘必兴

副理事长　任　民　鲁春林　马长德　谢建平

秘 书 长　鲁春林

刊物及主编　《中国烟草学报》　主编　朱尊权

单位简介

中国烟草学会成立于 1985 年，同年加入中国科协，现有会员 7 000 余人，下设中国烟草学会组织工作委员会、刊物编辑委员会、经济专业委员会、工业专业委员会、农业专业委员会、专卖管理学术专业委员会、卷烟流通学术专业委员会、卷烟材料学术专业委员会。1985 年参加国际烟草科学技术研究中心委员会，并成为理事国成员。

工作综述

1．10 月 26～30 日，在南京圆满召开中国烟草学会第四届会员代表大会，完成理事会改选换届工作。

2．编纂《中国烟草通志》工作取得积极进展。

3．中国烟草博物馆的筹建工作开始启动。

4．按照民政部和中国科协关于对社团清理整顿的要求，顺利通过自查、中国科协审查和民政部审定三个阶段，完成了全部登记手续。

5．举办了1次全国性、综合性的学术年会，交流论文62篇，同时安排3名国外学者的讲座。评选出37篇获奖论文，其中一等奖5篇、二等奖12篇，三等奖20篇。

6．发挥了在国际学术交流方面的主代表作用。CORESTA2000年第一次理事会表扬了1999年在中国苏州召开的CORESTA农学与植病学组会议，同时，会议提名中国为下届理事会候选成员。承办了亚洲地区烟草工业科学家小组第八次会议的会务工作，中国烟草学会理事长关政林同志于4月率团到台湾省高雄等市进行了学术交流。CORESTA2000年第二次理事会中国入选大会论文10篇，中国烟草东北农业实验站万秀清获奖学金；审定了2001年在西安市召开CORESTA烟气和工艺学组大会。邀请CORESTA烟叶仓储病虫害防治小组杰克博斯等3名国外专家在武汉联合举办了“烟叶仓储病虫害防治培训班”，随中国吸烟与健康协会参加了在美国芝加哥召开的第十一届世界吸烟与健康大会。

7．将《中国烟草学报》改为季刊。

8．发挥科学普及的主力军作用，为搞好科普工作继续做出努力。组织编写了科普读物《烟草化学》、《中国烟标文化图鉴》。开展了《新世纪烟草科普丛书》和《星火计划技术培训丛书》烟草分册的编辑工作。

9．积极指导各省级学会工作，开展了“千厂千会”和“金桥工程”活动。

10．启动了中国烟草学会互联网网站建设。

中国系统仿真学会

Chinese Association for System Simulation

地　　址	北京市海淀区学院路37号
邮政编码	100083
电子信箱	cassimul@263.net
电　　话	010-82310612/82317098
传　　真	010-82317098

理 事 长	王行仁
副理事长	王子才　王正中　孙国基　李伯虎　陈怀瑾　张明廉　黄柯棣　熊光楞
秘 书 长	张明廉（兼）
刊物及主编	《系统仿真学报》　主编　王　锦

单位简介

中国系统仿真学会于1988年11月14日经国家科委批准成立，1991年8月1日由国家民政部批准为民政部的正式社会团体，于2000年10月14日经中国科协五届常委会十八次会议审议决定，接纳中国系统仿真学会加入中国科协。

根据学会章程于1993年和1997年成功地召开了第二次和第三次全国会员代表大会，文传源教授当选第一、第二届理事会理事长，王行仁教授当选现任（第三届）理事会理事长。学会现有团体会员单位100余个，个人会员3000余人。学会已建立7个专业委员会和3个工作委员会。并在黑龙江、辽宁、四川、山西和上海等地区成立了地方学会。

中国系统仿真学会是国际数学与计算机仿真联合会（IMACS）的团体会员，并与美国计算机仿真学会——国际（SCS-I）、欧洲仿真学会（EUROSIM）、日本仿真学会（JSST）、韩国仿真学会（KSS）、荷兰仿真学会（DBBS）等建立了双边关系、合作协议。

工作综述

1．于5月成功地召开了第三届第三次理事会暨全国“面向21世纪，发展仿真技术”学术研讨会。到会97人，其中学会理事和理事代表60人。

2．我学会自1989年成立之日起，一直遵照学会章程努力做好各项工作，完成各项任务，争取早日加入中国科协，这一愿望于2000年10月得已实现。中国科协五届常委会十八次会议审议决定，接纳我学会加入中国科协。

3．仿真方法与建模、仿真算法、仿真计算机与软件等专业委员会和教育与科普工作委员会分别召开了学术交流会议。计划筹备成立的虚拟技术和军事仿真技术两个新的专业委员会，进行了大量筹备工作。黑龙江、上海、辽宁等地方学会召开了换届会以及学术交流会。

4．由中国系统仿真学会组织编写全面介绍系统仿真技术的科技专著——《仿真技术》一书，于2000年5月出版，并于8月荣获了国家石油和化学工业局（化工部）第六届优秀图书奖二等奖。

5．参加中国科协2000年学术年会，有19篇论文详细摘要被录选，以理事长为团长我学会一行10余人出席了会议，并在会上做了学术报告。

6．副理事长陈怀瑾于7月参加了SCS-I的夏季仿真学术会议，并参加了SCS-I理事会，对加强两学会的相互学习，起到了促进作用。

7．《系统仿真科普读物》的第一本读物《飞行训练仿真器》完成了全书的第一稿。

8．本年度经理事会或常务理事会讨论决定：增补了

19 名理事，增聘了 4 名专业委员会委员，12 名学报编委会委员。

9．为与中国科协人才资源库接轨和加强学会个人会员的管理，进行了我学会会员新表登记和发展新会员的准备工作。

10．本年度编写出版两期学会不定期刊物《中国系统仿真学会工作通讯与动态》。

中国电影电视技术学会

Chinese Society of Motion Picture and Television Engineering

地　　址　北京市复兴路 11 号中央电视台业务楼 804 室
邮政编码　100859
电　　话　010-68506262
传　　真　010-68506262
理 事 长　刘宜勤
副理事长　刘国典　何宗就　鲍林岳　刘松英　石谋斌　杜百川　顾欣台　黄耀祖　程　林　楚泽洋
秘 书 长　卞美瑾
刊物及主编　《影视技术》　主编　毛大平

单位简介

中国电影电视技术学会以下（简称“影视学会”）成立于 1982 年 3 月 1 日，1985 年 3 月正式批准为中国科协组成部分，1999 年 5 月 14 日，民政部核准影视学会登记。影视学会的业务主管部门是中国科协和国家广播电影电视总局。

现有个人会员 2 396 人，团体会员 22 个。学会设有 3 个委员会和 8 个专业委员会。

工作综述

1．2000 年是中国电影电视技术学会换届产生第四届常务理事会和新负责人的 1 年。7 月 4 日，影视学会召开了四届一次理事会议，认真总结了 1996 年组成的三届理事会的工作，讨论通过了新章程。

2．8 月 3～5 日，影视学会和美国中美国际项目交流集团联合在京举办了中美电影电视高级研讨会。研讨会上分别介绍了两国影视业的发展概况，管理和运作机制，高科技应用和影视技术的未来走向。探讨了中美影视合作与合作拍片的可行性。

3．由影视学会与中央电视台、香港佑图国际有限公司联合，从 1993 年起创办的北京数字电视技术研讨会于 12 月 5～7 日举行了第八届，名称改为“北京国际电视技术研讨会”（ITTC2000）。本次研讨会以数字化、网络化为中心，在有关领导介绍了影视“十五”科技计划和我国数字电视的发展与展望后，重点宣讲了演播室、高清晰度电视标准，介绍了网络广播与宽带业务的发展，节目音像资料的存储和重复利用技术。研讨会文集收入论文 56 篇，总计有 65 万字。

4．影视学会所属的部分专业委员会举办的学术活动。

（1）1 月 10～19 日，化妆专业委员会在京举行了第八届年会，会议交流了化妆创作经验，结合《春天的狂想》等多部影片做了技艺演示，探讨了适应新世纪、新形势的化妆造型艺术，评出了第三届化妆金像奖，还为从事化妆专业 50 年的 15 位老化妆师颁发了“卓越贡献奖”，年会参加单位有 30 多个，人数达 130 人。

（2）8 月 27～29 日，声音专业委员会在京召开了年会暨影视声音技术研讨会，10 家公司做了当今先进音频设备的技术报告和产品介绍，有关专家介绍了我国高清晰度电视的研发和高清晰度电视音频技术标准制订等情况。会议对一些单位有目的地引进技术，进行设备选型，防止误订误购等起到了重要的指导作用。

（3）11 月 11～12 日，照明专业委员会在京召开了第四次年会及技术交流会，会议总结了本届委员会的工作（1997～2000 年），包括出版了 2 期《影视灯光技术》和 5 期《影视灯光技术交流》，举办灯光技术培训班，发展新会员等。

（4）6 月 19 日，放映专业委员会在北京举办了“城市影院”星级评定观摩座谈会，经过多方面的努力和根据《评定标准》与《评定办法》实施考核，北京已有首都、大华等 18 家影院被评为首批“星级影院”。

中国振动工程学会

Chinese Society of Vibration Engineering

地　　址　江苏省南京市御道街 29 号
邮政编码　210016
电子信箱　csve@nuaa.edu.cn
电　　话　025-4892135
传　　真　025-4599621
理 事 长　闻邦椿
副理事长　朱德懋　杨叔子　吴有生　郑兆昌　胡海岩　诸德超
秘 书 长　陈国平
刊物及主编　《振动工程学报》　主编　闻邦椿

《振动与冲击》 主编 恽伟君
《非线性动力学学报》主编 陈予恕
《岩土工程学报》 主编 沈珠江

单位简介

中国振动工程学会是中国振动工程科技工作者自愿组成、依法登记成立的全国性、学术性、非盈利性社会团体，是中国科协的成员之一。

中国振动工程学会于1987年10月被接纳参加中国科协，成立以来已发展个人会员7 000余人，团体会员40余个。学会拥有12个专业委员会和1个专业委员会筹备组，已正式建立18个地方学会。

工作综述

一、国内学术活动

1．中国振动工程学会和东北大学于10月16～19日在浙江温州联合举行了振动与波的利用学术会议，来自全国各地的90余名科技工作者参加了会议。会议作了十余个内容广泛的大会综合报告，分组交流了近百篇专题研究论文。

2．全国振动（诊断、模态、噪声）技术及工程应用学术会议于10月17～21日在浙江温州举行，与会代表130人，作了五个大会报告，交流论文165篇。会议达到了“团结协作，推动21世纪中国振动工程的深入研究与工程应用，更好地为国民经济建设服务”的目的。

3．中国振动工程学会组团参加了中国科协2000年学术年会，共提交7篇学术论文，分别参加主会场和有关分会场的学术活动。学会理事长闻邦椿院士出席会议，并在会上做了“非线性振动的工程应用综述”的学术报告。

4．振动与噪声控制专业委员会会同有关单位于5月和12月在北京举行了两次新技术研讨和培训活动，与会科技人员近百名。

5．土动力学专业委员会在5月换届改选期间就4个分支学科做了学术报告，研讨发展方向。

6．包装动力学专业委员会组织专家于8月在浙江萧山考察了浙江胜达包装集团有限公司第三产业基地，讨论了7层瓦楞纸板生产工艺的科学性和设备情况，并形成了专家鉴定意见。

7．转子动力学专业委员会于6月在厦门举办了高等转子动力学讲习班，25名科技人员参加了学习和研讨。

二、国际学术活动

1．举办了国际结构控制与健康诊断学术研讨会。于12月9～12日在深圳市召开。来自美国、日本、中国和台湾、香港地区的92名学者参加了会议。会议除由中外知名学者作大会学术报告外，共宣读、交流论文102篇。会议期间，海峡两岸的代表就进一步合作事宜进行了讨论。一致认为，应该继续保持和加强海峡两岸在结构控制与健康诊断领域的学术交流，决定每两年举办一次海峡两岸结构控制与健康诊断的学术交流会，下次会议将由台湾方面组织召开。同时可以采取互派研究人员进行短期或长期的学术交流和访问。

2．为2001年亚太振动会议作准备。我会参与2001年亚太振动会议（APVC’2001）的发起与筹备工作，由理事长闻邦椿院士负责联系。会议定于2001年10月28日～11月1日在杭州市举行，2000年10月已发出征文通知。

中国颗粒学会

The Chinese Society of Particuology

地 址 北京市海淀区中关村北二条1号，北京353信箱
邮政编码 100080
电子信箱 b57@cast.org.cn
主页网址 http://www.cast.org.cn/qgxxh/gkxh/zgklxh/jianjie.htm
电 话 010-62647657
传 真 010-62558065

理 事 长 郭慕孙
副理事长 胡荣泽 王淀佐 王明星 杨贵林
秘 书 长 李静海

单位简介

中国颗粒学会是一个由从事颗粒科学技术研究、开发、应用工作者的自愿组织。中国颗粒学会成立于1986年。学会目前除了30多个团体会员外，还有1300多名个人会员，分布在全国的各个城市。中国颗粒学会下设有5个专业委员会。

工作综述

1．流态化专业委员会于10月20～22日在陕西西安召开了第七届中日流态化会议。本次会议除中日两国的与会人员外，还有来自澳大利亚、德国、挪威、美国、英国、和新西兰等国家的流态化领域的专家学者。本次会议的与会人数为100人，其中国外学者、专家37人，会议共发表论文69篇。

2．颗粒制备与处理专业委员会主持召开的第六届全国颗粒制备与处理学术会议于10月17日～20日在北京举行。本次会议的与会代表共有140余人，交流论文共82篇，会上有许多高质量的论文作了宣读，引起很大反响，达到了交流、促进、发展与提高的目的。

3．由超微颗粒专业委员会组织的全国纳米材料应用开发研讨会于5月9～12日在杭州召开，共有95人参加。中央电视台《走进科学》摄制组专程到会采访。会上，张立德教授等著名的纳米材料专家作了关于国际上纳米材料的技术发展趋势、纳米材料和技术在21世纪的战略地位及纳米材料在各个领域的应用。

通过讨论与会者一致认为，纳米材料的应用开民应做到三个结合：①纳米技术与传统技术相结合；②纳米专家与各领域技术专家相结合；③纳米专家与企业家相结合。

中国照明学会

China Illuminating Engineering Society，CIES

地　　址	北京市朝阳区光华路12号1号楼
邮政编码	100020
电子信箱	cies@netchina.com.cn
主页网址	http://www.lightingchina.com
电　　话	010-65815905/65814260
传　　真	010-65812194
理 事 长	甘子光
副理事长	王锦燧　叶关荣　肖辉乾　钟信财　章海骢　詹庆旋
秘 书 长	王锦燧（兼）
刊物及主编	《照明工程学报》　主编　张绍纲

单位简介

中国照明学会，成立于1987年6月1日，是中国科协所属全国性学会之一。学会现有团体会员 272 个。中国照明学会拥有一批国内照明领域的专家、学者，主要从事照明技术的科研、教学、设计、生产、开发，以及推广应用工作。

中国照明学会设有 6 个工作委员会和 10 个专业委员会。

学会于成立当年，即以中华人民共和国照明委员会的名义加入国际照明委员会（CIE）。积极参加 CIE 的各项活动，并在其中积极发挥作用。同时还积极参加国际相关组织环太平洋地区照明科技研讨会和国际电光源科技研讨会等国际照明科学技术活动。几年来，有17名中国专家因对照明事业做出贡献受到CIE表彰。

学会自成立以来，经过三届理事会的艰苦奋斗和探索，按照自主活动、自我发展、自我约束的改革思路，积极开展学会章程规定范围内的各项活动，取得较大成绩。并在1月份中国科协举行的五届五次全委会会议上，获中国科协先进学会光荣称号。

工作综述

1．6月7～9日，学会在杭州举行了“第二届照明灯用电器附件配套电子元器件研讨会”及于11月1～2日在北京召开了首届光导纤维及光导管在照明领域应用科技研讨会，伴随两次研讨会，还安排了小型精品展示会，取得良好效果。

2．和台湾地区照明灯具输出业同业公会于12月6～8日在福州市共同举办了海峡两岸第七届照明科技与营销研讨会。此次会议以照明技术的新成果及新世纪发展的展望为主题，重点围绕光导纤维和光导管照明技术，发光二极管的发展和应用，照明工程设计的新技术、新成果等内容进行深入的探讨，并取得广泛的共识。

3．10月7～13日，有关专业委员会邀请国际著名汽车照明专家，德国汉诺、韦斯特曼（Hanno Westermann）先生来华访问，并分别在上海、北京就汽车前照灯采用高强度气体放电灯和汽车照明系统的CAD / CAM / CAE设计、加工和分析方法，以及智能化汽车前照灯 AFS 系统的最新进展情况举行了四场专题报告会。同时，还与中国照明学会就进一步加强中德照明科技界间的友好往来与合作交换了意见。

4．3月19～22日，与有关单位合作组成代表团共23人，参加法兰克福国际照明与建筑展览会（'2000Light+Building）。会后组织代表团成员考察了欧洲地区相关城市的夜景照明。学会除了于7月13～16日与中国轻工业信息中心、北京德诺文化发展中心在北京共同举办“新世纪首届照明电器国际博览会”外，还与广州光亚展览贸易有限公司合作，于8月4～6日在广州举办“第五届广州国际照明展览会”，这是历届照明展览会中规模最大的一次照明展。它的成功举办，为我国照明企业界间的信息交流、开拓市场和使用部门了解产品性能和信息，提供了最佳的交流场所。

5．7～11月，受唐山市规划管理局的委托，组织专家承担了唐山市中心区夜景观规划设计项目。该规划设计方案完成后，得到唐山市政府和主管部门认可，并赞誉该规划设计方案的设计为“物超所值”。

6．根据国家新闻出版署的要求，《照明工程学报》从2000年第一期开始，完成改版任务，其封面也进行了重新设计，同时在内容上逐渐增加了有关照明设计及工程方面的篇幅，得到读者的初步肯定。

7．完成了新一届理事会各工作委员会、专业委员会的换届任务。目前各工作委员会、专业委员会都已成立，各委员会在认真总结二届理事会以来的工作基础上制订工作条例，制定出2000年度及今后几年的工作计划，将在理事会领导下，按照《章程》规定，积极开展工作。

中国动力工程学会

Chinese Society of Power Engineering

地　　址　上海市闵行剑川路 1115 号
邮政编码　200240
电子信箱　cspe@public7.sta.net.cn
主页网址　http://www.cast.org.cn/qgxxh/gkxh/zgdlgcxh/jianjie.htm
电　　话　021-54705106/64358710-719/700
传　　真　021-54705106

理 事 长　翁史烈

副理事长　程钧培　冉　莹　徐大懋　孙昌基　李宗文　吕兆璧　徐通模　翁思成

秘 书 长　程钧培

刊物及主编　《动力工程》　主编　程钧培

单位简介

中国动力工程学会是全国动力工程科技工作者的学术性群众团体，是中国科学技术协会的组成部分。1988 年 12 月经国家科委批准成立，1992 年 8 月加入中国科协。

本会是以发电热动力机械设备的研究、设计、制造为中心的多专业的综合性学会。设有 11 个专业委员会，5 个工作委员会。

目前拥有个人会员 3 000 多名，有 70 余个大中型动力工程骨干企事业单位为团体会员，并与上海、北京、黑龙江、陕西、四川、甘肃、湖南等地方动力学会建立了业务联系。

先后与美国 ASME 动力学会、德国大电厂协会（VGB）、德国工程师学会动力学会（VDI-GET）、日本机械学会动力及能源系统学会（JSME-P&ESD）、英国 IME 动力学会等学术团体建立联系，并开展多种形式的国际学术交流活动。

工作综述

1．2001 西安国际动力工程会议筹备工作。作为会议主要内容论文征集工作已于 2000 年 5 月份开展，征文目前已收到论文摘要（含 JSME、ASME 所征集的）近 300 篇，其中国外近 80 篇，已陆续发出录取通知，进一步做好全文征集工作。论文的出版工作也落实，由 Springer 出版社负责推荐载入国际检索。

2．结合我国实际情况，学会提出了《我国发展燃气轮机的可行道路》，提出了我国燃气轮机发展的道路必须借鉴国外成熟经验结合我国实际情况，打破部门界限、全国共同努力的观点。

3．我会按照中国科协编著的《21 世纪百科丛书》要求，组织撰写动力工程分册《现代社会的动力》约 20 万字，即日可出版。

4．目前在互联网上可查阅到我会的有关内容的网址有两个，分别为 www.4e.com.cn/espe/espe.htm（挂在中国能源网下）及 www.cast.org.cn/qgxxh/gkxh/zgdlgcxh/jianjie.htm（挂在中国科协信息中心），主要内容有我会的简介、章程、组织机构、学术活动、出版物、学术论文、学科动态、专家主页等栏目。

5．各专委会学术交流。以各种形式举办了多项学术交流活动，它们是：锅炉技术研讨会、第八届透平学术年会、核电材料的学术研讨会、循环流化床及其自动控制技术研讨会、电站材料用钢学术交流会、气体膜分离技术和卡特斯膜技术交流会、热力管道直埋技术报告会等。

6．组织工作：①召开了第五次团体会员工作会议暨 2000 年秘书长工作会议；②全面完成社团清理工作，领到了新的社会团体登记证书（证书号：社证字第 4344 号）；③我会向中国科协两院院士初、遴选委员会推选的 5 位候选人经两院最后评选，倪维斗、蒋洪德当选为中国工程院院士；推荐西安交大车得福同志为全国优秀科技工作者候选人；推荐浙江大学严建华同志为第七届中国青年科技奖候选人。④恢复了咨询与展览工作委员会；⑤积极准备配合中国科协作好建立著名学者、学科带头人及科技业务骨干人才库。

中国惯性技术学会

Chinese Society of Inertial Technology

地　　址　北京市西城区阜成路 8 号
邮政编码　100830
电　　话　010-68370341
传　　真　010-68370341

理 事 长　丁衡高

副理事长　花禄森　宋有山　任德民　陈超昊　冯培德　戴世荣

秘 书 长　赵凯嘉

刊物及主编　《惯性技术学报》　主编　刘玉峰
《海陆空天惯性世界》　主编　幺子臣

单位简介

中国惯性技术学会成立于1987年5月。1992年9月4日加入中国科协，总部设在北京，分别在上海、重庆、洛阳、南京、西安、哈尔滨等6地设立了地方学会，还设立了系统与测量、惯性仪表与元件、工艺与材料、测试设备和测试技术、光电技术等5个专业委员会，到目前为止已经历了四届理事会。现有团体会员102个，个人会员2240人。办公机构设有学术交流部、技术咨询部、科普工作部、财务基金办、学会办公室。

工作综述

1．2000年共举办各种学术交流活动8次，同时也为中国科协2000年学术年会提供了9篇学术论文。

2．根据中国科协和中国工程院的要求，学会协助丁衡高院士编写了科普书系《海陆空天显神威的惯性技术》。

3．充分发挥学会的咨询参谋作用，协助有关领导部门搞好惯性技术发展战略研究工作：受总装备部和有关部门、集团的委托，由学会军工组牵头，组织有关专家，参与了“九五”预研成果的评定，研讨并提出了“十五”惯性技术预研项目的建设，开展了新世纪惯性技术发展趋势及发展对策的研讨。

中国风景园林学会

Chinese Society of Landscape Architecture

地　　址	北京市三里河路9号
邮政编码	100835
电　　话	010-68394228,68393918
传　　真	010-68393918
理 事 长	周千峙
副理事长	孟兆祯　谢凝高　甘伟林　王秉洛　张树林　胡运骅　刘楚雄　任春秀　施奠东
秘 书 长	杨雪芝
刊物及主编	《中国园林》　主编　余树勋 《园林》　主编　胡运骅

单位简介

1978年中国建筑学会成立园林绿化学术委员会，1983年发展为中国建筑学会园林学会。1989年11月经建设部、国家科委和民政部批准，中国风景园林学会成立。于1992年加入中国科协。至今有单位会员102个，个人会员15 521人。下设8个专业委员会，4个分会。

1993年学会成立了经济实体——中国风景园林规划设计研究中心。

工作综述

2000年，学会和各专业委员会、分会共组织国际学术交流2次，国内学术会议14次，交流论文254篇，参加人次1 590多人。

一、积极参加国际学术活动

1．派团参加第三届中日韩风景园林学术研讨会。学会与日本造园学会、韩国造景学会签定每年轮流举行学术研讨会的议定书。在日本冈山召开学术研讨会。学会派13人代表团，提交10篇论文。会上通过了《从传统园林到城市（冈山）宣言》。

2．举办第三届中国国际园林花卉博览会学术报告会。学会与上海市风景园林学会、上海市绿化局共同举行以绿色——21世纪城市的生命为主题的学术报告会，有中外专家11人作报告，200多人参加。

二、关注风景园林发展动向，积极开展学术活动

1．学术交流紧密围绕当前风景园林发展实际。城市绿化专业委员会在中国科协2000年学术年会上发出“立即刹住大树移植风”的紧急呼吁书。植物保护专业委员会在学术讨论会上对当前一些严重病虫害及其防治和如何正确定性定量评估园林植保的三大效益进行了研讨，并评选出40多篇优秀论文给予表彰。

2．学会派代表参加中国科协在西安召开以“西部大开发，科教先行和可持续发展”为主题的2000年学术年会，9篇论文编入大会论文集摘要。

三、开展科学研究，为决策进行调查工作

风景园林学科的科技基础薄弱，理论体系还不够健全。学会和江西省建设厅承担建设部关于城市建设统计指标体系研究课题的“园林绿化及风景名胜区”统计指标的修订工作。

为建设部召开全国风景名胜区工作会议作准备，学会的著名专家参加建设部的调查组、座谈会、规划审议等活动，为制止风景名胜区出现的城市化、人工化、商业化倾向等提出意见和建议，产生一定的影响。

四、举办各种科技交流与展览，促进科普教育

主办“2000年大学生‘棕榈杯’园林设计大赛”；承办由建设部和上海市人民政府联合主办的第三届中国国际园林花卉博览会，展览历时1个月，观众达15余万人次。

中国电源学会

China Power Supply Society

地　　址　天津市南开区咸阳路 60 号
邮政编码　300111
电子信箱　cpss@cnpowersupply.com
主页网址　http://www.cnpowersupply.com
电　　话　022-27634742/27680796
传　　真　022-27687886
理 事 长　丁道宏
副理事长　马传添　叶治政　李允武　李厚福　杨贵生　徐德鸿　倪本来　惠绍棠　葛有信
秘 书 长　李允武
刊物及主编　《电源世界》　主编　丁道宏
《电源技术应用》　主编　叶治政　罗方林

单位简介

中国电源学会于 1983 年成立，1986 年国家科委批准，2000 年加入中国科协。学会有个人会员 5 000 余人，团体会员 450 多个，下设 6 个工作委员会，6 个专业委员会。

工作综述

一、学术交流

（1）筹备中国电源学会第十四届学术年会，落实会议地点、时间和赞助单位，将于 2001 年 9 月下旬在北京召开。

（2）开展了第十三届学术年会优秀论文的评选工作。

（3）组织代表团参加中国科协 2000 年学术年会，并主持一个分会场。

（4）举办华东地区首届电源技术研讨会，规模 200 多人。

（5）举办了 2000 年全国电源技术应用研讨会、2000 年电源新技术及应用研讨会和用户电力综合调节装置及 UPS 技术发展趋势报告会。

二、展览会

① 3 月在上海举办了第六届中国国际电源展览会和第四届中国电子变压器展览会。② 第七届中国国际电源展览会和第五届中国电子变压器展览会已由国家科技部批准，将于 2001 年 9 月 25~28 日在北京举办，招展工作已经开始。

三、编辑出版

① 落实了《实用电源技术手册》中《开关电源分册》的编写工作。② 编写出版了 8 本电源技术丛书。③ 2000 年召开的各个研讨会都编辑出版了论文集。

四、建立中国电源学会的网站加快信息化建设

网站包括学会活动、技术交流、行业动态、市场发展等，加快电源及相关信息的汇集和传递，逐渐形成电源行业信息中心。

中国复合材料学会

Chinese Society for Composite Materials

地　　址　北京市学院路 37 号
邮政编码　100083
电子信箱　iccm13@buaa.edu.cn
主页网址　http://www.iccm13.org
电　　话　010-82317092/82316907/82317099
传　　真　010-82317099
理 事 长　张　耀
副理事长　杜善义　林德春　张立同　费斌军　金日光　章怡宁
秘 书 长　崔德渝
刊物及主编　《复合材料学报》　主编　金日光

单位简介

中国复合材料学会成立于 1988 年。2000 年 10 月加入中国科协。会员人数：2 137 人；团体会员单位：84 个。

学术组织：专业委员会 7 个；工作委员会 5 个；办事机构 2 个。

参加国际组织：1. SAMPE 会员；2. ICCM 执委会成员。

工作综述

一、国际学术活动

筹备 2001 年 6 月在北京召开的第 13 届国际复合材料会议；组团赴日参加第四届日中复合材料交流会。

二、国内学术活动

编辑出版《复合材料学报》；召开了第三届《复合材料学报》编委会；与国家自然科学基金委员会联合召开了“十五”优先先进领域复合材料前沿课题研讨会；参与主办第十一届全国复合材料学术会议。

三、科技咨询

协助北京玻璃钢制品厂研究产品更新换代问题，组织专家进行三次技术讲座。

中国消防协会

China Fire Control Society

地　　址　北京市丰台区蒲黄榆路44号
邮政编码　100078
电子信箱　cfpa@public2.east.net.cn
主页网址　http://www.china-fire.net
电　　话　010-67660925/67661943
传　　真　010-67660929
理 事 长　胡之光
副理事长　刘式浦　徐义屏　胡忠文
秘 书 长　王根堂
刊物及主编　《中国消防》　主编　徐世荣
《消防科学与技术》　主编　杜兰萍
《消防技术与产品信息》
总编　张永胜

单位简介

中国消防协会是依法登记成立的由消防科学技术工作者、消防专业工作者和消防科研、教学、企业单位自愿组成的学术性、行业性、非营利性的全国性社会团体，也是中国科学技术协会的组成团体之一。

1984年9月，召开了中国消防协会第一次全国会员代表大会，选举解衡为理事长，宣告了中国消防协会正式成立。1993年7月，召开了第二次全国会员代表大会，选举俞雷为第二届理事会理事长。1997年8月，召开了第三次全国会员代表大会，选举胡之光为第三届理事会理事长。

消防协会下设7个专业委员会和三个工作委员会。全国现有个人会员3万多名，单位会员2300多个。本会直接发展会员1226名，单位会员165个，名誉会员1名，外籍会员3名。

工作综述

10月17～20日，中国消防协会成功地举办了第八届国际消防设备技术交流展览会暨学术研讨会，展出了13个国家和地区的230家（境外企业48家）消防企业的22大类500多种消防产品，同时举行了24场国际消防学术研讨会和新产品技术报告会，接待观众6万多人次。党和国家领导人罗干、布赫及公安部贾春旺部长、杨焕宁部长助理、中国科协书记处宋南平书记、北京市委常委强卫出席开幕式。在中国科协主办的“2000年减轻自然灾害学术研讨会”中，中国消防协会作为火灾灾害类的牵头协会，组织了6个全国学（协）会的专家撰写了21篇论文，提出了切实可行的减灾建议。协会代表团在中国科协2000年学术年会上，有7人分别在“资源、环境、生态科学”分会场上做了学术报告，10篇学术论文（摘要）被编入学术年会的论文集。协会组织编写的《21世纪学科发展丛书·火灾科学与消防工程》撰稿工作顺利完成。协会还先后组织举办了英国“英格拉夫防火系列产品”、河南宏晏消防器材公司“植物型阻燃灭火剂”等4家消防企业消防新产品的推广活动，有效地提高了企业的经济效益，同时也扩大了协会的社会影响。

5月下旬，协会举办了一期“大、中型消防企业高级管理人员培训班”，来自各地30余家消防企业单位会员的负责人参加了培训；协会组织还投入人力、物力，在中国科技馆设置了消防展区，使消防科普教育在中国科技馆有了一席之地；由中国消防协会主办的“中国消防网站”9月1日在上海正式投入使用，这是我国目前惟一在国际因特网机构注册独立域名并集公务、商务和科技信息服务为一体的消防专业网站；8月，在河南省新乡市举办了有80多名少年儿童参加的“中国消防协会少年消防示范营”活动；由中国消防协会组织的“第三届全国优秀消防科普工作者评选活动”，经过近一年的基层推荐与专家评选，并通过网上评议，近两年来在消防科普战线上做出突出成绩的12名同志受到表彰奖励。

年内，中国消防协会接待了美、日、德、法、澳大利亚、韩国、新加坡等国和港、澳、台地区的访问团10批近200人次；中国消防协会共派出出访团组4批28人，较好地完成了民间消防交流任务。其中，10月中美两国消防协会在北京签署了中国消防协会翻译、出版美国消防协会3个标准的协议书，5月向日本派遣消防进修生5名。

中国黄金学会

Gold Society of China

地　　址　北京市安外青年湖北街1号
邮政编码　100011
电子信箱　cgolds@sina.com
主页网址　http://www.chinags.org.cn
电　　话　010-64263659/64263780/64243641
传　　真　010-64263780
理 事 长　王富江
副理事长　吕文元　张万青　张永涛　李四德
马巧煆　孙凯年　王玉章　朱维秀
秘 书 长　吕文元
刊物及主编　《黄金科学技术》　主编　吕文元

《黄金学报》　　主编　王建国
《中国黄金经济》　主编　王胜赋

单位简介

中国黄金学会于1990年经民政部批准成立。1991年申请并加入中国科协。中国黄金学会是中国黄金科技工作者的学术团体，是从事黄金事业的跨部门、跨行业的全国性学会。中国黄金学会秘书处设办公室、学会部、咨询部、编辑部、财务部。

截止2000年底，已发展团体会员单位160个，个人会员近万名。下设6个二级学术委员会。

工作综述

一、牢记本会宗旨，推动科技进步，促进黄金科技的普及和推广

1. 为了保护黄金科技工作者的积极性和创造性，加快黄金行业科学技术水平的提高，在国家经贸委黄金管理局领导的支持下，中国黄金学会正在申请设立“中国黄金科学技术奖”。

2. 4月底召开了全国黄金企业总工程师技术交流会，来自全国黄金40多家企业的总工和有关方面负责人出席了会议，介绍了本单位的生产情况，交流了技术经验，为促进黄金行业的技术进步起到了良好作用。

3. 多年科技攻关结出硕果。山东黄金集团尾矿综合利用攻关项目2000年通过专家鉴定，为行业的尾矿利用做出了积极性的贡献。

二、为科技工作者的交流、培训创造条件，不断提高黄金科技工作者业务素质

1. 经国家外专局引进办，中国科协和国家经贸委黄金局立项批准，应美国加州大学的邀请，组织有关省（市）管理部门及矿山企业赴美参加加州洛杉矶分校的短期培训班，参观了美国金矿、首饰加工和旧金山高科技区硅谷。

2. 应南非有关方面的邀请，赴南非参观“非洲国际采矿、电机工程、一般工业及材料处理展览会”。

3. 与北京科技大学和烟台黄金技校合作开办首届硕士培训班。

4. 10月在北京组织了全国黄金行业优秀科技工作者座谈会。

三、适应黄金市场的开放，扩大黄金消费，做好黄金产品应用技术调查与推广工作

1. 筹备举办2001年首届中国国际黄金展览会。

2. 编写，《黄金实用信息指南》。

四、整顿学委会，开展卓有成效的学术活动

6月在河北承德召开了学委会工作会议，着重研究在黄金行业走向市场的新形势下学委会怎样才能发挥作用及有关组织机构等问题。

五、加强学会组织建设和秘书处自身建设，努力把学会办成会员之家。

1. 加强组织建设工作力度，争取了与行业有密切关系的单位加入学会，为学会补充新鲜血液。

2. 3月在浙江温州召开了二届五次理事会，确定了2000年学会工作方向和重点。

3. 11月在安徽安庆召开了二届六次理事会总结落实2000年工作情况，2001年工作重点。

中国农学会

China Association of Agricultural Science Societies

地　　址　北京市朝阳区麦子店街20号楼
邮政编码　100026
电子信箱　zgnxh@sina.com
主页网址　http://www.caass.org.cn
电　　话　010-64194496
传　　真　010-64194496

会　　长　洪绂曾
副 会 长　王连铮　石元春　史志诚　刘志澄　吕飞杰　孙　翔　李里特　杨新华　周新远　罗泽君　相重扬　舒惠国
秘 书 长　陈建华
刊物及主编　《中国农学通报》　主编　石元春
《中国特产报》　主编　刘　真
《中国农学会会讯》　主编　苟红旗

单位简介

中国农学会是中国科学技术协会和中华人民共和国农业部领导下的多学科、综合性学术性的农业科技团体。是我国成立最早、历史最悠久、最具影响力和综合实力的农业学术团体。早在1895年6月，孙中山先生在广州发表《创立农学会征求同志书》；同年10月，与陆浩东等首创农学会于广州。1896年，罗振玉、蒋伯斧等联合首创农务会于上海，梁启超为《农学报》写序言，谭嗣同拟定《农学会会友办事章程》。1910年张謇等筹备全国务农联合会于南京。1917年1月，由陈嵘、王舜臣等发起并成立中华农学会于上海。张謇为名誉会长，陈嵘为会长。1940年在革命圣地延安成立了中国农学会，为大生产运动发挥了积极作用。1950年11月，在北京成立了由王绶、梁希、杨显东、金善宝、吴觉农等41人组成的农学会（恢复）筹备委员会；

1951 年 4 月，经内务部核准备案中华农学会更名为中国农学会，内有农、林、土壤、植物病理、昆虫、畜牧兽医等专科学会。1956 年 3 月，中国农学会在北京召开中华人民共和国成立后的第一次全国代表大会，推选杨显东为理事长。1960 年 2 月，在北京召开第二次全国代表大会，杨显东连任理事长。1978 年 7 月，在太原召开第三次全国代表大会，杨显东继续担任理事长。1983 年 5 月，在北京召开第四次全国代表大会，选举卢良恕为会长。1987 年 6 月，中国农学会在北京召开第五次全国代表大会，卢良恕连任会长。1992 年 4 月，在北京召开第六次全国代表大会，推选洪绂曾为会长。1997 年 1 月，在北京召开第七次全国代表大会，洪绂曾连任会长。

中国农学会坚持以发展农业和农村经济为中心，团结和组织广大农业科技工作者，广泛开展国内外学术交流，促进学科发展；培养科学技术人才，促进人才成长；开展科学普及，提高国民素质；编辑出版报刊、期刊和科技书籍，传播农业科学技术；进行科技咨询与发展，促进农业科技成果转化；积极开展国际科技交流与合作，在国际学术交流、技术引进、人才培养等方面取得了显著成绩，作出了贡献。学会下设 28 个分会，30 个省（自治区、直辖市）农学会，2 000 多个县（市）级农学会，系统内拥有 300 000 个人会员和近 300 个团体会员。

工作综述

1. 紧紧围绕农业结构调整、西部大开发等重点和热点问题，组织广大农业科技工作者开展各类国内外学术交流和研讨活动 36 项。与中国草原学会、中国水土保持学会联合召开了草原与荒漠化研讨会。会议建议受到李岚清、温家宝副总理的批示。联合中国草原学会召开半农半牧区草地农业可持续发展研讨会。召开以农业结构调整与农业产业化为主题的 2000 年中国农学会学术年会，编辑出版了 80 万字的《论文汇编》。为加强国际学术交流，召开出国研修生 20 周年成果交流暨研讨会，玉米遗传育种国际学术讨论会、计算机农业应用国际研讨会暨展览会等。2000 年派出和接待团组 17 个 152 人次，向日本派遣出国研修生 16 人。

2. 认真做好组织工作，努力完成上级交办的任务。2000 年共安排组织活动 12 项，指导 3 个分会、专业委员会进行了换届改选工作。召开了全国农学会工作会议。承担了中国科协 2000 年学术年会农科分会场的组织工作，中国科协《绿皮书》、《白皮书》及《21 世纪学科发展》丛书的部分组织和编写工作，承办了人事部下达的退耕还林还草与西部农业结构调整高研班及中国畜牧产业化经营战略与畜产品国际贸易高研班等活动，参加农业部下达的在陕西省举行的科技扶贫三下乡活动，均圆满完成了任务，并获得 2000 年度中国科协先进学会称号。

3. 继续推进科教兴村计划，加强科学普及工作。召开了第六次全国科教兴村计划试点工作经验交流暨研讨会，全国 20 多个省市的 200 多名代表参加了会议。为提高基层试点工作人员素质，先后与河北邯郸市委农工部、安徽省阜阳市农科教办公室联合，举办了 5 期科教兴村培训班，先后培训科教兴村骨干 600 多人。农业部陈耀邦部长、张宝文副部长、我会洪绂曾会长等领导先后考察了河北省易县柴厂村、北京市平谷县的科教兴村试点工作，并给予了充分的肯定。

2000 年除组织编写《贫困不是命》、《WTO 的农业应对措施》、《农村致富新技术》等科普读物外，在中国科协的领导下，针对山西吕梁地区贫困乡、村的实际，有针对性地开展种草养畜、退耕还草、果树高接换头及新技术新品种推广等科技扶贫项目。为吕梁地区提供优质苜蓿种子 5 吨，苹果、梨、枣等果树新品种节穗 3 万多个，科普资料近 10 000 册，组织专家实地指导 20 多人次，显著地提高了贫困地区群众依靠科技脱贫致富的技能。2000 年被科技部、中国科协、中科院表彰为“全国科技扶贫先进集体”，被教育部授予“中华扫盲奖”。

4. 组织专家对重大项目开展重点咨询，建立和完善咨询网络体系。组织专家对黄河三角洲进行考察咨询，组织参加“呼伦贝尔草原生态型绿色产业”考察与研讨等。黄河三角洲高效生态经济区建设已被国家计委、国家环保局、国家林业总局等都列入相应的计划。呼伦贝尔草原生态型绿色产业经过多渠道宣传和努力，国家已决定投资 15 亿元用于草原沙化的综合治理和发展绿色产业。加强咨询网络体系建设，建立了中国农业专家咨询团专家库，成立了中国农业专家咨询团西部开发咨询论证委员会、中国农业专家咨询团肥料专业委员会、中国农业专家咨询团高新农业科技园区委员会等相应的专业组织。

5. 加大继续教育和培训，促进青年人才成长。开展各类培训班 23 期，培训学员 1471 人次，取得了较好的社会效益和经济效益。为促进青年人才成长，组织了第七届中国农学会青年科技奖评选活动。评出 96 名青年科技工作者，5 名受到大北农基金会每人 1 万元的奖励，9 名被推荐为中国青年科技奖候选人。2000 年还开展了“中国青年科技工作者上网工程”活动，为青年科技工作者建立人才库，为青年工作持续发展做好人才储备。

6. 杜仲综合研究开发取得新进展。在组织完成国家科技部下达的《提高杜仲产叶量、产胶量的研究》课题的试验和总结工作的基础上，积极推广杜仲优化栽培新技术，协助河北建立 11 万株叶皮兼用示范种植基地，山东建立 2 万株杜仲林，北京昌平建立 3 万株的绿化基地。

7．提高期刊质量，加大会员服务力度。2000 年在加大期刊管理工作的基础上，重点加强了期刊质量的提高工作，将期刊由原来的 16 开本改为大 16 开，增大了信息含量。中国农学会期刊成为第三次获得中国科协资助的少数期刊之一。

中国林学会

Chinese Society of Forestry

地　　址　北京市海淀区颐和园后中国林科院内
邮政编码　100091
电子信箱　shangguanxiuling@2911.net
电　　话　010-62889815/62889819/62889817
传　　真　010-62888312
理 事 长　刘于鹤
副理事长　江泽慧　施斌祥　张久荣　寇文正　尹伟伦
秘 书 长　施斌祥
刊物及主编　《林业科学》　主编　沈国舫
　　　　　　《森林与人类》　主编　寇文正

单位简介

中国林学会的前身是创建于 1917 年春的中华森林会，是我国近代科技社团发展史上成立较早的科技社团之一，1928 年更名为中华林学会，中华人民共和国成立后定名为中国林学会。多年来，学会坚持办会的宗旨，为促进中国林业建设与发展做出了重要的贡献，特别是 1997 年为庆祝中国林学会 80 华诞，江泽民、李鹏、温家宝等党和国家领导人亲笔题词祝贺，姜春云副总理亲临会议并作了重要讲话，对中国林学会和广大林业科技工作者长期对林业发展做出的贡献给予了充分的肯定，是我国林业建设和发展林业科技进步事业的一支重要的力量。

目前，学会拥有 8 万多名会员，其中有近 600 名高级会员；下设 30 个二级学会、31 个省级林学会。中国林学会是加入中国科协较早的老学会之一，是中国科协 25 个先进学会之一；中国林学会拥有健全的秘书处，下设六个部室，有自己完备的会章以及各项规章制度，形成了正规的活动方式，现有职工 29 人，是由中编委正式审批有编制的全额预算事业单位。此外，学会 80 年代加入国际杨树组织。

工作综述

2000 年，中国林学会在中国科协和国家林业局的指导下，顺利完成了各项业务工作，取得了可喜的成绩，获得了中国科协统计工作评比一等奖。一年来，学会围绕林业建设的热点与重点问题，先后组织西北地区生态环境建设研讨会、为配合中国科协的重点工作，牵头组织了全国病虫害防治与预测研讨会、全国减轻自然灾害学术研讨会以及中国科协 2000 年学术年会第二分会场等大型学术活动，交流学术论文 159 篇、参加人数 211 人次，并提出相关有重大参考的建议 4 项，产生了较大的社会影响；先后派遣了中国林学会代表团参加了第二十一届国际杨树大会，同时学会副理事长尹伟伦当选为该会执委；派出了以中国林学会副秘书长程美瑾为团长的“林木种苗培育和森林资源管理考察团”，邀请了芬兰农林部林业司司长率领的官方代表团参加西北地区生态环境研讨会作学术交流和实地考察；为响应中国科协“大手拉小手”倡议，先后与 6 个学校建立联系，为配合中国科协扶贫、科普与书籍编撰工作，为山西方山县从内蒙古引进沙棘，培训了近 15 名技术人员；组织编撰了两套科普挂图，完成了《21 世纪学科发展丛书》撰稿、统稿工作；为配合西部大开发战略的实施，先后举办了中药材种植技术培训班、退耕还林与生态环境建设“百千万人才工程”高研班，共培训了 50 多名基层科技人才，对 40 名林业科技工作者进行了培训。学会主办刊物《林业科学》开辟西部大开发专栏，中国科学院、中国工程院部分院士及来自林业、生态、水保、治沙、草地、信息技术、森林病虫害防治等 17 位专家，对“怎样实现退耕还林还草”、“我国北方风蚀荒漠化的成因与对策”等 14 个问题发表意见。2000 年，完成了梁希林业科学奖的登记，发展高级会员 381 名，发展了江西农业大学、枫树山林场、云南省林业科学院 3 个单位作为团体会员；为进一步调动各级秘书长的积极性，出台了《中国林学会优秀秘书长评选条例》。

中国土壤学会

Soil Science Society of China

地　　址　南京市北京东路 71 号
邮政编码　210008
电子信箱　zhangxh@issas.ac.cn
电　　话　025-7713360
传　　真　025-7713360
理 事 长　朱兆良
常务副理事长　周健民
副理事长　毛达如　田均良　孙铁珩　朱钟麟　李家康　余让水
秘 书 长　周健民（兼）

刊物及主编　《土壤学报》　主编　季国亮
《土壤通报》　主编　须湘成

单位简介

我会于1945年12月在重庆市北碚成立，首批会员58人。1951年6月25日经中央人民政府内务部内秘161号文核准发给中国土壤学会社会团体登记证，属科联领导。1958年"科联"、"科普"合并为中国科协，我会也就成为中国科协的成员。截止2000年底有会员17300人。下属11个专业委员会和1个办公室。

1978年参加国际土壤学会，该会于1998年更名为国际土壤学会联合会。

工作综述

1．脆弱生态环境恢复与新世纪农业发展学术研讨会，7月26～28日在乌鲁木齐市召开。与会代表102人，收到论文46篇，大会交流论文17篇。

2．九届一次常务理事会扩大会议暨学术交流会，8月6～7日在西宁市召开。与会者48人。李家康副理事长作《关于西部开发的设想》报告，周健民副理事长作《中国设施农业的现状与未来》报告，林葆常务理事作《我国肥料施用中若干问题》报告。

3．第七届全国青年土壤工作者学术讨论会于9月12～15日在北京召开。132人出席会议，收到论文112篇，特邀报告和大会报告70余篇。

4．第八届土壤地质学术讨论会，10月25日～11月1日在南昌江西农业大学召开。43人出席会议，收到论文32篇。会议主题为"土壤地质与资源环境可持续发展"。

5．第七届土壤物理专业委员会学术研讨会，12月18～20日在陕西省杨凌区召开，主题为"土壤物理研究与生态环境建设"，75人出席，收到论文63篇。大会特邀中科院朱显谟院士作"土壤物理在土壤科学发展中的新任务"专题报告，中国工程院山仑院士作"半干旱地区农业发展的有关问题"的报告。

6．本会2000年组织出版了专著《土壤农业化学分析法》和《土壤地质与土地资源》论文集。

中国水产学会

China Society of Fisheries

地　　址　北京市朝阳区麦子店街22号楼
邮政编码　100026
电子信箱　csfish@agri.gov.cn
电　　话　010-64194234/64194232
传　　真　010-64194231

理 事 长　涂逢俊
副理事长　卓友瞻　钱志林　贺寿仑　冯瑞峰
朱作言　刘　筠　张　毅　周应祺
赵法箴　唐启升　郭南麟　管华诗
秘 书 长　李明旗
刊物及主编　《水产学报》　主编　周应祺
《海洋水产研究》　主编　唐启升
《科学养鱼》　主编　戈贤平
《海洋渔业》　主编　乔庆林
《淡水渔业》　主编　贾敬德

单位简介

中国水产学会是经中国科协批准，于1963年成立的全国性学术团体。1990年经人事部批准，核定中国水产学会事业编制10人。1991年在民政部进行了社团注册登记。下设16个专业委员会，有工程师以上会员15 000余人，单位会员50余个，并与亚洲水产学会、世界水产养殖学会、美洲水产学会、澳大利亚鱼类生物学会、世界观赏鱼联合会及其他国际组织建立了友好的关系。

工作综述

一、发挥学术交流主渠道作用，认真探讨新形势下学术交流活动的规律，积极开展国内外渔业科技学术交流

1．3月2～4日在湖北省武汉市召开了主题为"21世纪渔业科技创新"的2000年中国水产学会学术年会暨养殖展览会。共有近300名科技工作者到会进行了学术交流，展览会汇集了全国80多家有关水产养殖的企业参展，来自全国各地近万名代表参观了此展览。

2．1月16～19日由中国生物工程开发中心和欧盟中欧生物技术合作中心与我会在广州共同举办了"中欧水产生物技术研讨会"。有来自欧盟10个国家的15名著名水产生物专家代表和来自我国16个研究机构和大学的18名著名水产生物专家参加了研讨会。

3．3月3～4日由我会与法国海洋开发研究院、法国农业科学研究院共同举办的"中法水产养殖学术交流研讨会"在武汉举行。来自法国的12名水产养殖专家和业主及来自我国的25名专家和代表参加了研讨会。

4．成功地组织召开了第三次世界渔业大会。由中国水产学会主办的第三次世界渔业大会于10月31日～11月3日在北京国际会议中心召开。有来自中国、美国等54个国家和地区的800余人参加了大会。在为期4天的大会上，共有471篇论文参加大会交流。

5．积极参加国际渔业学术交流，宣传我国和渔业科技成就：①应世界水产养殖学会的邀请，经中国科学技术协会批准，我会于5月2～8日组团赴法国参加了世界水产养殖学会年会暨展览会。②经农业部批准，我会于8月21～31日和美洲水产学会共同组织了中美渔业合作研讨会。有来自美方50多名专家和我会的11名学者参加了研讨会。③成功申办2002年世界水产养殖大会。国务院于2000年8月批准中国水产学会与世界水产养殖学会于2002年4月23～27日在北京联合举办2002年世界水产养殖大会。

二、紧密结合生产实际，发挥科普主力军作用，做好渔业科学技术普及工作

1．充分发挥水产学会的整体合力和综合优势，围绕渔业发展的重点、难点和热点问题，注意与地方联合、水产科学与其他社会科学联合、与企业联合，使水产科普工作在群众化、社会化和经常化的氛围中有序地进行。

2．积极开展科普培训工作，组织出版科普读物。6月4日中国水产学会在山东省济南市召开了全国鲟鱼养殖技术研讨会。

组织专家面对西部实情编辑了《鲟鱼》、《虹鳟》、《黄鳝》、《淡水虾》等4本科普教材。编辑出版的《传统养殖鱼类疾病的诊断与防治》挂图，系统介绍了传统养殖鱼常见疾病的病原、症状及防治方法，2000年共向广大生产者发行和赠送挂图6000多套。

3．名优水产动物养殖业的迅猛发展已成为渔业生产重点产业之一。为尽快普及疾病防治技术，我们依据中国科协农业百项技术推广重点项目，和中央农业广播电视学校联合组织拍摄《水产名特优品种健康养殖新技术系列录像片并将制成光盘》。

4．组织水产界专家参加由中国科协主持召开的农业病虫害防治分析研讨会，并在此基础上编印《病虫害防治绿皮书》。

5．《2000年水产养殖病害流行趋势与防治对策一书》总结了1999年水产养殖病害的流行态势、原因分析以及2000年病害流行趋势的预测及防治对策与建议。

三、渔业信息工作有新的进展，优质高效完成渔业局、FAO委托的项目

1．继续发展扩大水产品市场信息网网员单位，网员单位数量已达154家，其中60多个水产品批发市场向我会报送价格；每周2次进行水产品市场价格汇总，每月进行1次市场分析，并将其报送渔业局、发送央视台和有关媒体。

认真做好渔业统计工作。完成了每月一期的《渔业统计月报》，编辑出版了《1994～1998年中国渔业统计汇编》、编辑出版了1999年《中国渔业统计年鉴》和《1999年中国水产品进出口》。

2．编辑出版了12期《INFOYU》《渔业贸易快讯》，（中英文版）。完成了FAO委托的中国市场传统鱼类制品，特别是健康水产品食品研究、渔船船上冷冻调研项目。另外，2000年还完成了《INFOYU》后续项目文件的编写工作。

3．与水科院、FAO联合举办了一期水产品HACCP管理体系审核员培训班，全国有32人参加培训并经过考试合格后颁发了国家技术监督局和FAO的证书，取得了很好的社会效益和经济效益。

四、做好对口扶贫工作

1．为响应党中央实施西部大开发战略，我会于10月8～24日派了1名专职副理事长和1名处级干部带队和4名专家一同赴西部8个省、市进行渔业考察。在考察过程中，我会把考察与科技扶贫结合起来，专家们在贵州考察期间，对德江县在调整农业产业结构中，利用稻田水域优势，发展稻田生态渔业促进农民增产增收脱贫致富提出了科学可行的建议。

2．救助了16名特困儿童上学读书。德江县沙溪乡、楠杆乡是全县最偏僻的山区之一，我会决定从2000年9月～2006年9月止，资助两个乡的16名特困儿童读完小学的学业，已拨款6960元作为16名特困生从小学1～6年级的全部学杂费。

中国园艺学会

Chinese Society for Horticultural Science，CSHS

地　　址	北京市海淀区中关村南大街12号
邮政编码	100081
电子信箱	yuanyixh@263.net
电　　话	010-68919528
传　　真	010-62274608
理 事 长	朱德蔚
副理事长	费开伟　张上隆　李树德　邹学校 陈俊愉　刘君璞　高俊平
秘 书 长	方智远
刊物及主编	《园艺学报》　**主编**　李树德

单位简介

中国园艺学会是中国共产党领导下依法登记的全国园艺科技工作者组成的具有公益性、学术性的社会团体，是党和政府联系园艺科技工作者的桥梁和纽带，是国家发展园艺科学技术事业的重要社会力量，是中国科协的组成部分。

本会创建于1929年春。1934年出版了第1期《中国园艺学会会报》。抗日战争时期学会活动基本停顿。抗战胜利后在南京复会。中华人民共和国成立后，于1951年8月开始筹备，1956年8月在北京召开了中国园艺学会成立大会，选出第一届理事会，理事长曾宪朴。

1960年7月在辽宁兴城召开年会，选出第二届理事会，理事长王更生。

1966年中国园艺学会因“文化大革命”停止活动，《园艺学报》停刊。

1978年7月恢复中国农学会后，在山西太原召开的全国农业学术讨论会，中国园艺学会作为中国农学会所属的二级学会同时恢复活动，选出中国园艺学会第三届理事会，理事长沈隽。

1981年10月，在杭州召开年会，选出第四届理事会，理事长沈隽。

1985年3月，国家体改委批准中国园艺学会恢复为全国性学会。同年11月在长沙召开年会，选出第五届理事会，理事长沈隽。

1989年11月在上海召开中国园艺学会成立60周年纪念暨第六届年会。选出第六届理事会，理事长相重扬。

1994年1月在北京召开年会，选出第七届理事会，理事长相重扬。

1997年10月在长沙召开年会，选出第八届理事会，理事长朱德蔚。

下设4个专业委员会，7个工作小组。

工作综述

一、学术活动

1．中国园艺学会、国际遗传资源研究所东亚办事处和国际马铃薯中心住京办事处共同于9月4～8日在北京举办了“园艺作物生物技术国际学术讨论会”。会议的主题是“园艺生物技术造福于人类”，与会科技工作者113人，其中中方67人，外方46人，分别来自18个国家。共收到会议论文147篇。

2．由中国园艺学会主办，东北农业大学承办的中国园艺学会第四届青年学术讨论会于8月11~13日在哈尔滨市东北农业大学召开，93名青年科技工作者出席会议。会议共征集论文138篇，其中的121篇论文编辑出版了《园艺学进展（第四集）》。分组会议上宣读论文58篇，共评选出会议优秀论文15篇。

3．为配合以“西部大开发——科教先行和可持续发展”为主题的中国科协2000年学术年会的召开，学会办公室以转发文的形式向各省园艺学会征集会议论文，其中有4篇论文被选入中国科协2000年学术年会论文摘要集。

4．由中国园艺学会蔬菜专业委员会主办，中国农业工程学会设施园艺专业委员会协办，沈阳农业大学园艺系承办的全国设施蔬菜生产可持续发展学术研讨会于4月19～22日在沈阳农业大学召开，有78人参加了会议，共收到论文43篇，由沈阳农业大学学报编辑部出版了专刊。

5．中国园艺学会果树专业委员会于7月16～18日在广州召开了第二届全国果树生理及分子生物学学术研讨会，会议收到学术论文95篇，有35位专家、学者在大会上做了学术报告和专题报告。

6．中国园艺学会果树专业委员会于9月8～12日在新疆库尔勒市召开了全国第二次梨学术研讨会暨中国西部梨资源开发利用研讨会。有104名科技工作者参加了会议，共收到会议论文45篇。会议还特邀请了梨方面的知名专家作了专题报告。

7．西甜瓜专业委员会于4月21～23日在河北保定市举办了全国西瓜甜瓜设施栽培交流研讨会，有40多位科技工作者参加了会议。会议认为我国加入WTO后为今后设施园艺栽培提供了新的发展机遇，对促进我国设施栽培园艺产业的发展具有重要的意义。

8．西甜瓜专业委员会和西甜瓜协会组织了全国优质早熟西瓜新品种展评，参展单位有全国9个省市区的12个育种单位，参展品种15个。推动了新品种优质瓜果的市场消费。

9．观赏园艺专业委员会和山西省农科院园艺所于8月17～20日在太原市举办了首届中国花卉种苗（球）繁育推广研讨会。

10．10月9～23日我会接待了台湾蔬菜花卉专家考察组一行7人，对我国大陆蔬菜和花卉生产等方面进行了考察。

二、组织工作

1．根据中国科协“关于开展第七届中国青年科技奖评选工作”的文件精神，经集中评议，最后推选4位为中国科协第七届青年科技奖候选人，上报中国科协。

2．1月和8月分别召开了第八届第八次、第九次在京常务理事扩大会议，经到会的常务理事和理事讨论，同意成立“中国园艺学会设施园艺专业委员会”和“中国园艺学会园艺产品采后专业委员会”的申请报告。

3．经常务理事扩大会议讨论，批准西北农林科技大学葡萄酒学院、广东省生宝种养有限公司、皖西绿宇果树花卉研究中心、浙江菱光集团温室设备有限公司等4个单位加入中国园艺学会团体会员的申请。

三、科普工作

1．3月5日中国园艺学会、中国农科院和北京农学院为配合京郊平谷县实施“绿色经济”战略和科技兴村活动，在平谷县大华山脚下举办了科技下乡活动。有6 000多农民参加了现场的科技咨询，展出挂图30余幅、展版10余块，为农民发送图书800余册，专业技术资料6 000余份。

2．5 月 26～28 日在北京园艺培训中心举办了芽苗菜及特种蔬菜栽培技术培训班，有来自 18 个省、市、区的 48 名学员参加了技术培训。

3．5 月 20 日，组织蔬菜花卉专家参加了由海淀区政府组织的第三届生物多样性保护科普宣传日活动，受到市民的欢迎，咨询者络绎不绝。

4．与宁夏农业技术推广站联合在银川举办了西北地区日光温室高新技术培训班，有 179 名专业技术人员参加了为期 4 天的培训。

四、编辑出版工作

根据国家科技部和中国科学技术信息研究所 12 月公布的统计结果，《园艺学报》影响因子（0.602）和总被引频次（570 次）在全国 1 372 种科技期刊中分别居第 65 位和 57 位；在农林牧渔学科科技期刊中分别居第二位和第四位。

中国畜牧兽医学会

Chinese Association of Animal Science and Veterinary Medicine

地　　址	北京市朝阳区东大桥农丰里 33 号
邮政编码	100020
电子信箱	caavxshb@public.bta.net.cn
电　　话	010-65005934/65066533/65938650
传　　真	010-65005670

理 事 长	陈耀春
副理事长	区仲生　冯仰廉　吴常信　邱振远　陈幼春　张　沅　阎汉平　韩荣生　蒋金书
秘 书 长	金家珍
刊物及主编	《中国畜牧杂志》　主编　冯仰廉 《中国兽医杂志》　主编　卢正兴 《畜牧兽医学报》　主编　陈幼春

单位简介

中国畜牧兽医学会于 1936 年在南京成立，由畜牧兽医届著名学者刘行骥、蔡无忌、程绍迥、罗清生、王兆麟、沈九成、陈瞬耘等 9 人组成第一届理事会，推选蔡无忌为会长。1937 年夏，日本帝国主义侵华战火延及华东，学会工作处于停顿状态，后于 1942 年在成都重新组织学会活动。中华人民共和国成立后，在北京的畜牧兽医届人士熊大仕教授等，于 1950 年发起恢复学会活动，组成全国性学会，作为中国科协的组成部分。1985 年 3 月 5 日经国家体改委批准，中国畜牧兽医学会再次确认为全国性学会。1986 年 11 月在四川成都产生了第八届理事会，1991 年在上海产生了第九届理事会，1996 年 10 月在南京召开了学会成立 60 周年暨第十届全国会员代表大会，产生了以陈耀春教授为理事长的第十届理事会。学会成立到现在已历经 65 年的历史，为积极开展学术活动，推动和促进畜牧兽医科技进步和畜牧业的发展，发挥了重要作用。

中国畜牧兽医学会至今拥有会员 6 万人，团体会员 200 多个，全国 30 多个省、市、自治区建立了畜牧兽医学会。

中国畜牧兽医学会在 1993 年作为国家会员加入了世界畜牧协会，理事长陈耀春教授于 1993 年和 1998 年先后两次当选为该协会的理事。

工作综述

一、广泛开展学术交流活动，促进科技进步、学科发展、人才成长和决策科学化、民主化

1．积极组团参加中国科协 2000 年学术年会。我学会组织 20 名有关方面专家、企业管理者和畜牧兽医科技工作者参会并发表了论文。

2．8 月 12～15 日在京举办了以畜牧业的持续发展与人类健康为主题的面向 21 世纪畜牧兽医科技国际研讨会。此次会议是在本世纪末我国举办的包含畜牧兽医领域各个学科的综合性国际学术会议。会议吸引了国内外专家、学者及畜牧兽医科技工作者 260 余人参加，其中有来自 19 个国家的 37 人。此次会议共收到了来自近 30 个国家和地区的论文摘要 300 余篇，编印出版了中英文版的论文摘要集。本次大会还举行了展览会。有 28 家企业（共 46 个展台）参加了此次展览，展示了包括畜牧机械、设备、饲料、兽药、生物制品及科学仪器在内的各种有关畜牧兽医的产品和科技成果。

3．配合西部大开发，紧密结合畜牧业发展的重点、难点开展学术研讨活动。

一年来，各学科分会、各省级学会在这方面都动了不少脑子，作了大量工作。据不完全统计，去年有 24 个学科分会、19 个省级学会举办了形式多样、内容丰富、联系实际紧密的学术交流研讨活动。此外，还组织参加了中国科协去年 6 月底在京召开的西部大开发专家论坛会。

4．组织参加中国科协病虫害防治研讨会，推荐了 6 位专家参加了会议，对我国 1999 年的畜禽病虫害发生的情况进行了分析，预测了 2000 年畜禽病虫害发展趋势和对策，反馈的信息 90%以上符合预测情况。

5．组织一个出国团组赴美国考察兽药及畜牧产业，参观了美国的大型兽药厂，学习先进的技术和一整套的管理方式和制度。

6．完成了 2000 年度赴日研修生的派出及 2001 年度赴日研修生的选拔推荐工作。

二、积极开展科普活动和培训工作

1. 积极参加了由中央宣传部、科技部、中国科协等单位联合开展的“让科学走近生活，让公众理解科学”大型科普宣传活动，开放了“动物营养与饲料”等部属重点实验室，接待大中专院校学生及市民参观 1 200 多人次。

2. 积极参加科协举办的科普活动。我学会与兽医食品卫生学分会向科协申报了“肉品知识录像带”及科普报告会等项目。

3. 配合西部大开发人才培训工作，我学会向中国科协申报了兽药 GMP 培训班、生物饲料技术培训班，被科协批准列入计划。动物药品学分会积极配合农业部畜牧兽医局药政处工作，2000 年已与 12 个省市当地的畜牧局联合举办 GMP 培训班 12 期，培训各级兽医、兽药技术人员、兽药企业管理人员 2 000 余人次。养羊学分会编写了《西部科普工程》项目申请书，提出了西部地区养羊业生产结构调整与经济效益示范实施方案。

4. 举办“宠物疾病防治”内容的培训班 2 期和“奶牛疾病防治”的培训班 1 期，培训基层兽医技术人员 80 人次。

三、期刊编辑工作在改革中前进

《中国畜牧杂志》、《中国兽医杂志》、《畜牧兽医学报》三个期刊，全年发行总量 27.8 万册，刊物的质量、水平都有一定的提高。学会秘书处办的《会讯》全年编印 4 期 4 000 份。

四、加强学会组织建设，积极举荐人才

1. 认真抓了学科分会的换届选举工作。有 8 个分会进行了换届改选，产生了新的分会理事会班子。

2. 继续抓了换发会员证和会费收缴工作。全年换发新会员证 2600 多个。

3. 为加强会员、理事档案的规范化管理，去年学会抓了学会会员和全国理事的建档登记工作。

4. 完成了向中国科协推荐“全国优秀科技工作者”工作。

5. 认真完成了第七届“中国青年科技奖”候选人的推荐工作。

6. 筹建中国畜牧兽医学会信息学分会，待中国科协审批。

中国植物病理学会

China Society of Plant Pathology

地　　址　北京市圆明园西路 2 号 311~313 室
邮政编码　100094
电子信箱　bauicbe@public.bta.net.cn
主页网址　http://www.chinaspp.com
电　　话　010-62892364
传　　真　010-62891025
理 事 长　曾士迈
副理事长　唐文华　周广和　李德葆　王金生　李明远　刘松林
秘 书 长　唐文华
刊物及主编　《植物病理学报》　主编　曾士迈

单位简介

中国植物病理学会在邹秉文和戴芳澜的积极支持和赞助下，于 1929 年在南京成立。

中国植物病理学的迅速发展是在中华人民共和国成立以后。1949 年，在北京召开中国植物病理学会第一次复会会议，到会代表 35 名，推选戴芳澜为临时理事长，筹备召开新的中国植物病学会第一届全国会员代表大会。1953 年 2 月在北京召开第一届全国会员代表大会，选举戴芳澜为理事长，1981 年 10 月在青岛召开第二届全国会员代表大会，选举俞大绂为理事长。从 1984 年起，先后筹建成立了东北、华北、西北、华东、中南和西南大区分会。1985 年在北京召开第三届全国会员代表大会。裘维蕃当选为理事长，同时在中国植物病理学会设立 5 个专业委员会。1989 年在北京召开中国植物病理学会第四届全国会员代表大会暨学术会议——庆祝中国植病学会成立 60 周年纪念会，裘维蕃连任理事长。1993 年 12 月在北京召开了中国植物病理学会第五届代表大会暨青年学术报告会，选出第五届理事会，刘仪教授当选为理事长，裘维蕃为名誉理事长。1998 年 3 月 26～29 日召开中国植物病理学会第六届全国会员代表大会暨学术年会，曾士迈当选为理事长。中国植物病理学会目前有会员 6 328 人。拥有 12 个专业委员会，1 个工作委员会和 1 个学科组。

中国植物病理学会于 1983 年参加国际植物病理学会（International Society for Plant Pathology），成为正式会员国。在 1998 年爱丁堡第七届植物病理学大会期间，国际植病学会理事会推选曾士迈、周广和、王金生、刘松林 4 人为国际植物病理学会理事。国际植物病理学会鉴于裘维蕃在植物病毒学研究和对国际植物病理学会的卓越贡献，授予他国际植物病理学会荣誉会员光荣称号。

工作综述

2000 年以筹备和召开第一届亚洲植物病理学大会为中心开展工作。在六届二次理事会上，理事会对第一届亚洲植物病理学大会的筹备工作进行了深入讨论，确定了动员广大会员积极参与、精心筹备、在亚洲植物病理学界发挥更大作用的指导思想。本会 13 个专业委员会，1 个学科组，学会办事机构六部一室及各地方学会积极参与，形成了合力，使大会得以圆满成功。在此过程中，学术方面积极组织学术活动，包括大会特约报告，分组会专题报告和墙报交流，学术气氛十分浓厚，反映了亚洲植物病理学家工作的特色。期刊部组织有关同志出版了论文摘要集，并从中选出40余篇优秀论文于近期出版《植物病害及其防治》一书。国际部和组织部积极联系国际植物病理学会、亚洲国家植物病理学会及植物病理学家，邀请他们参加大会，国际植物病理学会执行委员会全体成员参加了大会，26个国家和地区的植物病理学家共387名，其中包括国外注册人员192名参加了大会，这是由我会召开的迄今为止最大的一次国际植物病理学盛会。开发部多方筹集资助。各专业委员会及各省市学会还积极选拔推荐中国植物病理学工作者参加大会，使我国学者与国外专家汇聚一堂，进行学术交流。在第一届亚洲植物病理学大会期间，召开了亚洲植物病理协会代表会议，修改了亚洲植物病理协会章程，选出了亚洲植物病理协会负责人，我会曾士迈理事长被选为亚洲植病协会第一任主席，日本植病学会主席Kunoh博士和印度尼西亚植病学会主席Hidi博士任副主席，韩国植病学会Park博士任司库，唐文华任执行秘书（秘书长）。8月28日在第一届亚洲植物病理学大会上，正式宣布包括大洋洲植物病理学会在内的16个国家学会为亚洲植物病理协会正式成员，亚洲植物病理协会宣告成立。

第一届亚洲植物病理学大会的成功召开，亚洲植物病理协会的成立，得到亚洲许多国家学会和个人的积极响应及支持，国际植物病理学会主席在致词中首先对协会的成立表示祝贺。与会人员一致认为，中国植物病理学会在成功的召开第一届亚洲植物病理大会及成立亚洲植物病理协会中，发挥了关键性的作用。

中国植物保护学会

China Society of Plant Protection

地　　址　北京市海淀区圆明园西路2号
邮政编码　100094
电子信箱　ippc2003@ipmchina.net
主页网址　http://www.ipmchina.cn.net/ippc
电　　话　010-62815913　62815932　62815934
传　　真　010-62815913

理 事 长　周大荣
副理事长　叶正楚　刘松林　李腾友　严毓骅　张知彬　姚文国　姚建仁　董庆周
秘 书 长　倪汉祥
刊物及主编　《植物保护学报》　主编　黄可训
　　　　　　《植物保护》　主编　周大荣

单位简介

中国植物保护学会于1962年6月经国家科委批准成立。同年7月，在黑龙江省哈尔滨市举行了成立大会，组成第一届理事会，名誉理事长戴芳澜，理事长俞大绂，常务副理事长沈其益，秘书长裘维蕃。此后，全国各地先后相继成立了各省（市、自治区）植物保护学会，业务上接受中国植物保护学会的指导。

中国植物保护学会是中国科学技术协会的组成部分。现有会员14 500多名，分布于全国各省（市、自治区）有关高等院校、科研院所、推广部门及企业。学会第二届至第七届理事长先后由俞大绂、沈其益、黄可训（两届）、周大荣（两届）担任；名誉理事长由俞大绂（第三届）、沈其益（第四届至第七届）担任；秘书长由裘维蕃、齐兆生、包建中、贾佩华（两届）、倪汉祥担任。学会目前设有组织、国际交流、青年、科学普及等4个工作委员会；病虫测报、植保系统工程、植物抗病虫、生物防治、鼠害防治等5个专业委员会和植物检疫学、杂草学、农药学等3个分会。

学会成立近40年来，在中国科协的领导和有关部门的重视支持下，充分发挥学会桥梁纽带作用和学术团体优势，开展学术交流，普及科学知识，发展植物保护科学技术；对国家有关植物保护方面的重大科学技术政策、法规和技术措施，以及对植保科研、教学、生产中存在的问题，提出意见及对策方案。

在开展国际间的学术交流活动中，从1979年第九届国际植物保护大会起至1999年第十四届国际植物保护大会，每届学会均派团出席。第九届大会，沈其益被选为第十届常委，第十一届大会，增选黄可训、李丽英为第十二届常委，3人继续连任第十三届常委。第十三届会议，增选周大荣为第十四届常委，沈其益、李丽英继续连任。第十四届大会上，对原国际植保组织进行重大改组，成立了国际植保科学协会（IAPPS），周大荣当选为常委。中国植物保护学会自1987年开始申请在我国举办国际植物保护大会，经我国植保界多年的努力，在第十四届国际植物保护大会上申办终于获得成功，第十五届国际植物保护大会将于2003年7月在北京召开。

学会1962年开始出版学术刊物《植物保护学报》（季刊），1963年学会编辑的技术性刊物《植物保护》（双月刊）创刊。

工作综述

一、学术交流

2000年学会及各专业委员会、分会共召开了5次全国性会议，参加人员 620 余人，交流论文 350 余篇。4 月在北京召开了新农药应用和发展暨斑潜蝇属害虫防治策略学术讨论会，与会代表对有发展前途的新农药产品表现出强烈关注。会议就目前危害极大且难以防治的斑潜蝇属害虫的综合治理措施进行了研讨。一致认为开发高效、安全、经济的新型农药品种是未来农药发展的总方向。5 月在昆明召开的全国主要农作物抗病虫育种及抗病性学术研讨会，提出选育和种植抗病虫品种是防治农作物病虫害经济有效的措施，是实施可持续农业发展的重要环节。9 月于昆明召开的全国病虫害综合防治暨优质农药推广高级研讨会。12 月在福州召开的全国农作物病虫发生趋势会商及防治工作会，交流了 2000 年病虫发生情况，并对 2001 年农作物病虫发生趋势做了预测。

近几年学会最重要的一项工作就是申办 2003 年第十五届国际植物保护大会。在 1999 年第 14 届国际植物保护大会上获得第十五届国际大会的主办权。大会将于 2003 年 7 月在北京举行。

二、编辑出版

《植物保护学报》从第 1 期起改由编辑部自行排版、制图等，达到编辑排版一体化，加强了与国内外的信息交流。通过 China info 网络系统，实行全文上网，完成网络化任务。开辟网上投稿，缩短了投稿时间，降低了费用，深受广大作者欢迎。据中国科技信息所信息分析中心最新检索报告，1999 年度学报总被引次数 368 次，指标综合加权评分 43.73。《植物保护》在参加《首届中国科技期刊（光盘版）检索与评价数据规范》评比中荣获优秀奖。1999 年度刊出文章 164 篇，引文总数 131 篇，被引率达 79.9%。在参加中国科协组织的“中国科技期刊出版管理知识竞赛”活动中荣获三等奖。

三、科普宣传

鼠害防治专业委员会 2000 年开展了科学灭鼠宣传和科技下乡活动，先后在云南、四川等 5 省开展宣传活动 6 次，接待群众咨询 800 多人，赠送技术材料 1 200 余份，发放鼠药样品 200 千克。另外还组织技术人员对鼠害的种群变化和危害特点进行了系统调查，召开了秋、冬季病虫鼠害防治研讨会。科普工作委员会 11 月在陕西参加了农业部等单位组织的送科技下乡活动，邀请专家技术人员 15 人现场咨询，制作科普展版 10 块，赠送技术书籍 100 册，棉花病虫害防治挂图 150 份，接待农民咨询 1 500 人次。另外还与全国农技推广中心合作，在广东、四川、湖北、山东等 10 省举办水稻、棉花病虫综防培训班 140 个，培训农民 4 200 人。

学会 2000 年组织了“首届中国植物保护学会青年科技奖”评选工作，从全国各地报来的众多人选中评选出 22 名优秀获奖人员，再从 22 名人选中推选出 3 名参加中国科协、中央组织部等单位组织的“第七届中国青年科技奖”评选，为发现和选拔人才起到了桥梁纽带作用。另外，我会还组织科技人员参加了中国科协 9 月在西安召开的 2000 年学术年会，为科技兴农，促进西部大开发尽到了学会职责。作为牵头学会，继续协助中国科协编写好 2000 年《病虫害防治绿皮书》；继续做好《中国科学技术专家传略·农学篇·植保卷III》的组织编写筹备等工作。此外，还组织数名专家参与编写了由中国科协组织编写的《21 世纪学科发展丛书》：《植物保护学——作物卫士》一书。

中国作物学会

The Crops Science Society of China

地　　址　北京市海淀区中关村南大街 12 号
邮政编码　100081
电子信箱　c9@cast.org.cn
电　　话　010-68918616
传　　真　010-68918616
理 事 长　王连铮
副理事长　辛志勇　李振声　刘　旭　李继扬
　　　　　杨炎生　凌启鸿　傅廷栋　戴景瑞
秘 书 长　陈新华
刊物及主编　《作物学报》
（Acta Agronomica Sinica）
主编　庄巧生
《作物杂志》（Croops）
主编　过益先

单位简介

中国作物学会于 1961 年 12 月 20 日成立，当时为中国农学会的分科学会之一，1984 年成为全国性学会。

第一、二届理事长为金善宝；第三届理事长为李竞雄；第四届理事长为庄巧生；第五、六届理事长为王连铮。

目前有个人会员 2 万余人，40 个团体会员。

1992 年由我会提出的《关于加强总结研究推广城郊型农业科技发展经验的建议》，得到李鹏、陈俊生、宋健等国家领导人肯定，获得中国科协第三届优秀建议二等奖。

学会还组织编辑出版《中国科学技术专家传略·农学编·作物卷Ⅰ、Ⅱ》，其中Ⅰ卷 1996 年被中国科协评为优秀图书，庄巧生院士为优秀主编，李春华为优秀责任编辑，“丁颖”为优秀条目。

工作综述

一、学术研讨

中国作物学会及其专业研究会（协会）先后举行学术研讨活动共 21 次，直接参与人数达 1800 人次，交流学术论文、著作 780 多篇（部）。各省、自治区、直辖市作物学会召开了形式多样和富有务实精神的学术活动。大多数学术活动是围绕农业和农村经济结构调整，增加农民收入，发展优质高效农产品，为加入 WTO 做好各项准备工作。中国作物学会和湖南、浙江、福建、甘肃、贵州、河南等省、自治区、直辖市作物学会，召开了有关优化种植结构发展名特优农产品问题的研讨会。其中在郑州举办的学术研讨会上，专家们建议要优化品种，发展创汇农业。尤其要解决好优质高产专用品种和区域集约布局及其产业链建设等问题。

二、编辑出版期刊、专著和科普读物

目前，仅中国作物学会及其专业研究会（协会）编辑出版期刊共 18 种，其中学术类 11 种，科技类 1 种，综合类 1 种，信息类 5 种（含内部发行不定期 4 种）。《作物学报》创刊 50 年来，取得了很大成绩。1996～2000 年引频次数由 396 扩大到 817，影响因子由 0.4002 上升到 1999 年的 0.522，居全国农学类第二位。连年入选国家自然科学核心期刊，由 51 位前移至 15 位。被美国的 SCI、英国的 CABI 和联合国粮农组织 AGRIS 等科学文摘收录。《作物学报》拟增加英文篇幅或增创英文版。《作物杂志》进入了全国中文核心期刊行列。这两个刊物为适应“中国期刊网”和“万方数据库”的要求做了许多努力并初见成效。

同时，还编辑出版了《作物群体质量》一书，以及了许多科技专著和读物，产生了良好的社会效益。

三、对外交流

采取“派出去，请进来”方式，开展对外学术交流活动。中国作物学会理事长王连铮等 30 多位中国作物科学技术工作者出席了国际作物科学大会。栽培研究会玉米学组组织部分会员赴美国专题考察了玉米种子产业化生产技术和经营情况。甘蔗协会与福建农林大学合作，先后邀请美国佛罗里达大学陈祖耕和德国马尔堡大学熊光明，在福州分别做了“基因芯片的制造与应用”和“消除白色污染工程菌的改造与利用”学术报告。与国际玉米小麦改良中心、国际水稻研究所、国际马铃薯改良中心等国际农业科学研究与开发机构的联络与交流，也很频繁和有效。

四、科普培训

中国作物学会、中国农业大学承担中国科协科普声像片《冬小麦节水栽培技术》摄制完成并被中央电视台等选用。《21 世纪学科发展丛书》（100 种）有关农艺学卷的起草人郑殿升、王琳清、佟屏亚，以及编委会成员已落实。预期 2001 年 3 月上旬交稿。

各专业研究会（协会），省、自治区、直辖市作物学会广泛开展了科普和专题技术培训活动。

五、组织建设

大麦、油料、甘蔗、甘薯等专业委员会，河南省作物学会等，进行了换届选举，组建了新一届委员会、理事会。福建、贵州等省作物学会分别通过重新审核登记，发展新会员，调整了学组。中国作物学会在京常务理事会第八次会议原则同意组建“特用作物产业化协会”，并开展筹备工作。

2000 年中国作物学会在中国科协网站已建立起自己的网页。

六、咨询服务

中国作物学会为山西省吕梁地区提供发展小黑麦饲料生产咨询服务，将种子和栽培技术资料送到用户手里，并开展了技术培训。在贵州省开展的脱毒马铃薯种薯生产和产业化咨询服务深受当地干部和农民欢迎。各省、自治区、直辖市作物学会针对当地实际需要，向生产企业和农户提供作物生产全程技术咨询服务，获得了良好的社会和经济效益。

中国热带作物学会

China Tropical Crops Society

地　　址　海南省儋州市中国热带农业科学院内

邮政编码　571737

电子信箱　3300546@21cn.com

电　　话　0890-3300299 / 3300546 / 3300547

传　　真　0890-3300545

理 事 长　曾毓庄

常务副理事长　余让水

副 理 事 长　古希全　郑文荣　张鑫真　洪金波　陈锦祥　陈秋波

秘 书 长　郑文荣（兼）

刊物及主编

《热带作物学报》　主编　余让水

《热带农业工程》　主编　陈　鹰

《海南农垦科技》　主编　张鑫真

《云南热作科技》　主编　杨雄飞

《广西热作科技》　主编　刘明举

单位简介

1963 年 3 月，经中国科协批准正式成立“中国热带作物学会筹备委员会”，由何康任筹委会主任，罗耘夫、张维之任副主任，着手筹备学会成立工作。后因“四清”运动和“文化大革命”而中断。全国科学大会后，于1978年12月正式成立中国热带作物学会。当时是中国农学会的分科学会之一。1985 年经国家体改委批准成为全国性学会，成为中国科协的组成部分。1991 年经国家民政部核准登记发证，近年在全面完成社会团体清理整顿任务后，于1999年12 月通过民政部的审定，被确认为社会团法人单位，并给予登记换证。

中国热带作物学会下设 1 个科普工作委员会和 8 个专业委员会。现有会员4474人，有134个团体会员单位，是一个具有一定规模和影响的全国性科技社团。业务主管部门是中国科协和农业部农垦局。

工作综述

一、国内、国际学术交流

10 月，我会在成都市举行了六届二次理事会暨学术研讨会，出席会议的专家、科技人员共 104 人，提供交流研讨的论文38篇。这些文章提出了在热带作物栽培和热带可持续农业的研究开发，热带农业管理体制改革等方面的新思路、新成果、新模式。

6 月，割胶与生理专业委员会在云南丽江召开了 21 世纪天然橡胶割胶生产产业化学术研讨会，有 100 余人参加了会议，提交论文 24 篇。会议对最近 10 年来热作垦区成功开展“割胶制度改革”的历程进行了回顾与总结，就“入世”后对我国天然橡胶产业带来的机遇与挑战作了全面的分析，对21世纪割胶生产产业化经营及国内外割胶技术发展动向作了深入的探讨。

在对外学术交往方面，2000 年度，协同有关单位，共接待外宾 31 批 98 人次，与来访专家进行了广泛的学术交流。派遣出国参加学术活动50人次，其中出国培训和合作研究13人次，出席国际会议16人次，出国考察21人次。

二、科技咨询服务

一年来，受政府部门或有关企事业单位委托，完成科技咨询项目25个，均受到委托单位的好评与重视，有些项目已被采纳或实施。例如，云南省热作学会2000年7月完成的《云南省天然橡胶产业创新发展调研报告》，已被云南省委、省政府采纳，作为制定《中共云南省委、云南省人民政府关于加快发展生物资源创新产业的决定》的重要依据之一。广东省热作学会提出的《广东垦区推广橡胶树新割胶制度的意见》，已被广东省农垦总局采纳。

三、科技培训与普及

1. 一年来，与中国热带农科院协办培训班 14 期，为海南省山区培训农民和乡镇干部800多人次。为云南省热作学会举办计算机普及和天然胶质量标准学习共 15 期，先后培训 519 人次。为海南省热作学会培训荔枝栽培管理病虫防治技术人员 150 人次。为福建省热作学会举办“果树防寒与寒害树处理技术”培训班 2 期，培训果农 100 多人次。

2. 科技下乡活动。3 月，广西热作学会组织果树专家到灵山县新光华山农场果园开现场会，收到良好效果。8～9 月，牧草专家专程到攀枝花市仁和区和米易县横山乡，当地农户和有关人员办了一期“热带优良牧草栽培技术”培训班，有30多人参加学习，积极支持西部大开发。

四、表彰奖励工作

2000 年度，先后向中国农学会推荐农学会青年科技奖候选人 2 名；向海南省推荐青年科技奖候选人 3 名；向中国科协推荐中国青年科技奖候选人 3 名，推荐全国优秀科技工作 1 名，推荐全国学会先进工作者 1 名。

中国蚕学会

Chinese Society of Sericulture Science

地　址	江苏省镇江市四摆渡中国农业科学院蚕业研究所内
邮政编码	212018
电　话	0511-5616661/5616789/5616879
传　真	0511-5622507
理事长	向仲怀
常务副理事长	李奕仁　刘仕贤
副理事长	陈亦庆　樊　迅　沈培根　王同洲　戴朝先　徐卫东　王丕承　杜建一
秘书长	庄大桓
刊物及主编	《蚕业科学》

主编　黄君庭

单位简介

中国蚕学会（CSSS）于 1963 年 3 月 18 日正式成立，是以中国高、中级蚕业科技工作者为主体的群众性学术团体，是中国科学技术协会的组成部分。1985 年被正式批准接纳为中国科协所属全国性学会。中国蚕学会成立时仅有会员 686 人，至今已发展成为拥有万名会员的全国性学会。本学会有 26 个省（市）蚕学会。学会下设有 6 个专业委员会和 6 个工作委员会。中国蚕学会每 4 年召开一次全国会员代表大会。1980 年 8 月在日本京都参加国际野蚕学会。

工作综述

1．9 月 23～24 日，中国蚕学会养蚕与蚕生理病理学术讨论会在江苏省东台市召开。本次会议由中国蚕学会养蚕专业委员和蚕生理病理专业委员会与江苏省蚕桑学会共同主办，与会科技工作者 55 人，来自全国蚕业科研、教学、生产和管理等各个方面，收到论文 52 篇，有 19 篇论文进行了大会交流，评选出 12 篇优秀论文，并颁发了优秀论文证书。逐步实现蚕业生产的省力化、规模化和专业化；在蚕生理方面，应加强蚕的超微结构与细胞生物学，蚕的生理过程的分子生物学与蚕丝分泌等研究；在蚕病方面，应加强蚕病病原的分子生物学和分子病理学、抗病育种、蚕病治疗药剂和消毒药剂等方面的研究等开发，以适应新世纪初期我国蚕业生产发展的要求。

2．由中国蚕学会经济与综合利用专业委员会及辽宁省蚕学会主持，辽宁省农科院大连生物技术研究所及大连三大食品有限公司协办全国蚕业资源综合利用会议于 10 月 13~15 日在大连市召开，来自国内外 46 个单位，70 名科技工作者出席，其中 6 位日本学者，收到论文及论文摘要 38 篇，其中国外论文 3 篇，涉及范围有家蚕蛹、桑、果、桑叶、家蚕丝以及柞蚕蛹、蛾、柞蚕丝、根、叶等加工利用和开发研究。

3．中国蚕学会第六届理事会第二次会议暨面向 21 世纪蚕业振兴学术讨论会于 11 月 7～8 日在西安市召开，22 个省（区、市）以及参加北方蚕业经济技术协作会议共 133 名科技工作者出席这次会议，共收到学术论文 35 篇。国家茧丝绸协调办公室杨和荣主任重点传达了国家经贸委主任办公会议原则同意的关于振兴行业报告的主要内容，中国蚕学会常务副理事长李奕仁作了题为《我国蚕业科技的回顾与展望》的报告，向仲怀理事长院士作了《基因组生物学与蚕基因组计划》的专题学术报告。有 20 位科技工作者进行了大会发言，内容十分广泛，基本总结了我国蚕业近百年来的成就。会议期间召开了六届第二次理事会，研究决定了 2001 年学会工作，学会秘书长庄大桓向理事们简要地汇报了届内学会的工作：①进一步完善健全了学会组织机构和规章制度；全面完成了学会清理、整顿、审定、重新登记工作；筹组召开了七次全国性学术交流活动；②继续做好《蚕业科学》编辑、出版、发行工作；③通过各种渠道积极参与有关外事活动；④及时完成上级主管部门要求完成的计划任务和努力热情地做好会员各种咨询和信访工作等等，我会获中国科协计划财务部 1998 年学会统计工作一等奖。获中国科协计划财务部 1999 年学会统计工作二等奖。

4．由国家纺织工业局主办，中国丝绸协会、苏州大学和宁夏科委承办，中国蚕学会协办，组织召开了第四届中国国际丝绸会议，会议的主题为“振兴丝绸迎接 21 世纪”。丝绸会议于 5 月 14～16 日在苏州召开，蚕桑会议于 5 月 18～19 日在银川举行。来自中国、日本、英国、美国、韩国、澳大利亚、印度、孟加拉等 8 个国家和地区 250 余位专家、学者，以及企业事业单位的代表就丝绸工业的现状与未来，以及丝绸工业的新技术等方面的问题展开广泛的探讨，面对世界纺织科技的突飞猛进，必须加强与各国丝绸行业的合作交流，进一步开拓丝绸市场，重现“纤维皇后”的辉煌。

5．中国蚕学会于 8 月 15~17 日在河北省秦皇岛市举办了“新时期全国茧丝绸产销形势与对策研讨班”，主要研讨内容是国内外丝绸行业现状与发展趋势；行业技术与产品结构调整方向，国内外蚕桑生产的现状与发展趋势，实施名牌战略，积极开拓国内外市场。来自全国 12 个省市以及国家经贸委国家茧丝绸协调办公室、农业部、中国丝绸进出口总公司、中国丝绸协会、中国丝绸工业总公司等单位的 54 人参加了研讨班。通过研讨，进一步明确了振兴丝绸行业的目标和任务。

中国水土保持学会

Soil and Water Conservation Society of China

地　　址　北京市海淀区清华东路 35 号
邮政编码　100083
电　　话　010-62338045/62338031
传　　真　010-62311786
理 事 长　杨振怀
副理事长　祝光耀　白志健　朱登铨　阎树文　张有实
秘 书 长　阎树文

单位简介

中国水土保持学会于 1985 年 3 月由国家体改委和中国科学技术协会批准成立。于 1986 年 5 月召开第一次全国会员代表大会，选举产生了第一届理事会。1992 年 5 月召开第二次全国会员代表大会，选举产生了第二届理事会，理事 106 人。

截至目前，会员人数达 8 861 人，其中科学家与工程师人数达 6 192 人，团体会员单位 10 个，台湾省名誉会员 1 人，外籍名誉会员 3 人。

中国水土保持学会下设 9 个专业委员会。

工作综述

一、国际国内学术活动

1．参与由中国科协牵头，19 个全国性学会参加的 2000

年减轻自然灾害学术研讨会和编纂《减轻自然灾害白皮书》工作。中国水土保持学会主要分工“水土流失与荒漠化”灾种。

2．联合中国农学会、中国草原学会共同组织了草原与荒漠化学术研讨会。3 位人大常委、4 位院士与到会 30 多位专家共同探讨我国荒漠化危害及防治对策。在专家研讨的基础上，提出了“关于促进西部草地发展和生态环境建设的建议”。

3．参与中国林学会等 5 家单位主办、中国水土保持学会等 6 家学会协办的西北地区生态环境建设研讨会。会议向党中央、国务院和国务院有关部门提交建议书《关于西北地区生态环境建设的几点建议》，建议在西北地区的开发中，生态环境的建设要先行；生态用水的安排是关键；依靠科学技术是根本；当地经济发展、农民脱贫致富为主题；遵循生态规律，正确处理开发下保护和建设的关系为原则等五项建议。

4．由中国水土保持学会和中国科学院成都山地灾害所牵头，在中国科学院和国务院台办的大力支持下，9 月 14～27 日在台湾省台中市中兴大学举办了第二届海峡两岸山地灾害与环境保护学术研讨会，大陆组织了含 2 位资深院士在内的 35 位学者赴台参加活动。

5．在中国科协国际部支持下，完成我会赴澳立项和组团考察任务。应澳大利亚联邦科学与工业组织邀请，中国水土保持学会预防监督专业委员会赴澳考察团一行 9 人，于 6 月 10～22 日赴澳进行访问和考察。

6．9 月份，我会接待了台湾省廖绵俊博士来大陆访问，并同有关学者进行了座谈与交流。

二、科学普及

1．参加了由中国科协联合中共中央宣传部、国家林业局、国家环保总局主办，西部各省科协联合同级宣传、林业、环保部门承办“再造西部秀美山川”科普宣传活动。

2．水利部、北京市水利局和中国水土保持学会三单位联合于 6 月 24 日在西单图书大厦门前举办了纪念《水土保持法》颁布 9 周年宣传咨询活动。

3．参加由中国地质学会 4 月 22 日在北京西单主办的纪念“世界地球日”30 周年大型科普宣传咨询活动。

4．印刷出版《古今智者话水保》字帖。

三、表彰奖励

评选第四届中国水土保持学会青年科技奖和第七届中国青年科技奖候选人工作，其中评选第四届中国水土保持学会青年科技奖 19 名。

四、组织建设

根据国务院重新颁布的《社会团体登记管理条例》和民政部要求，在自查清理整顿的基础上，完成了我会在民政部的换证登记工作。

中国茶叶学会

Chinese Tea Society

地　　址	浙江省杭州市云栖路 1 号中国农科院茶叶研究所内
邮政编码	310008
电子信箱	chinatss@mail. hz. zj. cn
电　　话	0571-6590477/6590699
传　　真	0571-6590056
理 事 长	陈宗懋
副理事长	梅　峰　黄继仁　童京汉　刘祖生　施兆鹏　穆有为　张　定
秘 书 长	王运浩
刊物及主编	《茶叶科学》　主编　陈宗懋

单位简介

中国茶叶学会是由全国广大茶叶科学技术工作者自愿结成，依法登记成立的学术性社会团体。

中国茶叶学会成立于 1964 年 8 月，1992 年加入中国科协，学会自成立以来换届五次，现为第六届理事会，理事长陈宗懋。现有个人会员 6800 余名，团体会员单位 130 多个。

学会下设 4 个工作委员会，全国 18 个省、市、自治区茶叶协会与本会有业务联系，开展各项活动，协助发展会员。

2000 年《茶叶科学》在中国学术期刊光盘版数据规范执行评奖活动中获奖，还被确定为全国中文核心期刊。

工作综述

1. 组织学术活动： 4 月 26～29 日，在福建省福州市举办了首届海峡两岸茶叶科技学术研讨会，这是海峡两岸茶学界首次高层次学术研讨会，来自台湾和大陆海峡两岸的 69 位专家学者参加了会议。会议回顾和总结了海峡两岸茶叶科技和茶业发展的历程，指出：近 50 年来，世界茶叶生产发展速度大大加快的主要原因是科学技术的迅猛发展，从而对茶叶的生产起到了极大的促进作用；50 年来，大陆茶叶科技水平有了较大的提高，达到同世界先进水平对话的能力；台湾茶业积极调整产业结构，应用新技术和推广茶文化，发展休闲茶业，也取得一定的成绩。会议还就茶树栽培与育种、生理机能与生化、生态与保护、制茶与加工、开发与经济等多个领域进行广泛的交流和研讨。

会议学术气氛浓厚，反映了当前茶叶科技的前沿水平，对我国两岸茶叶科研、生产均有一定指导作用。会议共录用论文 54 篇，在会前编辑出版了论文专集。7 月 15～16 日，在上海组织召开了科学饮茶研讨会。有 200 人出席了会议。与会专家就当前消费者普遍关心的茶叶中“农药残留”、“铅含量”和“饮茶有益健康”等问题做了专题报告。专家指出：由于饮茶对人体健康的作用，茶将成为 21 世纪世界饮料之王。但是由于空气、土壤、水等环境污染和农药的不合理使用，有可能对茶叶造成污染，因此，必须引起高度重视。

2. 组织召开了 2000 年团体会员会议。11 月 7～11 日中国茶叶学会在四川省峨眉山市召开了 2000 年团体会员会议，来自全国 13 个省（市）的 108 位专家学者参加了会议。

会议以西部茶业开发为主题，分析了西部茶业开发的优势、存在问题和采取的措施。专家指出西部地区的农残、重金属含量和有害细菌等问题不可忽视，许多专家对进一步降低茶叶中农残、铅铜等重金属和有害细菌含量发表了意见。

3. 继续编写《中国科学技术专家传略·农家篇·园艺卷III》的工作

经学会领导多次与中国科协《中国科学技术专家传略》编辑部联系协商，中国科协基本同意茶叶单独立卷，编入《园艺卷》（III），经费自筹，入编人数为 45 人。为此，中国茶叶学会在 4 月份组织召开了编委会议，现已将清样稿和软盘上交《中国科学技术专家传略》编辑部，全书 20 多万字。

4. 举办茶文化培训班：中国茶叶学会和中国农业科学院茶叶研究所联合办了 3 次茶文化培训班，其中 2 次由国内学员参加，1 次日本学员参加。

5. 举办了第四届“中茶杯”优质茶叶包装评比活动。中国茶叶学会于 7 月组织举办了第四届“中茶杯”茶叶包装评比活动。来自全国 12 个省市的 40 多份优质茶叶包装参加评比，评出特等奖 5 个，一等奖 7 个，优秀包装奖 12 个。

6. 编辑出版工作。2000 年《茶叶科学》在中国学术期刊光盘版数据规范执行评奖活动中获奖，并被确定为全国中文核心期刊。

中国草原学会

地　　址　北京市海淀区圆明园西路 2 号
邮政编码　100094
电子信箱　csgrass@public.bta.net.cn
电　　话　010-62892799
传　　真　010-62892799

理 事 长　洪绂曾
副理事长　李守德　胡自治　陈佐忠　苏加楷　李建东　史德宽　阿不来提·阿不都热依木　云锦凤　卢欣石
秘 书 长　周　禾
刊物及主编　《草地学报》　主编　洪绂曾

单位简介

中国草原学会是由中国草地科学技术工作者组成的学术性群众团体，1979 年成立于北京，原为中国农学会的一个分科学会，1991 年经中国科学技术协会和民政部批准为全国性学会，2000 年 10 月正式加入中国科协，现有会员 3000 人。

1979 年第一届理事会由 47 名理事组成，贾慎修为理事长。1985 年第二届理事会由 58 名理事组成，贾慎修再次当选为理事长。1989 年第三届理事会由 59 人组成，洪绂曾为理事长。1994 年第四届理事会由 93 人组成，常务理事会由 22 人组成，王培当选为理事长。1998 年选举产生由 111 人组成的第五届理事会，洪绂曾再次当选为理事长，第五届常务理事会由 21 人组成。学会下设 10 个分科学术委员会。

工作综述

中国草原学会 2000 年度经过五届常务理事会和全体会员的努力，在学术交流、建议咨询、组织建设、国际交流等方面做了大量卓有成效的工作，使学会的工作取得了长足的进步。

1 月 17 日，中国草原学会、中国农学会、中国水土保持学会共同在北京召开了草原与荒漠化研讨会。有关专家、学者 50 余人参加了研讨会。会后提出的建议书得到了李岚清副总理的高度重视并作了批示，对我国的生态建设和西部大开发战略的实施起到了积极的促进作用。

6 月 16～19 日，在吉林长春召开了由中国草原学会、中国农学会主办，吉林省政府承办的全国半农半牧区草地农业可持续发展研讨会。有关领导和专家 70 余人参加了会议。与会学者对半农半牧区可持续发展问题进行了充分的讨论，并为今后的发展提出了建议。

8 月 4～9 日，中国草原学会饲料生产委员会 2000 年学术研讨会在吉林省延吉市举行。来自 20 个省市的科研、教学和有关业务部门的 48 人出席了本次会议。本次会议共收到论文 21 篇，25 人作了大会发言，会议交流涉及内容包括：牧草与农业产业结构调整；牧草产业化问题；关于西部大开发问题；关于科研与开发问题；关于知识产权保护问题。

10 月 8～10 日，中国草原学会草坪学术委员会第四届代表大会暨第八次学术研讨会在大连召开，来自全国28个省、区、市（自治区）的近200名科技工作者和来自美国、荷兰、加拿大等国的学者出席了大会。会议收到学术论文90余篇。代表们围绕草坪建植与管理、草坪草种质资源与生态和草坪科技创新与新技术、新产品进行了充分研讨。在会议期间，经过反复酝酿协商，选举产生了由58位理事组成的草坪学术委员会第四届理事会。

10月14～17日，在世纪之交和党中央、国务院实施西部大开发之际，为积极参与西部大开发，促进草业发展，由中国草原学会主办、甘肃省农牧厅承办的草业与西部大开发学术研讨会暨2000年学术年会，在兰州隆重召开。来自全国25个省（市、自治区）产、学、研和科、教、企、管不同领域的220名专家、学者汇聚一堂，共商新形势下我国草业发展的大计。会议共收到代表们提交的论文120余篇，除进行大会报告外，还进行了分组研讨和大会自由发言，会议对西部大开发战略的实施起到了积极的推动作用。

10月29～11月4日，中国草原学会牧草育种委员会2000年学术研讨会在云南省肉牛和牧草研究中心举行。来自全国各地的42名专家、学者参加了会议。共收到论文23篇。本次会议的中心议题是“牧草育种与西部大开发”。与会代表就牧草育种者的权益保护；牧草育种、良种繁殖、种子推广和流通体系的建立；全国牧草区域试验网的建立；21世纪初我国牧草育种的目的和方法；国家牧草种子工程建设方案等进行了热烈的讨论和交流。

中华医学会

Chinese Medical Association

地　　址　北京市东城区东四大街42号

邮政编码　100710

电　　话　010-65232323/65257876

传　　真　010-65273814

会　　长　张文康

副 会 长　宗淑杰　杨　镜　曹泽毅　刘海林　肖梓仁　巴德年　王海燕　汤钊猷　吴孟超　吴咸中　李超林　陆道培　胡亚美　黄洁夫

秘 书 长　宗淑杰

刊物及主编

《中华医学》（National Medical Journal of China）　主编　巴德年

《中华内科》（Chinese Journal of Internal Medicine）　主编　王海燕

《中华外科》（Chinese Journal of Surgery）　主编　黄莛庭

《中华妇产科》（Chinese Journal of Obstetrics and Gynecology）　主编　朗景和

Chinese Medical Journal（英文版）《中华医学》　主编　钱贻简

单位简介

中华医学会于1915年2月5日由伍连德、刁信德等医师在上海发起成立，颜福庆任首任会长。同年创办中英文版《中华医学杂志》。1916年2月召开第一次全国会员代表大会，至今共召开22次全国会议代表大会。1932年4月与中国博医会合并为统一的中华医学会。1950年10月总会机关由上海迁至北京。1958年9月加入中国科学技术协会。现任会长为张文康，有全国会员43万多人，下属专科分会78个，出版中华医学系列杂志70种，总会及所属专科分会加入世界医学会等21个国际医学组织。

第二次代表大会于1917年1月召开，会长伍连德；第三次代表大会于1920年2月召开，会长俞凤宾；第四次代表大会于1922年1月召开,会长刁信德；第五次代表大会于1924年2月召开，会长牛惠霖；第六次代表大会于1926年2月召开，会长刘瑞恒；第七次代表大会于1928年1月召开，会长林可胜；第八次代表大会于1930年2月召开，会长牛惠生；第九次代表大会于1932年9月召开，会长牛惠生；第十次代表大会于1934年3月召开，会长林宗扬；第十一次代表大会于1935年11月召开，会长朱恒璧；第十二次代表大会于1937年4月召开，会长金保善；第十三次代表大会于1940年4月召开，会长金保善；第十四次代表大会于1943年5月召开，会长沈克非；第十五次代表大会于1947年5月召开，会长朱章赓、姚克方；第十六次代表大会于1950年8月召开，会长傅连暲；第十七次代表大会于1952年12月召开，会长傅连暲；第十八次代表大会于1956年7月召开，会长傅连暲、贺彪、钱信忠、白希清；第十九次代表大会于1984年2月召开，会长吴阶平；第二十次代表大会于1989年2月召开，会长陈敏章；第二十一次代表大会于1994年3月召开，会长陈敏章；第二十二次代表大会于1999年4月召开，会长张文康。

工作综述

2000 年度完成消化内镜、骨科、内科、结核病、妇产科、病理、手外科、泌尿外科、检验、血液、眼科、肿瘤、激光、计划生育、麻醉、科研管理、高原、航海、病毒、风湿、呼吸共 21 个专科分会的换届选举工作。接纳西安杨森制药有限公司、扬子江药业集团、北大未名深圳科兴生物技术有限公司和法国施维亚药厂为中华医学会会团体会员。全科医学分会主员戴玉华教授向中国科协提出“关于发展我国全科医学和卫生服务”的建议，通过中国科协上报中央书记处和国务院有关部门。

召开全国性医学学术会议共 100 个，其中一类会议 26 个，二类会议 74 个。制订《肺结核诊断和治疗指南》、《非结核病分类杆菌疾病诊断预处理指南》、《慢性胃炎诊断治意见》、《食管胃底静脉曲张内镜诊断和治疗规范施行方案》等，修订了《病毒肝炎防治方案》。共承办、协办双边、多边及国际学术会议 7 个，与会境外学者、专家 2617 人，交流学术论文 920 篇，国内学者、专家 3523 人，交流论文 1171 篇；接待境外来华医学团组 10 批，近 200 人。4 个专科分会加入相应国际组织，即中华医学会消化分会加入世界胃肠病学会和亚太胃肠病学会，中华医学会物理与康复学会分会加入国际物理与康复医学学会，中华医学会消化内镜分会加入亚太地区消化内镜学会。

中华医学会内有 20 种杂志 170 期全部准期出版，总印数约 190 万册，总发行量约 180 万册，《中华放射杂志》、《中华预防医学杂志》、《中华医学杂志英文版》各出版增刊 1 期，总印数为 12 000 册。经中国科协、国家科委、国家新闻出版署和学会常务理事会批准，《中华医学杂志》由月刊改为半月刊，《中华心血管杂志》由双月刊改为月刊。

承办了海淀区全民卫生科普活动（社区试点），组织了以“营造健康家园，期盼绿色奥运”为主题的全国医药卫生系统支持北京申办 2008 年奥运大型宣传活动。中华医学会和中华国际医学交流基金会共同组织专家到青海西宁地区进行第十一次医疗科技扶贫活动。

承担卫生部继续医学教育委员会办公室的有关工作，公布了《2000 年国家级继续医学教育项目》，征集 2001 年国家级继续医学教育项目 1630 项。召开“卫生部继续医学教育委员会学科组第六次工作会议”，组织学科组专家审定了 2001 年继续医学教育项目，通过了 1097 项。承担卫生部规划财务司委托的“大型医用设备使用人员上岗培训”工作，培训 CT、MRI、彩超、直线加速器、眼科准分子激光治疗仪、X 线（γ 刀）等项目的医师、技师、物理师约 5 800 人次。

中国中医药学会

All-China Association of Traditional Chinese Medicine

地　　址	北京市朝阳区樱花园东街甲 4 号
邮政编码	100029
电子信箱	satcm@263.net
电　　话	010-64215576/64218316
传　　真	010-64297983
会　　长	佘　靖
副 会 长	王永炎　龙致贤　李任先　李炳文 任继学　刘敏学　张世臣　陈佑邦 苟生亮　房书亭　施　杞　胡熙明 赵藕善　秦双发　殷顺海　傅世垣
秘 书 长	宋文义
刊物及主编	《中医杂志》　主编　胡熙明 《中国医药学报》　主编　董建华 《中医正骨》　主编　郭维淮 《中国肛肠病杂志》　主编　黄乃健 《光明中医》　主编　白永波 《中国中医骨伤科》　主编　李同生 《中华养生保健》　主编　龙致贤

单位简介

中国中医药学会（原名中华全国中医学会，1979 年成立，1992 年更为现名）是中医药学术团体，属于中国科学技术协会的组成部分。

中国中医药学会是全国中医药科学技术工作者和管理工作者及中医药医疗、教育、科研、预防、康复、保健、生产、经营等单位自愿结成的、全国性、学术性、非营利性法人社会团体。

中国中医药学会围绕中医药及相关学科领域开展以下业务范围的活动：①开展各种形式的中医药学术活动，组织重点学术课题的研究和科学考察活动；②编辑出版中医药学术期刊、科普读物、专著及有关信息资料；③开展中医药继续教育，提高会员及广大中医药科技工作者的学术水平，在广大群众中进行中医药学的普及与宣传；④向政府及有关部门反映中医药工作者的意见、建议和要求；⑤组织中医药专家协助政府对中医药政策法规、发展战略、科技政策和管理决策进行论证；⑥开展国际学术交流，加强同有关国际学术团体及学者的联系，开展国际间的科技合作；⑦开发和推广中医药科技成果，为有关部门和单位提供科技咨询与服务；⑧向有关部门举荐优秀的中医药人才，推荐、奖励优秀学术成果、学术论文和科普作品；⑨承办政府及有关部门委托、交办的各项工作和任务。

本届会长佘靖。

中国中医药学会下设45个专业委员会，全国31个省，自治区、直辖市都有中医药学会。

工作综述

一、积极开展各项学术交流活动

1．国内学术活动。2000年主办国内学术交流会议25余次，参加会议的科技工作者3 000余人次，发表文章5 000余篇，编辑出版论文集20余类。各专业委员会都举行了不同形式的活动，特别是内科专业委员会召开了6次专题会议，并利用机会在昆明为当地人民义诊。

2．国际学术活动。2000年举办5次国际学术交流会议，4次组团考察国外医药机构。比较有代表性的活动和会议有：① 9月2～4日应邀赴泰国参加第六届亚西亚中医药学术大会。②6月7～8日，26人赴东京参加由我会与日本理学美容研究所举办的第三届国际传统美容学术大会，我会领导就发挥中医药学会优势、促进中医美容发展做了报告。③出席2000年多伦多世界中医药学术大会。宋文义秘书长和全加中医药针灸协会会长岑寓斋签署了《中加中医药交流意向书》。同时协助国家中医药管理局完成了国际传统医药大会的学术工作。

二、开展会员登记注册，加强与会员及相关团体的联系与合作

近几年，我会从发展会员入手，拟用1～2年时间完成会员库的工作，真正成为“科技工作者之家”，以此促进中医药学术工作的开展。同时，加强与国内外学术团体和本会各专业委员会的联系与合作，规范了管理，协调了各地分会和专业委员会的工作。按照学会《章程》，结合部分专业委员会的实际，对推拿专业委员会按正常程序进行了换届改选工作。

三、积极开展科技开发工作，取得了较好的效益

我会组织专家为近10家企业开展了产品推广、项目评审等工作；为企业进行新药开发前期论证、基本药物目录评审咨询论证；结合医药卫生体制改革，为企业结构调整和产品销售进行策划、咨询；以学术活动形式，对新技术、新产品组织推广。这些工作，促进了厂会结合，促进了医药结合，达到了学会为社会服务、为企业服务，以服务创效益、以效益促发展的目的。

加强对挂靠我会的单位和实体的管理。通过卫生部门注册的2个门诊部，至今未发生违规事件。与社团部门合作，查处1起非法冒用我会名义开展的诈骗活动；向卫生部门举报并合作，查处在北京冒用我会名义开展的非法行医活动。

为方便我会专家应诊，扩大我会的创收范围，我会正积极联系和协商筹备新的门诊部。

四、建立网站，加强期刊出版管理，促进学术交流工作

2000年在中国科协的支持下，我会进入中国科技信息公众服务网络，扩大了对我会的宣传，进一步加强了联系渠道。

与TCM·TODAY网络公司及中国中医药科技开发交流中心合作建立了“当代中医网”。开通了“中医药新闻、网上医院、医药世界、资源中心、健康常识”等栏目，涵盖了50余个专题，建设了近30个数据库。同时在网上开展全国中医药期刊交流，加强了信息沟通。

2000年我会对主管的7家期刊进行了适当调整。《中医杂志》完成了编委会的换届；《中华气功》杂志更名为《中华养生保健杂志》。《中医杂志》、《中国医药学报》均被国家中医药管理局评为中医药优秀期刊。

五、大力开展技术服务和科学普及工作

与北京大学合作，开展“人人健康工程”。这次活动充分利用中医药人力资源，将医疗专家、学者、教学人员组织起来，力争形成一个覆盖一定范围的融中医养生、健康咨询、保健培训、专家义诊、健康服务为一体的综合服务网络。

我会组织中医药专家参加中国科协组织的“反对迷信，科学养生”专家座谈会，并组织专家积极撰文，对邪教“法轮功”进行彻底批判。

六、加快“世界中医药学会联合会”筹备工作

筹备工作从1月份启动以来，得到国家中医药管理局及有关部门的支持和关注。筹备办公室已草拟《章程》（征求意见稿）；在国际传统医药大会期间，召集来自22个国家和地区32个团体的112人征求意见；召开海外华人咨询会，争取13个团体负责人发起倡议；召开国务院有关部委人员参加的联席会议，以取得相关支持；同时走访有关部委和社团、编制等部门，了解政策；与我驻外使（领）馆联系，寻求支持；在北京、广州等地召开调研座谈会。

中国中西医结合学会

Chinese Association of the Integrated of Traditional and Western Medicine

地　　址　北京市东直门内北新仓18号

邮政编码　100700

电　　话　010-64010688/64025672

传　　真　010-64010688

会　　长　陈可冀
副 会 长　于生龙　王　阶　危北海　吴伟康
　　　　　陈士奎　张伯礼　张亭栋　张瑞祥
　　　　　赵田雍　黄世林
秘 书 长　陈士奎（兼）
刊物及主编　《中国中西医结合杂志》
　　　　　　主编　陈可冀
　　　　　《中国中西医结合急救杂志》
　　　　　　主编　王今达
　　　　　《中国中西医结合外科杂志》
　　　　　　主编　吴咸中
　　　　　《中国中西医结合耳鼻咽喉科杂志》
　　　　　　主编　杨和钧
　　　　　《中国中西医结合肾病杂志》
　　　　　　主编　叶任高

单位简介

中国中西医结合学会是中西医结合医学科学技术工作者的学术性群众团体，是依法成立的社团法人，是中国科学技术协会的组成部分。

本会于 1981 年 11 月在北京成立，名称为中国中西医结合研究会。1990 年经中国科学技术协会批准，更名为中国中西医结合学会。

第一届理事会 1981～1985 年，会长季钟朴教授，现为名誉会长。第二届理事会 1985～1989 年，会长崔月犁。第三届理事会 1989～1995 年，会长吴咸中，现为名誉会长。第四届理事会 1995～2000 年，会长陈可冀教授（中国科学院院士）。

现为第五届理事会，会长陈可冀。

本会下设有 35 个学术专业委员会。本会每年组织开展 20 余次大型国际、国内学术交流活动。主办有《中国中西医结合杂志》（中、英、日、韩文版）、《中国中西医结合外科杂志》、《中国中西医结合急救杂志》、《中国中西医结合耳鼻咽喉科杂志》、《中国中西医结合肾病杂志》和《中国骨伤》等学术期刊。

现有国内会员 48 438 名。在美国、日本、新加坡等国家拥有部分外籍通讯会员。

工作综述

一、学术交流

按计划组织召开了 24 个国内中西医结合学术交流会议，1 个国际中西医结合学术交流会（国际中西医结合养生学、康复医学学术会议），参加会议人员约 3 500 人，交流学术论文 3 000 余篇。编印论文集 25 种。通过学术会议交流了学术信息，展示了中西医结合研究的新成就和新进展，促进了中西医结合学科发展。

二、组织建设

2000 年 8 月我会在北京京西宾馆召开了第五次全国会员代表大会，来自全国的 375 名会员代表出席会议。全国人大副委员长吴阶平为会议题词“坚持中西医结合方针，服务人民健康事业”。中国科协书记处书记常志海、卫生部副部长兼国家中医药管理局局长佘静、中国中医研究院院党委书记房书亭、院长王永炎等到会讲话。会议总结了第四届理事会期间 5 年的工作，选举产生了第五届理事会领导机构，表彰了 21 个全国中西医结合先进单位、11 个先进中西医结合学会、25 名优秀中西医结合学会工作者。

组织 7 个专业委员会改选换届，增补了部分优秀中青年学者进入专业委员会，增加了二级学术组织的活力，以利于更充分的发挥专业委员会的作用。

积极承担政府部门委托任务，如组织有关专家协助国家中医药管理局考试中心完成 2000 年中西医结合执业医师和助理执业医师资格考试的组卷工作；推荐有关专家参加中西医结合执业医师和助理执业医师考试大纲修订工作；向国家中医药管理局科技教育司提交关于编写中西医结合本科（七年制）教材的建议和详细编写计划。

三、科普工作

承担中国科协学会部布置的任务，积极参加《21 世纪学科发展科普丛书》编写工作，由科普工作委员会组织有关专家编写介绍中西医结合学科发展的专著。

四、编辑出版工作

除我会及各省市中西医结合学会主办的 15 种中西医结合刊物之外，2000 年我会又创办了《中国中西医结合肾病杂志》，现已正式出版发行。《中国中西医结合杂志》2000 年获第二届全国中医药优秀期刊评比一等奖，《中国骨伤》杂志获二等奖。《中国中西医结合急救杂志》在天津市期刊质量评估活动中被评为一级期刊。《中国康复理论与实践》杂志和《颈腰痛杂志》提出申请由我会主办，增加中西医结合栏目和内容，扩大中西医结合的宣传和影响。

由国家中医药管理局主编，我会数十位专家参与编写的《中西医结合医学》一书正式出版发行，全书 440 余万字，全面总结了中华人民共和国成立 40 年来中西医结合科研、医疗、教育所取得的成就和进展。

五、科技推广、咨询开发工作

先后与迈博、医业、清华同方、好医生、杏林医库等网络公司或网站建立了合作关系，在网上介绍学会、专家、进展、成果。与有关企业、厂家开展科技成果、产品推广活动。与有关单位合作创办了“中国中西医结合学会专家门诊部”“石家庄中西医结合血液病医疗中心”等医疗实体，由学会专家去开展会诊、查房、讲座、培训等工作，提高当地医疗机构的业务水平，更好地为患者服务。这些活动为学会创造了社会效益和经济效益。

中国药学会

Chinese Pharmaceutical Association

地　　址　北京市北京西站南路16号

邮政编码　100073

电子信箱　d4@cast.org.cn

主页网址　http://www.cast.org.cn/qgxxh/ykxh/zgyxh

电　　话　010-63402255转1413

传　　真　010-63420244

理 事 长　郑筱萸

副理事长　张礼和　邵明立　黄乔书　裘雪友

秘 书 长　曹文庄

刊物及主编　《中国药学杂志》　主编　周海钧

《药学学报》　主编　宋振玉

《中国中药杂志》　主编　肖培根

《中国新药与临床杂志》　主编　丁光生

单位简介

中国药学会创立于1907年，迄今已有90多年的历史，从创建至今大致可分为创建时期（1907～1925年），由我国留日药科学生创立；艰难成长时期（1926～1949年）：药学会经过20年左右的创建阶段，进入成长期。新生时期（1950～1965年）；中华人民共和国成立以后，我国药学事业得到迅速发展。当时12个省市有了分会，全国约有会员5 000人以上。学会影响遍及全国；中途受挫时期（1966～1976年），由于10年浩劫，学会一切活动被迫停止；复兴时期（1978年以后）：粉碎“四人帮”后，1978年，国家医药管理总局（后改为国家药品监督管理局至今）成立，学会工作得以全面恢复。

现在，除台湾外，全国各省、自治区、直辖市、计划单列市都建立了分会，学会现有会员8万多人，高级会员1000多人，团体会员33个，学会下设7个工作委员会，13个专业委员会，主办15种学术期刊。

中国药学会是经民政部注册登记，具有法人资格的全国学术性社会团体。1952年加入中国科协（即当时的全国科联），是中国科协的成员单位。是国际药学联合会和亚洲药物化学联合会成员。

工作综述

1. 组织召开学术会议8次，举办专题研讨班6个。2000年学术年会与会人员1000人。会议收到论文1000篇，论文集收载810篇。会议评选出具有国际先进水平的一等奖论文1篇、具有国内领先水平的二等奖论文10篇、具有国内先进水平的三等奖论文30篇。

2. 举办了第五届青年药学科技工作者最新科研成果交流会，会议收到论文157篇，与会人员90余人。评选出二等奖论文6篇，三等奖论文14篇

3. 举办全国临床药学学术会议。这是2000年新设立的。因为21世纪，医院药学必将从20世纪的以药品供应为中心转向以人为本的临床药学服务为中心，这种转变不仅必然而且迅猛，我会对此进行了有益的尝试。

4. 2000年新药研发高层论坛，有针对性地请了两院院士等药理、药剂方面的著名专家作报告，医药科研单位和医药企业还就科技成果转让举行了签字仪式，签约成果10余项。

5. 参加国际学术会议。成功地组织了由35人组成的代表团参加了在汉城举办的东亚临床药学教育与实践学术会议。同时，作为国际药学联合会和亚洲药物化学联合会的成员国之一，派员出席了大会。

6. 科学普及。学会与创天地广告公司合作在中央人民广播电台文艺调频台联合举办《健康人生》专题节目，历时半年，截止到2000年12月31日已为听众播放了147期；同时，在e龙网上开辟了《健康人生》栏目，发布有关《健康人生》的内容，扩大影响，受到了广大民众的欢迎。

7. 科技咨询与培训。9月15～20日在浙江省宁波市举办了“全国医药科技成果交流会和产品展示会”。为推动我国医药事业的发展上做出了贡献。

举办了两期4个班次“新药申报与技术审评高级培训班”，地点北京。参加人数总计达1200余人，受到广大学员好评。

8. 表彰奖励。开展了第六届吴阶平—保罗·杨森药学奖的评推工作，共有34位参评者。分别评出临床药理学科二等奖2名、三等奖3名，医院药学学科一等奖1名、二等奖2名、三等奖3名。

9. 编辑出版。2000年我会主办的15种学术期刊全年共发行87.1万份，刊登论文4 290篇。组织召开了3次编辑出版工作委员会会议。组织召开了第6次学会主办期刊审读会。为《中国药学杂志》等刊物申报中国科协2001年资助基金并获得批准。

中华护理学会

Chinese Nursing Association

地　　址　北京市东城区东四西大街42号

邮政编码　100710

电子信箱　chnu@263.net

主页网址　http://www.tcmtoday.com/cna

电　　话　010-65265331/65598461

传　　真　010-65265331

理 事 长　王春生

副理事长　李淑迦　黄人健　刘淑媛　郭桂芳

秘 书 长　张志君

刊物及主编　《中华护理杂志》

（Chinese Journal of Nursing）

主编　顾美仪

《中华护理学会会刊》

主编　于荔梅

《华护信息》　主编　于荔梅

单位简介

中华护理学会是中国护理科技工作者的专业学术性的群众团体，亦是中国护士惟一的全国群众性护理学术组织。

学会成立于1909年，原名“中国护士会”是我国成立最早的学术团体之一。1920年即参加了国际护士会，成为该会的第11个成员（后于1949年终止）。1936年改称“中华护士学会”。中华人民共和国成立后，学会于1952年定址于北京。1964年改名为“中华护理学会”。

从1914年至今，中华护理学会已召开过23届全国会员代表大会，拥有会员39万余名，成为全国122万名护士的中坚骨干力量。学会办事机构为：办公室、学会会务部、继续教育部、杂志编辑部、科技开发部、财务室等职能部门；先后成立了7个工作委员会、18个专业委员会；在全国31个省、自治区、直辖市都有护理学会（分会），并建立了直接的业务指导关系；全国各护理学会（分会）都已形成网络体系，为开展工作提供了有力的组织保证。

1997年以来，中华护理学会两次被中国科学技术协会评为先进学会，在国内外享有很高的威望。

工作综述

一、加强组织建设和改革

1．根据中国科协2000年工作计划指示精神，对会员进行了重新注册，仅在半年多时间里即完成注册换证6万余人次。

2．建立和完善学会各项规章制度，坚持学会正副理事长、正副秘书长每月召开例会。

3．学会自筹资金购置了近340平方米的办公用房，为今后发展创造了良好的条件。

4．与中国中医药学会、中国中药科技开发中心联手合作筹建了现代中医网，中华护理学会拥有了自己的网页并于8月初正式开通。

5．6月，国际护士会首席执政官尤迪丝女士亲自到学会进行实地考察，就恢复中华护理学会在国际护士会席位问题进行了坦诚、友好的协商，使该项工作有了一定的进展。

二、注重学科理论建设，积极开展高质量护理学术交流

1．共组织召开了国内学术会议达20余次，这对提高护理人员整体素质，树立新的护理理念起到了重要的作用。

2．成功举办了两次国际会议，并先后派团出访日本和美国，考察国外的医院管理、社区护理及护理教育状况。接待国外护理代表和护理同行近300余人，就护理管理人才培养及护理教育等问题交换了看法，探讨了今后合作的意向。

三、继续护理学教育、科技开发和科普工作成绩显著

1．学会继续教育部共举办了28个培训班，并配合5·12护士节举办了七省市“婴儿抚触”知识操作竞赛。2000年完成了国家卫生部科教司成教处委托的《社区护士岗位培训大纲》的拟订工作。

2．学会科技开发部举办了新产品新技术信息交流会，使护理人员获得国际先进信息。

3．为贯彻中国科协重视学会开展群众性科普工作的精神，学会科普工作委员会编写科普知识宣传手册，录制科普宣传影像带，参加“世界地球日”义务宣传和5·12护士节举办的下乡义诊活动，受到群众的热诚欢迎。

四、配合民政部的领导与监督，严格执行财务管理制度

中华护理学会严格按照国家财务制度进行财务审计和统计，10月获得中国科协计划财务部颁发的1999年财务决算编制成绩优秀奖奖状。

中国生理学会

Chinese Association for Physiological Sciences

（SAPS）

地　　址　北京市东城区东四西大街42号

邮政编码　100710

电　　话　010-65278802

传　　真　010-65278802

理 事 长　杨雄里

副理事长　邓希贤　卢光启　何瑞荣　周曾铨　姚　泰

秘 书 长　许荣焜

刊物及主编　《生理学报》　主编　杨雄里

《中国应用生理学杂志》　主编　吕永达

《生理科学进展》　主编　范少光

《生理通讯》　主编　郑永芳

单位简介

中国生理学会成立于1926年，是我国成立最早的科技社团之一，是中国生理科学工作者自愿组成的全国性、学术性、具有公益性的法人社会团体，是中国科学技术协会的组成部分，是发展我国生理科学技术事业的重要社会力量。

1978年恢复学会活动，现有会员近2000人。

学会下设7个专业委员会，4个工作委员会，3个工作组，1个基金会。

工作综述

一、学术活动

1．第一届海内外华人神经科学中青年学者研讨会，于6月12~16日在安徽合肥举行，60多人出席会议。收到论文摘要63篇，刊登63篇，交流48篇。

2．庆祝学会名誉理事长王志均院士90华诞大会，于7月18日在北京举行，200余人出席会议。

3．第三届计算机在生理学教学、科研中的应用学术研讨会，于8月11～14日在云南昆明举行，50余人出席会议。收到论文摘要50篇，刊登50篇，交流24篇。

4．新世纪学术会议2000年消化胃肠免疫及激素学术会议、西部生理学学术会议，于8月15～18日在新疆乌鲁木齐举行，90多人出席会议。收到论文摘要79篇，刊登76篇，交流30篇。

5．新世纪学术会议2000年中医药现代化研究与教学研讨会，于8月18～23日在江西井岗山举行，86人出席会议。刊登论文200篇，交流38篇。

6．新世纪学术会议2000年第五届应用生理学学术会议暨中华医学会高原医学第五届全国学术会议，9月8～13日在贵阳举行，170人出席会议。收到论文摘要309篇，刊登301篇，交流46篇。

7．新世纪学术会议2000主会场，10月18～27日在上海召开，200人左右出席会议。其中第五届全国心血管学术会议收到论文摘要50余篇，第六届全国生理学教学研讨会收到论文摘要100多篇。

配合中国科协第二届优秀科技工作者评选活动，6月份学会经过协商后决定推荐中科院上海生理所李葆明研究员，作为中国生理学会报送的候选人，参加评选。

按照以往惯例，1999年参加“张锡钧基金”优秀论文评审的一、二等奖获奖者，作为中国生理学会推荐的候选人，上报参加于9月份开始的中国科协第七届青年科技奖评选活动。

按照中国科协《关于实施国际组织后备队工程的通知》精神，学会于7月份上报了国际脑研究组织和国际生理科学联合会后备人选4名。

中国科协布置的由学会承担的《21世纪学科发展丛书》，由西安医科大学樊小力教授组织人员编写，经过一年的紧张工作，有望近期完稿。

二、科普工作

4月，由中国生理学会主办、北京市科协协助，在中国科技会堂举办了北京青少年生命科学学术报告会。来自北京市十几所中学的20多位中学生，向600多位听众展示和报告了他们参加“青少年生命科学领域跨世纪人才培养计划”，参与研究性学习过程期间撰写的科研论文。在上述活动中通过学术报告会选拔出的优秀中学生，于5月代表中国青少年参加了在美国举办的“因特网国际青少年科技大奖赛”，并取得了较好成绩。

由邓希贤副理事长精心组织，具体落实的纪念诺贝尔奖颁奖100周年展览，是中国科协2000年组织的一次大型活动，中国生理学会与中国生物工程学会、中华医学会一同担负介绍诺贝尔生理学或医学奖展板素材的文字编写任务。

7月8～18日，学会与北京大学生命科学学院、香港科技大学再次共同主办了第六届生命科学青少年科普夏令营（长江文化及生态考察交流营），世界自然基金会（W.W.F.）中国总部、中国青少年基金会协办。开营式由学会秘书长许荣焜主持，副理事长、北京大学生命科学学院院长周曾铨担任营长。夏令营活动主题：携手保护生命之河——长江。

本届夏令营活动办得圆满成功，有关媒体派记者前往采访，收到了一定的社会效益。

7月底，学会接受了“北京市青少年科技教育访问团”访问港澳的任务。办公室主任叶珊应邀担任副团长，与参加“青少年生命科学领域跨世纪人才培养计划”中挑选出来的40多位中学师生，访问了香港、澳门。此次活动标志着学会开展的青少年科技教育、科普活动，又上了一个新台阶。

5 月，北京市科委、北京市人事局、北京市科协授予学会北京市科普工作先进集体称号。

中国解剖学会

Chinese Society of Anatomical Sciences

地　　址　北京市东城区东四西大街 42 号
邮政编码　100710
电子信箱　csas@public.bta.net.cn
主页网址　http://csas.medchina.net
电　　话　010-65257568
传　　真　010-65257568

理 事 长　徐群渊
副理事长　刘　斌　朱长庚　陈克铨
秘 书 长　刘　斌
刊物及主编　《解剖学报》　主编　章静波
《解剖学杂志》　主编　黄　瀛
《神经解剖学杂志》　主编　李继硕
《中国临床解剖学杂志》　主编　徐达传
《中国组织化学与细胞化学杂志》　主编　熊希凯
《解剖科学进展》　主编　于　频

单位简介

1920 年 2 月 21～28 日，中华医学会和中国博医学会在北京召开第三次大会之际，于 2 月 26 日“中国解剖学会及人类学会”在北平协和医学院（PUMC）解剖室正式成立。有正式会员 49 人，名誉会员 1 人。会议推选当时北平协和医学院解剖教研室主任、著名的组织学家 Cowdry E. V 为理事长。理事会由 12 人组成，并制定有会章 13 条。学会在成立之后，因当时军阀混战激烈，政府更迭频繁，在这种大环境下，正常地开展学术活动十分艰难，曾处于瘫痪状态。至 1947 年又重新恢复成立“中国解剖学会”。“文化大革命”期间，学会又处于瘫痪状态，1978 年复会至今。

学会的最高权力机构是全国会员代表大会，每 4 年召开 1 次，每次经民主选举产生新的理事会，本届理事会为第十一届，于 1998 年产生。

理事会下设 5 个专业委员会，9 个工作委员会。

学会于 1985 年加入了国际解剖学工作者协会联合会（International Federation of Associations of Anatomists, IFAA）。1999 年 9 月 11～17 日在意大利举行第十五届国际解剖学者协会联合会的年会，我会徐群渊、陈克铨、王云川、高福禄出席了会议，会上，徐群渊当选为国际解剖学会的执行委员、副秘书长（The 2nd Secretary General of International Federation of Associations of Anatomists, The Member of the Board of Executive Committee of IFAA）。该执行委员会由 7 人组成，属国际解剖学者协会联合会最高机构；同时，徐群渊、陈克铨和王云川被确认为形态科学国际委员会的委员。

中国解剖学会组织学与胚胎学专业委员会于 1988 年加入国际组织化学与细胞化学联盟（International Federation of Societies for Histochemistry and Cytochemistry, IFSHC），多次派代表出席该组织的会议并在大会上进行学术交流。第十一届国际组织化学与细胞化学联盟大会于 9 月在英国举行，中国解剖学会组织学与胚胎学专业委员会主任、蔡文琴为该届理事候选人应邀出席大会并进行学术交流。

工作综述

10 月，为了庆祝学会成立 80 周年，总结过去，迎接新世纪的到来，在京召开了庆祝大会暨 2000 年学术年会，新老解剖学工作者欢聚一堂。编辑出版了《中国解剖学会 80 年》文集和庆祝“中国解剖学会成立 80 周年”特刊（即第 21 期会讯）。5 月在上海举行了第五届中国——日本组织化学和细胞化学学术研讨会，中日学者盛赞会议开得成功。为了响应中央关于“面向大西北，开发大西北”的号召，我会于 8 月在新疆召开了第八届科普工作会议。2000 年，我会还有两件令人兴奋和鼓舞的事：我国著名的古人类与古脊椎动物学专家，中国科学院院士吴汝康教授获得“何梁何利科技成就奖”（奖金 100 万元港币）。第三军医大学、组织胚胎学教授蔡文琴被中央军委主席江泽民批准荣立三等功。此外，2000 年我会又发展了 94 名会员。

中国生物医学工程学会

Chinese Society of Biomedical Engineering

地　　址　北京市东城区东单三条 5 号
邮政编码　100005
电子信箱　yxgch@homeway.com.cn
主页网址　http:// csbme.medchina.net
电　　话　010-65136537/65265035
传　　真　010-65136537

理 事 长　刘德培
副理事长　俞梦孙　王明时　方祖祥　郑崇勋
秘 书 长　胡逸民
刊物及主编　《中国生物医学工程学报》

主编　刘德培

《中国生物医学工程学报》（英文版）　主编　刘德培

《中国心脏起搏与心电生理杂志》　主编　蒋文平

《中国血液流变学杂志》　主编　王天佑

《生物医学工程学杂志》　主编　陈槐卿

单位简介

20 世纪 70 年代国家科委组织专家成立了生物医学工程学科小组，于 1980 年由中国科协批准成立中国生物医学工程学会。

在成立大会上选举出由中国医学科学院院长、著名医学家黄家驷任理事长的第一届理事会。学会成立 20 年来已选举产生五届理事会，历届理事长分别由顾方舟、巴德年、刘德培担任。

学会现有分会或专业委员会 12 个；全国持证会员 1 万名，高级会员 100 名，学会吸收团体会员 10 个。

学会于 1986 年加入国际医学生物工程联合会组织成为国家会员；医学物理分会亦于 1986 年被吸收为国际医学物理学术组织成员。学会部分会员以个人身份加入国际人工器官学术组织，国际人工器官组织中国联络处设在人工器官分会。

工作综述

2000 年通过一年的努力，学会组织和参加的会议共 15 次，参加会议人员 2000 余人，交流论文 1000 余篇。学会的会议结合学科发展的前沿课题，共性问题，跟踪国内外科技动态精心选题，认真组织，使与会代表通过学术交流活动得到新的信息，了解新技术，找到新思路，使其提高科技水平，促进了科技进步。

中国生物医学工程学会组织各分支学科著名专家编写《现代工程技术与人类健康——生物医学工程》一书（暂定名），内容涉及人工器官、医学图像、肿瘤放射治疗学、信息时代的医学新模式、组织工程和展望未来、微型机电设备或纳米技术等。

中医药工程分会为山西康强制药有限公司组织院士和知名专家参与光和菌生物技术生产中药的小型研讨会及科普宣传教育片。

学会与北京新兴生物医学工程研究发展中心、广州倍特生物制品有限公司、国家保健品工程中心三个企业结为厂会合作单位后，于 2000 年又与益尔康生物工程开发中心结为厂会协作关系。帮助益尔康生物工程中心改进蛋白胶原海绵的性能和产品质量，使其 2000 年的销量有很大提高。

中国病理生理学会

Chinese Association of Pathophysiology

地　　址　北京市海淀区学院路 38 号北京大学医学部病理生理教研室

邮政编码　100083

电子信箱　pathophy@mail.bjmu.edu.cn

电　　话　010-62092403

理 事 长　韩启德

副理事长　黄启福　卢　建　陆大祥

秘 书 长　吴立玲

刊物及主编　《中国病理生理杂志》　主编　李楚杰

《中国实验血液学杂志》　主编　唐佩弦

《中国动脉硬化杂志》　主编　杨永宗

单位简介

我国的病理生理学科创建于 20 世纪 50 年代，先后在全国各高等医学院校建立病理生理学教研室，为医学院开设了病理生理学课程。1961 年经中国科协批准在上海召开了中国第一届病理生理学学术讨论会并成立病理生理专业委员会。1985 年，中国科协批准中国病理生理学会为中国科协的组成部分。现有会员 2 680 人，15 个专业委员会。经中国科协批准我学会于 1993 年加入国际病理生理学会；休克专业委员会于 1993 年加入国际休克联盟；心血管专业委员会于 1993 年加入国际心脏研究会；动脉粥样硬化委员会于 1994 年加入国际动脉粥样硬化学会。

工作综述

一、学术活动

2000 年的学术活动面向新世纪，贯彻党中央实施西部大开发战略。学会除了配合由中国科协组织在西安召开的中国科协 2000 年学术年会外，还组织安排了以下活动：

1．10 月 17～19 日，在南京召开第七届全国代表大会暨学术会议。

2000 年学会对学术交流活动进行一种全新的尝试，即大范围的专题报告会与多个专业委员会学术论文交流会同时进行，与全国代表大会暨学术会议同时召开的卫星会有第七届心血管专业委员会暨第六届国际心脏研究会（ISHR）中国分会学术会议，第六届受体与信号传导专业委员会学术会议，第七届肿瘤与第八届免疫专业委员会学术会议，第三届消化专业委员会学术会议，4 月 4～11 日，于杭州召开了第四届全国危重病医学学术会议。

2. 2000——西部生理学术会议暨西北五省（区）病理生理学术会议于 8 月 15～19 日在乌鲁木齐召开。

3. 10 月 10～12 日，在济南召开了全国脐带造血细胞移植会议。

4. 5 月在武汉召开了第九届全国微循环学术会议。

2000 年共有 623 人参加学术会议，交流学术论文约 800 篇。

二、对外交流活动

第四届国际病理生理大会将于 2002 年 6～7 月在匈牙利首都布达佩斯召开，学会已广泛发出通知，并将进行具体组织，为参会会员提供方便。学会已申办成功第五届国际病理生理大会，2006 年将在北京召开。

理事长薛全福于 7 月出席在日本召开的南极科学研究委员会第 26 届国际会议，在会上做了学术报告。截止 2000 年 10 月，我学会已有 240 名会员参加国际病理生理学会。

三、编辑出版工作

我会主办的《中国病理生理杂志》连续 3 年被评为中国科协所属基础性自然科学技术类优秀资助期刊。

经上级批准，2000 年《微循环杂志》与我会的微循环专业委员会共同联合办刊。

中国营养学会

Chinese Nutrition Society

地　　址	北京市宣武区南纬路 29 号
邮政编码	100050
电子信箱	cnsoc@public3.bta.net.cn
主页网址	http://www.cnsoc.org
电　　话	010-63043472/83155634
传　　真	010-63011875
理 事 长	葛可佑
副理事长	杨晓光　柳启沛　程义勇　张　丁
秘 书 长	翟凤英
刊物及主编	《营养学报》
	主编　顾景范

单位简介

中国营养学会于 1985 年正式成立，至今已发展个人会员 7000 余人。学会理事会每 4 年换届 1 次，至今已进行 5 次换届选举工作，第五届理事会于 2000 年 10 月在全国第八次会员代表大会上选举产生。本学会参加的国际组织有：国际营养联合会（IUNS）（1984 年）和亚洲营养学会联合会（FANS）（1985 年）。

工作综述

一、学术交流工作

10 月 16～20 日，在北京召开了中国营养学会第八次全国营养学术会议，对营养学工作 4 年来进展情况的一个系统总结。会议主要进行了以下几项议程：

1. 中国居民膳食营养素参考摄入量（DRIs）专题报告，国内外的 11 名营养专家围绕我国第一部 DRIs 的研究和修订，从宏量营养素、常量和微量元素、维生素、非营养素成分等方面系统地介绍了国内外最新的研究进展。

2. 宣传“中国居民膳食指南及平衡膳食宝塔”的经验。

3. 论文交流。本次学术会议征集到学术论文 224 篇，经评审安排大会分组发言 52 篇，壁报展示 33 篇，书面交流 139 篇。论文内容涉及营养学多方面领域。

此次全国营养学术会议共有来自各地的约 480 人参加，其中会员 350 人。

中国营养学会第四届营养分析学术会议于 5 月 27～29 日在广东省深圳市召开，本次会议以“保健食品开发利用和营养成分及功能因子检测”为主题，涉及医学营养学、分析化学、卫生管理等多学科。22 篇论文在会上交流，120 余名人参加了此次会议。

二、科普宣传工作

组织了科普工作先进集体和个人的表彰工作。经地方学会推荐，科普工作委员会评选，共评选出先进集体 7 个，先进个人 18 位，分别颁发了证书和奖牌。

“中国居民膳食指南及平衡膳食宝塔”正式发布已有 4 年的时间，4 年来我学会通过各种渠道，利用各种宣传方式，在群众中广泛宣传“膳食指南和宝塔”。2000 年我学会继续这一工作，学会理事长及秘书长亲自远赴甘肃、辽宁宣传授课，并参加现场的义务咨询活动。

与中国妇联、中美上海施贵宝制药有限公司合作，深入社区进行 8 次宣传讲座，主要针对老年、孕妇、儿童等特殊人群的营养问题，受到社区群众的欢迎。

三、继续教育工作

共举办了两个短期培训班：4 月在京举办了临床营养师提高班；5 月在郑州市举办第十二届营养知识更新班。

两期培训班共有120名学员参加了学习。

四、图书和刊物的编辑出版工作

10月出版了《中国居民膳食营养素参考摄入量》（DRIs）一书，与1988年出版的《推荐的每日膳食中营养素供给量》（RDA）相比，增加了很多新的概念，新的推荐量引入了可耐受最高摄入量（UL）、平均摄入量（EAR）及适宜摄入量（AI）的概念，已达到国际先进水平。

《营养学报》是营养学专业期刊，2000年共刊登95篇论文，刊出4期，约80万字。发行1万余册，其中国外发行132册。获得中国科协高技术基础性、高科技期刊基金。

五、优秀论文评选奖励工作

为提高广大营养工作者的工作热情，鼓励更多的人投身营养事业，我学会在第五届全国会员代表大会期间对部分优秀论文给予了奖励。经推荐、评审共有11篇论文分获侯祥川学术奖、陈学存学术奖和苏祖斐学术奖，大会分别为他们颁发了证书和奖金。

中国药理学会

Chinese Pharmacological Society, CNPHARS

地　　址　北京市先农坛街1号
邮政编码　100050
主页网址　http://www.cnphars.org
电　　话　010-63165211/63165179
传　　真　010-63017757
理 事 长　张均田
副理事长　林志彬　王永铭　包定元　罗质璞　徐叔云　曾繁典
秘 书 长　林志彬
刊物及主编
《国药理学报》
（ACTA PHARMACOLOGICA SINICA）
主编　丁光生
《中国药理学通报》
（CHINESE PHARMACOLOGICAL BULLETIN）　主编　徐叔云
《中国药理学与毒理学杂志》
（CHINESE JOURNAL OF PHARMACOLOGY AND TOXICOLOGY）　主编　荣康泰
《中国临床药理学与治疗学杂志》
（CHINESE JOURNAL OF CLINICAL PHARMACOLOGY AND THERAPEUTICS）　主编　孙瑞元
《中药药理与临床》
（PHARMACOLOGY AND CLINICS OF CHINESE MATERIA MEDICA）
主编　王建华
《中国药理学会通讯》
（INFORMATION OF THE CHINESE PHARMACOLOGICAL SOCIETY）
主编　库宝善

单位简介

中国药理学工作者在20世纪20年代与生理科学工作者一起成立了中国生理学会，开展学术交流活动。1979年成立了药理学专业委员会。1984年经中国科协批准成立中国药理学会。中国药理学会现有会员近3000人，设17个专业委员会。

中国药理学会第二届理事会于1984年9月6日在九江召开；中国药理学会第五届全国会员代表大会于1989年11月1日在武汉召开；中国药理学会第六届全国会员代表大会于1993年5月15日在北京召开；中国药理学会第七届全国会员代表大会于1997年10月7日在北京召开。

1985～1993年，理事长为王振纲；1993年到现在，理事长为张均田。

中国药理学会是国际药理学联合会（International Union of Pharmacology，IUPHAR）会员国，于1984年首次参加在伦敦举行的第九届药理学家大会后，自此，积极开展对外学术交流活动，连续组团参加了第十届、第十一届、第十二届药理学家大会。在进行国际学术交往中，中国药理学会感到历届国际药理学家大会均在发达国家举行，只有一次在亚洲（日本东京），一次在澳大利亚悉尼举行。为此，中国药理学会组团参加了第十一届、第十二届国际药理学大会，并在国际药理学联合会理事会上提出申办国际药理学大会在中国召开的申请。经过两次努力我会终于取得了第十五届（2006年）国际药理学大会在中国召开的主办权。

多年来，中国药理学会在国内组织召开了：第五届东南亚和西太平洋地区药理学家大会、两次中日药理学术会议及第一、二届海峡两岸心血管会议，与中国药理学会生化药理专业委员会举办了题为“架起连接生化药理与传统药物的桥梁”国际学术研讨会。此外还有中法药理学术会议、中韩药理学术会议和京港药理学术会议等。

工作综述

一、积极开展多种形式的学术活动

开展学术交流是我会的基本任务。为了提高学术交流活动幻灯片制作的水平，与国际接轨， 2月24日我会特请军事医学科学院李松讲授《幻灯片的制作与 Powerpoint 的使用技巧》，我会会员与药物所职工听课140余人。

10月，在扬州召开了中国药理学会常务理事及各专业委员会主任会议，会议针对关于组团参加 2001 年法中药理学术会议、欧洲药理学术会议及组团参加 2002 年在美国举行的第十四届国际药理学术会议、2006 年在北京召开的第十五届国际药理学术会议的筹备工作、Servier 奖评选工作的改进、学会组织工作等问题进行了热烈的讨论并达成共识。

学会下属 10 个专业委员会进行了学术活动，不少专业委员会进行了青年优秀论文的评选，交流论文 888 篇；参加会议人数 1 010 人，评选优秀论文 26 篇。

2000 年我会及专业委员会共召开学术活动 13 次。

二、2006 年国际会议筹备工作

为筹办好第 15 届世界国际药理学大会，经 IUPHAR 秘书长 Vanhoutte 教授建议，并由法国 Servier 研究院资助，中国药理学会派副理事长兼秘书长林志彬教授为首，副秘书长张永祥、李学军、杜冠华教授参加的工作组于 10 月 25～28 日赴美国旧金山参加第十四届世界药理学大会的国际顾问委员会会议，了解第十四届世界药理学大会的筹备情况，学习美国同行的办会经验，并与 IUPHAR 国际顾问委员会以及 ASPET IUPHAR 2002 国家委员会及各下属委员会讨论了 IUPHAR 2006 的组织工作。

三、组织建设

我会的理事长、常务理事、理事相互团结、相互尊重，遇事常商量。一年来，共召开常务理事会 9 次，每次常务理事会会议纪要均通过书函向外地常务理事或理事寄发。

我会持证会员人数为 2 千余人，大多数为中高级职称，已形成全国性组织网络。学会会员库不断充实完善，对提供电子邮件地址的会员基本每月向会员发布学会信息，加强了与会员的联系。

通过电子网络与国内外交流信息，开展工作。是当今信息时代学会进入市场的一个重要条件。我会已在国际（Internet）互联网建立中国药理学会主页同时在中国科协的主页上建立了我会的网页。我会的所有信息做到随时入网，以随时取得与会员的沟通。

四、发现、培养和奖励有才华的年轻科学工作者

为让优秀的青年科学家成为学科带头人，我会积极参与中国科协全国优秀青年科技工作者评奖，2000 年组织评选，推荐 3 位全国优秀青年科技工者上报科协。

于 1997 年与法国 Servier 研究所共同设立的评选优秀青年药理学工作者奖活动，已进行四届，共有 30 名青年药理学工作者获此殊荣。2000 年经过常务理事会和法国 Server 研究所的讨论酝酿，又有 8 位青年药理学工作者获此项奖励。10 月份在扬州召开的中国药理学会抗炎免疫学术交流会上对今年获奖的 8 名优秀青年药理学工作者颁奖，他们年龄均在 37 岁以下、有高级职称或博士生，立足国内从事药理学研究并取得较突出成绩。

五、编辑出版

在学会的关心和各有关单位的具体指导和人力、物力、财力方面的支持下，我会的 6 种期刊即《中国药理学报》、《中国药理学通报》、《中国药理学与毒理学杂志》、《中药药理与临床》、《中国药理学通讯》、《中国临床药理学与治疗学杂志》越办越有特色。

2000 年《中国药理学报》再次荣获中国科协择优支持基础性和高科技学术期刊专项资助经费 10 万元，以及获得国家优秀期刊奖 5000 元。

《中国药理学会通讯》是中国药理学会会刊，主要报道学会活动，学术动态，受到会员的普遍欢迎。

中国药理学会于 2000 年被中国科协批准为先进学会。

中国针灸学会

Chinese Society of Acupuncture and Moxibustion

地　址	北京市东城区东直门内北新仓 18 号
邮政编码	100700
电　话	010-64030611/64014411 转 3065
传　真	010-64030611
会　长	胡熙明
副会长	邓良月　石学敏　刘保延　陈汉平　陈佑邦　陈绍武　李维衡　杨保琴　曹小定
秘书长	李维衡
刊物及主编	《中国针灸》　主编　邓良月 《针刺研究》　主编　黄龙翔

单位简介

中国针灸学会成立于 1979 年，当时是中华全国中医学会的分科学会之一。1985 年经中国科协报国家体改委批准为全国性学会。成立之时即加入中国科协。现有个人会员 1.5 万人。中国针灸学会下设 10 个专业委员会。

世界针灸学会联合会于 1987 年成立。中国针灸学会作为发起学会之一，于 1987 年 12 月加入世界针联。我会领导及专家已连续五届在针联执委会中担任名誉主席、主席、秘书长、司库等重要领导职务。

工作综述

一、积极参加国际组织领导职位竞选及国际学术交流

2000 年是世界针灸学会联合会改选换届年。学会对此十分重视，专门召开全体常务理事会议，按照世界针联章程规定推选出参加针联第五届会员大会的 6 位代表及第五届执委候选人。我会代表团于 11 月 12 日参加了在韩国汉城召开的世界针联第五届会员大会。我国卫生部副部长兼国家中医药管理局局长佘静，韩国汉城市副市长康泓彬出席开幕式并讲话。大会以无计名投票方式选举产生了世界针联第五届执行委员会。我会 4 名候选人以绝对优势当选。邓良月当选主席，沈志祥当选秘书长，李维衡当选司库，刘保延当选执委。大会还聘任我会高级顾问王雪苔教授为世界针联名誉主席。我会还组织由副秘书长马纯芳率领的学术代表团参加了同时在汉城召开的第五届世界针灸学术大会及器材展销会。与会代表提交学术论文 30 余篇，全部入选大会论文集，并有 20 余人在会上做了内容涉及针灸基础研究、针灸临床研究、针灸作用机理研究、针灸发展动态等诸多方面的学术报告，引起较大反响。

此外，我会很多会员还参加了 5 月在北京召开的世界传统医药大会。

二、国内学术交流

2000 年度，中国针灸学会及下属各分会、专业委员会共举办 6 次学术会议。既全国首届针药并用治疗疑难病症学术研讨会，中国特种针法临床学术交流会，中国针灸学会临床分会第 8 次学术研讨会，全国腧穴应用暨针灸教育研讨会，针灸文献与临床学术研讨会，针灸对机体功能的调节机制学术研讨会。这 6 次会议计有 600 余人次参加，交流论文 800 余篇，其中会上报告交流 180 余人次。

三、科普与培训

根据中国科协关于编写《21 世纪学科发展丛书》的文件精神，于 2000 年组织针灸专家编写了《针灸导向》一书，旨在宣传普及针灸知识。全书 20 余万字。

10 月在京举办了一期针灸老专家临床经验传授班。该班特别邀请了贺普仁、张士杰、焦顺发三位著名针灸专家为大家分别讲授了“火针及针灸美容”、“有效单穴临床应用”、“头针的临床应用及发展”等针灸临床经验，使学员们受益非浅。

四、编辑出版

在过去的一年里，我会与中国中医研究院针灸研究所共同主办的《中国针灸》和《针刺研究》两本杂志在编辑、出版工作中认真贯彻执行国家科技期刊管理办法，坚持各自办刊宗旨，完成了全年出版任务。

中国防痨协会

Chinese Anti-Tuberculosis Association

地　　址　北京市东城区东四西大街 42 号

邮政编码　100710

电　　话　010-65257509 / 65257475 / 62215207

传　　真　010-62252648

理 事 长　戴志澄

副理事长　张立兴　王撷秀　端木宏谨　屠德华　许成文

秘 书 长　张立兴

刊物及主编　《中国防痨杂志》　主编　张立兴

《结核与肺部疾病杂志》　主编　张立兴

单位简介

中国防痨协会成立于 1933 年 10 月 21 日，会址在上海。1950 年由上海迁至北京。1953 年 8 月在京召开防痨工作者代表大会。68 年期间，召开了 7 次会员代表大会。此后由黄鼎臣、阚冠卿、戴志澄担任各届理事长。

本会设 4 个工作委员会，4 个专业委员会。编辑出版两种学术期刊。1954 年加入中国科协。1997 年民政部关于社团清理整顿以前，协会拥有全国及地方会员 18 000 人。社团整顿之后，中国防痨协会与各省、市、自治区地方防痨协会不存在垂直领导关系。现全国 31 个省、自治区、直辖市均有防痨协会会员，现有会员近 2 000 人，团体会员 43 个。4 个专业委员会也根据自己的专业特点，开展学术活动。

1995 年开始，每两年召开一次全国性学术交流会，邀请国内外著名专家作专题报告，围绕当前结核病存在的问题，解决的办法做各方面的学术交流。历次参会人数 600 多人。

1957 年经卫生部批准，中国防痨协会加入国际防痨联合会。1963 年因台湾地区防痨协会以“中华民国防痨协会”的名义加入国际防痨联合会，我会因此而退出并中断联系。1984 年国际防痨联合会通过各种渠道向我会转达了恳请我会重返国际防痨联合会的意愿。1985 年 9 月该会指派联合会主席及执行委员会主席米华与我会代表商谈并签署了备忘录。此后经国际防痨联合会执委会通过，恢复了我会在国际防痨联合会中的合法席位。

1986 年 10 月卫生部、外交部，财政部以（86）卫外字第 76 号文向国务院提出“关于恢复中国防痨协会在国际防痨联合会中合法席位的请示报告”，经国务院批准，我会于 1987 年办理了入会手续，交纳会费。张立兴任该会常务理事会委员。

工作综述

2000 年中国防痨协会在中国科协、卫生部的领导下，认真贯彻中国科协五届五次全委会议精神，在深化改革、学术活动、继续教育、编辑出版、科普宣教、对外交流等方面做了以下几项工作。

一、做好“3·24 世界防治结核病日”的宣传活动

1．主题为“动员全社会，关注结核病”的宣传画 1 幅 8 万张；

2．结核病知识问答小册子 5 万册；

3．折页 6 万册（结核病与儿童、结核病与妇女、结核病与青壮年、结核病与老年）。

二、加大力度做好编辑出版工作

召开两次《中国防痨杂志》正副主编会议并做出决定：

1．封面重新设计并请医务界国内外著名人士吴阶平副委员长题写刊名。

2．版面要扩大、页码要增加。

3．纸张质量为优质。

4．第三期杂志应以新的面貌与广大读者见面。

5．从 2001 年起从季刊改为双月刊。

6．依法刊登广告。

9 月第三期《中国防痨杂志》改版。

三、举办现代结核病知识研讨班

5 月 10～14 日，在京举办现代结核病知识研讨班。来自全国各省市学员 1001 名。这次学习班的主要特点为：

1．讲员为国内著名结核病专家，同时增加“卫生经济评价教程”。

2．本次学习班对西部地区的学员实行优惠政策，协会以实际行动支持西部地区防痨工作，反响强烈。

3．每个学员均获继续教育学分。

四、举办结核病临床、基础学术研讨会

中国防痨协会结核病临床委员会、基础委员会于 10 月 15～18 日在河南开封举办学术研讨会，来自全国各地 140 人围绕着耐多药结核病的问题展开了专题报告病例讨论以及大会发言。

五、举办中国防痨协会防痨第七次全国防痨宣教作品表彰暨经验交流会

10 月 25～28 日，在广西北海召开第七次全国防痨宣教作品经验交流会。会上颁发了一等奖 2 个、二等奖 3 个、三等奖 7 个、鼓励奖 1 个。有 7 个省结核病防治所进行经验交流。

六、对外交流活动

1．8 月 2～8 日，韩国国家防痨协会一行 5 人访问中国防痨协会，在这期间访问了卫生部结核病控制中心，北京结核病控制研究所和上海防痨协会。

2．中国防痨协会副理事长兼秘书长张立兴被邀请主持 FLOREWE2000 年结核病专题报告。

3．9 月 25～26 日，在广州召开东区国际 DOTS 研讨会，张立兴副理事长兼秘书长为本次会议主席。

七、举办防痨专家咨询及暑期休养活动

7 月 16～21 日，在黑龙江镜泊湖举办专家咨询及暑期休养活动。参加这次活动有戴志澄理事长、张立兴副理事长兼秘书长，特邀请香港李绍鸿教授、俞翊鹏秘书长，还有北京、黑龙江、河南等 17 位专家，在休养期间召开了结核病咨询会议，为全国控制结核病工作献计献策，既达到了专家咨询的目的，又得到很好的休息。

八、与香港防痨胸病协会首次合作开展关于中国农村居民吸烟状况调查研究

2001 年要在香港召开控烟会议，香港防痨心脏及胸病协会希望与中国防痨协会合作，为此 6 月 17 日在深圳首次召开中国农村居民吸烟状况调查项目研讨会。全国 10 个省的结核病防治所参加了此项调查研究，此项调查分中国农村居民吸烟状况调查和儿童被动吸烟状况调查两部分，至 10 月份全部调查完毕并已输入计算机进行运算。

九、全力以赴做好 2001 年全国学术年会的准备工作

1．做好选址工作。经中国防痨协会第七届理事会第四次常务理事会讨论决定 2001 年 10 月在贵州省贵阳市召开。

2．向全国印发会议征文通知。

中国麻风防治协会

China Leprosy Association

地　　址　北京市鼓楼西大街 126 号
邮政编码　100009
电子信箱　clabj@163.com
主页网址　http://www.china leprosy .org
电　　话　010-64033787
传　　真　010-64033787
名誉理事长　叶干运
理 事 长　肖梓仁
副理事长　何达埙　陈家琨　张国成　赵天恩　胡鹭芳
秘 书 长　杨忠民

刊物及主编　《中国麻风皮肤病杂志》

主编　肖梓仁

单位简介

1．中国麻风防治协会原名“中华麻风救济会”，成立于1926年1月，于1944年上半年停止活动。1927年1月该会创办《麻风季刊》，1943年12月停刊，共发行17卷（1943年为半年1期）。

“中华麻风救济会”历任领导：名誉会长唐绍仪（第一任），施肇基（第二任）；名誉副会长萨镇冰、武连德博士、谭纳博士；第一任会长李元信，总干事（相当于秘书长）邬志坚；第二任会长颜福庆，总干事施思明；第三任会长刁信德、总干事陈椿葆。

2．中华人民共和国成立，在卫生部顾问马海德博士的倡议下，1985年3月，经国家体改委批准，恢复了中国麻风防治协会，为中国科学技术协会所属的全国性协会。同年8月在广州召开了全国会员代表大会，讨论通过了《中国麻风防治协会章程》，选举了理事，召开了第一次理事会，选举了正副理事长、秘书长。同时恢复了《中国麻风杂志》，于1985年第四季度出版发行，仍为季刊。

中国麻风防治协会历任领导：第一届名誉理事长习仲勋，理事长马海德博士；第二届名誉理事长习仲勋，理事长陈敏章；第三届名誉理事长习仲勋，顾问戴正启，理事长叶干运。

学术刊物《中国麻风杂志》于1999年更名为《中国麻风皮肤病杂志》，第一任主编马海德博士；第二任主编叶干运；第三任主编李桓英；第四任主编何达埙，2000年底由肖梓仁接任。

3．学术组织设有专业委员会5个，团体会员单位29个，个人会员9192人。

工作综述

一、学术活动

全国麻风病早期发现、早期诊断、早期治疗研讨会暨中国麻风防治协会第四届理事会第二次理事会扩大会议于7月27～30日在海口市召开。170人参加会议。会议共收到论文204篇，其中专题报告6篇，评出大会宣读论文50篇，交流论文148篇。专家们对中国麻风防治工作历程、防治措施、防治效果、防治经验进行了回顾，分析了当前面临的主要困难和问题，对21世纪的中国麻风防治进行了展望。鉴于麻风是一种慢性传染病，至今尚无一级预防措施，因此，专家们呼吁在麻风防治第二个百年，要认真贯彻我国新时期“以农村为重点，预防为主，中西医并重，依靠科技教育，动员全社会参与，争取有关国际组织和国际友人的支持，逐步把麻风防治纳入初级卫生保健规划和社区卫生服务体系，不断推进麻风防治工作持续、协调、健康发展。”

二、组织工作

在我会召开的麻风病三早会议期间，何达埙副理事长代表理事会做了“中国麻风防治协会成立15周年工作报告”，7月29日，我会召开了第四届理事会第二次理事会扩大会议，会议审议了肖梓仁理事长所作的第四届理事会成立以来的工作报告及赵天恩副理事长对《中国麻风皮肤病杂志》的编辑、出版、发行及编辑部的有关工作汇报。与会代表和理事充分肯定了我会成立15年来所取得的成绩，充分肯定了第四届理事会成立以来所做的工作和成绩。

三、科普宣传、培训与继续教育工作

1．2000年“世界防治麻风病日”的主题是“消灭麻风病——新世纪的使命”。1月29日，到山东省皮肤病性病防治研究所和安丘市麻风村慰问工作人员和麻风病人。

2．在荷兰麻协的资助下，我会在陕西和甘肃开展了为期一天的一般医疗卫生人员麻风知识一体化培训。

3．2000年云南省麻协举办了1期麻风知识培训班，培训学员50人。

四、编辑出版工作

1．《中国麻风皮肤病杂志》在山东省皮肤病性病防治研究所的大力支持下，在编委会和编辑部工作人员共同努力下，使我会的学术性刊物进一步起到促进学术交流、促进人才成长、促进学科发展的作用。

2．组织专家翻译并印发了《麻风眼疾研讨会论文汇编》。

3．由我会办事机构编辑发行的《中国麻风防治协会通讯》和《国外麻风资料文选》免费发行至全国麻防系统及有关单位约2 000份。协会专职人员克服诸多困难，坚持办刊宗旨，传达和宣传中国科协和卫生部的有关政策和重要会议精神，交流各地麻风防治情况和经验,介绍国际有关会议的内容和治疗与控制麻风的新动态、新进展和新知识。

五、对外合作

1．荷兰麻协援助我国东北西北等10省区及四川省的麻风防治项目2000年继续执行，资助了以上省区的麻风病人防护鞋、及部分省区的办班经费。

2．韩国釜山防麻会北京办事处援助陕西商洛疗养院建立“中韩合作一商釜麻风康复中心”已于5月正式开业，主要收治残老麻风病治愈者；2000年还资助我会宣传经费人民币2万元；此外，援助甘肃、湖北省的项目正在进行之中。

3．香港明爱国内服务计划办公室援助人民币3万元，落实了我会的“预防麻风病宣传单”项目。

4．应韩国釜山防麻会申铉粉会长的邀请，我会副理事长何达埙教授、湖北省卫生厅孙昌松副厅长、甘肃省卫生厅马登科副厅长等一行7人，于5月20～26日到韩国考察麻风社会——经济康复工作。

六、横向联系

6月29日，中国残联与我会及卫生部合作开展的麻风畸残康复手术项目在甘肃省和政疗养院和两党疗养院进行，开展麻风兔眼、白内障摘除和晶体植入、截肢等手术120台次，发放防护鞋300双、拐杖50副、防护眼镜50副、轮椅10个。

中国心理卫生协会

China Association For Mental Health

地　　址　北京市西城区德外安康胡同5号
邮政编码　100088
电子信箱　camb@163bj.com
电　　话　010-82085385/010-82085386
传　　真　010-62359838
理 事 长　蔡焯基
副理事长　崔以泰　刘福源　方跃奇　郭念峰　张培琰
刊物及主编　《健康心理学》　主编　崔以泰
《心理与健康》　主编　陈学诗
Chinese Mental Health Journal
《中国心理卫生》
主编　彭瑞聪
《中国临床心理学》
主编　龚耀先

单位简介

1985年3月经国家经济体制改革委员会批准成立本会，同年被中国科协批准接纳为所属团体，1985年9月召开第一届全国代表大会，选举产生了第一届理事会，按照协会章程规定每5年换届一次，至今为第三届。

协会宗旨是团结全国心理卫生学、心理学、医学、社会学、教育学界等科学工作者开展学术交流、科学研究、心理卫生教育，为促进心理卫生科学 技术繁荣与发展，宣传普及心理卫生知识，培养儿童、青少年的健全人格，维护和提高人民心理健康水平和社会适应能力，提高道德水平，预防心理疾病，促进心理卫生科学技术的普及和推广，提高全民的心理卫生素质。

现有会员3万余名，全国有26个省、自治区、直辖市成立了地方心理卫生协会，同时，协会下属有14个专业委员会，还有煤炭、铁路、交通、石油石化（筹）行业分会。1997年中国心理卫生协会心理咨询与心理治疗专业委员会作为团体会员加入WCPC世界心理治疗学会，专委会副主任委员钱铭怡教授为该会主委。

工作综述

老年心理卫生专业委员会召开了第六届学术年会，以“积极健康的老年生活迎接21世纪人口老龄化挑战”进行了深入探讨和广泛交流。残疾人分会召开了第三届学术交流会，围绕“如何提高残疾人生活质量”这一主题，就各类残疾人群的心理、教育、医疗康复社区以及残疾人服务机构等进行了探索和研究。青少年心理卫生专业委员会召开了第七届学术会，主题是“学校心理健康教育的模式与方法”，涉及心理教育的方法、学科渗透、测评、调研与心理档案、心理教育与矫治，以及教师心理6个方面，进行了广泛研讨，获得了一定的成效。继续教育是对心理卫生工作者进行知识和技能的更新和补充，为使我国心理治疗与心理咨询向职业化、科学化转变，开办了一期继续教育函授，并请专家面授，受到了学员的欢迎。护理心理专业委员会举办了国家级继续教育项目“21世纪护士心理素质培训班”，学习和探讨心理护理和整体护理的学术问题。

随着政府机构改革和职能的转变，受劳动和社会保障部的委托，按照“国家标准制定技术规程”制定了“心理咨询师”的职业标准，填补了我国当前经济发展中的职业空白。

中国抗癌协会

Chinese Anti-cancer Association

地　　址　北京市阜成路52号
邮政编码　100036
电子信箱　xuzhigang@caca.org.cn
主页网址　http：//www.caca.org.cn
电　　话　010-88140653
传　　真　010-88140653
理 事 长　徐光炜
副理事长　张明和　郑　树　张友会　沈镇宙　郝希山
秘 书 长　徐志刚

刊物及主编 Chinese Journal of Cancer Research

（中国癌症研究）

主编 鄂 征

《中国肿瘤临床》

（Chinese Journal of Clinical Oncology）

主编 郝希山

《中国肺癌杂志》

（Chinese Journal of Lung Cancer）

主编 孙 燕

《肿瘤防治研究》

（Cancer Research on Prevention and Treatrnent）

主编 张明和

《实用肿瘤杂志》

（Journal of Practical Oncology）

主编 郑 树

单位简介

中国抗癌协会是在金显宅、吴桓兴、金家瑞、张天泽、徐光炜、张明和、李光恒、张家庆倡导下，得到国家体改委的同意，于1983年6月开始筹备，1984年4月28日正式成立，1985年5月加入中国科协。

中国抗癌协会第一届会员代表大会于1984年4月28日在天津市召开，理事长为吴桓兴。第二届会员代表大会于1988年5月24～26日在武汉市召开，理事长为张天泽。第三届会员代表大会于1992年9月26～28日在天津市召开，理事长为张天泽。第四届会员代表大会于1997年4月24～26日在天津市召开，理事长为徐光炜。目前除西藏、新疆和青海、内蒙古外，全国各省都有抗癌协会。到2000年底加入中国抗癌协会的会员总数达3万余人。是亚太地区抗癌组织联盟（APFOCC）理事单位，现任7个理事之一。是国际抗癌联盟（UICC）正式成员。

中国抗癌协会下设28个专业委员会和中国抗癌协会太极抗癌科学基金。

工作综述

1．学术活动。每年举办6～8次专业委员会的年会，每两年举办一次全国性的肿瘤年会。

中国抗癌协会第一届全国性年会与中华医学会联合主办，于10月9～12日在京召开。2000年全国肿瘤学术大会（Conference on Oncology，'2000）大会主题为“我国肿瘤防治研究现状及对新世纪的展望”，重点肿瘤基础与临床研究的前沿及急需解决的热门问题，鼓励不同学术观点的交流与研讨。共有2200余名国内学者、专家、40余名国外代表参加了此次盛会，收到论文2000余篇。大会设1个主会场，11个分会场，29个专题，共75个单元。本次大会规模之大，与会人数之多，报告论文质量之高，都是我国肿瘤界前所未有的。

2．科普宣传。自中国抗癌协会1995年倡导开展4·15全国肿瘤防治宣传周活动以来，至今已历经六届。2000年活动的主题为：坚持正确导向，提倡科学防癌。中国抗癌协会各级组织采取“早动员、早规划、早安排、早实施”的措施，使整个活动自始至终，井然有序。通过举办“肿瘤防治知识健康大课堂”、著名肿瘤专家大型义诊、专家讲座、上街咨询、散发宣传材料、张贴宣传画与新闻单位联合举办节目、架设空中热线咨询电话、举办大型专场音乐会、进行抗癌明星评选与癌症病友联谊，发动广大的义务工作者与病友、家属进行座谈等活动，接受宣传服务者达数千万人，对增强全民抗癌、防癌意识起了很大的促进作用。

3．评审基金资助项目。在中国抗癌协会与太极集团有限公司精心酝酿下，于1998年10月28日宣告正式组建中国抗癌协会太极抗癌科学基金，以推动和促进肿瘤学科发展、进步为宗旨。2000年度基金共收到基层医院要求进修人员33人，严格按照基金及培训地医院要求审定和考试，依据申报人员志愿安排。有20多名医生分别进入中国医学科学院肿瘤医院（肿瘤研究所）、北京大学临床肿瘤学院（北京肿瘤医院）等6家培训地共13个肿瘤学习专业学习。

经办公室初审、专家评议、董事会终审，北京大学张宝旭教授申报项目“姜黄素及相关中药拮抗化学致癌物效应的研究”、中日友好医院李佩文教授申报项目“祛痛喷雾酊外用治疗癌痛的临床与基础研究”、太极集团博士后工作站张景勍博士申报项目“抗癌中药紫杉醇长循环磁性脂质体的研究”入选本年度基金资助项目。

完成了10月召开的全国肿瘤学术大会优秀论文评选工作。

中国体育科学学会

China Sport Science Society (CSSS)

地 址 北京市崇文区体育馆路9号

邮政编码 100763

电子信箱 d17@cast.org.cn/csss@public3.bta.net.cn

电 话 010-67143501/67112233-2447、2421

传 真 010-67124163

理 事 长 段世杰

副理事长 杨天乐 金季春 史康成 杜利军

田麦久　李元伟　蓝燕生　于长隆
秘　书　长　杜利军（兼）
刊物及主编　《体育科学》
主编　袁伟民
《中国运动医学》
主编　陆绍中　赵炳璞

单位简介

中国体育科学学会于1980年12月成为中国科协成员。

1964年7月28日，国家体委科学委员会第一次会议决定建立中国体育学会，后因客观原因被搁置下来。1979年8月正式组成了以荣高棠为首的中国体育科学学会筹委会。1980年12月15日在北京召开了中国体育科学学会成立大会，黄中当选为理事长。1985年5月在重庆召开了中国体育科学学会第二次全国代表大会，黄中再次当选为理事长。1990年12月在天津召开了中国体育科学学会第三次全国代表大会，伍绍祖当选为理事长。1995年9月在西安召开了中国体育科学学会第四次全国代表大会，袁伟民当选为理事长。12月在武汉召开了中国体育科学学会第五次全国会员代表大会，段世杰当选为理事长。

中国体育科学学会下设14个分会和专业委员会以及1个办公室。目前有会员8000多名。

中国体育科学学会加入了以下国际组织：国际运动医学联合会（International Federation of Sports Medicine）、亚洲运动医学联合会（Asian Federation of Sports Medicine）、国际生物力学学会（International Society of Biomechanics）、国际运动生物力学学会（International Society of Biomechanics in Sports）、国际运动心理学会（International Society of Sport Psychology）、亚洲南太平洋运动心理学会（Asian South-Pacific Association of Sport Psychology）。

工作综述

1．我会于12月1～6日在武汉召开了中国体育科学学会第五次全国会员代表大会暨第六届全国体育科学大会。段世杰理事长在会上做了题为“抓住机遇，深化改革，为体育科学的发展做出新贡献”的讲话，提出了学会工作当前面临的任务和要求。科学大会的主题是“创新，协作，服务实践”。会议采取大会学术报告、专题报告、墙报交流和书面交流多种形式。共收到来自全国各省、区、市及香港、澳门特别行政区和台湾地区报送的论文3 032篇。通过14个分会专家评审，录取专题交流535篇，墙报交流534篇，书面交流904篇，录取率达到65%。参加学术交流的与会人员多达1 400余人

2．开展学术交流、科普和培训活动20余次，新发展会员489人，编辑出版《体育科学》杂志正刊6期144万字。

中国毒理学会

Chinese Society of Toxicology

地　　址　北京市海淀区太平路27号
邮政编码　100850
电子信箱　mailto:chntox@nic.bmi.ac.cn>
chntox@nic.bmi.ac.cn
电　　话　010-66932387/68183899
传　　真　010-68183899
名誉理事长　吴德昌
理　事　长　阮金秀（代）
副理事长　周炯亮　李伟格　蔡志基　陈君石
刘培哲　梁友信
秘　书　长　叶常青
刊物及主编　《中国药理学与毒理学杂志》
主编　荣康泰
《中国药物依赖性杂志》
主编　郑继望
《中国毒理通讯》
主编　张宝真

单位简介

中国毒理学会（Chinese Society of Toxicology）成立于1993年12月8日。

2000年被接纳加入中国科学技术协会。有切实可行的《中国毒理学会章程》和健全的组织机构。中国毒理学会于1997年先后加入亚洲毒理学会（ASIATOX）和国际毒理学联合会（IUTOX），成为这两个组织的正式成员，并积极参与国际学术交流。

中国毒理学会设有18个专业委员会。

中国毒理学会领导成员：第一届（1993～1997年）理事长吴德昌；第二届（1997～2001年）理事长吴德昌。

工作综述

一、主要学术活动

1．1997年5月12～17日，在西安召开了中国毒理学会全国第二届学术会议，大会主题是“中国毒理学走向21世纪”。共收到论文320多篇，大会报告28篇，分会报告110多篇。内容涉及本学会17个专业的各个领域，既有宏观调研，又有微观探索，既有基础研究，又有临床报告，内容丰富，水平较高，给与会者留下深刻印象。其间，还

就大家感兴趣的毒理前沿课题——转基因动物及其应用组织专题讨论，也受到普遍欢迎。为了激发年轻毒理学工作者的进取精神，会议还评选出 11 篇青年优秀论文，并颁发证书以资鼓励。

2. 4 月 19～21 日，承办由中国工程院医药卫生工程学部在北京召开的 2000 年“生命科学和临床医学”国际学术会议“环境—毒理—健康”分会。80 名境内学者、专家及 18 名境外学者、专家参加了本次会议，中国旅美毒理学家协会组成 5 人学者、专家团回国参加本分会。会议中心议题是环境因素对健康潜在的毒理效应，包括饮食因素和药物对这些有害效应的防护作用。围绕化学毒性机制，临床毒理，有害化学物的危险评价和新药安全性 4 个主题组织了 8 场报告会，27 位专家发言，其中 21 篇为境外论文。分会板报展示论文摘要共 61 篇，其中境外代表 9 篇，境内代表 52 篇。安排卫星会议 1 次。大会发言 1 名，分会报告 4 个单位共 29 篇报告，61 篇论文大字报展示。协助、组织中国旅美毒理学家协团在代表会组织国内考察和学术交流。

3. 由学会组团（陈君石副理事长任团长）25 人参加了 8 月 22～25 日在韩国济州岛召开的亚洲毒理学会第二届学术会议。与会约 350 人，其中中国 35 人（大陆 25 人，台湾 10 人），韩国约 200 人，日本约 100 人，泰国 10 余人；还有 IUTOX 领导及欧洲和美国的毒理学家。会上交流的论文约 200 篇，会上评出青年优秀论文作者 15 人，我团有 2 人入选。陈君石、周炯亮两位副理事长当选为第三届亚洲毒理学会理事，陈君石同时被选为第二副主席。会议期间我学会陈君石、周炯亮和沈建华三位教授代表大陆地区毒理学工作者与台湾地区毒理学界的代表讨论并商定 2001 年在大陆举办“海峡两岸首届毒理学研讨会”。

4. 积极筹备第三届全国学术会议、海峡两岸首届毒理学研讨会和第五届发展中国家毒理学会议，现场考察了会议举办地桂林市会议中心、七星酒店等单位办会条件和环境情况。

5. 组织会员参加 2001 年 7 月在澳大利亚举办的第九届国际毒理学术会议。

6. 2000 年 3 个专业委员会举办了 4 项学术交流会议。（1）食品毒理专业委员会：第三届食品毒理学术讨论会，4 月 24～25 日，北京，与会 60 人，论文 54 篇；（2）工业毒理专业委员会：第四次学术会议——WHO 化学中毒与安全防护研讨会，9 月 23～27 日，兰州，与会 52 人，论文 58 篇；（3）药物依赖性专业委员会：10 月 22～24 日，两岸四地戒毒研究会，大陆、港、澳、台共与会 40 人； 10 月 23～25 日，天津，全国临床癌痛用药学术交流会，与会 300 人。

二、对外交流

1. 为贯彻 1999 年 9 月 27 日中泰科技合作联合委员会 15 次会议纪要 “联合委员会同意中国和泰国的研究所在环境毒理与天然产物化学和药物开发领域的合作提供支持”和科技部国际合作司亚非处的意见，学会组团访问泰国，并接待了泰方来访科学家，11 月接待了泰国公主朱拉蓬的泰国研究院代表团访问、参观。推动了有关研究所与泰方签定了一系列合作协议。

2. 吴德昌理事长等应邀参加了美国毒理学会第三届年会，广交了朋友，扩大了影响。李伟格副理事长等应邀参加了 1996 年 4 月在台北举行的“环境职业病与毒物研讨会”，与台湾地区同行交流了学术、建立了联系。

3. 推荐 6 名中青年会员参加由国际毒理学联合会于 7 月在西班牙举办的“危险评价夏季学习班”，为期 1 周。2 名中青年会员参加了在泰国于 11 月举办的夏季环境毒理与健康评价学习班，为期 10 天。

中国康复医学会

Chinse Association of Rehabilitation Medicine

地　　址　北京市和平街北口中友好医院内

邮政编码　100029

电子信箱　carm@publica.bj.cninfo.net

电　　话　010-64222985

传　　真　010-64222985

会　　长　耿德章

副 会 长　邓开叔　于宗河　卓大宏　周士枋　曲　镭

秘 书 长　孙启良（代）

刊物及主编　《中国康复医学》　主编　卓大宏

《中国修复重建外科》　主编　杨志明

《中国脊柱脊髓》　主编　张光铂

《现代康复》　主编　刘　昆

《中国心血管病康复医学》　主编　刘江生

单位简介

中国康复医学会于 1983 年由卫生部发起成立并经民政部依法登记注册的全国康复医学工作者的群众性学术团

体。1986 年召开第一次代表大会，选举产生了首届理事会及其领导机构，通过了学会《章程》。1987 年加入中国科学技术协会，同年加入国际康复医学会，1988 年学会办事机构由石家庄市河北省卫生厅迁至北京市中日友好医院。

本会下设分支机构 19 个，发展会员 15000 人。

工作综述

一、学术交流进一步活跃，为科学指导临床研究与实践发挥了重要导向作用

本年度共完成学术交流项目 7 个，参加交流的科技工作者 854 人，交流论文 1025 篇，出版论文集 6 种共 1500 册。

学术交流是学会工作的永恒主题。5 月在西安召开的全国脑血管病预防与康复治疗研讨会，是我会本年度重点活动项目，我会诚邀全国脑血管病防治研究办公室作为主办单位，会议主题突出预防与康复并重，邀请的专家从康复医学领域延伸到神经内外科，会议规格和号召力均得到较大提高。在圆满完成学术交流任务的同时，还就“十五”期间我国脑血管病的防治规划和主攻目标与与会代表进行了讨论。10 月份在上海召开的第十一届修复重建外科学术会议，以组织工程作为交流重点，并邀请国家组织工程重点研究室主任、首席科学家曹谊林教授到会，报告了国际上组织工程研究的最新成果和发展趋势，并就我国在该专业领域的研究思路和发展策略和与会者进行了沟通，还进行了精彩、热烈的现场答疑。

二、继续教育工作逐步加强，专业队伍素质日益提高

2000 年度本会共举办不同形式和内容的培训班 5 个，培训各种专业人员 318 人次，其中国家级继续医学教育项目 3 个，颁发继续教育证书 242 份，分别授予了相应的继续教育学分。继 1997 年、1998 年和 1999 年分别在北京、大连和杭州相继举办康复治疗技术讲习班之后，2000 年又与香港伊利沙伯医院在长沙举办了第四届以运动疗法为主要内容的康复治疗技术讲习班；设在南京医科大学的本会康复医学培训中心继续发挥了人才培训的主渠道作用，本年度又分别举办了为期 3 个月、以实用康复治疗技术为主要内容的培训班 2 期，为各级康复医疗机构培训了急需的实用型专业人才 98 人。我会又于 5 月在天津成立了全国颈源病康复培训中心，并于年内举办了首期颈源病康复培训班。

三、积极参与西部大开发，为西部地区康复医学工作的普及和发展做出了努力

鉴于西北地区康复医学工作起步较晚，特别是对康复医学工作的认识和专业技术人才及水平明显滞后于沿海与内地，我会于 2000 年组织专家赴新疆举办了康复医学系列讲座，对当地部分医院的康复医疗工作进行了指导，并通过努力，争取了国内有关康复器械厂家免费为当地康复医疗机构赠送了部分器械。本会康复医学培训中心还与新疆自治区康复医学会签署了关于义务为西北地区培训康复医学专业人才的 5 年合作协议。此外，在我会的倡议下，西北 5 省区康复医学协作组正在积极筹划之中。

四、积极开展决策咨询和政策建议活动，在推动学科发展进程中发挥桥梁和纽带作用

我会于 2000 年初召集部分在京专家举行座谈会，就影响学科发展进程的主要制约因素以及亟待解决的有关政策问题听取了专家的意见，并就大家普遍关心的焦点问题，如专业职称系列的设立、康复医疗费用的报销以及康复医学科在综合医院的地位等向与会的政府主管部门负责人表达了科技工作者的愿望和要求，为政府主管部门科学决策提供了客观的依据。

社区康复是社区卫生服务体系中的一个十分重要的环节。为推动和服务于此项工作，我会受卫生部委托，承担了卫生部与 WHO 的合作项目《社区康复评价标准》和《实用社区康复手册》的制定和编写工作，还协助组织了社区康复工作研讨会，在总结成绩、找出问题的基础上，就如何加强社区卫生服务体系中的社区康复工作，切实发挥康复医学独特的服务功能向政府主管部门提出了建议。

五、一系列规章制度相继出台，为规范和改善学会的运行机制迈出了重要一步

我会于 2000 年相继下发了《加强关于分支机构管理的暂行规定》、《关于举办学术会议的管理办法》、《关于申报继续教育项目的试行条例》以及《关于涉外学术交流和出国考察的暂行条例》等规范性文件，并于 9 月初专门召开了由各专业委员会主任委员、各地方学会秘书长参加的学会工作会议，就如何贯彻执行上述文件进行了布置，为使学会工作在新世纪全面步入良性运行轨道奠定了坚实的基础。

中国免疫学会

China Society of Immunology

地　　址　北京市东城区东单三条五号
邮政编码　100005
电子信箱　mianyi@263.net
主页网址　http：//www.ciccst.oij.cn/csi
电　　话　010-65296451
传　　真　010-65296451

理　事　长　巴德年
副理事长　陈慰峰　周光炎　金伯泉
秘　书　长　许贤豪
刊物及主编　《中国免疫学》　主编　杨贵贞
《免疫学》　主编　朱锡华
《细胞与分子免疫学》
主编　金伯泉
《中国神经免疫学和神经病学》
主编　许贤豪
《中国肿瘤生物治疗》
主编　张友会
《上海免疫学》　主编　周光炎

单位简介

中国免疫学会是中国科学技术协会所属的全国性学术团体，成立于1987年。现有理事67人，会员4000多人，12个团体会员单位，9个专业分会，5个工作分会。中国免疫学会是国际免疫学联合会（IUIS）和国际亚大地区免疫学联盟（FIMSA）的成员。

工作综述

中国免疫学会2000年工作是紧紧围绕党和政府的中心工作来展开的。学会各级组织及所属分会，以邓小平理论为指导，按照江泽民总书记关于“三个代表”重要思想的要求，认真贯彻党的十五大，十五届三中、四中全会精神，团结广大科技工作者，使各项工作取得了新的进展。

1．11月22日由中国免疫学会和上海免疫学会共同主办的第二届全国青年学术大会在北京召开。大会由青年人自行组织、主持，会议形式多样，内容涵盖广，涉及基础免疫学、临床免疫学、兽医免疫学和免疫学新技术，张友会教授代表中国免疫学会，代表老科学家向参会的全体青年代表发表了激动人心的讲话，激起了到会年轻人阵阵热烈的掌声。巴德年院士、饶子和教授等9位专家作了特邀学术报告。大会学术气氛浓厚，充分展现了年轻一代免疫学工作者的学术水平和学术风貌。

2．根据中国科协人事部对全国性学会理事、常务理事工作进行评估的指示精神，并执行学会第三届代表大会上提出的对理事工作进行中期考核的意见，10月中国免疫学会开展了第三届理事会理事中期考核。

3．根据中国科协学会部“关于建立著名学者、学科带头人及科技业务骨干才库的通知”中国免疫学会秘书处向学会理事、各专业分会的委员及所属团体会员单位和有关人员发出通知，征集学会建立人才库的资料，这项工作对学会建立稳定的人才骨干队伍，形成覆盖全国各省市、自治区、直辖市的免疫学科的人才网，将有重要的意义。

4．学会获得FIMSA-2003年学术大会主办权。在中国科协的大力支持下，我会派4人代表团参加了亚大地区免疫学会联盟第二次学术大会。由于我国准备工作做得较好，开会期间与各国代表一直保持着密切友好的联系，最后我会以绝对优势获得FIMSA第三届学术大会的主办权，为此，学会常委会对FIMSA-2003年学术大会的投标和筹备工作做出了一系列决策。

三届三次常务理事会议讨论决定争取FIMSA-2003年学术大会主办权，派4人代表团出席FIMSA第二届学术大会暨换届改选工作；三届四次常务理事会议对FIMSA-2003年学术大会在北京召开的方案进行了仔细研究，从会议地点、会场设施、会议邀请、人员安排、大会规模、服务水平、注册、财务预算等进行了详细讨论，常务理事们同时考察了2003年FIMSA国际会议会址——北京友谊宾馆；组建大会筹备委员会及确定学术、组织、筹资等3位负责人及大会秘书长；与国际会议中心共同筹备建立FIMSA-2003学术大会网页、网站；与承办单位中国科协国际会议中心共同拟定办会协议。

5．组织参加2001年IUIS第十一届学术大会暨换届改选大会。IUIS第十一届学术大会暨换届改选会议将于2001年7月在瑞典斯德哥尔摩召开，中国免疫学会常务理事会议讨论推荐秘书长许贤豪教授为新一届执委候选人，并向IUIS领导人做了通报。同时，组成陈慰峰、金伯泉、许贤豪、于永利4人代表团出席IUIS第十一届学术大会。

6．组成国家名词委免疫学名词审定委员会。1999年6月我会向国家名词委申请接受“免疫学名词审定工作”，2000年3月，国家名词委下发“关于与中国免疫学会联合组建免疫学名词审定委员会的复函”，委托中国免疫学会推荐免疫学界知名专家（包括主任、副主任、委员），报全国名词委确认并按统一要求开展工作，学会常务理事会经过讨论提出24名专家，正式组成免疫学名词审定委员会，推荐人选经国家名词委批准，正式颁发了聘书。

中华预防医学会

China Preventive Medical Association

地　　址　北京市西城区鼓楼西大街154号
邮政编码　100009
电子信箱　cpma@ht.rol.cn.net
主页网址　http://www.cpma.org.cn
电　　话　010-84039879
传　　真　010-84039873

会　　长　曾　毅

副 会 长　王克安　王贺祥　陈育德　晁福寰

　　　　　黄永昌　阚学贵　戴志澄

秘 书 长　王贺祥

刊物及主编　《中国预防医学杂志》　　主编　阚学贵

　　　　　《中国公共卫生》　　主编　戴志澄

　　　　　《中国寄生虫学与寄生虫病》　　主编　冯　正

　　　　　《医药世界》　　主编　王贺祥

　　　　　《家庭医学》　　主编　黄永昌

　　　　　《保健时报》　　主编　王贺祥

单位简介

中华预防医学会是公共卫生与预防医学领域的全国性学术团体，是中国科学技术学会和世界公共卫生联盟成员。

随着社会的发展和科学技术的进步，过去的生物医学模式已逐步转向生物—心理—社会医学模式。中国政府十分重视预防保健领域的工作，始终贯彻“预防为主”的卫生工作方针。卫生部根据卫生事业发展的需求，于 1987 年 11 月批准组建中华预防医学会，同年经民政部注册，中华预防医学会正式成立。

中华预防医学会第一次全国代表大会，于 1987 年 11 月在北京召开，第一届会长何界生；第二次全国代表大会 1992 年 5 月在北京召开，第二届会长何界生。

自学会成立以来，预防保健队伍不断壮大。现已形成了包括预防、保健、教育、科研的预防医学体系。全国现有预防医学工作人员 80 余万人，学会有会员 8 万余人和团体会员 30 多个单位。

学会现有 33 个专业分会及专业委员会，涵盖了预防医学和保健领域的各专业。

各省、自治区、直辖市、计划单列市及部分市、区（县）成立了预防医学会。

中华预防医学会于 1991 年加入中国科协。

学会于 1996 年加入世界公共卫生联盟，为联盟执行局成员之一。学会所属各专业分会、专业委员会也参加了有关国际组。学会与世界卫生组织（WHO），联合国人口基金（UNFPA），联合国儿童基金会（UNICEF）、联合国艾滋病规划署（UNAIDS），美国公共卫生联盟，亚洲发展银行等有广泛密切的合作。

工作综述

中华预防医学会 2000 年主要完成如下工作：

1. 全力以赴，通力合作，圆满承办第九届世界公共卫生联盟国际大会。承办这次国际大会，是学会 2000 年最重要的工作。学会在经验不足、人员欠缺、经费不足的情况下，虚心向一切内行的人学习，团结、动员多方面的力量，积极筹措经费，合理计划，统筹安排，第九届世界公共卫生联盟大会于 9 月在北京成功举办，得到了世界各国代表的赞赏和好评，提高了我国和我们学会在国际上的影响。

2. 积极开展国际交流，拓宽国际合作渠道。与美国公共卫生学会签署了“合作与交流谅解备忘录”。双方决定在人员交流、信息交换、继续教育等方面长期合作，并确定 2001 年派人到美国公共卫生联盟机关学习半年至一年；确定定期交换刊物和信息；确定我学会每年派人（免注册费）参加美国公共卫生学会学术年会（已派人参加 2000 年年会）。

学会承担了联合国人口基金 P03 项目，在国家级和县乡级领导中，开展生殖健康宣传倡导项目；承担了联合国艾滋病规划署的 AIDS 预防项目；学会承办了世界卫生组织与卫生部举办的第一次电磁辐射与健康国际研讨会。与日本维生素协会共同筹备 2002 年在中国召开遗传性疾病学术研讨会。学会聘请香港公共卫生界知名人士李绍鸿教授为荣誉常务理事，并与台湾地区公共卫生学会进行了接触，以进一步加强海峡两岸学术交流与合作。

3. 调动各方面积极性，努力做好本职工作。一年来，共举办各类学术交流研讨会 49 个，并承办了中国科协 2000 年学术年会“现代医学与健康”分会场的组织工作。

学会积极开展继续教育工作。全年共举办各类培训班 31 期（个），参加培训 8700 余人。

学会积极开展咨询活动。2000 年我会联合中国预防医学科学院，综合 20 多名专家对预防与控制儿童铅损伤的意见，向卫生部提出建议，部、司领导均有指示，发挥了学会的参谋咨询作用。

学会狠抓期刊质量，修订了《中华预防医学会期刊编辑规范》，发给 51 个杂志编辑部，严格执行。并组织专家开展期刊审读、评比，保证规范落实。学会在 2000 年新创办了《中国预防医学杂志》，按期完成创刊号的出版任务；目前学会系列杂志已增加到 51 种。

学会重视专家作用，搞好科技开发，努力为市场经济服务，实施“健康金桥重点工程”。全年共实施 11 个项目。

学会认真搞好分会建设，召开了分会建设工作会，为学会分会整顿打下了基础。同时，学会认真抓好会员登记工作，对会员进行了重新登记，颁发新的会员证；开发了会员登记和专家库软件，对录入和统计工作人员进行了培训。现正在建立专家库的工作。

中国法医学会

Forensic Medicine Association of China

地　　址　北京市西城区木樨地南里 17 号楼

邮政编码　100038

电子信箱　fyxh@263.net

电　　话　010-63495531/63264488 转 416

传　　真　010-63495531

理　事　长　刘　耀

副理事长　王　镭　孙爱明　刘长春　李瑞兰　张力理　陈世贤　霍宪丹　蒯应松

秘　书　长　翟恒利

刊物及主编　《中国法医学杂志》（Chinese Journal of Forensic Medicine）

主编　刘　耀

单位简介

1985 年 4 月国家体改委批复同意成立中国法医学会。学会第一次全国代表大会于 1985 年 10 月召开，会议通过了《中国法医学会章程》，民主选举产生了学会领导机构，确定了学会的工作机构和学术机构。公安部为学会的业务主管单位。学会第一届理事会理事 80 人，理事长是李伯龄。

为了促进法医学科的发展，增进与其他学科的联系与交流，1989 年中国法医学会要求加入中国科协，公安部正式行文向中国科协提出申请。1991 年 3 月经中国科协第三届常委会第八次会议讨论决定，同意接纳中国法医学会为中国科协所属团体。

学会第二次和第三次全国代表大会分别于 1991 年 5 月和 1997 年 3 月召开。第二届理事会理事 138 人，李伯龄连任理事长，第三届理事会有理事 148 人，常务理事 45 人。

学会现有来自全国公安、检察院、法院、司法、卫生、教育、军队等系统的会员 4 637 人，来自香港特别行政区的会员 48 人。

中国法医学会现有 5 个学科专业委员会和《中国法医学杂志》编辑部。

学会成立以来，团结和组织广大的法医工作者，努力开展学术交流，促进法医科学繁荣发展，促进法医科学普及与推广，促进法医人才培养和提高，为社会主义物质文明、精神文明和社会主义法制建设服务，为我国社会主义现代化建设做贡献。

工作综述

一、工作会议

1．3 月，召开了《中国法医学杂志》编审工作会议，会上制定、修订了《中国法医学杂志编委会工作条例》、《中国法医学杂志文稿审查标准和审稿要求》，讨论修改的《中国法医学会专业委员会管理意见》，认真研究如何做好学会和杂志编审工作，努力把《中国法医学杂志》办成一流杂志。

2．9 月，召开了学会工作座谈会议，各省、自治区、直辖市和省会市地方法医学会负责人及未成立法医学会省、市的法医技术负责人出席会议，会议交流了法医学会开展工作的情况和经验，研究学会工作如何为“实战”服务，积极寻求工作的社会效益。

二、技术培训

5、7、12 月，学会举办了三期《法医现场勘验取证技术“两新、三化”培训班》，培训全国基层法医技术骨干 400 多人。

三、学术交流

学会成立以来，每 3 年召开一次全国性法医学术交流会；各专业委员会每 1～2 年召开一次全国性学科学术交流会。2000 年学会继续努力做好学术交流工作。

1．5 月，法医学会组织中国法医代表团，应爱尔兰国际法庭科学会议秘书长 T.哈里根（T.Hannigan）的邀请，赴爱尔兰参加了当年 5 月 2～5 日在都柏林召开的国际法庭科学会议。

2．7 月，学会召开了全国第六次法医学术交流会征文审稿会，本次会议征集到论文 1000 余篇，经专家评审，编辑委员会编辑，出版了《中国法医学最新科研与实践》、《第六次全国法医学术交流会论文集》。会议于 2001 年 1 月召开。

3．8 月，学会召开了《法医临床学术研讨会》邀请有关专家就《我国现行法医临床学鉴定体制现状及展望》、《医疗事故罪构成要件》、《医法学理论研究中关于医疗事故的几个问题》、《道路交通事故损伤鉴定》等进行了专题讲座。

4．11 月，中国法医学会邀请美国洛杉矶县警察局技术处主任等 3 位美国法医技术专家和美国司法部国家司法研究所高级研究与法庭科学项目负责人，在北京举办了中美法庭科学技术交流与研讨班，102 人参加学习。

中国自然辩证法研究会

Chinese Society of Dialectics of Nature

(Philosophy of Nature, Science and Technology)

地　　址　北京市海淀区学院南路 86 号

邮政编码　100081

电　　话　010-62178877 转 3522/3514/3518

理事长　朱训
副理事长　王国政　王德胜　孙小礼　李惠国　周传典　李庆臻　邱仁宗　郭贵春　颜泽贤　殷瑞玉　朱清时　曾国屏　毕孔彰
秘书长　王国政
刊物及主编　《自然辩证法研究》　主编　丘亮辉
《医学与哲学》　主编　彭瑞骢

单位简介

中国自然辩证法研究会于70年代末，由周培源、钱三强、于光远提议创办，经过中国科协报请中央，得到邓小平同志批准，于1980年10月成立。先后由于光远、龚育之担任理事长。研究会除了领导各省市研究会开展工作以外，还设立了各个领域的22个专业委员会和7个工作委员会以及4个研究院所。据不完全统计，全国有专职的自然辩证法研究人员700多人，专职教师2000多人，其中，近半数的人有高级职称。我会学者先后应邀参加国际逻辑学、方法论和科学哲学大会和国际怀疑论者大会等会议，并产生了很大影响。

工作综述

2000年，我会单独或与其他单位联合先后召开了大小26个学术交流会，如6月在北京召开京津地区高校硕士生自然辩证法教学研讨会，着重围绕在教学中如何提高硕士生的创新能力与创新素质等问题展开了研讨；8月在北京召开全国理工农医博士生现代科技革命与马克思主义教学研讨会，围绕制定教学纲要和教材建设、如何搞好教学，探讨其教学模式和方法等问题展开了研讨；11月28日在北京中国科技会堂召开第二届反伪科学表彰大会，表彰了在弘扬科学精神，反对伪科学的斗争中作出突出成绩的12位同志；10月15~18日在北京召开全国技术哲学学术研讨会，探讨了技术的概念、知识经济、技术创新与可持续发展等若干理论与实践问题；11月15~18日在北京召开2000年全国化学哲学与化学史联合年会，探讨了化学史、化学哲学、化工技术哲学、化工技术与社会、化工技术方法论与化工技术史等方面的学术问题；8月在秦皇岛召开现代物理学发展研讨会，围绕物理学发展现状、物理学发展中的哲学问题等展开了研讨；11月26日在北京中国科技会堂召开反对伪科学方法论研讨会，着重从科学哲学和方法论的角度认清伪科学的本质、探讨了宗教与邪教的本质区别；10月在郑州召开21世纪发展与创新学术研讨会，着重围绕面向21世纪，如何进行科技创新和理论创新等问题进行了探讨；12月在北京召开纪念《医学与哲学》杂志创刊20周年学术研讨会，与会学者就如何高质量地办好《医学与哲学》杂志，以及正确认识医学中的伦理学和哲学问题进行了探讨；11月在北京召开全国地学哲学发展理论研讨会，会议进行换届选举并主要围绕地学哲学与西部大开发这个主题展开了研讨。

中国管理现代化研究会

Chinese Research Society for Modernization of Management

地址　北京市海淀区万寿寺甲4号612室
邮政编码　100081
电子信箱　crsmm@263.net
电话　010-68432396
理事长　周子康（代）
副理事长　何健文
秘书长　刘传富
刊物及主编　《管理现代化》　主编　谢绍明

单位简介

我会于1978年11月15日经国家科委与中国科协批准成立，并在民政部注册登记。学会具有学术性、权威性、适用性、创新性的特点。20年来，我会在中国科协领导下，逐步成为具有一定社会影响的弘扬“现代化管理”理论与实践的中坚队伍和学科带头人。我会现有个人会员50000人，团体会员268个。我会自成立以来先后召开各种学术会议300多次，举办上百次现代化管理培训班，受训人数24万人以上。

学会下设人力资源管理专委会、特区与市场开发专委会、中小企业专委会、管理软件专委会、微电脑应用专委会。

工作综述

1. 培训工作。我会贯彻中国科协以会养会的精神，加强了对培训工作的监督、指导。全年共举办各项内容研讨班、培训班18个，培训对象为企业、事业单位，科研机构人员，研讨班、培训班内容紧密结合当前经济体制改革形势，如：“依法保障和促进国有企业改革与管理”、“2000版ISO9000族标准”、“三个代表思想和新世纪企业党建工作”、“企业内部质量体系审核”、“中国企业二次创业及入世对中国的机遇与挑战”、“十五计划期间企业如何制定发展战略和营销策略”、“新会计法与企业新会计制度、税收制度”、“中国经济走势与企业改革与发展”、“公司制改造与法人治理结构”、“企业薪酬激励方案设计与管理”、“计算机考试取证班”等。来自全国十几个省市的近2000名学员先后参加了各类研讨会和培训班，与会者反映收获很大。同时也使我会逐步走上自力更生、以会养会的良性循环。年末，我会又与北京高校人才交流协会共同举办了人力资源、人才培养及人事制度改革研讨班，与北京高校建立了联系，为今后开展多项合作提供了条件。

2. 编辑出版。一年来，《管理现代化》杂志关注着中国各行业改革的进程，注重管理理论和模式的探讨与研究，综述国内外宏观经济形势及走向，提供与企业发展密切相关的经济政策与法规动态，介绍国内外现代化管理的经验和进展，深受各级经济管理干部、管理人员和工业、农业、金融、财贸、交通各领域人士欢迎，使杂志有了一定的知名度。

3. 组织建设。积极筹备了国际商务谈判专委会和自动化控制工程专委会的成立工作。关于研究会换届选举，按照中国科协和民政部的部署，在学会、协会、研究会整顿之前，常务理事会已通过换届选举方案，整顿结束以后常务理事会作出决议，继续进行换届选举工作。

4. 科技咨询。对1999年完成的非织造农用保温毯项目，由专利人之一和中国农业科技推广中心合作，由赤峰计委民政局牵头，正在积极筹备生产。

中国技术经济研究会

Chinese Society of Technology Economics

地　　址	北京市海淀区学院南路86号530室
邮政编码	100081
电　　话	010-62174221/62178877-3530
传　　真	010-62174221
理 事 长	吴明瑜
常务副理事长	马建章
副理事长	李京文　徐寿波　傅家骥　罗冰生　任传俊
秘 书 长	马建章
刊物及主编	《技术经济》　主编　马　阳
	《技术经济协作》　主编　马　阳

单位简介

中国技术经济研究会成立于1978年11月15日。主管部门为中国科学技术协会。2000年1月31日经民政部重新登记，登记证号为社证字第4085号。本届理事会为第三届，由137名理事组成，常务理事18名。现有团体会员260个、个人会员6020人。学会下设8个分会，20个专业委员会。

工作综述

为迎接21世纪新经济时代的挑战，中国技术经济研究会2000年学术年会的主题为“经济全球化和技术经济发展”，会议在宁波市政府的大力支持下，于11月21～23日在宁波召开。到会代表150人，提交论文50篇。会议特邀著名经济学家董辅礽作了“目前与未来中国经济发展形势的分析与看法”的演讲，理事长吴明瑜就经济全球化问题作了专题报告。大会特邀著名国有企业首钢、中建总公司、兖矿集团的企业家罗冰生、张青林、莫立琦以及新经济行业如电子商务、证券服务的代表到会，共同就经济全球化、加入WTO、新经济和知识经济、科技进步与产业结构调整、技术创新、制度创新和管理创新、科技与经济最优化结合、地区或企业经济发展等问题进行了充分的学术交流。应宁波市政府邀请，会议期间专家还就宁波市发展战略进行了专题讨论。

中国现场统计研究会

Chinese Association of Applied Statistics

地　　址	北京市海淀区玉泉路19号（甲）
邮政编码	100039
电子信箱	webmastet@caas.org.cn
主页网址	http://www.caas.org.cn
电　　话	010-68285909/83527894
理 事 长	陈希孺
常务副理事长	杨振海
副理事长	葛广平　颜基义　朱伟勇　张永光　王吉利　杨　虎
秘 书 长	杨振海（兼）
刊物及主编	《数理统计与管理》　主编　王　柱

单位简介

中国现场统计研究会成立于1979年，其宗旨是致力于把数理统计与管理科学及相关学科的知识广泛深入地应用到工业、农业、科技、经济、社会等领域中去，积极地进行各种学术交流，开展统计技术咨询，举办培训班、讲座，组织经验交流会及其他科教、科普活动。现有25个地方分会和12个专业委员会，会员约有3000人。

我会取得较大成绩的一项工作是推广应用正交法（一种多因素的试验优化方法），取得了大量成果。

工作综述

1．2000 年我会召开了两次常务理事扩大会和一次理事扩大会，对学会工作进行了认真的研究讨论，特别是对 2001 年我会第六次全国代表大会暨第十届学术年会的各项组织工作进行了具体准备和落实。

2．7 月份在太原市召开了华北协作组第五次学术年会，参加者 70 余人，出版了论文集，收集论文 100 多篇。

3．与中国统计学会和中国数学会概率统计学会联合筹备了第六届中日统计研讨会（The Sixth Symposium on Statistics Between Japan and China），并于 10 月 27 日至 12 月 1 日在东京顺利召开。

4．与中国卫生统计学会合作，在京举办了三次"临床试验与生物统计"学术研讨会，参加者约 150 人次。我会生物医学统计专业委员会应《中国新药》杂志的邀请，协办并主审该杂志"临床试验与生物统计"栏目。

5．2000 年我会会刊《数理统计与管理》共收到稿件约 360 篇，发表论文 93 篇，每期发行量约 3 000 份。

6．我会地方分会和专业委员会也较好地进行了学术交流活动，如辽宁分会举办了 4 次学术交流会；教育统计专业委员会召开了 1 次学术交流会并出版论文集，组织承担教育部"九五"重点课题，开发数理统计的系列教学软件等。

中国未来研究会

Chinese Association Society for Future Studies

地　　址　北京市海淀区学院南路 86 号
邮政编码　100081
电　　话　010-62178877-3636
理 事 长　马　宾
副理事长　糜振玉　曲琪玉　刘振元　徐孝纯　秦麟征
秘 书 长　秦麟征
刊物及主编　《未来与发展》　主编　王建新
《发现》　主编　张延歧

单位简介

中国未来研究会 1979 年 1 月 16 日在北京成立，同时加入中国科协。研究会的成员来自全国各地，各行各业。现已拥有约 7000 余名个人会员和约 50 个团体成员（包括地区研究会，13 个专业研究分会和科研机构）。中国未来研究会是一个在国际上有影响的学术团体，先后出席世界未来研究联合会第六、八、九、十、十一、十二、十三届世界大会。

工作综述

一、学术交流和科学普及

1．2000 年初在北京召开了 21 世纪信息时代—信息技术的发展未来研讨会，会议邀请了国务院发展研究中心、国家信息产业部和国外信息技术与产品供应商驻京机构的领导、专家和学者。会议请专家做了信息技术与产品现状、发展和应用方面的高科技知识的讲座。与会人员表示，通过这次会议得到了不小的收获，对今后各单位健全现代化通讯手段、提高经济效益和加强管理有极大的促进作用。

2．教育面临着从应试教育到素质教育的变革。高考将试行 3+X 的改革方案，这给学校和学生都提出了亟待解决的认识和实际问题，也就是教师的教学方式和学生学习方式、学生的未来理想和目前的高校专业选择等一系列需要探讨的问题。为此，我会在 3～7 月举办了三期我国教育改革的未来发展研讨会和培训班，会议组织了教育战线的老专家和学者就教育方法等技术性问题提出了许多颇有见地的好意见。

3．2000 年初，党中央作出了实施西部大开发战略，加快中西部地区发展的重大决策。根据党和国家的要求，我会认真进行了西部开发研究工作，共组织 50 多篇西部开发战略研究论文，并于 8 月初在新疆乌鲁木齐召开了我国西部开发战略研讨会，我会已将对西部开发的建议和研究成果汇编成论文集，并分送有关部门。

4．新经济与创新发展研讨会于 2000 年 9 月在西藏拉萨召开，会议旨在西部地区特别是西藏普及经济发展的科学方法，提高现代化意识，使西部落后地区认识到经济发展要有正确的理论和方法来指导。

二、科技咨询服务

为落实中国科协布置的厂会协作的工作精神，使学会的科技优势为企业、为经济建设服务，我会与大庆市高新技术开发区达成了咨询服务的合作意向。由我会为大庆市高新技术开发区的发展提供咨询服务。

中国科学技术史学会

China Society for History of Natural Sciences

地　　址　北京市市东城区朝内大街 137 号
邮政编码　100010
电　　话　64043288
理 事 长　路甬祥　席泽宗
副理事长　朱清时　刘　钝　江晓原　陈久金
秘 书 长　苏荣誉

刊物及主编　《科学史研究》　主编　刘　钝

《中国科技史料》　主编　王渝生

单位简介

中国科学技术史学会成立于1980年，是中国科协所属的全国性学会。现有会员1200人。设有12个专业委员会。

1985年，中国科学技术史学会加入国际科学联合会分会——国际科学史与科学哲学联合会，成为该会的成员国。

工作综述

2000年，中国科学技术史学会认真贯彻落实中国科协年初的工作会议精神，加强学会的组织建设、积极进行学术交流和科学普及，取得一定成效。

8月20～23日，在北京召开了学会第六届代表大会、纪念学会成立20周年大会和纪念李约瑟诞辰100周年学术讨论会。在代表大会上，学会理事长席泽宗院士做了题为《中国科学技术史学会20年回顾》的主题报告，和《纪念李约瑟博士诞辰100周年》学术报告会。

会上，通过了学会第五届理事会做的工作报告和财务报告，和《关于修改学会章程的报告》。与会代表进行分组讨论，并以专业委员会为单位讨论学会第六届理事会候选人。并采取无记名投票的方式选出了由51名理事组成的学会第六届理事会。随后，又选举出由17人组成的学会第六届理事会常务委员会及其领导机构。学会换届后，相应进行了会员的重新登记工作

配合中国科协积极进行中国科协2000年学术年会的组团工作，出席年会的5位会员，在分组会议上宣读论文受到与会者的好评。学会与“天地生人学术讲座”共同举办了西部大开发学术讲座，围绕党中央提出的“西部大开发战略”积极开展学术研讨和交流，为西部大开发献计献策。全年共安排了38讲。

各专业委员会结合本专业工作的实际，举办多种形式的学术会议。如：数学史专业委员会与河北省涞水县共同举行了纪念祖冲之逝世1500周年学术讨论会、天文学史专业委员会与四川西昌彝族学会共同举办了第六届中国少数民族科技史国际学术讨论会、纪念秦九韶纪念馆落成学术讨论会、全国地方科技史志学术年会、物理学史学术年会、化学史学术年会。

为配合中国科协2000年学术年会的召开，学会负责撰稿和参与筹备了《世纪辉煌——诺贝尔科学奖百年》科普展览的各项预展工作，使展览顺利地在中国历史博物馆展出。

为开展反对法轮功邪教以及反对封建迷信的斗争。配合中宣部、中国科协《崇尚科学文明，反对愚昧迷信》大型科普展览，学会参加了这一展览的撰稿、编辑和布展。该展览于3月份在北京展出，展览期间负责接待了参观群众进行讲解。并为中央领导同志参观专场进行了解说，得到中央领导同志和上级的肯定和表扬。

中国科学技术情报学会

China Society for Scientific and Technical Information

地　　址　北京市海淀区复兴路15号

邮政编码　100038

电子信箱　cssti@istic.ac.cn

主页网址　http://www.cssti.org.cn

电　　话　010-68514024

传　　真　010-68514024

理 事 长　刘昭东

副理事长　梁战平　马远良　关家麟　安卫国　邹祖烨　付兰生　张忠山

秘 书 长　林　菁

刊物及主编　《情报学报》(Journal of the China Society for Scientific and Technical Information)　主编　宋振峰

《大众软件》(Popsoft)　主编　高庆生

单位简介

中国科技情报学会是在周恩来总理的支持下，由老一辈科技情报工作者发起，经国家科委同意、中国科协批准，于1964年筹备成立的，后因“文化大革命”等原因，未能开展活动。1978年恢复活动。

1978年8月31日，中国科技情报学会召开第一届会员代表大会，武衡任理事长；1983年6月和1988年4月，分别召开第二届和第三届会员代表大会，均由武衡任理事长；1993年9月14日，召开第四届会员代表大会，周平任理事长；1998年10月25日，召开第五届会员代表大会，吴武封任理事长。近期因吴武封同志病故，由刘昭东任理事长。中国科技情报学会下设5个工作委员会和5个专业委员会。

中国科技情报学会现有个人会员2.5万人，团体会员44个。

工作综述

一、广泛开展学术交流和研究活动

1．组织学术交流和研讨。适时地抓住诸如中文信息资

源的建设和管理、数字图书馆、网络咨询、信息传播和出版、信息内容与电子商务、ISP/ICP/ASP、加入 WTO 后信息服务业的对策、西部大开发的信息服务、新型信息人才的培养和继续教育、信息集成服务等热点问题组织了不同类型、规模的学术研讨会 12 次。编辑出版了 5 本论文集和 1 期《情报学报》增刊。

2．举行学术报告会。联合中国国防科技情报学会和北京市科技情报学会组织了“网络信息建设与服务”学术报告会，邀请从事信息服务业的 6 位留美学者回国讲学，他们努力把国外信息科学的最新技术和研究成果介绍给国内的同行，对国内信息服务业的建设和发展有针对性地提出建议。

3．承担科技部软科学课题——《全国科技信息机构体制改革与发展模式研究》。第一步，召开全国科技信息机构体制改革与发展工作研讨会，与会代表达 100 多人，会议听取了科技部秘书长林泉和政策体改司副司长朱传柏关于科技信息体制改革和发展的最新形势和任务的报告，听取了国务院研究中心、国家信息中心等有关专家对信息业发展的环境、机遇、挑战及对策的分析报告，各地各部门科技信息机构交流了在深化改革中求发展的经验。第二步，走访了部分科技信息机构进行实地调查，努力促进上下沟通和各机构间的联合协作。第三步，学会向全国科技信息机构分发了信息资源调查表，力求摸清各机构的自然情况和信息资源开发利用情况。目前正在进入数据库开发阶段。

二、积极发挥科普工作主力军作用

1．组织全国期刊高级编辑学术研讨会。于 7 月召开了全国期刊高级编辑研讨会。来自全国各地的 80 余名期刊负责人出席了会议。会议讨论了期刊出版业面临的形势，期刊出版业存在的问题与对策以及期刊出版业深化改革的必要性。

2．编辑出版科普挂图。与中国科协普及部、国家环保局环境信息研究所及中国科普研究所赶在 6 月 5 日“世界环境日”之前联合编辑出版了《环境保护科普系列挂图——向大气污染宣战》，并发往全国各地，宣传效果很好，认为是近年来挂图方面编绘最好的，是环境保护和科普宣传方面不可多得的形象化教材，受到环保局和中国科协的好评。下半年，学会又积极向中国科协申请编辑出版《环保科普系列挂图之二——向土地沙漠化宣战》，此项计划已获中国科协批准。

三、努力做好组织建设工作

1．召开了全国学会管理工作会议。于 11 月在珠海召开了全国学会管理工作会议。来自全国 30 个单位的代表出席了会议。经过民主选举和评审委员会审议，大会评出了 12 个先进学会和 16 名优秀学会干部。

2．加强了内部管理。进一步完善了各项规章制度，与每位职工签定了聘任协议书，明确了工作任务和业务要求，努力做好组织上交给的各项工作。

中国图书馆学会

China Society of Library Science

地　　址	北京市海淀区中关村南大街 33 号
邮政编码	100081
电子信箱	ztxhmsc@publicf.nlc.gov.cn
主页网址	http://www.nlc.gov.cn/disk4/xuehui/index.htm
电　　话	010-68417815/68415566 转 5563/5091
传　　真	010-68417815
理 事 长	徐文伯
常务副理事长	周和平
副理事长	孙蓓欣　马远良　杜　克　吴慰慈　徐引篪　谭祥金　周和平
秘 书 长	李桂兰
刊物及主编	《中国图书馆学报》　主编　周和平

单位简介

中国图书馆学会（简称中图学会）的前身是中华图书馆协会，成立于 1925 年，1927 年成为国际图书馆协会联合会（IFLA）的发起单位之一。中华人民共和国成立后，一些图书馆界著名人士倡议恢复成立中国图书馆学会，并成立了筹备委员会。1978 年，北京图书馆（现已更名为国家图书馆）率先提出恢复成立中国图书馆学会的倡议，得到全国图书馆界的积极响应，并成立筹备委员会。1979 年 7 月 9～16 日，中国图书馆学会成立大会暨第一次会员代表大会在山西太原召开。同年 8 月加入中国科协。1981 年 5 月，中国图书馆学会恢复了在国际图书馆协会联合会（IFLA）的合法席位。至今，学会已召开 5 次会员代表大会，第六次会员代表大会将于 2001 年 9 月召开。学会现有全国个人会员 6337 人，企业团体会员 47 家。为更好地开展学术活动，成立了学术研究委员会和编译出版委员会，下设专业委员会，负责组织各种学术研究和交流活动。

工作综述

一、积极开展学术交流，努力促进学术研究

举办中国图书馆学会 2000 年学术年会。年会于 7 月在内蒙古海拉尔市举行，来自全国各地、各系统、各行业、各部门图书馆界近 800 人参加会议，韩国图书馆协会和美国华人图书馆员协会的代表也应邀参加了年会。共收到征文 640 余篇，评出优秀论文 67 篇、交流论文 352 篇，编译出版了优秀论文集《21 世纪图书馆发展与变革》。学会常务副理事长周和平作了题为《转变观念，开拓进取，努力创建充满生机与活力的中国图书馆学会》的工作报告。年会期间，举办了 2000 年图书馆设备展览会。

我会与中国西部 12 省、市、自治区图书馆学会联合主办，宁夏自治区图书馆学会、《图书馆理论与实践》杂志社承办中国西部图书馆事业发展战略暨东西部合作论坛（中国西部图书馆学会首届年会）。论坛于 9 月在宁夏银川市举办，200 余人出席。共收到论文 500 余篇。本次会议对动员西部及全国图书馆界人士广泛关注与积极参与西部大开发起到了积极的促进作用。

此外，我学会分别与其他单位联合或由专业委员会牵头，举办了新世纪图书馆改革与发展研讨会、基础理论与文献资源建设委员会 2000 年工作会议暨学术研讨会、新世纪图书馆建筑发展研讨会、第八次全国图书馆期刊工作会议、图书馆学硕士学位点建设暨本科专业目录执行情况与教改学术研讨会等专题研讨会，从不同角度针对目前图书馆界热点、难点问题进行充分的学术研讨与交流。学会还组团参加了中国科协 2000 年学术年会。

学会重视提高会刊《中国图书馆学报》的办刊质量，全年编辑 6 期，共收录学术性文章 134 篇。

二、加强与国际及港、澳、台地区的交流与合作

组织我国图书馆界代表 35 人于 6、7 月间参加美国图书馆协会年会，并访问加州大学伯克莱分校中国研究中心、华盛顿国立图书馆、伊利诺伊大学图书馆等。学会与韩国图书馆协会分别组织代表团进行互访，并签署两国图书馆学（协）会互访交流协议书。7 月，美国华人图书馆员协会代表团一行 17 人参加中图学会学术年会，并做大会专题发言和分会场学术交流。

韦棣华基金会奖学金评委会评出 21 所高等院校的 42 名品学兼优、生活贫困的学生为奖学金获得者，其中博士生 4 名、硕士生 9 名、本科生 28 名。

三、开展继续教育，提高图书馆工作者的业务素质；开展科普教育，增强全民图书馆意识

为推动“科教兴国”战略的实施和全民读书活动的开展，配合第二次全国科普工作会议的召开，文化部社会文化图书馆司和我学会联合举办 2000 年全国新世纪图书馆科普教育系列活动。5 月，组织具有专业特色的图书馆开展“中国图书馆学会科普宣传日”活动。此次活动对于宣传现代图书馆的性质、社会功能和服务方式，对增强全民图书馆意识，起到了积极作用。举办数字图书馆技术研讨培训班，110 余人参加了研讨，对于图书馆如何加强自动化和数字化建设起到了一定的指导作用。

四、积极调研，以项目的开展推动全国文献资源共建、共享工作

为充分发挥跨部门、跨行业、跨地区、跨系统的优势，学会秘书处设立全国文献资源共建共享办公室。办公室利用参加各种学术会议的机会进行调研、宣传，起草了《全国馆际互借办法》（草案）。并与国家图书馆联合主办全国图书馆联合编目中心工作会议；策划、组织了北京地区图书情报单位文献资源采选协调座谈会。

五、加强学会自身建设，为搞好学会工作提供组织保障

学会经民政部审核，顺利完成重新登记工作。继续加强会员的发展和组织管理工作，新发展个人会员 972 人，企业团体会员 11 个，同时为建设会员数据库进行了软件研制和会员数据收集工作。因工作成绩显著，荣获中国科协所属学会 1999 年度统计工作一等奖。

为落实中央“西部大开发”战略，为了民族地区图书馆事业的发展，2 月，中国图书馆学会发出了“关于向内蒙古自治区图书馆界捐赠物资的倡议”，得到全国图书馆界的响应，共捐赠图书 16000 余册、电脑 13 台、其他物资设备（复印机、书架、阅览桌椅等）近 230 件。

中国城市科学研究会

Chinese Society for Urban Studies

地　　址　北京市西城区三里河路 9 号

邮政编码　100835

电子信箱　e9@cast.org.cn

主页网址　http://www.urbanstudies.org.cn

电　　话　010-68393424/68394340/68313149

传　　真　010-68313149

理 事 长　周干峙

副理事长　张启成　江泽慧　陈为邦　王扬祖

秘 书 长　张启成（兼）

刊物及主编　《城市发展研究》　主编　周干峙

单位简介

我会是由全国城市科学研究方面的专家、学者、实际工作者，城市的建设和发展相关部门和单位自愿组成，经民政部登记成立的全国性学术团体。其宗旨是组织会员对城市发展和城市规划建设管理中的重大实际问题进行综合性研究，为政府部门提供决策咨询，促进城市经济、社会和环境的协调发展，促进学科理论建设，促进城市科学专业人才的成长和提高。

本会1984年1月正式成立，即加入中国科协，已产生四届理事会。李锡铭、芮杏文、廉仲、周干峙先后担任理事长。目前已有会员1.6万。

本会下设8个专业委员会。

工作综述

1. 举办城市建设和投融资改革研讨会。1月中旬，由我会和中国投资学会在京联合举办。来自部分省、市建委，计委等代表80多人出席了会议。建设部副部长赵宝江，我会理事长周干峙，中国建设银行副行长苏文川等领导出席会议并发表讲话。建设部城建司、计财司、中国投资学会、国家开发银行评审二局等有关领导分别作了专题报告。与会代表就我国城市建设面临的新形势和新任务、城建投融资机制的现状和问题，中外投融资机制比较，以及在加快城市现代化建设过程中，城建部门和投融资部门如何寻求最佳切入点等方面进行了探讨。

2. 举办西部开发与城市发展座谈会。为了研究城市发展在西部大开发中的地位、作用，参考国外开发落后地区的经验教训，讨论西部地区经济结构调整中城市发展的问题与对策，于4月中旬邀请中央政策研究室、国务院发展研究中心、国家计委、民政部、国家环保局、中科院、中规院、社科院以及北京、天津城科会的专家20多人出席了座谈会。我会顾问、全国政协委员谭庆琏出席了会议。

3. 召开城市形象建设研讨会。为了进一步从理论上进行探讨，在实践上交流经验，正确引导各地开展的城市形象建设工作，我会于6月中旬在京举办了这次研讨会。70多人参加了会议。会议邀请了国务院发展研究中心、清华大学、北京大学以及中国城市规划设计研究院的专家、教授，结合幻灯和多媒体演示，作了专题学术报告。会后，组织与会者参观了长安街、王府井步行街、西单文化广场等环境改造和建设工程。通过交流，从正、反两方面对城市形象建设问题有了理性的思考。

4. 举办21世纪中国城市发展论坛。为了研究符合中国国情的城市化道路、探讨城市化过程中出现的问题及对策，于7月上旬在东莞市樟木头镇举办了以“城市及相关政策”为主题的论坛。建设部副部长赵宝江发了书面贺信，建设部城建司、规划司、中央政策研究室、国务院发展研究中心、国家环保总局、北京大学等部门和单位的有关领导和专家出席会议并作专题报告，有百余名学者、专家参加了会议。

5. 举办第七次海峡两岸城市发展研讨会。9月3～10日，以陈为邦为团长的中国城市科学代表团一行19人参加了在台湾大学举行的第七届海峡两岸城市发展研讨会。会议的主题为“城市规划与管理”。双方就“城市规划之管理体制与法规”、“城市规划之推动与改革”、“城乡重建与永续发展”、“城市规划及设计”4个议题进行了讨论。大会交流13篇论文，其中大陆方面有7篇。会议期间，代表团实地考察了“9·21”南投大地震的的破坏状况，听取了有关灾后重建规划的学术报告。双方认为，两岸城市规划建设和管理中的理念与实践，都有可以借鉴的地方。双方商定，2001年在大陆长春市召开第八届研讨会。

6. 举办中国人居环境建设研讨会。10月27～29日，我会在京召开人居环境建设研讨会。各地学者、专家60多人参加了会议。专家、学者到会作专题发言。成都、石家庄、南京、温州等城市在大会上介绍了改善人居环境的经验。会议希望我国能有更多的城市获得中国人居奖和联合国人居奖。

7. 召开广州山水城市建设论坛。10月28～29日，我会与南方日报报业集团、广州伟成房地产开发有限公司共同举办论坛，与会者围绕广州山水城市建设的主题，从城市规划、环境、生态、园林、建筑、城市经济、社会等方面进行研讨。本会顾问吴良镛提交了书面发言。

8. 12月27～29日，由我会和中国投资学会主办，我会城建经济专业委员会、城建计划研究专业委员会协办的扩大城市建设资金来源，发行城市建设债券研讨会在京召开。这是对1月份我会召开投融资改革研讨会的进一步深化。近70人参加了会议。中国人民银行、国家计委投资研究所、中国投资学会等部门和单位的专家、学者作了专题报告。会议对发行地方债的意义、可行性、立法问题，地方债与国债的区别，地方债的审批与监督机制，发行规模和如何进行试点等问题进行了探讨。

9. 协助并参加中国科协组织的学术活动。2000年初，由中国科协牵头，我会与有关学会协助，在京召开了2000年减轻自然灾害学术研讨会。论文及综合材料收入中国科协编印的《2000年减轻自然灾害白皮书》。6月中旬，根据中国科协的要求，我会推荐了两名专家参加科协召开的西部开发专家论坛。我会副理事长张启成在会上就城市在国家经济社会发展中的地位、作用，西部地区城市化现状和城市发展特点，如何在西部大开发中实施积极稳妥的城市发展战略发表了看法。

10. 外事工作。我会组织有关会员分别赴日本、德国、澳大利亚进行了专业考察和访问。通过交流和实地参观，对于本职工作起到了借鉴和启迪作用。

11. 编辑出版工作。出版《当代中国城市》画册。我会与有关分支机构以及郑州城市科学研究会合作，收录了百余个城市的图片和资料，经过1年的努力，画册已正式出版；

编辑出版了《城市科学文汇》和《城市科学的足迹》。这两本书收录了廉仲和张启成分别担任我会理事长、副理事长期间参加各项学术活动的讲话和发表的文章，其中许多学术观点和见解对今后开展学术活动有很好的参考作用。

中国科学学与科技政策研究会

The Chinese Association of Science of Science and S&T Policy Research

地址	北京 8712 信箱
邮政编码	100080
电子信箱	YangXang@mail.casipm.ac.cn
主页网址	http://www.casipm.ac.cn/magazine
电话	010-62542615
传真	010-62542615
名誉理事长	龚育之
理事长	邹祖烨
常务副理事长	方　新
副理事长	王春法　刘则渊　孙海鹰　吴敬华　张碧晖　李　光　杜　平　金丹阳　柳御林　顾文兴　黄培清　曾国屏　蒋国华　薛　澜
秘书长	杨湘平
刊物及主编	《科学学研究》　主编　陈益升 《科学学与科学技术管理》　主编　吴敬华 《科研管理》　主编　连燕华

单位简介

中国科学学与科技政策研究会是中国从事科学学、科技政策和科技管理研究的科技工作者自愿结成依法登记成立的全国性、非赢利性（公益性）学术性社会团体。

于 1982 年 6 月 12 日成立，1985 年加入中国科学技术协会。在全国 29 个省、市、自治区均有科学学方面的研究会，共有会员 11 400 余人。

第一届理事会理事长为钱三强。第二届理事长为龚育之。第三届理事会于 1997 年 1 月 10 日在天津举行了第一次会议，选举冯之浚为理事长。2000 年 12 月 23～24 日召开第四届理事会第一次会议，选举产生了新一届领导。

中国科学学与科技政策研究会现有学术、组织、国际交流、教育、青年、传播与公关、咨询 7 个工作委员会和理论科学学、科学与社会、科学与经济、科技政策、科技管理、科学计量学和情报计量学、社会科学学、学会学、知识经济 9 个专业委员会。

由于我会这几年工作成绩突出，被评为“第二届中国科协先进学会”。

工作综述

一、召开学术会议，促进学术交流

4 月 20 日，在广东番禺举行了以发展教育产业和实施西部开发为主题的中国科学学与科技政策研究会学术年会。参加会议的有来自全国各地的有关专家和学者 90 余人。研究会理事长冯之浚作了大会主题报告。“21 世纪中国非义务教育产业发展战略研究”课题组、“西部发展战略研究”课题组以及“跨越战略研究”课题组在会上分别作了发言。清华大学、北京大学、北京科技大学、北方工业大学、河南师大、南洋教育产业集团以及云南、天津、浙江等地的与会者报告了他们实证研究的成果。

会议期间，还就《科学学与科技管理》杂志创刊 20 周年举办了座谈会，并对《科学学概论》一书的写作提纲进行了讨论。

二、开展重大课题研究，为政府部门提供决策参考意见

我会具有多学科综合交叉和人才荟萃的优势，直接向政府部门提供政策性参考意见，是我会为“两个战略”服务的最佳方法。目前我会承担的课题有：

1. 教育部委托的课题：《21 世纪中国非义务教育产业发展战略研究》；

2. 国内贸易部委托的课题：《中国再生资源产业战略研究》；

3. 科技部委托的课题：①《中国实施技术跨越战略的道路选择与具体措施研究》；②《我国城市基础设施安全状况及技术保障系统的研究》；③《西部地区城市建设状况及其对西部开发的影响和对策》；④编写《软科学概论》。

4. 编写《科学学概论》。

三、编辑出版书刊

1.《国家创新系统研究纲要》，山东教育出版社，2000 年 8 月出版。

2.《世纪之交的国外科学学研究》，浙江教育出版社，2000 年 12 月出版。

3.《论西部大开发》，浙江教育出版社，2000 年 6 月出版。

四、开展国际学术交流工作

9 月我派出了以刘则渊为团长的中国科学学代表团赴乌克兰、俄罗斯进行访问，并参加了第十八届科学学与科技预测基辅国际研讨会。研讨会的主题是：“科学与科学知识在国家经济转型中的应用”。刘则渊就“中国向市场经济转型中的国家创新体系与科学技术政策”作了发言，引起与会学者们的兴趣。

中国农村专业技术协会

China Rural Special Technique Association ,CRSTA

地　　址　北京市海淀区学院南路 86 号
邮政编码　100081
电子信箱　china.njx@263.net
主页网址　http:/www.china-njx.com
电　　话　010-62174954/62173036/68977504
传　　真　010-62173036
理 事 长　王连铮
副理事长　李振声　谭向勇　王洪才
秘 书 长　王洪才
刊物及主编　《中国农村专业技术》
主编　周俊秀

单位简介

按照国务院社会团体管理条例，1995 年 4 月农村专业技术协会的全国性组织——中国农村专业技术协会（简称中国农技协）完成社会团体登记（社证字第 1789 号）；同年 11 月 8 日在北京召开成立大会，何康当选为首届理事长。1998 年 10 月，中国农技协通过了民政部的重新登记工作（社证字第 3748 号）。2000 年 1 月 24～27 日，中国农技协在 1999 年召开的中国农村专业技术协会发展研讨会和一届二次理事会的基础上，召开了第二届全国代表大会暨二届一次理事会会议，王连铮当选为第二届理事长。2000 年 10 月 14 日，中国科协正式接纳中国农技协等 10 个全国性学会加入中国科协。目前，中国农技协在全国拥有农技协组织 11.56 万个、会员 620 多万户。

工作综述

一、加强协会工作建设力度，完善协会四大体系建设

2000 年，中国农技协将“组织网络体系”、“协会理论体系”、“示范推广体系”、“信息交流与宣传体系”的建设，作为协会工作基础建设的重点，开展了一系列的工作。

1. 发扬民主办会精神，加强组织网络体系建设。为了充分发扬民主办会精神，协会健全了常务理事会会议制度，每半年至少召开一次常务理事会（或理事会）。

为了完善协会的组织建设，协会先后制定了《中国农技协会员管理条例》、《中国百强农村专业技术协会表彰奖励条例》。

2. 举办“农村专业技术协会发展论坛”研讨活动，加强农技协理论体系建设。2000 年 6 月起，启动“农村专业技术协会发展论坛”。“论坛”邀请中共中央政策研究室、国务院发展中心、农业部、中国农业科学院、中国农业大学等部委、院校、科研机构的农业、法律、经济专家，通过研讨国内外农村经济技术合作组织的发展状况与经验，为农技协的发展提供理论准备。目前“论坛”已连续举办了 4 次。

3. 建立农业产业化经营技术推广示范基地，加强示范推广体系建设。目前已经建立示范基地 10 个，涉及到种、养、加等相关领域。这些基地不仅是相关技术的推广中心，还逐渐成为协会的培训中心，扩大了协会的社会影响，起到了示范带动作用。

4. 办好技术交流网站和编好协会会刊，加强信息交流和宣传体系建设。

为了加强协会的技术信息交流和传播工作，农技协于 2000 年上半年开通了中国农技协技术交流网站（http://www.china-njx.com）。经北京市新闻出版局批准，于 2000 年底在原协会会刊的基础上编辑出版了彩印的《中国农村专业技术》会刊。内容涉及到协会工作动态、协会要闻、种养殖技术、供求信息等。

二、开展新技术、新品种、新项目的推广普及活动，促进农业科技进步和农民科技素质的提高

加速科技成果的转化，推广先进实用的技术项目，是农技协的中心工作之一。一年来，农技协联合科协农技服务中心利用自身网络优势，通过开展产品技术展览会、技术项目交流会、洽谈会，面向全国发文推荐、开展培训班等多种形式推广普及了 200 多项先进实用技术项目。这些技术项目大多具有投资少、见效快、收益高的特点，受到了广大农民群众的欢迎。

1. 采取联合推广的形式，优选先进、实用技术及绿色无公害农资产品进行推广。根据发展无公害食品，禁用高毒化学农药的有关精神，于 11 月 18 日在中国科技会堂举办了山西绿丹中草农药有限公司无公害植物源农药产品介绍会。

2. 开展各种科技交流活动，架通科技项目与实用技术转化的桥梁。一年来，共举办博览会、交流会、展示会达 6 场次，参加会议的达 3 500 多家（人），接受项目咨询达上百万人次，达成项目合作协议 180 多项，协议金额上亿元。“2000 年跨世纪全国兔业产品技术交流交易会”于 3 月 27 日在北京怀柔召开，来自全国 21 个省、市、区的 693 人参加了会议。9 月中旬中国农技协兔业办公室在西安召开的西部兔业发展研讨展示大会，来自全国的参会代表及旁听者达到 800 多人。

3．编辑出版科普图书并开办实用技术培训班，推广科学技术成果。编写出版了《农民快速致富新技术50招》一书。

为了使一些好的技术项目能有效地到村入户，采取与基层科协（农技协）联合办班的形式，面对面地向广大农民传授多种实用技术。还与山东寿光科协自1997年合作开办蔬菜大棚培训班以来，一直受到全国各地的大力欢迎，2000年又连续开办了蔬菜大棚培训班6期，培训来自基层科协、农技协的技术骨干达 3 000 人次，收到了较好的社会效益。

三、开展国际交流与合作，开拓了农村专业技术协会国际民间交流的新渠道

为了学习世界发达国家的民间组织（农协等）在农业经济管理方面的经验，中国农技协首次组团于2000年8月对日本有关社团组织进行了为期10天的考察。

四、举办“中国农技协种养大王科技扶贫行动”，探索西部科技扶贫新路子

为了全面贯彻中央有关精神，落实中国科协的有关部署，10月18～20日，首届柳林科普宣传周期间，在中国科协对口扶贫地区——山西省吕梁地区柳林县如期举行了“中国农技协种养大王科技扶贫行动”，并将此作为落实科技扶贫精神，实施西部大开发的具体行动。来自全国各地的21家农村专业技术协会、涉农企业的科技种养大王和涉农企业的36人参加了活动。在两天的活动中，共散发种养殖技术、高效新型肥料、绿色农药等技术项目资料达15万份，接待科技咨询达20多万人次；共达成意向性项目协议45项，标的金额达4 726万元；向当地农业局、种子公司、农资公司、专业大户及地区科协赠送叶面肥等物资价值近万元；举办专题报告会一场，听众达200多人。

中国工业设计协会

Industrial Design Society of China

地　　址　北京市东直门外大街26号B座二层

邮政编码　100027

电　　话　010-64163104/64152931转3029

传　　真　010-64163104

理 事 长　朱　焘

常务副理事长　鲁克定

副 理 事 长　尹定邦　朱鹤荪　李晓航　陈壁光　周一兵　柳冠中　黄良辅　屠舜耘

秘 书 长　鲁克定

刊物及主编　《设计通讯》

主编　鲁克定　柳冠中　屠舜耘

单位简介

1978年8月中国科协批准成立中国工业美术协会，中国工业美术协会成立于1979年8月。1987年10月经中国科协和国家科委同意，中国工业美术协会改名为中国工业设计协会，并加入中国科协。现有会员 8 382 名。学术组织有：设计文化委员会、建材工业设计委员会、装璜设计分会、家具设计分会、设计研究分会、展示设计委员会、玻璃设计委员会、室内设计学术委员会。

工作综述

一、组织建设

1．2000年1月底，民政部批准我协会通过清理整顿，予以重新登记。

2．4～5月，与协会分支机构和地方工业设计协会（促进会）普遍取得联系后，对他们进行问卷调查，了解基本状况和工作情况，征询对协会工作的意见和建议。

3．自6月底至10月底先后召开6次座谈会，广泛听取协会工作人员、理事会成员、高等院校代表等不同方面70多人次的意见，为制订换届方案、产生新的事理会、提出协会工作报告、修改协会章程等工作打下基础。

二、开展多方面活动

1．根据朱焘理事长的要求，协会组织有关专家，向国家经贸委专题汇报工业设计与经济建设发展的有关问题，为经贸委编制规划提供咨询建议。

2．4月中旬，朱焘理事长召开中青年工业设计工作者座谈会。出席会议的20多人就工业设计的使命和任务、开发设计市场、促进国际交流等问题进行了热烈、活跃的讨论，专门召开中青年人员的活动，在协会活动的历史上是第一次。

3．8月初，朱焘理事长出席海尔加入世界设计组织颁发证书典礼，并作了重要讲话，同时考察了海尔集团的工业设计工作并提出了要求。

4．举办了'2000工业设计教学研讨会。会议于10月中旬在无锡轻工大学召开，出席会议的有来自全国50多所高校的150多人，规模超过以往的两届，气氛热烈，盛况空前。

5．协会积极支持北京工业设计活动周的举办，加强了与北京工业设计促进会的联系与合作。

6．协会配合科技部高新技术发展及产业化司共同支持'2000无锡工业设计周的举办，并为此项活动积极策划方案，提出多方面建议。

7．积极筹备“中国工业设计周”，取得了国家经贸委技术进步与装备司和培训司的支持，并由国家轻工业局作为主办单位，确定了活动方案。经过多方面艰苦不懈的努力，特别是东华大学所做的大量具体工作，目前各方面准备工作已基本就绪。

8．在国际交流方面，与 JDF（日本工业设计基金会）等组织重新建立了联系。与日本、新西兰等国业内人士进行了积极的接触，并探讨开展不同方式的活动。

9．针对社会上一些组织假冒我会名义开展不正当活动的情况，认真进行查验，消除不良影响，维护协会形象。2000 年先后受理此类投诉、查询 10 多起。

三、编辑出版及教育培训工作

1．积极开展《设计》杂志的复刊工作，已取得重大进展，有望得到批准。

2．在国家轻工局的大力支持和有关方面的积极帮助下，协会的内部刊物经北京市新闻出版局批准，取得了准印证，获准以《设计通讯·中国工业设计协会会刊》的形式编辑、印发。自 9 月以来正式印发 4 期，取得了很好的反响。

3．协会配合科技部高新技术发展及产业化司共同主办全国生产力促进中心工业设计培训班。贯彻科技部提出的"将工业设计作为生产力中心的核心业务"的要求，于 9 月下旬举办了生产力促进中心负责人培训班。协会积极参与培训班方案策划，聘请师资等工作，并代表主办单位为培训班做了总结。朱焘理事长出席了结业式，向学员颁发了结业证书并做了重要讲话。培训班由北京生产力中心承办。

中国科普作家协会

Chinese Science Writer's Association

地　　址　北京市海淀区学院南路 86 号
邮政编码　100081
电子信箱　kpzx@sina.com
电　　话　010-62173007 / 62178877-3406
传　　真　010-62173007

理 事 长　张景中

副理事长　王直华　庄似旭　汤寿根　陈芳烈　郎景和　金　涛　饶忠华　谢　础

秘 书 长　张秀智

刊物及主编　《科技与企业》　主编　陈善余
《青年科学向导》　主编　章道义
《科普创作通讯》（内部刊物）　主编　汤寿根

单位简介

1978 年 6 月，中国科协在上海召开了全国科普创作座谈会，由茅以升、华罗庚等科教出版界领导人和科普作家、编辑家 300 多人发起成立了中国科学技术普及创作协会筹委会。1979 年 8 月，在北京召开了第一次全国代表大会，正式成立中国科学技术普及创作协会，胡耀邦、邓颖超等党和国家领导人在人民大会堂接见了全体代表。1984 年 1 月，在北京召开了第二次全国代表大会，方毅、周培源等领导同志到会祝贺。1990 年 6 月，在北京召开了第三次全国代表大会，并经中国科协批准，更名为"中国科普作家协会"。1999 年 12 月，在北京召开了第四次全国代表大会。协会先后产生了四届理事会。董纯才、温济泽、叶至善先后任理事长。协会设有 12 个专业或工作委员会。共有 29 个省、自治区、直辖市成立了科普作协，全国一级的会员人数为 2 085 人，省市一级的会员约 2 万余人。

工作综述

1． 1 月 30 日，我会承办了中国科协组织的"破封建迷信，树文明新风"科技下乡活动。

2． 4 月，由中国科协主办、中国科普作家协会承办、北大之路生物工程有限公司协办的《生命与健康》全国科普征文活动在全国正式拉开帷幕。此项活动被列入中国科协 2000 年重点科普工作之一。4 月 16 日，在北京举行了各参加媒体的联席工作会议。9 月 27～29 日，在北京中国科技会堂召开了《生命与健康》全国科普征文活动组委会、评委会成立大会。有 90 多家全国性报刊参加了这一活动。12 月 6～9 日，在福建厦门召开了《生命与健康》全国科普征文活动研讨会。

3．2000 年 5 月，中国科协举办了"让科学走近生活，让公众理解科学"大型科普宣传活动，5 月 23 日、25 日和 30 日，我会分别邀请了香港城市大学李少民、解放军第二军医大学曹雪涛、北京大学潘爱华做了专题报告。与中央人民广播电台合作，在《科技大世界》节目播出了"我们身边的科学"专题节目。

4． 5 月 10～16 日，在江苏省召开了采编创学术交流会。

5． 6 月 14～16 日，中国科协和中国作协共同主办、中国科普作家协会承办的全国科普创作研讨会在北京中国科技会堂召开。3 月 31 日，中国科协、中国科普作家协会和中国作家协会儿童文学委员会及创联部联合举办了科学文艺创作座谈会。

6． 9 月 9 日，与《新闻出版报》在北京联合举办了科普创作与出版研讨会。

7．10 月 17～21 日，在广西召开了全国各省市科普作协秘书长、各专业委员会主任工作会议。

8．12 月 22 日，与北京市科协在北京中国科技馆联合召开了面向 21 世纪的科普创作笔会。

中国自然科学博物馆协会

Chinese Association of Science Museums

地　　址　北京市天桥南大街 126 号
邮政编码　100050
电　　话　010-67024431 转 3087/67053997
传　　真　010-67053997
副理事长　李象益　毛昭晰　谢瀛环　张松龄　张泰昌
秘书长　谢瀛环（兼）
刊物及主编　《大自然》　主编　王　珏
《中国自然科学博物馆协会通讯》（内部刊物）

单位简介

中国自然科学博物馆协会正式成立于 1980 年 12 月 2 日，隶属于中国科学技术协会，是国际博物馆协会团体会员。

1976 年以后，国内博物馆界认为，为适合四个现代化的需要，必须充分发挥科学博物馆的作用。于是由北京自然博物馆、地质博物馆、北京天文馆等单位发起成立中国自然科学博物馆协会。1980 年 12 月 2 日通过协会章程组成第一届理事会，1987 年 10 月组成第二届理事会，1992 年 3 月组成第三届理事会。协会设有博物馆理论专业委员会、博物馆技术专业委员会、自然保护区专业委员会、科技馆专业委员会、自然史博物馆专业委员会、水族馆专业委员会等，设有教育工作委员会、组织工作委员会、宣传出版工作委员会、外事工作委员会等。协会现有团体会员 266 个，个人会员 1343 位。

工作综述

一、学术交流

1．协会推选 20 名代表组团参加中国科协 2000 年学术年会，并提交论文 20 篇，被推荐的 10 篇论文中有 4 篇被安排在分会场宣读。

2．水族馆专业委员会在广西北海举行了学术及科普交流会，与会 60 人，就中国水族馆事业发展的有关问题进行了学术交流和探讨，推动了我国水族馆事业的发展，提高了水族馆从业人员的素质。

3．8 月，自然保护区研究会与“东亚地区国家公园和保护区委员会”共同举办第六届海峡两岸自然保育研究会，来自大陆和台湾的 60 多位自然保护区、国家公园的专家、学者和管理人员参加会议。

4．科技馆专业委员会于 4 月 29 日结合中国科技馆二期工程新馆开馆，召开了科技馆理论研究及科技馆建设发展研讨会，60 余位馆长和业务骨干参观了新馆并座谈交流。12 月 15～17 日，科技馆专业委员会在河南郑州市召开科技馆展品设计和制作学术研讨会，会议就当前科技馆发展的新形势下，如何把握展品设计与创新、展品的合作开发、资源共享和优势互补问题展开讨论。

二、继续教育

1．协会与教育工作委员会于 5 月 10～16 日在杭州共同举办第二期现代博物馆学培训班。该班就什么是现代博物馆学、现代科技馆、博物馆教育的发展与实践、现代博物馆应怎样以人为本、博物馆当前遇到的素质教育的机遇与挑战以及怎样当好现代博物馆的馆长等问题进行授课。与会同行还进行了广泛的交流。培训班共有 14 个省、市、自治区的 84 人参加。

2．水族馆专业委员会于 4 月 23～27 日在北京海洋馆召开水族馆维生系统饲养管理专题培训班。参加这次培训班的有 12 个单位的 22 人，并由德国海洋馆的专家现场解答问题。

3．技术委员会于 10 月 10～20 日在天津举办了第六届“动物剥制技术研讨会暨动物剥制技术”培训班。参加人数 80 余人。

三、科普展览

1．协会与黄河博物馆承办“黄河在呼唤”展览。这是中国科协在贯彻中央有关西部开发战略，开展的“再造秀美山川”系列活动中的一项。展览以 30 块展板，120 幅大型彩色电脑喷绘图片展示了黄河概览、黄河的呼唤以及保护母亲河的内容。该展又经加工在中国科协 2000 年学术年会上展出。

2．“回顾与展望”展览由中国科协主办、自然科学史研究所和中国自然科学博物馆协会承办并负责巡展。展览主要介绍了在 20 世纪中国科学技术发明和发现的典型成果。参观量达到 15 万多人次。

3．“告别愚昧”与“爱我家园、保护环境”展是 1999 年受中国科协委托已在我协会的二十几家团体会员场馆进行巡展，2000 年继续在嘉兴科技馆、江苏省科技馆一些科技活动中展出，达到了很好的宣传目的。

4．受中国科协委托，协会在中国科协、中宣部、科技部主办的“让科学走进生活，让公众理解科学”大型科普宣传活动中，负责组织了在京的 18 家科技类博物馆免费或优惠向公众开发。

5．由台中自然科学博物馆赠送给协会的“消失的大猫展”由福州科技馆负责组织巡展。4 月在福州展出，然后巡回到浙江省科技馆和湖北省科技馆，展览不仅使观众收到了较好的环保教育，也是协会在增进两岸交流中作了很好的尝试。

四、信息交流工作

1999 年 4 月制作了协会网页，2000 年秘书处又向各团体会员场馆组织了上网宣传材料，报给中国科协信息中心上网交流。

科技馆专业委员会在 2000 年 8 月承德会议上对科技馆网上建设进行了专门研究。目前，山西、天津、安徽、福建、陕西、江苏、武汉、郑州等地科技馆都在网上有名。

五、宣传出版

1．《中国自然科学博物馆通讯》，2000 年发行两期，13 万字，较好地沟通了协会与团体和个人会员之间的信息。

2．为庆祝《大自然》杂志成立 20 周年，举办了学术研讨和如何办好《大自然》杂志的专题讨论会，与会的有关方面的专家对如何使杂志再上一层楼提出建议。第五期还采用了三分之一彩页，在普及科学知识、探索自然奥秘、宣传环境保护方面丰富了内容。

3．为了纪念协会成立 20 周年和当前博物馆发展的需要，由秘书处发起，邀请了博物馆学方面的专家撰写《博物馆学基础知识问答》手册，约 10 万字。为我国现代化博物馆的发展提供一些新的理论资讯。

4．水族馆专业委员会将 1999 年度的学术论文集汇编成册，提供给团体会员单位，加强学术交流。

协会与中国科协声像中心合作拍摄《走进科普大课堂》系列录像片，拟用两年时间拍摄已被中国科协评出的科普教育基地中的科普场馆 10～12 家。目前已完成第一集“天津自然博物馆”的拍摄。

中国科技报研究会

China Society for the Study of Science and Technology Press，CSSTP

地　　址　北京市海淀区学院南路 86 号
邮政编码　100081
电子信箱　cssstp@sina.com
电　　话　010-62179108
传　　真　010-62179108
理 事 长　刘　恕
常务副理事长　杨　旭
副 理 事 长　王直华　吴开流　黄安文　贾廷漪　褚维光　周思源　陈宗周　杨　旭
秘 书 长　杨　旭
刊物及主编　《科学中国人》　主编　于华夫
《中国科技新闻研究》　主编　杨　旭

单位简介

中国科技报研究会是全国性科技新闻社会团体，是由全国科学技术类报社及其工作者以及热心科技新闻事业的社会人士自愿联合组成的、依法登记的学术性、非盈利群众组织，成立于 1980 年 3 月。现有会员单位 48 家，均为取得国内统一刊号、正式发行的科技类报纸。

我会设有 6 个专业委员会和 4 个工作委员会。

工作综述

一、国内学术交流

1．6 月 5～10 日，举办了第十三届（1999 年度）全国科技报优秀作品评选。这次评选收到了 38 家报社报送的 434 件参评作品。经过筛选，共评出一等奖 23 篇，二等奖 46 篇，三等奖 98 篇，好标题 6 件。

2．第三届全国科技报青年编辑记者专业委员会经验交流会于 6 月 26 日至 7 月 2 日召开。在这次会议上来自全国各科技报社的青年骨干编辑记者交流了采编经验，介绍了报社的情况。

二、科学普及

8 月 17～29 日，为了响应“西部大开发”的号召，根据我会理事会的决定，研究会西部开发调研组对新疆南部进行了半个月的调查，行程 3 200 多公里，走了三个地区 19 个县，了解到边远少数民族地区的很多真实情况，对我会的西部开发工作及科普宣传工作提供了详细的资料，为下一步工作的开展打下了良好的基础。

三、组织建设

中国科技报研究会六届三次理事（扩大）会议于 10 月 21～23 日在南宁市召开。这次会议的主要议题是：

①总结 2000 年度科技报研究会工作，讨论 2001 年度科技报研究会的工作安排；②修改全国科技报系统优秀作品评选条例；③研究制订我会青年编辑记者专业委员会组织管理通则；④配合中国科协“西部科普工程”，确定我会 2001 年的重点科普项目。

四、编辑出版

会刊《中国科技新闻研究》的编撰工作，本着服务于各科技报社及广大科技报工作者的原则，把栏目办得更加有特色，邀请了部分报社的社长、总编撰写卷首语，每期对各报关心的共性问题开设专栏研讨。2000 年出版 6 期，发表文章 20 余篇，共计 5 万余字。

中国青少年科技辅导员协会

China Association of Science Instructors for Youth and Children

地　　址	北京市海淀区学院南路 86 号
邮政编码	100081
电子信箱	zgfx@public.east.cn.net
电　　话	010-62172668/62178877 转 3436/62171995
传　　真	010-62172668
理 事 长	叶叔华
荣誉副理事长	王屏山
常务副理事长	张开逊
副理事长	封明为　谢丽娟　傅国亮　程东红　袁正光　刘德培　张泰昌　马　力　辛俊兴　牛灵江　李燕祥
秘 书 长	李燕祥
刊物及主编	《科技辅导员》　　主编　王友恭

单位简介

中国青少年科技辅导员协会的发起者为周培源、吴仲华、蒋南翔、王寿仁、黄芦、王景盛、苏灵扬、袁正光、程平等人。1981 年 6 月 12 日经中国科协批准在北京召开成立大会。历届理事长依次为吴仲华、王寿仁、王寿仁、叶叔华。设有理论、组织、培训、宣传、馆站等工作委员会，各省市建立了科技辅导员协会（青少年科技教育协会、科普促进会），会员人数达 11 万。于 1985 年底加入设在法国巴黎的联合国教科文组织教育信息网，为成员单位。

工作综述

一、理论研究工作

1．第八届全国青少年科技辅导员论文征集活动。2～6 月开展了主题为“创造与教育”的论文征集活动，共收到经 21 个省市青少年科技辅导员协会（青少年科技教育协会、科普促进会）和《科技辅导员》杂志编辑部选送的论文 673 篇。经中央教育科学研究所等单位有关人员组成的评委会，共评出一等奖 92 篇；二等奖 310 篇；三等奖 206 篇；鼓励奖 65 篇。在对获一等奖的论文进行再次加工编辑的基础上，《科技辅导员》杂志出版了论文专集。

2．“全国青少年创造能力培养活动方案征集”活动。2～6 月，在全国范围内举办了以对青少年创新精神和创造能力培养为主题，以科技类内容为主，兼顾其他（艺术类、体育类、语言类等综合活动），适合 3～20 岁年龄段参与的“全国青少年创造能力培养活动方案征集”活动。共征集到经 13 个省市青少年科技辅导员协会（青少年科技教育协会、科普促进会）和《科技辅导员》杂志编辑部推荐的活动方案 400 余项。评选出一等奖 41 项，二等奖 116 项，三等奖及鼓励奖 243 项；并推荐 63 项活动方案参加国家教育部科技司、共青团中央学校部和中国科普研究所终评。

3．2000 年学术年会。为落实中国科协“西部开发——科教先行与可持续发展”的工作思路，提高从事科技教育工作的科技辅导员的理论与业务水平，于 2000 年 9 月在陕西省西安市召开的中国科协 2000 年学术年会上设立了分会场，举办了协会自己的学术年会。来自全国各地的 200 多名科技教育工作者的代表，听取了专家学者就国内外青少年科技教育工作发展的动态与趋势等诸方面的科普报告；进行了关于青少年创造教育理论、活动经验的交流；研讨了依据青少年成长规律，开展各类启发青少年创造思维、培育青少年创造能力的科技教育活动的思路和方法。

二、重点科技教育活动

1．首届“全国教育工作者发明与科教制作展评活动”。与中国发明协会于 3～7 月共同举办了首届“全国教育工作者发明与科教制作展评活动”，于 7 月 18～20 日在中国科技会堂举办了优秀作品展示、评奖的首届展览会。18 个省市参加了作品的征集、推荐等组织工作。从近 3000 件作品中筛选出 486 项作品推荐到全国活动组委会办公室。经初评，有 255 项教师作品参加了在中国科技会堂的展示和终评。其中一等奖 40 项，二等奖 103 项，三等奖 112 项。

“展评活动”受到了教育部、中国科协等的高度重视，受到各省市和与会教师的欢迎和好评，共同认为此项活动是“协会给广大教育工作者搭了个展示广大教育工作者成果的舞台，是协会‘建家、服务’的重大举措”。

2．扶贫助教活动。与山西省青少年科技教育协会于 8 月在中国科协扶贫省山西省吕梁地区（离石、中阳、柳林和汾阳）共同组织了第二次“扶贫助教”活动。对吕梁地区的柳林、离石、中阳、汾阳 4 个县近 1000 名当地教师进行了涉及中、小学数、理、化、语文的教材分析、授课方法和教育改革的发展趋势等方面的教学培训，并送去了农村实用技术的资料。活动受到当地政府（教育局等）和教师的热烈欢迎，一致表示：“‘扶贫助教’非常及时，非常必要，对改进贫困地区的教学质量，利用教师的辐射作用，培养贫困地区所需的人才，提高公众的科学素养，起到了其他活动无法比拟的作用。”“强烈要求能够长期坚持下去”。

三、表彰工作

9 月在中国青少年科技辅导员的学术年会上，有 141 名科技教育工作者被授予“全国优秀青少年科技辅导员”称号，有 68 名科技教育工作者被授予“全国优秀青少年科技活动组织工作者”称号，有 81 个集体被授予“全国青少年科技活动先进集体”称号。

中国科教电影电视协会

China Science Film and Video Association, CSFVA

地　　址　北京市海淀区学院南路 86 号
邮政编码　100081
电　　话　010-62186304/62178877-3617
传　　真　010-62186304
理 事 长　沈　纪
副理事长　苑郑民　周君达　宁志彬
秘 书 长　苑郑民
刊物及主编　《摄影与摄像》（PHOTO & VIDEO）
主编　温　宁

单位简介

本会于 1979 年 3 月由于光远、周扬、夏衍、司徒慧敏、裴丽生、刘述周、王顺桐、王阑西、孔祥瑾、洪林、刘白羽、李洪琛等 91 人发起，1986 年 7 月正式成立，并经国家科委批准改名为中国科教电影电视协会，第一届理事会夏衍为协会名誉会长，张清任理事长。

1992 年 3 月召开第二届全国会员代表大会，沈纪为理事长。

目前团体会员有 23 个。2001 年即将召开第三届全国会员代表大会。

工作综述

一、组织建设

1. 为换届做好准备工作。按照民政部关于社团清理整顿的各项要求和中国科协的具体部署进行补充自查工作后，于 2000 年初获准重新登记。为召开第三届全国会员代表大会，常务理事会和换届工作小组做了大量的准备工作。目前已具备召开全国会员代表大会的基本条件，俟常务理事会讨论作出决定后，即报请中国科协和民政部批准实施。

2. 加强与会员的联系，为建设人才库做准备。目前已完成了对会员基本信息资料的调查，准备归档和录入计算机。

二、努力提高会员理论水平，开展科教影视学术交流

为推动广大科技声像工作者钻研业务、提高会员理论水平，与北京科技声像工作者协会继续联合举办两年一届的“科技声像学术年会和优秀学术论文评选活动”。2000 年底将评选出优秀论文，出版《2000 年科技声像论文选》。

三、配合中国科协工作重点开展工作

1. 配合中国科协以“再造西部秀美山川”为主题的“实施西部科普工程”，选配、制发录像带，用特快专递发往西部 10 个省、区科协。

2. 按照“让科学走近生活，让公众理解科学”这一科普宣传活动的统一部署和要求，与中央电视台联合于 5 月 18 日至 6 月 13 日期间，在中央电视台一套节目中每天播放 1 期，共播放 15 期 17 部影片。

四、探索科教影视视作品的创作新路子

为探索科教影视作品如何突破老框框、开拓融传播科技知识与宣传科学思想、科学方法、科学精神于一体的创作新路子，选定了当今世人关注的“环境”热点和对社会发展有广泛影响的“非线性科学”——“混沌”、“分形”等主题，组织有关科技和影视专家进行研讨，探索通过科教影视作品宣传科学思想的路子。

五、承办 2000 年北京国际科教电影电视展评研讨会

我会和北京广播学院、武汉电视台共同承办了由中国科协主办，科学技术部、国家广电总局、中国科学院协办 2000 年北京国际科教电影电视展评研讨会（以下简称“展评会”），该“展评会”于 10 月 28 日在北京中国科技会堂召开，从 10 月 28 日至 11 月 1 日，会期 5 天。本次“展评会”参展的有美国、英国、法国、中国等 21 个国家 73 个影视制作单位和机构选送的 206 部影片。经过初选有 80 部样片在本次“展评会”播放，占总送片量的 40%。

本次“展评会”有 12 位专家和学者进行了演讲。“展评会”除设大奖 1 名，评委特别奖 2 名外，按“科普”、“专题”、“发现与探索”、“环境”、“医学与卫生”、“青少年教育”6 类分别评出金、银、铜奖共 19 部优秀科教影片。中国北京科教电影制片厂制作的《宇宙与人》获科普类银奖。

中国科学技术期刊编辑学会

China Association for Scientific and Technical Perodicals Editing

地　　址　北京市海淀区学院南路 86 号 736 室
邮政编码　100081
电子信箱　kxcessp@163.net
电　　话　010-62178877 转 3736

理　　事　　长　　丁乃刚
副 理 事 长　　陈浩元　李　晨　刘泽林　王亨君
　　　　　　　　张道远
秘　　书　　长　　李　军
刊 物 及 主 编　　《编辑学报》　　主编　陈浩元

单位简介

1981 年 12 月 2 日中国自然科学学术期刊编辑协会筹备委员会成立。1986 年 12 月 4 日中国科协正式接纳中国科学技术期刊编辑学会。1987 年 3 月 4～6 日，中国科学技术期刊编辑学会第一次会员代表大会在北京召开，理事长：翁永庆。1991 年 4 月 14～15 日，中国科学技术期刊编辑学会第二次会员代表大会在无锡召开，名誉理事长：丁光生，谭丙煜；理事长：翁永庆。1995 年 6 月 15～21 日，中国科学技术期刊编辑学会第三次会员代表大会在山东召开，名誉理事长：翁永庆；理事长：孙枢。2000 年 9 月 12～14 日，中国科学技术期刊编辑学会第四次会员代表大会在北京召开，名誉理事长：翁永庆；理事长：丁乃刚。

中国科学技术期刊编辑学会发展团体会员 786 个，个人会员 4 315 人，地方学会 23 个，专业委员会 6 个。

1995 年 11 月 21 日，中国科学技术期刊编辑学会加入国际科学编辑联合会（IFSE），成为该会的团体会员。

工作综述

1．促进科技期刊全面提高质量是本会的一项重要任务。召开执行国家标准与规范研讨会，科学技术期刊发展的新趋势笔谈会，中国医药卫生质量管理规范研讨会，为科技期刊提高质量指明了方向。

2．重视继续教育，提高编辑素质。举办两期编辑业务培训班，自开班以来参加培训学员已超过 3 000 人。协助中国科技大学研究生院和中科院出版委举办研究生课程进修班。

3．举办学术活动，请专家联系编辑的实际做专题讲座，内容涉及计算机技术、因特网、著作权、文献计量学。报告内容新、信息量大，深受编辑欢迎。《编辑学报》是有关编辑学的综合性刊物，2000 年被中国科技信息研究所和中国科学引文数据库列为统计源期刊。

4．邀请巴西科学编辑学会主席 L.J.Greene 做题为“发展中国家的科技期刊编辑——向第一世界进军”的学术报告，并进行了现场提问与交流。

5．开展评优活动。设立“金牛奖”、“银牛奖”，表彰长期从事编辑工作、成绩优异的中老年编辑。评选优秀编辑学论文，活跃编辑学术研究。

6．发挥桥梁和纽带作用。开展咨询工作，组织会员献计献策。坚持出版《会讯》，联系全体理事、各地方学会、会员单位等，发挥了宣传、交流、联络、指导作用。

中国流行色协会

International Commission for color in fashion and Textiles

地　　　　址　　上海市茅台路 567 号 912~913 室
邮 政 编 码　　200336
电 子 信 箱　　colour@guomai.sh.cn
主 页 网 址　　http://www.liuxingse.com.cn
　　　　　　　　http://www.2000cn.net
电　　　　话　　021-62748598 转 3013/3014
　　　　　　　　021-62332811
传　　　　真　　021-62332811
理　　事　　长　　王曾敬
副 理 事 长　　马玉良　刘　勤　谢裕中　傅兆智
　　　　　　　　杨永元　杨炳芳
秘　　书　　长　　贾宗骊
刊 物 及 主 编　　《流行色》　　主编　徐志瑞

单位简介

中国流行色协会前身是中国丝绸流行色协会。1982 年 2 月在上海成立。1983 年经日本流行色协会介绍，中国丝绸流行色协会加入国际流行色委员会组织。1985 年经中国丝绸公司党组批准，中国丝绸流行色协会改名为中国流行色协会。1987 年中国流行色协会加入中国科学技术协会。

中国流行色协会对全国工商企业、科研单位、大专院校等企事业单位实行会员制。行业分布包括纺织、服装、内外贸、轻工、家化、建筑、交通、印刷、文化艺术、院校等。到 2000 年底为止，现有团体会员单位 66 个，个人会员 373 人。

目前已设立 4 个专业委员会。协会主要任务是研究国内外流行色发展情况，制定中国流行色提案，发布我国流行色趋势预测，同时还举办有国内外专家参加的学术研讨会，征集和评选优秀学术论文。不定期地举办流行色展示会、服装流行趋势发布会等，把流行色的研究与市场导向结合起来。

中国流行色协会作为中国惟一合法的代表加入国际流行色委员会。国际流行色委员会是一个商业性的民间团体组织，成立于 1963 年，英文全称为 International Commission for color in fashion and Textiles，简称为 IC，发起国为法国、联邦德国、日本。国际流行色委员会其宗旨是在纺织品与时装色调范围内进行协作。目前，正式会员单位有包括中国在内的 20 个国家。中国流行色协会每年两次派出专家参加国际流行色专家会议，分别预测未来两年春夏季和秋冬季的国际流行色。

工作综述

一、参加国际流行色会议预测提案工作

2000 年协会向国际流行色会议提交的中国提案，一次是第七十五届会议，2002 春夏季中国提案；一次是第七十六届会议，2002～2003 秋冬季中国预测提案。

二、发布中国流行色

协会每年 2 次发布中国流行色，一次是在 5 月份的上海国际服装文化节“流行趋势”上会同文化节组委会发布 2001～2002 秋冬季流行色；一次是在年初发布 2001 春夏季中国流行色。

三、流行色调研工作

调研部会同专业委员会进行每年 2 个色彩季度的色彩调研工作。各个专业委员会都要有色彩调研表及流行色预测色卡汇总。每季度都进行色彩调查，在上海比较具有代表性的地方进行色彩调研，并制作图表和图谱，供专业委员会参考，以便进行流行色的预测工作。同时在协会网页进行更大范围的色彩调查。

四、普及宣传流行色和流行色咨询活动

协会每年 2 次对团体会员传达国际流行色会议精神，解说国际流行色定案色卡。

除了在协会刊物《流行色》上刊载流行色情报外，还利用各媒体宣传、介绍协会的活动和发布流行趋势的信息。并在协会的互联网页上刊载流行色信息，使流行色信息通过最为先进的手段走进千家万户，协会还向需咨询单位提供流行色趋势讲座和色卡服务。

五、学术活动

2000 年，面向全国征集论文 18 篇，组织专家评审，并出版了《学术论文选》。

六、协会期刊出版情况

《流行色》期刊在原来基础上经过 1 年的努力，期刊的定位已趋于明确、稳定。通过 1 年的市场发行，拓宽了读者的层面。

中国档案学会

China Archives Society

地　　址　北京市西城区丰盛胡同 21 号
邮政编码　100032
电　　话　010-66175130/66183555
传　　真　010-66183636

理 事 长　沈正乐
副理事长　王信功　王德俊　冯惠玲　许世平　邢永福　周忠信
秘 书 长　王信功
刊物及主编　《档案学研究》　主编　王信功

单位简介

1979 年经国务院批准成立了中国档案学会筹备委员会。1981 年 11 月 23 日在北京召开中国档案学会第一次会员代表大会，宣布中国档案学会成立，到目前为止，中国档案学会已召开过 5 次会员代表大会，选举产生过五届理事会。1989 年 3 月中国档案学会加入中国科学技术协会。1994 年中国档案学会加入国际档案理事会和国际档案理事会东亚地区分会。目前，中国档案学会有团体会员 74 个，个人会员 7 535 人。下设 6 个专业委员会：档案学基础理论学术委员会、档案整理鉴定学术委员会、档案文献编纂学术委员会、档案保护技术委员会、档案缩微复制技术委员会、档案自动化技术委员会。中国档案学会日常办事机构设有：学会办公室、组织工作委员会、会刊《档案学研究》编辑部。

工作综述

2000 年 3 月 29 日～4 月 7 日，中国档案学会代表团 14 人赴日本参加中日企业档案学术交流会。

4 月 14 日～10 月 26 日，在北京举办了 5 期全国档案干部继续教育讲习班，来自全国各地的 706 名档案工作者参加了学习。

5 月 28～31 日，在南京举办“十五”期间档案工作发展学术讨论会，有 150 人参加，收到论文 115 篇。

6 月 16 日，在北京举办档案在休闲社会中的作用学术座谈会，有 40 余人参加。

组织开展了《科学技术档案工作条例》发布 20 周年纪念活动。纪念活动包括有奖征文、召开研讨会等内容，共收到论文 518 篇，经过评审，评出一等奖 5 篇，二等奖 22 篇，三等奖 51 篇，四等奖 98 篇。并于 12 月 11～13 日在北京举办了学术研讨会，有近百人参加，交流论文 100 篇。

7 月 11 日，韩国记录管理学会总务理事金圣洙等 4 人来华访问，我会组织有关专家就学会工作和档案管理等有关问题与他们进行了交流。

7 月 31 日～8 月 3 日，在内蒙古举办了中国档案学会华北地区档案学术讨论会，主题是新世纪的档案工作，有 60 余人参加，收到论文 97 篇。

8 月 14～17 日，在吉林省白山市举办了主题为“新世纪档案工作的展望”学术研讨班，有 90 余人参加。

10 月 1 日～11 日，中国档案学会代表团 21 人赴台湾参加海峡两岸档案暨缩微学术交流会，共交流论文 20 篇(其中我会 9 篇)。

11 月 22～24 日，在上海举办了档案鉴定学术研讨会，有 20 多人参加，会议收到论文 7 篇。

在大力开展学术活动的同时，还为国家档案局的决策提供了一些咨询意见，如国家档案局在制订《全国档案事业发展“十五”计划》时，本会组织 20 多位专家进行了座谈，提出了一些很好的意见。

中国国土经济学研究会

Chinese Territory Economics Association

地址	北京市和平里东土城路 5 号
邮政编码	100013
电话	010-64295606
传真	010-64211431 转 3029
理事长	王先进
副理事长	刘堪　孙鸿烈　江泽慧　陈洲其　吴明瑜
秘书长	柳忠勤
刊物及主编	《国土经济》　主编　隆爱军

单位简介

1981 年 5 月，由著名经济学家于光远创建并担任第一届理事长。1992 年 5 月，研究会选举产生了第二届理事会领导成员，杜润生当选为理事长。1999 年 11 月，研究会选举产生了第三届理事会领导成员，王先进当选为理事长。

1989 年 1 月，批准加入中国科协。至 2000 年底，个人会员 999 人，团体会员 77 个。研究会设学会指导委员会，指导研究会的学术工作。

工作综述

一、学术交流活动

1. 为贯彻党中央、国务院西部大开发战略，于 8 月上旬在京组织召开了西部大开发与西线调水座谈会。会议分析了长江、黄河水资源的利用现状和开发前景，对东、中、西三线路南水北调方案的利弊得失进行了分析、比较，提出了关于西部调水的系统规划、前期勘察研究的建议。

2. 举办三峡工程对国土资源开发利用启示的学术会议，探讨水利工程建设对水利、土地、矿产、生物资源的影响，及对应措施的研讨。

二、开展国土资源环境普及教育

1. 于 10 月中旬，在京举办了以“资源导向性与市场导向性经济发展战略解析”为题的高级研修班。有 12 个省市 30 多位从事国土管理、科研工作的干部参加了培训。

2. 按照中国科协关于编制《21 世纪学科发展丛书》的要求，于 5～11 月组织编成《重整山河——国土经济学研究与实践》一书，是一本供社会和干部普及国土经济知识的读物。

为向青少年宣传普及环境保护知识，已组织专家学者编成《绿色未来》丛书 10 册。

3. 为在我国亿万中小学生中进行保护资源环境教育，于 1 月策划了“石林杯”全国青少年保护资源“今日行动”活动，并通过发放《中国资源》一书，培养青少年认识和保护资源环境的社会意义和良好的行动习惯。

4. 由我会策划，通过清华、北大等大学生组织，联系企业家向贫困地区捐赠《中国资源》科普读物，我会还向甘肃夏河县拉卜楞芷民小学赠送《中国资源》(小学版)图书 90 册，以促进该区普及资源科学知识教育。

三、组织专家开展区域发展考察与咨询

3～5 月份，我会同国务院体改办、国务院发展中心联合全国 10 省区到 10 个乡镇作小城镇发展情况调查，了解总结小城镇发展经验。8～9 月，分别对河北唐山乐亭县石臼砣岛的开发与保护、山西榆次市卧龙山森林公园的考察与调研做了论证工作。9 月初，应河南商丘梁园、睢阳区政府之邀，组织我会理事及在京政界、企业、新闻界等 40 多人赴商丘参观、考察、咨询，为商丘的持续发展提出了建议、构想。

四、加强学会工作人员管理

从 2000 年起在学会工作人员中建立聘任制，对被聘人员的职责任务和办公制度提出了具体要求。

中国土地学会

China Land Reclamation Society

地址	北京市朝阳区民族园路 8 号 2 号楼
邮政编码	100029
电子信箱	zgtdxh@fm365.com
主页网址	http://www.sonfun.com / tudiyan
电话	010-62046863/62046850 转 8054/8049
传真	010-82086426
理事长	邹玉川
常务副理事长	王光希
副理事长	张巧玲　叶耀先

秘　书　长　　黄启章（代理）
刊物及主编　　《中国土地科学》　　主编　程　烨

单位简介

中国土地学会成立于 1980 年 11 月，当时为中国农学会的分科学会；1986 年 11 月经国家科委批准为全国性学会；1989 年被中国科协接纳为所属团体。有个人会员 6592 名。现设 7 个专业分会。土地整理与复垦分会为国际土地复垦家联合会（International Affiliation of Land Reclamationists）成员，对外称中国土地复垦学会（China Land Reclamation society）。

工作综述

一、国际国内学术交流

1. 2000 年北京国际土地复垦学术研讨会是我会于 1999 年加入国际土地复垦家联合会后首次主办的国际学术会议。会议于 5 月 16～18 日在北京召开，主题为"面向 21 世纪的矿区土地复垦与生态重建"。与会 200 余人，其中包括 16 个国家的 40 多位国外专家、学者，国际土地复垦家联合会主席及美国、英国等国土地复垦组织的代表也出席了会议。会议收到论文 93 篇，其中国内 57 篇，国外 36 篇，并编辑出版英文版论文集。会议期间还举办《中国土地复垦成就展览》，通过 130 余幅图片和上万字文字说明，反映了我国主要土地示范区土地复垦工作所取得的成就。

2. 2000 年海峡两岸土地学术研讨会于 9 月 2～4 日在成都召开，主题为"土地利用与城乡发展"。33 名台湾地区专家学者到会。两岸共提交论文 40 篇，就土地利用与城乡建设、土地开发与环境保护，进行了充分的交流与研讨。

3. 我会与台湾地区地政界于 12 月 11～21 日在台湾桃园举办带有研修性质的海峡两岸土地重划研讨会。我会有 19 人参加，通过现场实地考察，对台湾土地重划有了比较全面的了解和感性认识，为拓宽两岸交流合作提供了新的途径。

4. 12 月 28 日，在北京召开庆祝中国土地学会成立 20 周年学术研讨会。这次研讨会是我会在搜房网的支持下首次举办的网上学术研讨会，主会场在北京，并在各省市设立 11 个分会场，300 多人上网参与。主题为"21 世纪中国土地利用与可持续发展"。主会场和分会场在网上同时进行学术交流，这是中国科协和国土资源部系统第一次运用网络手段组织学术会议。

二、科普和继续教育

1. 我会应北京八中邀请，派出学会副秘书长、中国农业大学土地资源系朱德举教授到校，结合地理教程，向"超常班"学生讲解了土地国情国策和科普知识，受到师生的一致好评。

2. 中央发出《关于促进小城镇健康发展若干意见》后，我会与中国城市规划院联合举办了二期"促进小城镇健康发展与土地利用规划管理"研修班，参加学习的土地系统干部 60 多人，经考试后，颁发了"继续教育证书"。

三、表彰奖励

我会青年工作委员会组织开展"第二届中国土地青年科技奖"的推荐与评选工作。评出荣获"中国土地青年科技奖"21 名，"中国土地青年科技鼓励奖"19 名，并进行表彰和鼓励。

中国科技新闻学会

Chinese Society for Science and Technology Journalism

地　　　址　　北京市海淀区学院南路 86 号
邮 政 编 码　　100081
电 子 信 箱　　kjxw@sina.com
电　　　话　　010-62184952/62178877-3503
传　　　真　　010-62184952
理　事　长　　焦洪波
副 理 事 长　　王友恭　李东生　李新彦　何　平
　　　　　　　杨时光　张宗银　赵致真　柴淑敏
秘　书　长　　柴淑敏
刊物及主编　　《中国科技信息》　主编　徐建峨
　　　　　　　《大众电脑》　主编　刘信中
　　　　　　　《科学新闻·学术专刊》
　　　　　　　　　　　　　　主编　王友恭

单位简介

中国科技新闻学会是由全国科技新闻传播工作者和单位自愿结成的依法登记的、从事科技新闻传播学术活动工作的全国性法人社会团体。学会成立于 1988 年初，1990 年 3 月加入中国科协。现有团体会员 35 个（其中地方学会 15 个），个人会员 900 多人。

中国科技新闻学会的最高权力机构是全国会员代表大会。理事会是最高执行机构，日常工作由常务理事会处理。常务理事会下设 6 个分支机构、5 个工作机构和办公室。学会办公室主要负责日常事务工作。

中国科技新闻学会第一次全国代表大会于 1988 年 1 月 30 日在北京举行。全国人大常委会副委员长严济慈，国务委员张爱萍，中国科协副主席钱三强、吴阶平等，新闻界前辈、全国人大常委曾涛、胡绩伟、国防科工委主任伍绍祖等领导同志以及首都新闻界、科技界和大会代表，共400多人出席了大会开幕式，第一次全国代表大会通过了《中国科技新闻学会章程》、《中国科技新闻工作者职业道德准则》，选举产生了第一届理事会和常务理事会，陈柏生为理事长。

1994年3月3～5日在北京召开了第二次理事暨代表大会。会议选举张玉台为新一届理事长。

1998年8月在京召开了第三次全国会员代表大会，选出理事会理事87名（新入选57人），其中常务理事32人。焦洪波当选为理事长。

学会的主要活动包括举办业务培训班、业务讲座；召开学术年会和国际性学术交流会议，已举办第一、第二届亚太地区报刊与科技和社会发展研讨会；组织科技新闻稿件评选活动；组织全国新闻单位的科技记者采访活动；出版学术论文专辑等。各专业委员会结合本身特点，也开展了不少的专业交流活动，有的已初具规模或形成例会，在本专业系统有一定影响力。

工作综述

1．受中国科协委托，承办中国科协第五届“科协好新闻”评选工作。

2．受中国科协宣传部委托，组织编辑出版《中国科协五大期间新闻报道佳作选》。

3．12月初，与中国科协宣传部在昆明联合召开首次全国地方科技新闻学会（协会）工作经验交流会。

4．6月15～17日，与中国电视艺术家协会联合召开了全国电视科技节目交流研讨会。

5．与河南省委宣传部等单位共同举办了“河南省第二届科协好新闻”评选活动。

6．与清华大学联合举办的“新闻学研究生课程进修班”已于9月份正式在清华大学开课。

7．筹备 “第三届亚太地区媒体与科技和社会发展研讨会”，经科技部批准，将于2001年11月在京召开。

8．召开2次科技传播学术研讨会和科普广播研讨会及第九届全国科普广播优秀节目评选。

中国老科学技术工作者协会

China Federation of Retired Scientific Workers

地　　址　北京市海淀区学院南路86号

邮政编码　100081

电　　话　010-62177879/62178877转3329

传　　真　010-62172825

会　　长　钱正英

常务副会长　程连昌

副 会 长　王佛松　王德臣　卢良恕　孙隆春　吴武封　张勃兴　陆焕生　陈灏珠　林　声　国　林　郑光迪　秦科才　顾方舟　韩南鹏　韩德乾　谢　光　高　潮

秘 书 长　高　潮

刊物及主编　《中国老科协通讯》　主编　田光华

《金秋科苑》　主编　刘书良

单位简介

随着我国人口老龄化的发展趋势，我国科技队伍的老龄化问题也日趋突出，根据不完全统计，近年来，我国老科技工作者人数已达500万，占我国科技人员总数的20%。其中具有高级职称的老科技工作者为80多万，占全国高级职称科技人员总数的50%。预计到2002年，我国20世纪60年代毕业的大学生将全部退休。如何发挥这么多离退休科技人员的作用，已成为我们在实施科教兴国和可持续发展战略中急需研究和解决的一个重要课题。

1988年6月，中国科协受中共中央组织部、统战部等7个部委的委托，在北京召开发挥退离休科技人员作用座谈会，总结交流经验。与会代表倡议成立“中国（退）离休科技工作者团体联合会”。这个倡议得到了有关部委的赞同，在国家科委和中国科协的领导和支持下，于1988年7月被批准成立“中国退（离）休科技工作者团体联合会”（简称中国退科联）。

1989年11月，中国退科联第一次全国会员代表大会在北京召开，选举中国科学院、中国工程院两院院士，著名桥梁专家李国豪为第一届理事会会长。中国退（离）休科技工作者团体联合会宣告成立。

1993年5月，中国退科联第二届全国会员代表大会在北京召开，大会决定将“中国退（离）休科技工作者团体联合会”更名为“中国老科学技术工作者协会”（简称中国老科协）。选举全国人大副委员长，中国科学院、中国工程院两院院士，著名医学专家吴阶平为第二届理事会会长。

1999年11月，中国老科协在北京召开了第三次全国代表大会，选举全国政协副主席、中国工程院院士、著名水利专家钱正英为第三届理事会会长。

1990年2月4日，中共中央总书记江泽民为中国退科联题词：“团结广大退离休科技工作者为科技进步经济繁荣社会发展和民族振兴再做贡献”，全国退离休科技工作者及其团体深受鼓舞。据不完全统计，中国老科协目前已成立行业分会18个。各省、自治区、直辖市都成立了老科协，省以下地方老科协已成立 466 个，大专院校、科研院所、大型厂矿企业成立老科协组织 585 个，各级老科协组织吸收具有中级职称以上个人会员近 50 万。据不完全统计，各级老科协及所属组织已建立科技咨询服务机构 421 个，为社会创造了可观的经济效益。据全国 22 个省辖市 60 个大中城市老卫协的不完全统计，已建立各类医疗组织 300 个，每年参加工作的老医务工作专家超过万人，受诊人数近 10 万人次。组织科技下乡，为发展农业和农村经济服务，为科技扶贫做出实绩。组织老专家进行科普讲座和科普报告，撰写科技发展史和回忆录以及建立培训基地。据不完全统计，中国老科协系统，已创办大专院校、中专职高、小学共几十所，受到家长和用人单位的信任和好评。

中国老科学技术工作者协会是在党领导下的老龄科技工作者的团体，是党和政府联系广大老科技工作者的桥梁和纽带，是党和政府发展科技事业和老龄事业的助手，已日益成为社会上重要的群众团体之一。

工作综述

一、开展“老科技工作者发挥作用情况和问题”的调查研究

这是 2000 年中国老科协的一项重点工作。为此，专门成立了课题组。课题组由钱正英会长挂帅；根据钱正英会长的意见组成了调研报告起草小组，由程连昌、谢光、顾方舟、国林、高潮以及课题组的同志组成，由田光华副秘书长执笔，现已基本定稿。编写了《老科技工作者再做贡献典型事例选编》。对老科技工作者发挥作用的建议也基本梳理出来了。中央政治局常委、国家副主席胡锦涛，中央政治局常委、国务院副总理李岚清都作了批示。

二、关于科学技术普及工作

2000 年 1 月 29 日召开的纪念江泽民总书记二·四题词十周年暨龙年新春座谈会上，钱正英会长在讲话中把科普工作确定为 2000 年的四项重点工作之一。为此，3 月份，中国老科协发出通知，要求中国老科协各分会、各地方老科协、企事业单位老科协，要广泛深入地开展科普活动。中国老科协还专门向科技部政策体改司、中国科协普及部报送了中国老科协的科普工作计划。

2000 年，上海以百人讲师、200 多个课题的阵容和规模，把科普讲座活动更广泛地推向工厂、机关、学校、社区和农村；中国老科协理科与技术科学分会面向青少年开展高新技术科普讲座，与北京 40 多所中学建立了“大手拉小手”的经常性联系，造成了良好的社会反响。

中国老科协联合哈尔滨科技与经济结合促进会，试验开展农村科技普及推广活动，已在河北、吉林、陕西、内蒙古、山西、甘肃等地实施，效果较好。

三、科技扶贫开发与科技咨询工作

4 月，我会派专家参加了由国家民委组织的赴广西、云南“兴边富民”考察活动；7 月，副会长高潮率专家组赴广西百色地区进行了科技扶贫考察。两次考察加上前几年的工作基础，为西南石山地区的扶贫开发工作打下了良好的基础。

11 月 16～18 日，中国老科协在广西南宁召开了老科技工作者为西部大开发再做贡献研讨会。研讨会着重围绕西南石山地区扶贫开发的战略对策进行探讨。副会长卢良恕在会上做了专题报告，与会代表还就“关于建设西南岩溶地区扶贫开发和生态重建示范区”的问题提出了建议。在顾方舟副会长的领导下，酝酿与有关单位联合，组织建立医疗卫生专家委员会和“老大夫咨询服务中心”，目前已有很大进展。在国林副会长的领导下，老科协系统科技咨询与企事业管理研讨会，于 11 月在广西与老科技工作者为西部大开发再做贡献研讨会联合举行。

四、组织建设工作

1. 1 月，中国老科协各工作委员会相继建立，组织联络工作委员会、宣传教育工作委员会、科技咨询工作委员会、财务与基金工作委员会和扶贫委员会召开了第一次工作会议，研究了各自的职责和安排了今年的主要任务；8 月，经三届二次常务理事会研究决定，将宣传教育工作委员会更名为科普宣传教育工作委员会。

2. 基本完成了民政部要求的社团重新登记和社团法定代表人变更等有关备案材料的准备和手续。

3. 组织工作委员会召开了第二次会议。制订了中国老科协《优秀老科技工作者奖励条例》；审议同意了广电老科协、邮政老科协和九江石化老科协等 3 个团体加入中国老科协的申请。

4. 根据中国科协表彰优秀科技工作者通知的要求和分配给我会的名额，向中国科协推荐了“全国优秀科技工作者”候选人 1 名（庄庆士）。

5. 根据中国科协的部署和要求，组织了两批优秀老科技工作者参加了科技交流和联谊活动。

6. 整顿和清理了中国老科协办的实体和有关遗留问题。

中国科学探险协会

China Association for Scientific Expeditions

地　　址　北京市海淀区西小关中科院大气物理所铁塔分部

邮政编码　100083

电　　话　010-62378038

传　　真	010-62379819
名誉主席	宋　健　刘东生
主　　席	高登义
副 主 席	王富洲　杨孟欣　李乐诗　李宝恒 秦大河　郭　琨
秘 书 长	王富洲

单位简介

中国科学探险协会成立于1989年，同年加入中国科学技术协会，同时召开了第一届会员代表大会，选举了理事会和常务理事会，主席为刘东生。1997年召开第二次会员代表大会，主席为刘东生、高登义。全会有会员 251 人，团体会员 3 个。协会设特科探险、特殊地区探险和珍稀奇异动物科学探险3个专业委员会。

工作综述

中国科学探险协会1994年在总结前人工作和积累资料的基础上，组织科学家论证了雅鲁藏布大峡谷为世界最大的大峡谷后，就萌发了走与企业相结合、由企业出资实现中国人首次徒步穿越雅鲁藏布大峡谷的宏愿，但由于各种原因限制，直到1998年才与有关企业达成协议，由其出资实现上述的愿望。虽然在极其艰苦的条件下，加之企业的支持资金又没有到位，但我们还是实现了中国人首次徒步穿越大峡谷的宏愿，完成了任务，并有了新的发现，引起了世人的极大关注，被评为1998年十大科技新闻之一。此次活动结束后，协会进行了认真总结和反思，从中吸取了教训，总结了经验，进一步肯定了我们的方向是对头的，道路是正确的，为 1999 年和 2000 年的工作积累了宝贵经验。2000 年我协会除日常工作正常运转和健全加强协会的各项规章制度外，重点开展和完成了“珠峰环境监测”和“三江源自然保护区科学考察”。

1．2000 年瀛海威珠穆朗玛峰环境监测科学考察。珠穆朗玛峰为世界最高峰，海拔 8848.13 米，号称地球“第三极”。监测珠峰环境变化，对于记录全球环境本底状况，大气环流对污染物质气环流给局地环境带来的影响以及研究严重影响青藏高原和全球气候及环境的青藏高原大气臭氧亏损等，为西部大开发计划提供研究环境变化制定保护措施提供科学依据。中国科学探险协会在瀛海威信息通讯有限责任公司的赞助下，组织了科研和新闻单位共22人，于5月25日～6月10日，历时17天，克服了缺氧带来的各种艰难险阻，圆满地完成了考察任务。这次考察除了常规的在日喀则、定日、绒布冰川等取水样、冰雪样、气样外，还首次在珠峰释放了 7 个臭氧探测气球，其飞行最高高度近 3 万米，首次取得了珠峰地区高精度的臭氧随高度的变化资料，为人类进一步研究珠峰地区的环境状况提供了依据。中央电视台等新闻媒体进行了广泛的报道，也首次在网上进行了宣传。

2．2000 年天时力三江源自然保护区科学考察。中国科学探险协会自 1994 年以来，特别是 1999 年多次对青海省玉树地区即三江源地区进行科学探险考察，发现三江源地区生态环境日益恶化：草场退化，沙化严重，湖泊退缩，鼠害严重，乱砍滥伐，盗猎严重等，对此提出了建立三江源自然保护区的建议，得到了国家林业局和青海省人民政府的重视，于 2000 年 3 月 22 日在北京召开了建立三江源自然保护区研讨会。在国家林业局和青海省人民政府的支持下，在天时力集团的赞助下，中国科学探险协会成立了三江源科学探险队，围绕着三江源地区的水资源与水环境、草场退化与畜牧业、沙化与生态环境、鼠害与草原再生产、珍稀野生动物盗猎与生物多样性、资源无序开发与生态环境破坏、旅游资源开发与生态环境保护、社会经济发展滞后与资源开发和生态环境保护等 8 个方面进行了为期 1 个多月的考察，取得了宝贵的科学资料，提出了三江源自然保护区是全世界河流最多、海拔最高最大的高山草甸湿地区，海拔最高地区生物多样性最集中地区，在此基础上将三江源自然保护区划分为核心区（封闭区）、缓冲区（半封闭区）和过渡区（开放区）。三江源考察成果得到了国家林业局和青海省人民政府的认可。青海省于 5 月 13 日批准成立三江源自然保护区，8 月 19 日三江源自然保护区在青海省玉树藏族自治区成立，7 月 22 日国家主席江泽民题写的“三江源自然保护区”巨型幕碑屹立在通天河河畔。中国科学探险协会为保护三江源、造福下一代作出了贡献。

中国反邪教协会

China Anti-Cult Association (CACA)

地　　址	北京市西三环中路 1 号 817 办公室
邮政编码	100029
主页网址	http://www.anticult.org
电　　话	010-62371177 转 2817
传　　真	010-62357955
理 事 长	庄逢甘
副理事长	龚育之　潘家铮　傅铁山　王家福 圣　辉　何祚庥　郭正谊
秘 书 长	王渝生

单位简介

中国反邪教协会成立于 2000 年 11 月 13 日。庄逢甘、龚育之、潘家铮、傅铁山、王家福、圣辉、何祚庥、郭正谊、王渝生、于光远、王大珩、王绶琯、邹承鲁、张光斗、张维、胡亚美、钱令希、梁守、梁思礼等一批科技界、社科界、医学界、法律界、宗教界和新闻界的工作者为了捍卫人类尊严，保证法律实施，维护社会稳定，打击邪恶势力，并积极参与国际上保障人权、反对邪教的斗争，从自身的社会责任和职业道德出发，倡议成立“中国反邪教协会”。

中国反邪教协会的宗旨是：弘扬科学精神和人文精神，维护法律尊严，尊重宗教信仰自由，团结和联络社会各界人士，反对一切危害人民生命财产与安全、扰乱社会公共秩序、破坏法律实施和社会稳定的邪教组织。协会将面向社会，开展各种形式的研讨活动，研究和探讨各类邪教组织的活动现状和动向，深入剖析邪教组织的本质和危害；举办反邪教组织的报告、讲座、展览及出版反邪教的杂志书籍，提高公众对邪教组织的警惕性、鉴别力和防范能力；通过加强与国外有关民间组织的联系、交往和合作，积极开展国际研讨和交流活动。

中国反邪教协会是由全国科学技术、社会科学、宗教、法律、新闻等社会各界有志于反对邪教组织的人士自愿组成，并依法登记成立的公益性、非营利性法人社会团体。

本协会接受业务主管单位中国科学技术协会和社团登记管理机关国家民政部的业务指导和监督管理。

现有理事 53 人，会员 82 人。

工作综述

12 月 23 日，在北京中国科技会堂举行“反对邪教保障人权”——中国反邪教协会第一次学术报告会暨学术讨论会。会议收到社会各界致力于反对邪教的人士提供了近 30 篇论文，14 位同志作大会发言，其他同志在大会发言之后作简短的自由发言。

与会专家学者就世界范围内特别是中国的邪教问题、邪教孳生和活动的特点、铲除邪教在中国孳生的土壤，各宗教要与邪教进行长期不懈的斗争，国际邪教组织产生的根源，邪教的造神术，20 世纪末邪教泛滥的社会学问题及对邪教的综合治理等方面作了大会报告和学术讨论。

同时，中国反邪教网站也已正式开通。从此，在中国互联网领域，有了一块与邪教作斗争的阵地。

中国反邪教网站共录入 1000 多万字的文字信息，同时还具备网上多媒体播放功能。主要内容有：①前言；②中国反邪教协会简介；③反邪教动态；④世界邪教大观；⑤揭批“法轮功”；⑥反邪教文章选登；⑦世界反邪教网站与反邪教书刊介绍；⑧世界部分国家反邪教法对策。

12 月，中国反邪教协会发起“反对邪教　保障人权百万公众签名活动”得到中国科协和各省、市、自治区科协的大力支持，目前这一活动正在北京以及全国 31 个主要城市展开。已有 146.6115 万人参加了签名，为配合联合国第 60 届世界人权大会的召开，反映中国公众反对邪教、保障人权的强烈愿望，挫败西方反华势力企图利用“法轮功”邪教组织对中国政府进行的人权攻击。

省、自治区、直辖市科协情况

北京市科学技术协会

地　　址	北京市朝阳区育慧里4号
邮政编码	100101
电子信箱	cbast@public.bta.net.cn
主页网址	http://www.bast.cn.net
电　　话	010-64985007/64985008/64985009
传　　真	010-64985007
主　　席	陈佳洱
副 主 席	王阳元　冯长根　刘培温　何祚庥　张开逊　李岩岭　辛俊兴　陈　杭　陈万金　荣国威　倪维斗　袁振宇　高佐之　贺慧玲
秘 书 长	罗忠仁
刊物及主编	《北京科协》　主编　辛俊兴

单位简介

北京市科学技术协会的前身，是中华全国自然科学专门学会联合会北京分会和中华全国科学技术普及协会北京分会。1958年两会合并，筹备北京市科协，1963年正式成立。后因“文化大革命”而停止一切活动，直至1978年3月得到恢复。

北京市科协第一次代表大会1963年7月召开，茅以升为主席；第二次代表大会1980年6月召开，茅以升为主席；第三次代表大会1986年9月召开，王大珩为主席；第四次代表大会1991年11月召开，顾方舟为主席；第五次代表大会1997年1月召开，陈佳洱为主席。

北京市科协现有学会145个；厂矿科协169个；区县科协18个；高校科协8个。

工作综述

一、努力开展学术月、科技周、季谈会、“金桥工程”等各项工作，为推进首都精神文明和物质文明建设作贡献

全年实施“金桥工程”项目475项，实现经济效益7.2亿元。开展科技咨询和决策咨询5 544项，技术合同实现金额19 509.2万元。开展厂会协作，有30对学会与厂矿签订合作协议。厂会协作已由市属学会承办扩展到区县科协（学会）、厂矿科协、大学科协、经委系统共同承办。召开“企业技术创新现场会”，推广高井发电厂等企业的技术创新经验。在企业科技人员中开展征集和评选优秀科技论文活动，43篇论文获奖。坚持科教为农业经济服务，积极组织送科技下乡。2000年创建农村科普示范基地103个，已对9个科普示范基地检查验收。根据京郊实际需要，编辑了14项农业单项技术资料，印发7万余份。与北京乡镇企业局共同举办“北京乡镇企业与高等院校技术项目洽谈会”，北京大学等8所高校发布了48项适合乡镇企业特点的技术项目。

二、加强国内外学术交流，提高学术交流活动的水平和质量

举办国内、国际学术会议721个，交流论文7 980篇，组织学术报告会1 272场。2000年，制定了210项北京市科协学会活动计划和11项重大学术活动计划。成功地举办了以“面向2049年北京的城市发展”为主题的“2000年科技交流学术月”活动。学术月期间，共有80个市级学会、24个区县、高校、企业科协开展学术研讨会、青年学术演讲比赛、青少年北京未来50年科学畅想、学术成果展示、建议征集等活动180项，其中重点学术活动26项。卢良恕、李振声等37位院士参加了学术活动。两院院士、国内外著名建筑学家吴良镛、副市长汪光焘、国家环保局副局长王玉庆等人作的学术报告引起强烈反响。征集论文1157篇，评出优秀论文236篇，出版论文集26册。征集建议100篇，有45篇获奖，其中23篇上报市委、市政府。积极开展国际及港澳台科技交流与合作。2000年，市科协系统共接待国外境外科技团组118个，971人次；组织派遣了科技团组42个，365人次;向日本派遣进修生27人。

三、发挥科普主力军作用，弘扬科学精神，普及科学知识，传播科学思想和科学方法

全年，举办科普讲座4 272次，科技展览287个，青少年竞赛205个，组织夏（冬）令营116个，开展科普宣传活动783次，到年底已建成科普画廊153个，建筑长度5 675米。圆满地举办了以“学习与创新——迎接科技新时代”为主题的第六届北京科技周。科技周期间，共组织全市性重点活动50余项，各区县、厂矿、高校、科研院所及学术团体等组织基层重点科技活动1 100余项。据不完全统计，组织科技报告讲座1 100次，科技参观307次，学术交流研讨111次，科技咨询活动1302次，科技下乡178次，义诊106次，参与科技周活动的群众达140多万人次。路甬祥等140多位院士围绕“学习与创新——迎接科技新时代”的主题寄语题词。科普创作更加繁荣。全年，出版各种科技期刊45种，年发行量12.2万册；出版科技报纸10种，年发行量479.3万份；出版科技图书47种,30余万册；出版科技音像制品18套。

四、在党和政府与科技工作者之间架设通畅的桥梁

以“加速发展微电子产业”和“在发展中做好文物保护工作，积极促进北京申奥成功”为主题，组织召开两次科学技术专家“季谈会”，刘淇市长等领导与专家共商大事，促进了决策的科学化、民主化。加强了调查研究工作力度，先后开展了北京地区“科技工作者状况和需求调查”、“维护科技工作者合法权益的调查”、“北京市部分企业科协的调查”以及对北京地区科普创作情况的调查等。市政协科协界委员积极反映科技工作者的意见、建议，提出提案18件。通过信息渠道向市委、市政府、中国科协等报送科技工作者建议、信息76条，被采用63条，5位市领导对10条建议作了12条批示。

五、加强与科技工作者的联系，主动为科技工作者服务

首次组织有突出贡献的科技工作者赴青岛考察疗养，首次组织委员进行体检。组织召开了“青年科学家迎新春联谊座谈会”和“庆‘三八’，回娘家，话未来”联谊座谈会，积极发现、举荐优秀科技人才，评选出6位全国优秀科技工作者候选人和28位参加“第七届中国青年科技奖”和“第六届茅以升北京青年科技奖”评选的候选人。

六、努力加强团体建设和机关自身建设

制定了《关于加强学术交流，促进科技创新的意见》和《金桥工程管理办法》。对143个学会及其下属的740个分支机构进行了年度检查的初审工作。在21个学会中建立了党支部或党小组。加快了对《首都科技网》、《北京科普之窗》、《学生科技网》和北京科教信息网的《走近科学》栏目内容的更新速度，新闻、图片新闻实现了每个工作日更新1次。从1月1日至11月30日，点击三网一栏目主页人数共计31万人次。在市科协领导班子及其成员中开展了“三讲”教育“回头看”活动。在全体党员中开展了“做一名合格共产党员”的大讨论。制定了一批加强党风廉政建设的规章制度。

天津市科学技术协会

地　　址　天津市和平区和平路287号
邮政编码　300041
电子信箱　tastbgs@163.com
电　　话　022-27120038/27126422
传　　真　022-27112792
主　　席　母国光
副 主 席　刘广均　李正名　张春霆　张道成　陆焕生　陈永川　陈树春　宣栋生　黄其兴　董天祺
刊物及主编　《家庭育儿》　主编　王　伟
《智力》　主编　顾汉良

单位简介

天津市科协的前身是天津市工程师学会、中华全国自然科学专门学会联合会天津分会（简称“天津科联”）和天津市科学技术普及协会（简称“天津科普”）。1959年1月10日，“天津科联”和“天津科普”合并，建立全市性统一的科学技术群众团体——天津市科学技术协会。

到1962年，全市已有自然科学专门学会42个，工厂基层科协已建立了300多个。1962年建立科学宫，创办了科技进修学院及各区分院，1963年创办了《科学园地报》和科普形象资料社等。

“文化大革命”期间，市科协及所属团体均遭到严重摧残，各团体被迫停止活动。1977年12月，市委任命部分德高望重的老专家组成市科协领导班子，1978年1月，市科协重新恢复活动。

1981年3月，市科协召开第二次代表大会，为科协工作的全面恢复奠定了基础。自1987年市科协“三大”起，市科协每5年举行一次代表大会，至今已是第五届市科协委员会。

全市性科技团体有150个，区县局（总公司）科协有35个，企业科协有666个，城市街道科协有79个，乡镇科协有212个。

工作综述

一、围绕天津市产业结构调整中的重点、热点、难点问题开展决策咨询和科学论证

1. 生物医学工程产业发展论证报告和关于3年热化要充分利用热电联产优势的建议受到市主要领导的重视，市委书记张立昌和市长李盛霖分别作批示，要求有关部门进行可行性调研，并研究落实。

2. 在发展精细化工产业论证报告中，提出的关于组建天津农药制剂加工分装基地和催化剂加工分装基地的建议具有很强的可操作性，已被市科委列入高新技术产业发展计划。

3. 1999年完成的天津市EMC实验室建设可行性论证，其成果已被市无线电管理委员会采纳实施。实施“厂会协作行动”，22个协作对子取得了明显的阶段性成果。

4. “讲理想、比贡献”竞赛活动全年共立攻关项目1697项，完成1191项，实现经济效益3.3亿元，全市各大中型企业围绕“两新一高”，普遍开展了“人人献一计，人人有成果”活动。

5. 实施“金桥工程”，开展企业间的横向科技交流，特别是按照中国科协支援西部大开发，实施“西部科普工程”的要求，组织天津港务局科协等部分企业科协与陕西省洛南县科协和青海省湟源县科协达成了互助科普协议，共同组织科普示范工程，提供优惠条件接待对方人员来津培训，向对方无偿捐赠一批计算机设备和科技图书，引起较大反响。

二、大力开展国内外学术交流，促进学科发展和人才成长

1．由150个学术团体、2万名科技工作者参加，以天津技术创新与经济增长为主题，举办了多学科、综合性、开放性的“科技论坛”，共设8个专场和63场专业研讨会，交流论文千余篇，汇编成近20万字的《专家建言集》，为有关部门提供了决策参考。

2．由母国光主席和张道成副主席带队、47位专家组成的市科协代表团参加了在西安召开的中国科协第二届学术年会，有14位专家在主会场和分会场主持会议或发表学术论文，展示了天津科技界的学术水平。

3．由大会顾问委员会委员张道成副主席等率领的市科协代表团共26人参加了在德国汉诺威举办的首届世界工程师大会，使国际民间科技交流与合作提高到一个新的水平。

三、深入开展科学技术普及工作

1．与市有关部门联手举办了“崇尚科学文明，反对封建迷信”大型科普展览，一个月时间观众达25万人。

2．邀请著名科学家何祚庥院士来津作反对伪科学的科普报告。

3.组织8万人参加由中国科协和人民日报社主办的“崇尚科学、破除迷信”科普知识竞赛，上报答卷4万余份。

4．举办了“科学之门——从诺贝尔奖看百年科技发展”大型展览。

5．举行“首届新纪元——挑战杯天津市大学生创业计划”竞赛。

6．举办“网络与生活”博览会，观众达2万余人。

7．第十四届科技周活动，围绕“科技创新与跨世纪发展”的主题，开展了五大系列活动，全市城乡活动10 328项，市级重点活动12项，区县局重点活动691项，数百万人参与，有效地推动了日常性、群众性科普活动的广泛开展。

四、发挥桥梁和纽带作用，突出抓了建设“科技工作者之家”的活动

在科技周开幕式上，市领导与科技专家座谈，科技专家提出不少有价值的建议，受到刘胜玉副书记和有关部门的重视，专家的发言在市战略办内部刊物《战略研究》上刊登。市科协编辑的《科技工作者建议》中反映的发展天津市生物材料产业的建议，得到张立昌书记的批示，要求有关部门研究落实。通过抽样调查，提出了《天津科技人才状况调查分析与建议》的报告，受到各级领导和有关方面的重视。与市人事局联合评选表彰了28名天津市优秀科技工作者；与市委组织部和市人事局联合评选出22名天津青年科技奖获奖者，并推荐8名中国青年科技奖候选人。编辑出版了《天津科技名人录》，有312名科技专家入选；增补了5名入主“科技名人园”专家，并为陈省身先生塑了铜像。

河北省科学技术协会

地　　址　河北省石家庄市西大街73号
邮政编码　050011
电子信箱　hebsyl@sj-user.he.cninfo.net
主页网址　http://www.hbkp.com.cn
电　　话　0311-6049311/6069311
传　　真　0311-6049311
主　　席　张留成
副 主 席　郑灿金　赵纪琛　刘秀华　李宗民　孙　玉　邹　竞　吕渭川　何文杰
刊物及主编　《河北科协》　**主编**　张金声

单位简介

河北省科学技术协会的前身是河北省科联和河北省科普，分别成立于1956年6月。1959年1月科联、科普合并，成立了河北省科学技术协会，隶属河北省委领导。1966年因“文化大革命”停止活动。1977年12月重新恢复。

河北省科协第一次代表大会1969年1月在天津召开，杨石先为主席；第二次代表大会1981年5月召开，潘承孝为主席；第三届代表大会1986年11月召开，王健为主席；第四次代表大会1991年10月召开，邹仁均为主席；第五届代表大会1996年10月召开，魏建昆为主席。河北省科协现有省级学会127个；厂矿科协380个；县（市区）科协167个。

工作综述

一、从讲政治的高度发挥科协组织在重大活动中的作用

1．认真抓好政治理论学习，不断提高政治素质。采取多种形式认真学习了江泽民总书记关于“三个代表”、“两思”和“三个什么”的重要论述，召开了经验交流会。

2. 高举科学旗帜，同“法轮功”邪教组织进行坚决的斗争。为配合揭批“法轮功”邪教组织斗争的开展，组织了一系列活动。一是与省文明办共同举办了“崇尚科学文明，反对迷信愚昧”大型图片展。省市四大班子领导和省会各界群众近10万人观看了展览。各市科协也轮流接办了这个展览，在社会上产生了强烈的反响。二是开展了有针对性的科普活动。2000年在继续实施以“弘扬科学文明，消除迷信愚昧”为主题的“七个一”和“河北省科学传播活动”的同时，在省辖市开展了以“高举科协旗帜，迎接新世纪到来”为主题的第十三届城市科普宣传周。中国科协、省科协、保定市和安国市四级科协联合开展的“破除封建迷信，树文明新风”的科技下乡活动，同时为群众进行现场技术指导，深受群众欢迎。清查了部分书刊、音像摊点；没收了部分迷信、伪科学书刊。另外，省科协与省委610办公室共同发出了《关于利用“崇尚科学文明，反对迷信愚昧”图片对广大群众进行科普教育的通知》，有力地抵制了“法轮功”的侵蚀。

3. 认真开展“三讲”教育及“回头看”活动。该工作开展得扎实而富有成效。5月，省科协作为省直党群的代表向中央“三讲”检查组作了汇报，得到充分肯定。

二、围绕经济建设中心，开展多种形式的科技活动

1. 促进农业产业结构调整。认真筛选了抗虫棉、双孢菇等20项农业新技术项目并进行了重点推广。全省推广应用新技术、新成果的农田面积超过了200万亩。各市、县科协也引进推广新技术、新品种100余项。4月份召开了全省农业新技术、新成果普及推广暨经验交流会。会上有7个县科协加入了全国农业新技术产品传播网。2000年组织近百名农技协代表同专家、学者和企业进行了交流协作。2000年对10个最佳和100个先进农技协进行了表彰。8月，中国科协等部门在元氏县召开了现场会，推广了元氏县农林牧联合会的经验。

2. 深入开展“讲、比”活动。全省共有400余家企业参赛立项，立项6000多项，创经济效益近8亿元。9月份省科协、经贸委、计委、财政厅、人事厅等单位，联合召开展了“河北省第七届‘讲、比’竞赛活动总结表彰大会”。对52个先进集体、79个先进个人、37名组织者和13名企业党政领导进行了表彰，并颁发了荣誉证书。

3.“千厂千会协作行动”取得新进展。中国科协全委会副主席张玉台从拓展学会活动领域、增强学会活力和促进学会改革角度表彰了河北省科协的工作。新增协作对子58对。全省共结协作对子384对，其中有98对列入中国科协协作项目。

4.“金桥工程”再创佳绩。全省共完成“金桥工程”项目299项，占立项总数的70%。其中，省级重点项目75项，共创经济效益5亿多元，节约资金1.55亿元。在4月份召开的全省第二次“金桥工程”总结表彰大会上，省科协、省科委、省人事厅、省经贸委4个部门联合对80个优秀金桥项目和42个先进单位进行了表彰奖励。

5.“四技”服务取得了好成绩。全年共签定技术合同650项，完成技术合同额2010万元。开发新型农业实用技术10项。决策、评估业务取得新突破，共完成评估论证项目70个，咨询项目20个。为客户提供、发布各类科技信息1 560多条，信息开发服务项目56项，合同额240万元。我省首家专业科普信息网站“河北省科普信息网”正式建立并开通。

三、科普工作不断创新，为提高公民科学文化素质做贡献

1. 发挥阵地作用，深化科普工作内容。举办“20世纪科学技术重大发现发明展”和“省会首届智能机器人科普展”。河北省科学技术馆、郭守敬科普教育基地、秦皇岛海洋生物科普教育基地和河北师大生物馆被命名为全国科普教育基地。在中国科协开展的建设“百城万米科普画廊”活动中，我省石家庄市桥西区和唐山市新区被命名为全国科普示范城区。

2. 抓重点、抓典型，卓有成效地普及科技知识。针对南和县北师村大搞“抬玉皇”等迷信活动并被“焦点访谈”曝光的情况，将其定为“三下乡”重点村，3月份组织200多名专家和科普工作者，出动100多辆科普宣传车，在该村开展了省、市、县三级联动、声势浩大的“三下乡”活动。《河北日报》为此活动配发了题为“‘玉皇’靠边，科技吃香”的新闻消息。

3. 开展“建设首都绿色屏障科普行动”。协调内蒙古、北京等地科协和林业厅（局），在首都周边地区的有关市、县（区）开展“建设首都绿色屏障科普行动”。省科普中心推广速生高效树苗15万株。

4. 以“五个一”为重点，进一步推动科技下乡活动的深入开展。承德、沧州、邢台等市科协在2000年的送科技下乡中，组织百余名科技人员奔赴农村第一线，他们带着“鲁花”花生优良品种，并结合新品种给群众讲课，1000多公斤种子被村民抢购一空。

5. 加强科普示范县建设，开展科技扶贫。新建了30个省级科普示范基地。

积极配合中国科协开展“8111”科技扶贫工程，投入16万元，支持贫困县购置了科普车。

四、深入开展国内外学术交流，努力促进学术繁荣和科技进步

1. 围绕重点、热点问题开展活动。针对加入WTO的新形势，实施西部大开发政策以及科技创新等主题，在全省广泛开展了学术研讨活动，请国家级专家作了学术报告。11 月份召开了有省内知名专家、学者参加的科技创新研讨会。

2. 围绕学科发展和人才培养举办大型学术活动。省植物学会经过 19 年的不懈努力，完成了《河北野生资源植物志》的编撰工作，为促进经济发展和学科建设做出了重要贡献。各省级学会共开展学术交流、学术研讨 300 多次。年初确定的 30 项重点学术活动课题全部完成。

3. 充分发挥省专家献策团作用。省专家献策团重点围绕加入 WTO 对我省经济的影响，以及我们应采取的对策；企业调整结构与创新等，开展了调研、论证工作。召开了多次研讨会，形成了《WTO 框架下如何加快我省食品工业的发展》等数篇高质量、有针对性的建议。

4. 加大对国际科技交流活动的支持力度。共同承办国际学术交流活动 4 项。与中国对外应用技术交流促进会、德国国际发展基金会（DSE）、卡尔杜伊斯堡基金会（CDG）、德国学术交流中心（DAAD）继续开展了良好的合作。我省科协自参与选派研修生工作以来，已有 24 名学员学成回国，目前他们都已成为业务和技术骨干。

国际民间科技交流进一步活跃。组织赴日本、加拿大、俄罗斯、德国等科技交流团组 6 个，出访 23 人，巩固和发展了国际科技交流合作关系。

五、科技教育取得新成果

全省各级科协以办培训班、开展技术咨询、送技术下乡等形式培训农村党员干部和群众 35 余万人。全省招收农函大学员 19 518 名，超额完成了年初计划招生 18 000 名的任务。

各省级学会和各市科技干部进修学院培训各类科技人员 4 万人。还开办了“电脑”、“成人高考辅导”、“专升本强化辅导”3 个短期培训班。

青少年科技教育活动办得丰富多彩。一是全省有 106 个县的 107 万名学生参加了全国青少年科技创新大赛。共征集发明作品 16 000 余件，科技论文 2 万余篇，科幻画 5 000 多幅，科技创新方案 16 000 份。二是成功地举办了“省会中学生科学论坛”。三是组队参加了在澳门举办的第十七届全国青少年计算机奥赛，获银牌奖 1 个，铜牌奖 2 个，优胜奖 1 个，我省赛区和 4 所学校获优秀组织奖。2 个获优秀辅导员荣誉。四是组织了各种形式的科技夏令营 30 多期。

六、加大桥梁纽带工作力度

1. 积极履行参政议政职能。共提政协提案 8 件，其中集体提案 4 件。这些提案大部分纳入政府决策或被有关部门采纳。在全省提案工作会议上省科协介绍了经验。关于解决河北省液晶公司资金紧缺问题的建议，得到及时解决，从而使该企业自建立以来第一次扭亏为盈，实现利润 70 万元。

2. 认真抓好表彰奖励工作。会同省委组织部、省人事厅组织了“第五届河北省青年科技奖”评选工作。共选出“第五届河北省青年科技奖”获得者 20 名，提名奖 13 名，并推荐彭郁葱等 5 名同志作为河北省候选人参加“第七届中国青年科技奖”的评选。对全省科协系统 1999 年度先进单位、先进个人也进行了评比表彰。根据 11 个市科协全年完成工作任务情况，评出先进市科协 6 个；先进省级学会 20 个；先进县（市、区）科协 58 个；最佳学术活动 25 项；学会工作先进个人 100 名；科普工作先进个人 70 名。

结合我省实际，起草了《省科协关于加强桥梁纽带工作的意见》，经过一年的努力，各市科协在企业和大专院校新建了一批科协组织，保定市科协制定了《企业科协开展建设“科技工作者之家”》活动实施办法，颁发了《考核标准》。石家庄科协、张家口市科协为合格组织颁发了“科技工作者之家”匾牌。

3. 学会组织建设得到进一步加强。重新登记核准了 127 个学会，资助部分先进学会配备了微机。指导省老科协等 20 多个学会完成了换届工作。还开展了“河北省离退休科技工作者情况”问卷调查和下岗科技人员培训等工作。

七、宣传工作不断加强

制定了《河北省科协科技宣传组织奖评选办法》，旨在鼓励先进，树立典型。开展了第四届河北省科协优秀新闻和首届宣传组织奖评选工作。组织召开了全省科协宣传思想工作会议。还组织开展了全国“科学知识竞赛”河北省赛区的竞赛活动，共发动 10 多万人参赛，获奖 36 个。其中一等奖 6 个、二等奖 12 个、三等奖 18 个，在全国省市赛区中是获奖最多的。河北省科协在此活动中被全国组委会授予优秀组织奖。

八、加快科协改革和自身建设步伐

举办了首届企业科协干部培训班，45 名企业科协干部参加培训；举办了“学会管理相关法律知识培训班”，进一步提高了干部队伍素质。为配合国家《社会团体登记条例》的颁布实施，培训学会秘书长 40 多人，提高了为广大科技工作者服务的能力和水平。

山西省科学技术协会

地　　址　山西省太原市迎泽大街 366 号

邮政编码　030001

电子信箱　sxkx@public.ty.sx.cn

电　　话　0351-4041510/4084644

传　　真　0351-4076618/4063278

主　　席　雷　霆
副 主 席　韩裕峰　关原成　郭振德　彭　墀
　　　　　李振吾　赵震寰　孔繁珠　周　民
　　　　　靳善忠　杜善学　宫俊英　杨树国
　　　　　郭志刚
刊物及主编　《山西科协》　主编　雷　霆
　　　　　《科技消息报》　主编　刘晋源
　　　　　《科学之友》　主编　牛二芳

单位简介

山西省科学技术协会于1959年6月召开第一次代表大会，通过了“山西科联”与“山西科普”合并建立山西省科学技术协会的决议，山西省科学技术协会正式成立，主席为王中青、黄维（1978.12～1981.2）。1980年11月召开了第二次代表大会，组成了山西省科协第二届委员会，主席为张永岺。1986年11月召开了第三次代表大会，组成了山西省科协第三届委员会，主席为刘锡田。1991年12月召开了第四次代表大会，组成了山西省科协第四届委员会，主席为陈震。1998年4月召开了第五次代表大会，组成了山西省科协第五届委员会。

山西省科协现有所属省级学会、协会、研究会127个，地市科协11个，县级科协119个，厂矿企业科协257个，农村专业技术协会11612个。

工作综述

一、坚持以人为本，全面建设“科技工作者之家”

贯彻落实“中共中央办公厅、国务院办公厅关于进一步加强民间组织管理工作的通知”和民政部“关于重新确认社会团体业务主管单位的通知”，6月份召开了地市科协主席会议，传达贯彻中央“两办通知”精神，向省委起草报送了关于贯彻省政府“加强民间组织管理工作会议”精神的情况汇报，向政府报送了“关于申请社团管理专项经费和办公装备购置费的请示”。

组织开展了我省首届优秀科技工作者评选表彰活动。从我省工农业生产、科研、卫生、教育、国防等第一线。选出候选人119名。经省科协组织有关领导和专家经过严格认真的评审，评选出首届优秀科技工作者95名。

组织开展了“百场科技报告会”活动，共为我省各地市县、厂矿企业、学校举办报告会120多场，听众达10万人次。恢复创办了科技工作者献计献策、反映意见和建议的《科技工作者建议》，向省委、省人大、省政府、省政协及省直厅局等。有关单位报送，得到了上级的好评。组织参加了对全省“优秀专家”工作情况的调查，参加了全省知识分子工作计划的讨论和修改，反映了科技工作者的愿望和要求。在我省30家企业、科研院所进行了科技工作者状况和需求的调查。转发和宣传了中国科协等五部门《关于科技工作者行为准则的若干意见》。

二、大力弘扬科学精神，全面加强科普工作

为贯彻省委指示精神，15个成员单位共同研究，正式出台了《关于加强科学技术普及工作的若干意见》。由省科协牵头组织成立了山西省“十五”科普规划课题组，对新时期科普工作的对象、内容、方法、手段、设施、组织及运行机制等进行了研究，组织专人编制了《山西省“十五”科普工作规划》，已编入山西省国民经济“十五”发展规划。

与有关部门联合，在吕梁地区方山县进行了两次大型科技、文化、卫生三下乡活动和教育扶贫活动。邀请农业和医疗方面的专家进行了技术服务，举办了以“崇尚科学，破除迷信”、“批判‘法轮功’”、“农业实用技术”、“身边科学”为主题的科普展览，向全县11个乡镇赠送了科普资料、实用技术录像带、优良品种、新型农药等，组织10个涉农厂家进行了现场服务，组织科技专家进行了农业实用技术培训，并邀请40多名省城演艺人员为老区人民进行了文艺演出。

开展“万名村长培训活动”和“农村实用技术广播电视传播活动”，全省共完成村级干部培训13 469名。与省广播电视局合作，从2000年1月1日起，在山西人民广播电台开办了《科技博览》专题科普节目。与省委组织部、省广播电视局联合发出了《关于进一步深入开展农业实用技术广播电视传播活动的意见》，共播出科普专题节目2000余期，宣传普及实用技术100余项。

按照中国科协要求，省科协在全省范围内开展了创建科普示范县活动。9月份经省科协检查评比，蒲县等8个县达到了省级科普示范县的标准，被省科协命名为“山西省科普示范县”。

在对科技馆展厅、展品进行大规模改造的基础上，加强了科普展教的力度，两个常设科普展览全年开放362天。并组织举办了《二十世纪重大科技成就、二十一世纪科技发展前景》、《山西地震、防灾科普知识展》、《关注未来——山西省预防青少年违法犯罪展览》、《科学之门——从诺贝尔奖看二十世纪科技发展》、《人之由来》、《告别愚昧科普漫画展》等专项科普展览16个，接待观众32万多人次。与此同时，还创办了“科普大篷车”，到我省中小学校组织巡展13次，取得良好的社会效果。

与有关部门联合，举办了“山西省第十届青少年科技创新大赛”，全省共有40余万青少年参与活动，选拔上报省科协的创新作品400余件，有90余件作品参加了全国比赛，有14个项目在全国竞赛中获奖，2项创新发明作品获教育部、香港李嘉诚基金会“长江小小科学家”大奖。此外，由省科协申报的《共建21世纪青少年科技教育流动展室》，被

评为全国青少年“大手拉小手，迎接新世纪”优秀活动方案，正在分步实施当中。山西省青少年科技活动中心被省政府妇女儿童委员会评为“山西省儿童工作先进集体”。

三、以创新为主线，广泛开展国内外学术交流

省科协组织开展了“山西省技术创新研讨会”和“山西省产业结构调整研讨会”的论文征集工作。9 月份成功举办了“山西省技术创新研讨会”，100 余名专家、学者进行了深入的研讨。编辑出版了《山西省技术创新论文专刊》，完成了《山西经济结构调整论文集》的编辑工作。组织遴选了 40 名论文作者，参加了中国科协第二届学术年会。

国际交流与合作活动有了新的开拓。省科协为我省的农业蔬菜、化工脱硫等项目提供了信息咨询服务。与中国对外应用技术交流促进会联合选派赴德、赴日研修生的工作，派出赴德研修生 2 名，赴日研修预备生 3 名。先后接待了德国杜伊斯堡基金会环保访华考察团和日本琦玉县时田种苗株式会社访华团。先后 3 次接待了日本兵库县森林组合到我省方山县考察林业状况。组织了“山西省赴德国科普考察团”，赴德国考察了官方及民间科普运营机制等项目。

四、以科技扶贫为重点，促进科技与经济结合

根据省委、省政府的统一部署和中国科协“8111”扶贫工程安排，进一步加大了科技扶贫的力度，2000 年共筹措扶贫资金 102 万元，为科技扶贫办实事 39 件，取得了显著的经济效益和社会效益。省科协连续第五年被省委、省政府评为“扶贫先进单位”，11 月，被评为“全国科技扶贫先进集体”。

内蒙古自治区科学技术协会

地　　址	内蒙古自治区呼和浩特市新华大街西侧内蒙古科技馆 401 室内蒙古科协办公室
邮政编码	010020
电子信箱	nmkxbgs@public.hh.nm.cn
电　　话	0471-6967990/6290014
传　　真	0471-6939371
主　　席	朝伦巴根
副 主 席	林川令　王吉祥　陈天保
秘 书 长	于　平
刊物及主编	《内蒙古科技报》　主编　吕利平
	《身边科学》　主编　杨文华

单位简介

内蒙古自治区科学技术协会(简称内蒙古科协)是 1958 年 11 月在内蒙古自治区科学技术普及协会和中华全国自然科学专门学会联合会内蒙古分会的基础上成立的，是中国科协的地方组织。

1959 年 10 月 20 日，内蒙古科协第一次代表大会在呼和浩特召开，会议讨论通过了科协成立 1 年来的工作报告和《内蒙古自治区科学技术协会章程》，选举产生了科协第一届委员会。

1966 年“文化大革命”开始，全区各级科协组织全部停止工作，人员分流，活动终止。

1987 年 1 月 8 日，内蒙古科协第二次代表大会在呼和浩特召开，会议听取审议通过了工作报告和《内蒙古自治区科学技术协会章程》，选举产生了科协第二届委员会及其常委会。

1992 年 3 月 16～18 日，内蒙古科协第三次代表大会在呼和浩特召开，会议听取审议通过了工作报告，选举产生了自治区科协第三届委员会。

1997 年 4 月 1～3 日，内蒙古科协第四次代表大会在呼和浩特召开，会议听取审议通过了《工作报告》、章程修改和选举产生了第四届科协委员会及其常委会。

工作综述

为了配合自治区实施西部大开发战略，按照国家确定的西部大开发五项重要工作和自治区“一线、三区、十大工程、三项目标”战略，学会部组织我区部分专家、博士和留学人员为实施西部大开发战略献计献策，与会的专家学者从不同学科和角度进言献策，为科学制订有关规划，提出了许多新的思路和建议。

为了落实自治区实施西部大开发制订的发展规划，与对口单位北京市科协签订了有关实施西部大开发合作协议，就我区科技人才的培养、引进，科学技术普及等多方面加强合作。

成功地举办了第五届科普宣传周暨万人签名活动。自治区领导到会并讲话。随后赴赤峰市宁城县进行了“科普万里行”活动，赠送科技图书 4 000 余册，有两万群众参加了科技讲座、科技咨询等项活动。截止到 7 月底，全区科协系统共组织科技下乡活动 2 112 次，参加科技下乡活动的农民总人数达 189.8 万人（次），组织科技下乡服务团 314 支，科技人员下乡 24 718 人（次）。举办科普集市 302 次，参加农民 91.24 万人（次）；举办科技讲座、实用技术培训班 12 333 场次，受培训农民 135.79 万人。放映科教影视片 4 327 场，观众人数 2 121 万人（次）。举办科普展览次数 388 次，参加人数 70.78 万人（次）。推广实用技术 780 项次。送科技图书 12 815 册、科技挂图 8 194 套、科技录像片 6 217 部。

为加强少数民族地区的科普工作，推动少数民族科普示范基地的建设，中国科协全国委员会常委会促进少数民族地区科技发展专门委员会于8月4～6日在我区召开第五次会议。中国科协书记处书记徐善衍以及专门委员会委员近30人参加了会议。会议研讨了在新形势下进一步开展少数民族科普工作，并参观了内蒙古大学动物实验中心、伊盟伊金霍洛旗少数民族科普示范基地。

9月，参加了在西安召开的中国科协2000年学术年会。并参加了由中国科协和西部12个省共同举办的“迎接西部大开发和科协工作成就展览”。在学术年会上介绍了自治区在实施西部大开发确定的“一线、三区、十大工程、三大目标”战略和自治区科协在科学普及、农牧业技术推广、科普示范基地建设、推动农牧业产业结构的调整等方面的主要工作。

8月，组织召开了第三届国际天然药与微生态学术研讨会，100多位中外专家、学者参加了会议，会议就21世纪天然药研究方向、方法、应用及微生态学的相互关系进行了讨论，我区专家进行了讲演和研究成果介绍。

受中国科协青少部的委派，在敖汉旗非正规教育示范点选派了6名青少年组队代表中国120个项目旗县575个社区非正规教育示范点赴北京参加了由世界银行、联合国儿童基金会组织的有10多个亚非拉国家农村青少年参加的利用互联网进行网上聊天活动，介绍了他们学科技脱贫致富的经验。

辽宁省科学技术协会

地　　址	辽宁省沈阳市和平区云集街10号甲
邮政编码	110003
电子信箱	inkx@sy163.net
电　　话	024-23221693/23221679
传　　真	024-23221693
主　　席	李依依
副 主 席	王永保　尹承恕　王佩军　丁德文 王禹民　王振秋　朱伟勇　金魁和 姚新生　徐继舜　程耿东　赫冀成
刊物及主编	《辽宁科协》　　主编　尹承恕

单位简介

辽宁省科学技术协会的前身，是中华全国自然科学专门学会联合会沈阳、旅大分会和辽宁省科学技术普及协会。1959年3月合并组建辽宁省科协。“文化大革命”中停止一切活动。1977年11月经省委批准恢复活动。

辽宁省科协第一次代表大会1959年3月16日在沈阳召开，靳树梁为主席；第二次代表大会1980年9月20日召开，郭可信为主席。1983年12月涂长晟继任主席；第三次代表大会1987年1月15日召开，丘成建任主席；第四次代表大会1992年5月7日召开，丘成建任主席；第五次代表大会1997年6月3日召开，李依依为主席。

辽宁省科协现有学会145个；厂矿科协651个，县区科协100个；高校科协30个。

工作综述

一、组织重点学术交流

针对辽宁经济建设和社会发展的突出问题，组织重点学术交流活动，推动学科发展、科技进步和领导决策科学化。以农业自然灾害预测及减灾、港航“入世”对策为主题举办2次科技论坛，提出对策建议。会同有关单位举办了2000年大连国际海事技术交流会、2000年国际材料科学与工程发展动向研讨会、辽宁国际生命科学学术会议和21世纪辽宁省水资源可持续利用与国民经济发展战略研讨会等4次较大规模交流活动，收到了良好的效果。各省级学会和大连等市科协积极主办和协调市级学会围绕当地的工农业生产，开展了多种形式的学术交流活动。全年共举办国内、国际学术会议1 455次，交流论文24 886篇。开展了全省优秀论文评选工作。评出优秀论文564篇。

二、科普工作

以省委、省政府名义召开了全省科普工作会议，表彰了科普工作先进集体和个人，讨论修订了《辽宁省2001~2005年科学技术普及工作纲要》，推动了科普工作的发展。沈阳市科协深入实施沈阳科普“四百工程”，取得了新的成效。全省各级科协圆满地完成了第十二届科普之冬的工作任务，成功地启动了第十三届科普之冬。农函大招生达到21466人。省科普示范基地实现了微机管理、上网发布和收集信息。召开了全省农村专业技术协会经验交流会，总结交流了经验，表彰了先进。创建科普示范县工作取得进展，长海、北宁、昌图、喀左等4个列入全国的科普示范县已初步达到标准，正在检查验收。在全省开展了创建科普城区活动，制定了《辽宁省科普城区标准》。抓好全省的科普画廊建设，我省有6个城市入选“百城万米科普画廊”工程。举办了《20世纪重大科技成就和21世纪科技发展前景》、《崇尚科学文明，反对迷信愚昧》两个大型科普展览，并在省内10个市巡回展览，观众分别达到30万人（次）和25万人（次）。开展了辽宁省第十届青少年科技创新大赛，全省有近80万名青少年参加活动，有4件作品获全国一等奖。与有关市科协联合举办全省车模、航模、船模、电子制作等竞赛活动，举办科普报告会，校园科技节、科技夏令营等活动，提高青少年爱科学、学科学、用科学的兴趣。

三、深入开展为经济建设服务活动，为实现国企 3 年改革脱困和提高经济效益作贡献

“厂会协作双百工程”滚动发展。新签订合同协议 38 项，截止 2000 年底共完成协议合同 51 项，新增产值 4.33 亿元，新增利税 1.08 亿元，为企业节约资金 4 296 万元，节约外汇 7 000 万美元。全省有 12 万多名企业科协会员参加了“讲理想、比贡献”竞赛活动，共完成技术攻关、技术改造和技术创新项目 2 万余项，给企业创造经济效益 10 亿多元，省市咨询中心全年共签定合同 2342 项，合同额 1.7 亿元。完成合同 2354 项，实现合同金额 1.22 亿元。同比增长 35%。金桥工程全省立项 115 项，新增利税 13.15 亿元，节约资金 4.1 亿元。

四、开展建“家”工作的研讨，推动建“家”工作的深入开展

召开了两次建“家”研讨会。以建“家”为主题举办了 40 人参加历时 5 天的科协系统领导干部培训班，在全省普遍开展了建“家”活动。进行了第四届辽宁省优秀科技工作者的评选工作，共评出 100 名省优秀科技工作者，并从中选出 8 名作为全国优秀科技工作者候选人。向中国科协推荐了 8 名第七届中国青年科技奖候选人。有 5 个企业科协被命名为省先进科技工作者之家，使全省总量达到 138 个。

吉林省科学技术协会

地　　址	吉林省长春市人民大街 167 号
邮政编码	130021
电子信箱	skxisxh@public.cc.jl.cn
电　　话	0431-5682405/5685244
传　　真	0431-5685244
主　　席	臧广信
副 主 席	高天恩　于志民　苑奇辉　王荣顺　孔祥国　刘中树　孙家钟　李　玉　吴家祥　张荫书　林　逸　倪嘉缵　郭孔辉　徐兴尧　黄长泉　曹健林　冯　巍　孙运生
刊物及主编	《吉林科协通讯》　主编　臧广信

单位简介

吉林省科学技术协会前身是中华全国自然科学专门学会联合会长春分会和吉林省科学技术普及协会。1958 年 11 月两会合并成立吉林省科学技术协会。“文化大革命”中省科协停止工作，直至 1977 年 12 月得到恢复。吉林省科协第一次代表大会于 1958 年 11 月召开，吴学周为主席；第二次代表大会于 1980 年 10 月召开，吴学周为主席；第三次代表大会于 1986 年 10 月召开，吴越为主席；第四次代表大会于 1991 年 10 月召开，吴越为主席；第五次代表大会于 1996 年 12 月召开，臧广信为主席。

吉林省科协现有学会 103 个；厂矿（院校）科协 332 个；市州科协 9 个；县（市、区）科协 60 个。

工作综述

一、加强学术交流，提高学术活动的质量和水平

举办学术会议 126 个，交流论文 2 729 篇，参加者 6 663 人，提科技建议 380 多项。其中，为促进我省汽车导航系统产业化开展的系列学研究和政策建议活动，“‘入世’对我省农业的影响及对策研讨会”、“吉林省西部生态环境建设与治理研讨会”等重点学术活动，有效地发挥了对经济建设的直接促进作用。成功举办了“吉林省首届科学技术学术年会”。年会以“面向经济、面向未来；科教先行和实现可持续发展”为主题，汇集优秀论文 396 篇，会议代表 400 人，中国科协委员会主席周光召应邀到会指导并作主题报告，省委书记王云坤同志出席开幕式并讲话。

二、发挥科普工作主力军作用，推动城乡科普工作向纵深发展

在全省农村实施的“科技致富工程”，以调整产业结构，扩大主推项目面积，提高农民素质为重点，全年落实主推项目 221 个，累计推广面积达 500 万亩，创经济效益 7 亿元以上。冬春时节开展“百万人赶百集”大型科普活动，掀起送科技下乡的高潮。全省共举办大集 153 场，赶集农民达 110 万人，500 多个涉农部门参加活动，1 万多名科技人员下乡开展科技服务，举办培训班 2.6 万个，培训农民 198.4 万人。各大媒体进行了追踪报道，大集产生了轰动效应。为深入揭批“法轮功”邪教组织，在全省 9 个市州巡展《崇尚科普文明，破除封建迷信》大型科普展览，参观者 20 余万人。成立省反邪教协会，开展多种形式的批判宣传。举办科普讲座、报告 1 760 次，听众 45 万人次。编辑出版了《天·地·人》系列科普丛书。开展了青少年创新大赛、科技艺术大赛和航模比赛等大型活动，共吸引了 50 万人次青少年参加，收到各类作品 6 000 余件，300 多人次获奖。

三、以技术创新和成果转化为重点，深入开展科技兴国活动

2000 年共有 320 家企业、3.4 万科技人员参加“讲、比”活动，立项 4 300 项，完成 3 200 项，提合理化建议 1.7

万项，创经济效益 6.2 亿元。在全省"讲、比"活动成果评审会上，有 27 个先进集体和 122 名先进个人获奖。"金桥工程"坚持以市场为导向，抓大项目，合力攻关，全年完成 205 项，创经济效益 2.3 亿元。"千厂千会协作行动"在总结经验、克服困难中前进和发展，新签约 22 对，新创利税 1.6 亿元。

四、发挥桥梁纽带作用，努力建设"科技工作者之家"

配合省人大对全省 9 个市州贯彻《科协条例》情况进行视察，推动了贯彻落实工作。省政协科协界委员围绕科技体制改革和"十五"规划提出多项提案。继续通过《科技建议》反映科技工作者的意见和建议，其中《关于争取落实蒙古国出海口方案的建议》，由洪虎省长批转有关部门落实。在省科协组织召开的"吉林省科技发展'十五'计划纲要论证会"上，专家们提出 100 多条建议，大部分被采纳。省科协在《吉林日报》、《吉林科技报》开辟了科技精英专栏，大力宣传科技工作者的优秀典型。评选出 10 名"全国优秀科技工作者"候选人和 30 名吉林省第六届青年科技奖获得者，同时向第七届中国青年科技奖推荐了 10 名候选人。

黑龙江省科学技术协会

地　址	黑龙江省哈尔滨市南岗区中山路 204 号
邮政编码	150001
电　话	0451-2624293
传　真	0451-2626403
名誉主席	黄文虎
主　席	朱典明
副 主 席	张庆和　舒　展　时速超　娄权喜　李剑慧　张凤山　杨士勤　吴德铭　王传邃　王伟英　吴　潮　刘文周　蔡鸿坡　彭鸿飞　谢礼立　张增敏　王德民
刊物及主编	《黑龙江科技报》　主编　张国坤 《家庭生活指南》　主编　梁艺莎

单位简介

黑龙江省科学技术协会（简称黑龙江省科协）是黑龙江省科学技术工作者的群众组织，是中国共产党黑龙江省委员会领导下的人民团体，是省委和省政府联系科技工作者的桥梁和纽带，是黑龙江省发展科学技术事业的重要社会力量。

黑龙江省科协成立于 1958 年 12 月。第一次代表大会于 1958 年 12 月召开，主席王发武；第二次代表大会于 1980 年 8 月召开，主席王金陵；第三次代表大会于 1985 年 6 月召开，主席余友泰；第四次代表大会于 1991 年 5 月召开，主席黄文虎；第五次代表大会于 1996 年 9 月召开，主席朱典明。我学会现有 142 个自然科学、技术科学、工程技术及相关科学领域的省级学会（协会、研究会），会员约 30 万人；13 个市（地）科协、5 个系统科协；69 个县级科协；373 个大中型企业科协和近百个大专院校、科研院所科协，以及乡镇科协、村科普协会（研究会），并联系近万个农村专业技术协会，在全省形成了科协网络体系。

工作综述

一、以综合性学术大会为重点，努力提高学术活动质量和水平

省科协所属学会抓住召开"黑龙江省面向 21 世纪科技进步与社会经济发展研讨会"这个重点，带动全省学术交流活动。报告会由一个主场综合报告会、4 个专题学术报告会和 12 个研讨会组成。主场报告会邀请了全国知名专家石元春、强伯勤、陈国梁院士和联想集团副总裁杨元庆作学术报告，听报告者达 1700 人，反响强烈。会后，形成了 4 本论文集和理工、农、医、交叉学科的 4 个方面的建议，呈送了省委、省政府，为我省在新世纪实现第三步战略目标建言献策。这是省科协首次召开的综合性学术大会，在省科技界引起了强烈反响，并为我们建立学术年会制度积累了经验。农业自然灾害预测预报及防治措施学术讨论会继续召开，对指导农业生产起到了积极作用。

国际民间科技交流方面，成功接待了国家欧美同学会第二次工作经验交流会。圆满完成了香港工程师学会东北之旅代表团的接待工作，派出森林生态保护及生物产品开发考察团，赴美进行工作交流并扩大了派遣赴日研修生的渠道。

二、突出特色创品牌，科普工作更加扎实有效

第十二届科普之冬活动，重点结合发展质量效益型农业的要求，围绕调整农业产业结构，发展绿色食品，普及推广农业实用新技术、新品种。据不完全统计，全省组织科技培训 5 万多期，培训农民 500 万人次，培训基层干部 49 万人次，放映科教影视片 1 万余场，举办科普展览 3000 多次，发放科普资料 400 万份，推广农业实用技术 197 项。作为中国北方暨第十三届黑龙江省科普之冬活动启动仪式的尚志科普大集，规模大、层次高，参与面广，收效更加显著。在这些示范活动推动下，全省送科技下乡活动十分活跃。科普流动课堂活动、科普服务小分队，受到全省农民的热烈欢迎。科学致富大王竞赛活动继续开展，有 20 多万农户参赛，涌现出 22 名高产大王、3 名高产能手。针对农业产业结构调整的需要，调整了评比标准，促进活动的健康发展。

加强对科学精神、科学思想、科学方法的普及宣传工作，认真落实省科协五届七次常委会议作出的《关于弘扬科学精神，捍卫科学尊严的决定》，开展了“崇尚科学，反对封建迷信”的宣传和展览。在青少年中开展了“科技创新系列活动”，组织发明创造、科技论文、创新方案设计、科学幻想绘画等比赛，学校和学生参赛积极性很高。为促进青少年科技教育工作，组织命名了 3 个全省青少年科普教育基地和 20 个全省青少年科技活动示范学校。

三、企业科协工作稳步发展

“讲、比”竞赛、金桥工程和厂会协作行动有机结合，推动企业科协工作健康发展。通过对 1998～1999 年度“讲、比”活动的总结评比，表彰了 81 个先进单位和 68 位先进个人。这项活动对有突出贡献的科技人员给予重奖。极大地调动了科技人员参赛的积极性。金桥工程已成为促进科技成果转化为现实生产力的催化剂，全省已累计立项 200 项，创经济效益 10 亿元之多。厂会协作行动，在抓已结成对子的实施工作的同时，抓第二批结对子工作。目前在已结成的 80 个协作对子中，有 50 个已达到预期效果。又有一些学会和企业结成了 20 个对子，正在实施之中。

科普车间创建工作与揭批“法轮功”歪理邪说结合起来，使科普车间真正成为两个文明建设的阵地。

四、为科技工作者服务和科协自身建设有所加强

在省科协五届五次全委会议上，表彰了 40 名首届全省优秀科技工作者，在全省科技工作者中引起了良效应。在国庆节前夕，召开了第五届省青年科技奖表彰大会，《黑龙江日报》用一个整版的篇幅对 30 名获奖者事迹逐个介绍，并配发了照片，在社会上引起强烈反响。

在“三讲”教育推动下，省科协机关和直属事业单位的自身建设有明显加强，工作指导思想和思路更加清晰，工作人员的积极性更高了。对机构改革也做了必要的准备工作。特别是黑龙江科技馆被列入省重点工程项目之后，筹建工作进展顺利，上下齐心为建设一座高标准的现代化科技馆而紧张工作。

上海市科学技术协会

地　　址　上海市南昌路 47 号

邮政编码　200020

主页网址　http://www.sast.org.cn
http://www.sast.stn.sh.cn
http://www.shkp.org.cn

电　　话　021-53822040 转 1203

传　　真　021-53826013

主　　席　叶叔华

副 主 席　陈勇福　刘海涛　于　晨　李逸平　王禄宁　李大潜　汤章城　吴启迪　吴建屏　张景云　沈成孝　陈　竺　宓麒廷　俞新天　夏丽卿　席裕庚　潘迎捷

秘 书 长　张文琴

刊物及主编　《上海科坛》　**主编**　刘海涛

单位简介

上海市科学技术协会成立于 1958 年，是由中华全国自然科学专门学会联合会上海分会和上海市科学技术普及协会合并组建而成。后因“文化大革命”而中断活动，1978 年重新恢复。

上海市科协第一次代表大会于 1958 年 11 月召开，主席为刘季平，1978 年重新恢复后，主席为苏步青；第二次代表大会于 1980 年 5 月召开，主席为李国豪；第三次代表大会于 1984 年 9 月召开，主席为谢希德；第四次代表大会于 1988 年 11 月召开，主席为翁史烈；第五次代表大会于 1992 年 11 月召开，主席为杨福家；第六次代表大会于 1996 年 10 月召开，主席为叶叔华。

上海市科协现有学会 163 个学会；19 个区县科协；基层单位科协 65 个。

工作综述

一、以办好 2000 上海科技论坛为抓手，带动和提升科协学术活动水平

年内，围绕上海科技、经济和社会发展的热点、重点和难点问题，共开展国内外学术交流活动 2770 次，参加人次 22.1 万，交流论文 1 万多篇；出版科技期刊 83 种，年总发行 525.4 万册，编印论文集 111 种，年总发行 7.4 万册；出版科技报纸 5 种，年总发行 1264.8 万份；出版科技图书 162 种，年总发行 169 万册。下发了《上海市科协关于加强 2000 年学会学术活动的意见》和《上海市科协软课题项目管理办法（试行）》，积极引导学会将学术活动从单纯的学术交流向咨询研究转化。同时，成功举办了以“世纪之交的思考”为主题的 2000 上海科技论坛，组织了“综合报告”、“研讨会”、“专题讨论会”、“青年学者论坛”四大板块和“科技百年回顾展”等共 55 项活动，并首次组织了由 30 余位来自北京、上海和香港三地两院院士参加的“京沪港院士圆桌会议”。有 200 余位专家学者参与论坛的策划和筹备工作，有 300 余位包括成思危副委员长、徐匡迪市长在内的海内外各类学科专家学者在论坛上做了主题演讲或主导发言，4700 余位科技工作者参加了热烈而深刻的讨论。研讨成果有的已经报送市委、市政府和有关部门，市委、市政府领导阅后做了重要批示，并引起了有关部门的高度重视，其余的研讨成果汇编成《科学家建言》。论坛期间，中国科协全委会副主席张玉台率院士考察团来沪考察论坛，并参加论坛的有关活动。据不完全统计，有 5.7 万余人次点击浏览了论坛网站，有 30 多家传媒单位对论坛进行了报道，发表、播出各类稿件、图片在 240 篇以上。年内，市科协系统共接待海外科技团组 235 个，出国进行科学考察或访问的有 309 人次。成功举办了第三届亚洲控制会议等高质量的新合作项目。同时，已成为工程技术领域规模最大的综合性国际会议——2004 年世界工程师大会的承办单位之一，并促成该会议在上海举行。

二、以市科普大会精神为指导，科普工作在传统的基础上有所创新

年内，开展形式多样的科学普及活动，共举办 9 222 次科普讲座、1 361 次科普展览会和 509 次各种专题的科普宣传活动，参与人数逾 200 万人次，并组织青少年参加科技竞赛 691 次。开展了以“崇尚科学，破除迷信”为主题的科普宣传月活动和“崇尚科学文明，反对迷信愚昧”大型展览，并举办了何祚庥院士、郭正谊教授科普报告会和“走进科学”系列科普报告会。继续实施科普“四个一”工程的创建工作，抓好全国科普示范城区、全国科普示范县的科普活动深化工作，并在现有 115 个市级科普村中评选出十佳科普村，重点抓好 14 个被中国科协命名的全国科普教育基地工作。做好农村科普工作，并培植了 3 个示范基地。举办上海市第十届青少年发明创造比赛、第十二届青少年科学讨论会，与市教委联合举办了首届上海“英特尔杯”中学生科学论坛和上海市中小学教师创造发明作品展。同时，继续以“百会百校”形式创建科技教育特色学校，重点扶植了 10 个“会校”单位。

三、以制度建设和党的建设为重点，规范学会管理

年内，对原有的学会管理制度进行梳理和修订，使学会的有关工作有章可循。在具备条件的 23 个学会中开展建立党的基层组织工作，并积极探索在学会理事层面建立党组的试点工作。年内，首次采取定量与定性相结合的评选方法，开展了第三届上海市科协星级学会评选活动。

四、以建设“科技工作者之家”为宗旨，发挥科协桥梁纽带作用

年内，开展各类决策咨询活动 118 项，为上海发展建言献策。市科协第三届高顾委完成第一轮研究课题“上海城市空间形象的开发、优化与保护”，其中根据研究成果提炼的《对优化上海城市空间环境形象的八点建议》和《优化上海城市空间环境形象研究》已上报上级单位并已得到有关市领导的肯定。在市政协九届三次全会上做了题为“大力提高国民科学素质，事关上海经济社会发展大计”的大会发言，提交团体提案 8 份。通过《科技工作者建议》等形式，不定期地向市委、市政府反映情况。完成市科协专家数据库的建设工作。

五、以服务经济建设为目的，促进科技与经济结合

年内，完成科技咨询合同项目 3 103 项，实现合同金额 4 514 亿元。同时，组织召开了上海市科协系统咨询工作会议暨第七届表彰大会，表彰了 22 个先进集体和 52 项优秀咨询项目。开展了上海市第九届“讲理想、比贡献”竞赛评选表彰活动，共评选出 65 个先进集体、69 名先进个人、十佳先进集体和十佳先进个人，3 个单位和个人被推荐为全国先进集体和个人，开展了“讲理想、比贡献”竞赛活动及企业科协工作调研。与市经委合作，又促成了 4 对学会与企业的结对工作。成功举办第十一届“星火杯”创造发明竞赛，共征集到海内外个人和单位的科技发明成果、科技发明构思、科技发明产品等 1 320 项，共评选出获奖项目 402 项。

六、以开展“三讲”教育为切入点，加强科协自身建设

加强调研工作，形成了《加强学会管理，发挥学会作用，促进学会发展》等 5 个调研报告初稿。坚持中层干部、支部书记每月一次政治学习制度，举办了提高科协处级领导干部的领导干部能力培训班。

江苏省科学技术协会

地　　址　江苏省南京市北京西路 30 号宁海大厦

邮政编码　210024

电子信箱　office-jast@163.com

主页网址　http://www.jskx.org.cn

电　　话　025-3323435

传　　真　025-3323435

主　　席　曲钦岳

常务副主席　宋秀芳

副 主 席　吴国彬　顾冠群　张淑仪　阮长耿　赵　健　严寿宁　王　荣　陈鸿光

刊物及主编　《江苏科技报》总编　王惠珍

《科学大众》　编委会主任　宋秀芳　王　荣

单位简介

江苏省科协由中华全国自然科学专门学会联合会江苏分会和江苏省科学技术普及协会合并建立。1959 年 9 月召开“一大”，主席谢克西；1966 年因“文化大革命”而中断活动，1978 年 2 月恢复组织；1981 年 4 月召开“二大”，主席钱钟韩；1984 年 9 月召开“三大”，主席冯端；1988 年 12 月召开“四大”，主席孙钟秀；1993 年 5 月召开“五大”，主席孙钟秀；1998 年 5 月召开“六大”，主席曲钦岳。

截至 2000 年底，全省共有省级学会 122 个，省辖市科协 13 个、市级学会 686 个，县（市、区）科协 107 个、县级学会 2 741 个，乡镇科协 1 382 个、街道科协 301 个、农技协 4 216 个，企业科协 1 099 个，大专院校科协 38 个。省科协机关设 7 个部门，直属事企业单位有 6 个。

工作综述

一、学术交流和决策论证

各级科协和学会共举办学术会议 2 429 次，参加 17 万人次，交流论文 4 万多篇；举办学术报告会 3 320 次，35 万人次听讲。完成“江苏省农业可持续发展战略研究”软科学课题，提出了建设“现代集约持续农业”的农业现代化发展思路，会同省政府研究室组织开展了“加入 WTO 与江苏产业技术发展”学术研究活动，组织机械、轻工、农业等 15 个课题研究组，对我省九大产业的技术发展问题进行研讨，提出了分专题研究报告。在此基础上，召开了综合性学术报告会，提出了我省主导产业应对“入世”挑战的若干技术战略建议。会同中国计算机学会创办“江苏省青年计算机科技论坛”，针对信息技术领域的热点、难点问题开展了一系列学术活动，提出了一些有创见的新观点。举办了纪念华罗庚诞辰 90 周年大会和庆祝郑集先生 100 华诞暨生化学术研讨会。

全省科协系统共举办国际学术会议 32 次，2 689 人次参加，交流论文 1 490 篇，其中外方参加 583 人次，交流论文 476 篇；组织出访团组 116 批 1 270 人次，接待来访团组 304 批 2 787 人次；外派研修生 124 人次。协办了“第六届铁畴与介观结构国际学术研讨会”和“国际地貌学术会议”，邀请国际著名科学家、诺贝尔奖得主杨振宁教授做了《中国文化与科学》报告。与台湾社会研究院联合在台举办了以“基因科技与人类未来”为主题的“第四届海峡两岸青年学术交流会”，两岸学者 250 多人出席会议。

二、科普工作

举办科普讲座 10 764 次，科普展览 2 580 次，专题科普宣传 1 761 次，青少年科技竞赛 1 038 个，科技夏（冬）令营 507 个。命名了首批“江苏省科普示范县（市）、乡（镇）”，使农村科普示范体系建设形成了良好开端。许多市县开展了农村经纪人培训，为农民进入市场提供了帮助。全省广泛开展了“崇尚科学文明、反对迷信愚昧”图片展、“回顾与展望——20 世纪重大科技成就和 21 世纪科技发展前景”展览。拍摄了《善待生命之源——节约用水》、《氮肥合理利用》等科教片，《江苏科技报》开办了《致富导刊》、《百姓健康》专版，受到城乡群众的欢迎。

召开了全省城市科普工作会议，把城市科普工作纳入城市文明建设的目标之中。13 个省辖市的区科协组建完毕，其中 9 个市的街道科协全部建成。全省城区共建成科普画廊 400 多处近 5 000 米。科技场馆建设得到新发展，江苏科学宫和无锡市科普馆运行良好，南通市科技馆基本建成。“2000 年共创江苏省科普文明街道”19 个。组织开展了形式多样的科技拥军活动，南京、无锡、镇江市科协等 7 个单位被授予“科技拥军先进集体”称号。

“金钥匙”科技竞赛坚持参与性、实践性和创新性，吸引了全省 110 万青少年参赛。“大手拉小手，迎接新世纪”科技传播行动，组织高校、院所、学会同中小学共建“青少年科技教育创新基地”，受到了中小学欢迎。共组织 20 万青少年参与“青少年科技创新大赛”，在全国大赛中获得了 5 个一等奖和 3 个单项奖。我省选手在国际奥林匹克大赛中夺得 2 枚金牌、1 枚银牌。

成功地举办了以“提高全民创新意识，促进 21 世纪跨越发展”为主题的第十二届科普宣传周，据统计，科普周期间全省共举办科普活动 2 万多项，覆盖面达 2 000 万人次。

三、科技咨询

召开了全省企业科协工作座谈会，企业科协表示要为推动企业成为技术创新的主体作出应有的贡献。会同省经贸委、计委召开了全省“厂会协作”行动总结表彰会议。会后，全省新结厂会协作对子 22 对；组织 18.5 万科技人员参加企业“讲、比”竞赛，完成技术创新和攻关项目 4 200 个，实施科技建议 8.5 万条，创社会经济效益 19 亿元；完成“金桥工程”项目 725 个；完成技术咨询合同 1.18 万项，合同实现金额 2.68 亿元；提供无偿科技咨询 1 万多项，决策咨询 1 327 项。“江苏科技咨询网”增设了“产业发展前瞻分析”、“企业技术需求”等栏目，日访问量达 500 人次。9 个省辖市科协建立了网站，开展了“科企牵手，技术创新”活动，先后发布技术项目 1 000 多项、企业技术需求 400 多项，共促成 120 多对“牵手”联系、50 多个项目进入实质性洽谈、12 个创新性较强的项目签定了意向书，项目额近 2 500 万元。

四、桥梁纽带工作

研究制定了《江苏省科协加强桥梁纽带工作的意见》，

为科技人员发挥作用创造条件。制定了《省科协与省政协科协界联系工作制度》。隆重表彰了第六届"青年科技奖"和第四届"优秀科技工作者"，组织省电视台拍摄、播出了部分获奖者的专题片；通过网络对历届"两奖"获得者进行宣传。继续开展优秀科技人员短期休养，夏冬两季共组织 6 批 200 多名优秀科技人员外出休养考察。

五、团体和机关建设

加强了制度建设，制订了 15 项加强和改进科协工作的制度。提高了为基层服务的意识，举办了基层科协干部培训班，为 20 多名新进科协的同志提供了学习的机会。成立了信息中心，创办了《信息摘报》。向社会广泛宣传了科协"三主一家"的良好形象。2000 年底，《江苏省科学技术协会志》正式出版发行。

浙江省科学技术协会

地　　址　浙江省杭州市武林广场省科协大楼

邮政编码　310003

电子信箱　hagf@163.net

主页网址　http://www.zast.org.cn

电　　话　0571-5159240/5106947

传　　真　0571-5106947

主　　席　阙端麟

副 主 席　毛江森　吕志宏　沈之荃　陈子元　陈传群　严晓浪　郑　树　郑小明　项浙学　施继兴　潘云鹤　郭基达　彭图治

秘 书 长　虞龙宝

刊物及主编　《浙江科协》　主编　杨益平

《科技通报》　主编　温树伟

《科学 24 小时》　主编　蔡勇强

单位简介

1958 年 10 月，浙江省科联同科普合并，成立浙江省科学技术协会，1966 年因"文化大革命"，科协活动全部停止。1977 年 10 月恢复浙江省科协，由省科学技术委员会领导。1980 年 9 月，中共浙江省委批准浙江省科协单独建制，建立科协党组，直属中共浙江省委领导。

浙江省科协各届情况：第一届（1958.10～1961.10），主席：王谟显；第二届（1961.10～1981.9），主席：陈建功；第三届（1981.9～1986.9），主席：王季午；第四届（1986.11～1991.11），主席：江希明；第五届（1991.11～1996.11），主席：王启东；第六届（1996.11～　），主席：阙端麟。

浙江省科协有 143 个省级学会（协会、研究会），约 4 429 个团体会员；个人会员超过 15 万，95 个市、县（市、区）科协，2300 多个学会，近 30 万个人会员；210 多个企事业科协和 1500 多个乡镇、街道科协。

工作综述

一、重点学术活动成效显著

1．浙江省首届青年学术论坛引起较大反响。首届论坛建立了以 16 名院士和一批知名青年专家为主体的组织机构；1800 余人出席，共收到论文 700 多篇。24 个省级学会联合开办了 11 个不同主题的分论坛，论坛紧扣本学科和我省科技、经济、社会发展中的重点、热点问题，周光召、路甬祥、张德江等领导为论坛题词或发来贺信。

2．省科协重点学术活动如期完成。直接组织实施了 4 项学术活动："浙江省民营科技企业发展对策研究"、"浙江省农业产业结构战略性调整学术研讨"、"浙江省食品（农产品）安全性学术研讨"和"浙江省加快信息产业发展对策研究"。首次发表了《2000 年浙江省农产品安全性绿皮书》，编辑出版了上百万字的学术论文集《新世纪浙江农业研究》，学术活动的部分成果已报省委省政府及有关部门决策参考。

二、"新千年科普大行动"取得圆满成功

由省科协和宁波市科协共同主办、以"百万市民学科学"为主题的"新千年科普大行动"，于 11 月上旬在宁波市隆重举行。活动共推出科技报告会、科技专家座谈会、农村实用技术培训等 12 大类 492 项，5800 余名科技人员和科普工作者参加了活动，近 65 万市民直接受到了科学思想和科学知识的教育。

三、科普工作"十五"计划正式出台

根据全国第二次科普工作会议精神和省科普联席会议要求，执笔起草了《浙江省科学技术普及工作"十五"计划》（以下简称《计划》）。《计划》经过全省科普工作联席会议成员单位等有关部门讨论修改，于 9 月由省委、省政府办公厅转发全省贯彻执行。

四、《浙江省科协条例》完成初稿起草

10 月，省科协六届十五次常委会议专门听取了对《浙江省科协条例》（以下简称《条例》）起草工作的情况汇报，对《条例》初稿进行审议。会后，按照省人大常委会议意见，向省人大报送了有关我省科协工作立法计划的请示。

五、推进学会改革与发展工作取得成效

推进学会的改革与发展是 8 件大事之一。一年来，多次召开研讨会和座谈会，通过典型引路，推动学会的改革与发展。例如，省心理卫生协会经工商登记，正式成立了"浙江原野心理测评服务中心”，取得了一定的社会和经济效益。温州市科协所属65个学会全部建立了党组织。

六、推进企业技术创新活动取得实质性进展

狠抓推进企业技术创新活动，突出了企业在技术创新中的主体地位。省科协对民营企业较发达的温州、台州、诸暨等地的企业进行了调研，与当地科协和企业进行了探讨。目前，上述地区的50多家民营企业建立了科协组织，科协会员达到 3 000 多人，在企业新产品开发、科技成果推广、技术人才引进、科技信息交流和技术培训等方面发挥了积极的作用。

七、省科技馆扩建问题引起了省市领导重视

围绕省科技馆扩建问题做了以下几方面工作：年初向省计经委汇报了初步设想；组织筹建班子成员对全国 7 个科技馆进行了实地考察，并结合我省实际设计了省科技馆工程的两套方案； 8 月份张德江书记在听取省科协工作汇报时指出：要把科技馆纳入文化大省建设之中，要以改革的思路来考虑这个问题。仇市长对工程表示完全赞同，希望尽快上马。

八、机关局域网建设初步完成

省科协机关局域网建设已完成了主机房与省科协大楼120 余个节点的网络布线及硬件设施的安装和主机软件的调试。同时，申请了英特网国际域名，以“大众科技”命名的网站框架也已制作完成。对机关工作人员进行了上网操作培训。

安徽省科学技术协会

地　　址	安徽省合肥市巢湖路287号
邮政编码	230001
电子信箱	aast@.mail.hf.ah.cn
电　　话	0551-2639342
传　　真	0551-2639342
主　　席	王秀智
副 主 席	万文平　王绍虎　韦　穗　尹鸿钧 朱清时　李增智　陈心昭　金会庆 赵乃刚　唐国贵　常印佛　程荣朝
刊物及主编	《安徽科协》　　**主编**　华应明

单位简介

安徽省科学技术协会的前身是安徽省科普协会和安徽省科联分会（筹）于 1959 年 11 月合并，成立安徽省科学技术协会。1968 年因“文化大革命”省科协被撤销，直至1977年底才得以恢复。

安徽省科协第一次代表大会于 1959 年 11 月召开，张锡祺被选为主席；第二次代表大会于 1963 年 12 月召开，选举吕季方为主席；第三次代表大会于1980年12月召开，选举杨承宗为主席；第四次代表大会于1986年12月召开，管惟炎为主席；1987年因故不再担任；1988 年补选徐叔云为主席；第五次代表大会于1992年5月召开，徐叔云为主席；第六次代表大会于1997年12月召开，王秀智为主席。

工作综述

一、发挥科学技术第一生产力的作用，以经济建设为中心，促进科技与经济相结合

省级“金桥工程”项目共立项1 554项，完成1181项，创经济效益32.8亿元。我省的124个厂矿科协在开展“讲、比”竞赛活动中提出并被采纳科技建议 493 项，引进技术490项，开发新产品318项，推广新技术1 132项。全省各地科协积极组织开展送科技下乡，通过多种途径对农村党员和基层干部进行实用技术培训，组建农村专业技术研究会 1 866 个，已建科普示范基地 652 个，帮助农民掌握科技知识实现脱贫致富；定点科技扶贫 4 862 户，2000 年当地认定脱贫3210户。

二、广泛而又有重点地开展学术交流，注重提高学术交流活动的水平和质量

共举办学术会议 237 次，交流论文 3 987 篇；举办学术报告会 537 次，听讲人数 123 856 人次；仅省科协与中国科技大学联合举办的“第三届全球华人智能控制与智能自动化大会”，就收到来自中、美、英、日、澳门等 17 个国家和地区的应征论文 1 372 篇，大会交流的论文 840 篇，邀请 6 名著名专家做学术报告。举办了第三届安徽省自然科学优秀学术论文评选活动，共征集论文 3 362 篇，评选出优秀学术论文 1 190 篇，其中一等奖 20 篇，二等奖 240 篇，三等奖 930 篇。主办科技期刊 18 种，年发行 12 万多册，年发表学术论文 901 篇；主办科技报纸 10 种；编辑论文集 14 种。接待海外科技团组 14 个，95 人次；外派科技团组 9 个，86 人次。2000 年，我学会在省委、省政府的关心支持下，于 10 月 18 日～11 月 20 日在合肥和其他 11 个市地成功地举办了首届安徽科技论坛，全省 40 多个省级学会，30 多个省直部、委、厅、局，18 所高校，20 多个科研院所，100 多个大中型企业的近 2 万名专家、学者和科技工作者参加；论坛邀请了著名科学家周光召等 38 位两院院士来皖作科技报告或参与论坛的相关活动。论坛促进了产、学、研相结合，形成 86 条既有科学依据，又有可操作性的建议，对推动我省科技创新、经济发展和社会进步，为制定我省“十五”规划发挥了积极作用。

三、发挥科普主力军作用

举办科普讲座 5647 次，81 万多人次听讲；举办科普展览 1025 次，132 万多人次参观；举办专题科普宣传 807 次，万余工作人员参加活动；举办青少年科技竞赛 191 次，8.4 万多人次参赛，举办夏（冬）令营上百次，6 700 余名青少年参加；建科普画廊 399 个，总长度 3045 米。我会与组织部门联合对 40 万农村党员、基层干部进行了实用技术培训。在省委、省政府的领导下，省科协联合省科技厅、省委宣传部筹备召开了全省科普工作会议，出台了《关于贯彻全国 2000～2005 年科学技术普及工作纲要的实施意见》。省、市、县各级成立了以科协为主的科普工作领导小组，办公室设在科协。全省已建科普示范县 11 个，科普示范城区 7 个，科普示范基地 652 个。安徽省科技馆 2000 年接待观众 15 万人次。受中国科协委托研制 2 台科普大篷车成功；成功承办了第十届全国青少年科技创新大赛。成立了以中国科大校长朱清时院士为团长的“安徽省科普讲师团”，在全省各地组织了 33 场科普报告会，上万名学生参会听讲。

四、发挥桥梁纽带作用

省科协与省委组织部共同组织了 20 多名专家学者到湖南张家界等地考察疗养；参加组织召开“科技工作者新春联谊茶话会”。省政协科协界委员积极反映科技工作者的意见、建议，提出提案 20 件，省科协承办省政协提案 6 件。省科协会同省委组织部、省人事厅等部门组织评选推荐“全国优秀科技工作者”6 名、第七届中国青年科技奖候选人 8 名上报中国科协；与省妇联联合开展了省“十佳”女科技工作者评选表彰活动，评选出 10 位省“十佳”女科技工作者，同时被授予安徽省“三八”红旗手称号。

五、努力加强团体建设和机关自身建设

科协立法取得重大成就，省人大出台了《安徽省科学技术协会条例》。调研起草了《安徽省科学技术协会科学技术团体暂行管理办法》；20 多个省级学会调整充实了理事会成员，6 个已改选换届，新增单位会员 198 个、个人会员 5 315 人。按科协章程规定程序更换了 8 名省科协六届委员。组织了市科协负责人和省级学会理事长、秘书长近 50 人参加科协立法、知识产权等方面的培训。为适应办公自动化形势需要，科协机关已上网；为全省 17 个市科协配备了微机。

福建省科学技术协会

地　　址　福建省福州市湖东路 7 号

邮政编码　350003

电子信箱　kxb46711@pub5.fz.fj

电　　话　0591-7846711、7856751、7837092

传　　真　0591-7837092

主　　席　黄金陵

副 主 席　林思翔　唐　华　陈　震　赖爱光　谢联辉　谢华安　曾民勇　杜　建　王小如　陈元仲　林　野

刊物及主编　《福建科协通讯》　主编　陈　震

单位简介

1962 年 1 月成立福建省科学技术协会。后因“文化大革命”而停止一切活动，直至 1978 年得到恢复。

福建省科协第一次代表大会于 1962 年 1 月召开，卢嘉锡为主席；第二次代表大会于 1980 年 6 月召开，陆维特为主席；第三次代表大会于 1986 年 11 月召开，田昭武为主席；第四次代表大会于 1991 年 12 月召开，黄金陵为主席；第五次代表大会于 1996 于年 12 月召开，黄金陵为主席。

福建省科协现有省级学会 130 个；厂矿科协 280 个；市级科协 9 个；县（市、区）科协 93 个；高校科协 3 个。

工作综述

一、增强政治意识和大局意识，努力为党的中心工作服务

省科协积极投入反对“法轮功”和伪科学的斗争，以“崇尚科学文明，反对迷信愚昧”作为贯穿我省全年科普宣传教育活动的主线。

从 5 月至 10 月底，与省委文明办联合在全省各市及部分县举办“崇尚科学文明、反对迷信愚昧”大型图片巡回展览，全省有 160 余万人参观。9 月份由省政府主办，联合有关部门承办以“崇尚科学文明，反对迷信愚昧”为主题的科技宣传周活动。全省有 3775 个单位、200 多万人参加了科技宣传周活动，10 余万科技人员积极参加宣传活动，有 400 多万套科技资料、图书，20 多万份科技报刊送到广大群众手中。

与龙岩市委、市政府联办了第二届福建山区发展论坛，专家学者共发表论文 57 篇。主办了以“电子信息技术与新世纪福建经济发展”为主题的福建省第三届科技论坛。省级学会（协会、研究会）与厂矿企业的“百厂百会协作行动”已发展到70对，其中32对协作项目取得良好效益。2000年有879个厂矿科协（分会、学组）组织了2万余名科技人员提出合理化建议3901条，被采纳1 902条，完成1 876项，创经济效益2.91亿元。晋江市非公有制企业科协已发展到50多家，为科技进步做出了积极贡献。

全省科协系统举办短期农业技术培训班1万余期，培训1百余万人次；推广农业新技术2000余项，创效益4亿余元；农技协工作健康发展，共建立农技协2640个，会员9.5万余人。三明市科协系统组织的“协会协作”经验正在全省推广，中央电视台“焦点访谈”栏目曾作专题报道，在全省反响很大。目前全省已建立608个“协会协作”试点。漳州市科协开展由农业专家组成的“农村科技服务110联动网络”经验也正在全省推广，仅2000年漳州市科协“农技110”就接受电话咨询39 000多次，下乡705次。

二、加强国内外学术交流，进一步提高活动的集成度、显示度

为了提高科技月谈会质量，实行了选题论证制度，精心组织召开了4场科技月谈会。配合“数字福建”工程建设，举办了“福建省电子信息产业发展科技月谈会”，省4套班子主要领导及20多个厅局领导与会。新办的“科技茶座”是对科技月谈会的补充，是科技人员参政议政的一种“短平快”形式，全年共举办了6场。

据不完全统计，省科协及所属省级学会，接待台湾科技界专家学者15批91人次来闽交流，组织入台交流7批49人次。省科协与中国地震学会、省地震学会等联合召开了“海峡两岸城市防震减灾学术会议”。密切了两岸地震工作者的联系。与省自然资源学会一起在福州联办“海峡两岸自然资源互补与永续利用学术研讨会”、“海峡两岸环境保护与可持续发展研讨会”。接待了23批来自美、德、澳、英等国家81位专家学者，直接派遣11个团组51人分赴美、英、加、澳等国家进行学术交流。

三、加强科学技术的普及和推广，促进城乡精神文明建设

经省委、省政府同意，7月份，与省委宣传部、省科技厅联合召开第二次全省科普工作会议，对新世纪科普工作作出战略部署。

省科协及各地市相继先后举办以领导干部为对象的多场科普报告会。

受中国科协、国家体育总局的委托，承办了“全国青少年无线电测向、电子模拟探雷暨全国无线电测向锦标赛”，共有13个省市1600多人参赛，这是我省历年举办的规模最大的青少年科技活动。在国际中学生奥林匹克学科竞赛中又获得一块信息学金牌。全省科协系统已建立农村科普示范基地246个，建立科普文明乡镇359个，科普文明村2 438个，初步形成了覆盖全省的农村科普网络。

与省委文明办联合下发了《关于在全省城乡精神文明建设活动中加强科普工作的意见》，把科普工作列入创建文明城市、文明县城、文明村镇活动的重要内容，全省已建立28个社会科普教育基地。福清、永泰、永安、长泰、漳浦申报全国科普示范县已通过省级验收。

召开全省科技馆建设工作会议，科技馆建设取得新成效。投资分别达1 000余万和1 200余万的漳州市科技馆和泉州市科技馆已经建成。全省已竣工和在建的大小科技馆、科技活动中心共有31座。

四、切实加强科协团体自身建设，努力增强活力、凝聚力和实力

省科协先后出台了加强内部建设的有关条例和规章制度。组织评选福建省第五届自然科学优秀论文奖255篇。表彰奖励了30名第五届福建青年科技奖和10名第六届运盛青年科技奖获得者，开展了“学会之星”的评比活动，评选推荐8名第七届中国青年科技奖候选人和6名第二届全国优秀科技工作者候选人上报中国科协，评选出21个企业先进科技工作者之家和21位企业优秀科协主席。启动了“学会上网工程”，建立“学术交流”网站，已上网的学会近30个，并积极筹建新的高校科协。与中国海峡人才市场联合，每月三次在全省人才集市上为国企下岗科技人员再就业提供免费服务，先后推荐400余人走上新的工作岗位。

江西省科学技术协会

地　　址	江西省南昌市江西省人民政府大院内
邮政编码	330046
电子信箱	jxkxbgs@sina.com
电　　话	0791-6224288/6201371
传　　真	0791-6224288
主　　席	徐俊如
副 主 席	孙本生　朱张才　刘敦清　张　彤 张云根　杨守知　邹凌生　邹荷辉 李雪南　徐菊生　颜龙安　潘传康
刊物及主编	《聪明泉》　主编　黄群言 《江西科协》　主编　黄群言 《江西科技工作者建议》

单位简介

江西省科学技术协会的前身，是中华全国自然科学专门学会联合会南昌分会与江西省科学技术普及协会，1959年2月，两会合并，成立江西省科学技术协会。文化大革命期间中止活动。1979年8月，江西省革命委员会批准恢复江西省科协。

江西省科协“一大”于1959年2月召开，吴允中为主席；“二大”于1980年11月召开，郭庆棻为主席；“三大”于1987年6月召开，徐贻庭为主席；“四大”于1992年6月召开，金祖光（女）为主席。

江西省科协现有省级学会（协会、研究会）105个，市科协11个，县（市、区）科协100个，厂矿科协120个，高校科协2个，省科协直属单位4个。

工作综述

一、全省首届科普周活动取得圆满成功

3月21～28日，全省科协系统全面启动以“科学伴我行，迎接新世纪”为主题的科普周活动，省科协专门编印了“科普周活动指南”，召开动员大会。3月21日，科普周开幕仪式在省、市、县城区同时举行，全省各地天天都有科普宣传活动，有关媒体天天有科普周新闻或专题节目。各级领导还发表电视讲话、主持报告会，以普通公民身份参与科普活动。全省共举办各类活动1 300余项，千余个学会、厂矿科协、11万多名科技人员参与。新闻媒体播放活动专题节目250期，登载文章、图片754篇幅。

二、开展学术研讨、科技咨询，促进科技成果转化

1．12月份召开“江西省旅游业发展研讨会”，邀请港事顾问蔡百泰先生、中科院地理所郭来喜教授到会做专题报告。会议收到论文近百篇，编辑出版了《情系旅游圣地——江西》论文集。

2．高新技术进农村。9月份省科协组织农口相关学会，把实验室组培技术培育出来的马铃薯新品种，在珠港农场试种。

3．“金桥工程”实现“零”的突破，嫁接立项技术127项，选报中国科协24项，其中立项3项。

4．策划筹备在江西举办全国首届“金桥工程”优秀项目交易暨技术创新招商引资洽谈会，已征集我省需求项目265项。

三、科普工作向广度拓展，向深度推进

1．邀请中科院院士何作庥作“当代科技发展特点及对我国科技工作的启示”的科技报告，邀请著名心血管专家洪昭光教授作“生活方式与健康老龄和心血管病”科普报告，1 500多名处级以上干部及老同志参加听讲。举办博士系列讲座，省直机关2 400余名干部参加听讲。

2．把科普工作引向农村：（1）创建“21世纪科普致富村”。（2）组织2个“科普专家报告团”，赴6个市作科普报告。（3）省农函大全年招生30 601名，超计划50%。重编了4本教材，修订了3本教材。（4）组织农业、卫生、教育等方面的17名专家及3家涉农企业赴波阳县开展科技服务，受益群众2万多人。（5）充实11个农村科普书库，赠送8 000余元书款的科普图书。

3．举办“崇尚科学文明，反对迷信愚昧”展览，观众达35余万人次。

4．把科普工作引向校园：（1）举办第10届“小星星杯”青少年科技创新大赛，216项（篇、幅）作品获奖。（2）举办全省第18届青少年“实达杯”计算机奥赛，3 000多名中小学生报名参赛。（3）执行中国科协与儿基会社区非正规教育第5周期援助项目，圆满完成计划。我省8个项目县共有28万人次受益。

四、加强自身建设，增强“科技工作者之家”的凝聚力和活力

科协《江西省科学技术协会条例》已列入省政府2001年立法计划调研项目。组建科技咨询业协会，恢复和建立了市、县（部分）机构和网络。制订和完善了13项规章制度。

山东省科学技术协会

地　　址	山东省济南市杆南东街8号
邮政编码	250001
电子信箱	sdast@sina.com 或 sdkxbgs@163.net
电　　话	0531-2064294
传　　真	0531-2063455
主　　席	管华诗
副 主 席	王为忠　王延康　冯承明　牟书令 邹增大　宋存胜　陆巽生　周名江 周忠祥　赵彦修　徐会三　徐家德 高振江　谢立信　燕　翔
刊物及主编	《山东科技报》　总编　贾延漪 《科技致富向导》　总编　刘君敏 《科协通讯》　主编　高振江

单位简介

山东省科协1959年4月在省科普和省科联两个组织的基础上成立，“文化大革命”期间停止活动。1977年开始，省、地、县（市、区）、乡（镇）陆续恢复了科协组织。

省科协自成立以来先后召开了五次代表大会。一大1959年4月17～19日召开，主席余修；二大1981年4月

1～5日召开，主席曾呈奎；三大1987年2月21～24日召开，主席曾呈奎；四大1992年9月27～29日召开，主席潘承洞；五大1997年12月23～25日召开，主席潘承洞（后去世），1997年底补选管华诗为主席。

目前，全省共有地市级科协17个，县市区科协139个，乡镇科协2 331个，村科协53 061个。省级学会124个，市地级学会710个，县级学会1 532个。地市级老科协组织13个，会员1 043人。企业科协988个，会员14.1万人。各类农村专业技术协会15 133个，会员101.2万人。

省科协机关设7个部、室，下辖5个事业单位。

工作综述

一、科普工作

1．农村科普工作

（1）科普宣传力度加大。配合反“法轮功”邪教斗争，省科协先后开展一系列送科技下乡、科普之冬、科普之春等大规模、日常性、群众性科普活动。8月份，开展了以“崇尚科学文明，反对愚昧迷信”为主题的科普宣传月活动，500多万人观看了科普展览。省科协及济南、潍坊、日照、青岛等地级市成立了反邪教协会等群众性组织。

（2）科普教育和科技培训稳步发展。各地通过农函大、科普学校、科普夜校等渠道，多类型、多层次、多形式培训农村党员干部群众200多万人次。其中，威海“百千万”科普教育工程培训10多万人次，省老科协专家服务团仅在诸城市就举办科普讲座12场，听众达6000余人。

（3）科普示范推广成效显著。全省出现了一批科技含量高、辐射力强、经济效益显著的科普示范基地，成为联协会、联农户、联市场的技术经济实体。省科协新命名了100个省级科普示范基地，省级基地达到173个，市县级400多个。省科协通过示范基地，在全省推广了池藕和西瓜种植新技术。菏泽市科协创办的科普示范园规模近200亩，夏津县科协自办的示范基地已发展到400多亩，有效地发挥了示范、带动作用。

（4）农技协工作有了新的发展。在10个市地各选择1～2个农技协，对其实体进行了股份制或股份合作制改造试点，加快了各地农业产业化进程。

（5）技术信息服务更加注重实效。从各地实际出发，适时创办了一些为农民提供即时服务的好形式，如农业科技服务热线、科技110、科技服务部。受到了基层广大干部群众的欢迎。

（6）科普示范创建活动不断向基层延伸。年初命名表彰了首批22个示范县，并新确定了7个试点县，有效地拉动了农村科普工作。威海科协开展了示范县和科普模范镇、村、户的“四创”活动，烟台科普示范镇、村已分别达到30%和40%，聊城的科普红旗村创建、济宁的“百千万”工程也都取得了很好效果。

2．城区科普工作。由省科技馆设计、制作的《生命·基因》大型科普图片展览，国庆节期间在济南植物园展出，观众达20余万人次，中央电视台新闻联播及省、市媒体都作了报道。全省第十届青少年科技创新大赛，52万名中小学生参加。

科普示范城区创建活动受到各级党政领导重视。全省45个市辖区全部建立了科协，其中32个独立建制；73%的街道办事处建立了科协，75%的居委会成立了科普协会或科普小组，街、居专兼职科普工作人员达3 748人。科普志愿者队伍从无到有，已建立组织320个近2.3万人。科普专项经费也有增加。大多数城区科普经费达到人均0.1元以上，青岛市崂山区达到了人均1元，2/3的城区科协配备了车辆和计算机等设备。济南、威海、临沂、莱芜、东营、德州等地科技馆建设均有了新的进展。科普画廊发展较快，全年各地新建科普画廊6 400米。

11月，在济南召开了全省城区科普工作会议，对城区科普工作进行了总结、表彰和部署。

3．企业科协工作得到了巩固和发展。全省有700个企业科协组织开展了“讲比”竞赛活动，参加人数15.6万人次，立项1.6万项，提合理化建议7万多条。省级“金桥工程”年立项124项。厂会协作全年新增项目52项，同比增长36%。

二、学会工作

围绕省委省府发展高新技术、加快经济结构调整等中心任务，省级学会共开展学术活动475次，其中，省科协直接组织的重点课题29项，取得了一批有影响的学术成果。“关于发展山东造纸工业的对策建议”、“加入WTO后山东汽车工业面临的形势及对策研究”等多项建议，引起了省领导及有关部门的重视，被吸收进省“十五”规划纲要。青岛、济南、聊城等地科协提出的“建设生态城市的建议”、“济南市智能交通战略研讨”、“入世对聊城科技兴农的影响和对策”等课题，受到当地党委、政府的重视。一些大型的综合性学术活动如山东植物病理学会和山东园艺、昆虫、农学等学会共同承担的省重点课题“果树优质生产、病虫防治对策研究”，青岛科协组织的9个省、市级相关学会共同参与的跨海大桥学术研讨，济南市科协举办的以“创新与济南发展”为主题的第二届青年科学家论坛，省科协组织15个市地、31个省级学会参加西部大开发综合学术年会以及山东农学会承办的全国小麦育种学术研讨会等，均在学术界引起广泛关注。

对外科技交流有了新的拓展。省科协外派6个团组30人，接待来访4个团组45人，派出研修生和留学生55人。省科协组织威海三角集团赴日本考察子午线轮胎生产设备，与日本中小企业联合会签订了3个经贸合作协议，很受有关企业欢迎。科协系统先后向港澳台地区派出访问学者3批66人次，接待来访2批39人。省科协还同香港工程师学会签署了长期合作协议，扩大了同三地区科技界的联系渠道。

加强了学会改革和管理。撤销合并了省气功科学研究会等8个学会；同时与山东大学等高校酝酿建立学会管理机构。

三、评选表彰工作

评选表彰和宣传力度加大。省科协先后开展了“优秀科技工作者”和“优秀离退休科技工作者”的评选表彰活动。目前已初步形成了与组织人事部门联合表彰“山东省优秀科技工作者、青年科技奖、科协系统先进集体和个人、优秀离退休科技工作者、专业技术拔尖人才推荐”等“四奖一推”的格局。

广泛宣传科技人员的事迹。省科协与《大众日报》、山东电视台等有关媒体开辟专栏，对有突出贡献的科技人员、青年科技奖获得者和科协干部进行重点宣传。

省科协接待科技人员来访咨询160多人次，2000年科协界政协委员和各地科协共提出提案235件，其中落实118件。

四、支撑条件建设

4月，商请省人大开展了第二次《山东省科协条例》执法检查、调研活动。10月份，在《山东省科协条例》颁布实施3周年之际，又在全省举行了大规模的宣传纪念活动。

全省科技咨询合同额达1.3亿元，同比增长44%。其中，省科技咨询中心合同额达到2600多万，同比增加了200万。山东科技培训中心获得首批国家自费留学中介服务资格认证，从而拓宽了办学渠道。139个县（市区）中，已有126个设立了科普专项经费。

河南省科学技术协会

地　　址	河南省郑州市花园路53号1号楼
邮政编码	450008
电　　话	0371-5734635
传　　真	0371-5734635
主　　席	张　涛
常务副主席	黄兴维
副 主 席	李希辉　杨保善　周培荫　董庆周　尚炽昌　张道兴　宋春迎
刊物及主编	《河南科技报》　主编　李宝红
	《农家参谋》　主编　孙长青
	《河南科协》　主编　夏占国
	《科技动态》　主编　郝立新

单位简介

1959年,省科联、省科普两大组织合并成立河南省科学技术协会（简称省科协），并于同年5月11日召开省科协第一次代表大会。“文化大革命”期间，活动被迫中断。1979年3月恢复活动。

河南省科协第一次代表大会1958年5月11日召开,张柏园为主席;第二次代表大会1981年10月19日召开，徐子佩为主席;第三次代表大会1987年3月22日召开,吴百川为主席;第四次代表大会1992年5月28日召开,张涛为主席;第五次代表大会1997年10月5日召开,张涛为主席。

河南省科协现有全省性学会128个，省辖市科协18个，县（市）级科协105个，乡（镇）科协1 849个，城区科协42个，企业科协568个，大专院校科协4个。

工作综述

一、履行科协政治职责，发挥桥梁纽带作用，组织科技工作者参政议政

各级科协充分发挥人大代表、政协科协界委员的作用，积极支持他们开展调研、考察工作，提出提案、议案，反映科技人员的意见和建议。全省科协系统向各级人大、政协提交的提案、议案200余件，其中被采纳近100件。

二、围绕区域性发展战略，提出决策建议

全国两院院士大会后，省科协根据省委、省政府领导指示精神，邀请在豫院士召开了“贯彻两院院士大会精神座谈会”，李克强省长、范钦臣副书记、张涛副省长出席会议，李克强省长作了重要讲话，陈俊武等7位在豫两院院士就贯彻大会精神，推进科教兴豫发了言，对充分调动科技工作者在两个文明建设中的积极性起到了重要作用。举办了河南省实施“东引西进”专家座谈会。向省委、省政府呈送了《关于科学实施“东引西进”的建议》。为加大与河南省、中科院合作的力度，组建了以中科院院士为主体的“河南省专家决策咨询团”，将为我省各级党、政领导在经济和社会发展重大战略问题上的科学决策提供依据。

三、发挥整体优势，努力促进我省技术进步和经济发展

联合省经贸委召开了“河南省百厂百会协作行动经验交流暨表彰会”，对“厂会协作”中取得突出成绩的6个市和24个协作单位进行了表彰。一年来，组织各级科协及所属学会与国有企业新结协作对子51个，使结对总数达到229

个。据统计，1999年完成63个协作项目，实现经济效益3亿多元。围绕国有企业3年脱困的目标，组织企业科协在企业科技人员中实施了“百千万工程”。据统计，全年共组织15万科技人员参加竞赛，完成技术创新、技术论证和技术改造项目5172个，实施合理化建议1.62万项，创效益近14亿元。2000年，全省科协系统共完成“金桥工程”项目500个,其中省科协确定的80个省级项目全部完成,创经济效益4.2亿元。2000年，全省科协系统组织科技工作者共实施科技咨询1.5万项。省科技咨询中心成立了全省咨询中心联合会，并在中国科技咨询金桥信息网上建立了河南网站。大力发展农村专业技术协会，全省已成立农技协8535个，已涌现出一批产值上千万元的农技协组织，促进了农业产业化发展。

四、广泛开展国内外学术交流活动，积极推进科技发展和决策科学化、民主化

成功举办了以“创新与发展”为主题的河南省首届学术活动月。20个全省性学会、10多所大专院校和科研院所及部分企业的5 000多名科技工作者，围绕国土资源、城市建设、人工智能、通信技术等23个学术项目参加了研讨和交流。活动月期间，还举办3场院士报告会。学术活动月为推动我省科技进步与创新，营造了良好的氛围，产生了较大影响。据不完全统计，全年共组织举办各类学术活动1 500多次，其中有两院院士参与的活动20次，交流学术论文8 000多篇，近10万人次科技人员参加了活动。省科协确定的40项重点学术活动都已完成。其中，针对我省城市环境现状，组织科技人员在重点调研的基础上，召开了河南省城市环境保护与建设学术研讨会，向省委、省政府呈送了《关于进一步加强我省城市环境保护和建设的建议》，受到有关领导和部门的高度重视。根据我省北部地区干旱少雨的实际，邀请美国专家举办的节水农业学术报告会，受到了社会广泛关注和好评。分别应英国皇家学会、澳大利亚洛根市政府和德国卡尔杜伊斯堡基金会等组织的邀请，积极组织国际学术交流、技术进修和科技考察团出国交流考察，一批合作项目取得实质性成果。由于推荐的人才优秀，德国对口组织决定把我省作为2001年度“企业轻工环保”项目两个首选省份之一，为我省今后派遣研修生工作打下了良好的基础。科协系统共接待国外境外科技团组88个，811人次；组织派遣了科技团组6个，46人次；向德国、日本派遣研修生11人。

五、大力开展科学普及工作，不断提高全民科学素质

与省委宣传部、省文明委、省科技厅等联合在省科技馆举办了“崇尚科学文明，反对迷信愚昧”大型展览。展出20天，接待观众4万多人次。闭展后又到12个省辖市展出，近50万人次观看展览，在社会上产生了广泛影响。全省科协统一部署，开展了以“崇尚科学，反对迷信”为主题的科普宣传月活动。据不完全统计，活动月期间，共组织约8000名科技人员在城市、农村、工厂、学校、街道开展科普宣传活动,举办科普讲座1500多场,技术培训1900多场，发放科普资料400多万份，受益群众900多万人次。积极利用科普阵地和各种媒体传播科技知识，与省委组织部、宣传部等部门联合，在省电视台举办了河南省科教兴豫杯科技知识电视大赛，社会反响强烈。农村科普取得新成效。组织送科技下乡活动4200多次，传授实用技术5000多项次。共举办农业技术培训2万多期，培训农民群众约430万人次。其中与各级党委、组织部门、妇联联合培训农村党员、基层干部80多万人次，培训农村妇女60多万人次。农村科普示范体系进一步完善，重点开展了创建科普示范县的调研和验收工作，已命名18个省级科普示范县。科普示范县创建工作带动了科普示范乡（镇）、村、户和基地的发展，全年新创科普示范乡（镇）160个，使全省示范乡（镇）达到595个，同时新建科普示范基地900多个。已评选出21个省级科普示范基地。城市科普工作积极推进，全省已建成科普画廊5000多米。科普示范城区创建工作取得实质性进展，专门召开了全省城区科普工作研讨会，下发了《关于创建科普示范城区的实施意见》，为创建工作起到了积极作用。青少年科技活动广泛开展。围绕青少年素质教育，举办了“第九届河南省青少年科技创新大赛”，全省近1万所学校和幼儿园的80多万名中小学生和幼儿参加了发明创造、科学论坛、科学幻想绘画和创新设计活动。在第十届全国青少年科技创新大赛中，我省获得优异成绩，并争取到2002年第十一届全国青少年科技创新大赛的主办权。与省教育厅联合制定了《河南省中学生学科奥林匹克竞赛管理办法》，进一步加强了对学科竞赛工作的管理和指导。与联合国儿童基金会合作开展的社区非正规教育项目，使贫困地区校外青少年得到了第二次教育机会，有1500多名校外青少年和2000多名妇女参加了培训。联合国儿童基金会还向我省项目县援助了一批声像设备、交通工具和科普资料。

六、加强对优秀科技人员先进事迹的宣传和表彰力度

充分利用媒体，广泛宣传科技工作者的事迹。省科协在《大众科技报》上，开辟了“中华巾帼科技精英”（河南专版）、“跨世纪科技精英”（河南专版）和“河南省优秀民营企业家”（专版），分别报道了我省优秀女科技工作者、优秀青年科技工作者和优秀民营科技企业家的事迹；与省有线电视台联合开辟“中州科技名人”专栏，已播出20多期；完成了《奋斗者的足迹》第四辑的组稿工作。为培养跨世纪人才，省科协会同省委组织部、省人事厅组织开展了第六届“河南省青年科技奖”评选表彰活动，对56名优秀青年科技人才进行了表彰奖励，并推荐 7 人参与第七届“中国青年科技奖”评选。向中国科协推荐了 9 名“全国优秀科技工作者”候选人。省科协还与省政协教科文卫体委员会等部门联合评选表彰了河南省首届“十大”、“百佳”民营科技实业家，促进了民营科技人才的成长。

七、开展了对科技人员的继续教育培训工作

各级科协和学会大力开展了对科技人员的继续教育培训工作，共举办计算机、会计电算化、外语等培训班 200 多期，培训科技人员近 3 万人次。还举办市、地科协主席培训班和学会干部培训班，培训干部 100 多人。

八、加强团体自身建设，改进机关工作作风

根据省政府办公厅关于授权省科协为全省性自然科学类社会团体业务主管单位的通知精神，恢复了对各有关学会的业务主管。同时，省科技厅已同意省科协作为全省性学会科研项目归口管理单位。在机关开展了“三个代表”思想学习活动，省科协已被授予市级文明单位。直属事业单位也有了很大发展，更加明确了各自的发展方向。信阳鸡公山河南省科技工作者休养所已恢复为全国科技联谊活动接待单位，成为全国学术交流、科技考察、休养基地。《河南科技报》实施“二次创业”，在全省报纸评选达标中被省新闻出版局评为全省一级报，被省委宣传部确定为省级大报类的主流报。

湖北省科学技术协会

地　　址	湖北省武汉市武昌区洪山路 2 号湖北科教大厦 A 座
邮政编码	430071
电子信箱	hbkxbgsh @ elong.com
主页网址	http://www.hbstcc.com
电　　话	0371-87823704
传　　真	0371-87815443
主　　席	梁淑芬
常务副主席	刘会永
副 主 席	卢先诚　冯祖强　朱作言　李德仁　张寿荣　张端品　杨叔子　赵梓森　侯杰昌　粟陶生　殷鸿福　黎安田
刊物及主编	《湖北科协》　　主编　向进青

单位简介

湖北省科学技术协会是在中华人民共和国成立后建立的中华全国自然科学专门学会联合会武汉分会（简称武汉科联）和湖北省科学技术普及协会（简称湖北科普）的基础上，于 1958 年 12 月 5 日召开第一次代表大会时成立的。1966 年 12 月，文化大革命中省科协撤销。1978 年 11 月，省委发文恢复省科协。1997 年 5 月召开湖北省科协第五次代表大会。现有全省性学会（协会、研究会）124 个，直属基层科协 43 个。

工作综述

一、全面实施“科学素质工程”，科普工作进入到一个新阶段

1 月 26 日，省委办公厅转发了《省科学技术协会关于我省实施“科学素质工程”情况的报告》（鄂办发[2000]6 号文件）。省科协迅速抓住这一有利契机，及时召开了全省“科学素质工程”经验交流暨表彰大会和全省城市科普工作现场经验交流会,会后，全省各级科协组织迅速行动起来，并结合本地实际制定了“科学素质工程”实施方案，在全省农村、城市掀起了一个全面实施“科学素质工程”的新高潮。一年来，全省各级科协共举办面向党政机关、企事业单位领导干部的现代科技知识讲座、科普报告会 105 场次，共有 2 万多名领导干部参加；面向农村党员基层干部和乡镇企业骨干开展实用技术与市场经济知识培训，使 4 万名农村党员干部和乡镇企业领导掌握了 1～2 门以上的农业技术和市场营销、企业管理知识；对 120 万农村回乡知识青年和妇女骨干进行了大规模实用技术培训；组织全省在校的大中小学生，广泛开展了科技夏（冬）令营、科学考察、小发明、小制作、科学小论文评比、科学实验、科技传播等丰富多彩的课外科技活动，受益人群达 180 万人（次）；面向城镇社区、厂矿企业和广大农村组织大型科技周、科普日 240 多次；创建全国科普示范县（市）4 个，全国科普示范城区 2 个，产生了广泛积极的社会效果。目前，省委已将“科学素质工程”纳入了《中共湖北省委关于制定国民经济和社会发展第十个五年计划的建议》；省政府将“科学素质工程”纳入了《2000～2002 年湖北省技术创新行动计划》；全省已有 90%的市县把实施“科学素质工程”纳入当地科技、经济和社会发展的总体规划。

二、努力为科技工作者服务，建“家”工作取得了新进展

新成立了“维护科技工作者权益工作委员会”。开通了两部“科技 110”热线电话。仅热线电话开通 1 个月，就收到科技工作者的求助电话 50 个，接待科技工作者咨询 40 人次。《科技日报》、湖北电视台等十几家新闻媒体纷纷进行了报道。2000 年与省委组织部、省人事厅联合开展了评选全省优秀科技工作者的活动。目前，从各地上报的 104 名候选人中已评出 20 名优秀科技工作者。9 月组织部分常委到基层考察科协工作，增强常委会的决策功能。

三、围绕经济社会发展的重大问题开展研讨，学术交流取得了新成效

各级科协及所属学会共组织各种类型的国内外学术活动 800 多场次。5 月 7 日，组织我省部分院士、专家举行了“武汉·中国光谷建设学术研讨会”，形成了《关于加快技术创新步伐，发展我国光电子信息产业》的建议，并联合签名上报国务院，建议国家批准武汉建设国家级光电子信息产业基地。组织有关方面的著名专家，及时开展“中国加入 WTO 湖北发展对策研究”，编纂成《中国入世湖北怎么办》一书。省长蒋祝平对该书给予高度评价并欣然作序。该书出版后，在社会上引起强烈反响，提高我省抗御灾害的能力，组织 9 个全省性学会、协会共同参与主办了“湖北省减灾与经济发展厅局长论坛”和“湖北省 2001 年重大自然灾害综合趋势分析会商会”，将厅局长和专家们的研究成果整理成了“绿皮书”和“白皮书”，发给省委、省政府和各级党政主要领导，受到赞扬。

四、积极开展“三项活动”，为企业技术创新做出了新贡献

共完成年度省“金桥工程”重点项目 83 项，新增利税 9.1 亿元。我省新结成的 105 对厂会协作对子中有 35 个项目完成并通过验收。共组织了 308 家企业科协和 6 万多科技工作者参加“讲、比”活动，立项 3 478 项，完成 714 项，提合理化建议 26 849 条，采纳 17 245 条，产生了十分明显的经济效益。省科协在全省组织的上述“三项活动”得到了省政府的充分肯定，省政府以鄂政办发[2000]71 号文件，将省科协组织的“三项活动”批转全省，并要求各地“结合实际认真贯彻执行”。

五、大力加强队伍和阵地建设，科协工作基础有了新发展

调整充实了由院士、专家组成的“现代科技知识报告团”，使学科范围扩大到现代科学技术的各个领域。一年来，报告团的成员到各市县为领导干部作科技知识报告 120 多场次。省科协和部分市县科协还分别组织成立了 69 个由农业科技工作者组成的“农村科技服务团”，网络了各类专业科技人员 1 800 多名。许多市、州科协还在城区成立了由离退休科技工作者和科普工作者组成的“社区科普志愿者服务团”。他们分别面向各级领导干部、广大农民和城镇社区群众宣传普及科学知识，形成了覆盖全省各地和各个层面的现代科技知识传播智力群体，成为科协工作的强大支撑。全省科技馆共举办科普展览 662 场、培训班 1 053 期、学术报告会 152 次，其中有 20 座科技馆被当地政府确定为爱国主义教育基地。许多市、县科协采用自办、联办形式建立了近 120 个科普示范基地，并正在形成基地带协会、协会联农户，推进农村科普和农业产业化发展的良好态势。

湖南省科学技术协会

地　　址	湖南省长沙市展览馆路 50 号省科协金山科技大厦 6 楼
邮政编码	410005
电子信箱	hnkxsrv@public.cs.hn.cn
电　　话	0731-4441780
传　　真	0731-4415022

主　　席	何继善
副 主 席	王凤飞　刘　筠　刘光栋　刘宝琛 陈最华　青先国　范涤尘　官春云 钟　掘　姚开泰　袁隆平　陶光孟 温熙森　杨敬东　邹志强　王笃达
刊物及主编	《湖南科技报》　总编　周思源 《第二课堂》　社长　熊正炎 《湖南科协》　主编　刘秋惠 《院士信息》　主编　蒯益韩

单位简介

湖南省科协是湖南省科技工作者的群众组织，是中共湖南省委领导下的人民团体，是省委、省政府联系科技工作者的桥梁和纽带，是我省发展科学技术事业的重要社会力量。

1958 年 12 月 6 日，成立湖南省科学技术协会。

“文化大革命”期间，省科协被迫停止活动。1977 年 11 月 20 日，中共湖南省委决定恢复湖南省科学技术协会。

1958 年 12 月 6 日，省科协第一次代表大会在长沙召开，主席为周沆。1960 年 2 月 21 日，省科协第二次代表大会在株洲召开，主席为周汝沆。1980 年 9 月 18～23 日，省科协第三次代表大会在长沙召开，主席为田后风（1980 年 9 月～1983 年 6 月），黄培云（1983 年 6 月～1986 年 12 月）。

1986 年 12 月 16～18 日，省科协第四次全省代表大会在长沙召开，主席为侯振挺。1991 年 10 月 8～10 日，省科协第五次全省代表大会在长沙召开，主席为侯振挺。

1996 年 12 月 16～18 日，省科协第六次全省代表大会在长沙召开，主席为何继善。

湖南省科协成立于 1958 年 12 月，目前拥有省级学会（协会、研究会）118 个，会员近 20 万；市（州）科协 14 个；高校科协 16 个；企业科协 425 个；县（市、区）科协 135 个，乡镇科协 1 875 个，农村专业技术协会（研究会）

2 000 多个，农村科技示范户 42.5 万户的庞大的科协组织网络体系。

共有直属事业单位 9 个，直属企业单位 3 个。

工作综述

一、突出科技工作者的主体地位，努力建设“科技工作者之家”

1. 加强与科技工作者的联系，增进与科技工作者的感情交流。建立了与基层科技工作者的联系点制度，确定了 4 个市科协、6 个县（市、区）科协、23 个省级学会、4 个高校科协、6 个企业科协作为联系点，与科技工作者交朋友，从中发现了一批科坛新秀。建立了科技人才资源信息库，为合理开发利用人才资源创造了条件。为纪念陈国达院士 89 寿辰，为这位德高望重的科学家在中南大学校园内塑立了一座铜像。

2. 大力宣传表彰科技工作者，举荐优秀科技人才，努力营造尊重知识、尊重人才的社会环境。再次成功举办了“科技兴湘宣传周”活动，对“三湘院士”的宣传已经成为省科协的一个“精品工程”；积极组织开展了第二届“全国优秀科技工作者”候选人和第七届“中国青年科技奖”候选人的评选推荐工作；对“科技兴企名人”的宣传与表彰在全省科技界和企业界产生了极大的鼓舞和导向作用。

二、提高科协工作的整体水平，为实施可持续发展战略夯实基础

1. 以提高人的素质为基础，全面加强科协自身队伍建设。举办了省科协第八期干部培训班。44 名县级以上的科协领导和业务骨干参加了培训，109 名学员通过函授培训，获得了由省科协颁发的结业证书。

2. 以科协事业发展为中心，探讨和确定面向新世纪的整体发展战略。面向新世纪，省科协党组提出要确立“科技工作者是科协工作永恒的主体，组织网络建设是科协工作永恒的主题”的工作理念；构筑“建立大协作关系，增强大群团意识，实施大科普战略，开展大宣传活动”的工作格局。

三、增强大群团意识，充分挖掘资源和人才优势服务于经济建设

1. 组织开展多种形式的学术活动，为解决经济生活中的难点热点问题献计献策。组织了湖南省第八届自然科学优秀学术论文评选、2000 年减轻自然灾害暨病虫害防治专家座谈会、WTO 与中国及湖南农业和外贸对策报告会、中国（湖南）——俄罗斯可持续发展学术研讨会国家级和省级继续医学教育培训、农业现代化与农业系统工程学术研讨会、2000 年南方计算机通信及网络展览和学术报告会等多项国内学术交流活动和继续教育工作。尤其是 11 月举行的“加入 WTO 之后的湖南科技发展论坛”学术活动，收到论文 156 篇，并汇编成书公开出版。省委副书记吴向东、副省长潘贵玉对这次学术活动给予了高度评价。省地质学会举办了“湖南省地质矿产经济学术研讨会”，会议形成的专家建议为更好地开发利用我省地质矿产资源提供了决策参考。省水力发电工程学会组织我省远程控制设备有限公司及有关科技人员进军大西北，在青海省黄河上游龙羊峡、李家峡等大型水电站，进行大坝安全监测远程监控系统高新技术交流会，受到当地的热烈欢迎。

我会和美国、日本、英国、德国、瑞典、以色列等 10 多个国家建立科技交流关系，接待了访湘国际友人 34 名和科技代表团 7 个。

2. 发挥大群团整体优势，促进科技经济一体化。400 多家国有大中型企业、近 15 万名科技人员参加了“讲理想，比贡献”竞赛活动，共实施项目 7 368 个，创经济效益 4.45 亿元。省科技咨询中心及网络单位完成了 10 多项决策咨询课题。在“金桥工程”实施中，共完成 60 多项技术服务和 30 多项项目评估，现已建成 30 万字资料的数据库，在全国 25 家同类网站中名列前 5 名。

四、坚持常抓常新，全面推进城乡科普工作

1. 举办科技讲座，帮助各级领导干部提高科技意识，用现代化知识武装头脑。为各级领导干部组织了 100 多场科技讲座或科技报告会。给领导同志赠送《领导干部科普知识丛书》，在全省开展了领导干部“读科普图书”的活动。

2. 探索城市科普新路子，加强城市科普的联动效应。针对湖南是个农业大省、小城镇较多的实际情况，提出了将“城市科普”拓展为“城镇科普”的新思路，相继建立了城镇科普社区，开展了丰富多彩的科普活动。如慈利县将过去的“算命街”变成了科普宣传街，在社会上产生了很大的反响。6 月，由省科协等单位组织的 7 个专题长达 200 米的科普宣传展板，扩大到全省 12 个城市展出，参与人数达百万以上。8 月起至 10 月，在全省 14 个市州组织开展的《崇尚科学文明，反对迷信愚昧》大型科普图片巡回展览活动，历时 2 个月，展出 1 026 场次，遍及 728 乡镇，受教育群众上千万人次。

3. 以“十、百、千”科普示范工程为“龙头”，带动农村科普工作蓬勃发展。全省目前共确定 14 个科普示范县，其中 4 个县已正式确定为全国科普示范县，174 个科普示范乡，1 548 个科普示范村。据调查统计，4 个全国科普示范县向中国科协申报科普推广项目 14 项，9 个省级科普示范县共对 300 多项农业实用技术进行了推广普及和宣传。农业科普示范基地已达 1 600 多个；农函大招生 5.42 万人。全省各级科协组织共开展科技下乡活动 1 900 多次，参加活动的农民总人数为 553 万人；共举办农村科普集市

700 多次；组织科普知识展览 170 多次；放映科教影视片 7 200 多场；为农村赠送科普图书 77.4 万册；下发农业实用技术资料 424.3 万份。

4. 注重对青少年进行科技创新意识培养，青少年在各类科技竞赛场上捷报频传。举办“大手拉小手青少年科技传播行动”、“湖南省新世纪青少年科普辅导团校园传播行动”、“青少年科技创新大赛”等活动，参加科技创新大赛活动的人数逾百万。在 8 月举行的“全国青少年科技创新大赛”中，我省 17 件送展作品全部获奖，其中一等奖 3 件，获奖数目和等级均在全国名列前茅。在国际中学生化学、生物、环保、信息等奥赛中，参赛的我省中学生夺取金牌 6 枚，银牌 1 枚。

五、开展大宣传活动，在全社会树立科技工作者和科协自身的鲜明形象

1. 在大宣传中推出具有特色的“精品工程”。自 3 月起，与《湖南日报》合办的“院士风采——新老照片”专栏推出 24 期，宣传介绍了 24 位院士。中宣部新闻局《新闻阅评》称这一专栏“大力宣传对科教兴国做出突出贡献的科学家，具有很可贵的导向价值。”12 月 28 日，组织召开了 20 世纪的三湘院士新闻发布会，主要新闻媒体在黄金时间和重要版面均予以宣传。还编发了《院士信息》简报，建立了我省发表院士信息的权威渠道。重点表彰宣传了 19 名“科技兴企名人”，在全省科技界和企业界产生了很大的鼓舞和导向作用。

2. 为构筑“大宣传”的工作格局打基础和创造条件。组织湖南日报社、湖南电视台等省会主要新闻单位的记者 150 多人次，开展了一系列的科协工作与活动宣传，发稿 120 多篇。新发展个人会员 88 人，团体会员单位 8 个。开展了人才开发利用的调查研究，提出了创新人才观念等 4 个方面的 12 条政策意见和建议。《湖南科技报》继 1984 年被评为“全国先进新闻单位”后，又获得了国家新闻出版署颁发的“第二届全国地方报纸先进管理单位”称号。

广东省科学技术协会

地　　址　广东省广州市连新路 171 号广东科学馆西楼
邮政编码　510040
电子信箱　bgshi@sta.gd.cn
主页网址　http://www.sta.gd.cn
电　　话　020-83550424/83562140
传　　真　020-83549085

主　　席　谢先德
副 主 席　王秀柔　王　章　卢永根　刘人怀　刘颂豪　刘焕彬　周镇宏　张玉庭　钟世伦　钟南山　容柏生　黄洁夫　梁　湘　傅家谟
刊物及主编　《广东科协》　主编　钟世伦

单位简介

广东省科学技术协会的前身是广东省科普协会与广东省科联。1958 年两会合并，筹备广东省科协，1961 年正式成立。后因“文化大革命”而停止活动。直至 1977 年得到恢复。

广东省科协第一次代表大会于 1961 年 11 月召开，丁颖为主席；第二次代表大会于 1980 年 7 月召开，蒲蛰龙为主席；第三次代表大会于 1986 年 12 月召开，蒲蛰龙为主席；第四次代表大会于 1991 年 12 月召开，伍尚忠为主席；第五次代表大会于 1996 年 12 月召开，谢先德为主席。

现有学会 148 个，厂矿科协 195 个，县科协 79 个。

工作综述

一、面向经济建设主战场开展科技服务，促进了经济和社会发展

1. 与香港工程师学会、澳门工程师学会等有关团体联合举办了可持续发展——粤港澳同合作研讨会，与会专家学者和有关政府官员、企业家 200 多人从可持续发展的战略高度进行深入研讨，向三地政府呈送了《关于粤港澳可持续发展的建议报告》。会同省科学院、省土壤学会举办广东省农业环境退化及其治理研讨会，与华南农业大学举办信息技术在现代农业的运用研讨会，与省政府发展研究中心、省化工学会举办的广东化工新材料研讨会，省质量管理协会、省纺织学会围绕我国即将加入 WTO 面向企业大力开展推广 ISO9000 系列的认证工作，省通信学会围绕网络建设、发展电子商务的关键技术组织研讨，惠州市科协配合全国最大的合资项目中海石化落户惠州开展学术活动，都产生了良好的社会影响。

2. 充分发挥科协组织的网络优势，为技术长入经济搭桥铺路，提供技术支持。一是大力推进厂会协作。学会与企业进行协作结对的有 160 个，通过厂会协作为企业开发新产品 60 多项，帮助 10 多个企业通过 ISO9000 认证，为企业带来了可观的经济效益。二是承担重大工程项目的论证。东莞市科协组织专家对虎门港沙田泊区建设项目进行决策论证，深圳园林学会围绕深圳主干道深南路的绿化规划组织专家论证。三是举办各种技术经济展览活动。与有关部门和学会联合举办的第四届华南地区工业控制及自动化国际展览会，共推出新技术 730 项，成交及达成意向近 8 000 万元，有 380 多家企业和 2 万多人进场参展、参观，国内外 60 多家媒体和 10 多家网站对该展览进行宣传推介。

3．积极开展送科技下乡活动。仅在科技进步月期间，就组织省实用技术讲师团的 100 多名专家、50 多个技术项目奔赴贫困县的 32 个乡镇开展技术服务，并先后在清远、高要举办大型科技集市活动，受益群众 5 万多人次。肇庆市科协全年组织 300 多名专家下乡服务，举办培训班 600 多期；茂名市科协组织科技大蓬车，为群众送去技术成果和信息。

二、以创新思维为主线，开展学术交流，促进了学术繁荣和人才成长

据不完全统计，全年仅全省性学会举办的国内学术会议 436 次；国际学术会议 32 次，参加人数 3 673 人次；举办专题学术报告会 592 次，听讲人数 72 731 人次。

1．与省科技厅、广州市人民政府联合举办的广东省第二届青年科学家论坛，吸引了多领域、多学科的 45 岁以下具有高级职称或有博士学位的青年科技工作者及 5 个国家驻广州领事馆的官员。论坛以技术创新与高新技术产业化为主题，进行研讨交流，并形成建议报告呈交省政府及有关部门。广州市科协举办以“高新科技与广州发展”为主题的科技论坛系列活动，历时 5 个月，举办 58 场专题讨论会，就发展广东光谷、广州中药现代化等重大问题提出对策建议。省解剖学会举办的海峡两岸三地神经科学和解剖学学术论坛，省园林学会举办的城市园林科技论坛，等等，都取得了显著的成效。

2．国际民间学术交流活动有所加强。承办出访团组有 20 批 175 人，接待海外学者来访 10 批 105 人。由国际园艺学会主办，省科协、华南农业大学承办的第一届国际荔枝龙眼学术研讨会，有 18 个国家和地区的 250 名专家学者到会，其中境外专家和企业家就有 100 多名。由省科协、省化学会等有关单位举办的第三届国际绿色化学研讨会，吸引了 9 个国家和地区的 100 多名专家学者参加，并得到国家自然科学基金会和国家科技部的重视和支持。由中山大学、省科协主办的第十三届真空微电子学国际大会，吸引国外知名专家学者近 100 人参加。

3．民间科技交往日趋活跃。与香港有关科技团体联合举办的第六届粤港机械电子工程技术与应用研讨会，成为粤港两地民间科技交往的一个“品牌”项目。对台科技教育考察团组有 9 批 86 人次，台湾地区专家学者前来参加科协和学会举办的学术会议的人数也有所增加。

三、发挥科普主力军作用，促进了全民科技素质的提高

1．8 月，省科协、省科技厅、省委宣传部联合召开了全省科普工作会议，会议对全省科协多年来开展的科普工作给予充分的肯定，进一步明确了科协作为科普主力军的社会作用。

2．科技进步月活动成效显著，深入人心。活动突出了“崇尚科学文明，反对迷信愚昧”的主题。据不完全统计，活动月期间，举办科技报告会 592 场，听讲人数 11.2 万人次；科普讲座（培训）8 925 场次，听讲人数 126.3 万人次；科普展览 1 189 场次，参观群众 314.1 万人次。与有关部门举办的“崇尚科学文明、反对迷信愚昧”和“20 世纪重大科技成就与 21 世纪科技发展前景”两个大型图片展览，内容丰富，图文并茂，在各地展出后反响热烈。为适应各级领导干部学习科学技术知识的要求，成立了省科普报告团，就当前高新技术发展、加入 WTO 等热点问题，组织科普报告团成员并邀请有关专家分赴 21 个市作了 100 多场的高层次科普报告。

3．农村科普工作的层面扩大，水平有所提高。省有化州、增城、陆丰 3 个全国科普示范县。已有 80%的乡镇达到创建标准。完成了“九五”期间农村实用技术的培训计划，清远、汕头等地科协的再培训率已达 90%以上。茂名、化州科协建立的粤西水果科普示范基地，对荔枝树进行低位嫁接取得成功，为解决荔枝树产量低、品质差的问题提供技术支撑，成为当地群众学习技术的重要基地。

4．城市科普工作开创了新局面。新建立了 8 个省级科普教育基地，使其在规模、层次和水平上有新的提高，有效地推进了城市科普工作开展。全省大部分市、县、乡镇建立了“科普长廊”，成为当地精神文明建设的一项重要内容。与有关部门联合举办的全省普及计算机与网络知识竞赛、百名专家咨询活动，广州、湛江等地科协举办的科普（电视）知识竞赛，吸引了众多的群众参与。

5．青少年科技教育活动创历史好成绩。在第八届国际环境科研项目奥林匹克竞赛中，我省代表国家队组团参赛，获得一金一银的好成绩。在第 41 届国际中学生数学奥林匹克竞赛中，我省选手获得 2 枚金牌。在第十届全国青少年科技创新大赛中，我省共获得金牌 6 枚、银牌 6 枚、铜牌 12 枚，成绩位居全国第三。在全省第十届青少年科技创新大赛中，收到 19 个市推荐的作品 1.5 万件，评选出的优秀作品在南沙科学馆展出期间，有 13 万多名青少年和上千名教育工作者前往参观。在连南实施的青少年社区非正规教育项目取得明显效果，已建立 5 个图书馆，捐办 3 个女童班，对青少年进行校外科技培训 2 400 人次。茂名市开展的“大手拉小手博士讲科普”活动，湛江市在全市中小学开展的“蓝色国土”教育周活动，深受青少年欢迎。

四、努力做好建“家”工作，发挥了桥梁纽带作用

1．加强了对科技工作者的宣传联络工作。与省委组织部、省科技厅、省人事厅联系，积极筹建广东院士联络中心，并着手编印《南粤院士风采》图书。为进一步做好对我省优秀科技工作者的宣传表彰，编印了《广东科技人物》第三册和《岭南群星——历届丁颖科技奖获得者事迹》，修订了《丁颖科技奖奖励条例》，开展第五届丁颖科技奖评选活动，并积极做好全国优秀科技工作者和全国第三届青年科技奖候选人的推荐工作。

2. 积极参政议政，发挥人民团体的社会作用。据不完全统计，科协系统通过人大、政协渠道提交提案、议案有 241 项，其中 169 项被采纳。各地科协还积极参与有关法规、政策的制订工作。受省计委、省科技厅的委托，承担了首届广东国际经济咨询会议提出的我省建立技术评级机制的筹备工作，并于年底向省政府提交了有关技术评级工作的管理办法、评价指标及操作规程等文件草案。

此外，还积极参与《广东省科学技术普及工作条例》和《广东省科学技术普及工作“十五”计划及 2015 年远景发展规划》的起草工作。

3. 科技场馆建设得到加强，功能设施有所提高。会同省计委，继续扶持梅州、韶关、从化等山区市县兴建科技馆。中山、宝安等地科技馆增加了科普展教场所的面积和设备，使科技场馆的设施、功能得到改善和提高。网上科学馆和省科协局域网已成为科协、学会普及科学知识、交流信息和宣传推介的重要渠道， 50 多个全省性学会开设了网页。全年上网查询、访问的人数近 70 万人次,点击率为 3 000 万次。

4. 加强对学会的管理和指导。按照国务院《社会团体登记管理条例》要求，已有 147 个学会完成了法人社团重新登记，同时完成了对气功类学会的清理注销工作。健全了秘书长会议制度，对全省性学会秘书长进行了业务培训。

广西壮族自治区科学技术协会

地　　址　广西壮族自治区南宁市古城路 31 号

邮政编码　530022

电子信箱　gxqkx @ nn. gx .cninfo . net.

电　　话　0771-2617248

传　　真　0771-2617248

主　　席　邹德正

副 主 席　张兴强　谢基群　陈垂佳　王植柔

刊物及主编　《广西科协通讯》　主编　陈垂佳（兼）

《广西科技报》　总编　谢林城

《小博士报》　总编　莫如平

《生活科学大观》　总编　苏　中

单位简介

1958 年 10 月 5 日，广西科联和广西科普协会合并成立广西壮族自治区科学技术协会（简称广西区科协）。1981 年 12 月 23～27 日在南宁召开广西区科协第一次代表大会，出席会议代表和特邀代表 545 人，叶馥荪教授任主席。1986 年 11 月 12～16 日在南宁召开广西壮族自治区科协第二次代表大会，出席会议代表 571 名，王兆南任主席。1991 年 1 月 22～25 日，在南宁召开广西区科协第三次代表大会，出席会议代表 620 人，王奇浩任主席。1996 年 4 月 9～11 日在南宁召开广西区科协第四次代表大会，出席会议代表 420 人，邹德正任主席。

广西壮族自治区科学技术协会有自治区级学会、协会、研究会 107 个，所属分科学会 451 个，会员 14.06 万人；地（市）级学会、协会、研究会 404 个，所属分科学会 755 个，会员 10.7 万人，县（市）级学会、协会、研究会 1 260 个，会员 8.9 万人；企业科协 131 个，会员 2.27 万人，各（镇）科协 1 325 个，农村各类专业技术研究会 2 257 个，会员 13.9 万人。

工作综述

一、学术交流与学会活动

先后召开广西防灾减灾与可持续发展战略学术研讨会、“西部大开发，广西怎么干”学术研讨会、地质环境保护科普报告会、科技创新工程座谈会、美国加州高速公路概况学术报告会、巴西木薯生产概况学术报告会等，组织有关部门与美国、巴西、日本等外国专家与学术团体进行木薯和木薯淀粉生产情况、高速公路、中小企业合作等项目、课题进行洽谈，签定了有关协议。定于 2001 年 4 月召开的广西区科协首届学术年会，筹备工作就绪，收到论文 433 篇，特邀报告 12 篇。9 月，组织 60 余名专家、学者参加中国科协 2000 年学术年会,入选论文 54 篇。12 月,1998～1999 年广西自然科学优秀论文评选工作结束，评出一等奖论文 14 篇、二等奖论文 122 篇、三等奖论文 622 篇。

二、“千厂千会协作行动”

重点发展自治区级学会与乡镇企业以新产品开发、产品创新、技术创新和技术改造为主要内容的厂会协作，厂会协作对子达 139 对，评选出 47 个已完成并取得较好成效的协作项目上报。“金桥工程”申报项目 132 项，其中 6 个项目被中国科协“金桥工程”列为第六批立项项目。

三、科学技术普及活动

6 月份起，“崇尚科学文明，反对迷信愚味”大型科普图片展览在全自治区巡展，观众达 498.6 万人。10～12 月，与自治区组织部、宣传部、文明办共同举办主题为西部大开发与生态环境保护的“广西十月科普大行动”，参加活动科技人员2.5万人次；举办科普培训（讲座）6 100次、听众200万人次接受群众咨询20万人次，举办科普展览588次、观众600万人次，发放资料65万份，放映科教电影、录像1 200多场、观众5万人次，组织其他科普活动、青少年科技活动1.3万次，参加人数120万人次；与自治区党委组织部联合开展农村实用技术和市场经济知识培训，培训20万人次，推广农村先进实用技术56项、农业优良品种76项。由自治区科协、教育厅、团区委联合主办的第十三届青少年创造发明和科学讨论会，评出全国发明类68个，论文类50篇；“第十届全国青少年创新大赛”广西学生作品获一等奖3个、二等奖3个、三等奖7个、优秀奖7个、参展奖34个；广西6名学生获全国“长江小小科学家称号”；“第九届全国中学生生物竞赛”，广西南宁市二中学生刘彦林夺得一等奖金牌；2000年“我爱数学全国奥林匹克决赛”，南宁市5名学生夺得6枚金牌。

四、《广西科技馆改建和建设项目方案》得到自治区领导的肯定和支持，年底，广西科技馆修建工作开始动工

配合自治区各项科普活动，广西科技馆先后主办、承办和全办“科学与幻想”、“人类起源、考古探秘、科学与幻想”、“崇尚科学文明、反对封建愚昧”、“大型机器人”、“2000年西部大开发与环境保护”等16个大型科普展览和对社会开放天象馆。

五、宣传工作

5月30日～6月1日，由广西倡议和承办的首届中西南各省（区）科协宣传调研与思想政治工作联席会在桂林召开，探讨新时期做好科协宣传调研思想政治工作的思路、对策及突破点，湖南、湖北、河南、云南、海南、贵州、广西等8省19人出席会议，会议向中国科协书记处提出了“关于加强和改进宣传与思想政治工作的建议”。9月4～6日，由广西倡议发起的西部大开发研讨会暨首届西部12个省、自治区、直辖市科协联席会议在桂林召开，就如何进一步联合西部各省（区）充分发挥大团体的集成作用服务于西部大开发等方面进行广泛交流，并形成《纪要》上报中国科协，并确定2001年在宁夏、2002年在新疆召开。年内，在省级电台、电视台、报刊宣传报道科协工作达62篇。

由《小博士报》、《广西科技报》、《生活科学大观》共同出资的第二届《反伪科学突出贡献奖》在中国科技会堂颁奖，缁东明等11人获突出贡献奖，广西南宁二中学生杜萌萌获特别奖。

六、团体建设

经由广西区科协推荐的广西资深专家咨询委员会主任委员、广西交通厅总工程师郑皆连入选中国工程院院士，实现了广西中国工程院院士“零”的突破。6月，推荐广西大学莫家让教授等7人参加中国科协全国优秀科技工作者评选。11月，第六届广西青年科技奖评审结束，王双飞等28名同志获第六届广西青年科技奖。10月11～13日，广西区科协与中国科协共同举办广西县级科协干部岗位培训班，学员90人。

海南省科学技术协会

地　　址　海南省海口市国兴大道海南广场1号楼7层
邮政编码　570203
电子信箱　hast@21cn.com
电　　话　0898-5343372/5365319
传　　真　0898-5332244
主　　席　尹双增
副 主 席　林维纲

单位简介

1988年10月，中共海南省委批准成立海南省科学技术协会（以下简称省科协）。1990年7月，省科协召开全省第一次代表大会。海南省人大常委会副主任黄宗道当选为海南省科协主席。1992年4月，中共海南省委批准成立中共海南省科学技术协会党组，黄宗道任党组书记。1993年8月，省委决定周新远同志任中共海南省科协党组书记、第一副主席。1994年6月，海南省科协召开全省第二次代表大会，周新远同志当选为海南省科协主席。1996年12月，省委决定尹双增任省科协党组书记、主席（海南省二届四次全委会通过）。1998年6月，林维纲同志调任省科协党组成员、副主席（省科协二届六次全委会通过）。

1999年学会清理整顿前有省级学会、协会、研究会共125个，清理整顿后，目前尚有98个。

全省有19个市县科协，其中两个地级市科协（海口市科协、三亚市科协）。

工作综述

一、以经济建设为中心，努力促进科技与经济结合

1．紧密围绕海南经济建设和社会发展，以研讨会、座谈会、洽谈会等多种形式，开展活动。与省商贸信息服务中心联合组织召开高新科技座谈会，邀请中科院院士蒋丽金、中国工程院院士许国志出席并发言，与有关企业和学会代表一起对高新科技发展进行了讨论。省经济技术促进会与有关部门召开的2000年农业产业化项目开发研讨洽谈会、银企合作座谈会，省农业交流协会与有关部门联合召开的海南农业企业信息交流合作洽谈会等，都取得了良好的社会效益和经济效益。

2. 继续组织实施“金桥工程”。企业上报金桥项目 12 个，经过筛选上报 5 个项目得到中国科协金桥办立项，实施状况良好。目前已收集科技成果项目、新技术新产品推广项目上千条，发布信息 233 项，联系搭桥 8 项，发挥了信息服务作用。开展了成果转化和技术推广协作项目。重点抓两院串串红小番茄转化推广，现种植的 40 亩试点长势良好。与宝丰公司合作推广珍珠番石榴、火龙果，与桥头荔枝研究会合作推广无核荔枝，与绿岛公司合作推广以色列瓜菜新品种，与禹诚公司合作推广节能水龙头等。还与宝丰公司建立“海南高产优质生态水果示范基地”，与海南文昌市大正农业科技有限公司建立“海南科协金桥特色果业种苗繁育基地”。

3. 热情为民营企业服务。注重加强与民营企业的联系，及时向省委、省政府反映民营企业的情况、意见和建议。先后发出企业状况调查表 120 份，深入 30 多个高新技术企业了解情况。目前已与 108 个企业取得联系，初步建立起企业联系网络。

4. 在农村推广新技术、新品种、新肥料、新农药，取得显著成绩。全省科协系统积极配合有关部门推广香蕉、养虾等技术达 80 多项；推广水稻等新品种达 100 多种；推广生物钾肥、香蕉专用肥、奥普尔等无公害生物新肥料达 40 多种；推广施宝功等高效低毒新农药 30 多种。以上新技术、新品种、新肥料、新农药的推广面积总共达 200 多万亩，新增经济效益达 2.9 亿元。

5. 深入开展扶贫和救灾工作。据统计，全省实施扶贫项目 37 项，已完成 30 项，举办农村实用技术培训班 401 期，参加的农民达 3.3 万人（次）。目前有 8 个村脱了贫，取得经济效益 7 060 万元。

6. 面向农村开展科技咨询。省园林学会、省软科学研究会、省植保学会和省老科技工作者协会深入农村，为农民进行科技咨询服务。省农业交流协会开办了“农业信息咨询热线（16898001）”、“中国热带农业信息网”和“海南省农业交流协会信息网”，面向农村开展信息服务。2000 年省科协先后 4 次组织专家赴琼中县，帮助解决生姜和水果生产中的难题，并培训了一批农民。11 月，帮助琼中县筹备成立了“琼中县专家顾问团”，为琼中县发展经济提供了一支优秀的科技队伍。

二、大力普及科学知识，推广先进技术，开展青少年科技教育活动，促进我省全民科学文化素质的提高

1. 大力开展科普示范活动。琼海、琼中、白沙等 3 市县开展的创建“全国科普示范县（市）”活动，取得显著成绩。7 月份，在白沙县召开了我省创建“全国科普示范县（市）”座谈会，总结了 2 年来的工作经验，部署了迎接检查验收工作。

科普示范基地不断巩固和加强。市县科协创办的科普示范基地共有 21 个，其中 5 个为新创办。琼海市在中国科协和省科协支持下，创办了 15 亩胡椒基地，5 亩荔枝基地，与他人合作创办 1 个观赏鱼基地；乐东县科协多方筹措资金，以科协出资，农民出劳力、土地的方式，与农民合作种植 53 亩香蕉；定安县科协也正在着手创办 35 亩高产西瓜基地。

2. 科技下乡活动有声有色。据统计，全省科协系统送科技到 120 个乡（镇）850 个村，参加活动的农民总人数达 15 万人（次），组织科技下乡服务团 80 支，举办各种实用技术培训班和科普大集市等 798 期（次），送科普图书 18 400 册，科技挂图 650 套，印发科技资料小册子 30 000 多份。

3. 举办农村实用技术培训班取得可喜成绩。2000 年是实施《海南省 1998～2000 年农村党员基层干部实用技术和市场经济知识培训计划》的最后一年。据统计，截至 12 月，全省各级科普组织举办的农村实用技术培训班 4 500 期，21 万人（次）参加培训，其中农村党员、基层干部参加的培训班 3 980 期，17 万人（次）。

农函大工作得到进一步发展。年初，与省委组织部联合下发《关于进一步办好农函大的通知》，有力地推动了全省农函大办学和招生工作。现已有农函大市县分校 12 所，乡镇辅导站 102 个，全年招生 3 800 人。与热农大联合在澄迈分校开办大专班，招收学员 46 人。儋洲、临高分校联合教育部门分别在雅兴、和舍镇各招收职业中学“9+1”试点班 2 个。《海南热带高效农业实用技术》丛书第二辑 16 本正在编审。在昆明召开的中国科协农函大工作会议上有 6 人获得先进个人奖，琼海、乐东、昌江、澄迈分校获得全国农函大先进分校称号。

4. 继续举办领导干部现代科技知识系列讲座。邀请中科院何祚庥院士作关于“崇尚科学、反对迷信”的报告；邀请中科院院士孙儒泳作题为“生物多样性的启迪”的报告；还邀请中国工程院赵法箴院士作关于深海潜网养殖技术报告。把几年来院士的讲座内容编辑出版了《走向科学，走向新世纪》院士报告文集。

2000 年是组织举办市县副科以上领导干部现代科技知识系列讲座的第三年。从 5 月份开始，组织果树、瓜菜、海洋等 4 名专家赴乐东、琼中、临高等 3 个市县进行科技知识系列讲座，使广大干部增长了科技知识，提高了科学决策能力。

5. 认真组织，积极发动，深入开展“科普小先生”活动。继续和省教育厅联合开展“科普小先生”活动，使“科普小先生”活动在全省全面铺开和进一步深化。在全省中小学开展了以共建“科普小先生”活动为主要内容的2000年青少年科技传播行动。全省各市县共举行以“破除迷信，崇尚科学”为内容的座谈会28场，举办以“科技教育创新”为内容的科普报告26场，举办市（县）级“科普小先生”科普演讲比赛3场，以班级为单位出版黑板报1 650期，墙报1 482期，学校组织学生上街宣传科普知识85次，近15万多学生参加活动。琼海市文市乡中学在开展共建“科普小先生”活动中，根据当地的生产实际，请省热作学会、省植物学会专家、教授指导中学生开展胡椒的高产栽培，同学们在掌握了胡椒的高产栽培技术后，回家向父母、亲人、身边的群众宣讲，受到农民的欢迎。

6．举办海南省第七届青少年发明创造比赛和科学讨论会评选活动，并参加全国第十届青少年科技创新大赛和“长江小小科学家”奖励活动。经省级专家评审委员会的专家认真评审，共评选出一等奖45篇（件），二等奖93篇（件），三等奖163篇（件），优秀宣传口号20条，8名优秀科技辅导员，6个优秀组织奖。在全国比赛中，我省代表队荣获二等奖7项，三等奖8项，优秀奖5项，优秀组织奖2个，科技新苗提名奖1项，科学知识丛书奖2项。此外，我省还组织学生参加由国家教育部、李嘉成基金会主办，中国科协承办的“长江小小科学家”奖励活动，在此次活动中，我省荣获三等奖1项，提名奖7项，获奖金9.8万元。

三、以创新为主线，积极拓展学术交流领域，进一步提高水平和质量，促进学科发展和科学决策，促进科技进步和经济发展

1．成功地举办了海南省首届科技论坛，引起了社会各界的广泛关注。10月16～27日，由省科协牵头，联合有关部门举办了海南省首届科技论坛。论坛主题是“面向21世纪的海南高新技术产业”。论坛由大会特邀报告、专题研讨会、青年学者论坛和科普巡回展览等活动组成。海南省委副书记、常务副省长王厚宏，国家海洋局杜碧兰研究员，西安电子科技大学教授、博士生导师蔡希尧等在论坛上做了特邀学术报告。研讨会紧紧围绕我省的海洋科技和海洋产业、医药产业发展、生态环境保护与建设、生物技术、信息技术、热带农业及高新技术与产业化问题，分别在7个分会场进行。来自省内外的著名专家学者和我省的1 000多名科技工作者共聚一堂，针对我省社会、经济、科技发展中的问题，从不同的学科、领域和角度进行了深入探讨，充分展示了各自的研究成果，提出了许多真知灼见和操作性较强的建议。研讨会共收到了300多篇论文，并于大会开幕前出版了《面向新世纪海南高新技术产业》论文集。

2．围绕全省经济和社会发展重点、热点和难点开展学术研讨和交流活动。与省总商会联合召开中国加入WTO对策研讨会，省农业交流协会组织召开加入WTO农业研讨会，共同探讨海南的应对之策；根据省领导的提议，召集有关方面专家，召开清洁能源专家座谈会，就汽油添加酒精解决污染问题进行专题讨论；省老科协组织专家，为发展无公害蔬菜献计献策等。

组团参加中国科协2000年学术年会。9月，中国科协2000年学术年会在西安举行。组织了30位专家学者组成我省代表团，赴会参加学术交流。

四、积极开辟对外交流渠道，不断拓宽国际民间科技交流与合作的领域，促进我省经济、科技的发展

1．派外人才培养项目再创佳绩。派外人才培训又取得好成绩，共获国外奖学金275万元人民币。第六批赴“德国学术交流中心（DAAD）”全额奖学金攻读硕士、博士留学项目，我省录取9人，其中博士学位1人，连续第五次名列全国相关省市第一。德国国际发展基金会（DSE）全额奖学金项目，中国热带农业科学院和海南师院各录取1人，11月赴德国接受13个月的高级农业技术培训；海南航空股份有限公司1人获取，10月赴德参加为期10个月的“企业人力资源管理”专业培训。海南省海洋开发规划设计研究院的龚文平博士获取2000年度英国皇家学会奖学金，赴英国利物浦大学进行为期1年的合作研究。

2．努力开展智力引进工作。8月份，与海南省海洋开发规划设计院共同举办《美国海洋产业可持续发展报告会》，邀请美国佐治亚大学海洋学院院长麦克·罗森博士、教授及该院其3名学者介绍美国海洋科技发展现状和如何实现可持续发展及美国海洋技术推广对海洋产业发展的贡献，并与我省专家探讨我省如何实现海洋可持续发展等议题。

12月份，发起并协同海南出入境检验检疫局、省外国专家局共同组织海南省首届食品安全危害分析与控制（HACCP）及卫生标准控制程序（SSOP）培训班，邀请美国佐治亚大学食品科学系著名教授、博士生导师黄耀文博士访琼讲学、交流和指导。参加培训人员来自全省57家相关企业及政府机构133人，深受食品企业界欢迎。

3．进行派外考察交流。10月份组织了“海南省赴美海洋科技考察团”一行9人赴美考察，促进了海南大学水产系与佐治亚大学海洋科学系初步达成在海洋方面开展交流合作意向。11月中旬，应澳大利亚昆士兰省工商协会的邀请，海南省农业交流协会组织我省农业科技管理人员赴澳考察了澳洲的农业以及农业科技的应用，并举行澳中农业合作洽谈活动。

五、想方设法建好“家”，竭诚为科技工作者服务，不断增强科协的凝聚力

1．开展建“家”调研工作。在全省进行了一次对科技人员开展建设科技工作者之家抽样调查。经过统计分析，形成了《搞好科技工作者之家是科协的重要职能》的调研报告。

2. 建立省科技人才信息库，向社会举荐人才。建立《海南省科技人才信息库》。为省残联引荐了几位专家开展技术咨询；应省委、省政府要求，推荐了两批专家座谈讨论《海南省“十五”计划纲要草案》。

3. 进行评比、表彰活动。年初，评选、表彰了1999年度先进市县科协、先进学会、学会单项工作先进单位、先进企业科协及海南省“厂会协作”优秀组织单位；4月召开了海南省1995~1998年自然科学优秀学术论文表彰大会，117篇优秀论文获奖；8月份推荐刘丹等6位同志作为中国青年科技奖候选人上报中国科协；10月，评选、表彰了韦迪兴等10人为“第二届海南省优秀科技工作者”，并选送其中3人报中国科协参加2000年全国优秀科技工作者的评选。

4. 加强与科技工作者的联系和联谊。开展机关工作人员与科技工作者“交朋友”活动，不定期召开学会秘书长会议，及时互通信息，加强联系；先后举办了海南省科技工作者迎春联欢晚会，全省青年科技专家学者中秋联欢晚会等活动。

重庆市科学技术协会

地址	重庆市渝中区人民路236号
邮政编码	400015
电子信箱	cqskxxlb@public.cta.cq.cn
电话	023-63852788/63850916
传真	023-63852788
主席	向仲怀
副主席	王子源　王　谦　王正国　王泰然 翟春林　杨士中　李天安　李吉均 吴中福　邱玉辉　周雅德　赵克斌 赵国华　郭代仪　黄尚廉　程天民
刊物及主编	《电脑报》　主编　邱玉辉 《课堂内外》　主编　刘信中

单位简介

重庆市科学技术协会的前身是中华自然科学联合会重庆分会和重庆市科学技术协会普及分会。1959年两个团体合并成立重庆市科学技术协会。

重庆市科协第一次代表大会于1959年12月召开，周泽昭为主席；第二次代表大会于1982年1月召开，钱惪为主席；第三次代表大会于1986年11月召开，杨绪灿为主席；第四次代表大会于1991年10月召开，吴云鹏为主席；1997年重庆直辖市科协第一次代表大会于1997年12月召开，向仲怀为主席。

现有学会142个，厂矿科协211个，区县科协40个，高校科协16个。

工作综述

一、坚持以经济建设为中心，努力促进科技与经济相结合

实施“金桥工程”项目279项，创产值36.7亿元，实现利润6.7亿元，节约投资1.5亿元。开展厂会协作，2000年新结协作对子28对，达成协议项目25项，预计新增产值6 489万元。持续推进“厂会协作”，全市参加“讲比”活动的人员达21 311人次，完成项目1 888项，提合理化建议20 177条，年创经济效益1.4亿元。科技咨询中心下属各类咨询机构已达140余家，完成咨询项目275项，合同总额达3 700万元。引进优良品种70多个，推广农村实用技术100多项，举办实用技术培训班1 600多期，培训农村党员、基层干部80万人次。

二、加强国际民间科技交流与合作，提高学术交流质量与水平

共举办国内学术会议180余次，发表论文4 400多篇，举办国际学术会议6次，交流学术论文200余篇，外派参加国际会议50人余次，接待外来科技团组70个，举办学术报告会260余场次，承办了21世纪中国西部交通发展战略学术研讨会、2000年海峡两岸环保产业技术合作研讨会、重庆信息产业发展战略研讨会、中国科学院化学部常委会等学术交流会议，收到100余篇学术论文。

三、发挥科普主力军作用，深入实施科学素质工程

坚持开展科技、文化、卫生“三下乡”和“科技推广月”活动；与市委宣传部等部门联合开展了以“再造重庆秀美山川”为主题的保护和建设重庆生态环境的科普宣传活动，全市共设科普活动站300个，参加活动人数达98万人次，发科普资料120余万份。成功开展了第十一届重庆市青少年科技创新大赛、第五届青少年航模现场制作赛等活动，全市91万中小学生参加，获得全国青少年科技创新竞赛一等奖6项。社区科普丰富多彩。全市95%的街道成立了科协组织，10%的居委会成立了科普站。

四、切实履行人民团体的桥梁、纽带职责，努力建设“科技工作者之家”

积极配合市人大教科文卫体委员会对《重庆市科学技术协会条例》的贯彻执行检查，推进了科协工作法制化进程。切实发挥科协人民团体参政议政的作用，反映广大科技工作者的意见、建议，在市人大、市政协会上提出提案、议案共计55件，全部被采纳；组织召开了科技恳谈会，并通过各种渠道，表彰宣传优秀科技工作者，开展了“全国优秀科技工作者”和重庆市第二届青年科技奖的评选活动。

四川省科学技术协会

地　　址　四川省成都市人民南路4段11号

邮政编码　610041

电子信箱　sckxms@mail.sc.cninfo.net

主页网址　http://www.163.net

电　　话　028-5221933

传　　真　028-5222804

主　　席　刘宝珺

副 主 席　马家源　刘茂才　周之常　胡思得　梅跃农　刘盛刚　周开达　聂秀香　刘应明　张肇达　周新远　曾祥炜

刊物及主编　《四川科协通讯》　主编　姚　敏

《科幻世界》　社长　杨　萧

《四川科技报》　主编　李　昶

单位简介

1958年11月四川省科协成立，并选举产生第一届委员会。“文化大革命”期间，省科协停止活动。1978年8月，省委批准恢复省科协，并任命谢立惠为代主席。1980年10月，在成都召开四川省科协第二次代表大会，大会选举谢立惠为主席。

1986年9月在成都召开省科协第三次代表大会，大会选举康振黄为主席。

1991年10月，在成都召开四川省科协第四次代表大会，大会选举康振黄为主席。

1996年11月，在成都召开四川省科协第五次代表大会。大会选举刘宝珺为主席。

四川省科协现有省级学会153个，市、县科协199个；全省厂矿科协547个；大专院校科协16个；农技协7 811个。

工作综述

一、坚持以经济建设为中心，努力促进科技与经济相结合

为贯彻落实中国科协实施西部科普工程的战略，省科协编制了“关于建设中国西部科普工程（四川）示范带的报告”、“总体规划”和“四川省科协实施西部科普工程的意见”，并分别选租了绵竹市什地镇300亩、双流县公兴镇95亩作为示范园建设点。大力开展围绕农民增收的“致富工程”和提高农民素质的“明白人工程”，全省各级科协实施科技扶贫项目33项，在对口扶贫乡、村中推广实用技术310项（次），举办实用技术培训400余期（次），培训贫困地区的干部、群众50万人次。由于工作成效突出，省科协被中国科协、科技部、中科院等授予“科技扶贫先进集体称号”。

为推进我省农业产业化进程，开展了全省创百强农技协的推荐、评选、命名活动，共评出90个百强农技协，并重点联系了21个农技协。由于成效显著，省科协被省农业产业化工作领导小组评为2000年度四川省农业产业化经营工作先进单位。12个典型被省确定为重点扶持的龙头企业。科技咨询业为四川经济建设作出了突出贡献，截至2000年12月，全省共评审认定甲级咨询单位100个，乙级咨询单位78个，丙级咨询单位78个。国务院清理整顿经济鉴证类领导小组办公室调研组到我省通过调研认为：四川省咨询业协会集中了四川省自然科学、社会科学界的知名专家学者，是四川省高层次、权威性的咨询机构管理组织。2000年，“厂会协作”活动取得了较大的经济效益和社会效益。四川省振动工程学会受中国人民解放军某部委托，完成了中国空气动力研究开发中心的世界级、亚洲级最大跨声速风洞吹风实验的振动监测任务；绵阳金属学会与857厂、江油钢铁厂分别结成对子，共创经济效益575万元。据不完全统计，自1998年以来，全省共有20.8万人次参加“讲、比”活动，提出合理化建议11.51万条，被采纳4.3万条；技术攻关项目1.96万项，完成1.54万项，共创经济效益29.5亿元。2000年全省第九批“金桥工程”共立项705项，完成459项，年新增产值45亿元，年增利税12.9亿元，参加实施“金桥工程”人数24 658人，其中科技人员9 470人，涌现出30个优秀组织单位和28名优秀组织者。

二、充分发挥科普工作主力军的作用

1．4月，在绵阳科学城隆重举行了以“共同迈向新世纪，青少年创新与实践”为主题的四川省第十届青少年创新大赛展评活动，并从中推荐18个项目组队参加了8月在合肥举办的全国大赛，我省参赛项目获一等奖2名，二等奖5名，三等奖10名，创新方案优秀奖2名。

在全省范围内积极组织开展了以“大手拉小手，迎接新世纪——让我们共同创造未来”为主题的青少年科技传播活动。全省共组织了科学家、科技辅导员等3 100人（次），举办科普讲座、报告、展示会等585场，参加此项活动的中小学校有4 100多所，参加的青少年达63万人。去年，是省科协与联合国儿童基金会第五周期合作项目的最后一年，省科协于11月中旬召开了项目终评会。在本周期内，8个项目县共建立了47个社区非正规教育示范点，举办实用技术培训班490期，共培训14.2万人，活动覆盖了项目县60%的乡村，超额完成预定目标。

开展了科技辅导员的业务培训和系列理论研讨活动，由于成绩突出，被中国发明协会、中国青少年科技辅导员协会授予首届全国教育工作者发明与科技制作展评活动组织奖。

2．为农村培养了一批科技致富带头人。2000年重点抓了波尔山羊、大五星枇杷等10项技术的推广普及工作。按照中国科协检查验收标准，大竹、龙泉驿、盐边、仁寿等4个全国科普示范县，基本完成了自查工作；隆昌、泸县等19个省科普示范县试点工作运作正常，这些科普示范县、乡，均为引导当地农民科技致富产生了良好的示范和辐射带动作用。

3．精心组织开展各种类型的科技报告活动。2000年，省科协与中国科协紧密配合，邀请专家、学者何祚庥、王渝生、袁正光等组成四川省科技报告团，赴全省各地开展科技报告活动，在15个市（州）、县以及大专院校作科技报告28场，听众达2万多人。

4．联系时代特点的各种类型的科普宣传活动声势大，社会影响面广。

（1） 3月，联合省委宣传部、科技厅，组织机关干部、科技人员分赴南充、遂宁的2市3县6个乡（镇），开展了历时8天的科普宣传。共组织9.1万名科技人员下乡，举办科普报告1 685场，举办技术培训班受训群众145.2万人次，发送资料250.5万份，参加群众达457.37万人次，包括省科协在内的全省科协系统13个先进集体和27名个人被中共四川省委宣传部、四川省科技厅等11个单位联合授予2000年度文化科技卫生“三下乡”工作先进集体（个人）。

（2） 6月，为弘扬科学精神，批判“法轮功”的歪理学说，与省精神文明办联合举办了“崇尚科学文明，反对迷信愚昧”大型展览。据统计，全省各地有30多万人观看了展出，对提高我省公众科学文化素质，促进社会主义精神文明建设产生了广泛影响。

（3） 举办“再造西部秀美山川”宣传活动，提高人民的环保意识，全省科协系统开设宣传点182个，发送科普资料35.2万份，参加科技人员5 966名，群众59.38万人。

三、开展学术交流活动，促进学科发展、人才成长和决策科学化、民主化

2月，协助省委、省政府办公厅主办了西部大开发专家座谈会，会上，院士、专家就四川如何抓住西部大开发机遇提出了很好的建议，会后，编印了《西部大开发专家座谈会——科学家建言》一书，受到有关党政领导和部门好评。

4月，由中国自然资源学会、四川省科协、中国青藏高原研究会等联合召开了中国西部开发学术研讨会，会议收到论文50余篇，并形成了给国务院西部开发办的书面建议。

6月，四川省科技青年联合会与香港工程师学会上百名青年专家共同举办了创新与西部大开发研讨会。2000年，省科协组织论文21篇参加了在重庆举办的“西部论坛”第三届学术会议——21世纪中国西部交通发展战略学术研讨会，入选20篇。并承担论文集的编辑出版工作。

接待了美国农业专家代表团、德国环保专家代表、日本企业家考察团、美国教育专家代表团等，其中美国农业专家代表团中小麦专家诺贝尔和平奖得主布劳格博士在川考察期间，受到省领导的亲切会见。接待了台湾中华道路协会代表团、台湾青年科学家代表团和台湾亚新工程顾问公司隧道考察团等，举办了海峡两岸运输工程及交通管理学术研讨会。获全省对台工作先进单位称号。

省科协共派出7个代表团36人，先后访问了美国、日本、俄罗斯、乌克兰、朝鲜等国家和地区，并已开始进行引进乌克兰优质小麦育种专家和酿酒葡萄育种专家的实质性工作。

四、发挥桥梁和纽带作用，加强“科技工作者之家”的建设

年初，对全省首届优秀科技工作者进行了评选审定。从各地推荐的候选人中选出了50名来自各条战线的科技工作者，进行了表彰奖励。

组织完成了四川省第六届青年科技奖和第七届全国青年科技奖候选人的评选推荐工作。对各地、各单位上报的137名候选人进行了严格的评审。初评出36名四川省青年科技奖候选人。

组织两批科技人员79人分赴大连、青岛和北海等地休养考察。同时做好知名专家康振黄、曹钟梁、柯召教授寿辰及学术纪念活动。9月，邀请40余名院士、专家在院士专家会馆举办中秋专家联谊会。

五、坚持民主办会，加强自身建设

根据《社会团体登记管理条例》和《全省性学会组织工作条例》的要求，加强了对省级学会组织工作的规范和清理整顿工作。学会在选举前对其理事会侯选人、学会章程、工作报告、财务审计等提出意见，增加了对学会变更登记事项的审查批复，同时对学会换届中存在的问题，给予指导和帮助。根据国务院有关文件精神，对所属3个气功类学会进行清理整顿，并先后按要求办理了相关注销手续。

在深入调查研究和召开有关人员参加的座谈会、研讨会的基础上，完成了代表省委起草的“关于加强党的领导，发挥企业科协作用”的文件起草工作。

加大了人事制度改革。对机关 7 个部门的 9 名处级干部进行轮岗交流，同时还引入竞争机制，按公开、公平、择优、竞争的原则，对 3 个直属事业单位正职领导干部进行了公开招聘。

2000 年，省科协机关还加强了调查研究工作，共完成各项专题报告 5 项，对开展好新形势下的科协工作具有一定指导意义。

贵州省科学技术协会

地址	贵州省贵阳市青云路 276 号
邮政编码	550002
电子信箱	gzast@gzast.com
主页网址	http://www.gzast.com
电话	0851-5984158/5983988
传真	0851-5984158
主席	欧阳自远
副主席	徐安仁　黄乃清　王明成　朱奕庆　李　祥　胡国根　刘世钧　向应海　李桂莲　许乐仁　王一波　于　杰
刊物及主编	《大众科学》　主编　陈正华 《贵州科技报》　主编　吴立志

单位简介

贵州省科学普及协会和中华自然科学专门学会联合会贵阳分会于 1951 年成立筹备委员会。

1956 年，两个团体正式成立。1959 年 4 月两个团体合并，省科协第一次代表大会召开，正式成立贵州省科学技术协会，主席罗登义。到 1966 年建立省级学会 12 个，部分地、州、市、县科协相继成立。

“文化大革命”期间（1966～1978 年），省科协被解散，科技团体活动被迫中断。1978 年 1 月 8 日经省委批准，恢复省科协。1980 年 11 月召开省科协第二次代表大会，主席罗登义；1985 年 7 月召开省科协第三次代表大会，主席张树魁；1991 年 8 月召开省科协第四次代表大会，主席张树魁（1991～1993 年）、欧阳自远（1993～1996 年）；1996 年 8 月召开省科协第五次代表大会，主席欧阳自远，截止 2000 年底省级学会已发展到 135 个，会员近 9 万人。全省 9 个地州市和 86 个县（市、区）科协全部建立，已建立地、县级学会 1 298 个，会员 30 余万人，乡（镇）科协 890 个，村科普协会（组）5 042 个，农村专业技术协会（研究会）1 474 个，厂矿科协 104 个，街道科协 30 个。

工作综述

一、团结组织全省科技工作者，为我省实施西部大开发战略建言献策

1．向全省科协系统下发了《关于开展为实施西部大开发献计献策活动的通知》，各级科协及省级学会分别召开专家座谈会听取和征集科技工作者的意见，同时向我省部分知名专家、科学家征文编印了《贵州西部大开发·专家·科学家建言文集》；积极组织参加中国科协、中国工程院组织召开的 21 世纪中国西部交通发展战略学术研讨会和中国科协第二届 2000 年学术年会的论文征集工作，共收到论文 71 篇。

2．结合贵州实际和实施西部大开发战略，举办多学科、综合性学术性研讨会，贵州特色药业发展对策研讨会和黔电东送工程对策学术研讨会，编印了论文集并向省委、省政府提出了《加快发展贵州省特色药业的建议》和《关于贵州省实施西电东送工程中的几点建议》。

3．举办第四届贵州省青年科学家论坛，为我省实施西部大开发战略献计献策，汇编了《西部大开发·青年科学家论坛文集》。

二、围绕实施“西部科普工程”，大力开展科学技术宣传普及工作，不断提高各族人民科学文化素质

1．召开贵州省科协实施“西部科普工程暨农村科普工作会议”。9 个地州市 20 个县科协和省科协共 60 余人出席会议，提出了以创建科普示范县为龙头，把农村科普工作提高到一个新的水平。修改完善了“贵州省科协关于加强创建科普示范县（市）工作，迎接西部大开发的意见”。会后，向中国科协推送了 2000 年“西部科普工程”项目和 2001 年预备项目。

2．深入调查研究，新建科技扶贫示范基地 6 个，投放科技扶贫专项基金 28 万元，推动了“少数民族科普示范工程”的深入发展。

3．开展了第五个“贵州省科技日”活动。省和各地县以“科普周（月）”等形式举办了科技一条街、科技报告会、送科技下乡、科技成果展示等活动。在全省举办《崇尚科学文明，反对迷信愚昧》大型图片巡回展览。近百万干部群众参观了展览，并开展了《再造西部秀美山川》为主题的保护环境和生态建设的科普宣传活动。

4．加强对青少年的教育，积极组织“大手拉小手，迎接新世纪——让我们创造未来”的青少年科技传播活动。开展了气象、林业、航空、宇航等方面知识教育和“建设绿色家园”、“行动起来，保护母亲河”、“再造西部秀美山川”科技夏令营活动。我省青少年参加第十届全国青少年科技创新大赛和第十七届全国青少年信息学奥林匹克竞赛获一等奖 1 名、二等奖 6 名、三等奖 11 名、优秀奖 8 名，荣获茅以升全国青少年科技奖 1 名。

5．1999 年列为贵州省委、省政府 10 件实事的贵州科技馆建设于同年 12 月举行奠基仪式，目前已完成省科技馆建设前期的各项论证及准备工作，工程将于 2001 年施工。

三、发挥大团体优势，促进科技与经济的结合

1．深入开展“千厂千会协作行动”，现已累计完成厂会协作项目 26 项，投入资金 1 675.92 万元，实现产值 2 615.4 万元，产生活动效益 519.85 万元。

2．成立贵州省科技咨询业协会，召开了“黄果树风景区轨道缆车更换为自动扶梯”项目可行性论证会。

3．深入开展“讲理想、比贡献”活动，促进企业技术进步。近 4 年来，平均每年有 100 余个企业开展“讲、比”竞赛活动，累计有 90 645 人（次）参加，完成技术立项 10 032 项，实施合理化建议 13 572 条，创效益 184 812 万元，促进了科技与经济相结合。

四、加强“科技工作者之家”建设，为科技工作者服务

1．向全省科协系统和知名科技工作者进行了一次问卷调查，78%的科技工作者反映建家活动硬件建设严重不足；70%的科技工作者支持通过科协、政协或其他民主党派反映科技人员意见和要求；60%的科技工作者提出应制定优惠政策，对职称评定、工资晋升等适当倾斜，并建议建立科技工作者数据库、人才资源二次开发等。

2．开展了第二届“贵州省优秀科技工作者”评选工作，评出 20 名进行了表彰，并从中选拔 8 名推荐为“全国优秀科技工作者”候选人，并推荐 6 名“第七届中国青年科技奖”候选人。

3．省科协下属律师事务所全年共办理各类案件 68 宗，为科技工作者提供咨询 100 余人，担任 16 家科研机构、大中专院校的法律顾问。

云南省科学技术协会

地　　址　云南省昆明市护国路 22 号

邮政编码　650021

电子信箱　ynkxjh@public.km.yn.cn

电　　话　0871-3103837/3138614/3155032

传　　真　0871-3138648

主　　席　苏君红

副 主 席　涂济民　蔡仲明　李益甫　王淑珍　雷吟天　朱维华　陈海如　刘诗嵩　许再富　罗尧生　和福生　詹金华　毕志明　郑春敏

刊物及主编　《云南科协》　主编　周继文

《奥秘》　副主编　黄启乐　曾从军

单位简介

云南省科学技术协会（简称“云南省科协”）是中华人民共和国成立后由中华全国自然科学专门学会联合会云南分会和云南省科学技术普及协会两大科技群众团体合并组建。

1959 年 1 月，云南省科协成立并召开第一次代表大会，选举产生了第一届委员会委员 55 人，刘披云当选为主席。

会章明确规定：云南省科协是中共云南省委领导下的全省性科技工作者群众团体的联合组织，是中国科协的地方组织，业务上受中国科协指导。

1966 年，“文化大革命”开始后，科协工作处于瘫痪状态。1978 年 10 月，经省委批准恢复云南省科协。1980 年 9 月，云南省科协召开第二次代表大会，选举产生了以李雨枫为主席的第二届委员会委员 121 人。1986 年 10 月，云南省科协第三次代表大会召开，会议选举产生了以著名植物学家、中国科学院院士吴征镒为主席的第三届委员会委员 155 人。1991 年 10 月，云南省科协召开第四次代表大会，选举产生四届委员 190 人，李铮友当选为主席。1997 年 4 月，云南省科协第五次代表大会召开，会议选举产生了以物理学家、中国工程院院士苏君红为主席的第五届委员会委员 189 人。云南省科协机关职能部门现设置有 7 个部（室），在编人员 42 人直属单位有 9 个企（事）业单位，在编人员 148 人；省科协所属自然科学学会（协会、研究会）共有 128 个；全省 16 个地（州、市）、129 个县（市、区）都有科协组织机构建制，1 344 个乡（镇）和 155 个街道办事处建立了科普协会，146 个厂矿（院、所）建立了基层科协组织，农民专业技术协会（研究会）发展到 6 583 个，会员近 25 万人，地、县两级学（协）会共有 2 228 个。

工作综述

1．由省科协牵头，联合省科技厅、省计委、省水利厅共同组织云南水资源开发利用与协调管理学术讨论会。共收到征文 80 多篇，经组织专家评审，推荐全文发表 50 篇，摘要发表 18 篇，并正式出版了论文集。

2．组织 50 名科技工作者参加了 9 月 17～21 日在西安召开的中国科协 2000 年学术年会，并向大会提交论文 47 篇，送交展板 6 块。

3．组织科技工作者参加了 7 月份在重庆召开的“西部科技经济与社会发展论坛——西部交通发展战略研讨会”第三次年会和10月份在郑州召开的“中西南学会学研究会第十八届学术年会”，同时向会议提交了8篇论文。

4．编印《科技工作者建议》4期。其中，《关于对云南畜牧业发展的对策和建议》一文已提交云南省政协八届四次会议交流。

5．在省政府和国家海洋局的支持下，组织我省地球物理、地质、气象、环境、测绘方面的专家和新闻工作者一行10人成功地进行了南极科学考察，并出版了《南极行记》一书和《南极画册》、《南极光盘》等科普资料。

6．应美国丹佛——昆明友好城市委员会主席易岳汉先生邀请，组织建筑、气象、科技咨询方面的专家9人组成云南科技咨询信息产业考察团于11月21日～12月8日赴美，先后到纽约、费城、华盛顿、丹佛、洛杉矶、旧金山等地参观学习了美国的一些建筑、气象、咨询等方面的内容。

7．结合实施西部大开发战略，邀请日本中小企业联合会二宫佳则、伏田昌义二位理事到省科协进行工作访问，双方就有关合作项目进行了认真商谈。

8．为加强科技馆学术交流，省科技馆于6月份邀请台湾高雄科学工艺博物馆、上海自然博物馆的有关专家到云南省科技馆作了“科技馆建设与运营”的学术报告。

9．在香港工程师学会电机工程部代表访滇期间，安排其与我省电机工程学会就电站和电网建设进行了交流，并就其援建德钦县农村电网改造工程项目，会同省民政厅举行了捐赠仪式（港方捐赠30万港币）。

10．围绕我省经济社会发展中的难点、热点问题，组织“云南科技经济论坛”3次，为省委、政府及有关部门提供决策咨询。

11．在“厂会协作”行动中，有48个学会与企业结成对子，其中有5对效益突出，获得中国科协表彰。

12．联合省委组织部、省人事厅，共同组织了云南省第二届青年科技奖的评选工作，刘吉开等10位青年科技工作者获此殊荣，受到奖励。

13．组织科技人员联谊活动，2000年接待全国各地科技人员58批，220多人。

14．按照《社团登记管理条例》和中央、国务院精神及省政府的安排，全面完成了省科协所属133个学会的清理整顿工作。其中，有128个学会获省民政厅核准登记。

15．为推动城市社区科普工作，4月份在昆明召开了全省首次城区科普工作会议，促进了科普示范城区建设和文明社区建设。

16．组织开展了“再造西部秀美山川”系列科普宣传活动，全省16个地（州、市）、129个县（市、区）共印发宣传资料5万份，组织讲座、展演20余场，科普宣传橱窗1000余米，全省上千万人受益。

17．与省委宣传部、省教委联合举办了“崇尚科学文明、反对迷信愚昧”大型图片展览，揭露了“法轮功”等邪教组织的歪理邪说。仅在昆明展出的20天，参观群众就达10万余人。

18．省政协组织部分常委，在王兆民副主席带领下于5月份视察了丽江、宁蒗、宾川等10余个县的科普工作，给予了充分肯定，并就基层科协工作提出了许多建设性意见。

19．组织开展了优秀科普作品的评选工作。对所征集的1 100多篇科普文章、200余种科普图书及366件科普美影书法作品进行了评选，从中选出优秀科普图书60种，优秀科普文章119篇，优秀科普美影书法作品50件，并在12月召开的全省第二次科普工作会议上给予奖励和表彰。

20．省农函大在全省15个地（州）、108个县（市、区）、1 120个乡镇建立了分校和辅导站，10年累计招生45万多人，2000年又在此基础上招生7万人，并举行了建校10周年暨农函大工作会议。

21．由省科协主办的《奥秘》科普画报2000年发行总量达2 479 540册。3月25日，举行了创刊20周年纪念大会，并出版了《〈奥秘〉20年连环画精品赏析》。

22．组织举办了以“共同迈向新世纪——青少年创新与实践”为主题的云南省第十届青少年科技创新大赛，并从中推荐出8件发明作品、5篇论文、3件创新方案设计、60幅科幻绘画参加了8月份在合肥举行的第十届全国青少年科技创新大赛，荣获3金8银2铜和1项“英特尔世纪少年英才奖”及6个专项奖的优异成绩。

23．与省教委联合，全面启动了云南省科技教育示范学校的评选工作，并首批评出45所中小学为一级科技教育示范学校。

24．委托科技进修学院于10月份在昆明组织举办了一期以科协、科普工作及其改革，社团发展与改革以及加快云南生物资源开发创新，建设绿色经济强省等为主要内容的地、县科协主席业务资讯培训班。

25．应云南省科协和省自动化学会邀请，中国科学院院士、中国自动化学会理事长戴汝为教授于11月17～20日到云南省德宏州作了两场题为《信息技术在现代社会的发展应用》的科技报告，全州5个县（市）的500余名科级以上干部听取了报告。

26．云南省第二次科普工作会议在省科技厅、省科协和省委宣传部的共同主持下于12月27～28日在昆明召开。会议总结了近年来云南省科普工作的成绩和经验，提出了面向新世纪，加强全社会科普工作的目标和任务。会议表彰了51个科普工作先进集体、50名科普先进工作者以及77件优秀科普作品。

西藏自治区科学技术协会

地　　址　西藏自治区拉萨市·北京西路230号
邮政编码　850001
电　　话　0891-6835672/6832621
传　　真　0891-6835671/6834829
名誉主席　强巴赤列
主　　席　张　捷
副 主 席　索朗达吉　蒙绍潜　王保海
　　　　　大洛桑朗杰　占　堆　陈　锦
刊物及主编　《科技工作者建议》　主编　原钦发
　　　　　《西藏科协信息》　主编　王启民

单位简介

西藏自治区科学技术协会（以下简称西藏科协），正式成立于1983年，属正厅级建制。1986年底西藏自治区进行机构改革，并入西藏自治区教育科技委员会。内设科协办公室，对外行使科学技术协会职权；1993年西藏自治区科学技术委员会正式恢复，西藏科协并入西藏科委，但机构职责未变；1996年西藏自治区进行机构改革，西藏科协再次明确为正厅级建制；机关内设办公室、普及部、学会部；全区7个地（市）分别建立了科协组织。县级科协2个，乡镇农村科普协会、农村专业技术协会、厂矿科协都有所发展。有全区性学会、协会、研究会53个，拥有会员万余名。

工作综述

一、突出建设“科技工作者之家”的工作，为科技工作者办实事

1. 对全区科技工作者的基本状况进行全面调查。对那曲地区、拉萨市的6个县14个乡和自治区6个厅（院）的12个科研单位的326名科技工作者进行了问卷调查。

2. 从各地市、各学会推荐的45名优秀科技工作者中，向中国科协推荐了4名全国优秀科技工作者，推荐了6名中国青年科技奖候选人。

3. 举办提高科技工作者业务素质培训班50余期，培训人员500余人。

4. 向西藏自治区党委、人民政府上报《科技工作者建议》40余期。

二、动员和组织广大科技工作者紧紧围绕实施科技创新、科教兴藏、西部大开发战略出谋献策

1. 围绕西部大开发撰写优秀论文500余篇，并编印《西部大开发战略研讨论文集》；区直各学会组织各种报告会、学术讲座100余场，来藏考察的院士、教授、专家、博士250人，授讲人数2万人次，学术交流向高层次发展；各学会与国际交流合作50余次，拓宽了对外开放与交流的窗口。

2. 发挥学术团体优势，促进学术工作的创新与经济建设的紧密结合。各学会在基层开展实用技术培训500余次，使2万余人掌握1~2门实用技术；在农牧业产业结构调整中创建了示范户，积极开展了技术咨询活动。

三、全方位推动科普工作，提高公众的科学素质

1. 举办“弘扬科学精神”报告会，“崇尚科学文明，破除迷信愚昧”展览，向社会公众进行马克思主义无神论、唯物论和科学精神教育；西藏科技馆建设已在自治区正式立项；科普立法的基础工作已大部分完成；对公众科学素质进行了调查。

2. 在农村科普活动中，举办培训班18期，培训乡、镇、村干部、农民技术骨干、户主共5 023人；70余名科技人员送科技下乡，赠送技术资料1.3万册（份），受益群众2 500余人；有计划、有步骤地开展了科普示范县建设。

3. 在城镇科普活动中，坚持开展了“科普一条街”活动，并组织开展了“西藏自治区2000年环境保护科普宣传周”系列活动；创建了我区第一家科普城区基地——吉日办事处活动基地，填补了我区城镇科普组织的空白。

4. 在青少年科普活动中，组织开展了“全国青少年科技创新大赛”等竞赛活动，13件作品获奖，116名学生获全国奖，9名老师获优秀辅导员称号；1.6万名学生参加“走进昆虫世界活动”，该活动的范围从拉萨市延伸到边境线亚东；举办科普讲座5次，参加活动的中学生1000余人。

四、大力开展培训、宣传活动，促进社区非正规教育项目的顺利进行

在执行此项目中，共举办培训班50期，参加培训人员2 000余人（次），其中妇女1 339人（次）；宣传面达100%，接受教育面达80%以上，直接受益人数达1 765人（次），提高了群众的自我保健、环境意识，掌握了一定的农牧业科学基本知识。

陕西省科学技术协会

地　　址　陕西省西安市新城大院
邮政编码　710006
电　　话　029-7291531/7292503
传　　真　029-7291531
名誉主席　陶　钟

主　　席　梁　琦

副 主 席　薛一平　艾绍山　白志礼　安芷生
孙海鹰　苏　博　李邦英　杨海成
步喜峰　张锦秋　郑南宁　胡仕银
侯　洵　徐　任　阎宏涛

刊物及主编　《陕西科技报》　主编　田永祯

单位简介

陕西省科协成立之前，自然科学专门学会联合会西安分会（简称西安科联）1953年7月正式成立。

陕西省科普协会于1955年7月正式成立。

1958年9月，中国科协成立后。西安科联和陕西省科普协会合并为陕西省科学技术协会。1959年4月26～30日，召开陕西省科学技术协会第一次代表大会，出席会议代表325人，成立了陕西省科学技术协会（简称陕西省科协），彭康任主席。

1981年11月6～10日，陕西省科协第二次代表大会在西安召开。出席会议代表539人。章泽被授予名誉主席职务，侯宗濂当选为主席。

1986年10月23～26日，陕西省科协第三次代表大会在西安召开。出席大会代表549人，侯宗濂当选为名誉主席，李振声当选为主席。

1992年8月18～20日，召开陕西省科学技术协会第四次代表大会，陶钟（兼）当选为主席。

1997年9月9～11日，陕西省科学技术协会第五次全省代表大会在西安召开。出席大会的代表450名。陶钟当选为名誉主席，梁琦当选为主席。

工作综述

一、加强思想教育工作，从讲政治的高度理解科协工作

2000年9月，开展了“三讲”教育“回头望”活动，结合警示教育和学习有关文件，增强了全体干部的拒腐抗变能力。

二、以实施西部大开发战略为主线，多层次开展学术交流活动

1. 以“西部大开发——科教先行与可持续发展”为主题的中国科协2000年学术年会9月在我省召开。来自全国各地的3 000余名科技精英云集我省，展开了广泛的学术交流。会议还组织了3个大型科普展览和技术市场交易、图书期刊展示等活动。

2. 省地级学会共举办各种学术活动986次，国际学术活动26次。在省级学会中开展的“西部大开发中陕西科技经济发展系列论坛”活动，已有17个学会结合行业特点，提出发展建议，受到省有关领导和业务主管部门的重视。第五届青年科学家论坛围绕“农业结构调整与农业产业化”的主题，写出了“关于陕西农业产业结构战略性调整的建议”供政府参考。

3. 根据我省企业急需解决的技术难题，有针对性地组织了省烟草、电子、公路等学会的技术干部出国考察。赴德国的烟草团，考察了德国最大的烟草生产厂和烟草机械厂，找到了在生产管理和工艺控制上与国外的差距。聘请了加拿大专利代理人作“WTO与知识产权”报告会，帮助企业尽快熟悉加入WTO后的新环境。

完成了德国国际发展基金会（DSE）资助组织的农业短期培训项目，派遣我省科技人员参加了2000年，接待境外科技交流考察团1 096人，派出国外考察团36个，539人。

三、发挥科协大团体优势，为经济建设服务

1. “千厂千会协作行动”保持了良好的发展势头。新建21对协作对子对推进科技成果转化，推进科技体制改革起到良好作用。例如，省化工学会与兴化集团结成协作对子后，积极推广省石化院的有关成果，使兴化集团取得了显著的经济效益和社会效益。省药理学会帮助濒临倒闭的原延安制药厂试制了“心神宁”和“鸦胆子油口服乳液”等产品使企业的产值和利税连年翻番。

2. 推广新技术182项。“科技之春”期间，33个省级学会共展示了70余项新产品、新技术，取得了良好的经济效益和社会效益。全省共有887个企业开展“讲理想、比贡献”竞赛活动，完成技术攻关和咨询项目3 690项，实施合理化建议23 859条，取得了显著的经济效益和社会效益。

四、宣传科学思想，普及科学技术，提高广大群众的科学文化素质

1. 以“抓住历史机遇，发挥科技优势，加快西部开发”为主题，在开展大规模文化、科技、卫生“三下乡”活动中，全省共组织科普集市694场次、科技报告281场次，举办科技培训班9 983期，放映科技电影、科普录像8 025场，办科普专栏、展出科普展板25 734块，组织专题研讨会308场，有49 000余名科技人员和机关干部参加了宣传普及活动，受教育群众700余万人。

2. 围绕“提高社会公众对科学技术的认知”这一主题，开展了多种形式的科普活动。例如，省地球物理学会举办了“地球的起源”科普展览；省水土保持学会组织了“水土保持、生态环境建设研讨会”及水土保持监理工程师培训班；省农业工程学会编写了《农副产品贮藏与加工》10本科普丛书。80余个省级学会的科普活动，扩大了科普活动的教育层次和受教育面。

3. 我省4个科普示范县都创建了一批带头应用新技术、新成果的科普示范乡镇和示范村，且已成为全面带动科协工作的龙头。全省已建立的180多个农业科普示范基地成为当地培育主导产业的龙头。

4．省农函大与省林业厅联手，为延安、榆林两地26县区150多人进行了专业培训，使大家掌握了实施“山川秀美工程”绿化荒山的实用技术。

5．广开城市技术培训的门路，以提高行业技能。陕西继续教育大学与公安碑林分局联合建立了民警素质教育培训基地，培训学员640人，提高了民警的整体素质。

6．配合中国科协《科技育英工程》，组织科技教育工作者为154所中学作《提高科技素质，争当跨世纪科技人才》专题报告。“大手拉小手，迎接新世纪”青少年科技教育传播活动，使10万余名中小学生受到科技教育。开展了第五届陕西省少年儿童科学幻想绘画展评活动和“陕西省青少年科技创新大赛”。在全国大赛中，荣获大奖14项。陕师大附中学生叶江滨在国际竞赛中荣获银奖，为国争了光。

五、加强科技团体自身建设，全面建设“科技工作者之家”

1．与省委组织部、省人事厅共同开展了“第三届陕西青年科技奖”的评选，授予王金平等84人第三届陕西青年科技奖。完成了第七届中国青年科技奖和第二届全国优秀科技工作者的推荐申报工作。与陕西日报社等单位合作，宣传介绍我省“科技之星”。

2．参与筹备和召开了全省科普工作会议，会后，省人大正式颁布了《陕西省科学技术普及条例》，出台了《陕西省“十五”科普工作规划》。147名先进科普工作者、62个先进科普集体，在会上受到表彰。

3．陕西科技咨询网站输入、制作网页100多个，设栏目21个，图像和文字文件1 017个，共约243万字，可供公众在Internet上浏览。

甘肃省科学技术协会

地　　址　甘肃省兰州市詹家拐子55号

邮政编码　730030

电　　话　0931-8827060/8821975

传　　真　0931-8881617

副 主 席　罗祖孝　赵振业　丛春雨　周文麟　宋寿海　韩克茵　魏万进

刊物及主编　《甘肃科技报》　主编　曲江波

单位简介

1958年，甘肃省科学技术协会成立,1966年因故被撤销；1978年甘肃省委决定恢复省科协，与省科委合署办公；1981年省委决定省科协改归省委直接领导，成立中共甘肃省科协党组；1982年省科协召开“二大”，1983年和1984年，省委对省科协领导班子相继作了调整，省科协工作逐渐步入正常轨道；1986年省科协召开“三大”；1991年省科协召开“四大”。

目前，全省14个地、州、市和86个县、市、区都建立了科协组织，工作人员420多人。省、地（市）级学会747个（其中省级96个，地、市级651个），共有会员18.8万人；厂矿（科研院所）科协128个，会员3.82万人；乡（镇）科协1 504个；农村专业技术协会（研究会）4 538个，拥有12.46万农技协会员。

工作综述

1．举办200多次各类学术交流活动。

2．组织省内科技工作者组成科技考察团，分4批赴以色列、埃及、日本、西欧以及香港等地区进行了科技考察和交流。

3．完成了在我省工作的“两院”院士、省部级优秀专家和博士生导师的“专家库”建档工作，专家咨询服务团组织了数十名专家，深入全省10个地、州、市，20多个县和企业做专题科技报告26场，举办培训班5期，进行技术咨询、技术指导6次。

4．中国科协在我省召开了“千厂千会协作行动”金川公司经验交流现场会，我省的厂会协作工作受到了表彰。

5．在全省实施了“610科普示范工程”，建成了1个农业科技示范园区、4个科普示范县、4个少数民族科普示范基地和40个地、县的科普示范基地,各科普示范基地（点）举办科普宣传活动40多次，发放科普资料近20万份（册）。

6．在“科普之冬（春）活动”中，组织十几位专家到基层进行科技培训，作科技报告，组织科技赶集，并举办了多次科普展览。

7．农技协、农函大工作继续保持着良好的发展势头。

8． 5月26日，甘肃省人大常委会通过了《甘肃省科学技术协会条例》，完成了我省的科协立法工作，7月1日开始实施。

9．组织 “甘肃省引进国外智力成果暨全国农业引智成果展”、“法轮功歪理邪说”、“走进高新技术世界”等展览在全省巡回展出，参观人数达10万多人次，全省各级科技场、馆也都发挥了青少年科技活动场所和青少年科普主阵地的作用。

10．“甘肃科技馆”的建设也取得了实质性进展，新馆的设计方案已经提出，基建工程进入施工的前期阶段，预计2～3年以后在兰州市会建成一座20 000m^{2}的现代化的科技馆。

青海省科学技术协会

地　　址　青海省西宁市新宁路22号
邮政编码　810008
电　　话　0971-6302839
传　　真　0971-6302839
主　　席　桑结加
副 主 席　谢承志　尹文基　杨坚中　李希竑
　　　　　何玉成　郭小云
刊　　物　《青海科协通讯》
　　　　　《青海科技工作者建议》
　　　　　《青海科普》
　　　　　《青海科技报》

单位简介

1960年3月3～9日，青海省科学技术协会第一次代表大会召开，青海省科学技术协会正式成立。

1967年1月，青海省科协停止活动，青海的科技群众团体被取消。1978年4月27日，中共青海省委批准恢复青海省科协，与省科委合署办公。1980年12月，中共青海省委批准青海省科协单独建制。到2000年底，青海省科协已召开6次全省代表大会。定于2001年召开青海省科协第七次全省代表大会。

有所属省级学会72个，自治州科协6个，地区科协1个；地级市科协1个；县、区、市科协43个。厂矿企业、科研院校科协46个。

工作综述

一、开展决策咨询与学术交流

1. 组织召开科技季谈会。12月19日，联合有关厅局以及省水利学会、农学会、林学会、气象学会、草原学会等相关学会，召开了以“节水——现代农业发展方向”为主题的青海省第十次科技季谈会。来自各有关专业、行业的30余名专家、学者围绕我省干旱缺水，发展节水农业的现实性和紧迫性，以及如何发展节水农业进行了深入的研讨，提出了我省发展节水农业的对策和建议，上报省政府，为省领导决策提供服务。

2. 组织参加全国性、区域性学术活动。通过组团及对论文、材料和报告人选的推荐，组织参加了中国科协举办的第二届全国学术年会、21世纪中国西部交通发展战略学术研讨会和千厂千会协作行动经验交流现场会。年内，还组织部分省级学会承办了全国性的学术交流会议，立足各学会实际，坚持开展了多种形式的学术交流活动。

3. 开展国际民间科技交流与合作。继续进行赴日研修生培训选派工作，派出赴日研修生5名，预录赴日农业研修生10名；选送赴日国际交流员1名，研修员1名；选派赴德研修生5名。

4. 加强科技咨询服务。所属省科技咨询中心直接完成环境评估项目4个，组织分支咨询机构完成各类咨询项目70余个。并建立了中国科技咨询网“青海网站”，实现互联，有了对外宣传、交流信息的窗口。为加强与东部发达地区的合作，7月底邀请上海、江苏等华东6省一市科协咨询中心在西宁召开了科技咨询工作研讨会，就各地咨询工作进行交流，征询对我省科技咨询工作的建议。年底，召开了“青海省科协系统咨询工作会议”，传达贯彻“中国科协第七次咨询工作会议”精神，对1999～2000年科协系统咨询工作进行总结表彰，就今后科协系统咨询工作进行了安排。

二、开展科学普及

1. 举办具有科协特色的有影响的大型活动。5月下旬，与省精神文明办按照省委的指示，筹办了“崇尚科学文明，反对迷信愚昧”和“黄河在呼唤”两个大型展览，以翔实、形象、生动的案例，宣传科学知识、科学思想、科学精神和科学方法，揭露批判了“法轮功”等邪教组织和各种伪科学、反科学、迷信活动的本质与危害；在为期两个月的展出期间，共接待省、市有关部门单位、部队和学校418个，观众达27 113人。同时，还与省精神文明办联合发文，向全省40个县发送“崇尚科学文明，反对迷信愚昧”展览挂图，由各县科协和宣传部（精神文明办）在当地展出101场次，观展群众35万人次。对帮助广大群众提高科技意识和环保意识，推动全社会进一步形成崇尚科学文明、反对迷信愚昧起到了非常好的作用。

受中国科协委托，承办了中国科协、中央宣传部、国家林业局、国家环保总局、中国绿化基金会5个部门联合开展的西部12省（市、区）“再造西部秀美山川”科普宣传活动的启动仪式。6月3日，启动仪式在会议中心隆重举行。中国科协、国家林业局、国家环保总局领导徐善衍、江泽慧、金鉴明和我省领导白恩培、赵乐际等出席。在启动仪式上，中国林科院还向省政府赠送了“青海省及6个退耕还林、还草试点县卫星影像图”；中国绿化基金会向省政府捐赠专款30万元营造“黄河源头生态保护示范林”。启动仪式后，领导和代表参观了省、市科协举办的科普宣传千米一条街。

为配合西部12省（区）科普活动，省科协举办了“再造西部秀美山川”科普万里行活动。马培华副省长为万里行活动授旗。科普万里行活动从 6 月初开始至年底，省科协派出少数民族科普工作队在全省部分州、地、市的 18 个县区和 6 个乡镇，会同当地科协进行“再造西部秀美山川”科普宣传活动 29 次，共展出挂图、展板千余幅（块），赠送科普书刊和散发科普资料 6 万份册，受益群众约 13 万多人。

2. 坚持经常性的科普宣传工作。在全省科协系统组织开展“科普之冬”、“三下乡”活动。各级科协及所属团体，按照省科协“科普之冬”活动统一安排，以“提高劳动者素质、迎接新世纪”为主题，积极争取当地党委、政府支持，联合农、林、牧、卫、文等部门，形成合力，使“科普之冬”活动得到扎实开展，收到实效。去冬今春“三下乡”活动，按照中国科协统一安排，以“破除封建迷信，树文明新风”和“春耕备耕”为主要内容，以及配合科技部主办的“百名青年科技专家送科技下乡活动”。与省科委、市科协先后赴同仁、化隆等县及西宁市四区送科技下乡 10 余次，丰富了春节期间各族群众的文化生活，为农民群众春播送去了科技信息和实用技术资料。

加大了创办报刊的科技宣传作用。《青海科技报》在改扩八版的基础上，进一步提高质量，新开设“西部开发博士献策”专栏及创办了科技报网络版，成为我省首家上网报纸。完成了激光照排系统软件升级和公用电话的智能化管理。开辟了报纸上火车零售和市内卖报摊点零售，并与省科委、市科协在西宁街头建立阅报栏 4 处，在中小学校园建立阅报栏 30 个。年内，报社有三件作品获“青海新闻奖”一、二等奖；两篇作品获“第三届全国藏文报好新闻评比奖”；在全国首届科技报综合质量评比中，《青海科技报》荣获“优秀报纸”殊荣。进一步扩大了《青海科技报》的宣传面和影响。创办的《青海科普》，以退耕还林还草、农牧科普知识、生活常识等为内容，全年编辑出版 4 期，共 4.3 万册，通俗易懂，深受农牧民群众喜爱。

加强了青少年科技教育。为进一步发挥省科技馆科普阵地的功能，对科技展厅及声、光、电展品重新进行了设计、制作、修复和布置。5 月下旬正式向社会开放至年底，共接待参观的中小学生 4 万余名，成为学生学习科技的第二课堂。年内，还组织开展了以“大手拉小手迎接新世纪”为主题的青少年科技传播行动和举办了青海省第十届青少年发明创造科学讨论会、青海省第九届少数民族地区青少年科技夏令营活动。进行了与儿基金会合作项目的终期评审准备工作，检查了各示范点项目执行情况，召开了“项目县主任工作会议”，对项目实施后期工作进行了安排。新承担的爱德基金会“重返校园”项目青海分项目，在循化、同仁、泽库 3 个项目县实施，确定受援从未入学、失学或濒临失学的学龄童 1 806 名。第一批项目资金 13.63 万元已经到位，无偿提供学习费用，帮助完成小学教育。

3. 开展农牧业先进适用技术推广和示范。结合科普示范县（点）建设、科技扶贫工作，进行了农牧业先进适用技术推广和示范。一是在循化、同仁、贵德 3 个科普示范县，着力抓了建立科技示范乡、村、户工作；二是在称多下赛巴村科普示范点继续推广青稞、油菜良种，推行青稞一油菜轮作，扩大轮作倒茬歇地种植油菜的面积，并无偿赠送榨油设备一套，深受当地藏族群众赞誉；三是在孟达乡扶贫点进一步推广地膜洋芋、小麦穴播、家畜病害防治等农牧业实用技术。在 2000 年春孟达乡旱情严重,春播作物收获有望的情况下,还给孟达乡提供拆、补种救急款 1 万元，对 97 户特困户给予了籽种补贴，帮助进行了补种。同时，继续实施“辣椒引种栽培与病虫害综合防治”项目示范推广，示范面积由去年 135 亩扩大到 250 亩，平均亩产 1 250 公斤以上，孟达乡在 2000 年遭受旱灾粮食减产的情况下，减产不减收，收到非常好的科技扶贫效果。

开展科技培训工作。结合“科普之冬”、“冬训”和与组织部门开展的农村党员基层干部实用技术培训工作。组织全省各级科协，以科技示范村、户和农村党员为重点，以群众急需的技术为内容、突出效果为目的，共举办各类农牧业实用技术培训班 900 多期，培训农牧民群众 8 万多人（次）。省科协重点抓了循化、同仁、贵德 3 个科普示范县和孟达乡扶贫点的培训工作。以小麦、洋芋和线辣子丰产栽培技术，绒山羊饲养管理技术为主要内容，邀请专家到田间地头举办培训 8 次，培训 220 人次。

三、加强建“家”工作

通过深入调查研究，完成了中国科协下达的“关于组织开展科技工作者状况和需求的调查”任务，提出《调研报告》报中国科协。并先后制定下发了《关于加强学会管理的意见》、《关于加强科学普及工作的若干意见》和《省科协党组中心学习组制度》等 20 个规章制度和意见。对科协工作起到了非常好的推动和促进作用。为了使省科技馆真正发挥科普阵地作用，完善功能，专门组织人员赴陕西、河南、山西、安徽、江苏等地，对各省科技馆的管理、基础设施及功能设施，进行考察调研。在调研的基础上，通过多方论证，提出了切合实际的《青海省科技馆改造、扩建项目建议书》，进行申报立项工作。

加强“科技工作者之家”的建设。完成了中国科协“全国优秀科技工作者奖”和“第七届中国青年科技奖”候选人的评选推荐工作；恢复了《科技工作者建议》刊物，为科技工作者进言提供渠道；实施《关于加强学会管理的意见》，加强对学会的管理工作，指导省水利学会、电子学会、档案学会、土木建筑工程学会等 4 个学会召开了会员代表大会，进行了换届改选，健全了学会机构。省水力发电学会、地理学会、消防协会、测绘学会等召开了理事扩大大会，对学会领导机构进行了调整。还通过协商，使撤销的省地理学会重新登记注册，恢复活动。2000 年科技馆接待各类学术会议 73 次，3 667 人次。

宁夏回族自治区科学技术协会

地　　址　宁夏回族自治区银川市凤凰北街 44 号

邮政编码　750001

电　　话　0951-5043588/5046322

传　　真　0951-5043588

主　　席　越经臣

副 主 席　郭忠诚　张鹏程　杜可夫

秘 书 长　郭忠诚

刊物及主编　《宁夏科技报》　主编　杜可夫

《宁夏科协》　主编　越经臣

单位简介

宁夏回族自治区科学技术协会成立于 1959 年 2 月。宁夏回族自治区科学技术协会第一届委员会（1959~1965），主席杨辛；第二届委员会（1978~1985），主席郝季厚（兼职）；第三届委员会（1986~1990），主席黄振华。40 多年来，宁夏科协从小到大，组织网络不断健全，目前，已拥有 74 个全区性自然科学类学会、协会、研究会，会员约 5 万人；25 个地、市、县科协；495 个农民专业技术协会和其他各类基层组织。

工作综述

一、实施重大学术交流工程，为“西部大开发，宁夏走在前”献计献策

6 月，围绕自治区的六大支柱产业之一生物制药业，与自治区党委、政府政研室、药监局等 8 家单位联合举办了宁夏现代生物与医药产业研讨会，中国工程院副院长侯云德等 5 位院士应邀出席会议并做了学术报告。会后，我们根据院士和专家的建议起草了《宁夏现代生物与医药产业研讨会纪要》，提交自治区党委和政府，供领导和有关部门参考。自治区党委书记毛如柏在会议纪要上作了重要批示，认为与会同志提出的建议很重要，可尽快成立领导小组，研究制定产业发展规划、产业发展政策及当前应着重抓好的工作以及近期重大项目的推进等问题。

另外，还针对一些热点问题，开展有特色的学术研讨活动。与社科联等单位联合举办中国加入世贸组织、宁夏农业的机遇、挑战和对策学术研讨会；组织召开宁夏高校计算机教学计划与课程设置研讨会；承办北方 10 省（区）学会工作研讨会等。

二、充分发挥科普主力军作用，深入实施科普系列工程

西部大开发世人瞩目，中国科协全委会主席周光召院士来宁夏为全区党政机关干部及科技工作者作了《发展高科技，实现产业化》的专题报告。邀请著名科学家何祚庥院士来银川做专场报告，以大量的事实对李洪志的歪理邪说进行了有力的批驳。与此同时，在宁夏科技馆举办“崇尚科学，反对愚昧迷信”大型科普展览，观众达 10 万余人。并通过科普展板进党委、人大、政府机关大院，科普影视进校园，科教电影大巡展等多种方式，向全社会弘扬科学精神，普及科学知识，传播科学思想和科学方法。

“科普之冬”、“科技、卫生、文化”三下乡等传统的大型科普宣传活动在全区有序进行。另外，还开展了创建科普示范县活动。在城市科普教育宣传活动方面做出突出成绩的 8 个单位被命名为“宁夏城市社区科普活动示范点”，并在 2000 年宁夏科技周开幕式上举行了授牌仪式。与教育厅等单位联合举办了银川地区首次中学生辩论会邀请赛、首届宁夏青少年科技创新成果展示会，对提高中学生的创新能力起到了积极的促进作用。

三、巩固发展“星期六科技市场”，做好建“家”的“窗口”工作

经过近两年努力，作为建家“窗口”的星期六科技市场有了较大发展，并成为自治区科协的一个重要品牌，受到社会关注。现在，市场已有专人负责，工作时间也大大延伸。

举办了春冬两次农用技术交流展示会，为企业技术创新、农民增收、促进科技成果转化提供了方便，到会农民达 2 万人。

“宁夏英语角”于 9 月正式启动，已举办 10 多期，参加人数达 3000 余人（包括各类科技人员）；由区科协牵头举办的 2000 年人才交流洽谈会，有 193 家单位进场招聘，近万人前来应聘，两天内签定意向合同约 4 000 人次。科技市场共举办大型活动 3 次，中小型活动 75 次，参加人数达 5 万多人次。

四、鼓励引导青年科技工作者为宁夏大发展作贡献

在宁夏电视台举办了以“科教兴宁的拓荒者”为主题的新老科技工作者电视访谈节目。6 位老中青科技工作者通过自身经历，给广大青年科技工作者上了生动的一课。

为提倡“尊重知识、尊重人才” 的社会风尚，发行了宁夏第二届优秀科技工作者纪念封，钽铌金属材料专家何季麟、农技推广专家姜黛珠光荣上封；开展了宁夏第七届青年科技奖评审工作，16 位同志获奖，并从中推荐 7 名同志参加全国青年科技奖的评审；进行了第五届宁夏自然科学优秀学术论文评选活动，其中 40 岁以下的青年科技工作者占获奖总数的 70%。

五、基层特色工程初见成效

基层特色工程就是要求各学会、地市县科协和科协下属各事业单位根据各自具有的实际情况做出有特色、有影响、有显示度的工作。一年来，部分县科协已初步找到了自己的位置，围绕县委、县政府的工作大思路找准切入点，做扎实细致的工作。

新疆维吾尔自治区科学技术协会

地　址	新疆维吾尔自治区乌鲁木齐市北京南路 2 号附 4 号
邮政编码	830011
电子信箱	xjkxjcch@mail.xj.cninfo.net
电　话	0991-4834077/4814819
传　真	0991-4813673（传真）

主　席	许　鹏
副主席	胡吉汉·哈克莫夫 沙迪尔·卡德尔 张曰知　赵保军　何宏应　周俊林 张良臣　居来提·卡德尔 贾合亚·艾斯砍的尔 塔西甫拉提·特依拜 哈米提·哈凯莫夫　洪秀芳
秘书长	魏生贵
刊物及主编	《知识就是力量》（维文）　主编　依达也提 《科学与生活》（维文）　主编　依达也提 《科协通讯》　主编　王长富

单位简介

新疆维吾尔自治区科学技术协会第一届委员会主席涂治。第二届主席阿巴斯·包尔汉（维吾尔）。第三届委员会主席阿巴斯·包尔汉（维吾尔）。第四届委员会主席许鹏，第五届委员会主席许鹏。

所属学会数量：110 个。

基层科协数量：71 个（独立 29 个、 合属 40 个、 挂靠 2 个）。

工作综述

一、以“科技之冬”活动 10 周年为动力，推动科普工作深入开展

1．与自治区精神文明建设指导委员会举办了“崇尚科学文明，反对迷信愚昧”的大型科普展览，并先后到石河子、奎屯等市进行了巡展，观众达 10 万人次。

2．据不完全统计，全区在第十一届“科技之冬”活动中，共举办各类培训班 2 .07 万期，培训农牧民 298 万人次。农村党员、基层干部实用技术培训近 13 万人次。承办了中国科协普及部西部地区农村党员、基层干部实用技术培训调研座谈会。各基层科协先后召开了“科技之冬”活动 10 周年表彰大会，开展了牧区“科技之夏”和“牧区科普宣传月”和“鲁能杯”科普知识竞赛活动。

3．先后赴 30 多个县、乡（镇）村、农牧场开展新技术、新成果、新品种引进、宣传、推广和开展了“文艺搭台、科普唱戏”科普活动，发送科普资料 4 万余册，放映科技影视片 50 多场次，百幅科技挂图巡展 30 余场次，受益农牧民 30 万人次。结合中国科协“西部科普工程”，开展了以“再造西部秀美山川”为主题的保护和建设西部生态环境的科普宣传活动。

4．组织开展了全国首批科普示范县（市）的创建活动，我区 4 个“全国科普教育基地”接待参观者近 10 万人次。

5．召开了首届自治区城市科普工作现场会。各市科协开展了创建科普示范城区和科普文明家庭活动，在主要街区道路建立了科普画廊，举办了《科学与健康》科普展。

6．编辑翻译《再造西部秀美山川》科普宣传册（维、哈文）8000 册，翻译制作科普挂图（维、哈文）300 余幅，发送科技影视片 200 余部，编辑印发《新疆科普》1400 余份。编辑出版《科学与技术》科普杂志 1.5 万份。

7．据不完全统计，参加青少年科技传播行动等活动的各族青少年 70 万人次。命名了 20 所为自治区青少年科技活动特色学校；成立了自治区青少年科技教育讲师团；举办了“大手拉小手，迈向新世纪”的系列科普报告会和科普讲座 126 场。在国家教委和李嘉诚基金会联合举办的“长江小小科学家”活动中，我区发明作品获全国惟一的一等奖，获三等奖 1 项、提名奖 4 项。我区广大青少年在参加全国青少年科技创新、发明等科技制作等各项比赛中获一等奖 8 项，二等奖 22 项，三等奖 30 项。组织召开了自治区青少年科技教育工作表彰大会，表彰了 34 个先进集体、67 名优秀组织工作者、161 名优秀科技辅导员。

8．认真做好中国科协与联合国儿童基金会社区非正规教育项目各项工作，组织各项目县项目有关人员 2202 名进行了业务培训，对 2000 名校外儿童、妇女进行了实用技术和技能培训，完成了合作项目的各项任务，并做好了第五周期终期评审工作。

二、围绕实施西部大开发战略，广泛开展国内外学术交流活动，促进决策科学化与民主化

1．自治区学会共举办国内外学术会议 128 次，1 万余人次参加，交流论文近 3 000 篇；提出科技决策建议 48 项。举办了“迎接西部大开发——青年科学家论坛”、“新疆养羊业的发展科学论坛”等活动；组团参加了在重庆召开的中国西部论坛活动和在西安召开的中国科协第二届学术年会，我区共有 60 余位科技工作者参加了会议并发表了论文。

2．开展了自治区第六届自然科学优秀学术论文评选工作，共收到推荐评审论文 315 篇。共评出获奖论文 139 篇，其中一等奖 14 篇，二等奖 41 篇，三等奖 84 篇。

3．成功地接待了以绿色革命之父——诺贝尔奖获得者诺曼·布洛克教授为首的联合国农业专家代表团和台湾嘉义地区古丝绸之路科技教育代表团一行 66 人对新疆的考察访问。先后组织了乌鲁木齐市中小企业厂长代表团和石油科技代表团对俄罗斯进行出访，签订了 15 项合作协议。接待海外来访科技团组 11 批、226 人次，派往国外出访团组 6 批、50 人次。

三、适应经济建设需要，开展科技服务，促进了科技与经济相结合

组织召开了第六届“讲理想、比贡献”竞赛活动总结表彰大会，表彰了 27 个先进集体和 22 名先进个人。据不完全统计，完成各类科技咨询服务项目 556 项，实现合同额 1705 万元。乌鲁木齐市科协结成“厂会协作”对子 20 个，“金桥工程”立项 20 项，并向中国科协申报优秀项目 5 项。塔城地区科协组织所属学会推广农机新技术 30 多项，新技术推广面积达 80 多万亩，取得经济效益 1800 多万元。

全区已建立各类农村专业技术协会（以下简称专业农协）1300 个，会员 5 万多人，涉及多个种植和养殖门类。

进行了最新饲草品种“墨西哥玉米”、“鲁梅克斯”等 10 余个新品种的推广。同时，分别在 8 个县进行了优良高产饲草“甜高粱”等 6 种新品种推广，示范种植面积由 1999 年的 22 亩扩大到 150 亩，为牧民定居养殖和农区畜牧业的发展起到了促进作用。

四、履行桥梁和纽带职责，建好“科技工作者之家”，积极为广大科技工作者服务

帮助科技人员申报科技成果和解决晋升职称等问题，创造条件为科技工作者提供工作方便。组织完成了第二届“全国优秀科技工作者”和第七届“中国青年科技奖”新疆人选的推选工作。

五、强化内部管理，深化机关改革，进一步推进团体自身建设

召开了新疆科协成立 40 周年纪念活动大会，回顾了新疆科协发展历程，总结了自治区科协成立以来的主要成绩和基本经验。编写出版了《科技群众团体建设与发展》一书。

强化内部管理，加强制度建设，采取各种形式组织科协干部业务培训，组织党员干部进行了江泽民总书记关于“三个代表”重要论述的教育、“警示教育”和法律知识学习，与有关单位联合发文提出了《关于在国有企业改革中加强科协组织建设的意见》，对厂矿科协组织的稳定起到积极作用。

直属单位情况

中国科学技术馆

地　　址　北京市西城区北三环中路一号
邮政编码　100029
电子信箱　kjg@ public 2. bta.net.cn
主页网址　http://www.cstm.org.cn
电　　话　010-62371177
传　　真　010-62379878
馆　　长　王渝生
副 馆 长　刘吉东
党委副书记　王其辉
总工程师　伍振家
馆长助理　黄体茂
刊物及主编　《科技馆》　　主编　王　恒

单位简介

中国科技馆作为国家科技馆，其建设一直受到党和国家三代领导集体的亲切关怀。早在1958年周恩来总理和聂荣臻副总理亲自过问当时中央科学馆的建设。1978 年全国科学大会迎来了科学的春天，邓小平同志亲自批复了中国科技馆建设报告，并于 1984 年为“中国科学技术馆奠基”亲笔题字。1988 年一期工程竣工并向社会开放，取得了良好的社会效益。1998 年 2 月国家批准中国科技馆二期工程开工，1999 年 9 月落成，2000 年 4 月 29 日新展厅正式向公众开放，江泽民总书记于 4 月 12 日题词：“弘扬科学精神，普及科学知识，传播科学思想和科学方法”。

工作综述

一、加强精神文明建设，认真扎实开展“三讲”教育和“回头看”活动

1 月 12 日至 2 月 25 日，进入“三讲”第三个阶段。广大干部和全馆职工从讲政治的高度，以团结、协作、求实、创新的馆风，开展“三讲”教育和“回头看”活动，为完成2000年的艰巨任务奠定了良好的思想基础。

二、为二期新展厅开馆作好准备

在 1999 年二期工程的基础上，2000 年工作重点由工程、展品设计制作转向展品安装调试和展览的环境布置。二期新展厅在展示内容上除基础科学原理的普及外，还重视科技发展的前瞻性和导向性，高新技术、前沿科学的普及；在展示手段上大量采用影视技术、光电技术、多媒体技术和虚拟现实技术等现代科学技术，使其蕴藏更丰富的科技内涵，充分显示科技馆的教育特色，得到了国内外专家的首肯。二期布展工作仅用了半年时间，完成了国外同类规模科技馆需要 2～3 年才能完成的工作量。

三、加强管理，做好展览服务工作

新馆刚一开馆就迎来了“五一”观众高潮，8 天时间接待观众 10 余万人次，最高峰日达 2.2 万人次，大大超过展厅正常接待观众的能力。我们力争做到“优质服务，确保安全”。从 4 月 29 日下午新展厅对公众开放至年底新展厅接待观众达 112 万人次。

展品是展厅的灵魂，为了使观众有一个良好的参观氛围，展品完好率是重要的一环。技术部门密切与制作单位配合，做好展品的维修工作，展品完好率保持在 85%～90%左右。

四、创造舞台，拓展科技馆科普教育的内涵，努力发挥中国科技馆科普教育示范作用和技术辐射作用

我馆在坚持把展览教育作为基本与核心的工作任务外，努力开创自身活动的舞台，拓展科普教育的内涵，其中包括下列活动：穹幕电影；科普大篷车；科普讲座；培训；科学家与青少年会面活动。

除上述活动外，为使 3～10 岁儿童有一个更加适宜的科学启蒙场所，我馆继续有序开拓“儿童科学乐园”展厅。争取在 2001 年 4 月展览出台预展，5 月正式向公众开放。

在二期新展厅展品制作压力甚大的情况下，我馆还投入部分人力，加班加点为地方科普活动场馆制作展品 35 种，支持地方的科普工作，深受地方的欢迎。

五、围绕二期中心工作，多形式、多层次、多渠道地开展活动

2000 年我馆组织了 15 项较为重大的活动：1 月份，答谢各关系单位的春节联谊活动，第一次新展厅新闻通气会；3 月份，全国政协 200 余委员、中央党校省部级领导的视察活动；4 月份，组织 15 个预展专场为新馆开放作好准备，第二次新展厅新闻通气会和新馆开馆典礼活动；5 月份，清华大学青少年“网络评估”活动；8 月份，李鹏委员长及 9 位副委员长视察我馆专场，诺基亚“大学生思维挑战赛”知识问答活动；9 月份，“全国第二届滨化杯机器人足球赛”，“活灵活现的科学”展览；10 月份，“世界科技馆论坛”，“第四届中印联合研讨会”；11 月份，“第七届科学家与青少年会面活动”。通过上述活动，吸引媒体关注，吸引更多的公众参与中国科技馆的活动，以活动带动宣传，以活动带全局，使中国科技馆的社会影响不断扩大，对外形象不断优化。

7 月，我馆开拓了科技旅游，与百余家旅行社签定了合同，接待旅游团组 20 万人次。

2000 年得到新闻媒体的关注和厚爱，接待重要新闻媒体采访、摄制达百余次，仅中央电视台在“五一”期间的报道就达13次之多。

六、加强管理，探索适应二期新展厅开馆的新的运行机制和管理体制

在我馆新展厅辅导员人员使用上实行从社会招聘，采用合同制全员聘用的用人制度，形成年轻化、专业化的辅导员队伍。在展教部先行改革试点工作，先后出台了《展教部改革方案》、《展教部奖惩管理办法》、《关于招聘展教部主管人员的暂行办法》、《展厅工作检查组人员职责》等试行办法和规定，明确岗位职责，推行以聘用制为核心的用人制度和按任务、业绩定酬的分配制度。

七、开拓外事业务交流合作渠道

共组派6个团组出国（境）访问、考察和交流；组织诸如美国圣何塞儿童博物馆展品设计专家来馆指导、交流；引进国外精彩的展览来馆展出；邀请世界著名的科技馆专家举办“世界科技馆论坛”、“中印联合研讨会”等活动。请进来，走出去，使我馆广大技术人员开阔眼界，拓展思路，裨益颇深。

共接待包括约旦哈希姆王国哈桑亲王殿下等国（境）外团组28个、近500人次来馆参观，提高了我馆在国际上的地位和声誉。

中国科协干部学院

地　　址	北京市西城区三里河路56号
邮政编码	100045
电　　话	010-68527415/68597472
传　　真	010-68527415
副 院 长	周凯宁
刊物及主编	《培训与研究》　主编　周凯宁

单位简介

中国科协干部学院（对外称中国科协管理科学研究中心）是中国科协直属的全额拨款事业单位。本单位是在1981年成立的中国科协科技干部培训办公室、1982年成立的中国科协科技干部进修学院以及1985年成立的“中国科协现代管理知识讲师团”、“中国科学技术培训中心”的基础上发展起来的。

主要从事中国科协系统干部职工的岗位培训和继续教育，并且在管理科学研究领域完成了一系列课题。学院负责代管中国科协继续教育中心。

工作综述

一、重点工作

主要承担科协系统处以上干部的培训教育，根据九五规划，工作重点是省市科协领导干部和地、市科协领导干部的培训，以及老少边穷地区科协干部的培训教育。

中国科协组织人事部在重庆联合举办了全国科协省市科协主席工作研讨班。全国27个省、自治区、直辖市科协的31名主席参加了研讨。与中国科协普及部在京联合举办了首届面向21世纪的科普工作培训班，各省市的普及部部长参加了培训。在河南郑州举办了地、市科协主席班。在广西南宁举办了老少边穷地区科协干部培训班。与湖北省科协合作举办了湖北省老少边穷地区及各州、县科协干部培训班。受中国科协组织人事部委托举办了中国科协机关和事业单位领导干部任职培训班。此外，还举办了计算机应用提高班，科协机关干部文秘班；与中国科技馆合作举办了全国计算机等级考试辅导班；协助中国科协计财部举办了会计法培训班（两期）、清产核资工作培训班、财务决算培训班。

软科学研究工作稳步发展。自1996年以来，承担了科技部“科普统计”课题的研究；承担了中国科协普及部的“科普需求”调研课题；与组织人事部联合完成了关于2000年中国科协系统女干部状况的调查，并提供了调研报告。内部刊物《培训与研究》及时地反映出我院的工作动态。

按照新的会计法，重新制定了财务管理暂行办法，严格按照财务制度办事；被抽查为接受清产核资检查的中央预算单位，我院积极配合特派员进行认真细致的检查，得到了特派员的肯定；在财务决算体制改革中，根据财政部的要求编报“统一报表”，工作出色，受到机关计财部的表彰，获得二等奖。

二、主要成绩

2000年是实施《中国科协系统干部教育培训规划（1996～2000年）》的最后一年，共举办各类培训班16个，培训达500人次以上，争取经费支持达60余万元。

中国科普研究所

地　　址	北京市海淀区学院南路86号
邮政编码	100081
电子信箱	cisp@263.net
电　　话	010-62172749/62173428
传　　真	010-62172749

所　　长　居云峰
副 所 长　陈宏规　雷绮红
刊物及主编　《科普研究》　主编　居云峰

单位简介

中国科普所于1980年由我国著名科学家、科普作家高士其先生提议创办，同年5月19日由中央编制委员会以（80）12编字第27号发文“经国务院批准，同意建立中国科普创作研究所”。1986年经中国科协第三届全国委员会常务委员会第二次会议决定，将中国科普创作研究所改名为中国科普研究所。中国科普研究所是中国科协直属事业单位，是我国国家级惟一从事科普理论研究的机构。其主要研究范围是：公众科学素养（包括特殊群体，如青少年、成人、科技人员、领导干部、农民等）的调查、监测和分析研究；科技传播规律（包括传播对象、内容、渠道、机制、方式方法、效益评估等）的研究；科普作品、科普作家的研究及中外比较研究；弘扬科学精神、反对伪科学和愚昧迷信的研究；青少年创造能力培养调查研究；科技教育科普教育调查研究；国内外科普理论研究的学术交流和合作等。下设科普研究室、外国科普研究室、青少年科普与智力开发研究室、综合研究室、办公室。

工作综述

重点围绕提高公众（包括特殊群体）科学素养、科技传播规律、弘扬科学精神反对伪科学，以及国内外科普理论学术交流合作等四个方面20个课题项目开展研究。其中主要是：

1．6月，我所向中国科协提出建立“中国公众科学素养变化及其影响因素观测网”的建议，已由中国科协批准立项。2000年已完成观测系统的主要内容编写和“中国公众科学素养调查指标体系设计”。2001年初开始将在全国范围内建立100多个县（市、区）中国公众科学素养观测网站，正式开展工作。

2．已完成了“科技人员对科普态度的调查”指标体系设计以及“全国科技人员对科普态度的抽样调查问卷”。2001年开展调查，在回收问卷、进行统计分析基础上，完成课题的调查数据统计分析和课题报告。

3．全国青少年创造能力培养系列社会调查和对策研究。该课题以我所为主，联合教育部科技司和共青团中央学校部实施，于7～9月对全国31个省、自治区、直辖市和香港特别行政区的11800名青少年以分层随机抽样的方式，进行问卷调查和回收。2001年4月中旬将在北京举办“2000年全国暨香港青少年创造能力培养系列社会调查和对策研究”课题成果报告新闻通报会。

此外，4月21～24日在昆明召开了内地和香港青少年科技普及教育和创造力培养研讨会，会议论文集已刊登在《科普研究》2000年第4期。

4．为促进青少年素质教育和创新与创造能力的培养，在中宣部、科技部、教育部、中国科协、共青团中央等部委的指导支持下，从1998年初起，由我所会同全国教育规划办、中央教育科学研究所、上海教科院共同编制《中国青少年科学技术普及活动教育指导纲要》，经多次研讨、撰写、征求意见和修订定稿，12月13日以上述5部委文件下发各省、自治区、直辖市、计划单列市和国务院有关部门。

5．完成了《我国科技与科普教育的现状调研和对策研究》抽样问卷调查统计分析。9月24～27日，在贵阳召开了第二届全国科技、科普教育继续教育理论研讨会，编辑出版了论文集。

6．以我所为主，联合教育部科技司、共青团中央学校部，在全国范围内征集到有益于青少年创造能力培养的活动方案800余项，将于2001年4月由科学出版社出版《创新之源——青少年创造能力培养活动方案精选》。

7．5月编辑出版《领导干部科普知识全书》。全书共200余万字，包括现代科学技术及应用、科学方法与观念以及科学、技术和社会等内容，附录中包括了科学技术发明大事记、20世纪重要科学技术成就重要环境事件等，该书由周光召题写书名，张玉台作序。

8．5月底完成了“科普期刊在科技传播中的地位、作用、功能的调研”课题研究，通过问卷抽样调查分析研究，编写出课题综合报告，举行了新闻通报会。

9．《捍卫科学尊严文萃》编辑了4集，70余万字。内容包括：重要文章、科学评论，反对愚昧迷信、伪科学、伪气功和封建迷信案例等。该文萃向全国县以上科协系统和有关领导部门发放，受到好评，普遍认为是弘扬科学精神、反对伪科学和封建迷信的优秀教材和参考资料。

10．在中央宣传部、中国科协的领导和中国科协普及部的指导和支持下，由我所具体承担，组织知名美术家和有关学科专家20余人创作绘制《崇尚科学、反对迷信、树立新风》科普系列挂图10幅，12月以中国科协名义编印出版。此外，5月我所还编辑出版了《环保科普系列挂图》一套6幅。这两套挂图已由我所发放全国各地科协，配合“中国科协百城万米科普画廊工程”活动。

11．由中国科协立项，我所承办，上半年在全国组织了56个赛区，举办了全民科学知识竞赛活动，并编写出版了《当代科学知识简明读本》。各地有100万人参与读书、答题竞赛活动。周光召、朱光亚，以及李昌、路甬祥、卢良恕等领导同志分别为活动题词。书记处书记徐善衍主持了今年5月在人民大会堂举行的颁奖仪式。

12．继1999年我所郭正谊研究员获全国反伪科学突出贡献奖后，2000年我所申振钰研究员又获此殊荣。

13．11月13～17日，与中国科协普及部共同在桂林举办了以“基层科普”为主题的全国第八届科普理论研讨会，组织了一批专家作大会专题报告，进行大会论文交流和分组交流，编印了论文集。

14．“科普研究”是国内惟一的科普理论研究刊物，面向科协系统和有关部门以及从事科普理论研究、科普创作和科普工作的人员。年编发刊物6期，出专刊2期，共8期，编辑量约125万字。

15．加强与国际公众科学素养促进中心等国际组织和研究机构及人员的联系和信息交流；继1998、1999两年后，我所两名研究人员参加了11月在悉尼召开的第三届世界怀疑论者国际学术会议，在会议上宣读了论文，受到会议的重视。我所外国科普研究室作为会议学术方面的主要成员之一，筹备、组织、参加了11月在北京召开的国际科普论坛，并在会内外和国际科普界的人士进行了广泛的交流，和国际公众科学素养促进中心达成了在中国公众科学素养变化及其影响因素观测网等项目上的合作意向。

中国科协学会管理服务中心

地　　址　北京市海淀区学院南路86号
邮政编码　100081
电　　话　010-62185246
传　　真　010-62185246
主　　任　初炳英

单位简介

为加强对中国科协直接管理学会的领导，1991年11月经中国科协第四届党组第九次会议研究决成立中国科协学会管理服务中心（简称“中心”）。

“中心”是中国科协直接管理（接受挂靠）的全国性学会、协会、研究会（以下简称学会）的统一管理机构，归口组织人事部和学会部。

“中心”所管理服务的学会有33个。其中有中国科协主管且挂靠中国科协的学会13个；中国科协主管、挂靠外单位的学会18个；中国科协主管并归口“中心”联系的学会2个。

“中心”现有在职干部115人，离退休干部39人。

工作综述

一、举办财会人员培训班

“中心”所管理服务的各个学会办事机构人员都相对比较少，各学会虽然有独立账号，但无专职会计人员，随着财务制度的改革和新会计法的贯彻实施，使学会财务人员工作产生许多不适应。为适应财务的深化改革，“中心”于10月在中国科协计财部的支持下，举办了学会办事机构负责人和财会人员培训班，请财政部、财经大学、科协计财部等单位的领导和专家讲课，使参加学习班的同志收获很大。

二、组织和支持科普活动

组织全体职工揭批李洪志及“法轮功”邪教组织的歪理邪说；组织全体职工参观崇尚科学文明、破除迷信愚昧展览会；组织党员参观锦绣大地生态农业基地，普及高科技农业知识；与北京雁栖湖飞行顾问有限公司签订合作协议，为青少年普及航空知识和国防教育。积极支持参加中国自然辩证法研究会一年一度召开的反对伪科学论坛及为反对伪科学作出突出成绩的人员颁奖活动。

三、积极参加国际国内学术交流

10月，与教育部、科技部、英国贸工部共同举办第六届中国国际现代教育技术及实验室设备展览会，10多个国家和地区近百家国际企业参展。参加由国际会计协会、经贸大学组织的中国加入WTO企业发展与财务管理研讨会，国际、国内科技界与企业界共200多人参加了研讨会。通过专家演讲，科技工作者与企业家的研讨，在借鉴国际先进经验，建立新型的合乎国际惯例的财务制度，有效防范金融风险，减少国际经济纠纷等问题上取得了共识。

四、组织专家开展评议论证活动

在中国科协计财部科技部的支持下，组织有关专家对“世纪田王高效生物有机肥”做了评议论证工作。组织专家调研，对生产线实地考查，完成审报材料的编写，向科技部报审，由科学技术部、国家税务总局、外经贸部、国家质量技术监督局、国家环保总局等五部委批准为国家重点新产品项目。

中国科协青少年科技中心

地　　址　北京市海淀区学院南路86号/中国科技会堂1807
邮政编码　100081/100863
电子信箱　cyscc@public.bta.net.cn

电　　话　010-62172960/68518822 转 21807
传　　真　010-62172960/68530249
主　　任　牛灵江
刊物及主编　《青少年科技传播行动快讯》(内部)
主编　牛灵江

单位简介

1978 年中国科协恢复活动的同时，即恢复了青少年工作部。1981 年 6 月 18 日国务院批准成立由中国科协、教育部、国家体委、共青团中央和全国妇联等 5 家单位领导同志组成的“全国青少年科技活动领导小组”，组长由中国科协主席周培源担任。1981 年青少年工作部在内设“活动处”和“办公室”的基础上，又成立了“青少年科技活动实验站”(后改名为“青少年科技中心筹备处”)。1988 年，青少年科技中心成立，并与中国科技馆合并。1989 年初，青少年工作部与青少年科技中心合并。1992 年，中国科协四届党组第十三次会议批准青少年科技中心独立建制，对外可使用中国科协青少年工作部的印章（[1992]科协发组人字 280 号文)。内设综合处、项目管理处和活动指导处 3 个机构，编制 15 名。

工作综述

1. 组织具有示范意义的大型青少年科技教育活动，提高青少年科学素质。8 月举办第十届全国青少年科技创新大赛。来自全国 31 个省、自治区、直辖市、军队子女学校和香港特别行政区、澳门特别行政区的 200 多名各民族青少年参赛选手汇集合肥，展示和交流开展科学实践活动和研究性学习的优秀成果。他们代表着全国 1600 多万参加发明创造活动、科学论文撰写活动、科学幻想绘画和创新方案设计活动的中小学生。

2. 依靠学会和广大科技工作者，广泛开展青少年科技传播行动。成立青少年科技教育专家委员会，建立青少年科技教育专家库，竭诚欢迎科学家、专家、学者以各种方式参与青少年科技教育事业，指导青少年开展科技活动。

“大手拉小手，科普报告西北行”活动于 9 月下旬举办。在 10 天的时间里，参加这一活动的 9 名科学家共进行了近百场科普报告，参加的中学生和教师人数达 5 万多名，在兰州、西安两地掀起了青少年学科学的新热潮。青少年通过科普报告，了解了我国科技发展的巨大变化和解科学家为祖国科技发展做出的巨大贡献。

北京青少年科技俱乐部活动是另一项非常有特色的“大手拉小手”科技传播活动。该俱乐部在中国科协青少年部和中科院科普办公室的大力支持下，在中国科技会堂举办了两期“大手拉小手——科学家与青少年共话科学”活动。第二期论坛活动的主题是“还京城一片绿水蓝天”。参加讨论的同学围绕《2000 年春京城特大沙尘暴的起因》、《京城大气污染可吸入颗粒物的产生原因》和《水资源的危机》三个题目展开讨论。北京 101 中学、景山学校的学生介绍了各自的研究论文，科学家就本专题作了主题发言，并回答了学生们的问题。

中国航空学会等 20 多个全国性学会组织了 34 项科技夏令营/冬令营和其他青少年科普活动，1.3 万名青少年直接参加了这些活动。

3. 实施贫困地区“非正规教育项目”，科技扶贫见成效。中国科协青少年科技教育领域中的科技扶贫工作，主要通过与联合国儿童基金会合作的“非正规教育项目”实施。为帮助贫困地区的孩子继续学习，在中国政府的统筹下，1996～2000 年，在我国贫困地区组织实施了社区非正规教育项目，在 120 个国家级贫困县的 500 多个村庄办了非正规教育示范点，用非正规教育的方法向校外儿童提供基本科学知识、卫生常识，宣传儿童权利公约和组织其生产、生活技能培训。

为总结 5 年来的经验，在中国科协举办 2000 年学术年会期间，组织了贫困地区女童学科技经验交流会。来自 24 个省、自治区和直辖市的 72 名女青少年作为所在地区女童学科技的先进代表参加了这次大会。

根据分省年度报告的统计，2000 年 24 个省、区 120 个项目县共举办科技展览、咨询、讲座活动 5 168 次，受益人数 507.07 万人；发放科技资料 483.55 万份（册)；举办科技辅导员/宣传员培训 380 次，共 10 362 课时，有 2.58 万人参加培训；举办项目工作人员培训 229 次，共 5 967 课时，1.4 万人参加培训；举办实用技术培训 2 801 次，27 189 课时，有 47 万人参加；举办校外儿童技能培训 1 241 次，15 371 课时，培训 6.3 万名校外儿童，其中女童约 4.1 万名，约占 65%；举办青少年科技活动（科技竞赛、科技考察、科学演示、科技夏令营等）1 857 次，共有 1 368 万名青少年参加了活动；进行巡回宣传/培训 2 019 次，到达乡镇 1 267 个，受益人数 314.6 万人；省、县项目管理人员下乡 1 176 次，到达乡镇 1 337 个。

4. 开展国际青少年科技交流，中国青少年在国际舞台一展风采。组织 12 个团组、128 人次出访了 12 个国家和地区，参加国际交流、考察活动。其中 8 个项目为我国青少年参加国际交流或竞赛活动。

5 月，与英特尔（中国）有限公司合作，在教育部的大力支持下，组织了 4 个代表队共 19 名优秀的中国高中学生，携带 12 个科学研究实践活动项目，首次赴美参加了第五十一届 Intel 国际科学与工程大奖赛，并取得了较好的成绩。

9 月 23～29 日，第十二届国际信息学奥林匹克竞赛在北京成功举办。国家主席江泽民为活动发来了贺信。贺信中说："以信息科技和生命科技为核心的科技进步与创新，正在深刻地改变着人类的生产和生活方式，推动着世界文明的发展。青年是人类的未来，也是世界科技发展的未来。国际信息学奥林匹克竞赛活动，对年轻一代了解和掌握现代科学技术，养成创新精神，具有重要的作用。"他还希望中国青少年加强与各国青少年在学习科学技术上的交流。

5. 加强青少年科技教育基地建设，探索和开发多渠道青少年科技教育社会资源，协同多部门参与青少年科技教育工作。9～11 月，对北京、天津、浙江、江苏、上海、陕西、甘肃和宁夏 8 省、自治区、直辖市 23 个基地进行了检查与调研，与基地所在地的科协领导、基地负责人、科技人员、科技辅导员进行了座谈。另外，对近 200 名中小学生和基地负责人发放了调查问卷，围绕基地开展科普教育的基本情况、创新与经验、困难与成就和今后的需求，以及对开展科普活动建议等方面的基本情况进行了了解。

此外，各省、自治区、直辖市纷纷开展命名"青少年科技教育示范学校"的工作，截至 2000 年 11 月，已有 23 个省、自治区、直辖市开展了命名工作，青少年科技教育示范学校总数已达 1 073 所。

中国科技会堂

地　　址　北京市复兴路 3 号
邮政编码　100038
主页网址　http://www.chst-hotel.com.cn
电　　话　010-68518822
传　　真　010-68575611
总 经 理　牛政斌
副总经理　李世军

单位简介

中国科技会堂成立于 1983 年 3 月，原名北京科技活动中心，是一个以接待国内外科技学术活动和各类大中型会议为主的多功能、综合性的科技活动场所。

会议中心备有各种规格会议厅室，其中 600 座的学术报告厅有 6 种语言同声传译系统，备有现代化音响及多媒体投影设备；300 座的演播厅，有先进的视听、声像播映设备；18 个不同规格的会议厅、室，能满足举行会议、新闻发布、学术演讲、商务洽谈以及文艺演出、电影放映等多种需要。会议中心一层有 1000 平方米的小型展厅，可以满足会议配套服务和展示科技成果。

设有标准客房、豪华标准客房、商务套房 240 套，内部设施齐备，服务周到；装璜典雅、风格各异的餐厅、宴会厅 4 个，可提供会议餐和粤、川、鲁等不同风味的零点菜肴；可以提供快捷的通讯传真服务、商务自助设施，使宾客备感方便；有康乐设施，为科技团体和科技工作者在工作之余提供良好的生活娱乐活动场所。

主要机构有：总经理办公室、人事部、计划财务部、公关销售部、餐饮部、客务部、会议展览部、采购供应部、工程部、保卫部、总务部、老干部处。

工作综述

全年共接待各类型会议 1200 多个。其中主要国际国内会议有：

1. 5 月 11～14 日，由生物工程中心主办的"生物技术国际周"会议。

2. 6 月 14～19 日，由国际婴幼儿汉字研究会主办的"首届国际婴幼儿汉字研讨会"。

3. 7 月 7～17 日，由国际教育资源网主办的"国际网络教育资源网大会"。

4. 8 月 16～21 日，由科技部主办的"亚太地区超常会议"。

5. 9 月 1～6 日，由罗阳公司主办的"中德双边稀土研讨会"。

6. 9 月 22～25 日，由中国化工学会主办的"中国化工学术研讨会"。

7. 10 月 10～14 日，由中国工程院主办的"ICETS2000 土木工程会议"。

8. 10 月 10～14 日，由能源学会主办的"2000 年工程大会（能源分会）"。

9. 10 月 19 日，由科技部主办的"中俄联合创新会议"。

10. 10 月 20 日，由北京市消防局主办的"第八届国际消防设备技术交流会"。

11. 10 月 21～25 日，由中国科学院主办的"第十五届亚太生物化学家与分子生物学家联合会"。

12. 10 月 27 日～11 月 2 日，由中国科协学会部主办的"国际科技影视会"。

13. 11 月 4～9 日，由《科技时报》主办的"2000 年国际科普论坛"会议。

在提高管理水平方面，做了以下主要工作：

1. 加强基础管理，提高经营管理水平。首先，在有关部门开展了以控制成本为主要目的的划小核算单位、缩短核算周期工作。通过划小核算单位、缩短核算周期，加强部门物资管理等措施，会堂经营成本得到较好的控制。其次，制定和完善了工作规范和岗位责任。各部门充分发挥其职能作用，内部建设有新的改善。第三，加强了考核和监督。建立部门经理每月工作述职制度。对促进部门间的工作沟通与交流，提高干部全面意识、完善考核有了初步的基础。

2．明确业务指导思想，全力以赴抓工作质量。建立窗口意识，把“为科技工作者服务，在科协建设‘科技工作者之家’的工作中发挥作用；为科协及科技部门服务，同时大力开发社会市场”作为会堂业务指导思想的核心。提出了“大力树正气；大力打基础；大力开发市场；大力推进改革；大力培养人才”的指导方针，开展了以提高服务和工作质量，改善硬件环境为中心内容的“形象工程”。在明确业务指导思想的同时，采取了相应措施开展经营工作，以提高经济效益。

中国科学技术咨询服务中心

地　　址　北京市海淀区学院南路86号

邮政编码　100081

电子信箱　cccst@public.cn.net

主页网址　http://www.chinaconsalt.com.cn

电　　话　010-62172055/62184930

传　　真　010-62172055

主　　任　陈　军

副 主 任　盛小列　李性慈

刊物及主编　《中国科技咨询》　主编　李　超

《金桥工程》　主编　李　超

单位简介

中国科学技术咨询服务中心（以下简称“中心”）是中国科学技术协会直属事业单位，成立于1981年7月，是国内最早建立的全国性科技咨询机构之一。

“中心”是中国科协从事科技咨询、直接为经济建设服务的科技实体。主要致力于技术推广、技术信息、技术服务和科技项目的咨询、论证、评估等工作。为适应市场经济的需要，近年来又在资产管理评估及法律咨询方面开拓了新的业务。“中心”以中国科协所属160余个全国性学会、协会雄厚的技术力量为后盾，以遍布各省市160个地方科技咨询中心以及其国内外合作渠道为依托，积极开展国内外科技经济交流合作活动，在科技与经济间广架金桥。10余年来，“中心”在促进科学技术转化为生产力，促进科技成果商品化、国际化和为国家重大项目提供论证、评估和决策咨询等方面做了大量工作。被评为北京市科技咨询信誉单位，多次受到有关方面的奖励，在国内科技咨询界有较大的影响。

工作综述

1．承办中国科协第七次咨询工作会议，明确了新形势下科协系统咨询工作的方向、目标、任务和发展战略，为科协系统广大咨询工作者在新形势下开拓创新，搞好科技咨询工作奠定了思想基础。

2．积极落实中国科协第七次咨询工作会议关于咨询工作信息化、产业化、国际化和现代化的发展战略，制定了具体措施和近期目标。截止2000年底，中国科协系统已有33个省市建立了因特网站，参加计算机联网的省市已由1999年的11个上升到25个，并实现了网上电子公务，完成了专家、项目、成果、供求信息数据库的设计和启动工作。

3．恢复和发展地区性咨询工作协作会，促进区域性咨询合作，探索发挥科协大团体优势的具体途径。召开了4次地区性会议，即华北片会、西部片会、中南片会、东北片会。

4．继续开展金桥工程活动，促进科技成果向现实生产力转化取得新进展。全国共立项5 748项，国家级立项259项，创效益125亿元，其中安徽省完成“金桥工程”项目1 554项，创经济效益32.8亿元，节约资金17.4亿元，并建立了联结全省17个地、市的金桥信息网，为全国“金桥工程”的实施作出了榜样。召开了第二届全国“金桥工程”总结表彰会，对105个优秀金桥项目，56个优秀组织单位和47个优秀组织者进行了颁奖。

5．重视对咨询机构和咨询人员的规范管理，推广有关省市先进经验，积极推进咨询业协会的建立。又有4个省、市由科协牵头成立了咨询业协会，即贵州省、江西省、青岛市、葫芦岛市。截至2000年底，已有15个省市由科协牵头成立了咨询业协会。

6．重视信息沟通、情况交流和政策指导，主动为地方咨询机构搞好协调服务工作。在中国科技咨询信息网上建立了由20多个省市咨询中心参加的网上电子公务系统，编辑出版了24期《中国科技咨询》内部刊物和6期《金桥工程简报》，还编印了《中国科协金桥工程概展》、《中国科协第七次咨询工作会议暨第二届全国金桥工程总结表彰会文件汇编》、《咨询管理高级培训班教学大纲》。

7．组织有关学会和专家围绕经济建设、科技进步和社会发展的重大问题开展研讨、论证，开展决策咨询工作。重点组织的《加快欧亚大陆桥北通道建设》、《黄河大柳树水利枢纽工程》、《太原—中卫铁路建设》、《山东菏泽地区经济发展》等大型决策咨询论证项目，得到了党中央、国务院领导和政府有关部门的重视。与中科院、清华大学合作开展的《知识与发展的研究课题》得到了各级领导及有关专业人士的认同。

8. 以经济建设为重点开展多种形式的咨询服务工作，促进科技与经济的结合。由中心具体承办的国际数据通信网络技术及应用展览会2000年已成功地举办了三届，该展览会已成为在中国举办的数据和多媒体通信领域中最具有专业权威性、规模最大的国际展览。

由中心承办的三届"全国技术创新项目交易洽谈会"累计的技术成交额达数千万元。与美国、德国、日本、俄罗斯等国的机构建立了技术引进方面的合作关系，为国内的企业和研究机构提供技术引进的咨询服务。

中国科协声像中心

地　　址　北京市海淀区学院南路86号
邮政编码　100081
电子信箱　kxav-lanjun@263.net
主页网址　http://www.cpst.net.cn/cpst/sxzx
电　　话　010-62172457
传　　真　010-62173848
副 主 任　孙东生　顾希峰

单位简介

中国科学技术协会声像中心（简称中国科协声像中心）是中国科学技术协会领导下的国家级音像出版社。

成立于1978年，是经国家新闻出版署批准的科协系统惟一的一家音像出版社，为差额拨款事业单位。编制25人。有3个处室（综合业务处、声像一室、声像二室）。

每年制作、出版音像出版物40～50部。获得国际、国家部委级各种奖项的片目有60余部。

工作综述

1. 12月，完成了中宣部和中国科协联合开展的科普大篷车下乡万里行活动的制片和送片任务（共制作光盘2万张、录像带3000盘）。

2. 4月，制作了《"崇尚科学文明 反对迷信愚昧"大型展览纪实》科普录像片。

3. 10月，制作了《世纪辉煌——诺贝尔科学奖百年回顾》多媒体光盘，并参与了中国历史博物馆展览的布展工作。

4. 6月，召开了中国科协系统声像工作研讨会，会上成立了科协系统科技声像协作网。目前网员单位有22个地方科协声像单位和7个开展声像工作较好的学会。全年网员之间有近百个合作项目，已完成30余个项目。

5. 与中国反邪教协会合作，制作反邪教声像制品并搜集有关资料。

中国农村致富技术函授大学

地　　址　北京市西城区北三环中路1号
邮政编码　100029
电　　话　010-62379323
传　　真　010-62379323
校　　长　向华明

单位简介

中国农村致富技术函授大学（简称中国农函大）是由中国科协技术协会于1985年主办的一所面向全国农村传授先进实用技术、培养农村技术人才的函授学校。建校以来，依托科协系统，建立了省、地、市、县级分校1500余所，先后培养了农村初中级技术人才500余万人。在中央组织部和中国科协的支持下，培训农村党员和基层干部300余万人，为农村技术进步和经济发展作出了贡献。曾荣获国家级星火奖和全国科普先进集体等称号。

工作综述

一、农村党员、基层干部实用技术培训工作取得了较好的成绩

主要表现为：各级领导重视，各地科协和组织部门的协作得到加强。经过培训的农村党员和基层干部带头学科技、用科技，率先致富并带领广大群众共同致富已成风尚。各地涌现出一大批先进党支部书记和基层干部，他们用自己的实际行动和模范带头作用，教育和团结广大群众，密切了干群关系和党群关系，促进了农村两个文明建设的发展。同时，通过这一培训工作的开展，活跃了基层科协的工作，促进了科协的发展。

全国农函大系统全年累计招生30余万人，总校直接招收学员113 482人，其中中级部30 257人、初级部83 225人，基本上完成了预定的目标。

二、举办西部生态环境建议面授培训班

在中国科学技术协会科普园（农函大培训基地）成功举办了第一期西部生态环境建设面授培训班，学员100人，初步实现了由单一函授向函授和面授并重的转化。在中国科协和国家林业局的大力支持下，联合中国林学会、中国农学会及中国生态学会，共同举办了西部生态环境建设骨干培训班。来自新疆、甘肃、陕西、青海、内蒙古、山西和北京等省（市、区）的近百名县乡党政领导、科协主席参加了培训。通过学习，使学员提高了认识，开阔了眼界，了解了西部开发和保护生态环境的重要意义；较为深刻地理解了国家关于退耕还林（草）的具体政策以及进行农业结构调整的意义、方针等，初步掌握了植树造林的有关技术。

三、开办中专学历教育

为完善办学层次，丰富办学内容，与中央电大联合开办中专学历教育。12 月初，召开了全国农函大系统开设中专学历教育工作会议，把开设学历教育提到了工作日程。

四、召开 2000 年全国农函大工作会议

此次会议总结 15 年的办学经验，提出了今后 5 年的主要任务和工作目标，继续坚持“实际、实用、实效”的办学原则和社会化的办学道路，完善办学层次，丰富办学内容，拓宽办学渠道，扩大办学规模，加强教学手段。会议还对在培训工作中做出突出成绩的分校和个人进行了表彰。

五、国际交流与培训取得进展

1. 与韩国东北亚科学技术财团合作为期五年的《爱心阳光培训计划》已正式签定实施合同，韩方每年无偿援助约 30 万元人民币帮助中国西部贫困地区培训技术骨干，每年 600 人。第一期培训预计在 2001 年 4 月份开班。

2. 与德国农业技术培训中心联合举办高级农业技术与管理培训，2000 年派出 25 人。学员通过学习、参观，不仅开阔了眼界，对德国生态环境建设、能源再利用以及环境治理的先进经验和成果有了感性认识，对实际工作有很好的借鉴作用。

六、中国科学技术协会科普园综合楼通过验收并投入使用

中国科学技术协会科普园 6 月通过验收并于 10 月正式启用。目前已建成综合楼等近 5000 平方米，具备一次接待、培训 130 人的能力。2000 年先后接待了“西部生态环境建设骨干培训班”、全国地方科协科普工作座谈会和科协系统科技馆建设工作座谈会等会议。

大众科技报社

地　　址　北京市海淀区学院南路 86 号

邮政编码　100081

电子信箱　dzkjb@public3.bta.net.cn

主页网址　http://www.cost.net.cn/dzkjb

电　　话　010-62174925/62178877 转 3219

传　　真　010-62174925

社　　长　陈家俊

副 社 长　吴开流　郭燕奎

总 编 辑　吴开流

副总编辑　舒化英

刊物及主编　《软件与光盘》　主编　吴开流

《科技新时代》　主编　吴开流

《中国科学美容》　主编　戴晓钟

单位简介

大众科技报社原名中国科协报社。中国科协报社 1992 年 12 月成立，《中国科协报》1993 年 1 月创刊。中国科协报社 1999 年 5 月更名大众科技报社，《大众科技报》1999 年 8 月正式出版。

主要机构设置为：办公室、总编室、记者部、编辑一室、编辑二室、经营部、广告部及《软件与光盘》杂志社等。

工作综述

1999 年 8 月 1 日，《中国科协报》更名为《大众科技报》。一年多来，在中国科协党组和书记处的领导和支持下，在机关各部门和社会有关方面的帮助下，大众科技报社在以往工作的基础上，坚持发展是硬道理的原则，经过全体职工的努力，报社工作迈出新的一步。

实行了干部制度改革、用工制度改革、分配制度改革等一系列改革措施，营造了新的工作氛围。报纸布局发生较大变化，原《中国科协报》每周两期，每期 4 版，黑白印刷，经过探索，《大众科技报》现已形成 8 版彩印的日报格局，同时主办 3 个期刊，出版了电子出版物，组织编辑了有关图书，初步实现了以主报为旗舰，以周刊、期刊、图书、电子出版物为战舰的小联合舰队的设想。报社认真坚持办报宗旨，版面得到社会的认可，一年来，各种报纸、电台、电视台、网站转载《大众科技报》的文章 145 篇，《大众科技报》先后有 15 篇文章在全国性评奖中获奖。一年多来，报社还先后建立了记者站、办事处、通联站等驻地方机构 35 个。

中国科技导报社

地　　址　北京市海淀区学院南路 86 号

邮政编码　100081

电子信箱　cstrs@mei.ceic.gov.cn

主页网址　http://www.crtrs.org.cn

电　　话　010-62173594/62185026

传　　真　62175871

主　　编　朱光亚
社　　长　刘　恕
副 社 长　蔡玉林
特约副主编　蔡德诚

单位简介

《科技导报》是1980年改革开放之初由著名华裔学者杨振宁倡议在美国创刊的，受到国内科技界、知识界的广泛欢迎。1984年在国内正式建社、复刊。1986年归中国科协主办。1991年改为月刊，正式成为中国科协的学术会刊。《科技导报》依托科协系统高智力群体，已成为组织科技界、学术界以及管理决策参谋层人士参与学术与政策问题研讨，推动决策科学化、民主化获得显著社会效益的一个高层次、高水平的智力投资阵地。在全国首届科技期刊评奖中，《科技导报》荣获综合类期刊一等奖；1998年被列入全国"百刊工程"。

工作综述

坚持探讨社会主义现代化的道路与方法；始终坚持以科技为主导、自然科学与社会科学相结合、勇于探讨实质性问题、突出前瞻性与先导性等特色；努力保持科学、严谨、求实、清新、平等的文风；积极倡导并力求在刊文中体现出百家争鸣的学术自由原则和创新性、突破性思维的精神，取得了良好的成绩。

1．坚持学术自由，发扬百家争鸣的精神，重点组织探讨我国现代化进程和科技进步中的重点、难点、热点问题。①有关重大工程项目及其技术经济问题的探讨，主要有拟建的京沪高速铁路和三峡工程建造中的有关问题。②配合中国科协学术年会，重点组织西部大开发稿件，会前（8期）集中刊出11篇相关文章。③加强了科学哲理和科研管理问题的研讨，特别是在弘扬科学精神、反对伪科学和发扬创新精神方面。④我国"三农"问题及其解决的思路。

2．加强与作者、读者特别是"两头"的联系。两院院士积极支持我刊的工作，已有周光召、王大珩、吴良镛、干福熹、殷鸿福、张新时、钱鸣高等16位院士在我刊发稿，大部分是主动投稿。约有20多位中青年博士在我刊发文。

3．积极参与网络宣传和其他宣传活动，扩大交流和影响。自1999年以来应邀入编了《中国学术期刊（光盘版）》和《万方数字网络系统数字化期刊群》。我刊在网上的文章多次被访问、下载，受到好评。

4．学术文章社会影响较大，受到各界重视。被转载摘登的文章在全国科技类刊物中位居前列。在4月收到的某信息分析中心的报告中，我刊居第六位。

5．继续被国家新闻出版署定为参与"百刊工程"的刊物之一。收到10余封受赠刊物单位来函以及其他科技工作者的函件，表示了他们对我刊的肯定和支持。

中国科协信息中心

地　　址　北京市海淀区学院南路86号
邮政编码　100081
主页网址　http://www.cpst.net.cn
电　　话　010-62172623
　　　　　010-62178877 转 5603/5632/5651
传　　真　010-62185042
主　　任　葛　霆

单位简介

中国科学技术协会信息中心是中国科学技术协会直属事业单位，成立于1992年，下设综合业务部、资源开发部、网络技术部和网络编辑部4个部门，主要任务是建设并维护中国科协计算机信息网络，开发信息资源，为科协系统做好信息服务。

工作综述

一、建设中国公众科技网，推动网络科普

1．8月，中国公众科技网再次改版，在原有"科学普及"平台的基础上，新开辟了"学术论坛"和"科技应用"两个平台。对原"科学普及" 平台也进行了调整，增加了"科普指南"、"科普社区"等时效性较强的栏目。目前，中国公众科技网有3个平台，开设一级栏目12个，二级栏目42个，三级栏目110个。中国公众科技网下设了"科学教育网站"、"中国科学技术专家网站"、"大众科技报网站"3个子网站，与"中国科技咨询网"、"中国农技网"、"北京科普之窗"、"网上科学馆"、"人民教育网"，以及上海市科协、贵州省科协等网站建立了联盟关系。

2．12月16日，中国公众科技网的"中国科学技术专家网站"正式开通。网站内容分为科学家主页和《中国科学技术专家传略》两部分。冯长根、胡亚东、张开逊等10位科学家发布了个人主页；由中国科协组织编纂的《中国科学技术专家传略》一期工程4编29卷内容已全部上网，共收录了1 252位科技专家的传略。

3．5月10日～8月16日，举办了"全国网上青少年系列科普活动——环境知识竞答"。期间有11600人次访问了中国公众科技网有关的科普知识栏目。

4．12月，承办了网上"诺贝尔科学奖百年展"。12月

16 日，在历史博物馆举办的“诺贝尔科学奖百年展”展览开幕的同时，中国公众科技网发布了网上展览，在展区还搭建了局域网，提供 10 台计算机供观众上网浏览。

二、开展国际合作，引进国外先进科学教育内容

1．2 月 23～28 日，为落实中国科协主席周光召同美国国家科学院签署的网上合作意向，信息中心领导及技术人员随中国科协考察团赴美洽谈，与美国国家科学院确定了网上合作的方式、内容、联系人和联系办法。

2．7 月 10 日，以美国国家科学院网上科学教育内容为主的“科学教育”网站正式开通，域名注册为 http://www.sedu.org.cn。网站内容主要有国内科学教育和国外科学教育两大部分，国内部分信息量 40 余万字；国外部分目前以美国科学教育为主，精选了配合美国国家科学教育标准的教材、出版物等，信息量近四十万字。教育部邀请中国科协信息中心参加中小学科学教育课程改革工作，在理论上给予指导。

3．10 月 19～22 日，邀请美国科学教育专家 DONNA CLELAND 女士到北京讲学，就美国国家科学教育标准的历史和背景、STC 课程设计和安排进行了全面的介绍，并示范了一堂小学四年级 STC 课程的教学（STC 是基于《美国国家科学教育标准》设计的从幼儿园到六年级的科学教育课程）。教育部、中国科协有关人员以及来自全国各地 100 名小学老师和科研人员参加了此次活动。将网上引进的美国及其他国家的先进科学教育内容翻译，编印了《国外科学教育理论与实践摘编》。

三、加强中国科协公务网建设，推进办公自动化进程

1．4 月，完成中国科协机关电子公文系统模型开发工作，在中国科协办公厅秘书处试运行，10 月完成了第三版的开发与修改。

2．9 月 11 日，中国科协因特网发布系统正式开通，有 90 个全国性学会和 13 个省、直辖市、自治区科协和 11 个中国科协直属事业单位在中国科协因特网站发布了主页。

3．12 月，完成中国科协计算机信息网站改造。一是微波接入改造为光纤接入；二是接通与电信连接的 DDN（256K）专线；三是安装了防火墙系统，提高了网站安全防范能力。

中国科协厂矿科协协作中心

地　　址　北京市海淀区学院南路 86 号

邮政编码　100083

电子信箱　ckkx@btamail.net.cn

电　　话　010-62174953/62174943/62178877 转 3201/3202/3204/3208

传　　真　010-62174953

主　　任　赵有利

副 主 任　王志舜

刊物及主编　《厂矿科协》　主编　赵有利

单位简介

中国科协厂矿科协协作中心是中国科协直属事业单位，是全国企业科协的联合体。有一大批大中型企业科协为理事或成员单位，团结联系全国 1 万多家企业科协。坚持面向企业、面向企业科协、面向企业科技人员，为促进企业技术进步和企业科协事业发展服务。主要业务工作包括：信息服务、基金服务、科技协作服务、编辑发行服务、培训联谊服务和国际交流服务。

工作综述

一、举办“振兴国企专家论坛”活动

在广东、江西、山东等地成功举办了 6 次专家论坛活动，邀请有关专家学者参加，上千名企业科协代表参加。根据各地的要求，把这项活动辐射到各地的企业。

二、做好建“家”工作，发挥桥梁纽带作用

与组织人事部联合召开了企业科协建“家”工作座谈会。会议中心议题是研讨新形势下企业科协建“家”工作的总体思路、主要内容、工作措施。中国科协书记处书记宋南平出席会议并作讲话，来自宝钢集团科协、齐鲁石化集团科协等 10 家大型企业科协负责同志参加了座谈会并发言。

三、基金工作有了新的进展

为促进企业科协事业发展，于 8 月召开了中国厂矿科协发展基金工作会议。会议总结了专项基金 1999～2000 年度的工作，传达了基金总会有关精神；交流专项基金开展活动情况经验，研究第三届全国企业科协创业奖有关事宜。开展了 10 余次专家讲座活动，为企业技术创新提供大量的信息和新知识。

四、召开 2000 年年会

2000 年年会贯彻中央国有企业改革和西部大开发战略精神，落实中国科协建“家”工作意见，交流在新形势下如何进一步做好企业科协工作。中国科协书记处书记徐善衍到会讲话，对企业科协工作提出要求。各企业代表带去 300 余项目在会上展示，有些省市科协与西部企业相互了解建立了联系。

五、举办第三届全国企业科协通讯员培训班

8 月，与普及部在黑龙江黑河市共同举办了第三期“全国企业科协通讯员培训班”。来自全国各企业科协的通讯员和有关省市科协主管企业科协工作的负责同志100余人参加。

六、围绕“讲、比”活动，促进企业高新技术成果的推广转化

与普及部合作，以广大企业科协为依托，以“讲、比”成果为重点，对“讲、比”活动中具有较好经济效益和推广价值的项目筛选，挑选了200多项技术含量高、推广价值大、应用领域广的技术成果向企业和社会推广，并编辑出版了《讲比成果汇编》。根据西部省份的要求，组织东部地区企业科协200多项技术项目和科技成果开展成果发布、洽谈。在调研基础上，重点选择5个课题，组织专家开展咨询、诊断活动，帮助企业进行技术诊断、技术攻关、提高企业技术创新能力和经济效益。

七、开展国际企业民间科技交流活动

为发挥中国科协国际民间科技交流主代表的作用，一年来，与国际部、中促会等有关外事部门、单位合作，开拓为企业和企业科协开展国际科技交流活动的渠道。与日本、韩国有关科技团体和组织进行了接触和会谈，达成了企业间交流与合作的议向。为中促会赴日研修工作积极推荐企业科技人员，积极选派企业科技骨干赴香港培训，受到广大企业和企业科协的欢迎。

八、继续办好《厂矿科协》和《中心通讯》，为企业科协及时提供信息，做好服务工作

《厂矿科协》刊物是中国科协面向企业科协，以探讨、交流和指导企业科协工作为主要内容的惟一的全国性月刊。坚持超前性、指导性和实用性的办刊方针，2000年开辟了建“家”园地、厂会协作、企业视点栏目等，在工作指导、经验交流、热点和难点问题探讨、科普信息服务等方面发挥了作用。

中国科协农村专业技术服务中心

地　　址　北京市海淀区学院南路86号
邮政编码　100081
电子信箱　china.nix@263.net
主页网址　http://www.china-njx.com
电　　话　010-62174954/62173036/68977504
传　　真　010-62173036
副 主 任　周俊秀
刊物及主编　《中国农村专业技术》杂志
主编　周俊秀

单位简介

为了加强农村专业技术协会以及农村专业技术普及、推广、示范等工作，1997年8月18日，正式成立了中国科协农村专业技术服务中心。下设综合办公室、技术部等机构，与中国农技协秘书处合署办公。

工作综述

一、开展实用技术培训和科普报告活动，通过技术培训进行科学技术的普及推广

1. 与中国农技协和山东寿光科协举办6期蔬菜大棚新技术培训班，培训3 000多人。

2. 应新疆乌鲁木齐县科协（科委）要求，对全县200多名乡镇领导干部、农技协技术骨干进行培训。

3. 与河北省沧县县委、县政府于9月21～23日在沧县举办枣类精品及冬枣技术培训班，吸引了宁夏、江苏、山东等11个省、自治区、直辖市的48名代表及沧县各乡镇分管农业科技的领导、技术人员参加了培训。

4. 10月18日，与中国农技协在山西吕梁开展科技扶贫活动之际，举办了以“配合农业结构调整，重点发展特种养殖业”为主题的科普报告会。

二、建立农业产业化技术推广经营示范基地，通过技术示范，进行科学技术的普及推广

联合中国农技协于1999年底制定了《中国农技协“农业产业化经营技术示范基地条例”（试行）》。建立示范基地10个，涉及到种植、养殖、食用菌等。这些基地不仅是相关技术的推广中心，还逐渐成为协会的培训中心、示范中心、科普教育中心。

免费为贫困农户提供优质水稻、大豆、花生、蔬菜、瓜果及小杂粮种子达7万公斤，价值30多万元；进行技术培训达1200多人次。

三、举办实用技术展览交流和推广活动，通过技术交流与引进进行科学技术的普及

1. 与中国农村专业技术协会联合主办的2000跨世纪全国兔业产品技术交流交易会于3月27日在北京怀柔召开。来自全国21个省、市、区的693人参加了会议。会议进行了广泛的技术、信息交流及招商引资、商贸业务，受到广大兔业企业和场户的欢迎。9月中旬中国农技协兔业办公室在西安召开的西部兔业发展研讨展示大会，来自全国的参会人员及旁听者达到800多人。

2. 为贯彻落实党中央西部大开发战略，于7月23～26日中国凉山彝族国际火把节期间，与中国农村专业技术协会、中国海外经济合作总公司联合主办了2000中国凉山彝族国际火把节西部开发农业产品与技术精品展示交流会。来自全国11个省、市、自治区的31家参展单位、厂商展示了各自的技术和成果。

3．与中国农村专业技术协会、中国科协农村专业技术服务中心发文，推荐实用技术项目20项。

中国科协机关服务中心

地　　址　北京市海淀区学院南路86号
邮政编码　100081
电　　话　010-62173040/62178877转3814
传　　真　010-62173040
主　　任　董金山
副 主 任　吴海洋

单位简介

机关服务中心成立于1986年，由机关行政处和科普出版社后勤联合组建，由办公厅主管，为厅属事业单位。随着深化改革和工作需要，1999年经科协党组、书记处批准成立组建服务中心，归口办公厅管理。

工作综述

为中国科协机关和各直属单位提供后勤服务，重点工作有5个方面：①办公服务；②会议服务；③车辆服务；④具体后勤服务；⑤食堂招待。

科学普及出版社

中国科学技术出版社（副牌）

地　　址　北京市海淀区中关村南大街16号
邮政编码　100081
电子信箱　psp@public.east.cn.net
电　　话　010-62173841
传　　真　010-62175982
社　　长　李　士
副 社 长　颜　实　张国平
代总编辑　颜　实

刊物及主编　《知识就是力量》　主编　曹嘉晶
《科学大观园》　主编　赵震东
《家用电脑与游戏》　主编　赵震东

单位简介

科学普及出版社（暨中国科学技术出版社）是中国科协直属的国家级出版单位。以编辑出版各学科不同层次的科普图书、科技专著和科普期刊为主要任务,成立于1956年。

1956～1961年社长夏康农，副总编辑王天一（1956～1957年）、贾祖璋（1958～1961年）；1962～1964年领导小组组长王麦林；1964～1967年社长金默生，副总编辑贾祖璋；1978～1979年领导小组组长高岚，总编辑郑公盾；1980～1982年社长汪浩，总编辑郑公盾；1983～1984年社长王麦林，副总编辑陈蕴山（兼）；1984～1985年社长王麦林，副总编辑矫永平；1986～1989年社长岳家俊，副总编辑戴生寅（兼）；1989～1994年1月社长文祖宁，总编辑吴之敬（1990～1991年），金涛（1991～1993年）；1994年1月～1998年7月社长金涛，总编辑金涛（兼）；1998年7月～2000年1月社长周凯宁，总编辑李士；2000年1月～2000年12月社长李士，总编辑李士（兼）；2000年12月～2001年3月社长李士，代总编颜实。

弘扬科学精神，普及科学知识，传播科学思想和科学方法，为广大科技工作者服务向各行业、不同文化程度的广大读者普及科学知识和先进技术，为提高全民族的科学文化素质、造就科技人才服务是科普出版社的办社宗旨。成立45年来，已出版各类科普和科技图书3万多种，总发行量达6亿册以上，平均年出版新书500种。2000年码洋首次突破1亿元。经过多年的努力，科普出版社以出版科普、科幻，宣传马克思主义唯物论、无神论，宣传“四科”精神及高水平的学术专著等基础性、战略性、前瞻性、实效性和创新性的图书著称。

一、内设机构

1．职能部门：社办公室、计划财务部、总编室、服务管理部。

2．生产发行部门：生产管理部、出版科、储运科、校对科、发行部。

3．编辑部门：生命医学室、生命农业室、文化生活室、技术科学室、少儿科普室、教育科学室、美术装帧室、第九编辑室、科技人物传略编辑室。

二、多种经营及企业

深圳东方科技服务公司、思达尔有限责任公司、科普劳动服务中心、科普汽修站、海德口腔门诊部、野三坡科苑旅行社、工商银行白石桥储蓄所（与银行联办）、科普出版社广州书刊部。

工作综述

为适应新世纪科技发展的需要，适应市场的变化，以“无论是一大步，还是一小步，时时注意推动科技进步”

为出书原则，注重选题的超前性、权威性和科学性，努力占领科技图书的制高点，寻找普及读物的切入点，把握畅销书的热卖点，发掘重印书的闪光点。近期推出的精品书，如宣传科学精神、科学思想、科学知识和科学方法的《院士心迹》、《厚望与期待》、《回顾与展望》、《世纪辉煌》；宣传马克思主义唯物论、无神论的《崇尚科学，破除迷信》、《“法轮功”歪理邪说剖析》等挂图及出版物；宣传21世纪科学教育的《面向全体公众的科学》、《科学教育改革蓝本》、《科学素养的基准》、《阅读的革命》等科学教育的教材教辅；宣传普及科学知识的《中国科普文选》、《轻松电脑》、《新世纪科普知识读本》等有一定影响的图书，被新闻媒体称为科普出版的“皇家”出版社。有2种图书被列为“十五”国家重点图书出版规划；5种图书被列为国家教育部教材目录；40余种图书被教育部列入《2000年中小学图书馆推荐书目》，有十几本图书获奖。

配合中央宣传工作的要求，参加了由人民日报社、中国科协等单位主办的“崇尚科学，破除迷信科普知识竞赛”活动的筹划和命题工作，同时为配合竞赛活动出版了《崇尚科学破除迷信科学知识读本》。采取向广大中小学生征集问卷，由两院院士亲自回答的方式，精心策划出版了《心迹——中国院士实话实说》一书，在社会上反响很大。

为适应科技飞速发展，学科交叉与渗透的趋势，对编辑室设置进行了战略性结构调整，从“大科学”的角度考虑问题，并按生命科学、信息科学、技术科学、教育科学、少儿科学、文化科学等学科领域设置编辑室，加强整体优势的集成，提高编辑与飞速发展的科学“相适应”及“对话”的能力，与国际科技出版竞争的“资格”能力，跟上世界科技出版发展的步伐。

中国国际科技会议中心

地　　址　北京市海淀区学院南路86号
邮政编码　100081
电子信箱　hejianl@public.bta.net.cn
主页网址　http://www.ciccst.org.cn
电　　话　010-62174951/62173324
传　　真　010-62180142
主　　任　何　建
副 主 任　张晓林
秘 书 长　吴甘美

单位简介

80年代初，在一批老科学家的积极要求和倡导下，经国务院批准，中国科学技术协会于1984年成立了全国第一家专门承办国际会议、开展民间国际科技交流的专业化机构——中国国际科技会议中心。

中国国际科技会议中心是中国科协领导下为在中国召开国际科技会议和开展国际科学技术交流活动服务的非营利性机构。通过国际科技会议和国际科技交流活动，促进科协及其所属各学会与已加入的国际组织和世界各国科技团体、科技工作者之间的学术交流与合作。

配合中国科协所属160多个全国性学会，以及有关政府部门、社会团体，组织并接受国内外机构委托承办各种类型的国际学术会议、培训班、科技交流访问、科技展览等活动，达到开展国际民间专业交流和跨学科交流的目的。

开展工作的具体方式主要有两大类。一方面充分利用外联宣传渠道、外语人才优势以及资金、外汇账户等有利条件积极主动地帮助、支持学会及有关单位争办国际组织的系列性会议在华召开。另一方面利用丰富的经验，人员优势和各种便利条件积极、灵活地配合学会和有关单位，根据国际组织的条件和要求，组办好各种类型的学术活动。

工作综述

参与组织承办影响面较大的国际会议包括：第十三届世界氢能大会、第十六届行为发展心理学大会、世界计算机大会、国际工程科技大会。

接待国外科技专业自费交流团，在学术探讨、实用技术交流、项目合作、经济效益等方面也都起到了积极的作用。交流层面涉及到理、工、农、医以及跨学科、教育、管理等各个领域。主要特点是代表团在华停留时间长，交流方式灵活；成本低，获取信息技术时效性强；易于增进双方了解，开辟了长期双边合作的渠道。除配合科协所属学会筹办国际会议外，还与有关学会、社会团体、政府部门就国内的社会发展、经济建设、科技发展的重点课题和热点问题，共同发起和主办多边和双边的国际会议，如连续举办三届中美工业、经济和技术发展研讨会、三届国际肝病学研讨会、四届中美教育研讨会等。

全年共承办各类型国际会议15个，科技展览6个，接待专业交流团9个。

中国对外应用技术交流促进会

地　　址　北京市北三环中路1号中国科技馆5层
邮政编码　100029
电　　话　010-62057003/62371177转2501/2555

传　　真　010-62380267
主　　任　姚义贤
副 主 任　王晓涛

单位简介

1984 年成立的原“中国科技交流促进会”，在 1987 年经中国科学技术协会批准，改称为“中国对外应用技术交流促进会”（以下简称中促会）。是中国科学技术协会领导下的直属事业单位，也是国家认定的向国外派遣进修人员的组织之一。

机构组成：办公室；第一业务处（拟改称为亚非部）；第二业务处（拟改称为欧美部）；第三业务处（拟改称为培训部）；第四业务处（拟改称为开发部）；财务处（拟合入办公室）。

工作综述

6 月 22～25 日，在新疆召开有国家外专局领导及 22 个省、市、自治区科协国际部负责同志参加的 2000 年进修生选派工作会议暨 2001 年技能生名额分配会议。

12 月，国家外专局对具备出国培训工作的单位进行了资格重新认定。中促会顺利通过审核，再次获得了对外培训的资格，是全国 20 家具有向境外派遣人员培训资格的单位之一，有效期为 5 年。

清理整顿了中促会国内投资中的不良投资项目和对外借款，已收回外部欠款 4 万元，收回对外投资款 14 万元；撤销公司清理财产 5 万多元。与有关公司做出了分期还款的计划并签订了相关协议，从而在法律上使我会脱离了无限责任的风险。

选派赴境外进修、考察团组 8 批、410 人次。其中赴日长期研修生 210 人；赴德进修人员 83 人；共组织短期出国培训团 6 个，分别赴德国、加拿大、美国、香港等国家和地区进行了培训，共计 117 人；同时根据工作需要，组织了 2 次赴日考察团组，计 47 人次。

中国科协新技术开发中心

地　　址　北京市海淀区学院南路 86 号 3313 室
邮政编码　100081
电子信箱　ntdccast@public.east.cn.net
电　　话　010-62173701/62170166/62170167
传　　真　010-62173701/62174946
副 主 任　王　军　　赵　江

单位简介

中国科协新技术开发中心（以下简称“中心”）于 1985 年成立。主要机构：办公室（含财务）、展览交流部、对外联络部、项目合作部、交通工程部。

主要服务对象为从事国际民间科技交流与合作的外向型科技实体，以开拓、创新、求实、合作为宗旨。致力于高新技术的开发、推广和对外科技经济交流与合作，主办、承办、组织各种科技交流活动。以中国科协所属学会、协会雄厚的科技力量为后盾，以广泛的国际合作渠道为依托，开展国际民间科技交流合作活动，沟通国内外科、工、贸企业间的联系，促进科技成果的商品化、产业化和国际化，为海内外科、工企业，特别是民办、乡镇企业开展外向型技贸活动牵线搭桥。

工作综述

结合国家“九五”计划，抓住交通、能源、环境保护等课题立项，得到中国科协、铁道部、建设部、公安部、农业部、环保总局等部委的大力支持，并会同有关学会、协会共同举行。如举办 2000 国际轨道运输技术装备展览会暨学术研讨会、第二届国际温室工程及设施园艺技术展览会、2000 中国冰冷新技术/环保制冷/空调暖通展览会、2000 中国酒店设备、技术及用品展览会、2000 中国国际职业装展览会，以及组团参加在马来西亚举办的第五届国际电子元器件展览会，与北京市公安交通管理局共同组织北京市各交警支队科技人员赴新加坡进行交通管理方面的科技交流及考察等 7 项活动。这些展览会在技术、产品和学术等方面均代表了这些行业的发展水平，具有借鉴性、实用性和可行性；国内外展商的参展比例适当，具有可比性；展览为国内外行业之间的学习交流、技术合作、成果引进、推广新产品等方面提供了很好的场所。

中国科协继续教育中心

地　　址　北京市海淀区学院南路 86 号
邮政编码　100081
电子信箱　cast-cce@263.net
电　　话　010-62178877 转 3618
　　　　　010-68517214/68597478
传　　真　010-62178877 转 3618
理 事 长　刘　恕
副理事长　宋南平

主　　任　周凯宁
副 主 任　李彦捷

单位简介

1992 年中国科协继续教育中心成立，是中国科协直属自收自支事业单位。1992 年在国家人事部、中国科协联合发出的[1992]科协发学字 387 号《关于充分发挥科技团体在继续教育中作用的通知》文件中规定：凡报中国科协审核、批准的继续教育，经考核合格，颁发中国科协印制的《继续教育结业证》，列入人事部在全国试行的继续教育登记制度内容。面向广大科技工作者广泛开展继续教育工作，依靠中国科协所属全国性学会、协会、研究会通过举办学习班、研讨班、专门学术会议等形式，每年培训学员数千人。

工作综述

1. 召开 21 世纪继续教育论坛。8 月 18～24 日，会同清华大学继续教育学院、解放军总装备部继续教育中心、联合国教科文组织中国教席在北戴河召开 21 世纪继续教育论坛，出席会议的有赵忠贤院士等国内知名专家和有关领导，来自全国各地的继续教育工作者出席了会议。

2. 举办新闻宣传培训班。7 月 18～25 日，与河南省科协在郑州市共同举办“首届新闻宣传培训班”，来自河南省各地的 80 余位科协系统的专兼职宣传干部和学会、协会、研究会负责人参加。培训期间，进行了科技新闻作品写作技巧、现代科学技术基础知识、创新和创造力开发等有关方面的培训。

3. 举办科协工作创新研讨班。4 月 5～11 日，在北京举办科协工作创新研讨班 90 余人参加。研讨班对当前我国结构调整面临的国内外环境、创新与创造力开发、科技创新与高新技术产业化等内容进行了培训和研讨。

4. 举办医学创新继续教育研讨班。约 100 余人参加了研讨班，对医学创新的基本理论、思维方式与训练、技法与操作等内容进行了培训和研讨。

5. 组织并联合中国科协所属的 30 多个全国性学会开展继续教育培训工作，为 1 500 多名全国性学会会员及科技工作者颁发了国家人事部认可的继续教育证书。

6. 会同中国科学院心理所、中国心理卫生学会联合开展心理卫生知识讲座，120 余位学员在近一年的函授学习基础上，于 8 月份在北京参加了面授学习。

受中国科协组织人事部的委托，承担了由中组部、人事部和中国科协共同举办的“中国青年科技奖”初评的部分工作。通过计算机网络上网发布招生、聘用继续教育讲师团的信息，收到较好的效果。

中国科协科技人才交流中心

地　　址　北京市海淀区学院南路 86 号
邮政编码　100081
电子信箱　9651@china.com
电　　话　010-61287696/62189353
传　　真　010-62189355
主　　任　陶　镐
副 主 任　吴晓琦

单位简介

中国科协科技人才交流中心成立于 1987 年，是北京最早成立的人才交流中心之一。主要面向科技专业技术人员和科技企、事业单位，提供包括档案管理、职称评审、出国政审、社会保障、职业介绍、人才推荐等全套人事管理服务。

下属有北京科技旅行社和海南国际科技交流中心，通过组织承办国际、国内学术会议、展览，安排专业参观、学术研讨、交流访问、考察培训，国内旅行、旅游，为单位、团体和社会提供服务。

工作综述

配合国家科技人才流动政策，为科技人员寻找最佳就业岗位牵线搭桥，提供信息服务。5 月配合“北京高新技术产业国际周”，举办中国跨世纪科技创新人才交流大会，提供就业信息上万条，为数百名科技人员找到了就业岗位，取得了良好的社会效益。

依托国家社会保障体系逐渐建立完善的大背景增加服务项目，完善服务功能，为流动科技人员建立了社会保险账户，解决了他们的后顾之忧，同时也使服务质量和服务功能上了一个新台阶。

中国科学技术发展基金会

地　　址　北京市西城区车公庄大街 6 号院 3 号楼 565-571
邮政编码　100044
电子信箱　cdfst@163bj.com
电　　话　010-68001834/68002251

传　　真　010-68001834

理 事 长　高　潮

副理事长　徐善衍

秘 书 长　陈一雄

副秘书长　臧晋平

单位简介

中国科学技术发展基金会于 1988 年 4 月 19 日经中国人民银行批准，在民政部社团管理司登记注册正式成立，名称为“中国科协振华基金会”。1991 年 9 月 13 日经中国人民银行批准正式更名为“中国科学技术发展基金会”。

设立了詹天佑铁道科技基金，药学发展基金，茅以升科教基金，孙越崎科教基金，科技馆发展基金等各学科领域的专项基金。各专项基金设立了一批高水平的科技奖项并开展了形式多样的科技交流与科普活动。

机构组成：办公室、项目部、基金部、财务部。

工作综述

共资助专项基金 665 万元，用于表彰奖励科技人员 573 名，优秀集体 5 个，优质工程 21 项，优秀学生 264 人，优秀论文 174 篇，资助出版科技书刊 20 种，学术交流活动 2 个。

作为国际科学与和平周的主办单位之一，与国际科学与和平周中国组委会合作，组织承办了科学与和平周开幕式。开幕式上，国家领导人为 8 个专项基金 20 个奖项的获奖代表颁奖。活动期间，与北京 12 家科技文化场馆联合主办了科学文化系列展览，开展了学术报告等一系列科普活动。

开拓募集渠道，成功地设立了第一个企业永久性捐赠的专项基金——欧维姆预应力技术专项基金。

按照科技部《社会力量设立科学技术奖管理办法》的规定，统一申报符合设奖条件的奖项，目前已有 18 个基金的 20 个奖项上报待批。

按照安全、合法、有效的原则运作资金，使我会证券市场的资金运作取得了较好的收益，进一步壮大了基金实力。

大 事 记

大 事 记

1 月

1 月 3 日　　中国科协五届第七十七次书记处（扩大）会议召开，会议就常委会在五届五次全委会议上的工作报告和全委会议日程等进行讨论和研究。

1 月 5～8 日　　中国科协第五届全国委员会常委会促进自然科学与社会科学联盟专门委员会召开专家座谈会，研究在继续深入持久地开展“捍卫科学尊严、破除愚昧迷信、反对伪科学”论坛活动的基础上，面向社会加强科学精神、科学思想和科学方法宣传的总体思路。

1 月 6 日　　中国科协五届第七十八次书记处会议召开，会议就中国达门公司改制和上海众达实业投资有限公司股权转让等问题进行研究。

1 月 7～9 日　　第七次咨询工作会议暨第二届“金桥工程”总结表彰会在北京召开，中国科协主席周光召，副主席王连铮、左铁镛、刘恕、张玉台，书记处书记徐善衍、张泽出席会议。

1 月 10 日　　中国科协副主席刘恕代表中国科协出席重庆市群团工作会议并讲话。

1 月 11 日　　中国科协第五届全国委员会常务委员会第十五次会议在北京召开。会议审议并通过了《关于变更中国科协全国委员会委员的报告》、《关于对中国数学会等 25 个全国性学会进行表彰的决定》及《关于召开中国科协第五届全国委员会第五次会议的决定》；审议了五届五次全委会议议程及五届常委会向中国科协五届五次全委会议所作的工作报告；听取了《关于 1999 年未能开展评选、表彰“全国优秀科技工作者”工作的情况报告》、《中国科协五届常委会促进少数民族地区科技发展专门委员会工作汇报》及中国科协五届常委会促进企业技术进步专门委员会的《关于山东省四个国有大型企业的调 9 研报告》；审阅了中国科协五届常委会促进继续教育专门委员会汇报材料，并就有关问题进行了讨论。

1 月 13 日　　全国政协副主席、中国农村专业技术协会名誉理事长杨汝岱听取中国农村专业技术协会关于换届工作的汇报。

1 月 14 日　　中国科协副主席王连铮代表中国科协出席青藏高原科学考察 50 周年及中国青藏高原研究会成立 10 周年大会。

1 月 22 日　　中国科协主席周光召，副主席、书记处第一书记张玉台会见香港恒基（中国）投资公司主席李家杰。

1月24～26日　中国科协第五届全国委员会第五次会议在北京举行。中共中央政治局委员、书记处书记、国务院副总理温家宝到会作重要讲话，中国科协副主席、书记处第一书记张玉台代表常委会作工作报告，中国科协主席周光召在闭幕式上讲话。会议审议并通过了关于常委会工作报告的决议；审议并批准常委会关于变更全国委员会委员的报告。会议期间，中共中央政治局委员、国务院副总理钱其琛，国家计委副主任汪洋应邀分别就国际形势、经济形势和"九五"、"十五"计划执行、编制情况作相关报告。会议对中国科协第二届先进学会进行了表彰。

1月24～27日　中国农村专业技术协会第二次全国代表大会在北京召开，王连铮当选为协会理事长。

1月30日　中国科协在河北省安国市石佛镇开展"破封建迷信、树文明新风"为主题的科技下乡活动，书记处书记常志海出席并讲话。

2月

2月1日　中国科协五届第七十九次书记处会议召开。会议就建立中国科协荷泽科普示范园等问题进行研究。

2月15日　第十届科技扶贫团赴山西吕梁。

2月15～19日　中国科协党组召开务虚会议，围绕科协干部队伍改革和发展、2000年工作等问题进行研究和讨论。

2月16日　中共中央书记处听取中国科协党组关于1999年工作情况的汇报和2000年工作安排的请示并做重要指示。

2月16～18日　韩国东北亚科技协力财团代表团来华访问，中国科协副主席刘恕、书记处书记张泽等会见韩国客人。

2月21～23日　2000年减轻自然灾害学术研讨会在北京中国科技会堂举行。由中国科协主办，涉及地圈、水圈、大气圈及火灾灾害的17个全国性学会、协会参加。会议通过大会报告并以分组交流的形式对1999年我国灾害发生情况进行了总结回顾，并对2000年气、水圈，地圈灾害和火灾发生趋势预测及防治措施进行了研讨。专家组与组委会编纂《2000年减轻自然灾害白皮书》，上报中央、国务院及政府有关部门。中国科协副主席李振声、曾庆存分别担任专家组正、副组长。李振声副主席出席开幕式并致开幕词；曾庆存副主席出席闭幕式并讲话。

2月22～28日　应美国全国科学院邀请，中国科协书记处书记徐善衍率代表团访问美国。双方就开展网上科普材料共享合作事宜进行会谈并签署了合作意向书。

2月26～27日　中国硅酸盐学会第六次全国会员代表大会在北京召开，中国科协副主席孙大涌出席会议并讲话，张人伟当选为学会理事长。

2月29日～3月1日　全国企业科协工作研讨会在北京召开。中国科协第五届全国委员会副主席、常委会促进企业技术进步专门委员会主任孙大涌出席会议。中国科协副主席、书记处第一书记张玉台，书记处书记徐善衍出席并讲话。

3 月

3 月 1～2 日　　中国制冷学会第五次会员代表大会在北京召开，中国科协书记处书记宋南平出席会议并讲话。何济海当选为学会理事长。

3 月 2 日　　中国科协五届第八十次书记处（扩大）会议召开，听取中国科学技术馆二期工程建设和开馆等情况的汇报，并就有关问题进行了研究。

3 月 15～16 日　　中国科协第五届全国委员会常委会科技工作者道德与权益工作委员会召开专门会议，就学术论文发表过程中的相关问题进行研究。

3 月 15～20 日　　中国科协副主席孙大涌率中国科协代表团赴马来西亚参加第十一届亚太地区工程学会联合会（FEISEAP）大会。

3 月 18 日　　中国科协第二届全国委员会副主席、荣誉委员、原党组书记、第六届全国政协常委裴丽生因病在北京逝世，享年 94 岁。党和国家领导人江泽民、李鹏、朱镕基、李瑞环、胡锦涛、李岚清等分别以不同方式对裴丽生逝世表示哀悼。3 月 28 日，李岚清、温家宝及首都各界人士近千人前往八宝山革命公墓送别裴丽生同志。

3 月 20 日　　中国核学会与中国原子能工业公司、北京对外经济贸易委员会共同主办的第六届核工展在北京举行，刘华清、朱光亚等领导同志出席了开幕式。

3 月 21 日　　中国科协五届第八十一次书记处（扩大）会议召开。会议就 2000 年学术年会、科普示范绿化基地的建设和《中国科协发展战略研究》课题等问题进行研究。

中国科协第五届全国委员会常委会促进自然科学与社会科学联盟专门委员会召开第四次工作会议，审议并通过了《关于加强科学精神、科学思想、科学方法宣传的工作思路》、《“捍卫科学尊严、破除愚昧迷信、反对伪科学”论坛第七次研讨会“当代鬼神迷信的现状、流行趋势及对策”的筹备情况》，研究了该专门委员会近期的工作思路，探讨了如何深入持久地开展“捍卫科学尊严、破除愚昧迷信、反对伪科学”论坛活动的问题。委员会主任龚育之主持会议，副主任何祚庥、委员王夔等出席会议。

中国科协与中科院、浙江大学在北京举办纪念竺可桢诞辰 110 周年座谈会，中国科协副主席胡启恒、曾庆存出席了座谈会。

3 月 22 日　　中国科协主席周光召会见韩国科技总联盟主席崔亨燮。

3 月 22 日～4 月 3 日　　中国科协与中央文明办联合在北京举办“崇尚科学文明，反对迷信愚昧”大型科普图片展览。4 月 2 日，党和国家领导人江泽民、胡锦涛、李岚清及丁关根、李铁映、姜春云、温家宝、吴阶平、周光召、任建新、朱光亚等观看了展览。

3 月 23～29 日　中国科协书记处书记常志海赴澳门特别行政区参加第十七届全国青少年信息学奥林匹克竞赛颁奖活动。

3 月 24 日　中国科协与中国无神论学会共同主办“捍卫科学尊严、破除愚昧迷信、反对伪科学”论坛活动第七次研讨会，主题是“当代鬼神迷信现状、流行趋势及对策”。

3 月 24～30 日　中国科协主席周光召访问香港并出席“求是基金会”顾问执行委员会会议。

3 月 26 日　中国科技馆代表团一行 9 人赴台湾参加海峡两岸科技馆研讨会。

3 月 27 日　中国农技协主办的“2000 跨世纪全国兔业产品技术交流交易会”在北京召开，中国科协副主席、中国农技协理事长王连铮致开幕词。

3 月 27 日　中国科协机关开始集中时间开展处以上党员干部“三讲”教育“回头看”活动。

3 月 30 日～4 月 3 日　中国科协与联合国儿童基金会在甘肃省兰州市共同组织了“同伴教育者培训”，为实施“第二次教育机会”项目作准备。

4 月

中国仪器仪表学会名誉理事长王大珩、杨嘉墀、常务理事金国藩等 11 位院士提出关于振兴我国仪器仪表工业的建议。李岚清、吴邦国、温家宝三位副总理作了重要批示，批转国家计委、国家经贸委和科技部。两委一部共同决定委托中国仪器仪表学会和中国分析测试协会组织专家调研组在全国开展调研。

4 月 6 日　中国科协第五届全国委员会常务委员会第十六次会议在北京召开。会议传达、学习了中央书记处听取中国科协党组汇报时中央领导同志的讲话精神，审议并通过了《2000 年学术年会组织方案》，还就有关问题进行了讨论。

《中国科协领导干部诫勉制度》（试行）印发实施。

4 月 8 日　中国科协副主席、书记处第一书记张玉台会见在日本 SHARP 公司工作的中国学者。

4 月 12 日　中共中央总书记、国家主席江泽民为中国科技馆题词：弘扬科学精神，普及科学知识，传播科学思想和科学方法。

4 月 13 日　中国科协五届第八十二次书记处会议召开，会议就中国自然辩证法研究会换届和评选、表彰全国优秀科技工作者等问题进行研究，听取了负责审查的全国性学会清理整顿工作情况和中促会工作情况的汇报。

中国核学会第五次全国代表大会暨中国核学会成立 20 周年庆祝大会在北京召开，中国科协副主席庄逢甘出席会议。王乃彦当选为学会理事长。

4 月 14 日　中国国土经济学研究会发起开展的“石林杯”全国青少年保护资源“今日行动”在京举行启动仪式，全国人大常委会副委员长王光英、全国政协副主席赵南起出席仪式。

4 月 14～18 日　中国科协主席周光召出席在北京举行的由国际科学理事会环境问题委员会（SCOPE）第四十二届扩大的执委会的促进生态发展迅速地区的技术转移、规划与管理研讨会，并在开幕式上致欢迎词。

4 月 15 日　中国计算机学会七届一次理事会议在北京召开，唐泽圣当选为学会理事长。此前，学会以通讯方式召开了第七次全国会员代表大会。

4 月 16～26 日　应日本发明协会、韩国科技部的邀请，中国科协书记处书记宋南平率青少年科技教育代表团一行 8 人赴日本、韩国访问考察。

4 月 20 日　中国科协五届第八十三次书记处（扩大）会议召开，会议就贯彻落实国家实施西部大开发战略有关问题进行研究，讨论了《关于实施“西部科普工程”的意见》和《关于西部开发智力之光行动初步框架方案》。

4 月 21 日　中国科协副主席胡启恒会见香港工程师学会资讯科技部访京团。

4 月 22 日　中国科协副主席王连铮出席国际传统医药大会。

4 月 28～29 日　中国科协和京港学术交流中心共同主办，中国电子学会、中国计算机学会、中国通信学会参加协办的“资讯科技产业论坛”在香港会议展览中心隆重举行。全国政协副主席、中国电子学会会长胡启立发了贺函。中国科协书记处书记徐善衍、中国工程院副院长朱高峰作为主要嘉宾出席开幕式。论坛邀请全国人大常委会副委员长、中国科协主席周光召，全国政协副主席、中国工程院院长宋健，全国政协副主席胡启立出任荣誉顾问，并为论坛题词。邀请科技部部长朱丽兰、中国科学院院长路甬祥、香港特区政府行政长官董建华及资讯科技界知名人士出任顾问。

4 月 27～30 日　中国生态学学会第六届全国会员代表大会在江苏扬州召开。李文华当选为学会理事长。

4 月 29 日　中国科学技术馆二期工程新展厅开馆。中共中央政治局委员、书记处书记、国务院副总理温家宝参观了新展厅，中共中央政治局委员、北京市委书记贾庆林，全国人大常委会副委员长、中国科协主席周光召，全国政协副主席钱正英，中国科协副主席王连铮、张玉台等出席开馆仪式。

《中国科协领导干部任前公示制度》（试行）印发实施。

5 月

5 月 1 日　《安徽省科学技术协会条例》正式施行。该条例于 3 月 27 日经安徽省人大常委会第十五次会议审议通过。

5 月 5～19 日　全国人大常委会委员长李鹏、中国科协主席周光召分别会见应中国科协邀请来访的著名农业专家 Norman Borlang、左天觉及世界银行农业研究磋商小组

（CGIAR）秘书长 Von der Osten 一行。中国科协副主席王连铮陪同 Borlang 一行考察了新疆、四川两省。

5月9日　中国科协书记处书记张泽在北京会见丹麦 Roskilde 大学 Erik W.Thulstrup 教授，双方就产学结合交换了意见。

5月10日　中国科协副主席刘恕出席庆祝苏联人民伟大卫国战争胜利 55 周年纪念活动。

5月13～15日　地方科协学会部部长座谈会在天津市召开，中国科协书记处书记常志海出席会议并就如何推动学会改革作讲话。

5月17日　中国科协书记处书记徐善衍会见应邀来访的日本茨城大学教授坂田文彦。

5月19日　中国科协副主席冯长根参加2000年北京科技周开幕式。

5月20日～6月3日　中国科协书记处书记张泽赴法国参加国际科学理事会科学计划与评审委员会会议。会后访问有关国际组织和法国的大学及研究单位。

5月23日　中国科协副主席冯长根参加北京市科协与北京电信共同举办的“学习与成才”网上聊天活动。

5月23～31日　中国科协与中宣部、科技部在京举办“让科学走近生活，让公众理解科学”大型科普宣传活动。

5月25日　中国科协发出《关于认真学习贯彻江泽民同志“三个代表”重要思想的通知》。

5月29日　中国科协副主席、促进沙产业发展基金管理委员会主任刘恕主持召开促进沙产业发展基金专题报告会——西部开发中农业现代化研讨会。

5月31日～6月1日　中国科协五届第八十四次书记处会议召开，会议就 2000 年经费预算、《工作人员奖励制度》和关于发行中国现代科学家纪念邮票等问题进行研究。

6月

6月2日　中国科协机关召开“三讲”教育“回头看”活动总结会。

中国科协书记处书记常志海会见香港地区电脑学会代表团。

6月3～9日　中国科协与中央宣传部、国家林业局、国家环保总局、中国绿化基金会以及西部 10 省、自治区、直辖市相关部门联合开展以“再造西部秀美山川”为主题的保护和建设西部生态环境的科普宣传活动。中国科协第五届全国委员会常委会普及工作委员会主任江泽慧、书记处书记徐善衍出席了在青海举办的启动仪式。

6月4～5日　中国地质学会第三十七届理事会第一次会议在北京召开，田凤山当选为学会理事长。此前，学会以通讯方式召开了第三十七届全国会员代表大会。

6月5～16日　中国科协副主席刘恕率中俄友协高科技合作研讨会代表团赴俄罗斯出席会议

并访问。

6月6～12日　中国科协副主席、书记处第一书记张玉台赴上海市、江苏省参加全国人大教科文卫委员会科普立法调研。

6月12～15日　中国空气动力学会第四次全国会员代表大会暨学会成立20周年学术研讨会在四川绵阳召开，张涵信当选为学会理事长。

6月14～16日　中国科协与中国作协在北京联合召开全国科普创作研讨会，中国科协主席周光召，副主席、书记处第一书记张玉台，书记处书记徐善衍，中国作协副主席、党组书记翟泰丰，中宣部副部长刘鹏出席会议并就新时期加强科普创作和科学文艺创作等问题讲话。

科协系统声像工作研讨会在北京召开，中国科协书记处书记徐善衍出席会议并讲话。会议通过了《科协系统声像协作网条例》。

6月17～21日　中国科协主席周光召、副主席胡启恒视察了沈阳市科协，出席以"科技、创新、未来"为主题的"第三届沈阳科技周"和"崇尚科学文明，反对迷信愚昧"科普展的开幕式。

6月17～29日　中国科协副主席、书记处第一书记张玉台率代表团赴德国参加世界工程师大会。会后，代表团访问了英国皇家学会、英国科学促进会、牛津大学等。访英期间，张玉台在英国帝国理工大学做关于中国科普情况的报告。

6月20日　中华医学会等6个医学学会共同参与承办的"捍卫科学尊严、破除愚昧迷信、反对伪科学"论坛活动第八次研讨会在北京举行，主题是"走出迷信误区、提倡科学养生"。

6月21日～7月7日　中国科协书记处书记常志海率中国科协代表团一行13人赴俄罗斯访问。

6月22日　中国科协书记处书记徐善衍在北京会见英国电机工程师学会会长 Malcolin Kennedy 和执行主任 Alf　Roberts。

7月

7月1日　《甘肃省科学技术协会条例》正式施行。该条例于5月26日经甘肃省第九届人大常委会第十六次会议审议通过。

7月3日　中国科协五届第八十五次书记处（扩大）会议召开，会议就编印《中国科协年鉴》和中国科技馆《儿童科学乐园展览设计方案》以及科技馆一期展厅改造等有关问题进行研究。

7月3～7日　中国科协副主席刘恕率代表团赴韩国访问，与韩国东北亚科学技术协力财团签署《中国科学技术协会与韩国东北亚科技协力财团合作协议书》。

7月4日　中国电影电视技术学会四届一次理事会议在北京召开，刘宜勤当选为学会理事长。此前，学会以通讯方式召开了第四届全国会员代表大会。

7月6日　人类基因组计划专家座谈会在中国科技会堂召开，中国科协副主席李振声主持会议，中国科协主席周光召，副主席、书记处第一书记张玉台出席会议并讲话。

7月11日　中国科协书记处书记宋南平出席“领导干部任职培训班”开班式并作动员讲话。

7月13日　中国科协第五届全国委员会常务委员会第十七次会议在北京召开。会议听取了中国科协书记处关于负责审查的全国性学会清理整顿工作情况的汇报、五届常委会科技工作者道德与权益工作委员会关于学术论文在国内外期刊上分别发表有关问题的情况汇报，通过了关于变更顾问的决定，听取了周光召主席对第三届“求是杰出青年奖”评审情况的通报。

中国科协第五届全国委员会常委会普及工作委员会在北京中国科技会堂召开2000年普及工作委员会会议。

7月16～22日　中国科协第五届全国委员会常委会促进企业技术进步专门委员会在贵州对发挥科技人员积极性、创造性，推进国有企业技术进步和产业结构调整情况进行调研，形成调研报告和建议，向中共中央、国务院作了报告。中国科协副主席、促进企业技术进步专门委员会主任孙大涌，中国科协常委、促进企业技术进步专门委员会副主任国林、孟纯绪等参加考察。

7月18日　2000 年调研工作座谈会在洛阳市召开。会议就《中国科协发展战略研究》大纲和关于开展科技工作者队伍现状、变化、心态和需求调查的构想和思路进行了讨论。中国科协副主席、书记处第一书记张玉台出席开幕式并讲话。

中国通信学会第五次全国会员代表大会在北京召开，中国科协书记处书记常志海到会并讲话。林金泉当选为学会理事长。

7月19日　中国科协副主席庄逢甘赴甘肃省视察科协工作。

7月23日～8月1日　中国科协主席周光召赴山东省视察工作，并作题目为《发展高科技，实现产业化》的报告。

7月27日　中国科协五届第八十六次书记处会议召开，会议讨论了《全国代表大会组织条例》，研究了中国光学会换届、科普示范绿化基地二期工程建设等问题。

7月30日　《关于推进我国国民经济信息化的若干建议》专家会议在中国科协科普示范绿化基地召开，中国科协副主席张玉台、胡启恒出席会议。建议上报国务院后，温家宝副总理作了重要批示。

8月

8月2～8日　日本发明协会青少年代表团一行8人和韩国科学文化财团代表团一行6人应

邀出席了在合肥举行的“第十届全国青少年科技创新大赛”活动，中国科协副主席、书记处第一书记张玉台会见了两国代表团。

8月3日　《中国科协工作人员立功受奖办法》（试行）印发实施。

8月4～7日　中国科协第五届全国委员会常委会促进少数民族地区科技发展专门委员会第五次会议在呼和浩特市召开。会议按照中央确定的西部大开发的战略部署，结合《中国科协关于实施“西部科普工程”的意见》，讨论了《关于少数民族地区科普工作的现状与建议》，研究如何进一步开展少数民族地区的科普工作。中国科协副主席、委员会主任旭日干，委员会副主任顾方舟、赵养廷出席会议。

8月4～9日　全国青少年科技活动领导小组（教育部、中国科协、共青团中央、全国妇联和国家体育总局五单位组成）和国家自然科学基金委员会共同主办的第十届全国青少年科技创新大赛在安徽省合肥市举行。中国科协副主席张玉台、刘恕分别出席开幕式、颁奖典礼和闭幕式。

8月5～7日　中国中西医结合学会第五次全国会员代表大会在北京召开，中国科协书记处书记常志海到会并讲话。陈可冀当选为学会理事长。

8月7～13日　中国科协主席周光召，副主席、书记处第一书记张玉台赴宁夏、甘肃等地考察工作。

8月10～11日　第二届海峡两岸青年科学家学术研讨会在北京中国科技会堂召开，中国科协副主席胡启恒、曾庆存，书记处书记徐善衍出席开幕式。

8月10～12日　中国科协与国家经贸委联合在甘肃金川有色金属公司召开“千厂千会协作行动”经验交流现场会，中国科协副主席、书记处第一书记张玉台，中国科协书记处书记常志海出席会议并讲话。

8月10～13日　中国兵工学会、中国劳动保护科学技术学会等单位在北京联合主办2000年安全科学与技术国际会议。中国科协副主席、北京理工大学副校长冯长根任大会执行主席。

8月15～16日　中国科协第五十一次青年科学家论坛在北京举办，主题为国家经济安全研究的分析技术。

8月15～20日　中国科协第五届全国委员会常委会青年工作委员会组织青年科学家科技报告团，赴四川绵阳中国工程物理研究院进行学术交流并作科技报告。中国科协副主席冯长根、中国科学院副院长白春礼等6人参加活动。

8月17～22日　中国科协副主席王连铮赴德国参加第三届世界作物科学大会，应邀主持19日上午的大会学术报告会，并于20日上午就中国农业的持续发展问题作了学术报告。

8月20～25日　中国科协副主席庄逢甘赴加拿大参加世界科学工作者联合会（WFSW）

第十八届大会并再次当选该组织副主席。

中国物理学会和北京大学联合主办的第十七届国际拉曼光谱学大会在北京召开。中国科协主席周光召发了贺信，中国物理学会理事长陈佳洱致贺词。诺贝尔物理奖得主朱棣文及6位国际著名学者作学术报告。

8月21～24日　中国科技史学会第六届全国会员代表大会暨庆祝学会成立20周年大会在北京召开，中国科协书记处书记宋南平出席会议并讲话。路甬祥、席泽宗当选为学会理事长。

8月21～25日　中国电子学会与中国计算机学会、中国通信学会联合承办的第十六届世界计算机大会在北京举行。国家主席江泽民出席大会开幕式并发表讲话，国务院副总理吴邦国担任大会名誉主席并主持开幕式，全国政协副主席胡启立和国际信息处理联合会（IFIP）主席Peter担任大会主席并出席开幕式。

8月22日　中国科协副主席胡启恒会见美国科学院院士、第十三届国际生命起源大会主席J. W. Schopf教授。

8月23日　中国科协主席周光召会见美国物理学会前会长Diesselhaus。

8月24日　九届全国人大常委会委员长李鹏，副委员长邹家华、王光英、布赫、吴阶平、彭珮云、何鲁丽、成思危、蒋正华和出席九届全国人大常委会十七次会议委员400余人到中国科技馆新展厅视察。中国科协主席周光召，副主席张玉台、胡启恒等陪同。邹家华、吴阶平分别为中国科技馆题词：“普及科技知识，建设伟大祖国”、“弘扬科学精神，强盛中华民族”。

8月25日　中国科协五届第八十七次书记处会议召开，会议就中国电源学会等10个全国性学会加入中国科协、中国科学技术期刊编辑学会换届和建立科学家陵园等有关问题进行了研究。

8月27～30日　中华医学会承办的第五届亚洲泌尿外科学术会议在北京举行。全国人大常委会副委员长、中国科协名誉主席吴阶平担任大会组委会名誉主席。

9月

9月1～3日　中国农村致富技术函授大学2000年工作会议在云南省昆明市召开，中国科协书记处书记徐善衍出席并讲话。

9月6日　九届全国人大常委会副委员长、《电脑报》顾问许嘉璐到重庆市科协及电脑报社视察工作。

9月11～14日　中国科学技术期刊编辑学会第四次全国会员代表大会在北京召开，丁乃刚当选为学会理事长。

9月14日　中国科协五届第八十八次书记处（扩大）会议召开，会议就2001年财务预算和中国有色金属学会、中国运筹学会换届等问题进行研究。

9月17～20日　2000 年学术年会在陕西省西安市召开，年会的主题为“西部大开发——科教先行和可持续发展”。中共中央政治局常委、国务院副总理李岚清向大会致信祝贺。中国科协主席周光召出席会议并讲话，副主席王连铮、左铁镛、石元春、冯长根、刘恕、孙大涌、李振声、张玉台、胡启恒，常委干福熹、马家源、母国光、江泽慧、李依依、杨乐、闵桂荣、张道成、陈可冀、陈佳洱、赵养廷、胡道芬、段怀慈、聂力、徐善衍、高潮、塔西甫拉提·特依拜，书记处书记常志海、张泽、宋南平出席会议。会上颁发了中国科协“求是杰出青年奖”和香港科技基金会“杰出青年学者奖”。

中国科协第五十二、五十三次青年科学家论坛在西安举办，主题分别是中国西部大开发与生态环境建设和 21 世纪国家资源安全与资源科学。

9月17日　中国科协书记处书记徐善衍出席中国科技馆与英国驻华使馆文化处联合举办的《活灵活现的科学》展览开幕式并会见了英国科学家及驻华使馆官员。

9月17日～21日　中国科协青少年科技中心组织的贫困地区女童学科技经验交流会在西安举行。联合国儿童基金对这次大会给予了支持，中国科协副主席刘恕、胡启恒出席大会开幕式。

9月18日　中国科协第三届全国委员会副主席、荣誉委员裘维蕃因病在北京逝世，享年88岁。

9月19日　中国科协副主席王连铮主持在陕西杨凌召开的农学及农业产业化专题会议并作报告。

中国科协副主席、促进沙产业发展基金管理委员会主任刘恕主持在陕西杨凌召开的沙产业发展基金表彰奖励学生暨交流座谈会。

9月19～22日　由中国水利学会、水利部、国家电力公司等 5 个单位联合主办的第二十届国际大坝会议在京召开。国务院副总理温家宝出席开幕式并致辞。

9月20日　中国科协常委陈可冀参加福州市科协举办的“院士故乡行”活动并应邀作科普报告。

9月23～26日　中国光学会第五届全国会员代表大会在北京召开，母国光当选为学会理事长。

9月23～29日　由教育部、中国科协、国家自然科学基金委、北京市政府共同主办，中国计算机学会承办的第十二届国际信息学奥林匹克竞赛(简称 IOI2000)在北京举办。本届比赛是历届参赛国家和地区最多的一次。国家主席江泽民为本次活动发来了贺信。

9月24日　中国科协副主席胡启恒会见香港贝斯科技集团总裁刘助一行。

9月25～27日　中国有色金属学会第四次全国会员代表大会暨第四届学术年会在北京召开，

中国科协书记处书记常志海出席会议并讲话。康义当选为学会理事长。

9 月 26 日　中国科协副主席冯长根、胡启恒出席宁波市科协、市科委联合举办的首届学术大会，并作学术报告。

9 月 27 日　中国科协五届第八十九次书记处（扩大）会议召开，会议就《中国病理生理学会关于换届改选有关问题的请示》、《关于筹备召开第六次全国代表大会的建议》、《第六次全国代表大会代表名额分配原则及代表产生办法》、《第六届全国委员会委员候选人名额分配方案及推选办法》、《"六大"代表、六届全国委员会委员名额分配方案》等有关问题进行研究。

9 月 28 日　中国科协第五届全国委员会常委会科技工作者道德与权益工作委员会召开专门会议，就天津市科协、中共天津市委科技工委课题组《关于我市科技工作者道德与权益问题的调查报告》进行了讨论。

10 月

中国青藏高原研究会理事长孙鸿烈院士在亲率专家组实地考察、提出调研报告的基础上，进一步就昌都地区社会经济发展问题写出报告，于 7 月呈送朱镕基总理，得到朱镕基总理等国务院领导同志的批示，以及国家计委的复函。

中国科协第五届全国委员会常委会青年工作委员会深圳活动基地在第二届全国高新技术成果交易展览会上展示了中国青年科技奖获奖者的科技成果。

10 月 1 日　《宁夏回族自治区科学技术协会条例》正式施行。该条例于 7 月 21 日经宁夏回族自治区第八届人大常委会第十四次会议审议通过。

10 月 6～7 日　国际纯粹物理与应用物理联合会（IUPAP）执委会和专业委员会主席联席会在京召开。会议由中国科协和中国物理学会与 IUPAP 秘书长共同组织。中国科协常委、中国物理学会理事长陈佳洱代表中国物理学界致词并作专题报告。中国科协主席周光召作专题报告。

10 月 8～16 日　中国科协副主席胡启恒参加在巴黎召开的国际科学理事会学术自由常设委员会和科学道德与责任委员会会议。

10 月 10～15 日　中国运筹学会第六次全国会员代表大会在长沙召开，章祥荪当选为学会理事长。

10 月 14 日　中国科协第五届全国委员会常务委员会第十八次会议在北京召开。会议传达学习了中共十五届五中全会精神，审议通过了《第五届全国委员会常务委员会关于认真学习贯彻中共中央十五届五中全会精神的决定》；讨论了《关于筹备召开第六次全国代表大会的建议》；听取了《关于接受中国电源学会等 10 个学会的申请，同意其加入的情况报告》，审议通过了《关于接纳中国电源学会等 10 个全国性学会加入的决定》、《中国科学技术协会第六次全国代表大会代表名额分配原则及代表产生办法》和《中国科学技术协会第六届全国委员会委员候选人名额分配方案及推选办法》。

10月16日　中国科协五届第九十次书记处会议召开，会议就中国烟草学会换届并召开第四次全国会员代表大会、《住房制度改革实施意见》和上海众达实业投资有限公司等问题进行研究。

10月16～21日　中国营养学会第五届全国会员代表大会暨第八次全国营养学术会议在北京召开，中国科协书记处书记常志海到会并讲话。葛可佑当选为学会理事长。

10月17～19日　中国病理生理学会第七届全国会员代表大会在南京召开。韩启德当选为学会理事长。

10月17～20日　中国消防协会举办的第八届国际消防设备技术交流展览会暨学术研讨会在北京举行。中共中央政治局委员、中央政法委书记、国务委员罗干，全国人大常委会副委员长布赫出席开幕式。

10月17～20日　北京应用计算流体力学国际学术会议在北京举行。中国科协副主席庄逢甘出席会议并作特邀报告。

10月18日　中国科协主席周光召，常委江泽慧及韦钰、卢良恕等38位院士应邀参加安徽省科协举办的首届安徽科技论坛活动并作科技报告。

10月20日　以“面向21世纪的科协宣传工作”为主题的地方科协宣传工作座谈会在江西省井冈山市举行，中国科协书记处书记常志海到会并讲话。

10月20～26日　科协系统第三次统计工作总结暨表彰大会在成都市召开，中国科协书记处书记徐善衍出席并讲话。

10月21～24日　由中国生物化学与分子生物学会承办的第十五届亚洲大洋洲生物化学家和分子生物学家联合会（FAOBMB）学术会议在北京中国科技会堂召开。会议由中国生物化学与分子生物学会理事长邹承鲁主持，中国科协常委、国家自然科学基金委主任陈佳洱在开幕式上讲话。会议邀请3位诺贝尔奖得主和邹承鲁做报告。

10月23日　中国科协主席周光召，副主席、书记处第一书记张玉台会见香港工程师学会会长访问团一行8人。

10月23～24日　中国科协第五十四次青年科学家论坛在北京举办，主题为“21世纪中医临床医学发展战略”。

10月23日～11月3日　科协系统干部非政府组织运营与管理团25人赴加拿大考察学习。

10月25日　中国空间科学学会在北京中国科技会堂召开成立20周年纪念大会。中国科协荣誉委员王大珩出席大会。中国科协主席周光召、中国科学院院长路甬祥分别为学会成立20周年题词。

10月26日　中国烟草学会第四次全国会员代表大会在南京召开。潘必兴当选为学会理事长。

10月27日　中国科协五届第九十一次书记处（扩大）会议召开，会议就中国植物生理学会换届的有关问题进行研究，听取2000年地方科协科普工作座谈会和科协系统科技馆建设工作会议筹备情况的汇报，并就两个会议的日程安排和工作报告等进行研究。

10月28日～11月1日　由中国科协主办，科技部、国家广电总局和中国科学院协办的2000年北京国际科教电影电视展评研讨会在中国科技会堂举行。中国科协主席周光召，副主席、书记处第一书记张玉台，书记处书记徐善衍、常志海分别出席开幕式、颁奖仪式和闭幕式。

10月30日　中国科协副主席刘恕出席第二届中国环境与发展国际合作委员会第四次会议。

10月30日～11月1日　2000年地方科协科普工作座谈会在北京召开，中国科协副主席、书记处第一书记张玉台，书记处书记徐善衍、宋南平出席并讲话。

10月31日～11月3日　中国水产学会主办的第三次世界渔业大会在北京召开。中国科协主席周光召出席开幕式并讲话。

11月

中国科协主席周光召、常委聂力，中国惯性技术学会理事长丁衡高等在深圳参加了“明思克航母世界”科普教育基地的挂牌仪式。

11月1日　中国科协与国际科学理事会科学能力建设委员会（CCBS）、中国联合国教科文组织全国委员会联合主办的关于小学科学教育讨论会在北京开幕，教育部部长陈至立、副部长韦钰，中国科协书记处书记徐善衍出席开幕式。

11月2～3日　科协系统科技馆建设工作会议在北京召开。全国人大常委会副委员长许嘉璐，中国科协副主席、书记处第一书记张玉台，书记处书记徐善衍、宋南平出席并讲话。

中国科协第五十五次青年科学家论坛在北京举办，主题为“湿地与区域生态环境安全”。

11月3～6日　中华医学会在北京举行斯奇康机理与临床应用学术研讨会议论文颁奖大会。全国人大常委会副委员长、中国科协名誉主席吴阶平出席大会。

11月5日　以“科教兴国、开创未来”为主题的第十二届中国国际科学与和平周大型宣传活动在北京人民大会堂开幕。全国人大常委会副委员长程思远、何鲁丽，全国人大常委会副委员长、国际科学与和平周组委会主任、中国科协主席周光召，全国政协副主席、中国科协名誉主席朱光亚以及联合国儿童基金会驻华机构代表贾德、法国和平运动全国书记阿·丹尼斯女士，一些国家的驻华使节等出席开幕式。中国科协副主席张玉台主持大会开幕式，北京各界人士和外国驻华机构代表800人参加开幕式。

11日6日 中国科协与科技部、中国科学院、国家自然科学基金委等单位主办的“2000中国国际科普论坛”在中国科技会堂举行。中国科协主席周光召，副主席、书记处第一书记张玉台出席开幕式并讲话。

11日7～10日 上海市科协主办2000上海科技论坛。中国科协副主席、上海市科协主席、论坛组委会主任叶叔华在开幕式和闭幕式上致辞。中国科协副主席、书记处第一书记张玉台出席开幕式并致辞。北京地区的12位院士应邀考察了科技论坛活动。成思危、龚育之、石元春、江泽慧、高锟、胡鞍钢等专家学者分别作综合科技报告。

11月13日 中国反邪教协会成立大会在北京举行，大会讨论并通过《中国反邪教协会章程》，选举产生协会第一届理事会及常务理事会，庄逢甘当选协会理事长。

11月15～18日 中国铁道学会、中国科协新技术开发中心和中国城市公共交通协会在北京共同主办了2000年国际轨道运输技术装备暨学术研讨会，全国政协副主席孙孚凌、中国科协副主席刘恕、铁道部副部长孙永福、建设部副部长赵宝江、中国铁道学会理事长国林出席开幕式。

11月16～21日 中国植物生理学会第八次全国会员代表大会在厦门召开。许政皑当选为学会理事长。

11月16～25日 应中国旅美科学技术协会的邀请，中国科协代表团一行5人出席该会在美国举办的2000年美中科技与商务研讨会。

11月17～18日 中国科协党组召开务虚会议。会议围绕进一步学习贯彻落实党的十五届五中全会精神，总结科协4年来的工作，中国科协“六大”筹备工作和阶段工作安排等问题进行研究。

11月19日 中国科协五届第九十二次书记处会议召开，会议就中国航海学会、中国体育科学学会、中国惯性技术学会和中国建筑学会换届，《关于所属学会召开代表大会及理事会换届工作的暂行规定》，《学术年会申办办法》等问题进行研究。

11月20～22日 中国机械工程学会受国际机械工程学会联合会委托，在上海举办第一届国际机械工程学术会议。国家主席江泽民，全国政协副主席、中国工程院院长宋健向会议发了贺信。全国人大常委会副委员长邹家华担任大会名誉主席并在大会上致辞。中国科协常委、国家自然科学基金委主任陈佳洱在大会上致辞。中国机械工程学会副理事长、中国科学院院长路甬祥担任大会学术委员会主任并主持开幕式。

11月21日 中国科协副主席李振声、张玉台出席由中国技术经济研究会、中国国际经济技术合作促进会、中国经济科技开发国际交流协会和宁波市政府联合主办的经济全球化和技术经济发展研讨会。李振声副主席致开幕词并主持了特邀报告会，张玉台副主席在开幕式上讲话。

11 月 21～24 日　由中国机械工程学会主办的第八届中国国际工业装备展览会在上海举行。全国人大常委会副委员长邹家华，中国科协常委、国家自然科学基金委主任陈佳洱出席大会开幕式。

11 月 25～26 日　中国航海学会第五次全国会员代表大会在北京召开。林祖乙当选为学会理事长。

11 月 27～30 日　中国科协副主席王连铮参加中国作物学会主办的全国农业产业结构调整问题学术讨论会，并就农业产业结构调整问题作了报告。

11 月 28 日　中国建筑学会第十次全国会员代表大会暨学术年会在北京召开。宋春华当选为学会理事长。

中国自然辩证法研究会在北京中国科技会堂召开第二届反伪科学表彰大会。会长龚育之和于光远、何祚庥等同志到会并讲话。

11 月 29 日　中国科协与北京师范大学联合创建的北京师范大学科学传播与教育研究中心举行成立仪式。中国科协副主席刘恕、张玉台、胡启恒，书记处书记徐善衍等被聘为首批顾问。

12 月

12 月 1 日　中国科协五届第九十三次书记处会议召开，会议就《贯彻执行审计署对审计报告的整改意见》、关于成立咨询业协会筹备办公室、中国计量测试学会换届和关于今后科技扶贫工作的安排等有关问题进行研究。

12 月 1～5 日　中国体育科学学会第五次全国会员代表大会在北京召开，段世杰当选为学会理事长。中国科协书记处书记张泽出席会议并讲话。

12 月 3～4 日　中国科协第五十六次青年科学家论坛在北京举办，主题为大气科学若干前沿热点问题。

中国科协书记处书记张泽赴德国参加量子理论 100 周年纪念会，并访问德国科学理事会。

12 月 7 日　中国科协书记处书记徐善衍率中国科技馆三期工程考察团访美。

中国科协五届第九十四次书记处（扩大）会议召开，会议就 2000 年追加财政预算和 2001 年财政预算、进一步完善科协奖励工作制度、各事业单位专业技术职务结构比例分配等有关问题进行研究。

12 月 7～8 日　中国科协第五十七次青年科学家论坛在北京举办，主题为“西部大开发产业结构调整与种业发展”。中国科协副主席王连铮以青年科学家论坛顾问身份参加并发言。

12 月 8 日　中国惯性技术学会第十次全国会员代表大会在北京召开，中国科协书记处书记常志海到会并讲话。丁衡高当选为学会理事长。

12 月 9 日　中国科协第五届全国委员会常委会学术交流工作委员会召开工作会议，评审和讨论了中国科协 2000 年学术交流重点资助项目、2001 年学术年会主题。

12 月 9～15 日　中国科协副主席庄逢甘率团参加在澳门大学举办的自然科学技术期刊展开幕式。展览展出的 270 种 2800 册期刊代表了中国科协主管的学术和普及类期刊的水平。

12 月 13 日　中国科协五届第九十五次书记处（扩大）会议召开，会议就 2000 年预算编报、推荐第三届中国科学技术协会先进工作者候选人、《表彰中国科学技术协会先进工作者条例》和《中国科学技术协会先进工作者候选人名额分配方案》及“六大”筹备工作进行了研究。

12 月 14 日　中国计量测试学会第五次会员代表大会暨 2000 年计量测试学术会议召开，中国科协书记处书记常志海出席会议。王秦平当选为学会理事长。

12 月 14～15 日　中国物理学会和中科院数理学部在中国科技会堂联合主办了量子论创立 100 周年纪念活动和学术报告会。中国科协常委、中国物理学会理事长陈佳洱任大会主席，中科院院长路甬祥致开幕词。中国科协主席周光召出席大会并讲话。

12 月 16～18 日　中国科协与科学技术部、中国科学院在北京召开科技扶贫总结表彰会议，中国科协副主席、书记处第一书记张玉台出席并讲话。

12 月 16～21 日　中国科协联合中国物理学会、中国化学会、中国生理学会、中华医学会、中国生物工程学会共同主办，委托中国科学技术史学会、中国自然科学博物馆协会和中国科技馆承办的《世纪辉煌——诺贝尔科学奖百年展》，在中国历史博物馆和中国公众科技网上同时展出，中国科协主席周光召出席开幕式并为展览致词。全国政协副主席、中国科协名誉主席朱光亚和全国人大教科文卫委员会、全国政协教科文卫体委员会的部分委员，以及 13 个部委的有关领导和在京的两院院士约 160 多人参观了该展览。

12 月 18 日　由中国科协、中国科学院主办，中国优选法统筹法与经济数学研究会等单位承办的“伟大的数学家华罗庚教授诞辰 90 周年纪念大会”在北京中国科技会堂召开。全国人大常委会副委员长、中国科协主席周光召出席大会并讲话，全国人大常委会副委员长丁石孙参加了大会。

由中国科协推荐的武汉电视台台长赵致真荣获普里莫·罗维斯国际奖。该奖是普里莫·罗维斯基金会于 1990 年设立，专门用于表彰各国对科普事业有杰出贡献人士的高规格国际大奖。此次是中国人首次获得这一奖项。

12 月 20 日　中国科协与中宣部、科技部和人民日报社在北京人民大会堂召开学习江泽民同志关于科普工作重要论述座谈会。中国科协副主席、书记处第一书记张玉台，中宣部副部长高俊良、科技部党组成员黄齐陶、中国科协书记处书记徐善衍、《人民日报》副总编李仁臣等出席会议。

中国科协五届第九十六次书记处会议召开，就大众科技报社和上海众达公司有关问题进行了研究。

12 月 23～24 日　中国科协第五十八次青年科学家论坛在北京举办，主题为“跨世纪的信息科学技术”。

中国科学学与科技政策研究会四届理事会第一次会议在北京召开，邹祖烨当选为理事长。此前，学会以通讯方式召开了第四届全国会员代表大会。

12 月 26～27 日　全国性学会科普工作座谈会在北京召开，中国科协书记处书记徐善衍出席会议并讲话。

12 月 29 日　受国家发展计划委员会投资司的委托，中国科协组织对中国科技馆二期工程进行验收。

附　　录

中国科协系统2000年度综合统计数据

表1—科协机构与人员

指标	科协合计		中国科协		省级科协		地级科协		县级科协	
	2000	1999	2000	1999	2000	1999	2000	1999	2000	1999
实报单位数	2999	2939	1	1	31	31	381	379	2586	2528
机关从业人员(人)	21957	21735	173	169	1320	1321	5434	5482	15030	14763
其中：科学家与工程师	7186	7274	149	131	717	687	2050	2116	4270	4340
直属单位(个)	1919	1892	26	26	237	243	690	668	966	955
其中：咨询机构	948	915	1	1	36	35	282	276	629	603
进修院校	190	182	2	1	20	20	116	108	52	53
直属单位从业人员(人)	15286	16509	1271	1245	4725	5576	4923	5084	4367	4604
其中：咨询工作人员	4093	4100	25	25	491	514	1447	1468	2130	2093
进修院校教(职)工	1410	1515	47	31	348	367	843	888	172	229
在册学会、协会、研究会(个)	67511	67329	168	163	3470	3615	12481	12131	51392	51420
农技协(个)	100148	106900	1	1	5	4	9626	15345	90517	91440
会员(万人)	756	775	0	0	1	1	48	101	707	672
本单位登记管理的基层组织(个)										
企业科协	9976	9264	0	0	1426	1340	4564	4419	3986	3505
大专院校科协	279	409	0	0	71	83	150	153	58	173
街道科协	4618	4558	0	0	0	0	319	228	4299	4330
乡镇科普协会	36494	35145	0	0	0	0	584	518	35910	34627

表2—学会机构与人员

指标	学会合计		全国性学会		省级学会		地级科协	
	2000	1999	2000	1999	2000	1999	2000	1999
实报单位数(个)	11469	11663	168	161	2828	2894	8473	8608
理事会理事(人)	—	—	20238	19377	141821	144279	244054	239376
其中：高级职称	—	—	18294	17190	104811	104145	105216	101250
专门工作委员会(个)	18619	17837	870	805	8236	8229	9513	8803
其中：科普工作委员会	3232	3086	138	130	1321	1360	1773	1596
所属分科学会(个)	33710	38457	2320	2226	12843	14112	18547	22119
个人会员(万人)	—	—	455	470	383	394	319	405
其中：科学家与工程师	—	—	369	379	274	280	133	132
个人会员中外籍会员(人)	—	—	1078	1059	685	4095	1457	1472
团体会员(单位)(个)	215983	219586	28865	32846	83744	85410	103374	101330
学会工作人员(人)	24888	26297	1901	2040	7785	8312	15202	15945
直属单位(个)	2466	2890	74	73	819	870	1573	1947
其中:咨询机构	1153	1264	21	16	404	414	728	834
进修院校	151	165	7	5	64	71	80	89
直属单位从业人员(人)	66149	97125	628	676	6031	14979	59490	81470
其中:咨询工作人员	10608	9945	116	106	2511	2859	7981	6980
进修院校教(职)工	3045	4912	123	92	990	3507	1932	1313

注：“省级”是指省、自治区、直辖市一级；“地级”是指地区、地级市、直辖市城区一级；“县级”是指县、县级市、地级市城区一级。“学会”系指学会、协会、研究会的简称。

表 3—学术、科普与国际交流

指　　　　标	科协合计		中国科协		省级科协		地级科协	
	2000	1999	2000	1999	2000	1999	2000	1999
学术活动								
举办国内学术会议　(次)	2773	2405	33	29	252	99	2488	2277
参加人数　274277	217066	702005	5915	7000	79527	21262	188835	188804
交流学术论文　49257	62488	135958	3908	4070	13256	8733	32093	49685
举办国际学术会议(次)	116	82	13	5	32	7	71	70
参加人数　46018	8821	10758	34744	1861	4575	1109	6699	5851
2997　1319	3271	1434	1094	121	819	213	1084	985
交流学术论文　6569	3004	6437	1685	560	2323	423	2561	2021
2028　835	2115	931	838	63	441	95	749	677
举办学术报告会(次)	2859	3032	41	7	298	267	2520	2758
听讲人数　430053	506601	2227351	4200	2940	72722	83362	353131	420299
科普与培训								
举办科普讲座(次)	138159	138608	95	78	1189	510	21489	15311
听讲人数(万人次)	3230	3227	5	3	17	16	408	304
举办科普展览(次)	30200	58748	9	14	297	368	5010	4200
参观人数(万人次)	7708	5564	129	91	553	332	1482	1410
举办专题科普宣传(个)	21611	22342	13	8	194	198	2763	3160
组织工作人员(人次)	529696	630872	92	130	27537	7044	74201	84989
科普画廊(个)	13423	11802	0	0	30	49	2477	1805
建筑总长度(米)	134934	104594	0	0	1626	1123	27832	19274
本年展览总长度(米)	561792	383499	0	0	3836	5885	190737	184652
举办青少年科技竞赛(次)	9351	9696	3	1	134	167	1897	1640
参赛人数(万人次)	1516	1471	0.01	0.02	405	395	441	436
举办夏、冬令营(次)	3109	3208	2	2	75	82	789	673
参加人数(人次)	590930	670167	117	90	13224	17258	149965	262179
学历证书班本年结业学员(人)	101095	161313	0	0	5238	11831	18143	41833
办36学时以上培训班(个)	39336	53557	26	41	1825	1883	7505	7993
培训人数(人次)	3197284	3921477	4011	7898	99385	137080	602791	516056
其中:继续教育	429043	590911	1479	2200	39294	47630	92511	139236
国际民间科技交流								
接待来访科技团组(个)	612	568	71	56	278	199	263	313
接待总人数(人次)	6544	8585	970	493	2815	2205	2759	5887
举办科技报告会(场、次)	360	290	70	7	95	76	195	207
听讲人数(人次)	63073	44752	1000	200	11598	9197	50475	35355
引进国(境)外科技人才(人次)	1667	1065	0	0	9	4	1658	1061

县级科协		学会合计							
				全国性学会		省级学会		地级学会	
2000	1999	2000	1999	2000	1999	2000	1999	2000	1999
4427	5771	9476	10388	2206	2169	7270	8219	8802	9139
502506	484939	899471	861400	262021	214000	637450	647400	652499	656211
54824	73470	359110	371646	155899	143270	203211	228376	200058	171314
43	61	508	542	202	182	306	360	159	130
1403	1937	87769	86530	50594	41654	37175	44876	15522	11151
274	115	22714	20685	17713	15118	5001	5567	2480	1268
320	3433	35851	32396	26834	22003	9017	10393	3889	5139
87	96	14088	10517	11412	7945	2676	2572	785	479
7324	9719	9990	10274	612	578	9378	9696	13421	11544
1522461	1720750	1129537	1119587	62416	52812	1067121	1066775	1375912	1201306
115386	122709	71415	76388	979	950	10511	12006	59925	63432
2799	2904	1644	2118	24	37	277	241	1343	1839
24884	54166	10156	9285	255	134	1938	1883	7963	7268
5545	3731	2683	1908	209	154	618	584	1856	1171
18641	18976	13455	13573	167	136	3098	2790	10190	10647
427866	538709	220808	259303	2112	2535	82234	76989	136462	179779
10916	9948	2073	2460	13	39	433	547	1627	1874
105476	84197	18982	17613	135	296	6089	4998	12758	12319
367219	192962	43137	36048	237	358	15239	8530	27661	27160
7317	7888	2857	3501	24	31	560	493	2273	2977
670	639	1145	1217	166	536	576	320	403	361
2243	2451	1155	1068	69	67	528	438	558	563
427624	390640	209701	393234	17125	17736	61553	63042	131023	312456
77714	107649	76561	102878	14584	4395	19675	18289	42302	80194
29980	43640	43981	33044	16685	4023	7609	6619	19687	22402
2491097	3260443	2268428	2714192	220098	142234	549065	538406	1499265	2033552
295759	401845	687868	614598	41515	50656	227934	194867	418419	369075
779	859	2043	1950	414	375	1629	1575	1473	1343
17403	28070	13676	13438	2779	3072	10897	10366	15377	19811
1208	876	1280	1377	263	243	1017	1134	746	912
369944	316979	106960	122071	20703	18678	86257	103393	82827	83688
84	173	159	192	35	29	124	163	177	132

表4—科技服务与科技出版物

指　　标	科协合计		中国科协		省级科协		地级科协	
	2000	1999	2000	1999	2000	1999	2000	1999
外派科技团组	352	463	38	172	221	196	93	95
外派总人数(人次)	3192	3499	731	1277	1661	1630	800	592
其中:参加国际会议	382	537	109	394	218	69	55	74
访问考察	1983	1825	256	201	1137	1249	590	375
展览、技贸活动	118	227	52	191	32	20	34	16
外派研修生	492	894	157	491	243	281	92	122
科技服务								
“金桥工程”年内立项(项)	10421	12019	0	0	2194	2964	3692	3676
其中:省级及以上项目	3468	3174	0	0	1473	1366	1109	903
“金桥工程”年内完成项(项)	7760	8744	0	0	1635	2115	2875	2782
其中:完成省级及以上项目	2501	1940	0	0	1136	790	752	527
无偿科技咨询(项)	120972	89257	0	5	2667	929	14092	10777
决策咨询(项)	8912	6538	0	2	347	391	2511	1143
完成技术咨询合同(项)	57497	58753	40	2	11858	8237	35718	35086
咨询合同实现金额(万元)	179009	214771	800	6	60899	85984	64550	70169
其中:技术交易额	114587	111081	800	0	51165	68553	44413	33299
被采纳科技建议(项)	18747	25607	0	0	324	371	4505	9406
引进技术(项)	16923	8654	1	0	92	1	690	663
其中:国(境)外技术	321	330	1	0	4	1	17	24
开发新产品(项)	10718	9582	0	0	174	52	990	940
推广新技术(项)	26919	31409	0	0	442	168	2913	4647
科技出版物								
主办科技期刊(种)	688	650	10	11	73	51	112	71
其中:外文版	—	—	—	—	—	—	—	—
年发行总数(万册)	2162	2260	190	409	1671	1654	77	65
其中:外文版	—	—	—	—	—	—	—	—
年发表论文(篇)	24792	30267	767	1526	2500	6138	10051	3145
其中:外文版	—	—	—	—	—	—	—	—
主办科技报纸(种)	262	234	1	1	29	30	55	59
年发行总数(万份)	34522	75351	903	451	14275	15980	5691	7979
编著科技图书(种)	1381	827	681	164	263	320	154	142
年发行总数(万册)	4286	729	77	73	198	502	78	71
编辑论文集(种)	387	398	5	14	40	29	90	111
年发行总数(万册)	27	19	1	3	3	2	5	5
制作科技声像制品(种)	1454	1153	31	39	80	52	46	125

县级科协		学会合计							
				全国性学会		省级学会		地级学会	
2000	1999	2000	1999	2000	1999	2000	1999	2000	1999
113	133	822	767	356	294	466	473	424	447
1909	1470	8814	6552	3979	2551	4835	4001	5575	11266
46	72	3985	2571	2446	1281	1539	1290	943	579
645	744	3508	2933	1055	838	2453	2095	2775	3503
586	532	643	572	331	261	312	311	1317	869
87	79	473	241	143	50	330	191	208	193
4535	5379	1987	3175	28	59	782	1091	1177	2025
886	905	588	829	21	35	258	265	309	529
3250	3847	1510	1924	18	27	567	743	925	1154
613	623	548	527	15	18	223	193	310	316
104213	77546	83652	136715	1030	1008	27104	41629	55518	94078
6054	5002	8057	11656	181	140	1757	4411	6119	7105
9881	15428	10992	13733	441	457	3677	4525	6874	8751
52760	58612	25497	59302	277	1253	11867	14924	13353	43126
18210	9229	6144	13512	80	188	3233	5214	2831	8110
13918	15830	31384	22902	53	106	18933	12263	12398	10533
16140	7990	3672	3410	63	24	384	287	3225	3099
299	305	495	316	5	7	73	62	417	247
9554	8590	5306	6653	45	44	1342	1917	3919	4692
23564	26594	13309	12079	70	150	3219	2256	10020	9673
493	517	2533	2490	726	692	1022	1098	785	700
—	—	65	56	59	53	6	3	0	0
224	132	7124	7080	3818	2993	2863	3548	443	538
—	—	19	10	14	10	5	0.3	0	0
11474	19458	490384	460940	307938	276636	137736	132947	44710	51357
—	—	5080	4359	4660	4294	420	65	0	0
177	144	227	220	16	20	82	83	129	117
13653	50940	13480	31649	464	1499	7275	11436	5742	18715
283	201	1663	1562	261	283	751	673	651	606
76	82	822	895	135	184	351	416	337	295
252	244	2926	3132	772	691	1331	1568	823	873
18	9	223	177	30	34	73	81	120	61
1297	937	8482	8601	86	258	2886	3207	5510	5136

表 5—农村科技服务、基金会、组织与宣传

指标	科协合计		中国科协		省级科协		地级科协		县级科协	
	2000	1999	2000	1999	2000	1999	2000	1999	2000	1999
农村科技服务										
当年评定农民技术职称(人)	248925	421138	0	0	0	15039	19387	51950	229538	354149
其中：助理技师及以上职称	38280	85477	0	0	0	7452	5284	9534	32996	68491
农村实用技术培训人数（万人次）	5473	5101	12	0.5	14	22	658	628	4788	4450
其中:农函大本年结业学员	78	67	12	0	1	7	12	10	52	50
本年定点科技扶贫(户)	209778	234656	0	0	484	20487	9133	26448	200161	187721
本年当地认定脱贫(户)	244359	181266	0	0	8206	19379	5420	8693	230733	153194
本年建科普示范基地(个)	14253	16951	11	7	265	314	1443	1440	12534	15190
本年建科普示范乡（镇）(个)	8191	8165	0	0	109	238	1179	1352	6903	6575
本年建科普示范文明户(户)	794966	933185	0	90	382	432	39728	59670	754856	872993
基金会										
基金会（个）	39	50	1	1	11	15	9	16	18	18
资金总额(万元)	21122	20600	4700	4000	5781	5732	340	606	301	262
项目资助支出总额(万元)	963	1472	730	1131	161	200	40	105	32	35
奖励基金支出总额(万元)	65	118	0	0	44	82	7	18	15	18
组织与宣传										
向人大、政协提案(项)	6594	6250	4	0	351	166	1039	806	5200	5278
其中：被采纳提案	3816	3848	2	0	187	84	584	484	3043	3280
接待科技工作者来信来访(件)	34677	33348	40	24	2063	3052	2782	3412	29792	26860
其中：协助解决	20981	18430	0	14	1358	2028	1226	1766	18397	14622
表彰优秀科技工作者(人次)	49902	45479	12	0	2599	1485	17654	13471	29637	30523
电台电视台播放专题节目(个)	20907	21328	117	74	673	806	2864	2909	17253	17539
举办新闻发布会(次)	657	685	21	16	44	51	129	118	463	500

注："学术活动"和"国际民间科技交流"中，"科协合计"不包括县级科协，"学会合计"不包括地级学会。

指 标 解 释

从业人员：指在本单位工作，并领取劳动报酬的全部人员。包括在岗职工、再就业的离退休人员、民办教师以及在单位中工作的外方人员、兼职人员、借用的外单位人员和第二职业者。不包括离开本单位但仍保留劳动关系的职工。

科学家与工程师：指具有大学本科及以上学历和不具备上述学历，但有高、中级职称的人员。

农技协：指在民政部门登记、经科协正式审批接纳的农村专业技术协会（农技协）和在科协登记备案的各类农村专业技术研究会（农研会）。

所属分科学会：指学会按专业划分的专业委员会、专业分会或专业组，不含工作委员会和地方分会。

举办国内学术会议：指科协或学会为推动社会进步，对共同关心的科技和学术问题，单独或牵头组织的由国内有关专家、学者及科技人员参加并提交学术论文的专题研讨和交流会议。

举办国际学术会议：指科协或学会为推动社会进步，对共同关心的科技、学术问题，单独或牵头组织的由三国（地区）以上的专家、学者及科技人员参加并提交学术论文的专题研讨和交流会议。

举办学术报告会：指科协或学会单独或牵头组织的，由国内有关专家、学者及科技人员所做的以介绍新学科或学科新进展为主题的报告会。

举办专题科普宣传：指科协或学会单独或牵头组织的面向社会开展的专题性科普宣传活动（含各种科技周、月，科技节活动），每个专题活动只统计一次。

组织工作人员：指组织科普宣传活动的工作人员、专家和科技人员等，不统计受益人次。

科普画廊：指科协或学会建立的、固定用于向社会公众宣传科普知识的橱窗（各类墙报和板报等不统计在内）。建筑总长度为年底现存的科普画廊的建筑长度之和。本年展览总长度为年内实际展览的长度之和。

接待来访科技团组：科协或学会接待国外及港、澳、台地区来访的科技团组，由牵头接待的单位填报。

举办科技报告会：指科协或学会单独或牵头组织来访专家、学者和科技人员所做的科技报告会。

外派科技团组： 指科协或学会单独或牵头组织的派出参加国际会议、进行访问考察、参加或举办展览、开展技贸商务活动的团组（项目），外派研修生也统计在内。一个出国任务批件统计为一个团组（即一个项目）。

无偿科技咨询：指科协或学会组织开展的以社会公益为目的、不计报酬的咨询服务。

决策咨询：指科协或学会为各级政府和企业所提供的、对区域经济社会发展和科技进步具有重大、深远影响的项目进行技术、经济和社会等方面的分析论证，并提出多项方案以供项目提供方决策参考的咨询活动。

主办科技期刊：只统计在新闻出版机构注册登记，有正式刊号、内部准印证并由本单位直接主办、负责编辑的期刊，不包括各类内部刊物（科技报纸、科技图书要求同上）。

编辑论文集： 指科协或学会选编的论文汇编集。包括内部出版的论文集和面向科技人员的学术性文集。不统计由作者自印或会议上印发的单篇论文资料；不统计会议纪要、简报、学术会议综述等会务资料。

当年评定农民技术职称： 指科协组织评审、当地政府认定并颁发证书的农村专业技术人员。

本年定点科技扶贫：只填报由本级科协本年度内经常地、以各种实际有效手段直接支持的贫困户数。

本年当地认定脱贫：指按当地经济发展状况，通过本级科协扶持，本年内已达到当地脱贫标准的户数。

本年建科普示范基地：指由本级科协创办的，以科普示范为宗旨，具备一定手续，有一定经济、社会效益的各类基地。

基金会：指由科协成立并经当地中国人民银行、民政部（厅）注册登记，具有独立的法人资格、有资金、有组织、有章程和有活动的单位。

资金总额：指基金会注册登记时注入的基本金及截止统计年度止，历年本金增值部分和接收社会捐赠等自有资金的总额。

项目资助支出总额：指基金会当年用于项目资助及活动基金支出额。

奖励基金支出总额：当年专门用于表彰奖励优秀科技人员（含优秀科技工作者）科技发明、成果奖等的基金支出额。

电台、电视台播放专题节目：指科协制作的在电台、电视台播放的专题音像节目，同一内容的专题重复播放只统计一次。

中国科协主管期刊一览表

序号	刊名	主 编
1	《自动化博览》	王常力
2	《泥沙研究》	杜国翰
3	《中国心理卫生杂志》	彭瑞聪
4	《畜牧兽医学报》	陈幼春
5	《中国科技信息》	杨 昕
6	《高分子通报》	黄志镗
7	《科技与企业》	陈善余
8	《药学学报》	宋振玉
9	《中学生数学》	王尚志
10	《铁道学报》	吴 风
11	《科学中国人》	于华夫
12	《中国园林》	余树勋
13	《中华放射肿瘤学杂志》	殷蔚伯
14	《汽车工程》	郄惠乐
15	《技术经济》	马 阳
16	《中华医学信息导报》	肖梓仁
17	《中华肿瘤杂志》	张友会
18	《中华麻醉学杂志》	罗爱伦
19	《中华神经外科杂志》	王忠诚
20	《未来与发展》	王建新
21	《中华放射医学与防护杂志》	魏履新
22	《中华护理杂志》	顾美仪
23	《电子世界》	戴 茗
24	《大自然》	王 珏
25	《中国兽医杂志》	卢正兴
26	《中国中西医结合杂志》	陈可冀
27	《农业图书情报学刊》	贾善刚
28	《制冷学报》	吴元炜
29	《中国土地科学》	程 烨
30	《中国电机工程学报》	郑健超
31	《汽车与驾驶维修》	刘泽林
32	《农业机械学报》	冯炳元
33	《中华微生物学和免疫学杂志》	李河民
34	《生理科学进展》	韩济生
35	《中华普通外科杂志》	杜如昱
36	《水利学报》	陈炳新
37	《岩矿测试》	尹 明
38	《矿床地质》	宋叔和
39	《中国环境科学》	王文兴
40	《中国实验动物学报》	邢瑞昌
41	《水力发电学报》	张宪宏
42	《中华整形外科杂志》	宋业光
43	《机械工程学报》（英文版）	石治平
44	《中华医学美学美容》	张其亮
45	《中国花卉盆景》	苏本一
46	《中华心律失常学杂志》	陈 新
47	《中国烟草学报》	朱尊权
48	《药物分析杂志》	涂国士
49	《光谱学与光谱分析》	黄本立
50	《信号处理》	魏福通
51	《地震学报》	陈运泰
52	《数学通报》	刘绍学
53	《数学进展》	应隆安
54	《林业科学》	沈国舫
55	《大学物理》	赵凯华
56	《电子显微学报》	姚骏恩
57	《测绘学报》	陈俊勇
58	《生物学通报》	郑光美
59	《化工进展》	李建斌
60	《中国稀土学报》	徐光宪
61	《航空学报》	诸德超
62	《中国药学》（英文版）	王 夔
63	《中国中药杂志》	肖培根
64	《化学教育》	朱文祥
65	《物理化学学报》	唐有祺
66	《作物杂志》	过益先
67	《计算机辅助设计与图形学学报》	刘慎权
68	《纸和造纸》	余铭骥
69	《天文爱好者》	王荣彬
70	《植物保护》	周大荣
71	《自然辩证法研究》	丘亮辉
72	《地质学报》（英文版）	程裕淇
73	《中华围产医学杂志》	严仁英
74	《科技导报》	朱光亚
75	《科技辅导员》	李燕祥

序号	刊名	主编
76	《生物物理学报》	杨福愉
77	《连铸》	王浦江
78	《电工技术学报》	潘 奇
79	《解剖学报》	章静波
80	《工程力学》	崔京浩
81	《中国畜牧杂志》	冯仰廉
82	《自然资源学报》	李文华
83	《建筑结构学报》	腾智明
84	《核科学与工程》	阮可强
85	《中国粮油学报》	胡承淼
86	《当代矿工》	孙旭东
87	《航空材料学报》	颜鸣皋
88	《兵器知识》	瞿雁冰
89	《真空科学与技术》	何 炜
90	《健康世界》	郎景和
91	《美国医学会眼科杂志》(中文版)	李凤鸣
92	《材料热处理学报》	侯增寿
93	《植物病理学报》	曾士迈
94	《自动化仪表》	张继培
95	《病毒学报》	侯云德
96	《中国化学快报》(英文版)	梁晓天
97	《农村电气化》	蒋连海
98	《情报学报》	宋振峰
99	《中国病理生理杂志》	李楚杰
100	《中华检验医学杂志》	杨振华
101	《中华外科杂志》	黄延庭
102	《园艺学报》	李树德
103	《工业器材》	连希智
104	《中文信息学报》	黄昌宁
105	《金属世界》	王 润
106	《地理学报》(英文版)	郑 度
107	《海洋工程》	窦国仁
108	《仪器仪表学报》	金国藩
109	《硅酸盐学报》	干福熹
110	《粉末冶金技术》	韩凤麟
111	《制造技术与机床》	赵宏林
112	《中国民营科技与经济》	陆薇薇
113	《发现》	张延歧
114	《高分子科学》(英文版)	冯新德
115	《城市公共交通》	绳世平
116	《中国科技史料》	王渝生
117	《英国医学杂志》(中文版)	翁心植
118	《中华老年医学杂志》	王新德
119	《系统工程学报》	刘 豹
120	《系统工程理论与实践》	顾基发
121	《天文学报》	熊大闰
122	《有机化学》	陈庆云
123	《数据采集与处理》	何振亚
124	《中华胸心血管外科杂志》	朱晓东
125	《中华实验和临床病毒学杂志》	洪 涛
126	《内燃机学报》	赵奎翰
127	《心理与健康》	陈学诗
128	《光学学报》	王润文
129	《茶叶科学》	程志坤
130	《工程图学学报》	童秉枢
131	《营养学报》	顾景范
132	《金属学报》	柯 俊
133	《癌变·畸变·突变》	薛秦征
134	《中国药学杂志》	周海钧
135	《通信学报》	周炯磐
136	《振动与冲击》	黄文虎
137	《生理学报》	杨雄里
138	《照明工程学报》	张绍纲
139	《中国免疫学杂志》	杨贵贞
140	《中国人兽共患病杂志》	于恩庶
141	《岩石力学与工程学报》	王可钧
142	《医学与哲学》	彭瑞聪
143	《热带作物学报》	潘衍庆
144	《中华劳动卫生职业病杂志》	王 生
145	《组合机床与自动化加工技术》	姜怀胜
146	《石油与天然气地质》	贺自爱
147	《石油实验地质》	卢培德
148	《光学仪器》	王子余
149	《仪表技术与传感器》	汪庆安
150	《化学学报》	沈延昌
151	《中国化学》(英文版)	黄维垣
152	《杂草学报》	张泽浦
153	《地质论评》	郭文魁
154	《地质学报》	程裕淇
155	《中华医学杂志》	巴德年
156	《中华放射学杂志》	高玉洁
157	《中华妇产科杂志》	郎景和
158	《中华耳鼻咽喉科杂志》	王直中
159	《中华儿科杂志》	吴希如
160	《中华心血管病杂志》	高润霖

序号	刊名	主 编
161	《地震学报》（英文版）	陈运泰
162	《磨料磨具与磨削》	王文经
163	《无损检测》	郭成彬
164	《计算机辅助绘图设计与制造》（英文版）	唐荣锡
165	《物理教学》	宓子宏
166	《世界地理研究》	李春芬
167	《生命的化学》	祁国荣
168	《火炸药学报》	胡焕性
169	《振动工程学报》	胡海昌
170	《中国临床解剖学杂志》	徐达传
171	《中国肿瘤临床》	张天泽
172	《中华航海医学与高气压医学杂志》	龚锦涵
173	《中国航海》	黄蕴和
174	《航海技术》	许立荣
175	《电子测量与仪器学报》	周立基
176	《石油学报》	杨 苗
177	《硅酸盐通报》	郭景坤
178	《淡水渔业》	贾敬德
179	《心理科学》	杨治良
180	《冰川冻土》	黄茂桓
181	《经济地理》	胡康威
182	《中华实验外科杂志》	吴在德
183	《机器人》	赵经纶
184	《中华医学遗传学杂志》	张思仲
185	《中华创伤杂志》	王正国
186	《中华显微外科杂志》	朱家恺
187	《中华核医学杂志》	林祥通
188	《中华传染病杂志》	翁心华
189	《中华消化杂志》	萧树东
190	《分析化学》	汪尔康
191	《中华预防医学杂志》	陈育德
192	《中华结核和呼吸杂志》	钟南山
193	《中华眼科杂志》	李美玉
194	《中国临床心理学杂志》	龚耀光
195	《爆破器材》	汤明钧
196	《应用化学》	王佛松
197	《植物生理学通讯》	张景六
198	《园林》	胡运骅
199	《中国医院药学杂志》	尹武华
200	《实验力学》	戴福隆
201	《无机化学学报》	游效增
202	《色谱》	卢佩章
203	《应用概率统计》	陈希孺
204	《电波科学学报》	沙 踪
205	《科技和产业》	马 阳
206	《中国针灸》	邓良月
207	《中华小儿外科杂志》	江泽熙
208	《中华器官移植杂志》	章咏裳
209	《中华超声影像学杂志》	王新房
210	《中华血液学杂志》	李家增
211	《中华皮肤科杂志》	徐文严
212	《癌症康复》	徐光炜
213	《植物保护学报》	黄可训
214	《中华骨科杂志》	党耕町
215	《中国防痨杂志》	张立兴
216	《航空知识》	谢 础
217	《航空模型》	谢 础
218	《焊接学报》	耿希尧
219	《中国机械工程》	蔡玉麟
220	《机械设计》	钱伟民
221	《中国铸造装备与技术》	熊顺佳
222	《中国海洋药物杂志》	关美君
223	《红外与毫米波学报》	汤定元
224	《岩土工程学报》	沈珠江
225	《生态学杂志》	孙铁珩
226	《宇航学报》	庄逢甘
227	《石油学报》（石油加工）	屠式瑛
228	《中国地球化学学报》	涂光炽
229	《气象学报》（英文版）	周秀骥
230	《中国生物化学与分子生物学报》	张迺蘅
231	《化工学报》	赵颖力
232	《中国激光医学杂志》	李峻亨
233	《生态学报》	阳含熙
234	《农业工程学报》	胡南强
235	《编辑学报》	陈浩元
236	《铁道知识》	王家信
237	《中外管理》	杨沛霆
238	《中国癌症研究》（英文版）	鄂 征
239	《中华医史杂志》	李经纬
240	《中华医院管理杂志》	朱宗涵
241	《太阳能学报》	严陆光
242	《太阳能》	严陆光
243	《数理统计与管理》	王 柱

序号	刊名	主编
244	《流体机械》	邓立文
245	《系统科学与系统工程学报》（英文版）	刘　豹
246	《解剖科学进展》	于　频
247	《中国海洋湖沼学报》（英文版）	曾呈奎
248	《现代通信》	冯莉华
249	《石油知识》	葛泰生
250	《水产学报》	周应棋
251	《矿物岩石地球化学通报》	欧阳自远
252	《运筹与管理》	俞嘉第
253	《科学养鱼》	戈贤平
254	《材料科学技术》（英文版）	胡壮麒
255	《青年科学向导》	汤寿根
256	《模式识别与人工智能》	戴汝为
257	《化学传感器》	俞汝勤
258	《中国组织化学与细胞化学杂志》	熊希凯
259	《科技新时代》	柴淑敏
260	《神经解剖学杂志》	李继硕
261	《固体力学学报》	余寿文
262	《润滑与密封》	陈文握
263	《土壤通报》	唐耀先
264	《中国惯性技术学报》	陆元九
265	《细胞生物学杂志》	左嘉客
266	《物理学进展》	冯　端
267	《化学物理学报》	楼南泉
268	《压力容器》	邓立文
269	《机床与液压》	朱华兴
270	《特种铸造及有色合金》	袁振国
271	《海洋与湖沼》	秦蕴珊
272	《船舶工程》	郁凤昌
273	《中国造船》	吴有生
274	《中国化学工程学报》（英文版）	廖叶华
275	《中华风湿病学杂志》	董　怡
276	《兵器材料科学与工程》	李茂山
277	《工程塑料应用》	孙安垣
278	《蚕业科学》	吕鸿声
279	《噪声与振动控制》	尹济宽
280	《知识就是力量》	曹嘉晶
281	《中华内分泌代谢杂志》	史轶蘩
282	《解剖学杂志》	黄　瀛
283	《地球化学》	涂光炽
284	《海洋学报》（英文版）	巢纪平
285	《火炮发射与控制学报》	任久东
286	《中国肿瘤生物治疗杂志》	张友会
287	《中国生理科学杂志》（英文版）	胡旭初
288	《供用电》	唐德光
289	《棉花学报》	王淑民
290	《电子学报》	王守觉
291	《钢铁》	翁宇庆
292	《家用电脑与游戏》	赵震东
293	《科学大观园》	赵震东
294	《档案学研究》	王信功
295	《管理现代化》	谢绍明
296	《工程机械与维修》	刘泽林
297	《数理天地》（高中版）	周国镇
298	《数理天地》（初中版）	周国镇
299	《设备管理与维修》	郑国伟
300	《乡镇企业导报》	马杰三
301	《中国临床药理学杂志》	李家泰
302	《中国造纸学报》	朱尹策
303	《中国农学通报》	石元春
304	《电信科学》	易东山
305	《岩石矿物学杂志》	沈其韩
306	《电子游戏软件》	叶宗林
307	《铁道工程学报》	何　宁
308	《中华内科杂志》	王海燕
309	《作物学报》	庄巧生
310	《中国安全科学学报》	徐德蜀
311	《中国中西医结合外科杂志》	吴成中
312	《弹箭与制导学报》	胡宝琦
313	《中国生物医学工程学报》	巴德年
314	《中国生物医学工程学报》（英文版）	刘德培
315	《中华医学科研管理杂志》	刘海林
316	《海洋渔业》	乔庆林
317	《电气》（英文版）	王熙亮
318	《中华肾脏病杂志》	林善锬
319	《中华理疗杂志》	谭维益
320	《现代引信》	张龙山
321	《建筑学报》	张祖刚
322	《中华手外科杂志》	顾玉东
323	《兵工学报》	吴沧浦
324	《包装工程》	郝　明

序号	刊名	主 编
325	《电子商务》	张道远
326	《机械工程学报》	石治平
327	《煤炭学报》（英文版）	潘惠正
328	《功能材料》	黄泽铣
329	《中国海洋工程》（英文版）	窦国仁
330	《中国临床药理学与治疗学杂志》	徐叔云
331	《气象水文海洋仪器》	王锡科
332	《技术经济协作》	马 阳
333	《中国新药与临床杂志》	丁光生
334	《中国药理学报》	丁光生
335	《中国中医骨伤科杂志》	李同生
336	《电化学》	田绍武
337	《中国中西医结合急救杂志》	王今达
338	《中国现代应用药学杂志》	姚 宁
339	《动物营养学报》	张子仪
340	《中华眼底病杂志》	严 密
341	《农业科研经济管理》	邓庆海
342	《中华消化内镜杂志》	于中麟
343	《运筹学学报》	丁夏畦
344	《流体力学实验与测量》	乐嘉陵
345	《金秋科苑》	刘书良
346	《摄影与摄像》	温 宁
347	《海陆空天惯性世界》	么子臣
348	《办公自动化》	赵金安
349	《海洋世界》	孙 滨
350	《中国数据通信》	章 英
351	《数学学报》（英文版）	李炳仁
352	《中国学术期刊文摘》	常志海
353	《煤炭学报》	潘惠正
354	《中国临床药学杂志》	王永铭
355	《中国动脉硬化杂志》	唐佩弦
356	《结核与肺部疾病杂志》	张立兴
357	《中国昆虫科学》（英文版）	钦俊德
358	《城市发展研究》	周干峙
359	《中国表面工程》	刘世参
360	《塑性工程学报》	海锦涛
361	《中华医学杂志》（英文版）	钱贻简
362	《中华口腔医学杂志》	张震康
363	《中华病理学杂志》	吴秉铨
364	《中华精神科杂志》	沈渔村
365	《中华神经科杂志》	郭玉璞
366	《美国医学会杂志》（JAMA）中文版	黄志强
367	《中华泌尿外科杂志》	郭应禄
368	《中华航空航天医学杂志》	王志翔
369	《中华肝脏病杂志》	张定凤
370	《中专物理教学》	田鸿玉
371	《中国心脏起搏与心电生理杂志》	孙瑞龙
372	《图形科普》	许昌淦
373	《激光生物学报》	胡能书
374	《弹道学报》	李鸿志
375	《中国中西医结合耳鼻咽喉科杂志》	杨和钧
376	《软件》	张尚仁
377	《建筑热能通风空调》	陈秉林
378	《少年电世界》	孙 超
379	《中国公路学报》	陈炳麟
380	《内燃机》	刘长吉
381	《环境》	叶志容
382	《大众软件》	高庆生
383	《农电管理》	蒋连海
384	《中国农村小康科技》	林聚家
385	《软件与光盘》	吴开流
386	《海洋湖沼通报》	秦蕴珊
387	《中华急诊医学杂志》	丁德云
388	《应用基础与工程科学学报》	杨 卫
389	《电测与仪表》	
390	《中国食品学报》	尹宗伦
391	《实验生物学报》	罗 平
392	《中华创伤杂志》（英文版）	王正国
393	《固体力学学报》（英文版）	余寿文
394	《中华流行病杂志》	魏承毓
395	《健康心理学杂志》	崔以泰
396	《海洋学报》	巢纪平
397	《中国科学美容》	戴晓钟
398	《中国动物保健》	张广友
399	《中国医药学报》	董建华
400	《稀土学报》（英文版）	徐光宪
401	《计算物理》	符鸿源
402	《力学学报》（英文版）	王自强
403	《稀有金属材料与工程》	殷为宏
404	《大众电脑》	柴淑敏
405	《中华烧伤杂志》	肖光夏
406	《中华胃肠外科杂志》	王吉甫
407	《信息与控制》	王天然

序号	刊名	主 编
408	《微波学报》	顾墨琳
409	《电脑与信息技术》	韩淑云
410	《细胞与分子免疫学杂志》	李恩善
411	《大坝与安全》	沈家俊
412	《稀土》	丁善宝
413	《中国血液流变学杂志》	王天佑
414	《太空探索》	周 武
415	《科协论坛》	卢先诚
416	《中国实验血液学杂志》	唐佩弦
417	《车辆与动力技术》	孙逢春
418	《中国中西医结合肾病杂志》	时在高
419	《中华物理医学与康复杂志》	吴宗耀
420	《金属学报》(英文版)	柯 俊
421	《动物世界》	秦晓东
422	《交通运输系统工程与信息》	张国伍
423	《中国电信业》	郭小红
424	《中国应用生理学杂志》	吕永达